여암 신경준의 저정서 연구

여암 신경준의 저정서 연구

이상규 · 천명희

역락

훈민정음 연구사 가운데 특히, 훈민정음 창제의 이론적 배경이 되었던 『성리대전』의 영향에 대해 서구 언어과학에 비해 연구 방법이 비과학적이며, 비논리적이라는 선입관 때문에 동아시아의 성운학과 운도(韻圖)와의 연관성에 대한 연구가 그동안 소홀하게 다루어져 왔다. 특히 성리학의 주요 내용인 자연 순환논리에 따른 역학과 상수학, 악학 등에 기반을 둔 『황극경세서』와 『절운지장도』를 비롯한 중국 성운학과 운도의 영향은 훈민정음 창제 당시 결코 무시할 수 없는 당대의 핵심 지식 기반이었을 것이다. 한마디로 말하자면 성리이론과 송대 성운학은 훈민정음 창제의 근본 바탕이 되었다.

세종이 훈민정음 스무 여덟 자의 새로운 문자 창제를 요약한 『훈민정음 예의』 발표 이후 세종과 여덟 명의 집현전 학사들이 공동으로 훈민정음 문자 창제의 이론을 해설하고 예를 제시한 『훈민정음 해례』는 세계 인류문명사에서 그 유래를 찾아 볼 수 없는 우수하고 과학적인 문자를 해설한 탁월한 저술이다. 또한 과학적인 문자 창제자와 그 연대가 밝혀졌을 뿐만 아니라 또한 그 문자 창제 원리와 방법을 예를 들어 해설한 인류사에서 유일무이한 연구 결과물이다. 한문과 이두로 소통하던 유교 국가, 조선에서 세종은 한자와 한문 그리고 이두를 대치할 수 있는 새롭고 독창적인 문자인 훈민정음을 창제하여 이를 널리 보급하였다. 그 보급과 표기법의 규범화를 위해 우리말로 자유자재로 표현한 『용비어천가』와 『석보상절』, 『월인천강지곡』을 시험적으로 간행하였다. 그 후 유학 경서를 언해하지 않고 언문청이나 책방과 그리고 세조 이후 간경도감에서 불경서적을 대량 제작 보급한 것, 역시 한문의 이해 기반이 낮았던 불교계와 대중을 먼저 고려한 세종의 편민(便民)의 의사소통을 위한 조처 가운데 하나였다. 그리고 세종은 한자의 정음(正音)과 정성(正聲)을 규범화하기 위한 노력으로 우리나라 개신 한자음을 정리한『동국정운』과 중국의 현실음을 훈민정음으로 표기한『홍무정운역훈』을 잇따라 간행하였다.

　세종 당대의『성리대전』을 기반으로 한 폭넓은 학문의 실용화를 착실하게 전개했던 것과 달리 성종대 이후로 내려오면서 유학의 사유가 관념화된 주석 중심의 경학 연구로 쏠렸기 때문에『성리대전』에서 제시했던 다양했던 실천적 학문 영역의 일부는 잡학으로 외면 받게 되었다. 따라서 세종조에 전개되던 폭넓은 학문연구의 풍토가 급격하게 쇠퇴해 버렸다. 그러한 분위기에 편승하여 성운학 연구도 쇠퇴의 길을 걷게 된 것이다. 임·병 양 난의 외환을 겪으면서 경학 중심의 학문 경향의 위세에 눌려 성운학도 학문적 외연으로 밀려나게 되었다. 겨우 최세진과 서경덕과 이순으로 이어 명맥을 유지하였던『성리대전』의『황극경세서』에 기반을 둔 성운학과 운도에 관한 연구는 한동안 주춤하는 공백기가 생길 수밖에 없었다.

　다행히 숙종조에 들어서면서 양명학과 실학의 세례를 받은 명곡 최석정과 이재 황윤석, 겸제 박성원 등을 중심으로 세종 당대의 폭넓은 학문의 세계가 부활하여 펼쳐지게 된다. 천문, 상수, 지리, 악학, 성운학 등 역학에 기반을 둔 연구가 관념주의에 빠졌던 경학 중심의 학문 풍토를 흔들어 그 관심 영역을 확대시키기에 이르렀다. 마치 세종 시대로 회귀한 듯이. 특히 성운학의 연구로 최세진과 서경덕 그리고 이순에 이어 명곡의『경세훈민정음』연구, 이형상, 황윤석, 박성원, 홍양호, 신경준, 유희에 이르는 자학과 성운학 특히 운도(韻圖) 연구의 기풍이 되살아난 것이다.『저정서(邸井書)』는 소옹의『황극경세서』「성음창화도」를 바탕으로 훈민정음을 분석한「운해」와 함께 훈민정음으로 표음한「개합사장」이라는 운도를 만든 여암 신경준의 탁월한 저술이다. 조선 유교사회에서는 한자의 정음과 정성을 어떻게 구현하는가의 문제는 치국방략의 일부라고 할 만큼 중요한 과제였다. 중국에서도 한자의 정음과 정성은 어느 시대 어느 지역의 일방으로 결정짓기에는 어려웠기 때문에 늘 중고한자음을 고려한 이상적 현실음을 채택하였듯이 우리나라에서도 마찬가지였다.

　신경준의『저정서』는 훈민정음을 직접 연구한 것이 아니라는 일부 평가가 있지만 실제로는 세종대 집현전 학자들에 버금갈 만한 깊이를 가진 훈민정음 연구서이기도 하며 이상적인 한자음 연구 전통을 이어온 성과이다. 여암은 세종의 보편적 정음 문자관을 반영하고 있는『훈민정음 해례』를 직접 보지 않은 상황에서도 매우 세밀하게 훈민정음의 초·중·종성 자형의 상형과 구성 원리를 역학 이론의 기반 위에서 나름대로 체계적으로 분석하고 있다는 면에서 훈민정음 연구사에서 그의 성과를 결코 가볍게 다룰 수 없다.

신경준(申景濬, 1712~1781)의 본관은 고령(高靈)으로 세종이 중용했던 신장(申檣)의 11대손으로 세종의 정음연구의 핵심 인물이면서 외국어에 정통한데다 세종의 정음 연구를 주도했던 정음학자 신숙주(申叔舟), 그의 동생인 신말주(申末舟)의 10대손이다. 그러한 측면에서 신숙주의 후예로서 성운학에 대한 연구를 한 것은 결코 우연한 일이 아닐 것이다. 그 뿐만 아니라 여암 신경준은 역학, 천문, 지리, 자학, 악학 등 다양한 학문 영역에 정통한 유학자이면서 개방적인 실학적 융합 학자였다. 또한 신경준은 세종의 정음 문자관을 정통으로 계승한 정음학자이다.

물론 유창균(1988:228)에서도 이 책은 훈민정음에 대한 단순한 연구가 아니라 두 가지 측면의 가치가 있다고 했다. 하나는 경세성음의 체계에 따라 훈민정음의 해석을 시도한 것이며, 다른 하나는 훈민정음을 이용하여 경세성음의 체계를 이해해 보자는 것이라고 보았다. 그러나 무엇보다 중요한 것은 이 책의 성격으로 보아 그 어느 쪽이든 훈민정음에 대한 역학적 분석과 그 보편성을 증명하고 있다는 면에서 가치를 지닌 것이다. 필자는 김슬옹(2014)에서 새롭게 조명된 세종의 정음 문자관을 중심으로 이 책의 맥락적 가치와 역사적 의미를 재조명하고 이미 원문의 일차 번역이 강신항(1978)에 의해 이루어졌지만 이를 토대로 하여 누락된 부분을 보완하는 동시에 새롭게 번역하고 주해를 덧붙였다. 그리고 여암의 필사 원본을 영인하여 뒤편에 실었다. 필자는 신경준의 필사 원본의 원래 제목이『저정서(邸井書)』라는 사실을 이미 학계에 밝힌 바가 있지만 다른 이본과 비교를 통해 더 다양한 연구가 이루어지기를 기대한다. 이 책은 필자의 훈민정음 연구 영역의 지속적인 확장을 위한 노력의 일부로 명곡 최석정의『경세훈민정음』(역락, 2018) 연구와 함께 저술한 것이다. 앞으로 겸제 박성원의『화동정음통석운고』와 이재 황윤석의『이수신편』등 조선의 운도학의 계보와 그 발전사를 훈민정음 연구사의 일환으로 지속적으로 조명해 보려고 한다. 아울러 후학들의 연구가 이어지기를 바란다. 한마디로 훈민정음 연구는 아직 그 뼈대조차 제대로 갖추지 못한 상황이라고 할 수 있다.

『운해훈민정음』, 『운해』, 『훈민정음운해』, 『훈민정음도해』 등 다양한 이름으로 알려진 이 책에 대해 강신항(1967)의 연구와 번역은 본서를 집필하는 데 큰 길잡이가 되었고 정경운(2002)과 배윤덕(1988)의 이와 관련한 박사학위 논문, 2012년에는 여암 신경준 선생 탄신 300주년 기념 국제학술대회 자료집과 심소희(2013)의 『한자 정음관의 통시적 연구』, 『세종의 정음 문자관』(김슬옹: 2014), 필자가 쓴 명곡 최석정의 『경세훈민정음』(2018)의 재조명은 신경준에 대한 학계 관심을 더욱 진작시켜 주었으며, 본고 집필에 많은 참고가 되었음을 밝혀둔다. 아울러 이 자리를 빌려 선행 연구자들에게 감사하게 생각한다.

이 책이 출판되기까지 공동저자이자 제자인 천명희 박사는 제4장의 원문 입력과 해석 및 주해를 함께 담당하였으며 곁에서 교정을 도와 준 박사과정 한송이 양에게도 감사한다. 필사 원문 판독과 해석을 확인하기 위해 시시때때로 질문을 해도 늘 친절하게 답을 해준 경북대 정우락 교수와 마지막 원고를 일독하여 부족했던 부분을 지적해 채워 준 김슬옹 박사와 邸井書 제자 글씨를 써 주신 부산대학교 허경무 교수께도 이 자리를 빌어 감사드린다. 그동안 이 책 출판을 맡아 주신 역락 출판사 이대현 대표와 한자 처리와 편집이 까다로운 이 책의 편집을 위해 노력해준 이태곤 편집장과 홍혜정 편집과장님께 이 자리를 빌려 감사의 인사를 드린다.

이 책을 간행하는 데 도움이 된 2016년도 경북대학교(KNU) 학술진흥연구비 지원에 대해서도 감사한다. 평생 학문의 길을 함께 해온 아내 이정옥 교수, 사랑하는 두 아들 내외와 손녀 윤, 은, 린과 손자 건이 건강하고 행복하길 빌어본다.

이 책은 2019년 2월 퇴임을 앞두고 쓴 교수로서 마지막 저술이다. 근 40여 년 동안 교육과 연구에 몰두할 수 있는 연구 여건을 마련해 준 나의 모교인 경북대학교에 이 책을 헌정한다.

2018년 10월 9일
572돌 한글날
여수재(如水齋) 이상규

여암 신경준의 저정서 연구

邸
井
書

차 례

필사본 원본 邸井書 영인

제1장
여암 신경준의 생애와 운학 연구

제1장 여암 신경준의 생애와 운학 연구

1. 여암 신경준의 가계

여암(旅菴) 신경준(申景濬)은 숙종 38년(1712) 4월 15일 전라도 순창 가남리 남산마을에서 태어나서 70세가 되던 정조 5년(1781)에 세상을 떠났다. 본관은 고령이며, 경준(景濬)은 이름이요, 순민(舜民)은 자이며, 호는 여암이다. 신경준은 세종 시대에 유명한 보한재(保閑齋) 신숙주(申叔舟, 1417~1475)의 동생인 귀래공(歸來公) 신말주(申末舟, 1439~1503)의 10대손이다.

고령 신씨 검교 신성용(申成用)을 시조로 하여 여암의 10대조 신숙주와 신말주의 증조부인 신덕린(申德隣)과 조부인 호촌(壺村) 신포시(申包翅) 대에는 전라도 남원 호촌에 은둔하였다. 신숙주와 신말주의 부친인 암헌(巖軒) 신장(申檣, 1832~1433)은 집현전 학사로 『팔도지리지』를 찬술하였다. 신장의 다섯 아들 가운데 셋째가 신숙주이고 다섯째가 신말주이다. 여암의 10대조 신숙주는 세종과 더불어 『훈민정음 해례』를 비롯하여 『동국정운』, 『홍무정운역훈』 편찬에 참여하였고 『해동제국기』를 지었다.[1] 여암의 10대조인 신말주는 계유정난(1453)이 일어나자 신숙주와 달리 수양대군에게 협조하지 않고 전라도 순창으로 내려와 은둔 세거하였다. 신말주의 손자인 이조판서 이계(伊溪) 신공제(申公濟, 1469~1536)는 중종 26년(1531)에 『신증동국여지승람』 편찬에 참여하였다. 신말주의 장손인 이계 신공제 계열은 줄곧 전라도 순창을 세거지로 하였

---

1) 이상규, 「보한재 신숙주 선생의 생애와 삶」, 『보한재 신숙주 선생 나신 600돌 기념 학술논문집』, 2017. 현재 전하지 않는 『동국운략(東國韻略)』을 지은 좌의정 하륜(河崙)의 학통을 이어받은 신숙주(申叔舟)는 『훈민정음 해례』 편찬 및 한자음과 중국음의 표준화 정책을 수립하고 운서를 편찬하는 일의 중추적 역할을 한 인물이다. 『해동제국기』를 통해 일본의 지명표기에 훈민정음을 활용하기도 하였다.

으나, 작은집인 안협공(安峽公) 공섭(公涉)계는 공섭 이후로 서울로 진출하여 그곳에서 세거하였다. 서울로 진출한 공섭계에서 이계공계로 양자로 들어온 신경준의 증조부 운(澐, 증집의 1617~1645)의 조부가 좌승지를 지낸 엽(澄, 1566~1601)이며, 운(澐)의 형제들인 죽당공 유(濡, 참판, 1610~1665), 초암공 혼(混, 교리, 1624~1656)은 소북계의 매우 뛰어난 인물로 활약하였다.

신경준의 증조인 운(澐)은 공섭의 4대손 기한(起漢)이 생부였으나 공제계의 극순(克淳)의 아들로 입후되었다. 운(澐)은 순창과 서울을 매년 서너 차례 왕래하면서, 양가와 생가 부모에게 효를 다하다가 28세 나이로 일찍 죽었다.[2] 여암의 생가 조부인 선부(善傅)는 서울에서 태어나서 자랐으며, 나이 30세에 성균관 진사가 되었고, 그 후 과거에 응시했으나 뜻을 이루지 못하자 나이 40세인 1707년 과거를 포기하고 전라도 순창의 귀래정 옆에 내려와서 살았다.[3] 여암의 조부인 선영(善永, 1638~1700)은 7세 때 아버지를 잃고 서울에 있는 친조부인 기한(起漢)의 집에서 성장했다. 선영은 백부 유(濡)와 양부 혼(混)의 가르침을 받으면서 자랐으며, 선영도 후사가 없이 죽자 그의 사촌인 선부(善傅, 1667~1745)의 아들 뢰(洙, 1689~1737)를 입양하여 후사를 잇게 된다.[4] 여암의 아버지는 신뢰(申洙)이며, 그의 큰아들이 바로 여암 신경준(1712~1781)이다.

여암의 전 생애를 살펴보면 정통 유학적 가치관에 사상적인 뿌리를 두고 경세 실천을 중시하는 실학적인 기풍을 겸비한 박물학자라고 할 수 있다. 특히 그에게는 선조들의 사상적 기류였던 청대 이후 풍미한 소북야[5] 학문관과 가학의 전통이 그의 학문에 상당한 영향을 끼쳤던 것으로 보인다. 특히 여암에게 직접적으로 가장 큰 영향

---

2) 『고령신씨세보』, 권1, 참봉공극순파.

3) "本生祖考進士公墓誌銘, 年三十, 選國了進士, 四十停學業, 棄京第歸淳昌, 結茅於歸來亭南, 巖崖多幽奇 制荒磯, 使化工之刻鏤, 眞形盡露, 其不足者, 集衆石以補之, 種樹時花消搖其間, 掃絶諸念, 棲神冲漠, 不 出洞門外", 『여암유고』, 권12.

4) 「祖考察訪公墓誌銘"崇禎戊寅生公, 公七亡孤, 養于正郞公(起漢)家, 時多性穎, 拔讀書, 倍文兼人功力, 伯父參判公, 季父校理公, 奇愛之敎之勤, 二公當時祠宗也. 從父弟翰林, 翰林, 之弟曲肱, 齋以文行, 鳴于 世", 『여암유고』, 권12.

5) 김슬옹, 「『운해훈민정음』[저정서]의 정음문자관」, 『한말연구학회』, 제39집, 2016. 35쪽에서 "일부에서 영창대군을 지지하던 소북파 계열이라고 하지만 여암이 주로 활동하던 18세기는 소북파가 소멸한 시점이었다."라고 하여 소북파의 직접적인 영향 관계에 대해 조심스러운 비판을 가하고 있다. 필자의 견해로는 여암의 학문적 경향을 고려해 보면 소론계열에가까운 인물이었다.

을 준 인물은 생가 조부인 신선부(申善溥)였다. 여암이 쓴『여암유고』, 권12, 「본생조고 진사공묘지명(本生祖考進士公墓誌銘)」에 실린 선부의 묘지명에 의하면, 신선부는 시·서·화에 모두 능하였는데, 시는 당시(唐詩)에 뛰어났고, 서는 진체(晉體)에 뛰어났으며, 그림은 핍신(逼神)의 경지였다고 한다. 특히 글씨는 고전대자(古篆大字)와 그림으로 영모도(翎毛圖)를 그린 솜씨는 조선 이래 필적할 사람이 드물었다고 평가하고 있다. 또한 병법서를 즐겨 읽어서 공수영진(攻守營陣) 뿐만 아니라 역학에 기반한 상수학에 밝아 기정합산(奇正合算), 천시음양지법(天時陰陽之法)을 모두 통달했으며, 북학의 영향을 받은 수레와 지계, 수차 등 기계에 관해서도 뛰어난 식견을 가지고 있었다. 선기의기(璇璣儀器), 보시종(報時鍾), 전진기계(戰陣機械), 주거수거(舟車水車), 기타 개물이용지구(開物利用之具)에 대해 옛날 제도의 어려움을 모두 풀어내고, 한 걸음 더 나아가 새로운 방안을 적용하여 만들어 낸 것이 많았다고 쓰고 있다.6)

이와 같이 천문, 지리, 복서(卜筮), 단학(丹學), 의약, 상수역학(象數易學) 등 잡학, 기술학에 대한 관심이 높았던 선부의 학문 분위기는 당시 강화학파 학인인 지봉 이수광(李睟光, 1563~1629)을 비롯한 낙남 근기학파인 병와 이형상(李衡祥, 1653~1733)으로 이어지는 실학적 학문 경향과 대체로 일치한다.7) 이와 함께 조부 신선부가 여암이 9세 되던 해에 강화도로 보내어 학문 수련을 거치도록 하면서 실용의기에 대한 강화학파들의 관심이 여암에게도 그대로 전승되어 여암이 기술 중심의 실용적 학문관을 형성하는 데 중요한 영향을 끼쳤을 것으로 추정된다. 그는 유학에도 깊이 있는 공부를 하였는데 특히『장자변해』를 남겼다.8)

---

6) "公於文章天得也 不大肆力而就 世稱公有三絶藝 詩學唐 筆法晉 畵以逼神 名而弱冠 後 絶筆 傳于世者 絶少 識者以爲古篆大字及翎毛圖 國朝三百年 鮮公敵 然而公不欲 以一藝成名 又不喜名放 不留意於是三者 蚤有遺世 遐擧之志 喜看靑霞子丹訣 靑霞 子南人也 得其全書 益求奧旨 嘗試以行火 曰不可謂天下無是理也 又悅孫吳書 攻守 營陣 奇正合散 天時陰陽之法 皆通焉 平居一語 未嘗及此 凡璇衡儀器 報時種 戰陣 機械 舟車水車 其他開物利用之具 解古制之難解 或創智以成者多 而皆試之己 不示 於人 畏其名也". 『여암유고』 권12, 『본생조고진사공묘지』.

7) 한영우, 「이수광의 학문과 사상」, 『한국문화』 13, 서울대 한국문화연구소, 1992.

8) 김남형(2014:21)은 신경준의 장자에 대한 그의 지식에 대해 "신경준은 조선 후기의 사대부 가운데 유례를 찾기 어려울 정도로 노장사상에 관심과 조예가 깊었다고 할 수 있는데, 이 점은 신경준의 사상적 개방성을 시사하는 사실로서『장자변해』 저술의 사상적 배경이 되고 있는 것"으로 평가하고 있다.

2. 여암 신경준의 생애와 연보

여암이 살았던 시대 이전의 흐름을 간략하게 살펴보자. 고려 말부터 유입된 송나라의 신유학인 성리학의 기풍이 조선 건국의 기반을 닦는 토대가 되었다. 15세기 초반, 조선에서는 송나라의 『성리대전』을 기초로 한 신유학의 치국기반을 다진 시기였다. 조선은 동아시아에서 대표적인 유가지국으로서 학문과 문예를 지속적으로 번창시키면서 숱한 학자들을 배출하였다.

16세기에는 사림과 훈구세력의 등장과 함께 성리학의 연구, 특히 경학 중심의 탐구와 도학의 실천과 수련에 매몰된 시기였다. 세종이 『성리대전』을 기초로 실천한 광범위한 학문 영역에 대한 관심이 점점 축소되어 산술, 지리, 천문, 성운학 등은 잡학으로 취급되고 오로지 경학과 도학적 수신과 실천이 더욱 강조된 기간이었다.9) 임진왜란과 병자호란의 양 난을 거치면서 급격한 사회 변동과 대외 인식의 변화를 경험하게 된다. 이러한 사회적 변화와 함께 17세기는 이수광(李睟光, 1563~1628), 최명길(崔鳴吉, 1586~1647), 윤선도(尹善道, 1587~1671), 정제두(鄭齊斗, 1649~1736) 등을 중심으로 경학 중심의 성리학에서 탈피하려는 양명학과 같은 혁신적이고 창의적인 기운이 나타났다. 이러한 변화는 18세기로 이어지면서 경학 중심의 성리학 연구에서 운학, 악학, 산학, 역학, 지리, 천문, 의학, 과학, 기술 등 자연 만물과 우주를 이해하려는 새로운 움직임과 박세당(朴世堂, 1629~1703) 등의 노장학에 대한 관심을 표명하는 분위기도 일어났다.10) 특히 세종 시대로의 복고적으로 회귀하려는 듯한 바람이 일어남으로써 이전의 경학 중심의 유학자들에게서 결코 찾아 볼 수 없는 '조선인문학의 르네상스'라 할 수 있는 학문과 사상적 다양성의 시대를 맞게 된 것이다. 18세기는 청나라로부터 유입된 새로운 실용적 학문연구의 분위기가 강력하게 밀어닥친 시대 기류의 변화뿐만 아니라 청나라를 통한 외국 문물의 도입과 더불어 패관소설, 중국 번안소설 등의

---

9) 손문호, 『옛사람의 편지』, 가치창조, 2018. 82쪽에 세조 10년(1464) 7월에는 "세조가 능력 있는 문신을 천문·지리·음양·의학·시학·율려 등 한 분야에 배속시켜 배우게 하라"라는 전교를 내렸는데, 김종직은 "사학과 시학은 본래 유자의 일입니다만 나머지는 잡학인데 분신에게 힘써 배워 능통하게 하라는 것은 좋은 일이 아닙니다."라 하고 반대했다가, 곤장을 맞고 투옥되었다고 한다. 이를 통해서도 당시의 사림세력들의 가치관을 읽어볼 수 있다. 왜 세종의 『성리대전』을 기반으로 한 치도의 범위가 오그라들었는지 알 수 있다.
10) 박세당 지음 · 김학목 옮김, 『박세당의 노자』, 예문서원, 1999.

영향을 받아 한글 글쓰기가 확산되고 또 새로운 문체 반정이 이루어진 시기기도 하다.

이러한 조선조의 학문과 문예의 변화 가운데 18세기의 상황보다 3세기 이전 세종대왕은 『성리대전』의 학문적 바탕을 곧 경전과 경사뿐만 아니라 역학, 음악, 산술, 천문, 성운학 등 소위 말하는 잡학을 포괄한 폭넓은 내용을 조선의 현실에 적용시키려고 노력하였다. 세종이 세운 그런 전통이 성종 조 이후 중단이 되었다가 18세기에 들어서서 양명학과 실학파 학자들 가운데 대표적으로 명곡 최석정이 세종 시대로의 회귀를 한 듯한 연구 기풍이 일어났으며, 그 가운데 성운학적 연구 성과인 『경세훈민정음』이 우리나라 최초의 운도로 등장하였다. 이러한 명곡의 입장은 실학파의 실용을 중시한 새로운 경향도 가졌지만 성리학의 원리주의에 매우 충실한 모습을 보여 주었다. 그러한 측면에서 명곡 최석정은 성리학의 원리주의자라고 평가할 수 있다. 명곡의 운학적 연구의 흐름이 겸재(謙齋) 박성원(朴性源, 1697~1757), 이계(耳溪) 홍양호(洪良浩, 1724~1802), 이재(頤齋) 황윤석(黃胤錫, 1729~1791), 여암(旅菴) 신경준(申景濬, 1712~1781), 만우재(晩寓齋) 금영택(琴英澤, 1739~1820)으로 이어지게 된다.

이러한 시대의 흐름에 따라 성운학 연구가 다시 부흥하게 되는데 그 연원은 바로 세종에서 찾을 수 있으며, 그 바탕은 바로 『성리대전』에 맥이 닿아 있다. 그 단절되었던 고리를 이은 일군의 학자들이 바로 후대에 강화학파에서 백탑파로 이어지는 일군의 양명학파 계열의 인사들과 함께 일찍부터 해외 견문을 익혀 실학적 기풍을 일으킨 근기기호학파들이다. 주자학에만 머물지 않고 노장학으로 경학의 학문을 확대시킨 일군의 학자들의 영향도 매우 컸다. 여암 역시 '장자'에 깊은 관심을 기울였으며, 『장자변해』를 남겼다.[11] 이러한 시대적인 흐름 속에서 훈민정음에 대한 새로운 평가와 함께 운도를 제작한 여암은 명곡과 더불어 양의(兩儀)·사상(四象)의 역학에 기반한 이론 체계에서 오음(7음)과 청탁(청·차청·탁·불청불탁)에 따른 성모 36자와 개구(4등)에 따른 「개구정운(開口正韻)」, 「개구부운(開口副韻)」, 「합구정운(合口正韻)」, 「합구부운(合口副韻)」의 4등 16섭으로 구성한 운도를 제작한 것이다.

여암은 43세 되던 해인 영조 30년(1754) 호남좌도 증광초시에 1등으로 합격하여 비교적 늦은 나이에 환로에 진출하였다. 환로에 나가기 전에는 고향인 순창, 서울, 강화, 경기도 온양, 소사, 직산 등지를 이거하면서 살았다.

---

11) 김남형, 『여암 신경준의 장자』, 예문서원, 2014.

7대 종손 신원식(申元植)이 작성한 여암의 연보와 신헌구(申獻求)가 쓴『행장』에 의하면, 신경준은 어려서부터 뛰어난 문사의 재능을 가지고 자랐던 것 같다. 4살 때『천자문』을 읽고 글자의 뜻을 깨쳤으며, 5살 때에는 이미『시경』을 수학하였다. 8살 때에는 학업을 위해 상경하였다가 9살 때부터 12살까지 강화도에서 공부를 했다. 왜 이 시기에 강화도에 가서 학업을 닦았는가 그 과정에 대한 보다 미세한 연구가 뒤따라야 할 것이다. 왜냐하면 여암의 학문 흐름을 결정짓는 매우 주요한 계기가 되었으며 특히 명곡 최석정, 병와 이형상, 겸재 박성원, 이계 홍양호와의 학문적 연계 관계를 풀어낼 수 있는 실마리 역할을 할 것으로 예측되기 때문이다. 이 기간 신경준의 학문과 사상을 형성하는데 매우 중요한 실학파나 강화학파와의 인연이 형성되었던 시기로 보인다. 여암의 학문적 사승관계를 찾기 힘들지만[2] 이 시기에 강화에 잠시 은거하고 있던 병와 이형상(李衡祥, 1653~1733)의 학문적 영향을 받은 것으로 추정된다.[13]

강화 시절에 부모와 떨어져 있는 외로운 마음을 「비사곡(悲思曲)」이라는 시를 지어 읊었다고 한다. 이처럼 그의 문재는 어릴 때부터 무척 뛰어났다고 한다. 여암을 발탁하고, 여암의 평생 후원자가 되었던 이가 소론의 홍양호(洪良浩, 1724~1802)였다. 그러므로 여암의 생애에 있어 강화도 수학기는 소론파의 인물과 매우 소중한 인연을 맺은 시기로 이해된다. 그러나 여암이 남긴 글 중에는 강화도 수학과 관련하여 어떠한 기록도 찾을 수 없다. 감수성이 매우 예민했을 시기인 10대 초반의 교육에 대해 한마디 회고도 없다. 강화도 수학 중단이 어쩌면 정치적인 사건과 관련되기 때문은 아니었을까? 여암이 서울에서 강화로 공부하러 간 1720년은 숙종이 서거하고 경종의 즉위한 해였다. 그 이듬해인 1721년 노론 세력은 경종을 압박하여 연잉군(延礽君)을 세제(世弟)로 책봉하였지만, 그해 말 소론 급진파 김일경(金一鏡, 1662~1724) 등이 세제의 대리청정을 추진하는 노론 사대신을 비판하는 상소를 올려 그들은 처형되었으며, 1722년에는 노론 명문가의 자제들이 경종 시해 역모를 꾸미고 있다는 목효룡(睦虎龍, 1684~1724)

---

12) 『여암유고』, 『여암선생년보(旅菴先生年譜)』, 권13, 『행상』, 예조판서 신헌구(申獻求) 경선(敬選).
13) 여암의 강화도 수학은 3년에 그치고 만다. 3년이라는 강화도 수학기는 매우 짧은 기간이라고 하지 않을 수 없다. 왜 3년 만에 공부를 그만두어야 했을까? 널리 알려져 있듯이 강화도는 1709년 하곡 정제두(鄭齊斗)가 낙향하여 양명학을 꽃피운 곳으로서, 소론 학문의 중심지 역할을 했던 곳이다. 추측컨대 소북파 인물이었던 여암의 생가 조부인 신선부는 소론과 밀접한 관련을 맺고 자신의 손자인 여암을 소론의 본거지로 유학을 시켰다고 이해된다.

고변사건[14]인 신임사화로 노론 세력이 일거에 몰락하였다. 이어 경종이 재위 4년 만에 숨지고 영조가 1724년에 즉위하면서 정치 상황은 다시 일변하게 된다. 이와 같은 정치 환경의 급변과 여암의 강화도 수학 중단은 상당한 관련이 있을 것이라고 짐작되는 것이다.

서울 강화 수학을 끝내고 경종 3년(1720) 여암이 12살 되던 때 순창으로 돌아온 이후 신경준은 15년 동안 순창에 거주하였다. 18세 무렵까지는 주로 고체시인 당시를 배우고 즐겨 지었다. 23세 때는 온양을 여행하다 만난 소년에게 시작법을 가르칠 생각으로 『시칙(詩則)』을 저술하였다.[15] 『시칙』은 한시의 체제, 내용, 격식, 그리고 운작법(韻作法) 등을 논한 글이다. 이 글에서 여암은 시를 문장의 기예로 인식하고, 시를 짓는 방법을 도식화하여 체계화하였다. 그러나 그가 남긴 한시에는 사실적인 표현과 함께 벌레와 같은 미물과 변두리 인물을 소재로 한 시를 많이 남겼다[16]고 한다.

26세 때인 1737년 부친이 돌아가시자 가족들과 소사로 이주하여 3년간 생활을 하면서 『소사문답(素沙問答)』이라는 저술을 남겼다.[17] 이 『소사문답』은 논리학적 방법을 통해 사물을 인식하는 원리를 밝히고자 지은 것으로, 자신의 과학적 철학적 견해를 밝힌 글이다.[18]

30세 때인 1741년에는 직산으로 이사하여 3년간을 거주하였는데, 이곳에서 그는 직산 일대의 산과 들, 하천에 대해 읊은 시와 그 지역의 역사와 지명 유래 등을 고찰한 글들을 모아 『직주기(稷州記)』를 저술하였다. 후일 『강계지(疆界志)』, 『산수경(山水經)』, 『가람고(伽藍考)』, 『사연고(四沿考)』, 『도로고(道路考)』 등 교통, 지리에 대한 저술로 이어졌다.

신경준은 20세에서 30세 무렵에 등산을 좋아하여 변산 선운산 백양산 추월산 무

---

14) 4대신인 김창집·이이명·이건명·조태채 등 노론 영수들이 경종을 제거하고 연잉군을 추대하려던 노론 당론을 추진하다 목호룡 고변 사건으로 모두 사형을 당했다. 영조가 즉위한 후 모두 복관되는데 노론 쪽에서는 이를 신축·임인년에 발생한 선비들의 화라는 뜻으로 신임사화(辛壬士禍)라고 한다.

15) 『여암유고(旅菴遺稿)』 권8, 「잡저」「시칙」, 갑인, 1734.

16) 허호구, 「역주 여암 신경준의 「시칙(詩則)」, 『한문학논집』 제4집, 단국대한문학회, 1986.

17) "余年十七八, 喜作古體詩, 多效唐孫盧, 壬子以後, 喪禍連仍, 庚申之間, 流離奔走, 遂不復, 有所吟咏矣". 『여암전서』, 권1 「시」, 「월탄(月嘆)」.

18) 오병무, 「여암 신경준의 『소사문답』에 관한 존재론적 조명」, 『건지철학』 제4집, 1996.

등산 황학산 백운산 방장산(지리산), 마이산 대둔산 계룡산 태화산 오서산, 가야산 용문산 월농산 마니산의 첨성단까지 올랐다고 한다. 여암은 스스로 자신의 성품이 멀리서 바라보는 것을 좋아하기 때문에 산에 들어서면 반드시 정상을 올라서 산천이 휘돌아가는 모습을 굽어보고, 소매깃을 열어 만리에서 불어오는 바람을 맞는 것을 기쁨으로 삼았다고 한다. 젊었을 때는 넝쿨을 붙들고 곧바로 산을 올라도 발이 오히려 가볍고 피곤한 줄 몰랐는데, 나이 들어 벼슬한 지 20년 동안 한해도 산에 오르지 못했다.[19]라고 얘기하고 있다. 그는 산에 오르면 반드시 정상을 정복하였고, 정상에서 주변에 굽이쳐 흐르는 강을 바라보는 것을 기쁨으로 여겼던 것이다. 이와 같은 그의 여행과 등산 경험은 지리서를 짓는데 큰 도움을 준 것이다.

33세 때인 1744년 직산에서 순창으로 돌아온 이후 여암은 서울에서 벼슬할 때까지 10년간 고향에 머물게 된다. 그는 이 기간 동안에도 지리산을 비롯한 전라도 일대를 주유하였으며, 이 때 불교계의 선승(禪僧)들과 교유하였다. 37세 때인 1748년에 모친상을 당했으며, 39세 때인 영조 26년(1750)에는 『저정서(邸井書)』를 저술하였다. 이 책은 훈민정음에 대해 나름대로 새로운 평가를 한 다음 천하 성음대전(聲音大典)인 이 훈민정음을 이용하여 「개합사장」이라는 운도를 지은 것이다. 곧 소옹의 『황극경세서』에서 말하는 바와 같이 세상 만물의 생성과 소멸의 원리가 양의에서 사상으로 64괘에 이르듯 세상의 소리 또한 동일한 생성 원리에 따라 기술한 것이다. 따라서 『저정서』의 저술 기반은 철학적으로는 역학과 태극설 그리고 상수학을 기반으로 하고 있으며, 운학서로는 절운계의 운서 『광운』과 『고금운회거요』를 비롯한 우리나라 『사성통해』를 운도로는 중국의 『운경』, 『칠음략』, 『절운지장도』, 『경사정음절운지남』 등의 영향을 받았으나 여암은 독자적으로 성모 36자와 운섭 18섭을 4등으로 나누어 이를 축

---

19) "枅欄杖長古尺尺九半, 節十五, 來自中國南, 爲申舜民之有, 舜民時年六十有四, 舜民二十三十, 喜山遊, 西遊卜山, 躋馬陳巖, 歷禪雲, 白羊秋月, 南之無等, 玩叢圭瑞石, 至于黃鶴, 白雲, 望瀛洲之山, 海中九 百餘里, 東躅方丈, 其洞天十二, 見其人, 上天王絶頂二萬四千丈, 道馬耳珠崒, 進德裕, 住九千磊七淵凡 三月, 北過大芚, 雞龍, 泰華, 烏棲, 伽倻, 龍門, 月籠, 抵摩尼之檀君塹星壇, 朝舞瑯瑯若可觀, 性好 遠矚, 入山必登絶頂, 俯覽山川之紆曲, 開襟引萬里風, 是可喜也, 捫蘿直上擧趾輕, 不自知其疲, 晩而從 仕踰二紀, 無一閒歲出行, 匪馬則輿轎, 脚之不用力已久, 逾齬齒鄕井之間, 亦必須於杖, 且年耆矣, 禮許 杖, 杖之固也, 而時過名山之下, 仰見雲外之岹嶢者, 則與杖謀, 而無以復登, 心忿悵然, 逾爲杖而銘曰, 足趾武步走趍皆從止, 跟踵脚行從艮重却行了, 聖人制字, 寓戒湯盤, 矧爾垂老而間乎寥加, 匪不獲己則余 將止, 庶無使君勞", 『여암유고(旅菴遺稿)』, 권5 『銘四物銘 幷小序 枅欄杖銘』.

약한 운도를 제작해 낸 것이다.

신경준은 43세인 영조 30년(1754) 호남좌도 증광초시에 1등으로 합격하였다. 당시의 시험 감독관이었던 이계 홍양호는 여암보다 나이는 비록 적었지만 평생에 학문적인 지기로 또 여암의 환로의 후원자가 되었다. 홍양호는 시험에 앞서 시험감독 부관인 호남 수령 두 명에게 호남에서 제일 뛰어난 선비가 누구냐고 묻자, 모두 다 순창의 신경준을 지목하였다고 회상한다.[20] 신경준의 명성은 향시 합격 이전에 이미 호남지역에서 이름을 떨치고 있었던 것이다. 이후 그는 줄곧 호남을 대표하는 학자로서 널리 알려지게 된다.[21] 초시에 합격한 신경준은 같은 해, 서울에서 치러진 증광문과에 급제함으로써 본격적인 벼슬길에 진입하였다. 44세 때인 1755년 신경준은 승정원 정자 벼슬을 하였고,[22] 45세 때인 1756년에 『강계지(疆界志)』를 완성함으로써 역사지리의 전문가로서 입지를 굳히게 된다. 이후 그는 46세에 휘릉별검, 성균전적, 병조랑, 예조랑, 49세 때에는 사간원 정언, 이조랑, 사헌부 장령, 51세 때에 서산 군수, 52세 때에 충청도사 장시사(掌試士), 53세 때에 장연 현감, 54세 때에 사간원 헌납, 사헌부 장령을 역임하였고, 56세 때에 사간원 사간으로 승진하고, 이 때 간관(諫官)으로 재외자가 되었다는 이유로 유배되었다가 곧 풀려났다. 58세 때에는 종부시정(宗簿寺正)으로 임명되어, 왕명을 받들어 강화에 있던 이 왕가 종실의 선원각(璿源閣)을 수리하였다. 선원각 수리를 마치고 낙향해 있을 때, 영의정 홍봉한(洪鳳漢, 1713~1778)이 신경준이 지은 『강계지』를 보고, 그를 경제지재(經濟之才)라고 평가하면서 비국랑에 천거하였다. 이러한 천거를 영조가 수용하여 여암은 비변사의 낭청으로 임명되어 『동국문헌비고』의 편찬에 착수하게 된다. 이때 「여지고」 부분을 담당하였으며, 『팔도지도』, 『동국여지도』 등을 완성하는데 크게 기여하였다. 59세 때인 1770년(영조 46)에 『동국문헌비고』가 완성되었고, 이 공로로 당상관인 통정대부의 품계로 승진하여 동부승지에 발탁되었다가 다시 병조참지로 임명되었다. 영조는 여암이 다문다재한 것을 알고, 승지로 발탁한 후에 종종 여암을 대하면서, 영조가 "늦구나, 승지의 머리가 하얗고, 나도 늙었으니, 우리의 만남이 이렇게 늦은 게 한스럽도다"라고 말하면서 여암의 재주를 일찍 발견하지 못한 것을 아쉬워하기도 하였다. 신경준은 『동국문헌비고』, 「여지고」 편찬을

---

20) 『여암유고』 권13, 「부록」, 대제학 홍양호 찬(大提學 洪良浩撰), 「묘지명(墓碣銘)」.
21) 『이재유고(頤齋亂藁)』 권9, 12일 임신(壬申).
22) 이건창(李建昌), 『당의통략(黨議通略)』, 조선광문회, 105쪽 참조, 1913.

전담하였는데, 이때 만들어진 초고를 기초로『도로고(道路考)』를 완성하였다.23)

60세 때인 1771년에는 북청부사, 62세 때에는 강계부사, 순천부사를 역임하다가 63세 때인 1774년에는 제주목사로 부임하였다. 거의 1년 동안 제주를 다스리다가 암행어사 홍상성(洪相聖)이 민사를 잘못 처리했다고 파직을 요청해 제주목사 재직 중에 물러나왔다.24) 65세 때인 1775년 영조가 승하하자 서울 남산 밑의 집에서 3년간 전적으로 문장의 교정을 맡아보았다.

상복을 입은 뒤, 68세 때인 1779년 26년간의 서울생활을 청산하고 낙향한지 2년만인 1781년(정조 5) 70세를 일기로 숨을 거두었다.25)

여암의 연보에는 홍양호를 제외하고는 권세가와의 교유가 거의 없었음을 특기하고 있다. 여암은 당시 중앙 핵심 관료로 영향력이 컸던 홍양호 외에는 어떠한 유력자와도 인연을 맺고 있지 않았다. 홍양호와의 교류도 문학을 통한 교류에 국한되었다. 이 점에서 여암은 소북파 행동강령인 "권귀와 가까이 하지 않는다"라는 조항을 철저하게 지킨 인물이기도 했다.26) 다만 사우 문집을 비교해 보면 풍암 유광익(柳光翼, 1713~1780)의『풍암아집』의 서문을 여암이 썼으며, 순암 안정복(安鼎福, 1712~1710)과는 망우라고 지칭하는 관계였으며, 특히 이재 황윤석(黃胤錫, 1729~1791)과『동국지도』를 작성한 겸제자 정상기(鄭尙驥, 1678~1752)와 긴밀한 사우 관계를 유지하였다.27) 이들 모두 숙종 조 이후 강역, 지리, 지도를 포함한 폭넓은 성리학적 사유를 실천한 인물군에 속한다.

---

23) 류명환,『역주 도로고』, 도서출판 역사문화, 29쪽, 2014. "신경준의 가계를 살펴보면 11대조 암헌 신장이『팔도지리지』를, 10대조 보한재 신숙주가『해동제국기』를 저술하고, 8대조 이계 신공제가『신증동국여지승람』편찬에 참여하고 있어 그의 지리지 저술에는 이러한 가학을 배경으로 하고 있음을 엿볼 수 있다."라고 평가하고 있다.
24) 고동환,「여암 신경준의 생애와 학문관」, 신경준 선생 탄신 300주년 기념학술대회 기념 논문집, 2003.
25) 고동환, 2003 앞의 논문 참조
26) 김슬옹,「신경준,『운해훈민정음[邸井書]』의 정음 문자관」,『한말연구』제39호, 2016. 논문을 활용하였음을 밝혀둔다.
27) 신경준에게 성음학 뿐 만 아니라 지리학 연구에 영향을 준 사람이 정항령(鄭恒齡, 1700~?)으로 자는 현로(玄老)이며, 영조조 실학자로 특히 지리학을 깊이 연구하여 백리척(百里尺) 지도인『동국대지도(東國大地圖)』를 제작하였다고 지적하였다. 그러나 학문적 상호 관련성을 상고할 근거를 아직 찾지 못하였다. 권재선(1990:131)은『저정서』에 정항령(鄭恒齡)의 학설을 인용하고 있다고 했지만 필자는 구체적인 관련성을 확인하지 못하였다.

여암은 전통적인 유가의 지식인일 뿐만 아니라 조선 후기 실학의 사상사적 지형도 속에서 새로운 지식의 지평을 열어낸 인물이다. 특히 세종 이후 단절되었던 성운학과 운도에 대한 연구와 훈민정음이라는 주체적인 민족문자에 대한 연구 시야를 확대해낸 것이다. 그러나 근본적으로 여암의 사상은 역상, 천문, 지리, 문학 등 폭넓은 지식에 관심을 두고 있었지만 그의 학문적 기초는 역시 성리학과 주자학 그리고 장자에 이르는 전통적 유학의 틀을 크게 벗어나지 않았다. 어떻게 보면 숙종조 명곡 최석정과 유사한 정통 정주학의 회귀를 꿈꾸었던 인물로 평가할 수 있을 것이다.

이상의 여암 신경준의 연보를 요약하면 다음과 같다.[28]

01세 1712년 4월 15일(숙종 38) 순창(淳昌) 남산 구제(舊第)에서 아버지 신뢰(申洡, 1689~1737)공과 어머니 한산이씨(韓山李氏, 1688~?) 사이에 2남 3녀 중 큰 아들로 태어나다.

07세 1718년(숙종 44) 「용기부(龍旂賦)」를 짓다.

08세 1719년(숙종 45) 학업을 위해 상경하다.

09세 1720년(숙종 46) 강화에 가다. 부모를 생각하며 「비사곡(悲思曲)」을 짓다.

12세 1723년(경종 03) 고향 순창으로 돌아와 15년 동안 고향에서 살았다.

18세 1729년(영조 05) 「농구(農謳)」를 짓다.

19세 1730년(영조 06) 「유자음(遊子吟)」을 짓다.

21세 1732년(영조 08) 서울과 호서(湖西)를 오가며 과거준비를 위한 공부를 하다.

26세 1737년(영조 13) 부친이 돌아가셨다.

27세 1738년(영조 14) 모친을 모시고 소사(素沙)로 옮긴 후 「소사문답(素沙問答)」을 짓다.

29세 1740년(영조 16) 「채포인(菜圃引)」을 짓다. 소사에서의 생활과 물경을 소재로 「소사감회(素沙感懷)」를 짓다.

30세 1741년(영조 17) 직산(稷山)으로 거처를 옮기다. 「비서(稷書)」를 저술하다. 부인상을 당하다.

33세 1744년(영조 20) 순창으로 돌아가다. 향시에 합격하였으나 지리산을 유람하느라 두 번째 단계의 시험인 회시에 참가하지 못하다. 11월, 20세 전에 지었던 고체시를 산정하여 정리해 두다.

---

28) 신헌구(申獻求) 엮음 행장(『여암전서』)과 홍양호(洪良浩) 엮은 묘비명, 『남산구려기(南山舊廬記)』, 『조선왕조실록』 등을 바탕으로 고령신씨대종회와 고전번역원 등에서 작성한 연표 가운데 공적인 내용만 보완하고 다듬은 것이다.

37세 1748년(영조 24) 모친 상을 당하였다.

39세 1750년(영조 26) 한자의 운도를 훈민정음으로 풀어낸『저정서(邸井書)』, 일명『운해 훈민정음』(『훈민정음운해』)를 저술하다.

43세 1754년(영조 30) 봄, 홍양호가 과거시험을 관리하던 증광시 향시에서 '차제책(車制策)'으로 급제하다. 여름, 두 번째 시험인 회시에 합격하자 서울로 홍양호를 찾아가 교분을 맺다. 승문원에 등용되었다.

46세 1757년(영조 33) 휘릉(徽陵) 별검(別檢)이 되다. 성균관 전적을 거쳐 예조와 병조의 낭관으로 임명되다.

49세 1760년(영조 36) 사간원 정언이 되다. 이어 이조의 낭관을 거쳐 사헌부 장령이 되다.「첨학정십경(瞻鶴亭十景)」을 짓다.

51세 1762년(영조 38) 서산(瑞山) 군수가 되다.

52세 1763년(영조 39) 충청 도사가 되어 시험을 담당하다. 도관찰사의 요청으로 어려운 재판을 해결하다. 정언에 제수되다.

53세 1764년(영조 40) 공물을 배로 나르는 일을 감독하다. 9월, 사헌부 장령이 되다. 겨울, 장연(長鬝) 현감이 되다.

54세 1765년(영조 41) 2월, 임금의 뜻을 받들어「민은시(民隱詩)」를 지어 올리다. 사간원 헌납이 되고, 곧이어 통례랑이 되었다.

56세 1767년(영조 43) 사간원 사간이 되었으나 외방에 있어 임금의 긴급 명령에 참석하지 못한 일로 민천(沔川)에 유배되다.

58세 1769년(영조 45) 4월, 사간이 되다. 종부시(宗簿寺) 정(正)이 되다. 명을 받들고 강화에 가서 왕실의 선원각(璿源閣)을 수리하다. 홍봉한(洪鳳漢)의 천거로 비국 낭청이 되다.『여지편람(興地便覽)』을 감수하다.

59세 1770년(영조 46) 장악원 정(正)이 되다.『동국문헌비고』를 편찬할 때에『여지고』 27권의 편찬을 담당하다. 특별히 동부승지로 승진하고, 이어 병조참지가 되다. 최익남(崔益男)의 상소와 관련되어 은진에 유배되었다가 곧 수원으로 이배되다. 『여암전서』[29]에 수록되어 있는『도로고(道路考)』를 지었다. 이『도로고』는 어로, 육대로, 사연로, 해로 등 영조대 당시의 전국 도로에 대한 정보를 담고 있다. 특히 전국 도로 교통망의 거리를 표시한 지도로 후대『도로표』,『정리표』, 『산리고』 등의 모델이 되었다.

---

29) 1910년에 신경준 후손 신익구(申益求)가 간행한『여암유고(旅菴遺稿)』13권 5책의 목활자본과 1939년 5세손 신재휴(申宰休)가 편집하고 정인보(鄭寅普)와 김춘동(金春東)이 교열하여 간행한『여암전서』20권 7책의 신연활자본에 아직 간행되지 않은 여러 저서를 보태어 영인한 것이다.『여암전서』2권에 조선어학회 활자본이 영인본이 포함되어 있다.

60세 1771년(영조 47) 봄, 다시 승지가 되고, 곧 북청 부사가 되다.

62세 1773년(영조 49) 좌승지가 되었다가 곧 강계 부사가 되다. 가을, 순천 부사가 되다.

63세 1774년(영조 50) 여름, 제주 목사가 되다.

64세 1775년(영조 51) 과일 공납을 늦게 하고 제술(製述) 장계를 올리지 않은 일로 파직되었다.

68세 1779년(정조 03) 영조가 승하하고 애도 기간이 끝나자 순창 남산리로 돌아가다. 「은진정팔경(蘊眞亭八景)」을 짓다.

69세 1780년(정조 04) 세 차례 승선(承宣) 벼슬에 임명되었으나 상소를 올리고 나가지 않다. 「소충십장(小蟲十章)」을 짓었다.

70세 1781년 5월 21일 졸하다.

1910년(순종 04) 목활자로 문집을 간행하다.(홍양호 서)

여암의 생애에 대해 일별해 보았다. 특히 이계 홍양호는 『여암유고』 서와 「묘갈명」에서 "신 순민은 천하에 뛰어난 선비로 그 학문은 막힘이 없었고 그 재주는 크게 뛰어났지만 그를 알아주는 군주를 못 만난 것을 애석하게 여긴다"고 말한 것과 같이 조선 영정조 시기에 신유학으로의 귀환을 알리는 실학과 다양한 사조들이 혼류된 시대에 높은 벼슬에 오르지는 못했으나 뛰어난 실학적 박물학자 가운데 한사람이다.

특히 신경준은 소론을 중심으로 한 강호학파와 양명학의 영향권 아래에 있었던 명곡 최석정과 그리고 병와 이형상과 포암 박성원, 이계 홍양호에 이어 『저정서』라는 훈민정음 연구와 훈민정음을 이용한 운도를 작성한 학술적인 성과를 남겼다.

그가 남긴 『저정서』는 훈민정음 연구사적인 측면에서 크게 두 가지 가치를 지니고 있다.

첫째, 세종이 창제한 '훈민정음'의 최초 연구서는 세종과 집현전 학사들이 지은 『훈민정음 해례』이며, 그후 숙종 대 명곡 최석정의 『경세훈민정음』과 신경준의 『저정서』로 이어진다. 특히 신경준의 훈민정음 연구 성과는 초성과 중성 모두 계열적 통합적 가획에 의한 상순설(象脣舌)을 주장한 점이다. 오늘날 훈민정음이 변별적인 문자라고 평가를 한 근거를 마련한 셈이다.

둘째, 신경준의 『저정서』의 후반부를 차지하고 있는 운도인 「개합사장」은 기존의 운서와 운도를 활용하여 18섭을 4등(開合四聲)으로 압축한 매우 독창적인 운도이다. 『저정서』의 이론적 바탕이 된 소옹의 『황극경세서』와 주돈이의 『태극도설』의 사상을 기초로 하여 역학의 원리로 세상 만물의 원리를 파악하고자 하였다. 또한 오행, 오방 사상의 바탕에는 음양과 율려를 양의로 나누고 다시 사상과 팔괘로 순환적 사물 생성의 원리를 규명한 바탕으로 만들어진 중국의 『운경』, 『칠음략』, 『사성등자』, 『절운지장도』, 『경사정운절운지남』 그리고 청대의 『강희자전』에 실린 「음운천미(音韻闡微)」의 체제를 비판적으로 수용하였다. 정음·정성 곧 성음의 교화 사상에 깊은 이해없이는 『저정서』를 결코 쓸 수 없었을 것이다. 곧 성음은 예악과 긴밀한 관계에 있으며, 이를 바르게 함으로서 민풍교화가 가능하다고 믿고 있었던 것이다. 이러한 전통은 명곡과 그 뿌리를 함께 하고 있다.

『황극경세서』 「찬도지요」 하에 종(鍾) 씨는 성음이 지방에 따라 달라서 동쪽의 소리는 치설(齒舌)에 있고 남쪽의 소리는 순설(脣舌)에 있으며, 서쪽의 소리는 악설(腭舌)에 있고 북쪽의 소리는 후설(喉舌)에 있듯이 풍토에 따라 특히 치음과 설음 순음의 차이가 많음을 설명하면서 소옹이 말한 성음의 생성 원리를 부연하고 있다.

"아! 성음이 생겨난 지 오래되었다. 반드시 사람을 기다린 뒤에야 바르게 됨이여! 사람이 능히 바르게 하면 다시 기다림이 있으리요! 그 설을 안다는 것은 처지의 도를 따르는 것이요, 사사로운 것이 아니어야 비로소 더불어 성음(聲音)에 대해 말할 수 있다. 하늘에는 음양(陰陽)이 있고 땅에는 강유(剛柔)가 있으며, 율(律)에는 벽흡(闢翕)이 있고 여(呂)에는 창화(唱和)가 있다. 일음(一陰)과 일양(一陽)이 교합하면 일(日)·월(月)·성(星)·신(辰)이 갖추어지고, 일유(一柔)와 일강(一剛)이 교합하면 금(金)·목(木)·수(水)·화(火)가 갖추어진다. 그리하여 온갖 형체가 이루어진다. 평(平)·상(上)·거(去)·입(入)이 갖추어지면 온갖 성(聲)이 생겨난다. 율(律)은 하늘을 따라 변하고 여(呂)는 땅을 따라 변화한다. 벽(闢)은 양(陽)을 따라 생기고 흡(翕)은 음(陰)을 따라 들어간다. 창(唱)은 강(剛)을 따라 위로 오르고 화(和)는 유(柔)를 따라 아래로 간다. 그러한 연후에 율려(律呂)가 음(陰)을 따르고 궁(宮)·치(徵)·각(角)·우(羽)의 도리가 각각 바름을 얻게 된다. 양(陽)은 일(日)을 생성하고 음(陰)은 월(月)을 생성하며, 강(剛)은 성(星)을 생성하고 유(柔)는 신(辰)을 생성한다. 강(剛)은 금(金)을 생성하고 유(柔)는 토(土)를 생성하며, 양(陽)은 화(火)를 생성하고 음(陰)은 수(水)를 생성한다. 일(日)·월(月)·성(星)·신(辰), 금(金)·토(土)·화(火)·수(水)가 천지의 바름이다. 이로써 율려(律呂) 성음(聲音)의 도리가 천지를 행함을 알 수 있으며, 일(日)이 목(目)을 생성하고 월(月)이 이(耳)를 생성하며, 성(星)이 비(鼻)를 생성하고 신(辰)이 구(口)를 생성한다. 금(金)이 기(氣)를 생성하고 토(土)가 미(味)를 생성하며, 화(火)가 색(色)을 생성하고 수(水)가 성(聲)을 생성한다. 이(耳)·목(目)·구(口)·비(鼻)와 기(氣)·미(味)·색(色)·성(聲)의 바름이 사람 도리의 바름이다. 율려 성음의 도리가 인사(人事)를 행함을 알 수 있다."30)

이와 같이 사람의 성음도 음양의 양의에서 사상과 팔괘로 나아가서 64괘로 확대되듯이 운모는 개·합으로 성모는 청·탁의 배합에 따른 반절도 형식으로 한자음의 운도를 제시하였다. 곧 세로에는 개합으로 흡벽과 같은 입의 모양을 곧 열고 닫힘으로 구분하고 가로로는 청탁에 의해 성모를 배열하는 소옹이 말하는 「경세성음창화도전수도」와 같은 운도를 작성하였다. 그런데 신경준은 운모를 개구·제치·합구·촬구 등으로 구분하여 4등으로 요약하여 「개합사장」이라는 운도를 만들어낸 것이다. 이러한 근본 원리는 『성리대전』에 실린 소옹의 『황극경세서』를 이용한 것이다.

3. 여암의 유고와 저술

여암의 유고와 저술에 대해 살펴보자. 강신항(1967:1~2)은 현재 전하지 않는 업적을 포함하여 여암의 유고와 저술을 아래와 같이 정리하여 소개하고 있다.

> 『운해훈민정음(韻解訓民正音)』(세칭 훈민정음운해(訓民正音韻解)), 행장에는 『오성운해(五聲韻解)』, 『거제책(車制策)』, 『의표도(儀表圖)』, 『부앙도(頫仰圖)』, 『강계지(疆界志)』, 『산수경(山水經)』, 『도로고(道路考)』, 『산수위(山水緯)』, 『평측운호거(平仄韻互擧)』, 『사연고(四沿考)』, 『병선제(兵船製)』, 『일본증운(日本證韻)』, 『언서음해(諺書音解)』(유고 목록과 서에는 『동음고(東音考)』), 『소사문답(素沙問答)』, 『직서(稷書)』, 『수차도설(水車圖說)』, 『장자변해(莊子辨解)』, 『논선거비어(論船車備禦)』

신헌구(申櫶求, 1823~1902)가 「행장」에 열거하고 있는 신경준의 저서로는 천문 분야

---

30) 『황극경세서』 「찬도지요」 하.

의 『의표도(儀表圖)』, 『부앙도(頫仰圖)』, 지리 분야의 『강계지(彊界志)』, 『산수경(山水經)』, 『도로고(道路考)』,31) 언어문자 분야의 『일본증운(日本證韻)』, 『언서음해(諺書音解)』, 『오성운해(五聲韻解)』, 철학 분야의 『소사문답(素沙問答)』 등이 있다. 이 밖에 『여암유고(旅菴遺稿)』와 『여암전서(旅菴全書)』에 제목만 수록된 『동운해(東韻解)』, 『사연고(四沿考)』, 『병선제(兵船製)』, 『태정금인(泰定琴引)』, 『해주시해(解嗣揚解)』, 『순원화훼잡설(淳園花卉雜說)』, 『가람고(伽藍考)』, 『시칙(詩則)』32) 등을 통해서도 신경준의 학문적 관심의 폭을 짐작할 수 있다.33) 이들 저술에 대한 개별적인 조사와 연구는 후일을 기약한다. 다만 여암 신경준의 유고는 『여암집』, 『여암유고』, 『여암전서』, 『여암산고』, 『여암수필유고』 등이 있는데 이를 중심으로 살펴보자.

1) 『여암집(旅菴集)』

현재 규장각에 소장되어 있는 『여암집』(奎2440)(가람 일사문고본)은 필사본으로 8권 4책 괘선인사본(罫線印寫本)으로 홍양호의 서가 있다. 원책에는 시와 가승, 형책에는 묘갈류와 기, 서 등이 있으며, 정책에는 잡저로 구성되어 있다.

『여암집』의 홍양호의 서문에는 "공이 몰한 뒤 공의 사위 이영갑(李永甲)이 유고를 가지고 와서 서문을 써줄 것을 요청하였다. 유문을 전부 살펴보니, 그 가운데 전할 만한 것이 10에 7, 8은 되었다."고 하였고, 홍양호의 『묘갈명』에서는 사위 이영갑과 문인 류숙지가 묘갈명을 부탁하였다고 하고는, "공의 문장에 대해선 내가 전에 그의 유집에 서문을 썼으니 여기서 더 이상 논하지 않겠다."고 하였다.

이 책을 편찬하기 위해 유문을 수습하고 편찬하는데 사위 이영갑을 비롯한 저자의 문인들 및 홍양호가 주축이 되었음을 알 수 있다. 그리고 홍양호(洪良浩, 1724~1802)가 서문을 쓴 때는 그가 동지사(1782)로 연경을 다녀온 이후이고, 묘갈명은 그보다 이후에 씌여진 것으로 미루어 대략 18세기 말경에 문집 간행을 위한 준비가 완료되었다.

31) 류명환, 『도로고』, 도서출판역사문화, 2014.
32) 정대림, 『조선시대 시와 시학의 현장』, 태학사, 2014. 정대림(21014:458~461)은 『시칙』에 대해 소개하고 있다. 이 책은 영조 10(1734)년 갑인년 신경준이 23세 되는 해에 어린 학생이 시가 무엇인지 묻기에 그에 답하기 위해 지은 시론으로 그의 독자적인 견해를 기술한 것이라기보다 고서나 사우들 사이에 논의되던 시론을 종합하여 저술한 책이다.
33) 배윤덕(2005:15)은 신경준의 어문학 관련 저술 가운데 행장에서 말하는 『오성운해(五聲韻解)』를 『저정서』와 동일한 것으로 파악하고 있으나 이는 불확실하다.

18세기 말경에 이『여암집(旅菴集)』이 필사본으로 만들어진 것으로 추정된다. 현재 규장각에 소장되어 있는『여암집』(奎2440)은 전 8권으로 부록과 합하여 4책으로 되어 있다. 목판본으로 출간하기 위한 괘선인사본으로 사주단변, 반엽광곽은 26.2×17.1cm이며 유계, 10행 20자이며, 판심은 상하문어미이며, 책의 크기는 33.6×21.5cm이다.

2)『여암유고(旅菴遺稿)』

『여암유고』는 1910년 4세손 신익구(申益求)(은구, 澱求)와 5세손 신기휴(申冀休)가 쓴 두 편의 발문과 예조 판서 신헌구(申櫶球)가 쓴 행장을 모아서 간행하였다. 이에 따르면 여암의 증손 신병모(申秉模)가 신헌구에게 여러 차례 행장을 써줄 것을 청하는 등 적극적으로 유문의 간행을 추진하였으나 그의 생전에는 뜻을 이루지 못하였고, 사후에 신익구와 신기휴 및 신경우(申瓊雨), 신상휴(申庠休), 신재휴(申幸休) 등 후손들을 중심으로 작업이 이루어져 5권 3책의 23.6cm×16.9cm 크기인 목활자로 3개월 만에 인쇄를 마치고 1910년 4월에 간행하였다. 이 초간본『여암유고』는 신기휴의 발문에 따르면 여암이 남긴 많은 저작들이 일실되어 소차(疏箚)는 한 편도 남아 있지 않고, 『부앙도(頫仰圖)』, 『의표도(儀表圖)』, 『강계지(彊界誌)』, 『도로고(道路考)』, 『사연고(四沿考)』, 『동음해(東音解)』, 『오성운해(五聲韻解)』, 『산수경(山水經)』, 『소사문답(素沙問答)』, 『일본증운(日本證韻)』, 『차선제(車船制)』와 같은 저자의 주요한 저작원본들이 거의 대부분 유실되었다는데 남아 있는 저작들도『소사문답』외에는 간행되지 못하였다. 현재 이 초간본은 서울대학교 규장각(일사 古819.54-Si61y, 가람 古819.54-Si61y), 성균관대학교 중앙도서관(D3B-704, 존경각고서, 13권 5책, 31.7cm×21.0cm)와 연세대학교 중앙도서관에 소장되어 있다.[34]

3)『여암전서(旅菴全書)』

『여암유고』의 중간으로『여암전서』가 간행된 것은 1939년이다. 앞서 초간본 작업에 참여한 바 있는 5세손 신재휴가 흩어진 유문을 다시 수집하여 편찬하고 정인보(鄭寅普)와 김춘동(金春東)이 교열하여 신조선사에서『여암전서(旅菴全書)』란 제하에 17권 7책

---

34) 고려대학교 중앙도서관(D1-A582)본은 13권 5책, 사주쌍변 반곽 28.2cm×16.0cm, 유계, 10행 21자 소자쌍행, 상하백구, 상하내향화문어미, 32.0cm×20.8cm 크기이다. 서문은 豊山洪良浩漢師序, 발문은 庚戌(1910)四月上旬玄孫益求謹跋, ...庚戌(1910)四月上旬五世孫箕休謹跋와 零本3冊이 소장되어 있다.

의 연활자로 간행하였다. 이 책에는 기존에 간행되지 못했던 별저류로 채워져 있는데, 특히나 일실되었던 저작들을 찾아 수록하는데 주의를 기울였던 듯하다. 맨 앞에 권1, 2, 3을 비워놓고 권4부터 시작하여 권차는 20권까지 되어 있으나 실제 간행은 17권만 나와 있는 것도 그런 흔적의 하나인데, 『의표도(儀表圖)』나 『부앙도(頫仰圖)』, 『저정서』 같은 것은 찾는 대로 간행하려는 의도라고 하겠다. 이 책에서 권4~7은 『강계고(疆界考)』, 권8~9는 『사연고(四沿考)』, 권10~15는 『산수고(山水考)』, 권16은 『가람고(伽藍考)』, 권17은 『군현지제(郡縣之制)』, 권18은 『거제책(車制策)』, 권19는 『논선차비어(論船車備禦)』, 『수차도설(水車圖說)』, 권20은 『소사문답(素沙問答)』, 『장자변해(莊子辨解)』인데, 이 중 『소사문답(素沙問答)』과 『거제책(車制策)』의 일부를 제외하고는 초간본에 수록되지 않은 것들이다. 이 중간본은 현재 고려대학교 중앙도서관(D1-A170), 연세대학교 중앙도서관에 소장되어 있다.35) 1976년에는 『여암전서』는 영인본 2책으로 경인문화사에서 영인하여 출간하였다.

4) 『여암산고(旅菴散稿)』와 『여암수필유고산수편(旅菴手筆遺稿山水篇)』

이 밖에 신경준의 필사본으로 남겨진 것으로 『여암산고』와 『여암수필유고산수편』이 있다. 시와 서기 등의 내용이 담긴 규장각에 소장된 1책짜리 『여암산고』(古0320-20)에는 1932년에 정인보(鄭寅普) 소장본을 등사했다는 인가(印記)가 있다. 지리 관계 원고들로 이루어진 『여암수필유고산수편』은 3권 3책으로 고려대학교 중앙도서관에 소장되어 있다.

5) 기타 여암의 저술

신헌구(申櫶求)가 쓴 여암의 행장에 앞서 언급한 저술 외에도 한서 천문지와 같은 종류의 『의표도(儀表圖)』, 『부앙도(頫仰圖)』와 주관(周官)의 『직방도(職方圖)』와 같은 종류의 『산수경(山水經)』 등이 있는 것으로 알려져 있다. 문자와 언어에 대한 저술로 『일본증

---

35) 연세대학교 중앙도서관에 소장되어 『여암전서(旅菴全書)』는 申景濬(朝鮮) 著 ; 申宰休 編 ; 鄭寅普, 金春東 同校 로 新鉛活字本으로 京城[서울] : 新朝鮮社, 昭和 14[1939]이며 14卷 6冊(缺帙): 四周雙邊 半郭 20.2×12.6cm, 有界, 13行28字 註雙行, 上下向黑魚尾; 26.1×16.8cm 卷4-7, 疆界考. 卷8-9, 四沿考. 卷10-15, 山水考. 卷16, 伽藍考. 卷17, 郡縣之制 行狀(申獻求 撰), 申善永墓誌銘·申善溥墓誌銘·申洙墓誌(申景濬 撰) 등에 의함 편찬 및 간행.

운(日本韻韻)』, 『언서음해(諺書音解)』, 『오성운해(五聲韻解)』가 있다고 기록되어 있다. 특히 현재 전하지 않는 『일본증운』, 『언서음해』, 『오성운해』는 훈민정음과 성운학 연구서로 추정된다.

신경준이 성운학적 관심이 컸던 이유가 어디에 있을까? 일찍 지리지에 대한 관심을 가졌기 때문에 지명의 고증은 필수적인 일이 아닐 수 없었을 것이다. 그러기 위해서는 운서, 금석, 이두 등의 자료를 통해 지명을 비정하는 과정에서 운학에 대한 관심으로 발전되었을 것으로 추정된다. 그리고 숙종 조 당대의 시류로 명곡 최석정과 병와 이형상 이후 새롭게 운학과 자학에 대한 연구의 확산이 그 한 가지의 이유라고 할 수 있다. 여암의 『강계지』 서문에

"우리나라 사람들이 글자를 읽을 때는 음(음은 글자를 음대로 읽는 것이다.)과 뜻(뜻은 글자를 해석한 것으로 곧 우리말이다.)이 있다. 그래서 이름에는 음과 뜻 두 가지를 쓰는 경우가 있는데, 마치 현(縣) 중에 사평(沙平)·신평(新平), 고개 중에 계립(雞立)·마골(麻骨)과 같다.(우리말에서는 사(沙)의 음이 신(新)과 같이 해석되고, 마골은 계립과 같은 소리로 불린다. 예전에 뜻으로 불리던 것이 지금은 음으로 불리는 것이 있는데, 마치 덕물(德勿)이 덕수(德水)가 되고 삼자(三岐)가 마장(麻杖)이 되는 것과 같다.(모두 현의 명칭이다. 우리말로 수(水)는 물(勿)이고, 마(麻)는 삼(三)이다.) 예전에 음으로 불리던 것이 지금은 뜻으로 불리는 것이 있는데, 마치 설림(舌林)이 서림(西林)(현 이름)이 되고, 추화(推火)가 밀성(密城)이 되고, 물노(勿奴)가 만노(萬弩)(모두 군의 명칭이다. 우리말에서 설(舌)은 서(西)로 부른다. 추(推)가 뜻이고 그 소리는 밀(密)이다. 물(勿)은 뜻이고 그 소리는 만(萬)에 가깝다.)가 된 것이 모두 그런 종류이다. 간혹 사투리가 섞여서 사용되거나 혹은 우리말이 와전되어 사용되고 그 이름이 현란하게 변천된 것이 있는데, 마치 량(良)과 라(羅)를 같이 사용하고, 쇼(昭)와 조(柞)를 같이 사용하고 사투리에서는 량의 음을 라와 같이 사용하거나 쇼의 음을 조와 같이 사용한다. 아슬라쥬(阿瑟羅州)의 라를 량으로 쓰기도 하고, 가조현(加阼縣)의 조를 소로 쓰기도 한다. 성(省)이 소을(所乙)이 되고 우리말에서 성(省)은 쇼(所)로 쓴다. 마치 소부리(所夫里)는 성진(省津)으로 쓰고, 또 속음에서 소(所)와 쇼(蘇)를 같이 쓰는 것과 같다. 그래서 매성군(買省郡)은 내소군(來蘇郡)으로 쓰고, 성대군(省大郡)은 소태군(蘇泰郡)으로 쓴다. 소는 지금 소을로 바꾸어 쓰는데, 마치 지금 영남의 성현(省峴)을 소을현(所乙峴)으로 부른 것과 같다. 사물의 명칭에 대해서는 소성(梳省)을 소소을(梳所乙)로 부르는 것과 같다. 량(梁)이 도을(道乙)이 되고 우리말에서 량은 도(道)라고 한다. 진한의 마을 이름에 사량(沙梁)이 있는

데 사도(沙道)라 한다. 그런데 도(道)는 지금 도을(道乙)로 바뀌었다. 야(野, 들)가 화(火, 벌)가 되는 우리말에서 야는 벌(伐)로 부른다. 벌이 불불(不不)로 바뀌었는데 따라서 화가 된다. 마치 골벌국(骨伐國)이 골화국(骨火國)이 되고, 구벌성(仇伐城)이 구화현(仇火縣)이 되는 것과 같다.[36)]

위의 예문에서 지명의 음차와 훈차의 방식을 세 가지로 구분하여 설명하고 있다. 곧 음과 훈을 같이 읽는 방법, 훈과 음을 대응하는 방법, 음과 훈을 대응하는 방식에 대한 설명과 함께 음과 훈이 달라지는 예들도 함께 설명하고 있다. 이처럼 여암은 지명의 표기 방식에 대한 지식이 언어 문자에 대한 관심으로 발전하였음을 알 수 있다. 여암의 지리 저서인 『여지고』나 『강계고』에서 지명에 대해 다음과 같이 생각하고 있었다.

"생각컨대 신라의 방언에 '야(野)'는 '벌(伐)', '화(火)'는 '불(弗)'이다. '벌'과 '불'은 음이 서로 비슷하기 때문에 '벌'이 바뀌어 '불'로 되었고 '불'을 쓸 때는 '화'가 되었다. 신라 지명에서 '화(火)'로 부르는 것이 많은데, 실제로 '야(野)'를 가리키는 이름이다."[37)]

"신라인들은 '탁(啄)'의 음을 읽을 때 '도(道)'로 한다. 그래서 '사탁(沙啄)'은 또한 '사량(沙梁)'이라고 쓴다. 지금은 변하여 '도을(道乙)'로 되었다."

이처럼 여암은 중국 상고 한자음에 대한 일정한 소양이 있었던 것이다. 따라서 그

---

36) "東人讀字 有音[音 字音也] 有釋[釋 字解也 即方言] 故有其名之以音釋二行者 如縣之沙平 新平 嶺之雞立麻骨[方言沙之音與新之釋同 呼麻骨爲雞立]有古以釋而今以音者如德勿之爲德水 三岐之爲麻杖[皆縣名 方言呼水爲勿 呼麻爲岐]有古以音而今釋者如舌林之爲西林[縣名] 推火之爲密城 勿奴之爲萬弩[皆郡名 方言呼舌爲西 推之釋 其聲爲密 勿之釋 其聲進萬] 皆類音也. 或雜以俚俗字音 或由於方言訛傳 而有其名之眩亂變遷者 如良與羅同召與祚同[俚俗良字之音同羅 召字之音同祚 如阿瑟羅州之羅亦作良加祚縣之祚本作召] 如省之爲乙[方言呼省爲所 如所夫里爲省津 又俗音所與蘇同 故買郡爲來蘇郡 省大郡爲蘇泰郡 所今轉爲乙如今嶺南之省峴 稱以所乙峴 至於物名梳省亦稱以梳所乙]梁之爲道乙[方言呼梁爲道 如辰韓里名沙梁 稱以沙道 而今道今轉爲道乙] 野之爲火[方言呼野爲伐 伐轉爲不 因以爲火 如骨伐國爲骨火國 仇伐城爲仇火縣] 亦其類也", 『강계지(疆界誌)』 서(序). 서문 해석은 류명환(2014: 42~44)의 해석을 다시 인용했다.

37) "按新羅方言野謂之伐 火謂之弗伐, 弗音相似, 故伐轉而爲弗, 弗書之則爲火也. 新羅地名多稱火, 其實指野爲名者也"(『강계지』 新羅國 疆界音汁伐國).

가 작성한 운도에 성모 체계도 굳이 『고금운해』 계열의 36자모체계로 분석했던 이유는 비록 이상적이더라도 가급적 중고한자음 이전의 한자음으로 실현시키기 위한 배려라고 볼 수 있다. 여암은 올바른 한자음을 표기할 수 있는 운도를 작성하기 위하여 훈민정음을 이용하고 응용하였지만, 「개합사장」 부분에서는 훈민정음 창제 이후 『훈민정음 해례』의 상형설을 초성과 중성의 자형 기원이 동일한 'ㅇ(태극, 궁)에서 모음은 ·(天), 자음은 ㅇ(아음)에서 각각 출발하는 상순설을 전개 발전시킨 점이 주목된다. 여암이 주장한 독창적인 이론 가운데 특징적인 것으로 다음과 같은 것을 들 수 있다. 설두음과 설상음 문자를 『사성통해』와 마찬가지로 설정하였고, 우리나라 서북인이 설상음인 지(知)·철(徹)·징(澄)·양(孃)음을 많이 사용한다고 하였다. 초성자의 자형을 오행상형과 순설작용 상형의 두 가지 상형설로 설명하였다. 『훈민정음』 「제자해」에서 설정한 기본문자인 ㄴ, ㅁ, ㅇ과는 달리, 초성의 기본문자로서 ㆆ, ㄴ, ㅁ, ㅅ, ㅇ을 설정하였는데, 이것을 기초로 해서 다양한 자모가 만들어졌다는 설명은 『훈민정음 해례』의 「제자해」와 상당히 다른 관점임을 보여주고 있다. '··' 모음 글자를 설정하여 이 음이 방언(으물-)에만 존재한다고 하였다. 모든 모음자는 ㅇ(태극, 궁)·→ㅡ, ·· → ㅣ의 단계를 거쳐 ㅡ, ㅣ의 결합으로 형성된다고 하였는데 자음도 모음도 모두 ㅇ(태극)에서 시작된 것이라 설명하고 있다. 모음자를 32자로 설정하고, 18섭으로 구분한 운모를 다시 개구·제치·합구·촬구 사등으로 분류하였다.

여암은 중고 중국어 성모체계를 받아들인 이유가 여기에 있었던 것이 아닌가. 12세기 이전에 존재했던 36성모 체계를 운도에 담아내려고 했던 까닭이 중고한자음의 설명을 위한 조치였던 것으로 보인다. 여기에 따라 순음에서 중순음과 경순음, 설음에서 설두음과 설상음, 치음에서 치두음과 정치음까지 절운계 운서의 체계에 맞추어 훈민정음 자모를 추가로 만들었던 것이다. 여암은 한자음을 표시하는 운도를 작성함에 있어서, 운도의 본보기는 소옹의 『황극경세성음도』에서 취하고, 여기의 한자음을 정확하게 표기할 수 있도록 훈민정음에 손질을 가하였다. 그 뒤의 「훈민정음도해」 부분은 순전히 훈민정음에 관한 문자론인데, 우리 문자를 중국과 달리 초·중·종 삼성으로 분류하여, 이에 관하여 자세히 논하였다. 그 문자론의 기초가 된 것은 역학의 상순설이었고, 훈민정음에 관한 설명을 권두의 「경세성음수도」에 배열된 한자음과 부합시키려고 하였다. 마지막 부분에 중국 운학 일반에 대하여 언급하고, 「경세성음수도」·「초성해」·「중성해」·「종성해」에서 여러 가지로 설명하였던 이론을 기초로 하여 한자 음운도인 「개합사장」을 제시하였다. 그리고 부록으로 조선운과 일본운의 차이에 대해서도 언급하였다.

특히 여암의 운학이론은 현대 구조언어학에 맥락이 닿을 만큼 체계적인 입장을 취하고 있다. 여암이 39세에 지은 『저정서』는 훈민정음이 창제된 이후 명곡 최석정과 더불어 이 훈민정음을 체계적으로 연구한 결과이며, 이를 토대로 하여 당시 이상적인 중국 중고 한자음으로의 통일을 위한 운도인 「개합사장」을 저술하였다. 훈민정음 연구사에서 되짚어 보아야 할 그의 핵심적인 연구 성과는 다음과 같다.

첫째, '훈민정음'에 없던 ·의 j상향이중모음인 새로운 문자 ··를 창안해냈다.[38] 이미 『훈민정음 해례』「합자해」에서 '아이들의 말(兒童之言)'이나 '변두리 이어(邊野之語)'에서 사용된다고 언급되었으나 여암은 이를 체계적 구조적인 관점에서 상형의 [· : ㅓ]와 [·· : ㅣ]대립 짝으로 인식하였다.

둘째, 명곡 최석정과 더불어 여암도 훈민정음이라는 문자의 우수성을 역설했다. 「초성해」의 「자모분속」에서 "훈민정음의 문자의 이치를 능히 그 예를 미루어 선용한다면 비단 36자모에만 그치는 것이 아니라 그 변통이 무궁한 것(正音之理 有能推例善用 則不止三十六母而變通無窮矣)"이며 배우기가 쉬운 표음적 음소문자임을 강조하고 있다. 한마디로 말해서 훈민정음을 모든 소리를 다 나타낼 수 있는 '성음대전'으로 규정하였다.

셋째, 우리나라 한자음에서도 ㄷ-구개음화의 실현이 방언적 차이를 보이고 있음을 증언하고 있다. 「초성해」의 「변사」에서 "우리나라의 설음(ㄷ, ㅌ, ㄴ)과 치음(ㅈ, ㅊ, ㅅ) 제치·촬구의 중성(ㅑ, ㅕ, ㅛ, ㅠ) 등과 결합될 때 대개 서로 구별될 수 없게 발음하는데 관서, 영남 사람들은 설음을 많이 쓰고, 호남·호서 사람들은 치음을 많이 쓰기(東方則於舌 齒音之得齊齒 撮口中聲者 多不能分 而關西 嶺南多用舌音 湖南湖西多用齒音) 때문에 아직도 관서와 영남 사람들은 ㄷ-구개음화를 모른다고 한다. 그래서 이러한 이음도 적을 수 있는, 곧 설상음 설두음과 구별하기 위해 새로운 설상음의 문자 ㅊ, ㅌ, ㅛ를 만들었다.

넷째, 여암은 아마도 『훈민정음 해례』를 보지 못한 것 같다. 그러나 세종 당시 집현전 학사들에 버금가는 성운학적 지식, 특히 운도에 깊은 지식을 가지고 나름대로

---

38) "·, ㅡ가 ㅣ에서 일어나는 것은 중앙어에서 쓰이지 않는다. 아동들의 말이나 변야(邊野, 변두리 낮은 곳, 방언)의 말에 간혹 있으니 마땅히 두 글자를 합해서 쓰되 기 긔 따위와 같다. (·ㅡ起 ㅣ 聲°於國語無用。兒童之言°邊野之語°或有之°當合二字而用°如기긔之類)", 『훈민정음 해례』「합자해」참고.

훈민정음을 재해석한 능력을 가지고 있었다. 그 예로 초성의 오음 분류 방식이 훈민정음의 '아-설-순-차-후'이었는데 여암은 이를 조음 위치를 기준으로 하여 '후-아-설-차-순'으로 배치하는 등의 차이를 보여주고 있다.[39] 또『훈민정음 해례』의 오음에 궁(宮)-순(脣)음을, 우(羽)-후(喉)음의 배치와는 달리 궁(宮)-후(喉)음을, 우(羽)-순(脣)음으로 배당하고 있다.

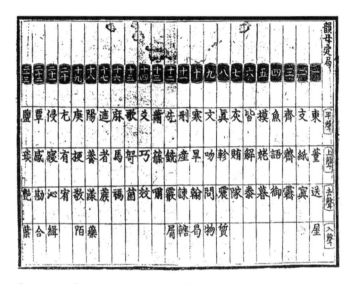

『사성통해』의 「정국운모(定局韻母)」사성에 따른 운모 23자

다섯째, 여암은 「개합사장」에서 운도의 운모 분류 방식을 섭(攝)[40]의 분류에서 18 중성을 다시 4등의 분류 방식으로 대폭 간략화한 것은 그의 성운학적 지식의 배경을 가늠할 수 있다. 곧 「중성경세수도」에서 배열한 32중성 가운데 정중성 18자는『사성

---

39) 「초성해」의 「층위」에서 "以音出之次第言之喉居最初 牙居喉之外 舌居牙之外 齒居舌之外 脣居齒之外 故先宮而次角次徵次商次羽"라 하여 초성의 오음의 배열순서가 '喉-牙-舌-齒-脣'이라고 기술하고 있다.

40) 섭(攝)은 운미(韻尾)의 유형과 모음의 자질에 따라 구별되는데, 외전·내전이 각 8섭으로 도합 16섭으로 되어 있다. 개모(介母)는 [-w]의 개재여부에 따라 벽합(闢翕)으로 구별하는데, 벽은 개구음(開口音), 합은 합구음(合口音)을 뜻한다. 한 섭은 벽이 1도, 합이 1도, 각각 2도로 이루어져 있다.

통해』의「정국운모(定局韻母)」23자와 평성을 기준으로 운모와 결합하는 성모만으로는
완전 일치하며, 이를 다시 개합·제치·합구·촬구 4등으로 운도를 요약해 낸 것이다.

정운	ⓥ ⓘ ⓣ ⓨ	개구	정운	ⓦ ⓛ ⓦ ⓨ	합구
	ⓥ ⓘ ⓣ ⓨ			ⓦ ⓛ ⓦ ⓨ	
부운	ⓥ ⓘ ⓣ ⓨ	제치	부운	ⓦ ⓛ ⓦ ⓨ	촬구
	ⓥ ⓘ ⓣ ⓘ			ⓦ ⓘ ⓦ ⓨ	

여섯째, 훈민정음 제자 원리에 대해 여암 독자적인 기술을 하고 있다. 특히 이 부
분이야 말로 여암의 훈민정음 학설의 독창적인 부분으로 평가할 수 있는데 특히 구조
주의적 관점을 견지하고 있다.

자음의 경우 순설상형설(脣舌象形說)을 주장하였다. 자음 가운데 ㅇ, ㅅ, ㆁ, ㄴ, ㅁ
을 기본자로 설정하고 오행상형에 있어서는 [유기·차청], [경음·전탁]이라는 음성 자
질을 중심으로 상형을 설명하고 있다. 순설상형에 있어서는 입술과 혀의 조음 운동
형식으로 글자의 모양을 설명했다. 기본자 중에서도 궁(宮)음 이-(하나의 선)이 바탕
을 이루고 다른 네 글자도 이 ㅇ의 변형임을 말하고 있다. 모음 역시 입술과 혀를
기준으로 상형했다고 하였는데 ·와 이에 대응되는 ··를 대립짝으로 설정하였다.[41]
다소 우리에게 낯선 설명이긴 하지만 철저한 대립적인 구조주의적 관점을 유지하
고 있다.

이외에도 여암의 성운학적 지식의 이해의 폭이나 훈민정음에 대한 재해석 부분은
세종 당시의 집현전 학사들과 버금갈 만큼 탁월한 독창적인 관점을 가지고 이『저정
서』를 기술했음을 알 수 있다. 향후 훈민정음 연구사에서『훈민정음 해례』를 기준으
로 하여 명곡 최석정, 병와 이형상, 겸재 박성원, 이재 황윤석, 여암 신경준, 만우재
금영택, 서파 유희 등의 훈민정음 연구 성과들을 상호 비교 검토하는 방향으로 연구
의 지평을 넓히는 동시에 그 깊이를 더해 나갈 수 있어야 할 것이다.

---

41)「중성해」의「상형」에서 "中聲亦象脣舌而制字. 呼時舌微動脣啓 而其聲至輕其氣至短? ··並·者也 其
聲比·差重 其氣比·差長 盖·/··聲之始生者也"라 했으며 같은 항에서 "舌平而不上不下ㅣ舌自上而下
脣微斜"라 하여 모든 모음자들이 입술과 혀의 조음을 상형했음을 말했다.

4. 『저정서』 필사 이본

4.1 필사 이본 해제

여암 신경준의 『저정서』는 중국의 성모와 운모의 구성체계로 된 운도를 중심으로 훈민정음을 활용하여 한자음 성모와 운모로 기술한 운도이자 훈민정음을 독창적으로 분석한 책이다. 『훈민정음 해례』 이후 명곡 최석정의 『경세훈민정음』에 이어서 '훈민정음'에 대해 가장 심도 깊이 연구한 운서이다. 최태영(1987:3)과 김슬옹(2016: 33~70)은 1937년 한글학회에서 간행한 활자본의 모본이 『숭실대학교본』임이 밝혔다. 또 이현주(1979:646~647)[42]가 해제한 한국학중앙연구원 소장본 『훈민정음도해(訓民正音圖解)』(C12-1)소개와 함께 최근 여암 친필본인 필사본 원본이 발견(이상규:2014)됨에 따라 그간 각종 필사본이나 활자본, 그리고 영인본 계보를 다음과 같이 정리할 수 있다.[43]

	시기	소장자/제작자	해제/소개/분석	영인본
필사본	필사원본(1750)	대구 조모씨 소장	이상규(2014)	복사본: 이상규(2014)
재필사본	원본 필사본 (재필사 시기, 필사자 모름)	김완근 소장본 현재 숭실대학교 기독교박물관 소장	*재필사본은 국립중앙도서관 한국학중앙연구원 등에 여러 본이 있음	학선재 편집부 영인(2007). 『訓民正音圖解』. 학선재.
활자본 영인본	재필사본(김완근 소장) 활자화	조선어학회(1937) 『훈민정음운해』. 7회 연재(정인보 해제):『한글』 5권 3호(1937. 3월호), 『한글』 5권 11호(1937. 12월호).		조선어학회(1938) 대제각(1985). 한양대학교부설국학연구원 영인(1974). 『訓民正音韻解/諺文志』. 한양대학교부설국학연

---

42) 이현주, 「훈민정음도해 해제」, 『장서각한글자료해제』, 한국정신문화연구원, 1979.
43) 이 글을 쓰는 과정에서 여러 도서관에 다양한 필사본이 있음을 알았으나 미처 정밀하게 조사하지 못했다. 그러나 김슬옹(2016:33~70)이 이본에 대해 소상하게 저조사하여 정리한 내용이 있기 때문에 이를 그대로 인용하였다.

		숭실대학교국어국문학과 편(1987), 『운해훈민정음』 태학사(최태영 해제)		구원(강신항 해제)

『운해훈민정음』 필사본과 영인본 현황

　여암의 저술인 『저정서』를 1937년도 『한글』 권5에 활자본으로 조판하여 부록으로 공개하였다. 이후 이를 모아 한 권의 활자본으로 1938년에 출판하였는데 서명은 『운해(韻解)』이다. 당시 조선어학회지 『한글』 제5권에 활자화 한 필사본의 대본이 김완근 씨가 소장하고 있던 필사본(현재는 숭실대학교 기독교 박물관 소장)으로 알려져 있다. 이것을 다음해인 1938년에 『운해훈민정음(韻解訓民正音)』라는 이름을 붙여 단행본으로 간행했다. 그런데 이 단행본의 대본이 되었던 김완근 씨 소장 필사본이었는데 한동안 필사본의 행방을 알 수 없게 되었다.

　첫 번째, 필사본으로는 숭실대학교 부설 한국기독교박물관이 소장하고 있는 것이다. 『운해훈민정음』이라는 이름으로 최태영(1987)의 해제와 함께 태학사에서 영인하여 학계에 소개하였다.[44] 이 필사본의 권두제에는 역시 '운해(韻解)'라 쓰여 있고 그 다음부터 본문이 시작되고 있다. 그런데 최근 최태영(1987)과 김슬옹(2016)이 숭실대학교 한국기독교박물관 소장본이 바로 1937년 한글학회에서 활자본으로 발표한 모본임을 다시 확인하였다. 필사본으로 전해져 내려오다가 조선어학회에서 간행한 『한글』 제5권 3호(1937년 3월)부터 제5권 11호(1937년 12월)에 걸쳐 소개하였고 그 후에 김완근 씨 소장본을 저본으로 하여 정인보(鄭寅普) 선생의 해제와 함께 『훈민정음운해』란 제목으로 1938년에 동 학회에서 처음으로 단행본 활자본으로 간행하였다. 1939년에 『여암전서』(정인보, 김동춘 공교, 신조선사, 신재휴(申宰休, 여암의 5세손)가 간행되었을 때에도 수록되었다. 김완근 씨 소장본은 지금 숭실대학교 기독교박물관에 소장되어 있는데, 1987년에 숭실대학교국어국문학과편, 『기독교박물관자료총서』 제1집으로 태학사에서 영인되었다.

　이 책이 시작되는 면의 공난에 낙관이 여러 개 찍혀 있는 것을 검토하여 그 낙관 인장 가운데 하나가 김완근 씨 것이라는 사실을 근거로 하여 이 필사본이 바로 1937년 조선어학회에서 활자화한 저본으로 쓰인 그 책임이 분명하며, 김완근 씨 소장본

---

44) 숭실대학교 국어국문학과, 『훈해훈민정음』, 태학사, 1987.

이었던 여암의 『운해훈민정음』은 자취를 알 수 없는 것이 아니라 현재 숭실대학교에 보관되고 있음을 확인하였다.

　　"그러나 필자가 금번 숭실대학교 부설 한국기독교박물관 소장인 『운해훈민정음(韻
　　解訓民正音)』을 검토하면서 이 책이 바로 학계에서는 행방이 묘연하다고 알고 있는 김
　　완근 씨가 소장하고 있던 필사본임을 확인할 수 있었다."45)

　이 숭실대학교에 보관되어 있는 필사본을 편의상 숭실대학교본이라고 부르면서 이를 중심으로 겸하여 『운해훈민정음』의 책명에 대하여 좀 더 언급하겠다. 이 숭실대학교본은 그 표지에 『운해훈민정음』이라 되어 있는 것이 사실이다. 그러나 이 책명은 처음부터 그렇게 쓰여 있던 것이 아니다. 이 책은 본문이 시작되는 장부터만 전해오던 것을 표지를 덧붙인 것으로 보아야 한다. 숭실대학본은 얼른 보기에는 목판본으로 착각할 정도로 글씨가 정교한 필사본이다. 본문이 총54장으로 되어 있고 매장은 전후면으로 되어 있으며 각 면은 12행, 1행은 28자로 질서 정연하게 글씨가 쓰여 있다. 글씨체는 반듯한 해서체(楷書体)로 얼핏 보면 목판활자로 오인할 수 있을 정도로 단정하며 정교하다. 책의 크기는 가로가 21.8×30cm이며, 각면은 사주쌍변이며, 행간에는 가는 선이 그어져 있다. 사주는 가로가 18× 26.7cm이다.
　두 번째, 필사본으로는 한국학중앙연구원에 소장(장서번호 003463)되어 있는 필사 자료 가운데 『훈민정음도해(訓民正音圖解)』(C12-1)가 있다. 간략 해제에 서명은 "訓民正音圖解(C12-1)"이고 저자는 "申景濬(朝鮮)撰", 간행 년도는 '年紀未詳'이며, 형태는 '筆寫本'이며 '不分卷 1册'의 '圖'로 35.2×22.4cm 크기로 되어 있다. 이 필사본은 육안으로 보아도 숭실대학교본과 필체도 다르고 낙관과 인장도 차이를 보여주고 있어 쉽게 분별할 수 있다. 한국학중앙연구원본에 대해 이현주(1979:646~647)의 해제에 "여암 신경준이 훈민정음이라는 표음문자를 한자음 표기에 적합하도록 정리해 가지고 가장 난해인 등운학을 깨우쳐서, 일종의 운도를 작성한 책"이라고 기술하고 있다.
　세 번째, 필사 원본으로 추정되는 자료를 필자가 새로 발굴하여 소개한 여암 신경준이 직접 필사한 원본으로 추정되는 『저정서』인데 이 필사본의 특징을 크게 두 가

---

45) 최태영, 『운해훈민정음』 해제, 숭실대학교국어국문학과, 기독교박물관자료총서 제1집, 태학사, 1987.

지로 구분하여 정리하면 아래와 같다.

① 오침 선장본 29×18.2cm 크기로 무광 무선 무괘로 필사본이다. 책의 표지는 좌측 상단에 큰 글씨로 '邸井書'로 서명이 기록되어 있으며, 우측 상단에 적은 글씨로 '韻書'라는 편명이 기록되어 있다. 본문 1장 1면에 '韻書'라는 내제명에 이어 「경세성음수도」 도식이 나온다.

② 「개합사장(開合四章)」이라는 필사본은 28.7×18.3cm 크기로 『저정서(邸井書)』와 동일하다. 「개합사장」은 연습으로 작성한 필사본과 최종적으로 정서한 필사본 두 종이 합철되어 있다. 역시 무광 무선 무괘 필사본으로 『저정서』와 동일한 필체로 표지의 좌측 상단에 「개합사장」으로 되어있다. 우측 상단에는 "辛丑, 甲午, 癸卯, 丙辰"과 "□五月初一日"라는 기록이 있다. 표지 이면에는 "丁酉 正月 十八日"이라는 기록과 필사 연습을 한 듯한 한시 한편이 낙서처럼 실려 있다. 이어서 그 다음 면에는 31운모46)를 나열한 다음 「개합정운제일장(開合正韻第一章)」이라는 도표가 나온다. 연습용으로 쓴 「개합사장」의 마지막에는

終聲總目
東冬江陽庚靑蒸　　ㅇ
眞文元寒刪先　　　ㄴ
侵覃鹽咸　　　　　ㅁ
蕭肴尤豪　　　　　ㅗ　尤ㅜ 皆重終聲
支微齊佳灰隊　　　ㅇ　兼終中終聲
入聲皆中聲　　　　ㅇ　終聲

이라는 종성 총목록을 섭으로 표시한 내용이 들어 있다. 다만 이것은 도식을 작성하

---

46) 『사성통해』의 「운모정국」에서는 평성 기준 23운모를 제시하였는데 여암은 31운모를 다음과 같이 제시하고 있다. "東ㅜㅠ, 冬ㅜㅠ, 江ㅏㅑ, 支ㅡㅣㅖㅟ, 微ㅣㅖㅟ, 魚ㅜㅠ, 吳ㅜㅠ, 齋ㅣㅒㅒ, 佳ㅐㅖㅙ, 灰ㅐㅒㅘ쐐, 隊ㅐㅣ, 眞ㅡㅣ, 文ㅣㅜㅠ, 元ㅕㅜㅠ괘, 寒ㅏㅓ, 刪ㅑㅏㅘ, 先ㅕ쐐, 蕭ㅕ, 爻ㅏㅑ, 豪ㅏ, 歌ㅑㅠ쐐, 麻ㅑㅕㅘ, 陽ㅏㅑㅘ, 庚ㅣㅣㅟㅟ, 靑ㅣㅟ, 蒸ㅓㅣㅟ, 尤ㅡㅣ, 侵覃鹽咸" 이것은 완성된 것이 아니라 필사를 하다가 중단한 것임을 알 수가 있다. 정서본은 「중성금속지변 각운개별이서」에 실려 있다.

면서 내용을 간추려 메모를 한 것으로 보인다.

③ 필사본의 연대를 추정할만한 확실한 기록이 어디에도 없다.

기타 필사 이본으로 서울대 규장각(가람411. 1. 18, Si6 2h), 연세대 도서관 등에도 후사본이 있다.

4.2 필사본 이본의 비교

최근 필자가 여암 신경준(1712~1781)이 영조 26년(1750)에 쓴 것으로 추정되는 친필 필사본 「저정서(邸井書, 운해)」, 「개합사장(開合四章)」, 「삼운보결자휘요찬(三韻補闕字彙要纂)」 세 필사본의 복사본을 입수하여 그 내용을 정밀하게 분석하였다. 이 가운데 필사본 『저정서(邸井書)』가 여암이 직접 필사한 원본으로 판단된다. 그 근거로는 ① 현동 정동유(鄭東愈, 1744~1808)가 쓴 『주영편(畫永編)』에 여암 신경준의 저작인 『여지고(輿地考)』[47]를 논하다가 그 부족하고 모자라는 점을 지적한 대목에 분명하게 '邸井書'라는 기록이 보인다. 이 기록을 논거로 하더라도 이 책의 서명은 '邸井書'임이 분명하다. ② 「개합사장」의 초고가 두 가지 필사본이 남아 있다. 연습본과 정서본으로 '운해' 부분을 포함하여 여암 친필체이다. ③ 「개합사장」의 말미에 「종성도」를 작성하기 위한 내용이 본 책의 내용과 일치한다. ④ 「초성도」의 기록이 다른 필사 이본과 달리 정확하다. 다른 필사 이본은 설상음이 누락되었거나 설두음과 위치가 잘못되었다. ⑤ 여암이 남긴 『도로고』나 『장자변해』 등과 필체가 같다. 이러한 사실을 근거로 하여 이 필사본이 여암이 직접 작성한 원본 필사본이 분명하다.

이 책의 표지에는 '저정서(邸井書)'로 되어 있는 '운해(韻解)' 부분과 '개합사장(開合四章)'이 분리되어 있으나 '운해(韻解)'와 '개합사장(開合四章)'을 합하여 『저정서(邸井書)』라는 한 권의 책을 이루고 있다.

최근 필자는 여암 신경준의 친필 필사본으로 추정되는 『저정서』를 학계에 소개한 바가 있다.[48] 다른 필사본으로 김완근(金瑗根) 씨 소장 필사본(숭실대학교 부설 한국기독교박물관 소장본)과 한국학중앙연구원 소장 필사본 외에도 서울대 규장각 소장본과 연세

---

47) 『여지고(輿地考)』: 신경준이 정리한 역사지리학의 연구 성과를 결집시킨 책으로 역대 국계, 군현 연혁, 산천, 도리, 관방, 간도 경계, 궁실 등 7개 항목으로 구성되어 있음.

48) 이상규, 「여암 신경준의 『저정서(邸井書)』 분석」, 『어문론총』 62호, 한국언어문학회, 2014.

대 도서관 소장본 등 2종정도가 더 있다. 활자본으로는 숭실대학교 부설 한국기독교박물관 소장 필사본을 저본으로 하여 1937년 조선어학회에서 활자화하여 『한글』지에 연재 한 후 1938년 단행본으로 간행한 것과 강신항이 해제하여 활자본 책으로 간행한 것이 있다.

한글학회에서 간행한 활자본의 대본이 된 숭실대학교 기독교박물관 소장본과 한국학중앙연구원 필사본과 함께 이들 3종을 상호 대비해 보고자 한다.

첫째, 필사본 가운데 3종을 대상으로 비교해 보더라도 상당한 부분이 차이를 보이고 있기 때문에 이에 대한 이본의 대교 작업이 필요할 것으로 보인다. 먼저 활자본을 (가)본, 숭실대학교 한국기독교박물관 소장본을 (나)본, 원본 필사본을 (다)본, 한국학중앙연구원 소장본을 (라)본이라고 명명하고 이들 이본의 대교를 하고자 한다.

먼저 활자본을 포함한 이 3종의 필사본의 서명이 통일되지 않다 (가)본은 '운해 훈민정음', (나)본은 후대 첨기한 것으로 보이는 '韻解訓民正音', (다)본은 서명이 '邸井書'로 되어 있으며 원본 이름으로 간주할 수 있다. (라)본은 서명이 '訓民正音圖解'로 되어 있으나 (나)(라)본은 후대에 각각 새로 써 넣은 것으로 보인다. 서명에 대한 판정 문제는 본론에서 다시 논의하기 때문에 여기에서는 생략하고 다만 서명은 (다)본에 따라 '邸井書'로 고정한다. 여기에 대한 논증도 다음 장에서 다룰 것이다.

둘째, 필사본의 내용이 시작되는 면의 공란 내용 검토

(가)본은 필사본이 아닌 (나)본을 근거로 한 활자본이기 때문에 제외된다.

(나)본의 첫 면의 공란에는 낙관이 여러 개 찍혀 있다. 동일한 타원형 2개, 직방형 대형 8방, 소형 3방이 있는 데 그 가운데 하나가 金涒曖根의 것이며, 누구의 것인지는 불분명한 아호로 보이는 '肅樂' 대형 1방 소형 1방, '曖根'인 소형 1방, 대형으로 '爽敬朝' 1방 등이 있다. 마지막 장에 미판독된 장방형 대형 4방이 찍혀 있다. 그 가운데 하나는 후대에 숭실대학교 기독교박물관 인장으로 추정되는 1방과 金涒曖根의 1방, 미판독 2방이 찍혀 있다. 특히 '金涒曖根'의 낙관을 근거로 하여 숭실대학교에 소장본의 필사본이 1937년 조선어학회(한글학회) 활자본의 근거가 되었으며, 이것이 김완근 씨 소장본임이 밝혀진 것이다.

(다)본의 첫 면의 공란에는 낙관 장방형 2방(미판독)이 찍혀 있다. 그리고 중간중간 상단이나 중간에 삽입된 내용이 있으며 제일 뒷면에 박성원의 『화동정음통석운고』의

일부 내용과『삼운보결자휘요찬』의 앞부분의 일부가 첨가된 기록으로 남아 있다.

(라)본의 첫 면의 공난에는 중간 소장자의 것으로 추정되는 'ㄹㅣㄱㅖㅁㅊㅑㅇ'과 '安春根藏書印' 대형 직방 1방과 후대에 찍은 '韓國精神文化硏究院' 직방 1방이 있다. 그리고 하단에 '軖' 직방 1방이 있다. 이 필사본은 중간 소장자이자 고서 수집가였던 안춘근(安春根, 1926~1993) 씨가 1979년, 그 동안 수집하여 소장했던 장서 1만 권(고서 7,000권, 신서 3,000권)을 한국정신문화연구원에 기증한 기증본 가운데 한 책이다.

다만 이 필사본의 마지막 부분에 직방 1방(미판독)과 첫 면 상단에 있던 'ㄹㅣㄱㅖㅁㅊㅑㅇ'이 다시 나오는데 누구인지 확인할 길이 없다. 아마 풀어쓰기를 한 점으로 보아 한글학회 최현배님과 관련이 있는 사람으로 보인다.

셋째, 필사본의 표지 제첨의 명칭이 차이가 난다. (가)본은 김완근 소장본을 대본으로 하여 조선어학회에서 영인하면서 정인보 선생의 해제에 따라 '운해훈민정음'으로 고정시킨 것이다. (나)본의 경우 최태영(1987:6)에 따르면 "그 표지에 '韻解訓民正音'이라 되어 있는데 이 책명은 처음부터 그렇게 씌여져 있던 것이 아니다. 이 필사본은 본문이 시작되는 장부터 전해오던 것을 나중에 표지를 붙인 것으로 보인다."라고 하고 있다.[49] (다)본의 첫 면의 우측 상단에 '邱玕書'라는 서명이 또렷하게 나타난다. (라)본은 표지 우측 상단에 '訓民正音圖解'라고 쓰여 있는데 이것은 후대 필사자가 첨기한 것으로 추정된다.

넷째, 활자본과 상기 필사본 3종을 대조해 보면 1937년『한글』제5권에 실린『韻解訓民正音』은 숭실대학본을 저본으로 했으나 인쇄 과정에서 많은 오자가 나타난다. 활자본과 필사본 3종을 서로 대조하여 오탈자와 누락 등의 문

---

49) 그 근거로는 "본문이 시작되는 장의 종이 색갈은 더 많이 검게 더럽혀져 있지만 그 앞에 있는 석장의 간지와 표지는 그보다 훨씬 덜 더럽혀져 있는 것을 보게 되는데 이것은 이 부분이 나중에 덧붙여졌음을 말해주는 것이라 하겠다. 또한 표지에 그대로 직접 쓴 것이 아니고 다른 종이에 써서 그것을 표지에 붙인 것이며 글씨체가 내용의 것과 다름을 식별하게 된다. 또한 이것이 후에 써서 붙인 것임을 실증해주는 것으로 '韻解訓民正音'이라 쓴 바로 밑에 같은 필체로 조그맣게 '如意館藏'이란 넉자가 보이는 바 결국 이로 미루어 이 책 표지에 붙인 책명 '韻解訓民正音'은 이 책을 한때 소장했던 '如意館'에서 써 붙인 것으로 판명이 되는 셈이다. 그러고 보면 이 '韻解訓民正音'이란 이 책의 본명이 아닐 것이며 역시 이 책의 본명은 본문이 시작되는 서두에 나타난 '韻解'일 것임을 짐작키 어렵지 않게 된다. 과거 우리나라의 거의 모든 문헌들이 본문 서두에 다시 책명을 기록하고 있는데 이 책도 예외가 아닐 것이다."라고 하고 있다.

제를 살펴보자.

활자본(가)	숭실대 필사본(나)	저정서 필사원본(다)	한국학 필사본(라)
占[1.ㄱ-7]	猶[1.ㄱ-7]	猶[1.ㄱ-7]	猶[1.ㄱ-11]
潮[1.ㄴ-5]	潮[1.ㄴ-5]	嘲[1.ㄴ-1]	潮[1.ㄴ-5]
窺[3.ㄱ-2]	頗[2.ㄱ-2]	頗[1.ㄴ-14]	頗[2.ㄱ-2]
圖[2.ㄱ-11]	圜[2.ㄱ-11]	圜[2.ㄱ-7]	圜[2.ㄱ-11]
娟[2.ㄱ-16]	娟[2.ㄱ-16]		娟[2.ㄱ-16]
圜[2.ㄴ-10]	圖[2.ㄴ-10]	圖[2.ㄴ-6]	圖[2.ㄴ-10]
寄[3.ㄱ-10]	奇[3.ㄱ-10]		奇[3.ㄱ-10,11]
惟	惟	唯[3.ㄱ-11]	惟
葬[5.ㄱ-5]	華[5.ㄱ-10]		
月[5.ㄴ-10]	日[5.ㄴ-10]		日[5.ㄴ-8]
一百十二字[5.ㄴ-6]	一百十二字[6ㄱ-6]	一百十二字[6.ㄱ-6]	一百十二字[5.ㄴ-6]
		兩層分書之[6.ㄱ-8]	
누락됨[7.ㄱ-1]	忘之意而已[7.ㄱ-1]		忘之意而已[7.ㄱ-1]
		制[7.ㄱ-12]	
		此條勿刪[7.ㄴ-4]	
ㄴ, ㄷ, ㅌ, ㄸ 누락됨[7.ㄱ-1]	初聲配經世數圖[8.ㄴ-1]	初聲圖[9.ㄱ-1]	初聲配經世數圖[8.ㄴ-1]
		此書于故今之上[10.ㄴ-2]상단	
ヽ[9.ㄴ-11]	ヽ[10.ㄴ-11]	ヽ[11.ㄴ-10]	ヽ[11.ㄱ-4]
	濫[10.ㄱ-7]	濫[11.ㄱ-6]	濫[10.ㄱ-7]
		「행간의 작은 글씨」[11ㄴ-6] 아래 참조	
		此注書於音爲凝之下[11상단] 아래 참조	
		此注書齒於音爲㐱之下[11상단] 아래 참조	
折[12.ㄱ-3]	拆[13.ㄱ-3]		拆[13.ㄱ-3]
枻[12.ㄱ-6]	抴[14.ㄱ-6]	抴[15.ㄱ-14]	抴[14.ㄱ-6]
		행간[15ㄱ-1] 아래 참조	

目[18.ㄱ-5]	自[19.ㄱ-5]	自[20.ㄱ-2]	自[19.ㄴ-9]
凝[18.ㄴ-11]	疑[19.ㄴ-11]		疑[19.ㄴ-11]
		此以註口于居南下[20.ㄱ-상단] 아래 참조	
		행간 삽입[21.ㄱ-2] 아래 참조	
		微[22.ㄴ-5]	質[22.ㄱ-6]
眥[21.ㄱ-6]	質[22.ㄱ-6]		
			상단 23ㄴ 아래 참조
佉[23.ㄴ-5]			
		此以註書于歌麻凡二韻下[24.ㄴ-상단] 아래 참조	
		㈜字讀以方言之釋故作圈[25.ㄴ-상단]	
누락 [48.13]	修[26.ㄱ-1]		修[26.ㄱ-1]
		此書於純陰也之下[26.ㄴ-상단]아래 참조	
同[25.ㄱ-2]	用[27.ㄱ-2]	用[27.ㄱ-10]	用[27.ㄱ-2]
商[27.ㄱ-2]	商[28.ㄴ-2]		商[28.ㄴ-2]
韻等[27.ㄴ-1]		韻等 [29.ㄴ-1]	
畝[31.ㄴ-10]	畒[33.ㄴ-10]		畒[33.ㄴ-10]
		상단 주[33ㄴ 상단] 아래 참조	
陣[34.ㄴ-9]	陳[36.ㄴ-9]		陳[36.ㄴ-9]
누락됨[69.15]	筥[37.ㄱ-15]		筥[37.ㄱ-15]
		訂 頂[37.ㄱ-상단]	
누락됨[72.1]	摔[38.ㄴ-1]		摔[38.ㄴ-1]
暄[36.ㄴ-11]			
		此畫當從盡於迮字下[40.ㄴ-하단]	
		[41 공란 여백] 아래 참조	
		[44.ㄴ-상단] 아래 참조	

		此書當從書於螢字下 [45.ㄴ-하단]	
누락됨[87.16]	瀾[47.ㄱ-16]		瀾[47.ㄱ-16]
書[46.ㄴ-2]	靑[51.ㄱ-2]		靑[51.ㄱ-2]
누락됨[94.1]	□[52.ㄱ-1]		
		元字似墨抹□者曰韻 [52.ㄴ-상단]	

문장 단위의 누락이나 상단이나 행간에 삽입해 넣은 주석의 내용은 아래에 별도로 정리한 것이다. 이 내용은 3종의 필사 이본을 대조한 결과이며 『저정서』를 중심으로 정리한 것이다. 특히 강신항(1967)의 주해 활자본을 포함하여 조선어학회 간 활자본은 상당 부분이 누락되어 있기 때문에 참고 사항에서 제외했다.

[저정7ㄴ.3] 此條勿刪

近世有以 一二三四五六七八九十百, 省文書以ㄱ, 千書以ㄴ, 萬書以万, 億書以亻代 ㄱㄴㄷㄹㅁㅂㅇㅈㅊㅋㅍㅎ作, 初終聲, 中聲 則 用正音本文以書之, 誠駁雜無義, 以蓋出於眩幻隱密之用也.

[이 조항을 빠뜨리지 말 것](此條勿刪)

[근세에 一二三四五六七八九十百을 문서의 자구를 생략해서(省文, 관아의 문서) 쓸 때 백을 'ㄱ'으로 천(千)을 'ㄴ'로 만(萬)을 '万'으로 억(億)을 '亻'로 대신한다. ㄱㄴㄷㄹㅁㅂㅇㅈㅊㅋㅍㅎ는 초종성(初終聲)과 중성(中聲)에 쓴다. 곧 정음으로 문서의 자구를 생략해서(省文, 관아의 문서) 사용한다. 곧 진실로 모두 현혹되고 혼란하게 은밀히 사용하고 있다.50)]
[駁雜] 모두 현혹되고 혼란하게 은밀하게 사용하였다.

[저정10ㄴ.2] 此書于故今之上 이 글은 고금(故今)의 위에 넣으시오.

至於知徹澄孃, 我國西北人, 多用之在, 京中泮村人, 亦或用之

[지(知)철(徹)징(澄)냥(孃)에 이르기까지 우리나라 서북인이 다수 사용하고 있으며 서울의 반촌사람들도 간혹 사용하고 있다.]

---

50) 한글고문서에서 숫자를 약체자로 사용하고 또 성문(省文, 관공서 공문, 소지나 언단)에 훈민정음으로 은밀하게 사용하는 데 대해 혼란스럽고 현혹된다는 여암의 견해를 밝히고 있다.

[저정11ㄴ.6 행간]

此言象者, 直言脣舌之用也. 若以象形言之, 則五音各象其形, 盖ㅇ者, 象喉之圓而通也. ㆁ者象牙之直而尖也, ㄴ者, 象舌之卷而舒也. ㅅ者, 象齒之耦而連也. ㅁ者, 而不可下處, 中宮而不可役四方故只用 初聲 象脣之方而合也. 此段尤妙, 可謂發前人所未發, 然已象形言之, 則ㅁ者, 合脣之象也, ㅂ者, 脣之始開之象也, ㅍ者開脣之象也

[이상에 대해 말한 바는 순설의 쓰임을 말한 것이다. 만약에 상형으로 말한다면 오음은 각각 제 모양을 본뜬 것이다. 대개 ㅇ은 목구멍의 둥글고 통함을 본 뜬 것이다. ㆁ은 어금니의 곧고 뾰족함을 본 뜬 것이고 ㄴ은 혀의 말고 펴는 것을 본 뜬 것이요, ㅅ은 이의 짝짓고 연이음을 본 뜬 것이요, ㅁ은 입술의 모나고 합함을 본 뜬 것이다. 피[파읍]은 입술이 열린 모습이다.]

[한중연11 상단] 此書於音爲凝之下

此言象者, 直言脣舌之用也. 若以象形言之, 則五音各象其形, 盖ㅇ者, 喉之圓通也. ㆁ象牙之直而尖也, ㄴ者, 象舌之卷而舒也. ㅅ者, 象齒之耦而連也. ㅁ者, 象脣之方而合也. 此段尤妙, 可謂發前人所未發, 然已象形言之, 則ㅁ者, 合脣之象也, ㅂ者, 脣之始開之象也, ㅍ者開脣之象也也, 此段尤妙, 可謂發前人所未發, 然已象形言之, 則ㅁ者, 合脣之象也, ㅂ者, 脣之始開之象也, ㅍ者開脣之象也

[이상에 대해 말한 바는 순설의 쓰임을 말한 것이다. 만약에 상형으로 말한다면 오음은 각각 제 모양을 본뜬 것이다. 대개 ㅇ은 목구멍의 둥글고 통함을 본 뜬 것이다. ㆁ은 어금니의 곧고 뾰족함을 본 뜬 것이고 ㄴ은 혀의 말고 펴는 것을 본 뜬 것이요, ㅅ은 이의 짝짓고 연이음을 본 뜬 것이요, ㅁ은 입술의 모나고 합함을 본 뜬 것이다. 피[파읍]은 입술이 열린 모습이다.]

[저정11ㄴ.상단] 此往書於音爲衣之下

伊凝之伊, 或作異, 非是, 若作異, 則爲喩母所生, 屬宮

['이읭(伊凝)'의 '이'(伊)를 '이'(異)로 쓴 곳도 있으나 이는 옳지 않다. 만약에 '이'(異)로 쓰면 유모소생(喩母所生, '유(喩, ㅇ)'모가 새로 생겨냄]

[저정11ㄴ. 상단]

衣字讀以方言之釋, 故作圈以表之

[의(衣)자는 방언의 뜻(訓)으로 읽었기 때문에 권[圈, ○]를 그려 이를 나타내었다.]

[저정15ㄱ.1 상단]

此取尤妙, 可謂發前人, 所未發 然以象形言也. 則ㅁ[미음]者, 合脣之象也. ㅂ[비읍]者, 脣之始開, 旋用之

象也. 피[피읍]者, 開脣之象也.

[이것은 가히 이르기를 앞선 사람들이 드러내지 못한 바를 드러낸 것이어서 묘하다. 그러나 상형으로 말하자면 ㅁ[미음]은 입술이 합쳐지는 모습이고 ㅂ[비읍]은 입술이 처음 열려서 움직이는 모습을 본 것이다. ㅍ[피읍]은 입술이 열린 모습이다.]

[한중연11. 상단] 此書於音爲凝之下

李以東曰, 此是訓蒙字會次序, 而非訓民正音次序耳.

[이이동이 가로되 훈몽자회 서에 있지 훈민정음 차서에 없다.]

[한중연18. 상단]

如義易之有方圓圖所以別流行對待之體 二者 開自然之理 闕一不可也.

[의역(義易)에 방도와 원도가 있음과 같이, 이것들은 유행과 대대(待對)의 체(體)로 나누이는 까닭에. 이자(二者)는 모두 자연의 이치이어서 어느 한 쪽이라도 궐(闕)하여서는 안된다.]

[저정20ㄱ.상단]

· 坎之中爻·· 離之中爻也

[·감[坎]의 중간 효(爻)이고 ··는 이(離)의 중간 효(爻)이라.]

[저정21ㄱ.3]

方圓 행간에 다음과 같은 쥐[註]가 있다.

'如義易之有方圓圖. 所以別流行對待之體. 二者. 皆自然之理. 闕一不可也'

[의역(義易)에 방도와 원도가 있음과 같이, 이것들은 유행과 대대(待對)의 체(體)로 나누이는 까닭에. 이자(二者)는 모두 자연의 이치이어서 어느 한 쪽이라도 빠트려서는(闕) 안 된다.]

[한중연 23ㄴ. 상단]

'聲者出於氣. 氣之形乎兩間者, 象與數而已. 故曰有理而後象, 有象而後數, 初聲者象也, 中聲者數也, 終聲者合象與 數而成韻者也.'

[성(聲)이라는 것은 기(氣)에서 나오는데 기가 양간[하늘과 땅 사이]에서 형상을 이루는 것은 상과

수(數)뿐이다. 그러므로 말하기를 이(理)가 있은 뒤에 상(象)이 되고, 상이 있은 뒤에 수(數)가 되나니, 초성이라는 것은 형상(象)이며, 중성이라는 것은 수(數)이고, 종성이라는 것은 상(象)과 구(數)가 합하여 된 것이다.]

[저정24ㄴ.상단] 此以註書于歌麻凡二韻下(이 뜻 풀이는 무릇 가(歌)·마(麻) 두운 아래에 둔다.)
支·微·魚·虞·齊·佳·灰·隊·歌·麻十韻, 皆中聲兼終聲, 故以居首支爲攝

[지(支)·미(微)·어(魚)·우(虞)·재(齊)·가(佳)·회(灰)·대(隊)·가(歌)·마(麻) 등 10운은 모두 중성과 종성을 겸한 것이므로 첫머리에 있는 지(支)로써 섭을 삼았다.]

[저정25ㄴ.상단]
㐱字讀以方言之釋故作圈

[⑩자는 방언으로 읽기 때문에 동그라미 안에 넣었다.]

[저정26ㄴ.상단] 此書於純陰也之下[이 글은 순음[純陰]의 아래에 넣을 것
如入自平地升上行去還入之意

[평성에서 상성, 거성에서 입성으로 되돌아온다는 뜻과 같다.]

[저정33ㄴ.상단]
獠訓夷種音近爪, 狀獠又有訓宵獵而音聊者, 及訓西南夷而音老者, 共有三訓三音眩於攷尋, 今本文之獠, 當別擇於, 音近爪者以代之, 訓夷種音近爪

[요(獠, 오랑캐 이름 요, 밤 사냥 요)의 뜻은 오랑캐를 뜻할 때는 소리가 조(爪)에 가깝다. 그러나 요는 또 소엽(宵獵, 밤사냥)의 뜻이 있는데 그럴 때는 소리가 료(聊)이다. 뜻이 서남의 오랑캐(西南夷, 서남의 오랑캐)에 미치면 소리가 노(老)가 된다. 세 가지의 뜻과 소리가 혼란하여 고심을 하였다. 지금 본문의 요(獠)는 조(爪)에 가까운 소리로써 대신하여 마땅히 가려서 뽑았다(別擇).]

[저정40ㄴ.하단]
此畫當從盡於佳字下

[이 획(畫)은 마땅히 계(佳)자의 아래에 진(盡)으로 써야 한다.]

[저정41ㄱ.공란]
合口正韻影母 下厚獲字下出圈 當考

[합구는 정운에는 없는데 하(下), 순(厚), 획(獲)자 아래에 점이 있으니 마땅히 살펴보아야 한다.]

[저정44ㄴ.상단]
番韻當在鷭韻上

[번(番)운은 마땅이 변(鷭)운 위에 있어야 한다.]

[저정45ㄴ.하단] 此畫當從書於螢字下

[이 畫은 마땅히 螢자의 아래에 盡으로 써야 한다.]

[저정52ㄴ.상단]
元字似墨抹靈日東韻

[元자는 먹으로 지웠는데 靈자는 東운이다.]

[한중연 뒷표지 내 백면]
李東評曰, 旅庵翁未知訓民正音制字之眞義, 而以陰陽解說, 豈不惜哉

[이동평이 평하기를 여암옹은 훈민정음 제자의 참뜻을 알지 못하고 음양으로 해설하였으니 어찌 안타깝다고 하지 않겠는개

[저정54ㄱ~54ㄴ] 자전

[저정55ㄱ~55ㄴ]

日日聲 平 一闢　一千六十四
　日聲 平 二翕　一千六十四
　　星聲 平 三闢　一千六十四　　四千二萬五十六
　　辰聲 平 四翕　一千六十四
　月日聲 上 一闢　一千六十四
　　日聲 上 二翕　一千六十四
　　星聲 上 三闢　一千六十四
　　辰聲 上 四翕　一千六十四
　星日聲 去 一闢　一千六十四
　　日聲 去 二翕　一千六十四
　　星聲 去 三闢　一千六十四
　　辰聲 去 四翕　一千六十四
　辰日聲 入 一闢　一千六十四
　　日聲 入 二翕　一千六十四
　　星聲 入 三闢　一千六十四

辰聲 入 四翕 一千六十四

合一萬七千二十四

水水聲 開一清 一千八

　火聲 開二濁 一千八

　土聲 開三清 一千八　　　　　　四千三十二

　石聲 開四濁 一千八

火水聲 發一清 一千三百四十四

　火聲 發二濁 一千三百四十四

　土聲 發三清 一千三百四十四　五千三百七十六

　石聲 發四濁 一千三百四十四

木水聲 收一清 一千三百四十四

　火聲 收二濁 一千三百四十四

　土聲 收三清 一千三百四十四　五千三百七十六

　石聲 收四濁 一千三百四十四

　土水聲 閉一清 五百六十

　火聲 閉二濁 五百六十

　土聲 閉三清 五百六十　　　二千二百四十

　石聲 閉四濁 五百六十

合 一萬七千二十四

[저정56ㄱ]

華東正聲

五音初聲 五音合二 變異七音

角 牙音 ㄱ ㅋ ㆁ

徵 舌音 ㄷ ㅌ ㄴ　變徵 半舌 ㄹ 洪武聲作 半徵半商

商 齒音 ㅈ ㅊ ㅅ

羽 脣音 ㅂ ㅍ ㅁ ◇

宮 喉音 ㅇ ㅎ 變宮 半齒 ㅿ 洪武聲作 半齒半徵

ㆁ ㅇ ◇ 此三聲 出聲相近 不必異制 角羽宮三音 並有此初聲 故隨其音而小變字樣 以別所屬

화동정성

오음	초성	오음 합2 변음7음					
각	아음	ㄱ ㅋ ㆁ					
치	설음	ㄷ ㅌ ㄴ	변치 반설 ㄹ 홍무성작 반치반상				
상	치음	ㅈ ㅊ ㅅ					
우	순음	ㅂ ㅍ ㅁ ◇					
궁	후음	ㅇ ㅎ	변궁반치 △ 홍무성작 반치반치				

[ㆁ ㅇ ◇ 세 글자는 조음이 서로 비슷하여 이를 나타내는 글자를 따로 만들 필요가 없으나 각(牙)·우(脣)·궁(喉)음에 나란히 이 초성이 있기 때문에 그 음대로 글자 모양을 조금 바꾸어 조음의 위치를 달리하였다.]

華音之수者수우之間淺候音詳變宮 붕者부우之間音輕脣者吹脣而呼, 他重終聲有, 此初聲者皆倣, 此 의者이우之重音 화者하오之重音, 他初聲有此樣終聲者, 皆倣此.

[한음의 수는 수 우의 중간음이고 천후음이니 변궁 란에 자세하다) 붕는 부와 우의 중간 음(경순음이니 입술에서 발음한다)이다. 다른 중종성에도 이 초성이 있으면 모두 이와 같다. 의는 이와 우의 표갠음이요 화는 하와 오의 표갠음이다. 다른 초성 밑에서도 이와 같은 모양의 종성이 있으면 모두 이와 같다.]

李以東評曰旅庵翁未知, 訓民正音制字之眞義 而以陰陽解說 豈不惜哉

[이동평이 평했다. 여암 옹은 훈민정음 제자의 참뜻을 몰랐으니 어찌 안타깝다 하지 않겠는가]

[55ㄴ]의 내용은 박성원의 『화동정음통석고』의 「범례」에 나오는 내용이다. 「화동정음통석고」에서는 18세기 근대 국어에서는 어두자음의 된소리화가 진행되었으나 중국에 맞추어 된소리 계열을 제외하고 음절초성에서 'ㆁ'과 종성에서의 'ㆁ'을 구별하고 △을 존속시키는 동시에 순음자로 '◇'를 'ㅱ' 대신으로 사용하도록 만든 글자이다.

특히 박성원이 설정한 중종성의 개념을 여암도 그대로 이어 받았다. 다만 박성원은 중종성에서 『홍무정운역훈』의 'ㅱ'을 '◇'으로 설정하였으나 신경준은 이를 설정하지 않고 「종성도」에 의하면 '오'(蕭·肴·豪)섭이나 '우'(尤)섭으로 사용해도 좋다고 설명하고 있다.

이 내용을 보더라도 여암 신경준은 박성원의 『화동정음통석고』를 참고하였음을 알 수가 있다. 금영택(琴英澤, 1739~1820)의 『만우재집』 「잡저」51)에도 「칠음해」의 한시 영향을 받은 것으로 보인다. 박성원은 동 범례에 "자음의 청탁은 글자 옆에 권점을 더해서 이를 구별하였다. 그 아래의 같은 음들은 표시를 않고 빈 채로 두었다. (字音淸濁, 旁加圈點, 以別之. 全淸○次淸 반원 不淸不濁◑全濁●而下同者, 蒙上空)"라고 하였는데 이러한 약물의 이용방법은 서로 달랐지만 여암은 일청(전청)은 ○, 이탁(전탁)은 ●, 삼청(차청)은 ⊙, 사탁(불청불탁)은 ●라는 약물을 「개합사장」에서 활용하고 있다.

여암의 「칠음해」에서도 박성원의 『화동정음통석고』에 실려있는 「칠음해」를 인용하고 있다.

---

51) 만우재문집(晩寓齋文集)은 석인본으로 금영택(琴英澤:1739~1820)의 시문집이다. 4권 2책이며, 1934년 현손 덕연(德淵)·구연(九淵) 등이 간행하였다. 권1·2에 시 224수, 권3에 서(書) 8편, 서(序) 1편, 발(跋) 4편, 축문·상량문 각 1편, 잡저 44편, 권4는 부록으로 행장·가장·묘갈명·만사(輓詞)·제문 등이 수록되어 있다. 특히 잡저 중 「언문자음기례(言文字音起例)」와 「오음초성(五音初聲)」은 국어학연구에 참고자료가 되는 글로서, 훈민정음을 문자론의 입장에서 관찰한 것이다. 단음자(單音字)를 획(劃)이라 하고, 성절자(成節字)를 자(字)라 하여 훈민정음을 한자의 구조에 따라 기술하려고 시도하였다. 대체로 그의 학설은 상식을 바탕으로 한 것이며, 이론적인 근거는 밝히지 못하고 있다.

제2장
여암 신경준의 운학 이론의 뿌리

1. 성운학 연구의 흐름

1.1 중국 성운학의 영향

중국에서 성운학의 발전 역사를 개괄적으로 살펴보면 다음과 같다.

한나라와 위나라 시기에 반절법을 이용하여 한자의 음을 고정시키려고 노력하였다. 그 이전의 비황(譬況)·독약(讀若)·직음(直音)의 방식으로 한 글자를 하나의 음으로가 아닌 반절상자(성모)와 반절하자(운모)를 결합시키는 방식으로 음을 파악하였다. 상고 시대 한자음은『시경』이나『초사』에 나타나는 입문이나 형성자의 성부를 활용하였지만 그렇게 추정한 음가는 매우 불완전하였다. 그후 601년 육법언(陸法言)의『절운』이라는 가장 오래된 운서가 나왔는데 이는 중고 한자음을 반영하고 있다. 송나라 송렴(宋濂)의 발본인『왕인구간류보결절운』, 진팽년(陳彭年)의『대송중주광운』(1008)이 나왔다.

『절운』계 운서의 성모는 36자모였으나 중고 한어의 성모는『광운』등에서처럼 35~6개 자모였다. 상고의 설음이 분화되어 지(知)조의 설상음으로 분화되었고 조(照)계 3등자는 마찰음으로 바뀌었다. 일(日)모도 발음 위치가 바뀌어 [nze]로, 유(喩)모 4등자는 [j]로 변화되었다.

『광운』에서 분류한 운류가 모두 206운인데 이들 운류 가운데 비슷한 음끼리 묶은 결과가 16개 섭으로 혹은 합구나 개구에 따른 4등의 체계로 분류하여 운모의 체계를 대폭 간략화하였다. 근고음을 반영한 운서로는 주덕청(周德淸)의『중원음운』(1324)이 북경어음을 대표하는 운서로 출판되었다.『중원음운』에서 성모는 대체로 21개 정도로 단순화하였다. 종래 『절운』계 『광운』의 운서들이 36~31자모 체계와 206~109운의 다양한 체계로 출간되었으나 『중원음운』은 음운 체계를 사성과 19섭 체계로 단순화 시킴으로서 성운학의 획기적인 발전을 가져왔다. 이런 측면에서 『중원음운』은 운서 발달과정을 기술하는데 매우 중요한 위치를 차지한다.

운서에서 사성을 처음으로 체계화한 것은 양나라 심약(沈約, 411~513)이 지은 『사성 보(四聲譜)』에서 시작되었다. 당나라에서는 시부로 관리를 뽑았는데 이때에 예부에서 편찬한 『광운』이 주로 이용되었다. 송나라 시대에는 경우(景祐)[1] 연간에 학사 정도(丁度, 990~1053)[2]는 시부에서 자주 쓰이는 것을 수합하여 『운략(韻略)』을 지었다. 원나라 때 에는 한효언(韓孝彦)·한도소(韓道昭)[3] 부자가 『오운편운(五音篇韻)』과 『오음집략(五音集略)』을 왕여비(王與秘)가 『옥편』을 확장하여 『편해(篇海)』를 지었고, 금나라 사람으로 형박(荊璞) 이 오음을 분별하여 『오운집운(五韻集韻)』을 편찬하였다. 한 씨 부자는 글씨체를 전문 적으로 연구하였다. 이에 번잡한 것을 삭제하고 소략한 부분을 보충하고 같은 것은 아우르고 다른 것은 나누고 합하여 한 책으로 만들었다. 글자는 있는데 그 음을 잃은 것은 먼저 자획을 헤아려 그 음절을 알고 그 다음에 『집운』을 가지고 그 운모를 찾아 그 훈의를 변별하면 체용(體用)을 다 알 수 있고 내외가 서로 통하게 만들었다. 한효 언·한도소 부자가 지은 『오음편운』은 성화(成化, 1464~1487) 연간에 유행했으며, 출판 은 승려 계선(戒旋)이 간행하는 일을 담당하였는데 고증과 윤색에 있어서 모두 『홍무 정운』의 예를 따랐다. 홍치(弘治, 1487~1505) 연간에 승려 진공(真空)이 거듭 교정하여 가 결(歌訣)을 짓고는 『관주집(貫珠集)』이라고 이름을 붙였다. 또한 유감(劉鑑)이 지은 『절운 지남』(원명 『경사정음절운지남(經史正音切韻指南)』)을 아울러 부록으로 실었다. 『편운』이 편찬 된 것은 홍무 연간 이전, 헌종과 혜종 연간에 간행되었다. 예전에 낙양의 승려 감율 (鑑聿)이 『운총』을 지었는데 구양수가 서문을 써서 말하기를 유자(儒者)의 학문은 힘쓸 곳이 많아(유학 반면에) 힘쓸 겨를이 없으니, 반드시 전문가에 힘입어서 이해해야 한다 고 하였다.

명나라 악소봉(樂韶鳳)·송염(宋濂) 등의 『홍무정운(洪武正韻)』, 주권의 『경림아운』, 진

---

1) 경우(景祐): 북송 인종(1002~1063)의 연호

2) 정도(丁度, 990~1053)는 송인 이숙(李淑) 등과 함께 『운략(韻略)』을 간수하여 『예부운략(禮部 韻略)』이라 개칭하였고, 또한 『광운(廣韻)』을 간수하여 『집운(集韻)』(1039)을 완성하였다.

3) 한도소(韓道昭)는 금나라 사람. 『오음집략(五音集略)』을 지었다.

탁의 『녹비헌사림운석』, 왕문벽의 『중주음운』, 왕어(王荔)의 『정음군언(正音捃言)』, 난수정(蘭廷秀)의 『운략이통(韻略易通)』, 필공진(畢拱辰)의 『운략회통(韻略匯通)』, 청나라 조소기(趙紹箕)의 『졸암운오(拙菴韻悟)』, 심승린(沈乘麐)의 『곡운려주(曲韻驪珠)』, 이여진(李汝珍)의 『이씨음감(李氏音鑑)』 등이 있다.4)

"운도 상에 오운과 번절 방식은 인도로부터 나왔는데 서역의 승리인 요의(了義)가 처음으로 자모(성모와 운모)를 만들었지만 갖추어지지 않았고, 그 후에 신공(神珙)과 진공(真空) 등이 그것을 계승하여 비로소 36자모를 갖추게 되었다. 한나라 때에는 번절(翻切)이 없었으므로, 『사기』, 『한서』의 주에 기록된 번절은 안사고(顏師古)와 사마정(司馬貞) 등이 추가한 것이다."5)라고 하여 병와 이형상은 중국 운학의 전통을 요약해서 잘 설명해 주고 있다. "소옹은 송 나라 사대부 출신의 문인으로서 시대적 사명감을 가지고 스승 이지재(李之才)로부터 전수받은 상수 역학과 부친 소고(昭古)로부터 물려받은 불교의 성음 지식을 바탕으로 불교의 정음 사상을 뛰어넘는 새로운 성리학적 언어관을 제시하였다."6) 이러한 여건에서 소옹이 『황극경세서』「성음창화도」를 제작한 직접적인 동기가 되었다.

운서는 시문 창작을 위해 사성으로 나누고 이를 성모와 운모로 종횡으로 배열한 일종의 반절로 만들어 많은 한자들의 자음을 용이하게 찾을 수 있도록 만든 책이다. 그런데 운서는 성모와 운목과의 관계가 너무나 복잡하여 상호 관계를 파악하기 어렵다. 따라서 한자를 많이 알고 있어도 운서의 학을 제대로 이해하는 이는 매우 드물었

---

4) 정경일, 『한국운서의 이해』, 46쪽, 아카넷, 2002. 참조. 당작번(唐作藩) 저·채영순 역, 『한어어음사』, 학고방, 82쪽 참조, 2018.

5) "韻書肪於梁沈約以四聲爲譜在唐, 以聲律取士, 有禮部韻. 宋景祐中, 學士丁度剟取韻賦所常用爲『韻畧』. 元時, 韓孝彥字允中, 道昭字伯琿父子並昌黎人, 作五音篇韻. 先是王與祕復易人也廣玉篇而爲篇海, 荊璞子彥實, 沒川人也. 亦金人, 辨五音而編集韻. 韓氏專門字書, 實有天縱之識, 而濟以家傳之妙, 遂取二書, 究觀要旨, 惜其各自爲書而不相統, 且其中多疏繆處, 於是刪繁補略, 倂同析異, 合爲一書. 俾後之得其字而失其音者, 先數字劃, 求之於篇, 識其音切, 然後就集韻, 求其韻叶, 而辨其訓義, 體用相涵, 內外共貫. 其於小學, 可謂該矣. 是書行於, 成化而奇顗時, 山人戒璇, 實相其役, 考證潤色, 悉遵洪武韻例, 弘治間, 有眞空者, 重加讐校, 旣定爲歌訣, 名曰『貫珠集』, 又取劉鑑(字士明 關中人 亦元儒也)所著切韻指南倂附焉. 篇韻纂修, 始於洪武之前, 刊行於憲宗之際, 昔洛僧鑑聿爲韻總. 歐陽子敍之曰, 儒之學用功多, 故有所不暇, 必待用心之專者爲之. 我朝世宗大王御製訓民正音, 即所謂諺文也. 邵氏經世聲音, 亦與訓民相表裏, 切韻之學斯爲原本, 不可不闡而明之, 實與卦畫書契同其功矣", 병와 이형상의 『자학』「운학시종(韻學始終)」.

6) 심소희·구현아, 「조선시기 최석정과 황윤석의 성음인식 비교」, 『중국어언연구』 제45호, 2013. 5쪽 참조.

다. 운서마다 시대에 따라 성모의 차이뿐만 아니라 운목도 차이를 보여주고 있었기 때문에 운서에 대한 정확한 지식이 없이는 자음을 정확하게 인식하기도 어려웠다. 이러한 문제점을 해결하기 위해 성모와 운모를 적절하게 분류한 다음 반절도처럼 만든 도표에 속하는 한자음을 확인하기 위해 만든 것이 운도(韻圖)이다.

유창균(1984:505)은 운도의 형식과 유형을 ① 초기 보수적인 운도로는 정초의『칠음략』이나 장인지의『운경』을, ② 후기 중세적 운도로는 남송의『절운지장도』와 원나라 유감의『절운지남』, 명나라 여유기(呂維祺)의『음운일월등』을, ③ 역학과 상수학의 이론을 바탕에 깐 소옹의『황극경세서』의「성음창화도」로 세 부류로 구분하고 있다.

한편 왕력(王力, 1997:13~16)은 운도 발전에 대해 다음과 같이 정리하고 있다.[7] 곧 가장 오래된 운도는 정초(鄭樵)의『통지략(通志略)』에 실린『칠음략』이 있고 장인지의 『운경』(1203) 사마광의 저술로 알려진『절운지장도』, 저자를 알 수 없는『사성등자』, 원나라의 유감의『경사정운지남』(1336)과 명나라 만력 년간의 서효(徐孝)의『중정사마온공등운도경(重訂司馬溫公等韻圖經)』, 청나라의 저자 미상의『강희자전』에 실린「자모절운요법(字母切韻要法)」등이 있다고 한다. 왕력(1997:13~16)은『한어어음사(漢語語音史)』에서는 이들의 운도 연구자들을 3개 파로 나누고 있다. 제1파는『칠음략』,『운경』으로 대표되는『절운』의 자음 43개를 운도로 나타내고 있다. 제2파는『절운지장도』,『사성등자』,『절운지남』등에서는 송·원대의 현실어음을 표준으로 삼고 20~24개로 운도로 나타내고 있다. 제3파는 서효(徐孝)의『중정사마온공등운도경(重訂司馬溫公等韻圖經)』과 청나라의『자모절운요법』등에서는 12개의 운으로 운도에 나타내고 있다.

이들 운도를 섭(攝)을 중심으로『절운지남』에서는 16섭으로『자모절운요법』에서는 12섭으로 구분하고 자모는 당나라 말, 수온(守溫)의 30운모에서 송대 36운모로 구분하다가 이를 다시 개·합에 따라 4호나 청·탁에 따라 4등으로 나누었다.

송·원 나라 시대에는 운모는 음류(音類)가 상통하는 것 끼리 묶은 섭(攝)에서 다시 등호(等呼), 곧 개구와 합구로 나누어 운도를 구분하였다.『절운지남』에서는 16성을 4호로 나누어 24개의 운도로 구분하였다.

---

7) 왕력 지음·권택용 옮김,『한어어음사(漢語語音史)』, 도서출판대일, 1997.

개·합	섭	음
개구호	咸深效流	a ə o
합구호	通遇	i
개합구분	果假梗曾止蟹山臻宕	u
개합구동	江	y

『절운지남』에서 16섭을 4호로 구분

『자모절운요법』에서는 사호(四呼)에 따라 송원대의 운도에서 개구 1, 2등은 개구호, 개구 3, 4등은 제치호, 합구 1, 2등은 합구호, 합구 3, 4등은 촬구호로 구분하고 있다. 여암도 운모를 이와 같이 4등 개구호, 제치호, 합구호, 촬구호로 구분하였다.

한편 청나라 시대의 『강희자전』에 실린 「운자일람표(韻字一覽表)」에서는 106운을 청탁에 따라 4성으로 운섭의 자표를 배치하였다.

운자일람표(韻字一覽表)			
평성	상평	東·冬·江·支·微·魚·虞·齊·佳·灰·眞·文·元·寒·刪	15운
	하평	先·蕭·肴·豪·歌·麻·陽·庚·靑·蒸·尤·侵·覃·鹽·咸	15운
상성		董·腫·講·紙·尾·語·虞·薺·蟹·賄·軫·吻·阮·早·潸·銑·篠·巧·皓·哿·馬·養·梗·迥·有·侵·感·琰·豏	29자
거성		送·宋·絳·寘·未·御·遇·霽·泰·卦·隊·震·問·願·翰·諫·霰·嘯·效·號·箇·禡·漾·敬·徑·宥·沁·勘·豔·陷	30자
입성		屋·沃·覺·質·物·月·曷·黠·屑·藥·陌·錫·職·緝·合·葉·洽	17자

『강희자전』에 실린 「운자일람표(韻字一覽表)」

평·상·거·입을 기준으로 하여 대략 16개 내외의 운섭으로 나누고 있는데 평성을 기준으로 하여 섭의 자표로 삼고 있다. 아마도 신경준은 4등으로 구분하는 방식은 『자모절운요법』에서 많은 영향을 받은 것으로 보인다. 개구·제치·합구·촬구를 정운과 부운으로 구분하여 단모음과 이중모음의 관계를 인지하고 있었던 것이다.

수나라 육법언이 『절운』을 지었을 때에는 순중음뿐이었는데 당나라 말기에 이르러 동(東)·경(鏡)·미(微)·로(虜)·문(文)·원(元)·양(陽)·우(尤)·범(凡) 운의 3등운에서 순경음이 분화되었다. 원 나라 시대에는 2호(呼) 4등(等)으로 구분하였는데 1등은 후설, 2등은 전설, 3·4등은 전설고모음에 가까운 것이다. 『절운』시기에 정치음이 정(精)계의 치두음과 더불어 장(莊)계와 장(章)계로 분화되었고 치두·정치의 10개 자모로 통합되었다. 설음도 상고시대에는 설두음과 설상음으로 분리되지 않았다가 『절운』계에서 분리되었다.

13세기부터 17세기에 이르는 원·명 시대를 거치는 동안 중국 북방어에 일어난 가장 뚜렷한 현상은 입성(入聲)의 소멸이었다. 원나라 주덕청(朱德淸)의 『중원음운(中原音韻)』(1324)은 이를 반영한 운서로서 당시 유행하던 북곡(北曲)의 창작용으로 지은 것이었으나 전통적인 운서의 체재를 완전히 무시하고 있다. 당시의 중원음(中原音, 북경 지역어)을 바탕으로 성모의 청·탁을 없애고 평성을 음조(陰調)와 양조(陽調)로 나누고 종래의 입성을 모두 평·상·거성에 분속(分屬)시켰다. 운은 19운부(韻部)로 나누었는데 『중원음운』은 운섭의 체계로 운도의 발전과 매우 밀접한 관계를 맺고 있다. 16세기에 들어 양운미 -m>-n의 변화를 반영하는 침(侵)·감(監)·염(廉) 운미가 진(眞)·한(寒)·선(先) 운미와 합류하였음을 보여준다.

자모(성모)의 분류 방식은 운도의 발달과 매우 긴밀한 관계가 있다. 당나라 말기부터 북송 사이에 36자모표가 완성되자, 이 36자모표와 운모를 내외 전이나 혹은 16섭으로 구분하여 자음을 표시하는 운도(韻圖)가 만들어졌다. 운도는 36자모를 가로에 배열하고 세로에 4성(평·상·거·입) 별로 운모음(주로 핵모음 기준)을 4등[8]으로 나누어 배열하여 그 결합으로 자음을 나타내는 음운표다. 운도에는 송나라 장인지(張麟之)의 서문(1197)이 붙은 『운경』, 송의 정초(鄭樵, 1104~1162)가 지은 『통지』 안에 들어 있는 『칠음략』, 사마광이 지었다고 전해 온 『절운지장도』 등이 있다. 또 이들과는 성격이 약간 다르지만 역시 일종의 운도인 소옹의 『황극경세성음도』가 있다. 반절 방식에서 운도 방식으로 제일 먼저 만들어진 것이 정초의 『통지』에 실려 있는 『칠음략』과 남송 소흥 31년(1161) 장인지의 서문이 실려 있는 『운경』 등이 있는데 특히 우리나라에

---

8) 개합에 따라 1, 2, 3, 4등의 운으로 구분하였다.

	1	2	3	4
개(開)	-ɑ	-a	-iæ	-iɛ
합(合)	-uɑ	-ua	-juæ	-iuɛ

훈민정음 창제에 많은 영향을 미친 운도로『절운지장도』가 있다. 이처럼 송·원 대를 거치면서 중국에서는『칠음략』,『운경』,『사성등자』,『절운지장도』,『경사정운지남』[9] 등과 같은 다양한 운서들이 나타났다.[10] 이들의 양식은 각각 차이가 있으나 기본적인 형식은 자모(성모)를 36자 혹은 23자를 오음(오성)에 따라 배열하고 운모는 16내지 18섭으로 구분하던 운서의 방식에서 한 걸음 더 나아가서 사성과 사등(사호, 개구도에 따른 분류)으로 구분하여 이 두 가지가 교차하는 곳에 한자를 배열하여 한자음을 나타낸다. 이 운도에 나타나지 않는 한자음은 이 운도에 유추하여 음을 확인하도록 한 것이다. 이처럼 운도가 처음으로 나타난 것은 12세기 북송 시대 전후이다. 운도의 성모는 사성과 오음으로 분류하고 운모는 섭을 중심으로 13섭(『절운지장도』) 혹은 16섭(『사성등자』,『경사정음절운지남』)으로 구분하거나 16세기 청대에 들어서서는 사호(개구호·합구호·제치호·촬구호)로 구분하였다.

송 나라의 정초가 지은『칠음략』운도의 기본 형식은 내전(內轉)·외전(外轉)으로 구분하고 가로로는 오음을 '우·차·각·상·궁·반치상'으로 세로는 사성(평·상·거·입)으로 분류한 43매의 운도를 제시하고 있다. 남송 때에 장인지의 서문이 있는 경원 정사년 (1197)에 편찬한『운경』은 운도의 기본이 내전·외전으로 구분하고 다시 개·합에 따라 운도를 작성하고 있다. 운도의 가로에는 '순·설·아·차·후·설음치'와 '청·차청·탁·청탁'으로 구분하고 세로로는 사성(평·상·거·입)으로 분류한 다음 총 46매의 운도를 제시하고 있다. 이로서『칠음략』과『운경』의 편찬 체제가 매우 유사하다는 것을 알 수 있다.

저자 미상인『사성등자』와 원나라 지원 2년(1276) 유감이 찬한『경사정음절운지남』이 있다.『사성등자』는 기본적으로 16섭을 기준으로 하고 내외 전에 따라 가로로는 '아·설·순·차·후·반설치'의 순으로 한자의 대표 자음 '見·溪·羣·疑…'로 차례대로 배열하고 세로로는 평·상·거·입에 따라 20매의 운도를 제시하고 있다.

사마광이 지었다고 전해 오며,『훈민정음 해례』제작에 많은 영향을 끼친『절운지장도』가 있다. 이 운도도『경사정운남』과 형식적으로 매우 유사하게 청탁과 개합에 따라 가로에는 역시 '아·설·순·차·후·반설치'의 순으로 한자의 대표 자음 '見·溪·羣

9) 심소희, 「최석정의『경세훈민정음도설』연구, 「성음율여창화전수도」와『경사정음절운지남』의 체제 비교를 중심으로」,『중국어문론집』73호, 중국어문연구회, 2012.
10) 예문인서관(藝文印書館),『등운오종(等韻五種)』, 예문인서관, 타이페이, 1981.

-疑...'를 배치하고 세로로는 평·상·거·입에 따라 40매의 운도를 제시하고 있다.

이처럼 운도에서는 자모와 운모의 반절 방법은 운서의 복잡함을 벗어나 보다 더 정확하게 글자음을 표시하도록 고안한 것이다. 이러한 운도의 제작은 당시 음운체계와 그 통시적·지리적 변화 곧 『동국정운』의 신숙주 서문에서 밝힌 바 있는 ① 자모의 변화, ② 칠음의 변화, ③ 청탁의 변화, ④ 사성의 변화에 따른 운도 양식의 변화와 섭(攝)과 등운(等韻)11)의 통합적·계열적 체계의 이동과 변화에 대한 깊이 있는 이해가 없이는 불가능한 것이었다.

결론적으로 명곡의 『경세훈민정음』 편찬에 결정적인 영향을 미친 중국 운서 가운데 「저정서」의 이론 골간을 형성하는데 영향을 미친 것은 소옹의 『황극경세서』 「성음창화도」와 주돈이의 『태극도설』이지만 구체적인 내용의 유사성은 원나라 지원 2년(1276) 유감(劉鑑)이 찬한 『경사정운지남』(일명 『절운지남(切韻指南)』)과 『사성등자』에서 찾을 수 있다. 여암의 운도는 명곡과 차이가 큰 점은 운모를 4등 16섭으로 구분하여 「개합사장」으로 분류를 단순화시킨데 있다. 앞으로 더 구체적인 운서 간의 유사성과 차이점에 대해서는 별도의 연구가 필요하다.

1.2 조선시대의 성운학 연구12)

1) 조선 시대 『성리대전』의 유입

불교를 존숭했던 고려가 망하자 유교를 치국 방략으로 삼은 조선은 정치 권력의 불완전성 때문에 정치적 기반이 매우 흔들리고 있었다. 그러나 조선 건국 초에는 이념적으로 주자학을 기반으로 하고 『성리대전』13)에 역학, 지리, 수리, 악학, 천문학

---

11) 등운은 당나라 중엽 이래 불경의 전창(轉唱)의 영향으로 운서에 나타난 각 운의 이동을 비교하고 운모의 성질에 따라 분류한 것이다.

12) 이 장은 이상규, 『명곡 최석정의 경세훈민정음』, 역락출판사, 2018. 내용을 일부 수정하여 전제한 것임을 밝혀 둔다.

13) 『성리대전』은 성조(成祖 영락제)의 명에 의해 호광(胡廣) 등 42명의 학자들이 송·원의 성리학설을 집대성하여 편찬한 『이학문집(理學文集)』, 『오경대전(五經大全)』, 『사서대전(四書大全)』과 같이 영락 13년(1415)에 완성되었으므로 이를 통틀어 「영락삼대전(永樂三大典)」이라고도 한다. 70권으로 되어 있으며 책머리에 성조의 어제서문(御製序文)과 호광이 지은 진서표(進書表), 선유성씨(先儒性氏), 목록이 있다. 1~25권까지는 태극도(太極圖), 주돈이(周敦頤)의 『태극도설(太極圖說)』, 장재(張載)의 『통서(通書)』·『서명(西銘)』·『정몽(正蒙)』, 소옹(邵

등에 기초한 폭넓은 지식 기반을 활용한 치국 경세의 실천적 바탕을 마련하였다.[14]

세종시대에 들어서서 문화 역량의 핵심인 훈민정음 창제의 사상적 기반이 된 책이 바로 『성리대전』이다. 『성리대전』은 영락 13년(1415) 즉 태종 15년 을미에 완성된 책으로 세종 즉위 3년 전이다. 『세종실록』 6권 10장에 세종 원년(1418) 12월에 경녕군 비(裶)가 명나라에 사신으로 갔다가 『성리대전』을 얻어 가지고 온 기록이 있고, 동 7년 10월에 각도에서 『성리대전』를 인간하려했다는 기록이 있다. 명나라에서 『성리대전』을 인간한지 불과 5~6년 만에 「성리대전」을 조선으로 들여왔고 또 10여 년 만에 복간한 것 같다.[15]

『세종실록』 세종 15년(1433) 계축에는 명나라로 조선의 유학생 파견을 요청한 결과 명나라의 회답에

"다만 산천이 멀리 막히고 기후가 같지 아니하여, 자제들이 와도 혹은 오래도록 객지에 편안히 있기 어려울 것이며, 혹은 아버지와 아들이 서로 생각하고 그리워하는 정을 양쪽이 다 이기지 못하게 될 것이 염려된다. 본국 내에서 취학하여 편의하게 하는 것만 같지 못할 것이니, 지금 왕에게 『오경사서대전』 1책, 『성리대전』 1책, 『통감강목』 2벌을 보내니, 자제 교육에 쓰게 하여 왕은 나의 지성스러운 마음을 본 받으라"[16]

雍)의 『황극경세서(皇極經世書)』, 주자의 『역학계몽(易學啓蒙)』·『가례(家禮)』·채원정의 『율려신서(律呂新書)』, 채침(蔡沈)의 『홍범황극내편(洪範皇極內篇)』 등 단행본을 수록하고 주석을 달았다. 26~70권까지는 이기(理氣)·귀신(鬼神)·성리(性理)·도통(道統)·성현(聖賢)·여러학사(諸儒)·학(學)·제자(諸子)·역대(歷代)·군도(君道)·치도(治道)·시문부(詩文賦) 등의 주제로 나누어 제가의 어록·문장을 분류·수록했으며 이 책에 실린 학자는 118명에 이른다. 내용은 송원학으로 도학과 성리학의 근본 문제를 다루면서 이기·성리를 중심으로 송원학의 정통성과 다른 학파에 대한 견해, 중국의 역사에 대한 인식과 정치의식 등을 체계적으로 이해할 수 있도록 편집했다. 특히 첫머리의 '태극도'와 '태극도설'은 천도론과 인성론을 종적으로 연결시켜 우주론의 이론 체계를 갖추게 한 점에서 송대 성리학의 선하(先河)로 일컬어진다. 편집체계의 짜임새가 부족한 점이 많다는 비판도 일어났지만 방대한 분양으로 성리학의 권위적 체계를 확보하여 사상과 교육에서 통제력을 발휘할 수 있게 했다. 각 교육기관을 통해 널리 보급되었다. 청대에 강희제가 이광지(李光地) 등에게 명하여 『성리대전』의 정수를 발췌하여 『성리정의(性理精義)』를 편찬하게 했다. 우리나라에는 세종 1년(1419)에 들어왔으며 국내에서 다시 간행되어 널리 보급되면서 성리학의 수준을 높였다.

14) 정도전 저·한영우 역, 『조선경국대전』, 올제클레식, 2015.
15) 심소희, 『한자 정음관의 통시적 연구』, 이화여자대학교출판부, 2013. 참조.
16) "但念山川脩遠, 氣候不同, 子弟之來, 或不能久安客外, 或父子思憶之情雨不能已, 不若就本國中務學之便

고 하였으니 세종 15년(1433) 그 이전인 세종 8년(1426)에 이미 그 책이 조선에 들어온 것이 확실하다.

『국조보감』에는 세종 10년(1428)에

> "상이 『성리대전』을 예람하고 집현전 응교 김돈(金墩)에게 이르기를, 내가 시험 삼아 읽어보니 의리가 정미(精微)하여 쉽사리 탐구하여 볼 수가 없다. 너는 유념하고 보아서 고문에 대비하도록 하라고 하였다."[17]

라고 하였으니 실상 명나라에서 보내주기 6~7년 전에 조선에서는 이미 『성리대전』을 구해 왔음을 알 수 있다. 또 호학의 군주 세종은 그 책을 가장 흥미 있게 연구한 것이 분명하다.

조선 건국이념의 기초를 마련해 준 주자학적 경세 원리뿐만 아니라 우주 만물의 바탕을 이루는 자연 우주관에 입각한 경학, 역학, 악학, 천문 등 폭넓은 지식을 담고 있는 『성리대전』은 치국 경세를 위해 군왕이 익혀야 할 필독의 양서였다. 조선의 성군 세종은 『성리대전』과 주자의 경학서 내용을 익히고 또 이를 실천하는 일이야 말로 군왕이 해야 할 주요한 책무로 인식한 것이다.

당대의 최고 신지식 서적의 하나였던 『성리대전』은 명나라 영락제의 칙명으로 1415년에 호광(胡廣, 1369~1418) 등 42명의 학자들이 송·원나라에 걸친 성리학을 집대성한 동아시아 신유학의 연원이 되는 이학문집이다. 『성리대전』의 어제 서문에

> "또한 선대 유학자들의 완성한 책과 그들이 의논한 격언을 모아서 오경과 사서를 보익해서 유교의 도에 도움이 되니 종류대로 편집하여 질을 이루어서 『성리대전』이라 이름하였다. 서적의 편집이 완성되자 와서 진상하니 총 229권이다. 짐이 간간이 살펴보니 광대하게 모두 갖추어진 것이 강학의 근원이 있는 것과 같고 산천에 조리가 있는 것과 같으니, 이에 성현의 도가 찬연히 다시 밝아졌다."[18]

也, 今賜王五經四書大全一部, 性理大全一部, 通鑑綱目二部, 以爲敎子弟之用, 王其體朕至懷.", 『세종실록』 세종 15년(1433).

17) "上覽性理大全, 謂集賢殿應敎金墩曰, 予試讀之, 義理甚精, 未易究觀, 爾可刻意觀之, 以備顧問.", 『국조보감』에는 세종 10년(1428).

18) "又輯先儒成書, 及其論議格言 輔翼五經四書, 有裨於斯道者 類篇爲帙, 名曰性理大全, 書編成, 來進, 總

라고 하였다.

이 책의 구성은 「어제서문」, 호광의 「진서표(進書表)」, 「선유성씨」, 「목록」이 있고 1~25권은 「태극도」, 주돈이(周敦頤, 1017~1073)의 『태극도설』, 장재(張載, 1020~1070)의 『통서』, 『서명』, 『정몽』과 소옹(邵雍, 1011~1077)의 『황극경세서』, 주자의 『역학계몽』, 『가례』, 채원정(蔡元定, 1135~1198)의 『율려신서』와 채심(蔡沈)의 『홍범내극편』 등의 저서를 모아 주석을 달았다. 26~70권은 「이기」, 「귀신」, 「성리」, 「도통」, 「성현」, 「제유」, 「학」, 「제자」, 「역대」, 「군도」, 「치도」, 「시문부」 등 다양한 주제로 제가의 어록이나 문장을 분류별 수록하였다. 이 『성리대전』이 조선에 공식적으로 유입된 것은 세종 8년(1426)년이다. 현재 『성리대전』은 다양한 판본이 있다. 그 가운데 『사고전서』 판본이 널리 읽히고 있는데 중국 인터넷사이트에 각종 이본을 이미지 파일로 열람할 수 있다.[19]

세종 당시로서는 이 책은 확실히 당대 최신의 양서였다. 세종이 자기 스스로 탐독하였으나 그 내용이 너무나 난해하였기 때문에 김돈(金墩, 1385~1440)에게 연구를 명한 것도 무리가 아니었다. 지금 세종 문화를 『성리대전』과 대비한다면 성운학은 소옹의 『황극경세서』와 그리고 역학은 이기현의 『역법』과 관련이 있다. 아악은 채원정의 『율려신서』와 관련이 있고, 『오예의』는 「가례」와 관련이 있으며, 『치평요람』은 「군도」, 「치도」 등의 편과 관련이 있다.[20] 이처럼 『훈민정음 해례』의 성음 이론이 『성리대전』에 있는 소옹의 『황극경세서』와 공통되는 사실이 많다는 것은 양자가 뗄 수 없이 밀접한 관계가 있다는 증거다.

『연려실기술』 권3에서 『국조보감』 인용문 중에

"임금이 경연에서 채 씨의 『율려신서』를 강하다가 그 법도가 매우 정연하고 존비의 순서가 있음에 감탄하여 황종을 갑자기 얻기 어려워 곧 예문관 대제학 유사눌(柳思訥, 1375~1440), 집현전 대제학 정인지, 봉상판관 박연(朴堧), 경사주부 정양 등에게 명하여 구악을 정비하게 하고 또 의례상정소를 두어 영의정 황희(黃喜, 1363~1452), 우의정 맹사성(孟思誠, 1360~1438), 찬성 허조(許稠, 1369~1437), 총제 정초(鄭招, ?~1434), 신상(申商, 1372~1435), 권진(權軫, 1357~1435) 등으로써 제도를 삼아 악률을 의논하게 하였다."[21]

二百二十九卷, 朕間閱之, 廣大悉備, 如江河之有源委, 山川之有條理, 於是聖賢之道燦然復明, , 『성리대전』 서문.

19) 윤용남 외, 『성리대전』, 학고방, 2018
20) 심소희, 『한자 정음관의 통시적 연구』, 이화여자대학교출판부, 2013. 참조.

라고 하였다. 아악 창제에 있어서도 『성리대전』에 있는 채원정의 『율려신서』가 얼마나 밀접한 관련이 있는지에 대해 이 기록을 통해 알 수가 있다. 그러나 『성리대전』이 어렵게 여겨진 것은 특히 역학과 상수론의 기반 위에서 기술된 『황극경세서』와 『율려신서』의 난해함 때문이었다. 그리하여 성종 11년(1480)에도 홍문관에 영민한 자들에게 예습하여 진강하도록 하였다. 세종은 『성리대전』을 기반으로 예학의 정비, 천체 천문학, 농학과 지리서 찬술 등을 포함한 일상 실용 학문의 영역에까지 폭넓은 치국의 치세를 『성리대전』을 기초로 하여 실천함으로써 조선 초기의 성세를 구가할 수 있었다.

세종의 치도의 근간은 바로 『성리대전』이었다. 이 『성리대전』의 내용을 일상의 실용주의적 관점에서 능동적으로 전환할 수 있었던 힘이 바로 뛰어난 세종대왕의 치도의 능력이었다. 또 신숙주의 『동국정운』 서문에는

"심약과 육법언 등에 이르러 한자음을 휘(彙)로 나누고 유(類)로 보아 성을 고르게 하고 운을 맞추어 성운학에 관한 이론이 처음으로 일어났다. 운서를 편찬한 이들이 줄을 이었으나 각각 제 주장을 하였으므로 논의는 많아졌으나 잘못도 또한 많아졌다. 이에 송나라 때에 사마온공이 운도를 짓고 소강절이 성음도 수리론으로 밝혀서 깊은 이치를 캐고 심오한 이치까지 연구함으로써 여러 가지 학설을 하나로 통일하였다."22)

라고 하였다. 훈민정음의 제작에 있어서 소씨의 성음수가 참고된 것은 신숙주의 이 말로 증언을 삼을 수 있을 것 같다.23)

15세기 세종 시대에 간행된 『훈민정음 해례』, 『동국정운』과 문종대 간행된 『홍무정운역훈』의 청·탁 배열도는 『절운지장도』와 가장 닮아 있으며, 성모의 자모 배열은

---

21) "上御經筵, 講蔡氏律呂新書, 歎其法度甚精, 而以黃鍾未易遵得, 乃命藝文館大提學柳思訥, 集賢殿大提學鄭麟趾, 奉常判官朴堧, 京市主簿鄭穰等, 釐正舊樂, 又置儀禮詳定所, 以領議政黃喜, 右議政孟思誠, 贊成許稠, 摠制鄭招, 申商, 權軫等爲提調, 講義樂律,", 『연려실기술』 권3.

22) "及至沈陸諸子, 彙分類集, 諸聲協韻, 而聲韻之說始興, 作者相繼, 各出機杼, 論議旣衆, 舛誤亦多, 於是溫公著之於圖, 康節明之於數, 探頤鉤深, 以一諸說,", 『동국정운』 서문.

23) 이상규, 「보한재 신숙주 선생의 생애와 삶」, 『보한재 신숙주 선생 나신 600돌 기념 학술논문집』, 2017. 현재 전하지 않는 『동국운략(東國韻略)』을 지은 좌의정 하륜(河崙)의 학통을 이어받은 신숙주는 한자음과 중국음의 표준화 정책을 수립하고 운서를 편찬하는 일의 중추적 역할을 한 인물이다.

『고금운회거요』와 가장 가깝다. 그럼에도 불구하고 홍기문(1946), 이승녕(1972), 유창균(1989)은 소옹의『황극경세서』의 어음관이 훈민정음 창제에 가장 큰 영향을 미쳤다고 주장한 것은 과연 신뢰할 수 있는 것일까? 곧 15세기 세종을 비롯하여 집현전 학사들조차도『황극경세서』「성음창화도」에 보이는 상수학과 운도에 대한 내용을 충분히 숙지하지 못한 상황이었을 것이다. 문제는 세종조 당시에는 아직『성리대전』에 대한 내용을 충분히 숙지하여 이를 이해하고 있는 학자가 아마도 없었거나 드물었다고 할 수 있으니 자연 세종인들 '훈민정음' 창제에『황극경세서』가 그 기반이 되었을 것이라는 설명은 합당한지 충분히 검토되어야 할 필요가 있다.

이에 대해 심소희(2013)는 당시 훈민정음 창제에『황극경세서』가 직접적인 영향이 있었다는 견해에 대해 다소 부정적인 입장을 취하고 있다. 단지 조선 후기 화담 서경덕을 거쳐 숙종조 시대 명곡 최석정과 그 후대의 신경준과 황윤석의 시대에 비로소『황극경세서』를 바탕을 한 운도 연구가 다시 활기를 띄게 된 것으로 파악하고 있다.[24] 과연 그러했을까? 좀 더 깊이 살펴볼 필요가 있을 것이다.

세종 10년(1428) 3월 2일의 기사를 보자.

> "주상께서 집현전응교 김돈(金墩)에게 이르기를,『성리대전』이 지금 인쇄되었으니 내가 이를 읽어보니 의리가 정미하여 궁구하기에 쉽지 않다. 그대는 정상한 사람이니 마음을 써서 한번 읽어 보라고 하니, 김돈이 아뢰기를, 스승에게 배우지 않으면 쉽사리 궁구해볼 수 없지마는, 신이 마땅히 마음을 다 하겠습니다라 하였다. 주상이 말씀하시기를, 비록 스승을 얻고자 하나 진실로 얻기가 어렵다고 하였다."[25]

『세종실록』11년(1480) 10월 20일에

> "경연에 나아갔다. 강하기를 마치자, 영사 이극배(李克培)와 지사 강희맹(姜希孟)이 아뢰기를,『자치통감』은 사가의 근본이고,『성리대전』에는『황극경세서』와『율려신서』가 있어서, 그 깊은 뜻과 미묘한 취지를 사람마다 이해할 수 없으니, 청컨대 홍문관의 관원으로서 영민한 자를 택하여 예습하여 진강하게 하소서"[26]

---

24) 심소희,『한자 정음관의 통시적 연구』, 이화여자대학교출판부, 2013. 참조.
25) "上謂集賢殿應敎金墩曰, 性理大全書, 今已印之, 予試讀之, 義理精微, 未易究觀, 爾淵儒人也, 可用心觀之, 墩曰, 非因師授, 未易究觀, 然臣當盡心. 上曰, 雖欲得師, 固難得也",『세종실록』10년(1428) 3월 2일

라 하였다. 이처럼 세종이 얼마만큼 『성리대전』에 관심이 많았는지 알 수 있다. 이러한 조선 초기의 흐름은 성종대까지 이어졌다. 곧 성종 20년(1489)에는 홍문관에 명하여 『성리대전』에 주석을 달도록 하는 특별한 전교를 내리기도 하였다.

> "홍문관에 전교하기를, 『성리대전』은 반드시 여러 글을 상고한 뒤에야 그 뜻을 통할 수 있는데, 여러 글이 넓고 많아서 열람하기가 어려우니, 책 끝에 여러 글을 상고하여 기록하게 하라."[27]

즉 조선의 유학자들은 『성리대전』에 수록되어 있는 『황극경세서』를 15세기부터 수집하여 수용하기 시작하였지만, 서적이 널리 보급되지 못했던 상황을 고려해 본다면 『성리대전』에 대한 제대로 된 본격적인 연구가 시작되지는 못하였던 것 같다. 중종대 『성리대전』이 다시 간행되었는데,[28] 중종 25년 최세진(崔世珍, 1468~1542)이 『황극경세서집람(皇極經世書集覽)』과 『황극경세서설(皇極經世書說)』 12권[29]을 수입하였으며, 또 『황극경세서설』도 인간되었다.[30] 중종 25년(1530) 12월 20일 기사에는 최세진이 『황

---

26) "御經筵, 講訖, 領事李克培, 知事姜希孟啓曰, 資治通鑑, 史家之根本, 性理大全, 理學之淵源, 此二書, 不可不講也. 然性理大全, 有皇極經世書, 律呂新書, 其奧義微皆, 非人人所能解也, 請擇弘文館員之英敏者, 預習進講", 『세종실록』 11년(1480) 10월 20일.

27) "傳於弘文館曰, 『性理大全』必參考諸書然後, 乃通其意, 諸書浩繁, 披閱爲難, 可於卷端, 考諸書書之, 『성종실록』 20년(1489) 3월 9일.

28) 김항수, 「16세기 사람의 성리학 이해」, 『한국사론』 7호, 1981, 152쪽과 박권수, 『조선 후기 상수학의 발전과 변동』, 서울대학교 박사학위논문, 2006, 29쪽.

29) "부호군 최세진이 『대유대주의』 2권과 『황극경세서설』 12권을 올리고 아뢰기를, 『대유대주의』는 모두 고문이지만 새로 뽑아 모은 것으로서 임금이 보시기에 알맞은 것이고, 『황극경세서설』 역시 우리나라에 없는 것이어서 감히 올리니, 간행하여 누구나 다 볼 수 있게 하소서. (副護軍崔世珍以『大儒大奏議』二卷, 『皇極經世書說』十二卷進獻曰, 『大儒大奏議』, 雖皆古文, 然新撰裒集, 宜人君所當觀鑑, 『皇極經世書說』, 亦我國所無敢獻, 請印行, 使人人皆得見之)", 『중종실록』 34년(1539) 5월 17.

30) "『황극경세서설』은 명나라의 주은로(朱隱老)가 지은 것인데, 소옹의 글을 드러내어 밝히되 고구에 전거가 있고 의논도 유창하여 참으로 소옹의 글을 보는 데 도움이 되며, 『역경』을 집설한 데에 실은 제공의 의논이 명창하고 의지를 드러내어 밝힌 것이 많으므로, 『역경』을 집설한 데에 실은 제공의 논의가 명창하고 도움이 있을 것입니다. (『皇極經世書說』, 乃皇朝朱隱老所著, 發明邵書, 考究有據, 議論亦暢, 實邵書之羽翼, 『易經集說』, 所載諸公, 議論明暢, 多所發明義旨, 請講『易經』之際, 參考乎此, 則不無資益)", 『중종실록』 37년(1542) 5월 7일.

극경세서집람』을 진상한 내용이 소상히 기술되어 있는데 이를 통해 당시 유학자들의 『황극경세서』에 대한 이해의 수준을 가늠할 수 있다.[31]

『황극경세서』는 『성리대전』에 부록된 것인데 학자들이 그 뜻을 깊이 해석하지 못한 것을 결점으로 여기고 있었으니, 반드시 『집람(集覽)』을 참고한 다음에 모두 해석할 수 있었다. 최세진이 중국에 가서 인본을 찾았으나 얻지 못했는데 다행히 서본(書本)을 얻어 이순(李純, ?~?)에게 보였더니 이순이 중종 25년(1530) 『중종실록』에서 말하기를 "환히 알만한 곳도 있고 알기 어려운 곳도 있다.", "홍문관 관원에게 교정하여 인간해서 본관에 소장토록 하는 것이 어떻겠습니까?"[32]라고 하였다.

이처럼 『성리대전』의 유입 시기는 세종 8년(1426)으로 상당히 빨랐으나 그 내용의 어려움으로 인하여 중국과 지식의 변폭이 있었던 조선 지식인들에게는 하루아침에 받아들이거나 수용하기가 매우 어려웠던 것으로 짐작된다.

특히 당대 지식인들의 관심사가 주자학의 원류인 경학 중심으로 차츰 고착됨으로써 『성리대전』에서 제시한 다양한 지식을 응용할 수 있는 범위가 상대적으로 협소해질 수 밖에 없었다. 더군다나 『황극경세서』는 당시 조선의 학자들에 의해 정확하게 해석되지 못할 만큼 난해한 책으로 여겨지고 있었지만, 몇 차례 경연에서의 강의[33]와 『황극경세서집람』과 『황극경세서설』이 수입되고, 조선에서 『황극경세서설』이 다시 간행되는 등 참고 서적들이 갖추어지면서 『황극경세서』에 대한 연구도 조금씩 깊이를 더했던 것으로 보인다. 이러한 상황을 고려해 본다면 세종께서 훈민정음을 창제하는데 『황극경세서』가 다소간 참고는 되었을지라도 직접적인 영향을 끼쳤다고 보기는 어려울 것 같다.

조선 유학자들이 소옹의 문집인 『소자전서(邵子全書)』를 수집하여 『황극경세서』의 전체 내용을 접할 수 있었던 것도 실제로는 17세기 이후였다. 1613년 신흠(申欽, 1566~1628)이 최초로 북경에서 인편을 통해 『소자전서』 전질을 구했다고 하지만,[34] 18세기

---

31) 심소희, 『한자 정음관의 통시적 연구』, 이화여자대학교출판부, 2013. 참조.

32) "僉知中樞府事崔世珍, 以『皇極經世書集覽』, 進上曰, 『皇極經世書』, 附『性理大全』, 而學者病不能盡解其意, 因必集覽後, 可得盡解矣, 臣赴京求印本, 而未得之, 幸得書本而贐焉, 臣以此書示之於李純, 純曰, 有通曉處, 又有難曉處, 云, 請以弘文館員, 校正開刊, 藏之本館如何?", 『중종실록』 25년(1530) 12월 20일

33) 『중종실록』 8년(1513) 9월 24일 참조.

34) "余少時喜觀邵易, 而未領其要, 思索而復置之, 如是者蓋數十年, 世無名儒碩師究窮乎此者, 亦無緣就質而擊蒙矣, 曁萬歷癸丑, 得罪于朝, 竄跡江間, 無他隨身物. 秖有皇朝諸學士所纂性理大全在床上, 捐佩之餘,

후반까지도『소자전서』는 일반 유학자들이 쉽게 구해볼 수 있는 그러한 서적이 아니었다.

좀 더 구체적으로 말하자면 훈민정음 창제를 위해 필요했던 것은 송나라의 성리학을 집대성한『성리대전』안에 실린 소옹이 쓴『황극경세서』의「성음창화도」였다. 이『황극경세서』의「성음창화도」를 수용하는 과정에 한자음의 규범화를 위해 나라 안으로는『동국정운』을 나라밖으로는『홍무정운역훈』편찬을 통해 '정음'과 '정성'에 대한 조선의 주체적 의식을 확보해 나갔음을 알 수 있다.35)

성음은 시간과 지리적 환경에 따라 달라질 수 있다는 언어풍토설(言語風土說)을 토대로 하여 중국은 중국 나름대로 왕조가 바뀔 때마다 운서를 간행하였듯이 동아시아의 여러 주변나라에서도 나름대로 견실한 자국의 운서를 만든 나라는 조선을 제외하고는 그리 흔하지 않았다. 그러나 조선에서는『동국정운』,『홍무정운역훈』,『사성통고』,『사성통해』,『화동정음통석운고』,『삼운성휘』,『규장전운』등의 독자적인 운서를 지속적으로 만들어 화음과 동음 한자음의 교정과 표준화를 위해 부단한 노력을 해 왔다. 그 이외『오예의』,『역상』등도 그 내용으로 미루어 보면『성리대전』과 매우 긴밀한 관련성을 가지고 있다.

이상에서 세종대에 제기 되었던 운학의 연구와 관심은 숙종대에 이르기까지 차츰 식어갈 수밖에 없었던 상황을 이해할 수 있다.

2) 조선 후기 운학시대 연구 동향

여암 신경준은 경학은 물론이고 성운학 뿐만 아니라 영조 46년(1779)에 지은『도로고』와 영조 32년(1756)에 지은『강계고』등을 저술한 박물학자로서의 다양한 분야에 걸쳐 탁월한 저술을 남긴 바가 있다.『여암전서』에 남아 있는 여암의 저술들은 전통 유학자의 시선에서 출발하여 실용주의적 실학자의 학풍도 반영하고 있다. 그 가운데 특히 성운학적 연구 결과인 대표적인 업적이 바로『저정서(邸井書)』이다. 신경준

取經世約法觀之, 則忽若有所通曉, 因以推研則信其爲加倍之法, 而又非渺茫難知者也. 於世乎閉乎考證, 漸得蹊逕. 而心不敢自信. 旋捐金於燕市, 購邵子全書以來, 以所領會者校之, 則頗似符契. 余卽自幸其粗有所得, 而顧海隅偏僻, 文獻不備. 如先儒箋釋, 莫有見者, 此數之源委, 但憑註解參互爾, 然經世內外篇, 若方圓兩圖, 天地始終, 元會諸圖, 已其其槩. 推之自當悟人, 至於聲音之數, 自是一理, 卽知四象之數則卽迎刃而解矣", 『상촌고(象村稿)』60권.

35) 심소희,『한자 정음관의 통시적 연구』, 이화여자대학교출판부, 2013. 참조.

의『저정서』가 간행되기까지 시대의 흐름을 성운학 연구의 입장에서 일별해 볼 필요가 있다.

15세기 세종이 '훈민정음'을 창제하던 당시의 송 대의 성리학과 성운학의 기풍의 영향을 받았다. 한동안 성운학 연구가 주춤하였다가 숙종 조에 명곡 최석정과 하곡 정제두, 병와 이형상 등이 다시 불을 지펴 발흥한 것이다. 소옹의『황극경세성음도』를 모델로 일종의 운도를 창안한 노력의 결정물로 세종 이후 명곡 최석정의『경세훈민정운』과 함께 그 이후 여암 신경준의『저정서』는 높이 평가할 만한 훈민정음에 대한 재해석과 함께 운학이론의 독창적인 연구라고 할 수 있다. 조선 숙종 시대 이후, 세종의 운학과 자학에 관한 학문 연구가 다시 고개를 들게 된 결과이다.

최세진의『황극경세서설』과 화담 서경덕의『황극경세성음해』등에 이어 이순(李純, ?~?)의『홍범황극내편보해(洪範皇極內篇補解)』등과 함께 최석정(1646~1715)의『경서정운』,『경세훈민정음』정제두(1649~1736)의『하곡집』에 실린 운학 이론을 비롯한 이형상(1653~1733)의『자학』과『악학편고』에서 보이는 운학과 악학이론을 비롯하여 박성원(1697~1767)의『화동정음통석운고』, 홍계희(1703~1771)의『삼운성휘』, 이광사(1705~17 77)의『원교집』에 보이는 운학이론, 이사질(1705~1776)의『훈음종편』, 신경준(1712~ 1781)의『저정서』, 황윤석(1729~1791)의『이수신편』, 홍양호(1724~1802)의『경세정음도설서』, 금영택(1739~1790)의『만우재문집』, 이영우(1740~1780)의『운학일반』, 정동유(1744~1893)의『화영집』과 유희(1773~1837)의『언문지』에 이르는 일군의 학파가 형성되었다. 이들 대부분 양명학의 영향을 받은 실학자들이라는 면에서 사상적 유사성이 있으며 역학, 수리학, 악학, 자학, 지리학 등과 더불어 송대의 성운학에 기반을 두고 있다.

특히 명곡 최석정과 하곡 정제두와 학문적 연계를 지닌 병와 이형상의 저술에 보이는『구국소서팔자(九國所書八字)』가 여암 신경준이나 이재 황윤석의 저술에서 공통으로 나타나고 있다. 36) 정밀한 학맥의 사승관계를 현재로서는 규명하기는 힘이 들지만 당대의 공통된 관심사였던 학문적 분위기를 읽을 수 있다.

이기문(1986:51~62)은

---

36) 이상규, 「명왕신덕사이함빈의 대역 여진어 분석」, 『언어과학연구』63집, 언어과학회, 2012.

"이리하여 필자는 18세기에 세 분의 책에 거의 같은 문자 기록이 있음을 알게 되었다. 신경준의 '구국소서팔자(九國所書八字)'라 한데서도 알 수 있듯이 서천(西天)으로부터 팔백(八百)에 이르는 아홉 나라 문자가 중심을 이루고 있는바, 세 분이 남겨 놓은 기록에서 이들의 순서까지 일치함은 결코 우연한 일이었다고는 생각되지 않는다. 세 분의 제세(在世) 및 저술 년대를 보아 이형상(李衡祥)이 가장 앞서고 그 다음이 신경준(申景濬)이요 마지막이 황윤석(黃胤錫)이었을 것임은 의심할 여지가 없어 보인다."[37]

라고 하면서

"특히 황윤석의 기록은 신경준의 그것과 직접적인 관련이 있는 것으로 짐작된다. 신경준이 추가한 것으로 믿어지는 일본 문자와 같은 것이 황윤석의 '제국서자(諸國書字)'에 있음이 그 증거가 된다. 다만 훈민정음을 넣은 점은 황윤석의 창의라고 할 수 있다. 신경준의 기록은 이형상의 그것보다 뒤지지만 서로 직접적인 관련은 없는 것으로 추측된다. 이형상의 기록과는 달리 신경준의 그것은 표로 되어 있고 또 '九國所書八字'란 제목을 붙인 점도 특이할 뿐만 아니라 <중략> '九象胥'니 '旅燊'니 하는 말이 보이는 점도 이러한 추측을 뒷받침해 준다."[38]

라고 하여 이형상과 신경준의 직접적인 관련이 없고 다만 두 분이 따로 중국의 왕세정(王世貞, 1526~1590)의 『엄주산인사부고(弇州山人四部稿)』를 보고 베낀 것으로 추정하고 있다. 문제는 어떻게 해서 이형상과 신경준 그리고 황윤석은 동일하게 아홉 나라의 문자 기록을 베꼈을까?[39]

눈에 보이지 않게 이들의 서로 유사한 학문적 성향이 운학에서 비롯하여 역학과 천문, 지리학에 이르는 폭넓은 관심사를 가진 실학적 경향을 띄고 있었다는 점을 우연의 일치로 돌릴 수 있는 문제가 아니라고 판단한다. 18세기 성운학과 자학에 깊은 학문적 저술을 남긴 병와 이형상은 동강 최준상으로부터 자학을 그리고 명곡 최석정으로부터 운학 연구의 영향을 받은 것으로 보인다.[40] 아울러 홍계희가 저술한 『삼운

---

37) 이기문, 『'구국소서팔자(九國所書八字)'에 대하여』, 『진단학보』, 제62호, 1986. 61쪽 참조.
38) 이기문, 『'구국소서팔자(九國所書八字)'에 대하여』, 『진단학보』, 제62호, 1986. 61쪽 참조.
39) 신경준은 아홉 나라가 아닌 일본을 포함시킨 열 나라이다.
40) 이정옥, 『병와 이형상』, 글누림, 179~183 참조, 2014. 병와와 명곡이 만나 나눈 담론이 실려져 있다.

성휘』에 빠진 글자를 보충하기 위해 신경준이 저술한 『삼운보궐자휘요찬(三韻補闕字彙要纂)』이라는 책을 지었던 것으로 본다면 신경준과 홍계희도 동시대 인물이지만 상호 긴밀한 영향을 주고받았던 것으로 보인다. 특히 여암 신경준의 운도 연구에 결정적인 영향을 준 이는 여암의 후배인 겸제 박성원이라고 할 수 있다. 이에 대한 논의는 뒤에서 다루려고 한다.

'훈민정음' 창제 이후 세조 조에 이르기까지 불꽃처럼 타오르던 정음 연구의 열기는 차츰 식어갔다. 병자호란과 임란의 양란을 겪으면서 송대로부터 전습된 성리학에 대한 학풍이 양 대 전란의 수습 대안으로서 경학과 예악, 수신 교학 위주로 흘러가면서 훈민정음에 대한 연구와 한자 정음에 대한 연구의 전통이 단절된 시기로 접어들게 된 것이다.

명·청 교체가 불러온 사상과 지식의 수용 방식의 변화는 엄청난 것이었다. 곧 중화 문명의 주체였던 명나라가 건주 여진 오랑캐로부터 멸망하게 되자 조선의 지식인들은 혼란 속으로 빠져들 수밖에 없었지만 조선이 명나라를 대신한 중화 문명의 수호자로서 혹은 계승자로서 소중화주의를 자처함으로써 느슨해졌던 성리학에 대한 보다 폭넓은 탐구로 이어지게 되었다. 그러한 발로로 최세진, 이순, 서경덕, 유형원, 최석정, 이형상, 신경준, 황윤석으로 이어지는 운학과 자학의 연구가 다시 발흥하는 계기가 마련된 것이다.

양대 전란을 거친 조선은 여러 가지 사회 구조적 모순들이 서서히 드러나게 되었지만 다른 한편으로는 사대하는 조선의 대상인 명나라의 멸망으로 도리어 긍정적이고 자주적인 조선유학의 흐름이 형성된 것이다.

아직 조선 시대의 성운학자들에 대한 개별적인 연구의 성과가 충분히 축적되지 않은 상황이기 때문에 이들의 학통과 학맥 관계에 대한 더 정밀한 연구는 다음으로 미루고자 한다. 다만 이 시기의 전반적인 연구 흐름의 특징을 간추려 보면 아래와 같다.

첫째, 조선 지식인들은 중화 문화의 계승자임을 자처하면서 성리학에 대한 이해의 폭이 조선 후기로 오면서 차츰 확대되었다. 이러한 경향은 『성리대전』을 치국의 전범으로 삼았던 세종 시대로의 학문적 풍토로의 귀환이라고 해도 좋을 듯하다. 이 시기의 가장 큰 특징은 『성리대전』에 실린 『황극경세서』에 대한 이해의 폭이 훨씬 더 넓어졌다는 점이다. 최세진(崔世珍, 1468~1542), 이순(李純, ?~?), 서경덕(徐敬德, 1489~1546), 유형원(柳馨遠, 1622~1673), 최석정(崔錫鼎, 1646~1715), 정제두(鄭齊斗, 1649~1736), 이형상(李衡祥, 1653~1733), 박성원(朴性源, 1697~1767), 홍계희(洪啓禧, 1703~1771), 신경준(申景濬, 1712~1781), 금영택(琴英澤, 1739~1820), 황윤석(黃胤錫, 1729~1791) 등의 역학과 상수학을 기반으로 한 운학과 자학 연구가 활발하게 전개되었다. 한편『성리대전』의『율려신서』를 기반으로 한 성현(成俔, 1439~1504)의『악학궤범』에서 이형상(李衡祥)의『악학편고』로 이어진 악학 연구를 통한 성리학 연구의 폭을 더욱 넓혀준 것이다. 그러나 이들의 성리학적 바탕에는『역학』이 매우 주요한 기반이 되었던 것이다.

둘째, 주자학 중심에서 한편으로는 양명학과 또 실학이라는 현실주의적 대안들이 논의되기 시작한 것이다. 중국의 육구연(陸九淵, 1139~1102)의『상산집』과 왕수인(王守仁, 1472~1528)의『전습록』의 학문을 합쳐 육왕학이라고도 하는 심성의 학(心性之學)인 양명학이 도입되었지만 주자학의 그늘에 가려서 크게 빛을 보지는 못했으나 시대의 사조를 바꾸는 역할을 해 주었다.

임란과 호란의 양란을 거치면서 체제교학이었던 주자학에 대한 공리공론에 비판적 의식이 확대되면서 양지(良知)의 학인 양명학이 일부 수용될 수 있었다. 우선 양명학파로서 조익(趙翼, 1579~1655), 최명길(崔鳴吉, 1583~1647), 장유(張維, 1587~1638), 윤증(尹拯, 1629~1714), 정제두(鄭齊斗, 1649~1736), 이광신(李匡臣, 1700~1744)을 비롯한 일군과 양명학파이다. 이들은 주로 강화도를 중심으로 하는 강화학파라는 일군의 학맥을 형성하기도 하였다. 그리고 중국을 통한 서양 물물을 접한 이수광(李睟光, 1563년~1628)을 비롯한 유형원(柳馨遠, 1622~1673), 이형상(李衡祥, 1653~1733), 이익(李翼, 1681~1763), 황윤석(黃胤錫, 1729~1791), 홍양호(洪良浩, 1724~1802) 등 일군의 실학파들이 대두되는데 이들은 강화학파와도 매우 밀접한 인적 네트워크를 형성하고 있었던 것으로 보인다. 특히 조선 후기 이덕무(李德懋)는 박제가(朴齊家), 이서구(李書九), 류득공(柳得恭)과 더불어 서울 출신의 실학자 그룹은 이용후생파의 한 지파를 형성하였다. 이들은 경서와 사서에서부터 기문이서에 이르기까지 박학다식한 지식의 진폭을 가지고 또 변체문장으로 이름을 날렸다. 훗날 정약용(丁若鏞), 김정희(金正喜) 등에 학문적 영향을 준 인물이라 할 수 있다.

셋째, 이들 가운데 최석정을 중심으로 긴밀한 학문적 관계를 유지하고 있었던 이들의 학맥 관계에 대해 살펴보자. 지금까지 최석정을 양명학파로 지목하기도 했다. 최석정의 아들인 최창대(崔昌大, 1669~1720)가 "지천이 계곡과 함께 젊은 시절에 육왕서를 함께 공부하고 그 학문 내용이 간이 직절한 것을 좋아하여 두 사람이 함께 양명학에 심취하였다.41)"라는 기록에 근거하여 가학으로서의 전통을 이어받았을 것으로 추정하고 있지만 실제 최석정이 두 살 때 조부인 지천 최명길이 죽었다. 그리고 실제 오랜 시간 고관으로 있었던 최석정이 주자학의 이단으로 치부되던 양명학에 심취하지는 않은 것 같지만 그의 경세관을 살펴보면 당시로는 매우 진취적이고 진보적인 인사였음에는 틀림이 없다.

최석정은 하곡 정제두(鄭齊斗, 1649~1736)와 여러 차례에 걸친 학문 교류를 통해 당대 정통 양명학파였던 학곡의 영향을 받았을 가능성을 부정할 수는 없다. 또한 남계 박세채(朴世采, 1631~1695)의 문인이자 소론의 영수였던 윤증(尹拯, 1629~1703)과의 관계를 통해 최석정도 양명학의 영향을 전혀 배제할 수는 없을 것이지만 실재 그의 저술이나 시문을 통해 그의 사상적 경향은 주자학을 기반으로 한 실학적 실천적 경향이 농후하다.42) 실학적 경향을 띤 일군의 학자들이 대두된 것은 주자학이나 성리학의 학문적 태도에 대한 반항으로 실학이 대두된 것이 아니라 성리철학을 더욱 깊게 연구하면서 현실에 적용하려는 노력의 결과라고 할 수 있다. 특히 유형원의『반계수록』과 같은 경세학을 체계화한 결과를 낳게 된 것이다. 실학이 공리공론의 성리학의 폐단에 대한 반발로 나온 것이 아니라 성리학의 핵심적인 천리 이론을 사회 전체에 확산 발전된 결과였다.43)

넷째, 주자학의 비실천적 공리주의에서 벗어나려는 실마리는『성리대전』과『주역』에서 발전된 상수학의 영향으로 성운학, 지리, 천문, 악론 등 실사구시 학문으로 영역이 확대된 시기이다. 일찍 외국문물을 직접 체험하고 수용한 지봉(芝峰) 이수광(李睟光), 반계(磻溪) 유형원(柳馨遠), 병와(瓶窩) 이형상(李衡祥), 성호(星湖) 이익(李瀷) 등 실학파의 연구 성과들이 있다. 이들은 양명학과 엄밀하게 분리된 것이 아니라 서로 연관성을 지니며 강화도를 중심으로 한 일군의 당대의 진보적 선진 학파라고 할 수 있다.

특히 신경준의 실학적 학문 연구에 영향 관계에 대해서는 권재선(1990:131)은 "그의 성운학 연구는 지리학자이며 성운학자인 정항령(鄭恒齡)(호 현로(玄老) 1700 ~?)의 영향을

---

41) "公與谿谷, 少時講學也, 見陸王之書, 悅其直指本體, 刊落枝葉, 兩公 皆深取之.",『곤륜집(崑崙集)』『지천공유사(遲川公遺事)』.
42) 최명길의 형인 최래길의 외손주의 사위가 하곡 정제두이다. 따라서 하곡 정제두는 최명길의 손자인 최석정과는 매우 밀접한 친구 사이가 될 수 있었고 소론의 영수인 윤증은 하곡 정제두와 처재종남매간이다.
43) 임형택 외,『반계 유형원과 동아시아 실학사상』, 학지원 51, 2018.

입은 것 같다"고 추정하면서『저정서』에 정항령의 학설을 인용하고 있다고 했지만 구체적으로 주고받은 학문적 영향 관계를 입증할만한 근거를 찾지 못하였다. 그리고 이어서 "신경준의 이론은『황극경세서』의 이론을 응용하여 훈민정음 체계를 기저체계로 하는 보편 성운 체계를 세우고 운도를 작성하는 경세성음학의 일종으로 최석정의 경세성음학을 계승한 것"으로 파악하고 있다.44)『저정서』를 심도 있게 분석해 본 결과, 명곡과의 연계성도 중요하지만 여암의 학맥은 겸제 박성원과 이재 황윤석에 훨씬 긴밀하게 이어져 있었다.

다섯째, 주자학의 핵심이 예학으로 발전되면서 도리어 예악(禮樂)의 논쟁이 붕당의 단초를 마련하게 된다. 남인, 소론, 낙론계와 북학파 등 송시열계와 비송시열계의 갈등은 주자학에 대한 공리론에 대한 회의를 가져오기도 했지만 18세기는 조선의 진경 시대를 이끌어낸 것이다. 조선의 성리학과 주자학의 이해의 폭이 확대되고 새로운 실천적 이론으로 발전되는 단계에 도달했음을 의미한다. 붕당의 갈등이 부정적인 측면만이 있었던 것이 아니라 긍정적이면서도 자주성과 독자성을 중시하는 시대의 변화기였던 것이다. 이러한 조선 후기의 학문적 변화를 이끌어낸 사상적 흐름의 한 가운데 명곡이 위치하고 있었다. 숙종 대에 이르러 훈민정음에 대한 새로운 평가와 함께『황극경세서』연구가 보다 심화되었다. 이러한 학문적 분위기를 중흥시켰으며 일으킨 장본인이 바로 최석정이며 이러한 학문 연구를 계승한 이가 바로 여암 신경준이다.

실학이 대두된 영정조의 성운학 학문의 기반을 마련한 숙종조의 최석정과 정제두의 양명학적 연구 풍토의 진작과 더불어 강화학파 계열의 이형상과 이광신, 이광사, 이광여 및 이긍익, 이영익, 이충익 등의 실학적 학문 풍토의 토양 위에서 성운학과 운학 및 자학의 연구가 활발하게 연구될 수 있게 되었다.

조선 후기 특히 숙종은 창덕궁 후원에 대보단(大報壇)을 건립하였다.『조선왕조실록』 숙종 30년(1704) 조에 "대보단이 준공되었는데, 단은 창덕궁 금원의 서쪽 요금문(曜金門) 밖 옛날 별대영(別隊營)의 터에 있었다."고 한다. 이 대보단은 명나라 황제를 제사지

---

44) 권재선,『간추린 국어학발달사』, 오골탑, 131쪽, 1998. "신경준은 최석정의 경세성음 이론을 계승하여 그 보편성운 이론을 정밀전사체계(System of narrow transc ription)와 도해 이론으로 발전시켜 독자적인 이론을 개척했다. 그는 최석정을 계승하여 언어이론의 수립을 위하여 역학이론을 끌어 들이는데 그치지 않고 서학적 지리학, 의학 등의 이론도 받아 들여 풍성한 언어이론의 터전을 마련하였다."라고 기술하고 있으나 대단히 모호한 기술 탓으로 실증적 근거를 찾아내기가 힘이 든다.

내는 제단이었다. 이 대보단은 조선의 지식인들은 멸망한 명나라를 존숭하며 명나라의 문화를 주체적으로 계승한 유일의 적통자임을 자부한 징표라고 할 수 있다. 다시 이러한 시대인 분위기는 회귀적으로 세종대에 전개되었던 성리학에 대한 연구가 이루어질 수 있는 여건이 된 것이다.

2. 한·중 운도 체제

2.1 중국의 운도 발달

먼저 중국의 운서 발달 과정을 먼저 개략적으로 살펴보자. 중국 운서의 변화를 살펴보면 가장 두드러지는 것이 운모 편운의 방식이다. 초기의 운서를 살펴보면 절운계 운서를 대표하는 『절운』이 193운, 왕인후(王仁昫)의 『간류보결절운(刊謬補缺切韻)』은 195운인데 이를 계승한 『당운』은 207운, 『광운』은 206운으로 점차 분운이 확대되어 간다. 그러나 그 후 『예부운략』은 106운으로 줄어들어 이후 작시의 기본이 된다.[45]

중국 음운학에서 성(聲)과 운(韻)의 결합으로 중국어의 자음(字音), 즉 음절을 나타낼 수 있도록 마련한 도표를 운도라고도 한다. 당나라 말기부터 송나라에 걸쳐 중국어 음계(音系) 안의 여러 가지 음운론적 대립을 체계적으로 정리한 음운표가 고안되었다. 비슷한 몇 개의 운을 하나의 표로 모아서, 사성(四聲)별로 4난으로 운을 나눈 다음 각 난 안에서는 운모음(韻母音)의 성질에 따라 1등부터 4등으로 나누어 가로로 배열하고, 세로는 36자모와 이에 해당하는 한자를 배열하여, 성모와 운모가 도표 위에서 서로 만나는 교차 지점에 어떤 자음음을 나타내는지, 이를 보이도록 꾸민 도표이다. 곧 성

---

45) 우리나라에서 많이 활용된 중국 운서로는 기록에 전하는 바와 같이 『광운』, 『예부운략』, 『고금운회거요』, 『홍무정운』, 『삼운통고』, 『강희자전』 등이 있다. 그러나 언제 어떠한 운서들이 우리나라에 들어와 활용되었는지에 대해서는 아직 미시적인 연구가 이루어지지 않았다. 독자적으로 운서를 제작한 것은 기록만 전해오는 조선 태종 16년(1416) 좌의정 하륜(河崙)이 편찬했다는 『동국운략(東國韻略)』이 있다. 훈민정음 창제와 함께 추진되었던 『동국정운(東國正韻)』, 『홍무정운역훈(洪武正韻譯訓)』, 『사성통고(四聲通考)』, 『사성통해(四聲通解)』, 『화음정음통석고(華東正音通釋考)』, 『삼운성휘(三韻聲彙)』, 『규장전운(奎章全韻)』 등이 있다.

뉴(聲細)와 섭(攝)을 종횡으로 배합한 도식을 운도라고 한다.

성모 36자모는 순(脣)·설(舌)·이(牙)·치(齒)·후(喉)·반설(半舌)·반치(半齒)의 7음으로 나누고, 다시 청(清:全清)·차청(次清)·탁(濁:全濁)·청탁(清濁:次清)으로 나눈다. 주요한 운도로는 절운(切韻)계 여러 운서의 음계와 비교적 가까운 북송 정초(鄭樵)의『칠음략(七音略)』, 장인지(張麟之)의 서문이 있는『운경(韻鏡)』과, 중세의 음계에 맞도록 고친 남송의『절운지장도(切韻指掌圖)』, 원나라의『절운지남(切韻指南)』, 명나라의『음운일월등(音韻日月燈)』이 있고, 중세 구어음을 반영한 북송 소옹(邵雍)의『황극경세성음창화도(皇極經世聲音唱和圖)』가 중국의 대표적인 운도라고 할 수 있다.

운서는 시문 창작을 위해 사성으로 나누고 이를 성모와 운모로 종횡으로 배열한 일종의 반절로 만들어 많은 한자들의 자음을 용이하게 찾을 수 있도록 만든 책이다. 그런데 운서는 성모와 운목과의 관계가 너무나 복잡하여 상호의 관계를 파악하기 어렵다. 따라서 한자를 많이 알고 있어도 운서의 학을 이해하는 이는 매우 드물었다. 운서마다 시대에 따라 성모의 차이뿐만 아니라 운목도 차이를 보여주고 있었기 때문에 운서에 대한 정확한 지식이 없이는 자음을 정확하게 인식하기도 어려웠다. 그 뿐만 아니라 신숙주가『동국정운』(1448) 서문에서 밝혔듯이 1) 자모지변, 2) 칠음지변, 3) 청탁지변, 4) 사성지변으로 인해 조서 초기에는 한자의 음가가 매우 혼란스러웠다. 이돈주(2003: 13~16)는 신숙주가『동국정운』에서 그 원인을 11가지로 밝힌 것을 정리하여 기술하였다. 곧 ① 반절의 방법(切字之法), ② 뉴섭의 요령에 어두움(昧於細攝之要), ③ 글자체의 유사성(字體相似), ④ 전대의 임금 이름을 피함(前代避諱), ⑤ 혹 두 글자를 합쳐 한글자로 만듦(或合二字而爲一), ⑥ 혹 한 가지 음을 두 가지로 나눔(或分一音爲二), ⑦ 혹 다른 글자로 차용함(或借用他字), ⑧ 혹 획을 삭제하거나 덧붙임(或加減點畫), ⑨ 혹 한 음에 의존함(或依漢音), ⑩ 혹 이어의 발음을 따름(或從俚語) 등으로 인해 한자음의 규범화가 절실하게 필요했음을 알 수 있다. 이러한 상황이 운서의 필요성으로 연결되었으며 또 운서 간행이 추진되었던 이유이다. 이러한 과제를 해결하기 위해 성모와 운모를 적절하게 분류한 다음 반절도처럼 만든 도표에 속하는 한자음을 확인하기 위해 만든 것이 운도이다.

둘째, 한어의 운도 발달과정을 개략적으로 살펴보자.

당나라 말기부터 북송 사이에 36성모표가 완성되자, 이 36성모표와 운모를 내외전이나 혹은 16섭으로 구분하여 음을 표시하는 운도가 만들어졌다. 운도는 36성모를 가로에 배열하고 세로에는 4성 별로 운모음(주로 핵모음 기준)을 4등으로 나누어 배열하여 그 결합으로 글자음을 나타내는 음운표다. 운도에는 송나라 장인지의 서문(1197)이 붙은 『운경』, 송의 정초가 지은 『통지』 안의 들어 있는 『칠음략』, 사마광이 지었다고 전해 오는 『절운지장도』, 청나라 시대의 『강희자전』에 실려 있는 「자모절운요법(字母切韻要法)」 등이 있다. 또 이들과는 성격이 약간 다르지만 역시 일종의 운도인 소옹의 『황극경세성음도』가 있다.

반절 방식에서 운도 방식으로 제일 먼저 만들어진 것이 정초(鄭樵, 1104~1162)의 『통지』에 실려 있는 『칠음략』과 남송 소흥 31년(1161) 장인지의 서문이 실려 있는 『운경』 등이 있는데 특히 우리나라에 훈민정음 창제에 많은 영향을 미친 운도로는 『절운지장도』가 있다. 그리고 명곡의 『경세훈민정음』의 운도 작성에 직접적인 영향을 준 저자 미상인 『사성등자』와 원나라 지원 2년(1276) 유감이 찬한 『경사정음절운지남(經史正音切韻指南)』(일명 『절운지남(切韻指南)』)이 있다. 이처럼 송·원 대를 거치면서 중국에서는 『칠음략』, 『운경』, 『사성등자』, 『절운지장도』, 『경사정음절운지남』[46] 등과 같은 다양한 운서들이 나타났다.[47] 이들의 양식은 각각 차이가 있으나 기본적인 형식은 자모(성모)를 36자 혹은 23자를 오음(오성)에 따라 배열하고 운모는 16내지 18섭으로 구분하던 운서의 방식에서 한 걸음 더 나아가서 사성과 사등(사호, 개구도에 따른 분류)으로 구분하여 이 두 가지가 교차하는 곳에 한자 자표를 배열하여 한자음을 나타낸다. 운모는 섭(攝)을 중심으로 13섭(『절운지장도』) 혹은 16섭(『사성등자』, 『경사정음질운지남』)으로 구분하거나 16세기 청대에 들어서서는 사호(개구호·합구호·제치호·촬구호)[48]로 구분하였다. 여암의 운도에서 운도를 개합에 따른 청나라 「자모절운요법」의 영향을 받아 4호(개구호·합구호·제치호·촬구호)로 분류한 것이다.

송 나라의 정초가 지은 『통지』안에 들어 있는 『칠음략』은 운도의 기본 형식은 내전(內轉)·외전(外轉)으로 구분하고[49] 가로로는 오음을 '우-차-각-상-궁-반치상'으로 세

---

46) 심소희, 「최석정의 『경세훈민정음도설』연구, 「성음율려창화전수도」와 『경사정음절운지남』의 체제 비교를 중심으로」, 『중국어문론집』 73호, 중국어문연구회, 2012.

47) 예문인서관(藝文印書館), 『등운오종(等韻五種)』, 예문인서관, 타이페이, 1981.

48) 근대 중국어 연구자들은 운모를 개음(glide)의 유무에 따라 개음이 없는 개구호(開口呼), 개음이 [i]인 제치호(齊齒呼), 개음이 [u]인 합구호(合口呼), 개음이 [y]인 촬구호(撮口呼)로 구분하고 있다. 이는 곧 사등의 1등, 2등, 3등, 4등의 등호와 일치한다.

49) 섭(攝)은 운미(韻尾)의 유형과 모음의 자질에 따라 구별되는데, 외전·내전이 각 8섭으로 도

로는 사성(평·상·거·입)으로 분류한 43매의 운도를 제시하고 있다.

남송 때에 장인지의 서문이 있는 경원 정사년(1197)에 편찬한 중간『운경』은 운도의 기본이 내전·외전으로 구분하고[50] 다시 개·합에 따라 운도를 작성하고 있다. 운도의 가로에는 '순-설-아-차-후-설음치'와 '청-차청-탁-청탁'으로 구분하고 세로로는 사성(평·상·거·입)으로 분류한 다음 총 46매의 운도를 제시하고 있다. 이로서『칠음략』과『운경』의 편찬 체제가 매우 유사하다는 것을 알 수 있다.

이처럼 운도에서는 자모와 운모의 반절식 방법으로 인한 운서의 복잡함을 벗어나 보다 더 정확한 글자음을 표시하도록 고안한 것이다. 이러한 운도의 제작은 당시 음운체계와 그 통시적·지리적 변화 곧『동국정운』의 신숙주 서문에서 밝힌 바에 있는 ① 자모의 변화, ② 칠음의 변화, ③ 청탁의 변화, ④ 사성의 변화에 따른 운도 양식의 변화와 섭(攝)과 등(等)의 체계적 이동과 변화에 대한 깊이 있는 이해가 없이는 불가능한 것이었다. 여암의『저정서』편찬에 결정적인 영향을 미친 중국 운서는 이론 골간을 형성하는데 영향을 미친 것에 대해서는 앞으로 더 구체적으로 운서 간의 유사성과 차이점에 대해서는 별도의 연구가 필요하다.

여암 신경준의『저정서』는 역시 명곡과 겸재 박성원의 영향을 비롯하여 조선의『사성통해』와『고금운회』를 비롯한 중국의 역대 운서와 운도 특히 청대의『강희자전』에 영향을 받은 바가 크다.

합 16섭으로 되어 있다. 개모(介母)는 [-w]의 개재여부에 따라 벽합(闢翕)으로 구별하는데, 벽은 개구음(開口音), 합은 합구음(合口音)을 뜻한다. 한 섭은 벽이 1도, 합이 1도, 각각 2도로 이루어져 있다.

50) 외전(外轉)·내전(內轉) 두 가지가 있다. 이 전차의 내용을 명곡 최석정은
  내전: 통(通)·지(止)·우(遇)·과(果)·탕(宕)·증(曾)·유(流)·심(深)섭
  외전: 강(江)·진(臻)·해(蟹)·산(山)·효(效)·가(假)·경(梗)·함(咸)섭
  으로 구분하고 있다. 내전은 2등운을 가지지 않은 것이고 외전은 2등운을 가진 것으로 분류하기도 하나 이 구분 방식이 정확히 무엇인지는 명확하지 않다.

2.2 운도의 체제 분석

운서가 가지고 있는 단점을 보완하기 위해 만들어진 운도는 당나라 시대에 처음으로 출현하였다. 현재 남아 있는 것으로는 송나라 무명씨의 『운경』, 정초의 『칠음략』, 사마광(?)의 『절운지장도』, 소옹의 『황극경세서』「성음창화도(聲音唱和圖)」, 무명씨의 『사성등자』와 『노종매절운법(盧宗邁切韻法)』 등이 있다.

원나라 유감의 『경사정운절운지남(經史正音切韻指南)』51) 가운데 『운경』과 『칠음략』은 '절운'계 음계를 분석한 것이다.

명나라 상소량(桑紹良)의 『청교잡저(青郊雜著)』, 서효(徐孝)의 『중정사마온공등운도경(重訂司馬溫公等韻圖經)』, 무명씨의 『운법직도(韻法直道)』, 교중화(喬中和)의 『원운보(元韻譜)』, 여곤(呂坤)의 『교태운(交泰韻)』 김니각의 『서유이목자』 등이 있다.

청나라 시대에는 번등봉(樊騰鳳)의 『오방원음(五方元音)』, 도사덕(都四德)의 『황종통운(黃鍾通韻)』, 『강희자전(康熙字典)』 권수에 있는 「자모절운요법(字母切韻要法)」, 유은(裕恩)의 『음운봉원(音韻逢原)』, 화장경(華長卿)의 『운뢰(韻籟)』 등이 있다.

우리나라에서는 훈민정음 창제에 지대한 여향을 미친 『황극경세서』의 전래와 함께 운도에 대한 인식은 일찍부터 깨어 있었으나 세종조 이후 한참 단절되었다가 중종조에 화담 서경덕의 『경세서』와 명곡 최석정의 『경세훈민정음』에서 최초의 조선식 운도가 나타났다. 그 이후 신익성(申翊聖)의 『황극경세(皇極經世)』와 『동사보편(東史補篇)』 9권, 홍계희의 『경세지장(經世指掌)』 2권, 황윤석의 『이수신편』에 실린 「정음정성도(正音正聲圖)」, 서명응의 『황극일원도』 2권, 이규경의 『경세기수원본(經世紀數原本)』 『경세찬도지요주해(經世纘圖指要注解)』, 『경세일원소장수도해(經世一元消長數圖解)』, 『경세일원시종수해(經世一元始終數解)』, 『경세지운약설(經世地運約說)』, 『경세지행수원(經世地行數原)』 등이 있다.52)

특히 명곡 최석정의 『경세훈민정음』에 실린 「훈민정음준황극경세사상체용지수도(訓民正音準皇極經世四象體用指數圖)」는 소옹의 『황극경세서』의 운도를 최초로 우리나라 훈민

---

51) 유감(劉鑑)이 지은 『절운지남(切韻指南)』(원명 『경사정운절운지남(經史正音切韻指南)』)을 아울러 부록으로 실었다. 『편운』이 편찬된 것은 홍무 연간 이전이었고 헌종과 혜종 연간에 간행되었다. 예전에 낙양의 승려 감율(鑑聿)이 『운총』을 지었는데 구양수(歐陽修)가 서문을 써서 말하기를 유자(儒者)의 학문은 힘쓸 곳이 많아(운학 반면에) 힘쓸 겨를이 없으니, 반드시 전문가에 힘입어서 이해해야 한다고 하였다.

52) 정경일, 『한국운서의 이해』, 아카넷, 39쪽, 2002. 참고.

정음을 활용한 체계로도 만든 것이다.[53] 이어서 황윤석의『이수신편』에 실린「정음정성도」, 박성원의『화동정음통석운고(華東正音通釋韻考)』에 실린「황극경세성음괘수(皇極經世聲音卦數)」, 신경준의『저정서』에 실린「경세성음수도(經世聲音數圖)」가 우리나라의 대표적인 운도라고 할 수 있다.

소옹은 송 나라 사대부 출신의 문인으로서 시대적 사명감을 가지고 스승 이지재(李之才)로부터 전수받은 상수 역학과 부친 소고(昭古)로부터 물려받은 불교의 성음 지식을 바탕으로 불교의 정음 사상을 뛰어넘는 새로운 성리학적 언어관을 제시하였다."[54] 이러한 여건은 소옹(邵雍)이『황극경세서』「성음창화도」를 제작한 직접적인 동기가 되었다.

운서의 발달은 운서에 운도의 형식을 혼합하여 가독성을 높이게 되었다. 운서의 목적은 한자의 발음을 정확히 보여주는 것이다. 특히 한자의 운을 정확히 보여주어 작시에 있어 압운을 정확히 하고자 함이다. 앞서 언급한 바와 같이 조선인들에게 일차적으로 필요한 성조의 구별은 평성, 상성, 거성 사이의 구별이었을 것이다. 그런데 종래의 운서 편찬 방식은 음소적으로 유사한 운모들이 각각의 성조에 따라 흩어져 있어 운모의 성조를 확인하기 위해서는 운서를 여러 번 뒤적이어야 하는 불편이 있었다.

이 때 착안한 것이 운도의 방식이었던 것으로 보인다. 운도는 횡으로 자모를 배열하고, 종으로는 운모를 나누어 배열하는데 자모는 36자모를 기준으로 하고, 운모는 사성(四聲)과 등호(等呼)로 나누어, 성조와 성모가 동시에 나타나는 격자형 체제로 되어 있다. 이 방식은 운서에 비하여 한 면에서 보여줄 수 있는 한자의 양은 극히 적으나, 한 면에 동일한 운에 속하는 각 성조의 한자들 사이의 음운적 변별 관계를 잘 보여주고 있다.

먼저 운서에서 운도로 발전된 과정을 간략하게 살펴보면 다음과 같다.『광운』등의 운서에는 나타나지 않은 오음, 청탁, 개합, 등호를 종횡으로 배열하여 만물의 성음을 표시한 도표로 발전되어 갔다. 따라서 운도는 운서의 반절과 더불어 한자음을 일목요연하게 나타내는 방법으로 이용되었다.[55]

---

53) 이상규,『명곡 최석정의 경세훈민정음』, 역락, 2018. 참조.
54) 심소희·구현아,「조선시기 최석정과 황윤석의 성음인식 비교」,『중국어언연구』제45호, 2013. 5쪽 참조.

특히 운도를 작성하는 학문을 등운학이라고 하는데, 등운학에서는 중국 한자음의 자모를 오음에 따라 나누어 36자모로 표시하고, 운모의 배열은『광운』등의 운서에서 나타내던 200여개의 복잡한 운을 사성에 따라 재분류한 섭(攝)으로 묶거나 혹은 주모음의 개구도의 정도 곧 합·벽에 따라 사등위로 나누는 방식으로 발전되었다. 성모인 자모를 가로로 아, 설, 순, 치, 후, 반설, 반치와 청·탁에 따라 배열하고 운모를 세로로 평·상·거·입의 순에 따라 그리고 4등으로 나누고, 다시 동일한 성조 내의 운모들을 등위별로 나누어 배열하여 도표를 만든 것이 운도이다.

소옹이『황극경세서』를 지을 적에 운모를 일·월·성·신으로 그리고 평성·상성·거성·입성을 나타내고, 성모를 수·화·토·석으로 개·발·수·폐를 나타내었다. 이렇게 가로와 세로로 배열된 자모와 운모가 서로 결합하여 나타낼 것으로 예상되는 성음에 해당되는 한자들을 도표 안의 해당란에 표시한다. 성모와 운모가 서로 결합되더라도, 그에 해당되는 자음, 곧 한자가 없을 경우는 그 난은 공란으로 놓아둔다. 이러한 운도는 운서와 함께 한자의 음을 나타내는 발음사전으로 각 시대마다 작성되어왔는데, 운도의 기원은 당나라 중기 무렵부터 존재하였을 것으로 추정하고 있다.

중국에서 역대 운도 가운데서 한어의 중고음을 반영한 운도는『운경』(북송대)과『칠음략』(북송대 정초의『통지(通志)』에『칠음략(七音略)』에 내외전도(內外轉圖)라고 수록되어 있음.)이 있고, 북송 때의 현실음을 반영한 것으로 알려진 소옹의『황극경세성음창화도』가 있으며, 송대의 중세음을 반영한 운도로는 남송의『절운지장도』(사마온공이 지었다고 알려짐), 북방음이 반영된 원나라 유감의『절운지남』(원명은 경사정음절운지남(經史正音切韻指南)), 명나라 신안 사람인 여유기(呂維祺)의『음운일월등(音韻日月燈)』등이 있었다.

이러한 전통은 조선시대 후기까지 그대로 이어졌는데, 다른 운도에 관심을 가졌던 저술은 나타나지 않고 소옹의 운도에만 관심이 집중되었다. 중종 때 서경덕이『경세성음』에 관하여 언급한 것이 있고, 숙종 때의 최석정은 숙종 4년(1678) 소옹의 운도를 본받은『경세훈민정음』을 지어 일종의 조선의 운도 편찬을 꾀하였다. 영조 23년(1747)

---

55) 유창균(1984:527)은 운도의 발달 과정을 "『절운』→『사성등자』→『절운지장도』"의 과정으로 기술하고 있다. 유감(劉鑑)의『절운지남(切韻指南)』(1336)은 한도소(韓道邵)의『오음집운』(1212)를 근거로 하여 제경과 사류의 음을 교정하기 해위 제작한 운서이다. 그런데 왜 이러한 계열로 발전되었다고 했는지 좀 더 상세한 연구가 필요할 것이다. 다만 명곡의『경세훈민정음』에는『사성등자』와『절운지장도』를 모두 참조하였던 것으로 보인다.

박성원이 저술한『화동정음통석운고(華東正音通釋韻考)』가 있다. 그리고 영조 26년(1750) 신경준이 지은『저정서』도 소옹의 운도를 본받아 끝부분에 가서「개합사장」이라는 운도를 작성한 것이다. 영조 50년(1774) 황윤석은 그의 저서인『이수신편(理藪新編)』의 「정음정성도」에서 운도에 대하여 상세히 논한 바 있다.

중국에서 간행된 운도의 체계와 특징에 대해 살펴보자.

중국에서는『절운지장도』를 위시하여『사성등자』와『절운지남』(경서정음절운지남)이라는 3종의 운서의 운도가 있다. 먼저『사성등자』는 1권 1책으로『사성전형등자(四聲全刑等子)』라는 이름으로도 알려져 있으며, 저자와 간행 연대는 미상이다. 다만 현전하는 가장 오래된 등운도와 비교해 보면『운경』에는 차청은 보이지만 전청은 나타나지 않는다. 이 시기에는 차청(무성 유기 장애음)에 상대되는 개념으로 청(淸)만이 사용되고 있는 점으로 미루어 보아 전청이라는 개념이 본격적으로 사용된 것은 원나라 시대의 등운도인『사성등자(四聲等子)』에서이며, 그 간행 시기도 후대일 것으로 추정될 뿐이다.

『사성등자』에서는 오성과 오음의 배속을 아속각(牙屬角), 설속치(舌屬徵), 순속궁(脣屬宮), 치속상(齒屬商), 후속우(喉屬羽)로 배치되어 있어서 훈민정음의 배열과 동일하다. 칠음도에 반상음과 반치음을 제외한 나머지는 다른 오음의 배속과 운도가 일치하고 있다. 따라서 지금까지 잘 알려지지 않았던『사성등자』가 훈민정음 창제에도 영향을 끼쳤을 것으로 보이며, 이 운도는 명곡의 운도와 체계적인 유사성은 확인되지만 운도 내부의 배속된 자표 한자도 상당한 차이를 보여주고 있다. 명곡의 운섭도는 가로로는 24자모를 배열하고 세로로는 등운과 사성을 구별하고 있는데, 도식의 구조는『절운지남』과 형식체계 뿐만 아니라 자표로 사용된 한자도 거의 비슷하다. 각 도를 외전(外轉)과 내전(內轉)으로 구별하였는데, 외전은 저모음계열, 내전은 고모음계열로 되어 있는데 이는 4등을 구분하는 방식으로 명곡이『절운지남』을 참고했다는 사실을 확인할 수 있다.

『절운지남』은 일명『경사정음절운지남』이라고도 하는데 지원 2년(1276) 병자년에 유감(劉鑑)이 지었다. 그 후에 명나라 홍치 9년(1496) 김대석(金臺釋)의 아들 사의(思宜)가 중간한『경사정음절운지남』이 전해 오고 있다. 이 책의 체제와 특히 운섭도를 살펴보면 명곡 최석정의『경세훈민정음』과 매우 흡사하다. 다만『경사정음절운지남』의 운섭도는 총24장으로 되어 있는데 16섭(攝)을 중심으로 다음과 같이 배열하고 있다.

1. 통(通)섭 내일
2. 강(江)섭 외일
3. 지(止)섭 내이 개구호
4. 지(止)섭 내이 합구호
5. 우(遇)섭 내삼
6. 해(蟹)섭 외이 개구호
7. 해(蟹)섭 외이 합구호
8. 진(臻)섭 외삼 개구호
9. 진(臻)섭 외삼 합구호
10. 산(山)섭 외사 개구호
11. 산(山)섭 외사 합구호
12. 효(效)섭 외오

13. 과(果)섭 내사
14. 과(果)섭 내사
15. 탕(宕)섭 내오 개구호
16. 탕(宕)섭 내오 합구호
17. 증(曾)섭 내육 개구호
18. 증(曾)섭 내육 합구호
19. 경(梗)섭 외칠 개구호
20. 경(梗)섭 외칠 합구호
21. 유(流)섭 내칠
22. 탐(探)섭 내팔
23. 함(咸)섭 외팔
24. 함(咸)섭 외팔

24도를 운섭의 내외에 따라 가로는 36자모를 아음에 견(見)·계(溪)·군(群)·의(疑), 설음에 단(端)·투(透)·정(定)·니(泥)의 순으로 배열하고 세로로는 평·상·거·입에 한자를 배열하였으며 해당 한자가 없는 경우 ○로 나타내었다. 이러한 16섭의 운도 배열 형식이나 배열된 자표 한자가 『광운』의 자모와 일치하는 점에 있어서도 명곡의 『경세훈민정음』과 매우 비슷하다. 다만 섭의 명칭이 달라졌으며, 일부 섭(攝)은 통합되었는데 그 상과 관계는 아래 도표와 같다.56)

---

56) 섭(攝)의 명칭은 사성에 따라 한자 자표가 다르기 때문에 평·상·거·입 가운데 어떤 자표를 사용하는 가에 따라 사용자에 따라 명칭이 다를 수 있다. 거성을 기준으로 한 '효(效)'섭을 평성으로 기준하면 '소(蕭)'섭이 되고 '류(流)'섭을 평성을 기준으로 '우(尤)'섭이라고 하기도 하며 '우(遇)'섭은 평성을 기준으로 '우(虞)'섭이라는 용어도 사용한다.

효(效)섭			
平	上	去	入
豪	皓	號	○
肴	巧	效	○
宵	小	笑	○
蕭	篠	嘯	○

류(流)섭			
平	上	去	入
侯	厚	侯	○
尤	有	宥	○
幽	黝	幼	○

우(遇)섭			
平	上	去	入
模	姥	暮	○
語	魚	御	○
虞	麌	遇	○

절운지남	경세정운	절운지남	경세정운
1. 통(通)섭	몽(蒙)섭	10. 과(果)섭	과(過)섭
2. 강(江)섭	태궁(兌宮)	11. 탕(宕)섭	장(壯)섭
3. 지(止)섭	이(履)섭	12. 증(曾)섭	항(恒)섭
4. 우(遇)섭	야(予)섭	13. 경(梗)섭	정(井)섭
5. 해(蟹)섭	해(咍)→이(履)섭	14. 유(流)섭	복(復)섭
7. 진(臻)섭	진(晋)섭	15. 탐(探)섭	임(臨)섭
8. 산(山)섭	관(觀)섭	16. 함(咸)섭	담(談)함(銜)감(監) 4등은 겸(謙)섭, 담(覃)은 임(臨)섭
9. 효(効)섭	박(剝)섭		

이 도표를 참고하여『절운지남』의 섭별 한자 자표와『경세훈민정음』에 사용된 한
자음의 자표를 대조해 볼 수 있다.

내외전(內外轉)의 구분 방식도 정초본『칠음운감』은 내외전도이고, 원 나라 유감의
『절운지남』은 모두 구개의 넓고 좁음 곧 개합에 따라 구별하고 16섭 내8전으로 나열
하였다. 각 섭마다 등운은 또한 개구호·합구호 곧 외성·내성으로 나누었다. 종래 운
서에서 가장 복잡한 운의 분류는 통상 206운의 분류 방식을 뛰어넘어 보다 발전된 모
습을 보여주고 있다. 운도의 분등(分等)과 호(呼)의 구별이 이치상으로는 운서의 자음분
석과 서로 합치된다고 말할 수 있다. 운도에서 보여주는 사성, 등호, 경중, 서속 등
은 엄밀하게 말하면 이미 수당 시대에 편찬하였던 운의 방법이다. 육법언이『광운』
에서 206부로 나누던 것을 1, 2, 3, 4라는 등운과 개구·합구라는 등호로 나누었을 때
정밀하게 일치함으로서 운도와 운서가 서로 합치되고 있음을 알 수가 있었다.

운도 편찬에는 하나의 고정된 형식과 체계가 있는데 이는 운서의 출현 시기에 따
라 일정한 차이가 난다. 따라서 운서와 운도가 서로 체계가 맞지 않거나 운도와 운도
의 사이에도 형식의 차이가 있을 수 있다. 특히 섭의 자표를 사성 평·상·거·입 가운
데 어떤 글자를 사용하는가에 따라 차이를 보여준다.

운서 중에 원음(元音, 모음)과 보음(輔音, 자음) 간에는 각종 상이한 유별이 있는데 운
도는 그것들을 조금의 예외도 없이 사등으로 구분하여 통합하는 과정이 차이가 나타
날 수밖에 없게 되었다. 예를 들면 운도는 36자모로써 성유(聲類)를 나타내었는데, 이

36자모는 다만 송대에 한어 성모의 유별만을 반영하였지만, 『광운』, 『집운』, 『오음집운』 등의 운서에서는 성모의 차이를 보여주게 된다. 곧 '유(喩)'모는, 『광운』계의 반절에서는 사실 두 종류로 나뉘었고, 반절 상자는 결코 같지 않았다. 그러나 송대에 유행하였던 36자모 중에는 다만 하나의 '유(喩)'모만 운도에 나타난다. 그 결과, 운도에서는 '유(喩)'모의 두 종류의 변이음을 관할하였던 글자를, 한 부류는 3등의 위치에 배열하였고, 한 부류는 4등의 위치에 배열하여서 통합된 모습의 유(喩)모로써 나타내었다. 사실상, 유(喩)3과 유(喩)4는 운모에서 마땅히 동일한 것이다. 모두 3등운에 속하지만, 성모는 서로 다른 두 종류이다. 정(精)조와 조(照)조 성모의 처리에 대하여서도, 유사한 상황이 있다. 운에 따라 등을 나누면, 원래 같은 유에 속하였던 자는, 3등과 4등에 배열해서는 아니 되며 성에 따라 등을 나누면, 그들 둘 사이의 상이함이, 반드시 3등과 4등의 속하는 것은 아니다.

송대 이후에 발달한 등운의 기술에 두 가지가 방향이 있었다. 그 하나는 『절운도』라는 등운도요, 또 하나는 『절운지장도』이다. 전자로는 『절운지장도』 이외에 『사성등자』가 있고 후자로는 『절운지장도』 이외에 『운경』과 『칠음략』 등이 있다. 『절운지장도』 식은 등운을 위주로 하고 사성은 등운 내에서 분류하는 방식인데 그 도식의 형식은 다음과 같다.

자	일등	이등	삼등	사등
모	평 상 거 입	평 상 거 입	평 상 거 입	평 상 거 입
見	○ ○ ○ ○	○ ○ ○ ○	○ ○ ○ ○	○ ○ ○ ○
溪	○ ○ ○ ○	○ ○ ○ ○	○ ○ ○ ○	○ ○ ○ ○

『절운지장도』 식은 사성을 위주로 하고 등운은 사성 안에서 분류하는 방식인데, 그 도식의 구조는 다음과 같다.

자	평성	상성	거성	입성
모	1등 2등 3등 4등	1등 2등 3등 4등	1등 2등 3등 4등	1등 2등 3등 4등
見	○ ○ ○ ○	○ ○ ○ ○	○ ○ ○ ○	○ ○ ○ ○
溪	○ ○ ○ ○	○ ○ ○ ○	○ ○ ○ ○	○ ○ ○ ○

곧 운모를 먼저 사성을 기준으로 하고 다시 사등으로 나누는 방식은 『칠음략』, 『운경』, 『절운지장도』가 있고 사등을 먼저 나누고 다시 사성으로 나누는 방식은 『사성등자』, 『절운지남』이 있다. 이처럼 운도의 형식과 체계가 편찬자의 입장에 따라 약간의 차이를 보여주고 있다.

이와 같은 표현상 형식 차이는 등운을 더 중시하느냐 사성을 더 중시하느냐라는 문제가 있으나 다만 용처에 따라 표현 형식을 달리한 결과이다. 『동국정운』에서 취한 운의 분류 방식은 등운 중심으로 이루어졌다는 점에서 생각하면 『절운지장도』의 방식이 훨씬 편리한 위치에 있다고 하겠다.[57]

2.3 중국 5종의 운서 체제

송·원 시대에 중국을 대표하는 등운서 가운데 다섯 가지를 타이페이 예문인서관에서 1981년 간행한 『등운오종(等韻五種)』[58]을 중심으로 운도 작성의 체제를 살펴보고자 한다.

사실 운도 상에 오운(五韻)과 반절(反切) 방식은 인도로부터 나왔는데 서역의 승려인 요의(了義)가 처음으로 자모(성모와 운모)를 만들었지만 갖추어지지 않았고, 그 후에 신공(神珙)과 진공(真空) 등이 그것을 계승하여 비로소 36자모를 갖추게 되었다. 한나라 때에는 번절(翻切)이 없었으므로, 『사기』, 『한서』의 주에 기록된 번절은 안사고(顏師古)와 사마정(司馬貞) 등이 추가한 것이다. 앞에서 이미 간략하게 살펴 본바와 같이 다양한 운서들이 편찬되면서 초성 곧 성모 체계의 변화와 함께 운모의 분류 방식은 매우 혼란스러울 만큼 다양하였다. 예를 들면 『절운』 계가 193운, 『간류보결절운(刊謬補缺切韻)』이 195운이며 『당운』이 207운, 『광운』 206운, 『예부운략』 106운 등이다. 이들 운목은 평·상·거·입 사성을 합한 것인데 평성을 기준으로 평균을 내면 20~30운목이 된다. 이것이 후대에 16~18섭으로 단축되어 갔다.

운목이 운서에 따라 차이를 보이고 있으며, 그 자표도 서로 다르며 또 매우 복잡하고 어렵다. 그래서 운목이라는 체계로 전환을 보여주는데 예를 들면 『동국정운』은 91운목, 『예부운략』은 107운목 체계로 나누어진다. 정경일(2002:84)은 중국의 주요 운

---

57) 심소희, 「최석정의 『경세훈민정음도설』 연구」, 『중국어문학논집』 73, 중국어문학연구회. 2012.
58) 예문인서관(藝文印書館), 『등운오종(等韻五種)』, 타이페이, 예문인서관(藝文印書館), 1981.

서들의 운목을 사성별로 나누어 다음과 같이 분류하고 있다.

	평성	상성	거성	입성	계
절운	54	51	56	32	193
광운	57	55	60	34	206
집운	57	55	60	34	206
임자신간예부운략	30	30	30	17	107
평수신간예부운략	30	29	30	17	106
홍무정운	22	22	22	10	76
중원음운	19	19	19		57

평성을 기준으로 살펴보면 운목이 『홍무정운』과 『중원음운』에서 좀 더 단출해져 가고 있음을 확인할 수 있다. 그리고 『중원음운』에서는 입성운이 제외되었음을 알 수 있다. 이것은 운목을 통합하는 방식이 차츰 달라져 가고 있다는 사실을 반영한다. 곧 편운의 방식이 점차 달라지고 있었다는 말이다. 운목을 섭(攝)이라는 단위로 단순화하는데 여기서 운도의 영향을 받아 입의 열고 닫히는 기준인 흡·벽[59]이나 개·합에 따른 사등(四等)과 사호(四呼) 또는 내외전(內外轉)으로 구분하여 운서를 좀 더 간편하게 색인할 수 있는 방법을 모색하게 된 것이다.

---

59) 흡(翕)·벽(闢)이란 소강절의 『황극경세성음창화도』에 성(聲)은 청(淸)·탁(濁)으로 구분하고 운(韻)은 흡(翕)·벽(闢)으로 구분하였다. 다시 말하자면 자음은 청탁으로 구분하고 모음은 흡벽으로 구분한다는 말이다. 이 분류 방식은 재래의 등운도에서 합구(合口)·개구(開口)로 구분하던 것인 바, 이것은 성모와 운부 사이에 개재하는 개모(介母)에 따른 분류 방식이다. 송대에 들어서서는 '성+운'으로 구성된 것으로 분석하였다. 성은 자음에서 초성으로 오는 자음을 뜻하며, 운은 개모+핵모+운미를 합친 것을 말한다. 따라서 흡(翕)·벽(闢)은 곧 개구(開口)·합구(合口)의 개념으로 개모 [w]의 유무에 따라 1등·2등·3등·4등으로 구분하는데 소강절은 이를 일(日)·월(月)·성(星)·신(辰)으로 구분하였다. 훈민정음 제자해의 창제 원리에 이론적 근거를 만드는데 가장 큰 영향을 끼쳤다고 할 수 있다.

	개구(開口)	합구(合口)
1등운=일(日)	zero	w
2등운=월(月)	r[i]	rw
3등운=성(星)	j[i]	jw
4등운=신(辰)	I[j]	iw

소옹의 『황극경세서』에 「칠성십이음창화도」나 『절운지장도』, 『중원음운』 등에서 대폭으로 섭(攝)을 단순화하여 통합하게 된다. 곧 소옹의 『황극경세서』의 「칠성십이음창화도」나 『운경』, 『칠음략』, 『절운지장도』 등에서 제시되는 섭의 방식으로 통합되거나 혹은 사등과 사호로 혹은 내외 전으로 운모의 체계를 재정비하였다.

12~14세기에 역학에 기반한 음양의 양의(兩儀)에서 다시 사상(四象)에 따라 사등(四等)으로 나누어 『절운』계 206운을 16개 내지 13개의 섭(攝)으로 단순화시켰다. 그 대표적인 운도인 『사성등자』와 『경사정음절운지남』은 16섭이며 『절운지장도』는 13섭으로 나누었다.

1) 『운경』의 체제

먼저 『운경(韻鏡)』의 체제에 대해 살펴보자. 가로로 성모를 세로로는 운목을 내외전으로 구분하여 배열하였다. 먼저 가로로 성모는 "순음→설음→아음→치음→후음→설음치음"의 순서로 그리고 이를 청탁에 따라 "청(淸)·차청(次淸)·탁(濁)·청탁(淸濁)"으로 각각 배열하였다.

『운경』에서 보이는 내외전(內外轉)의 구분 방식도 정초본 『칠음운감』이나 원 나라 유감의 『절운지남』에서도 모두 입의 벌림 곧 개구의 넓고 좁음을 나타내는 개·합에 따라 구별하고 16섭을 내외 8전으로 배열하였다.

『운경』에서 운모는 내외전에 따라, 성모는 36~23자로 변폭을 보여주고 있다. 중국에서도 12세기 이전에 대체로 36개 성모자가 존재했지만 『절운』에서는 경순음이 존재하지 않고 설상음이나 정치음 등의 변화에 따라 성모의 숫자가 달라졌다. 운도에서 말하는 성모의 개념은 운서와는 차이가 있다. 운도에서는 변이음까지를 고려한 것이기 때문이다.

운모체계는 내외전을 개합에 따라 모두 43장으로 구성되어 있다.

> 내전: 1개, 2개합, 5합, 6개, 7합, 8개, 8개, 10합, 11개, 12개합, 17합, 28합, 29
>   개, 31개, 32합, 33개, 37개, 38합, 42개, 43합
> 외전: 3개합, 4개합, 13개, 14개, 15개, 16개, 17합, 18합, 19합, 20합, 21개, 22
>   합, 23개, 24합, 25개, 26합. 30합, 34합, 35개, 36합, 39개, 40합, 41합

이 『운경』의 체제에서 내외전의 구분 방식은 명곡 최석정의 『경세훈민정음』에 결정적인 영향을 준 것으로 보인다.

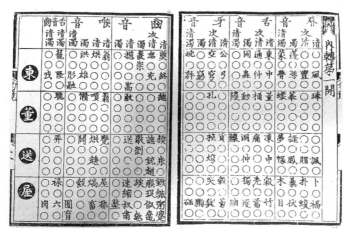

『운경』의 내전 제1개

2) 『칠음략』의 체제

『통지(通志)』는 정초(鄭樵, 1104~1062)가 1161년 간행한 125권으로 이루어진 운도이다. 『통지』 권36에 「칠음서(七音序)」, 「해성제자육도(諧聲制字六圖)」, 「정성협성동해도제일(正聲協聲同諧圖第一)」, 「성음구해도제이(聲音具諧圖第二)」, 「음해성불해도제삼(音諧聲不諧圖第三)」, 「일성해이음도제사(一聲諧二音圖第四)」, 「일음해이성도제오(一音諧二聲圖第五)」, 「일음해삼성도제륙(一音諧三聲圖第六)」에 이어 운도 『칠음략』이 들어 있다.

『칠음략』은 가로로 성모 32~23자가 배열되어 있는데 상단에는 『광운』의 자표(字標)를 칠음에 따라 "우음→치음→각음→상음→궁음→반치상"의 순서로 배열하였다. 세로로는 운목을 내외전 43도와 평·상·거·입의 사성에 따라 배열하였다.

내외전 43도는

내전 : 제1, 제2, 제4, 제5, 제6, 제7, 제8, 제9, 제10, 제11, 제12, 제13, 제27, 제28, 제34, 제35, 제37, 제40, 제41, 제42, 제43

외전 : 제3, 제14, 제15, 제16, 제17, 제18, 제19, 제20, 제21, 제22, 제23, 제24, 제25, 제26, 제29, 제30, 제31, 제32, 제33, 제36, 제38, 제39

로 배열되어 있다.

3) 『사성등자』의 체제

운서에서 운도로 발전된 과정을 간략하게 살펴보면 다음과 같다. 『광운』 등의 운서에는 나타나지 않은 오음 청탁, 개합, 등운 등을 종횡으로 체계적으로 나타내어 만물의 성음을 표시한 도표로 발전되어 갔다. 따라서 운도는 운서의 반절과 더불어 한자음을 나타내는 방법으로 이용되었다.[60]

특히 운도를 작성하는 학문을 등운학이라고 하는데, 등운학에서는 중국 한자음의 성모를 오음에 따라 나누어 36자모로 표시하고, 운모의 배열은 『광운』 등의 운서에서 나타내던 200여개의 복잡한 운의 체계를 운모가 동일한 부류로 구분한 섭(攝)으로[61] 묶거나 혹은 주모음의 개구도의 정도 곧 합벽에 따라 사등위로 나누는 방식으로 발전되었다. 성모인 자모를 가로로 아, 설, 순, 치, 후와 청·탁에 따라 배열하고 운모를 세로로 평·상·거·입의 순에 따라 그리고 4등으로 나누고, 다시 같은 성조 안의 운모들을 등위별로 나누어 배열하여 도표를 만든 것을 운도라고 하고 한다.

중국에서 역대 운도 가운데서 한어의 중고음을 반영한 운도는 『운경』(북송대)과 『칠음략』(북송대 정초의 『통지(通志)』에 실려 있는 『칠음략』에 내외전도(內外轉圖)가 수록되어 있음.)이 있고, 북송 때의 현실음을 반영한 것으로 알려진 소옹의 『황극경세성음창화도』가 있으며, 송대의 중세음을 반영한 운도로는 남송의 『절운지장도』(사마온공이 지었다고 알려짐), 원나라 유감의 『절운지남』(원명은 경사정음절운지남(經史正音切韻指南)), 명나라 신안

---

60) 유창균(1984:527)은 운도의 발달 과정을 "『절운』→『사성등자』→『절운지장도』"의 과정으로 기술하고 있다. 유감(劉鑑)의 『절운지남(切韻指南)』(1336)은 한도소(韓道昭)의 『오음집운』(1212)를 근거로 하여 제경과 사류의 음을 교정하기 해위 제작한 운서이다. 그런데 왜 이러한 계열로 발전되었다고 했는지 좀 더 상세한 연구가 필요할 것이다. 다만 명곡의 『경세훈민정음』에는 『사성등자』와 『절운지장도』를 모두 참조하였던 것으로 보인다.

61) 섭(攝)은 운미(韻尾)의 유형과 모음의 자질에 따라 구별되는데, 외전·내전이 각 8섭으로 도합 16섭으로 되어 있다. 개모(介母)는 [-w]의 개재여부에 따라 벽합(闢翕)으로 구별하는데, 벽은 개구음(開口音), 합은 합구음(合口音)을 뜻한다. 한 섭은 벽이 1도, 합이 1도, 각각 2도로 이루어져 있다.

사람인 여유기(呂維祺)의 『음운일월등(音韻日月燈)』 등이 있었다. 이 전통은 조선시대 후기까지 그대로 이어져서, 다른 운도에 관심을 가졌던 저술은 나타나지 않고 소옹의 운도에만 관심이 계속되어, 중종 때 서경덕이 『경세성음』에 관하여 언급한 것이 있고, 숙종 때의 최석정은 숙종 4년(1678) 소옹의 운도를 본받은 『경세훈민정음』을 지어 일종의 운도 편찬을 꾀하였으며, 영조 26년(1750) 신경준이 지은 『저정서』도 소옹의 운도를 본받아 끝부분에 가서 운도를 작성한 것이었다. 같은 시대의 황윤석은 그의 저서인 『이수신편』에서 운도에 대하여 상세히 논한 바 있다.

『사성등자』는 무명씨 작으로 대략 원나라 시대에 지어진 것으로 알려져 있다. 원나라 시대에 유감의 『절운지남』을 보고 만든 것으로 추정하고 있다. 『사성등자』는 13섭 20도의 운도로 '운섭(韻攝)'을 처음으로 사용한 운서이다.

『사성등자』는 가로로 성모 23자를 "각(아)→치(설)→궁(순)→상(치)→우(후)→반치→반상"의 순서로 성뉴(聲紐) 자료를 배열하고 있다. 경순음과 설상음 지(知)·철(徹)·징(澄)과 정치음 조(照)·천(穿)·상(牀)·심(審)·선(禪)모가 제외된 것이 특징이다.

『사성등자』는 세로로는 내외 16섭에 따라 평·상·거·입의 순서로 배열되어 있다. 운모는 섭을 중심으로 16섭(『절운지장도』 혹은 16섭(『사성등자』, 『경사정음절운지남』)으로 구분하거나 16세기 청대에 들어서서는 사호(개구호·합구호·제치호·촬구호)로 구분하였다.

> 내전 : 통(通)섭 내1, 탕(宕)섭 내5(개구), 탕(宕)섭 내5(합구), 우(遇)섭 내3, 류(流)섭 내6, 지(止)섭 내2(개구), 지(止)섭 내2(합구), 과(果)섭 내4(개구), 과(果)섭 내4(합구), 증(曾)섭 내8(개구), 증(曾)섭 내8(합구), 심(深)섭 내7
>
> 외전 : 효(效)섭 외5, 해(蟹)섭 외2(개구), 해(蟹)섭 외2(합구), 진(臻)섭 외3(개구), 진(臻)섭 외3(합구), 산(山)섭 외4(개구), 산(山)섭 외4(합구), 경(梗)섭 외8, 경(梗)섭 외2. 함(咸)섭 외8

이를 요약하면 아래와 같다.

1. 통(通)섭 내1
2. 탕(宕)섭 내5(개구)
3. 탕(宕)섭 내5(합구)
4. 우(遇)섭 내3
5. 류(流)섭 내6
6. 지(止)섭 내2(개구)
7. 지(止)섭 내2(합구)
8. 과(果)섭 내4(개구)

9. 과(果)섭 내4(합구)
10. 증(曾)섭 내8(개구)
11. 증(曾)섭 내8(합구)
12. 심(深)섭 내7
13. 효(效)섭 외5
14. 해(蟹)섭 외2(개구)
15. 해(蟹)섭 외2(합구)

16. 진(臻)섭 외3(개구)
17. 진(臻)섭 외3(합구)
18. 산(山)섭 외4(개구)
19. 산(山)섭 외4(합구)
20. 경(梗)섭 외8
21. 경(梗)섭 외2
22. 함(咸)섭 외8

4) 『절운지장도』의 체제

훈민정음 창제를 전후하여 새로운 문자 창제와 정음과 정성의 사상을 기반으로 한 『동국정운』과 『홍무정운역훈』의 간행에 이르기까지 『성리대전』의 영향은 결정적이었다고 할 수 있다. 주돈이의 『태극도설』, 소옹의 『황극경세서』, 주자의 『역학계몽』, 채원정의 『율려신서』, 채침의 『홍범황극내편』 등의 이론적 영향을 결코 부정할 수 없다. 『절운지장도』는 남송 말기인 1176년에서 1203년 사이에 만들어진 것으로 추정하고 있다.[62] 근래 몇몇 학자들이 『절운지장도』가 사마광(司馬光, 1019~1086)의 명의로 위작된 것이라는 근거를 제시하였지만, 『절운지장도』의 서문에 "涑水司馬光書"로 끝맺고 있기 때문에 청대 이전에는 모두들 송 대의 대학자 사마광이 저술한 것이라고 믿어왔다. 우리나라 학자들도 별 의심없이 『절운지장도』를 사마광의 저술로 소개하고 있는 경우가 많다.[63]

신숙주가 쓴 『동국정운』 서문에

"포희가 괘(卦)를 만들고 창힐(蒼頡)이 글자를 만든 것도 또한 자연의 이치에 따라 만물의 뜻에 통한 것이다. 심약(沈約)과 육법언(陸法言) 등이 글자를 구분하고 어휘로 모아 구분하여 성음을 고르게 하고 운을 맞추니 성운이라는 학설이 비로소 생겼다. 운서를 만든 이가 줄을 이었으나 각기 제 주장을 하는 논의가 많음에 따라 잘못도 또한 많아졌다. 이에 사마온공(溫公, 1019~1086)이 운도로 짓고 소강절이 성수론으로 밝혀 깊은 이치를 찾고 심오한 이치를 연구하여 여러 학설을 통일하였다.[64] 그러나 오방의 음이

---

62) 예문인서관, 『등운오종(等韻五種)』, 타이페이 예문인서관, 1981.
63) 유창균, 「사마광의 절운도」, 『국어학논고』, 524~525쪽, 계명대학교출판부, 1984.
64) 소옹의 『황극경세서』에서 숫자로 사람의 성음을 설명하였다. 운도의 일종인 「성정음도

각각 달라서 옳고 그름의 논의가 분분하였다."65)

라고 하여 중국의 운학은 심약이나 육법언에서 일어난 성운학이 발전하여 사마광이
운도를 짓고 소옹이『성리대전』「황극경세서」에서 역학과 상수로 운도를 지었다고
하고 있다.『훈민정음 해례』에서『동국정운』,『홍무정운역훈』에 이르기까지 세종의
'훈민정음' 창제 이후 특히 한자음 정책과 관련하여 그 활용을 총괄해온 신주숙의 입
장에서도 당대 사마온공과 소강절의 운도의 영향이 얼마나 컸는지를 간접적으로 언
급하고 있다.

소옹의『성리대전』(『황극경세서』에 언급한 것은 선천지학)으로 그 도는 일관되게 복희의
괘도에 근본을 두고 있다. 그후 채원정(蔡元定)이 소옹의 학문을 이어받았으며 종(鍾)씨,
축(祝)씨, 황(黃)씨와 더불어 팽장경(彭長庚)으로 이어져 왔다. 채원정이 소옹의 학문을
요약하여 다음과 같이 기술하고 있다.

"『황극경세서』는 소강절의 선천지학으로 그 도는 일관되게 복희의 괘도에 근본을
두고 있다. 그러나 그 쓰여진 글자와 글귀는 스스로 일가를 이루었고 경전의 글귀를
인용한 것은 따로 하나의 견해가 되었다. 그러므로 배우는 데는 다소 어려움이 있다.
요점은 마땅히 소강절 선생의 책을 되풀이하여 음미하고 비슷한 것을 꼼꼼하게 익힌
뒤에 맥락이 통하니 그러한 뒤에 얻을 수 있다. 대략 그 중요한 요점은 정명도(程明道)
선생의 가일배법(加一倍法)이다. 그러므로 용(用)에서 체(體)로 가면 1에서 2로, 2에서 4
로, 4에서 8로, 8에서 16으로, 16에서 32로, 32에서 64로 간다. 체에서 용으로 가면 64
에서 32로, 32에서 16으로, 16에서 8로, 8에서 4로, 4에서 2로, 2에서 1로 가는데 1은
태극이다. 즉 일동(一動)과 일정(一靜)의 사이이다. 일찍이 말하기를 천지(天地)를 본받
아 편찬한 것이『주역』으로 빠짐없이 갖추었으니, 여기에 더 보탤 수 없다. 양웅(揚雄)
의 태현(太玄) 81수나 관(關)씨의 동극(洞極) 27상(象), 사마광의 잠허(潛虛) 55행은 모두
어떻게 지어졌는지 모른다. 하늘은 양으로 땅은 음으로 갈라지며, 양은 9, 음은 6의

(황극경세성음창화도)를 만들어「경세사상체용지수도」에서 '정성과 정음이 서로 결합하
여 나타낼 수 있는 음을 숫자로 나타내었다. 이러한 학설에 영향을 입은 명곡 최석정의
『경세훈민정음도설』과 신경준의『저정서』가 있다.

65) "是故包犧畫卦, 蒼頡制字, 亦皆因其自然之理, 以通萬物之情, 及至沈陸諸子, 彙分類集, 諸聲協韻, 而聲
韻之說始興. 作者相繼, 各出機杼, 論議旣衆, 舛誤亦多. 於是, 溫公著之於圖, 康節明之於數, 探賾鉤深,
以一諸說. 然其五方之音各異, 邪正之辨紛紅.",『동국정운』서문.

수이며, 4,096의 변화가 있고 11,520의 책(策)이 있으니 어찌 이에 더 보탬이 있으리오. 소강절 선생의 학문은 비록 작용은 같지 않아도 그 내용은 복희가 괘를 그린 것과 같다. 그러므로 그 책이 일·월·성·신과 수·화·토·석으로 천지의 체를 다하였으며, 한·서·주·야와 우·풍·로·뢰로 천지의 변화를 다 나타내었다. 그리고 성·정·형·체와 주·비·초·목으로 하늘과 땅에 만물의 감응을 다하였고, 원·회·운·세와 세·월·일·시로 천지의 처음과 끝을 다 설명하였다."[66]

라고 하여 성음 또한 천지만물의 생성과 소멸의 순환론에 따라 양의에서 사물, 사성, 다시 8괘에서 64괘로 이어지는 순환논리로 기술하고 이를 성음의 운도로 나타내었다.

이와 같이 세종 조 훈민정음 창제에 많은 영향을 끼친 사마광의 등운학과 매우 밀접한 관계를 가지고 있다고 할 수 있다. 특히 『훈민정음 해례』「제자해」의 철학적 원리로 인용되었다. 소옹의 『황극경세서』와 사마광의 『절운지장도』는 둘 다 모두 세종 당대의 집현전 학자들이 필독을 했을 것으로 보인다. 그러나 앞에서도 잠간 언급했듯이 소옹의 『황극경세서』는 상수학에 바탕을 둔 역학적 기술서이기 때문에 온전하게 그 내용을 파악했더라도 이것이 직접적으로 '훈민정음' 창제에 끼친 영향을 실증적으로 제시하기란 쉽지 않다. 『훈민정음 해례』에는 '訓民正音'이라는 제목 아래[67] 예의의 전문인 세종의 서문과 예의을 얹고 그 다음 '訓民正音解例'라는 제목 아래 「제자해」, 「초성해」, 「중성해」, 「종성해」, 「합자해」, 「용자례」 등 각각 소제목을 세워서 오해(五解)와 일례(一例)를 싣고 맨 끝 해례와 연이어서 제목 없이 정인지의 서문을 붙였다. 오해에는 반드시 본문의 끝부분에 '결왈(訣曰)'을 받아서 칠언고시체의 결(訣)이 있고 오직 일례에만 그 결이 없다. '결(訣)'은 신민 작으로 추정(박해진 : 2015)하거나 후대에 추가된 것으로 추정(권재선 : 1998)하기도 한다. 그러나 이 내용은 『절운지장도』「변모청탁가」에서도 자모의 청탁 관계를 7언시 형식으로 설명한 내용과 흡사하다.

『동국정운』서문에 "溫公著之於圖 康節明之於數 探頣鉤深 以一諸說"이라 하였다. 곧 이것은 사성의 체계를 처음 세운 심약(沈約)이나 육법언(陸法言)에서 일어난 성운학의 영향

---

66) 소옹의 『황극경세서』「관물내편」.
67) 권두 제명에 대해서는 두 가지 이론이 있다. 곧 '訓民正音'이라는 견해(홍기문:1946, 정우영:2001)와 '御製訓民正音'이라는(안병희:1986) 양론이 있다. 곧 '御製'라는 관칭이 붙었는지 혹은 붙지 않았는지에 대한 동일 이본이 발견되면 이는 쉽게 판정이 날 문제이다.

을 준 조선에서도 그러한 바탕 위에서 훈민정음이 창제된 것으로 판단할 근거가 된다. 세종 시대의 성운학은 표음문자인 훈민정음의 창제와 더불어, 조선의 운서 곧 『동국정운』의 편찬, 『홍무정운역훈』과 같은 중국 운서의 역훈 등으로 실현되었다. 이 모두 『성리대전』에 실려 있었던 소옹의 상수론이나, 사마광의 등운학과 매우 밀접한 관계를 가지고 있었다. 소옹의 역학 이론이나 상수론의 이론과 매우 밀접한 관계를 맺고 발전된 등운학이 세종조 당시에 대한 논의나 그 영향에 대해 기술한 내용은 찾기 어렵다. 이에 대해 유창균(1984:519)은 "그것은 후인들이 사마온공의 등운도를 목견할 수 없었기 때문이 아니었을까"라고 설명하고 있고 심소희(2013:26)는 "훈민정음의 창제에 『황극경세서』의 영향이 그다지 크지 않았을 것으로 생각한다."고 판단하고 있다.

세종의 훈민정음 창제 당시 중국 성운학의 기본서인 『절운지장도』와 『황극경세서』「성음창화도」는 직간접적으로 상당한 영향이 끼쳤던 것으로 보아야 할 것이다. 물론 내용의 깊이나 정밀한 연구는 서 화담이나 최 명곡과 그리고 신 여암에 와서 꽃을 피웠다고 하더라도 『칠음략』, 『고금운회거요』, 『광운』, 『운경』 등과 함께 『황극경세서』와 『절운지장도』, 『역학』, 『태극도설』 등은 조선 전기의 훈민정음 창제 과정에서 성운학 연구의 기본적 이론의 바탕이 되었다고 볼 수 있다.

『절운지장도』가 『훈민정음 해례』의 제작에 끼친 영향에 대해 먼저 살펴보자. 『훈민정음 해례』「제자해」첫머리에 "사람의 성음은 본래 오행에 바탕을 둔 것(夫人之有聲本於五行)"이라고 하였다. 『고금운회거요』나 『절운지장도』의 '변자모차제례' 등을 참고하여 오행, 오시, 오방 등과 결부하여 설명한 것이다. 다만 본문에서는 '합제사시(合諸四時)'라고 하였으나 실지로는 오시로 설명되어 있다. 오행(五行)을 기준으로 하여 오방위(五方位), 오상(五常)이나 오장(五臟) 등을 연계시킨 것은 대단히 관념적인 기술인 것처럼 보이지만 성리학에서는 이들 모두를 우주 생성과 소멸의 인자로 보고 순환하는 일련의 상관관계로 파악하고 있다. 『절운지장도』의 「변자모차제가(辨字母次第歌)」에는 "하나의 기가 나오면 청탁이 그 다음에 있고 경중이 다음 순서이고 이를 합하면 오음이 된다. 사시가 운전하는 데 있어서 아음은 봄(春)이고 그 음은 각(角)이다. 그 다음은 설음으로 여름(夏)이고 그 음은 치(徵)이며 오행으로는 불(火)이 된다. 다음은 순음은 늦여름(季夏)이고 그 음은 궁(宮)이며 오행으로는 흙(土)이다. 그 다음 치음은 가을(秋)이고 그음은 상(商)이며 오행으로는 쇠(金)이다. 그 다음은 후음 겨울(冬)이고 오행으로는 물(水)

이다. 소위 오음이 나타남은 오로지 사시의 운행과 같다."[68]라고 하였으니 계하의 토(土)는 회남자의 설명을 따라 기술한 것이다. 『운회』(권1)의 동운 공(公)자 아래의 설명에는 "근래 사마온공이 『절운지장도』를 만들어 처음으로 7음운에 따라 아, 설, 순, 치, 후, 반설, 반치음을 근거로 하여 7음의 소리를 정했으며, 『예기』에서는 궁, 상, 각, 치, 우, 반상치, 반치상에 따라 사시를 정했다."[69]라고 하였으나 『절운지장도』는 『예기』「월령」 그 자체보다도 회남자 「시즉훈(時則訓)」의 그 해석에 의거한 것이다.

『동국정운』과 비교해 보더라도 『동국정운』은 23모이고 『절운도』는 36모이지만 23행 속에 분배하고 있다. 다만 "설두/설상, 순중/순경, 치두/정치"를 등운에서 구별하지 않았기 때문이다. 곧 『동국정운』의 23모의 분배는 『운경』이나 『칠음략』에서도 볼 수 있다. 따라서 『절운도』에 한정된 문제는 아니지마는 36행에 분배해 놓은 『지장도』에 따르기보다는 이것에 따르는 것이 훨씬 유리한 사정에 있었다고 할 것이다. 그러나 『동국정운』의 23모는 그 수에 있어서 『절운도』와 유사하지만 자모의 자표(字標)는 동일하지 않다. 이러한 사례는 훈민정음 자모의 자류도 동일하다. 우리나라의 한자음의 특성 때문에 중국 운서의 자류를 그대로 따를 수 없었기 때문에 불가피한 조치였다고 볼 수 있다.

『절운지장도』는 사마광의 소작으로 알려져 있으나 최근 왕력(王力)은 추특부(鄒特夫)의 학설을 보면 사마광의 저작이 아니라 남송 때의 양중수(楊中修)의 저작이라고 하기도 한다.[70] 『절운지장도』의 체제는 가로로 "아음→설음→순음→치음→후음→반치→반설"음으로 배치되어 있는데 자표만 나열되어 있다. 아음 4자, 설두음 4자 설상음 4자, 순중음 4자, 순경음 4자, 치두음 5자, 정치음 5자, 후음 4자, 반설음 1자, 반치음 1자 도합 36자모로 되어 있다. '절운'계 운서 체계를 수용한 결과이다. 다만 설두음 '니(泥)'를 상음 '냥(娘)'으로 칠음이 변화된 모습을 보여주고 있다.

『절운지장도』의 세로로는 사성인 평·상·거·입에 따라 탁(濁)·개(開)·합(合)에 따라

---

68) "一氣之出, 淸濁有次, 輕重有倫, 合之以五音, 運若四時, 牙音春之象也. 其音角, 其行木, 次曰舌音, 夏之象也, 其音徵, 其行火, 次曰脣音, 季夏之象也. 其音宮, 其行土, 次曰齒音, 秋之象也. 其音商, 其行金, 次曰喉音, 冬之象也. 其音羽, 其行水, 所謂五音之出猶四時之運者此也.", 『절운지장도』의 「변자모차제가(辨字母次第歌)」.

69) "近司馬文正公作切韻, 始依七音韻, 以牙舌脣齒喉半舌半齒定四聲之音, 以禮記月令四時定角徵宮商羽半商徵半徵商之次.", 『운회』 권1.

70) 왕력(王力), 『漢語音韻學』, 中華書局, 82쪽, 2013.

배열하고 있다. 『절운지장도』에서는 운섭의 명칭을 사용하지 않고 13섭 (1. 통(通)섭, 2. 강(江)섭, 3. 지(止)섭, 4. 우(遇)섭, 5. 해(蟹)섭, 6. 진(臻)섭, 7. 산(山)섭, 8. 효(效)섭, 9. 과(果)섭 10. 가(假)섭, 11. 탕(宕)섭, 12. 경(梗)섭, 13. 증(曾)섭, 14. 류(流)섭, 15 심(深)섭, 16 함(咸)섭)으로 나누었다.

5) 『경사정음절운지남』의 체제

『경사정음절운지남』은 일명 『절운지남』이라고도 하는데 지원 2년(1276) 병자년에 유감이 지었다. 왕력(王力, 2014:82)은 대략 1336년에 지어진 것이라고 하는데 정확한 고증이 필요하다. 명나라 홍치 9년(1496) 김대석(金臺釋)의 아들 사의(思宜)가 중간한 『경사정음절운지남』도 오늘날까지 전해 오고 있다. 이 책의 체제와 특히 운섭도를 살펴보면 명곡 최석정의 『경세훈민정음』과 매우 흡사하다. 이 『경사정음절운지남』은 유감이 지은 것인데 120여년 전에 한도소 등이 편찬한 『오음집운』을 근거로 하여 '경사(經史)'의 음을 바르게 표준화하기 위해 편찬한 운도이다.

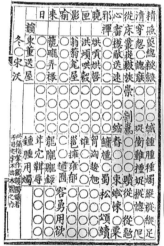
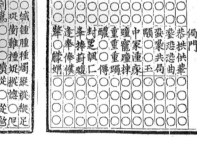

『신편경사정운절운지남』의 통섭 내일

『경사정음절운지남』은 가로로 "아음→설음→순음→치음→후음→반차→반설음"의 순서로 자표(字표)를 배열하였다. 『사성등자』와 동일하다. 아마 훈민정음 창제 당시『절운지장도』의 영향을 많이 받은 것으로 지금까지 알려져 있지만 운도를 대비해 보면 오히려『사성등자』나『경사정음절운지남』에 훨씬 가깝다.

『경사정음절운지남』은 세로로는 내외 16섭에 따라 평·상·거·입의 순서로 배열되어 있다. 다만『경사정음절운지남』의 운섭도는 총24장으로 되어 있는데 16섭(攝)으로 되어 있어『사성등자』와 동일하다.

『칠음략』은『운경』과, 중세의 음계에 맞도록 고친 남송의『절운지장도』, 원나라의『절운지남』, 명나라의『음운일월등』이 있고, 중세 구어음을 반영한 북송 소옹의 『황극경세음창화도』가 들어 있다. 한편 운서 편찬은 시대의 흐름에 따르는 약간의 변화가 생겼다. 송나라 시대의 과거용 운서였던『예부운략』(매창조(賈昌朝) 등 찬, 1037)은『광운』을 간략화한 것이었으나 금나라 한도소의『오음집운』은 36자모에 의하여 운을 배열하는 동시에 운도 159운으로 줄었다. 금나라의 유연이 지은『신간예부운략』(1252)에는 107운, 금의 왕문욱(王文郁)이 지은『평수신간운략』(1226)에는 106운으로 되었는데(이를 흔히 평수운(平水韻)이라고 한다.) 이것이 그 뒤 시를 짓는 표준운이 되었다. 원나라 웅충의『고금운회거요(古今韻會擧要)』(1297)는『오음집운』의 체재를 취하고 유연의 계통을 이어서 107운으로 편찬되었으며『고금운회거요』와 거의 같은 음계를 파스파(八思巴) 문자로 기록한 주종문(朱宗文)의『몽고자운(蒙古字韻)』(1308)은 맨처음으로 중국어를 표음 문자로 표기한 책이었다.

유감의『경사정음절운지남』(약칭『절운지남』)은 명곡의 운도 작성에 결정적인 영향을 준 저술이다. 명곡은 이『절운지남』의 운섭의 배치에 대한 오류를 지적하며 수정안을 제시하고 있다. 강(江)운에서 아·순·후음을 개구음으로 치음·설음을 합구음으로 분속시키는 것은 잘못이다. 해(咍)·제(齊)·섭 중에 해(咍)는 산(山)섭의 갈(曷)을 제(齊)는 진(臻)섭의 질(質)을 배치한 것도 잘못이다. 해(咍)운에 갈(曷)을 배치한 것은 속음에 가까우며, 회(灰)운에는 입성자가 없고 또 가(歌)운에 택(擇)을 차용한 것은 정속음에 모두 맞지 않는다. 이렇게 유감의『절운지남』을 면밀히 검토한 명곡은 자신의 운도를 작성하는데 그 형식뿐만 아니라 한자음 자표 한자를 충분히 활용하였다.

이상에서 명나라 이전의 중국에 남아 있는 주요 운도 5종의 체계를 살펴 본 결과 성모의 변화와 운모의 단순화 과정을 겪고 있었던 것으로 나타난다.

『운경』과『칠음략』중 일부를 제외하고 모두 운섭과 결합하여 그 음을 등급 4개로 나누고 있다.『절운지장도』,『사성등자』,『절운지남』은 설두·설상, 치두·정치, 중순·경순을 나눈 후 설두음은 2, 3등을 배치하고 설상음은 1, 4등을 배치하지 않았다. 치두음은 2, 3등이 없고 정치음은 1, 4등이 없으며 경순음은 1, 2, 4등이 없다. 그렇지만 다른 성뉴(聲細)와 운섭(韻攝)과 결합할 때 여전히 4등이 있다. 어떤 운섭은 개·합이 2번 중복됨으로 섭마다 4등이 2개 있었을 것이다.『절운』에서 이미 4등의 구분이 나오는데 반절에 감춰져 있을 뿐이고 운도로 나열되지 않았다. 스웨덴 한어음운학자 칼그런(Karlgren)의 연구에 의하면 1, 2, 4등의 구분은 운모에, 3등과 4등은 운모가 다르지만 각각 뉴섭에 있다. 예를 들면 다음 표와 같이 산(山)섭이 성뉴(聲細)를 만나 개합이 각 4등이 있는 것을 보여준다.[71]

2.4 소옹의 『황극경세서』의 「성음창화도」의 체재

송나라 시대의 성운학이 발전된 것은 인도의 범어 운도로부터 직접적인 영향을 받았다. 그와 함께 소옹의 당시 자연 우주만물의 생멸의 이치를 역학과 상수학으로 가능 세계를 나타내고자 한 자연철학의 학문적 영향을 받은 결과이다. 특히 조선의 비판적 주자학의 경향을 띠는 근기학파와 강화학파 중심으로 제기된 소강절의 영향은 세종 이래로 서경덕으로부터 면면히 그 학문 연구의 계보가 이어져 왔다.

이지재(李之才)와 소옹의 친부인 소고로부터 물려받은 역학은 물상이치(物象理致)의 학문으로 수리, 과학, 천문, 성운 등의 이치는 역학의 괘효의 배합으로 상수학적으로 그 가능성의 세계를 수립한 상도자연(常道自然) 철학의 학문이다. 역학의 원리를 성운학과 결합시킨 이는 송나라 소옹인데 그는『황극경세서』에서 천지 사이에 생성되는 만물을 수리와 역의 괘와 효로 생성과 소멸의 운전을 체계적으로 기술하였다. 그는 체(體)와 용(用)의 개념을 설정하여 성음의 생성원리를 설명하고 수리로서 만물의 원리를 찾

---

71) "『韻鏡』及『七音略』中除日纽外, 每一个纽配上了韻攝, 其音都可以有四等. 后来『切韻指掌图』『四声等子』『切韻指南』把舌头与舌上, 齿头与正齿, 重唇与轻唇分开了之后, 舌头音没有二, 三等, 舌上音没有一, 四等, 齿头音没有二, 三等, 正齿音没有一, 四等, 轻唇音没有一, 二, 四等. 但是, 其余的纽配韻攝仍旧有四等. 有些韻攝是有开合两呼的, 于是每摄能有两个四等. 四等的分别, 在『切韻』里就有了的, 但只隐藏在反切里, 没有明白地列成图表. 依瑞典汉语音韵学家高本汉的研究, 一, 二, 四等的分别都在乎韵母, 三等与四等除韵母不尽相同外, 其分别在纽摄, 例如山摄见纽的开合各四等, 可列成下表." 왕력(王力),『한어음운학(漢語音韻學)』, 중화서국(中華書局), 83쪽, 2013.

고자 하였다. 한편 성음 10성과 정음 12음으로 된 「성음창화도」를 만들었다. 『황극경세서』 「성음창화도」에서 성(聲)은 청(淸)·탁(濁)으로 구분하고 운(韻)은 흡(翕)·벽(闢)으로 구분하였다. 흡·벽은 곧 개구(開口)와 합구(合口)의 개념으로 개모(介母, glide)의 유무에 따라 1등, 2등, 3등, 4등으로 구분하는데[72] 소강절은 이를 하늘에는 일·월·성·신과 땅에는 수·화·목·토로 구분하였다. 곧 하늘(天)과 땅(地)은 양의로 갈라지고 양의에서 다시 사상과 팔괘로 확대되어 수리로서 본질을 드러낸 것이다. 특히 사람의 성음(聲音)도 자연음의 일부이니 이 성음을 성수로 나타내기 위해 성모와 운모를 종횡으로 배열하여 나타낼 수 있는 가능한 성음의 총수를 밝히려 한 것이다.

북송오자 가운데 한 사람인 소옹의 『황극경세서』는 『성리대전』에 실려 있다. 여기에 실려 있는 「성음창화도」는 일명 「경세사상체용지수도」라 하기도 한다. 소옹의 『황극경세서』는 여러 가지 이본이 있으나 『사고전서』 본을 기준으로 그 구성을 살펴보면 1~6권은 「원화운세」, 7~10권은 「율여성음」, 11~14권은 「관물편」으로 구성되어 있다. 특히 「율려성음」은 상하 16편이고 각편마다 성도와 음도를 배열하여 전체 32장의 도식으로 이루어져 있다. 7권 상의 천성도와 지음도의 예를 보면 천성도(天聲圖)는 '일일성평벽(日日聲平闢)'에 "다(多)·량(良)·간(干)·도(刀)·처(妻)·궁(宮)·심(心)·●·●·●" 7개의 글자가 지음 152개와 조합하여 총 1,064개의 예가 배열되어 있다. 지음도(地音圖)에는 '수수음개청(水水音開淸)'의 "고(古)·흑(黑)·안(安)·부(夫)·복(卜)·동(東)·내(乃)·주(走)·사(思)·■·■·■" 9개의 글자를 천성 112개와 조합하여 1,008개의 예가 배열되어 있다. 즉 상수역학으로 운모(十聲) 160×성모(十二音) 192=30,720개의 성음체계를 계산해 내었는데 그 안에는 소리도 없고 글자도 없는 ●■와 소리는 있지만 글자가 없는 ○□를 포함시킨, 연역적인 방법으로 추산한 인위적이고 이상적인 음운체계였다. 30,720의 수치는 소옹이 세상의 모든 자연음을 계산해서 도출해낸 가상적인 음소의 숫자인 것이다.

이는 우주의 모든 이상적인 소리의 총합을 나타낸 「정성정음총합도」는 「율려성음」을 단 한 장으로 요약하여 채원정이 만든 도식이다. 이것은 소옹의 이론을 후대에 채원정이 일목요연하게 정리한 것인 바 이것을 「성음창화도」 혹은 「경세사상체용지수

---

72) 근대 중국어 연구자들은 운모를 개음(glide)의 유무에 따라 개음이 없는 개구호(開口呼), 개음이 [i]인 제치호(齊齒呼), 개음이 [u]인 합구호(合口呼), 개음이 [y]인 촬구호(撮口呼)로 구분하고 있다. 이는 곧 사등의 1등, 2등, 3등, 4등의 등호와 일치한다.

도」라고 부른다. 이 도식은 역학의 기반 위에 우주 만물의 정음과 정성을 모두 나타낸 것으로 풍토설에 따라 각 지역마다 성음의 차이가 있을 수 있음을 예측한 동아시아의 성운학의 바탕이 된다고 할 수 있다.

소옹의 상도 자연철학의 이치는 하늘로부터 인간에게 귀속되는데 먼저 복희씨가 8괘를 그리고 문왕이 다시 역을 부연하여 8괘를 64괘로 발전시킨 기반 위에 공자가 『역전』을 찬술하였다. 이에 소옹은 『황극경세서』「관물내편」과 「관물외편」을 지어 역학을 다시 상수학으로 천(天)·지(地)·인(人)을 기반으로 한 자연 순환적 이치를 수리로 풀이해내었다. 이에 사람의 소리 역시 자연음의 일부로 우주 만물의 성음으로서 그 실체를 나타내려는 이론을 수립하였고, 또 이를 구체적인 수치로 제시함으로써 역수학 방면에 새로운 국면을 열었다. 『성리대전』에 채원정이 「찬도지요(纂圖指要)」(상)(하)편이 함께 실려 있다. 「팔괘차서도」를 비롯하여 「팔괘방위도」, 「육십사괘차서도」 등에서 64괘에 방위, 날씨 등의 괘와 기를 대응하여 배속시키고 있다. 소옹의 「경세연역도」, 「경세성음도」, 「경세사상체용지수도」는 소옹의 선천 역수를 정음과 정성에 대응시켜 설명한 내용들이다.

> "하늘은 동(動, 움직임)에서 생겨났고 땅은 정(靜, 고요함)에서 생겨났다. 한번 동하고 한번 정함이 교차하여 하늘과 땅의 도리를 다 드러낸다. 동이 시작되면 양이 생겨나고 동이 다하면 음이 생겨난다. 한 번 음이 되고 한 번 양이 됨이 교감하면 하늘의 작용이 다 드러난다. 정이 시작되면 유(柔, 부드러움)이 생겨나고 정(靜)이 다하면 강(剛, 굳셈)이 생겨난다. 한 번 강건하고 한 번 유약함이 교차하면 땅의 작용이 다 드러난다. 동의 큰 것을 태양이라 하고 동의 작은 것을 소양이라 하며 정의 큰 것을 태음이라 하고 정의 작은 것을 소음이라 한다. 태일은 일(日)이 되고 태음은 월(月)이 되며, 소양이 성(星)이 되고 소음은 신(辰)이 된다. 일·월·성·신이 교감하여 하늘의 형체가 다 드러난다. 정의 큰 것을 태유라 하고 정의 작은 것을 소유라 하며 동의 큰 것을 태강이라 하고 동의 작은 것을 소강이라 한다. 태유는 수(水)가 되고 태강은 화(火)가 되며 소유는 토(土)가 되고 소강은 석(石)이 된다. 수·화·토·석이 교감하여 땅의 형체가 드러난다."[73]

---

73) "天生又動者也, 地生又靜者也. 一動一靜交而天地之道盡之矣, 動之始則陽生焉, 動之極則陰生焉, 一陰一陽交而天之用盡之矣. 靜之始則柔生焉, 靜之極則剛生焉, 一柔一剛交而地之用盡之矣. 動之大者謂之太陽, 動之小者謂之少陽, 靜之大者謂之太陰, 靜之小者謂之少陰, 太陽爲日, 太陰爲月, 少陽爲星, 少陰爲辰,

라고 하여 태극에서 하늘과 땅의 양이가 되어 나타나듯 성음도 정성과 정음이 종횡으로 배합된 운도 「경세사상치용수도」가 모두 드러난다고 설명하고 있다.

소옹은 성음으로 만물의 변화를 비유하였는데 이는 곧 성운학의 기초를 이루게 된다. 특히 소옹의 부친이었던 소고의 성운학 학설을 가학으로 승계한 소옹이 제작한 「경세성음도」는 본래 성운학을 위해 제작한 것이 아니라 선천역을 경세 방면으로 확대 적용시켜 설명하기 위해 만든 것이다. 소옹의 「경세성음도」에 대해 채원정은

"무릇 태양, 태강, 소양, 소강의 체수는 모두 10이고 일·월·성·신 4상은 서로에 말미암아 16이 되니, 10으로써 16에 말미암아 160이 된다. 태음, 태유, 소음, 소유의 체수는 모두 12이고 수·화·토·석 4상은 서로에 말미암아 16이 되니, 12로써 16에 말미암아 192가 된다. 이것이 일·월·성·신과 수·화·토·석의 체수이다. 160으로써 192에 말미암아 3,0720이 되니 동물이 되고, 192로써 160에 말미암아 3,070이 되니 식물이 된다. 이것이 동, 식물의 전체수이다. 160에서 태음·태유·소음·소유의 체수 48을 제거하면 112가 되니, 일·월·성·신의 용수이다. 192에서 태양·소양·태강·소강의 체수 40을 제거하면 152가 되니, 수·화·토·석의 용수이다. 112로써 152에 말미암아 1,7024가 되니 동물의 용수이고, 152로써 112에 말미암아 1,7024가 되니 식물의 용수이다. 다시 1,7024로써 1,7024를 곱하여, 2,8981,6576을 얻으니, 동, 식물의 통수(通數)이다. 일(日)·월(月)·성(星)·신(辰), 한(寒)·서(署)·주(晝)·야(夜)·성(性)·정(情)·형(刑)·체(體)·이(耳)·목(目)·구(口)·비(鼻), 원(元)·회(會)·운(運)·세(歲), 황(皇)·제(帝)·왕(王)·패(霸)의 수는 모두 160수이고, 수·화·토·석과 우(雨)·풍(風)·로(露)·뢰(雷), 주(走)·비(飛)·초(草)·목(木), 색(色)·성(聲)·기(氣)·미(味), 세(歲)·월(月)·일(日)·신(辰), 『역』, 『서』, 『시』, 『춘추』의 수는 모두 192인데, 그 본체(의 하나)를 제거하여 작용을 얻는 것이 완연히 바꾸어 서로에게 말미암으니 곧 동일한 법이다. 사물에는 색·성·기·미가 있는데, 그중에서 오직 성 곧 소리가 왕성하며 또한 글로써 구별이 가능하다. 그러므로 정성(正聲)의 평(平)·상(上)·거(去)·입(入)과 정음(正音)의 개(開)·발(發)·수(收)·폐(閉)를 배열하여 그림을 그리고, 이로써 성음의 전체수를 나타내었다. 그림의 ○은 성(聲)은 있으나 글자가 없는 것이요, □은 음(音)은 있으나 글자가 없는 것인데, 다만 좌우의 성과 음을 조절하면 스스로 통할 수 있다. ●은 제거된 48개의 성이요, ■은 제거된 40개의 음이다. 양수는 10을 쓰고 음수는 12를 쓰는 것은 곧 『역』에서 양수는 9를 쓰고 음수는

日月星辰交而天之體盡之矣. 靜之大者謂之太柔, 靜之小者謂之少柔, 動之大者謂之太剛, 動之小者謂之少剛, 太柔爲水, 太剛爲火, 少柔爲土, 少剛爲石, 水火土石交而地之體盡之矣", 『황극경세서』 「관물내편」.

라고 하였다. 성음의 자모 264개를 통섭해서 성모를 나타내는 정성은 평·상·거·입으로 나누고 운모를 나타내는 정음은 개·발·수·폐로 나누어, 모두 갖추어 조합하면 3,840개인데, 각 도식에는 16성과 16음이 있으며 모두 합쳐서 34,072의 음성이 된다. 무릇 하늘의 정성을 취함에 글자가 있는 것과 글자가 없는 것을 아울러 정성이 없는 글자 160자리가 되고, 정음은 글자가 있는 것과 글자가 없는 것을 아울러 음이 없는 글자 192자가 된다. 어긋난 것을 늘려서 성을 이룬 자리는 쓰이지 않는 48을 제거하고 나면 1,112에 그친다. 이른바 당운(唐韻)의 내외 8전을 포괄하여 그것을 평·상·거·입으로 나눈 것이다. 음의 자리는 쓰이지 않는 40을 제거하고 나면 152에 그치는데, 절음인 순, 설, 아, 치, 후의 자모를 포괄하여 그것을 개·발·수·폐로 나눈 것이다. 성이 없는 160자리와 음이 없는 192자리는 음 중에서 그 자리는 있으나 음으로 나타나지 못들이다. 성음의 자모는 264인데, 이것이 서로 교류하고 변해서 1,7024에서 시작하여 2,8981,6576에서 다한다. 이로써 하나의 256괘를 취해 걸어서 천지만물의 변화를 살필 수 있게 된다.

『저정서』를 쓴 신경준의 지식과 사상의 기초가 된 『황극경세서』는 소강절의 선천지학(先天之學)으로 그 도는 일관되게 복희(伏羲)의 괘도(卦圖)에 근본을 두고 있다. 곧 음·양 이원론에 바탕을 둔 점층적 확대 방식의 기술법이다. 곧 세상 만물은 용(用)에서 체(體)로 가면 상수로는 1에서 3으로, 2에서 4로, 4에서 8로, 8에서 16으로, 16에서 32로, 32에서 64라는 역학의 괘에 도달한다는 방식이다. 이를 역으로 체에서 용으로 가

---

74) "西山蔡氏曰, 凡太陽太剛太陽太剛之體數皆十, 又日月星辰四象相因而爲十六. 以十因十六, 爲一百六十; 凡太陰太柔少陰少柔之體數皆十二, 又水火土石四象相因亦爲十六, 以十二因十六, 爲一百九十二, 爲日月星辰水火土石之體, 以一百六十因一百九十二, 得三萬七百爲動, 以一百九十二因一百六十, 亦得三萬七百二十爲植, 是謂動植之全數, 於一百六十中, 去太陰太剛少剛之體數四十, 得一百五十二, 爲水土石之用數, 以一百一十二因一百五十二, 得一萬七千四十, 爲動物之用數, 一百五十二因一百二, 亦得一萬七千二十四, 爲植物之用數, 又以一萬七千二十四成一萬七千二十四, 得二萬八千九百八十一萬六千五百七十六, 爲動植通數, 凡日月星辰暑寒晝夜性情形體耳目口鼻元會運世皇帝王伯之書, 皆百六十, 水火土石雨風露雷走飛草木色聲氣味歲月日辰易書詩春秋之數, 皆一百九十二其去體得用, 宛轉相因, 同一法也物有色聲氣味, 唯聲爲盛, 且可以書別, 故以正聲之平上去入, 正音之開發收閉, 列而爲圖, 以見聲音之全數, 其〇有其聲而無其字者也, 其▢有其音而無其字者也, 但以上下聲音調之則自可通其●即所去之四十八, 其▣即所去之四十也. 陽數用十, 陰數用十二者, 即易之陽數用九陰數用六也.", 『황극경세서』「찬도지요」.

면 64에서 32로, 32에서 16으로, 16에서 8로, 8에서 4로, 4에서 2로, 2에서 1로 가는데 1은 태극(太極)에 도달한다. 즉 일동(一動)과 일정(一靜)의 사이이다. 이처럼 역리와 수리로써 천지만물의 생성과 변화 소멸의 순환을 관찰, 설명한 것으로 일시와 관련해서는 12신(辰)을 하루, 30일을 한 달, 12개월을 1년, 30년을 1세, 12세를 1운, 30운을 1회, 12회를 1원(元)으로 하여 12만 9,600년이 1원이며, 천지는 1원마다 한번 변천하고, 만물은 이 시간적 순서에 따라 변화 발전한다는 것이다.

이와 같이 성운에 대비하여 만물이 형성 이치로 하늘은 양으로 땅은 음으로 갈라져 양의(兩儀)로 나누어지며, 양은 9, 음은 6의 수이며, 4,096의 변화가 있고 11,520의 책(策)이 있으니 그 책은 일·월·성·신과 수·화·토·석으로 구분되며 하늘과 땅의 체(體)를 다하였으며, 한·서·주·야와 우·풍·로·뢰로 하늘과 땅의 변화를 모두 나타내었다. 그리고 성·정·형·체와 주·비·초·목으로 만물의 감응을 다하였고, 원·회·운·세와 세·월·일·시로 하늘과 땅의 시작과 마침을 다하였다. 이러한 기술의 방식으로 성음 또한 만물의 일부이기 때문에 동일한 방식으로 성음의 생성의 원리도 이와 같은 원리로 설명한 것이다.

소옹은 양의와 사상 그리고 팔괘는 상수에 따라 그 질서를 설명할 수 있다고 이를 체수와 용수에 의거하여 성류와 운류의 수를 조합하여 기술하였다. 따라서 상수학은 성운학의 발전과 그 괘를 함께 하고 있는 것이다. 소옹은 한자의 음절을 양분하여 성은 성모고 운은 운모와 성조를 포함한 개념으로 이해하고 있다.

운(韻)을 천성이라고 하고 성(聲)을 지음이라고 하여 천성에는 평·상·거·입과 하늘의 사상인 일·월·성·신과 연계시켰다. 그리고 사성은 다시 일·월·성·신 가운데 16개의 소류로 확대하여 그 가운데 홀수를 벽음(闢音), 짝수를 흡음(翕音)으로 정리하였다. 채원정(蔡元定, 1135~1198)이 1장으로 집약시킨 것인데 이를 「성음창화도」 혹은 「정성정음총도」는 아래와 같다.

12음의 정음은 성모(聲母)를 나타내고 10성의 정성은 운모를 말한다. 정음 성모에는 청탁과 개·발·수·폐, 정성인 운모에는 벽·흡과 평·상·거·입이 변별자질로 이용된다. 결론적으로 이 「성음창화도」는 성모 48자는 사등으로 분류할 수 있고 정음 24자는 당시 36자모와는 상당한 차이를 보이고 있다.

정성(正聲)			정음(正音)		
日 月 星 辰			水 火 土 石		
平 上 去 入			開 發 收 閉		
闢翕			淸濁		
乾 一聲	多 可 个 ○ 禾 火 化 ○ 魚 鼠 去 ○ 無 羽 具 ○	甲	角 一音	古 甲 九 癸 ○ ○ 乾 蚪 坤 巧 丘 弃 五 牙 月 尭	寅
兌 二聲	良 兩 向 勺 光 廣 況 霍 宮 孔 眾 六 龍 角 用 玉	乙	徵 二音	東 卓 中 帝 大 宅 直 田 土 拆 尹 天 南 妳 女 年	卯
離 三聲	○ ○ 泰 ○ ○ ○ 允 ○ 妻 茅 四 ○ 龜 水 貴 ○		宮 三音	卜 百 丙 必 步 排 平 鼻 普 朴 品 匹 母 馬 文 民	辰
震 四聲	千 典 面 舌 元 犬 半 末 臣 引 艮 日 君 兌 興 律	丁	商 四音	走 莊 震 足 曹 案 辰 匠 草 叉 赤 七 ○ ○ ○ ○	巳
巽 五聲	宜 解 義 ○ 垂 委 卦 ○ 才 宰 意 ○ 灰 軌 晦 ○	戊	羽 五音	黑 花 香 血 黃 華 雄 賢 安 亞 乙 一 ○ ○ 王 寅	午
坎 六聲	行 並 命 益 兄 永 覓 役 丁 等 亘 德 弘 迴 瑩 國	己	半 六音	三 山 手 星 ○ ○ 石 象 老 冷 难 禮 ○ ○ 耳 ○	未
艮 七聲	刀 早 孝 ○ ● ● ● ●	庚	七音	○ ○ ○ ○ ○ ○ ○ ○	申

	牛 斗 奏 ○ ● ● ● ●			○ ○ ○ ○ ○ ○ ○ ○	
坤 八聲	廉 冉 念 姜 凡 范 欠 法 心 審 禁 十 ○ ○ ○ ○	辛	八音	○ ○ ○ ○ ○ ○ ○ ○ ○ ○ ○ ○ ○ ○ ○ ○	酉
九聲	● ● ● ● ● ● ● ● ● ● ● ● ● ● ● ●	壬	九音	○ ○ ○ ○ ○ ○ ○ ○ ○ ○ ○ ○ ○ ○ ○ ○	戌
十聲	● ● ● ● ● ● ● ● ● ● ● ● ● ● ● ●	癸	十音	● ● ● ● ● ● ● ● ● ● ● ● ● ● ● ●	亥
			十一音	● ● ● ● ● ● ● ● ● ● ● ●	子
			十二音	● ● ● ● ● ● ● ● ● ● ● ● ● ● ● ●	丑

명곡이 작성한 「경세사상체용지수도」

참고로 채원정이 1장으로 집약시킨 「경세사상체용지수도」를 명곡 최석정이 훈민정음으로 자음을 표기한 도표는 위의 도표와 같다.

1) 「성음창화도」의 10정성 체제

소옹의 「성음창화도」 가운데 정성(正聲) 곧 10성은 무성무자 ●●●●가 표시된 8~10성을 제외하면 7성이 남는다. 이 10성은 단지 한자음의 운모(중성+입성)를 나타내고 있는데 이를 자표를 종합해 보면 16섭으로 구성되어 있음을 알 수 있다.

「성음창화도」에서 운모를 나타내는 정성(正聲)의 일성(一聲)을 기준으로 사성과 흡벽에 따른 모음과 섭을 대비하면 다음의 도식과 같다.

		평	상	거	입	평상거	입	섭
1성	벽	多-歌	可-哥	個-箇	舌-鐥	a	a	果
	흡	禾-戈	火-果	化-䂞	八-㸃	ua	ua	
	벽	開-哈	宰-海	愛-代	○	ai	○	蟹
	흡	回-灰	每-瞺	退-隊	○	uai	○	

정성의 난 제 1성에서 "벽: 다(多)-가(可)-개(个)-설(舌)/할(鐥): 화(禾)-화(火)-화(化)-팔(八)/벽: 개(開)-재(宰)-애(愛)-○/흡: 회(回)-매(每)-퇴(退)-○"와 같은 자표의 배열은, 벽·흡에 따라 4행으로 구분되고 가로로는 평·상·거·입에 따라 4자식 배열되어 있는 것이다.

1성의 1, 2행은 과(果)섭에 해당되고 3, 4행은 해(蟹)섭에 해당된다. 따라서 1, 2행의 운모는 [a], [au]이고 3, 4행의 운모는 [ai], [uai]가 되며, 이는 일반적인 섭의 자표로는 과(果)섭과 해(蟹)섭에 대응된다. 이와 같은 방식으로 1성에서 7성까지를 벽흡에 따라 사성과 운모의 음가와 대응 섭을 나타내면 아래의 도표와 같다.

	벽		흡		섭
	평상거	입	평상거	입	
1성	a	a	ua	ua	果
	ai	○	uai	○	蟹
2성	əŋ	○	uaŋ	○	宕
	əŋ	○	uan	○	曾
3성	an	○	uan	○	山
	ən	○	uən	○	臻
4성	au	○	uau	uau	效
	əu	əu	○	uəu	流
5성	i	i	ui	ui	止
	○	əi	uəi	uəi	止
6성	oŋ	○	uŋ	○	通
	o	○	u	○	遇
7성	əm	○		əp	深
	am	○	○	ao	咸

심소희(2013: 122-123)에서 제시한『사성등자』,『절운지장도』,『경사정음절운지남』과 운도를 비교한 결과는 다음과 같다.

		『사성등자』				『절운지장도해』				『경사정음절운지남』			
		벽	흡	벽	흡	벽	흡	벽	흡	벽	흡	벽	흡
1성	평상거	果	果	蟹	蟹	果	果	蟹	蟹	果	果/假	蟹	蟹
	입	山		○	○			○	○	山	山	○	○
2성	평상거	宕	宕	曾	曾	宕	宕	曾	曾	宕	宕	梗/曾	梗
	입	○	○	○	○	○	○	○	○	○	○	○	○
3성	평상거	山	山	臻	臻	山	山	臻	臻	山	山	臻	臻
	입	○	○	○	○	○	○	○	○	○	○	○	○
4성	평상거	效	效	效	○	效	效	流	○	效	效	效	○
	입				遇			通	通	江	宕	通	通
5성	평	蟹	止	○	止	止	止	○	止	蟹	止	○	止
	상		○	○	止	止	止	○	止	止	○	○	止
	거	止	止	○	止	止	止	○	止	止	止	○	止
	입		臻	曾	曾			4流	4流	臻	臻	曾	曾
6성	평상거	通	通	遇	遇	通	通	遇	遇	通	通	遇	遇
	입	○	○	○	○	○	○	○	○	○	○	○	○
7성	평상거	深	○	咸	○	深	○	咸	○	深	○	咸	○
	입	○	深	○	咸	○	深	○	咸	○	深	○	咸

소옹은 정성 10성의 112자 가운데 무성무자를 7성의 글자를 제외한 83개 글자는 운모의 총수이다. 이를 평·상·거·입으로 분류하면 대략 16개 내외의 4등과 섭

으로 재구성할 수 있는 것이다. 위에서 『사성등자』, 『절운지장도』, 『경사정음절운지남』과 운도를 비교한 결과 『절운지장도』와 매우 닮았으며, 훈민정음 창제 시에도 『절운지장도』와 함께 소옹의 「성음창화도」를 충분히 고려했을 것으로 짐작된다.

「성음창화도」10성에서 보여주는 운모는 매우 정연한 체계이다. 음양의 대립과 흡벽의 배합에 따라 자표가 나열되어 있음을 알 수 있다. 특히 이들 「성음창화도」의 정성에 배열된 한자의 자표를 섭으로 대치해 보면 13섭으로 구성되어 있음을 확인할 수 있다. 벽(闢-open)의 계열에 과(果)·탕(宕)·산(山)·효(效)·지(止)·통(通)·심(深)섭이 흡(翕-close) 계열에 '해(蟹)·증(曾)·진(臻)·류(流)·지(止)·우(遇)·함(咸)' 섭임을 알 수 있으며, 이들은 각각 과(果)-해(蟹)나 탕(宕)-증(曾)과 같이 일대 일의 대응을 보이고 있다. 이와 같은 조직 체계를 이해하고 있던 최석정은 이를 내외전(內外轉)으로 4등 체계로, 여암 신경준은 「개합사장」으로 진일보 발전된 방식으로 설명한 것임을 알 수가 있다.

위의 7성에서 1, 2행은 심(深)으로 어말에 '-m'이 양성운미로 나타나고 3, 4행은 함(咸)섭으로 역시 어말에 '-m'이 양성운미로 나타나고 있으나 벽흡에 따라 '-əm'과 '-am'로 나타내고 있다. 양성운미 '-m>-n'의 변화를 확인하기에는 이 도표만으로는 불가능하다. 다만 입성운미를 가지고 있는 '십(十)'이나 '첩(疊)'을 동일한 양순 계열이기 때문에 '-m'운미 계열에 포함되어 있으나 이들은 입성운미 '*-p'였을 가능성이 있다.

2) 「성음창화도」의 12정음의 체재

『황극경세서』의 「성음창화도」에서 보인 12정음은 성모의 체계를 청탁을 중심으로 48부류로 나누었는데 실재로 토(土)류(□□□■)와 석(石)류(□□□■)를 제외하면 46부류이다. 이 46부류를 운서의 36성모체계와 대비해 보면 부(敷)와 낭(娘)모를 제외한 자모와 질서정연하게 대응된다.

소옹의 12정음은 "아음→후음→순음→설음→치두음→정치음→설상음"의 순서로 배열되어 있으나 다만 성뉴(聲細)의 자표가 달리 사용되어 있어서 매우 어렵게 느껴질 따름이다.

正音						운서 성뉴
水一清	火二濁	운서 성뉴	土三清	운서 성뉴	石四濁	
開	發		收		閉	
水	火		土		石	
一音						
古:구	甲·갸		九:긹		癸:귀	見
□	□		近:긴		揆:귀	溪
坤쿤	巧:캴		丘킬		弃·키	
□	□		乾켠		蚪킽	群
二音						
黑·희	花화		香향		血·훼	曉
黃황	華화		雄흉		賢현	匣
五:우	瓦:와		仰:양		□	疑
吾우	牙야		月·워		堯엺	
三音						
安안	亞:야		乙·이		一·이	影
□	爻얄	匣	王왕		寅인	喩
母:무	馬:마		美:미		米:몌	明
目·무	兒·말		眉미		民민	明
四音						
夫붛	法·바		□		飛비	非
父:붛	凡밤		□		吠·비	奉
武:붛	晩:퉌		□		眉:빙	徵
文묻	萬·퉌		□		未·빙	徵
五音						
卜·부	百·븨		丙:빙		必·비	幇
步·부	白·븨		備·비		鼻·비	並
普·푸	朴·팔		品:핌		匹·피	滂
旁팡	排패		平핑		瓶핑	並

六音						
東둥	丹단		帝·뎨		■	端
兌·대	大·다		第·뎨		■	定
土·투	貪탐		天텬		■	透
同퉁	覃탐		田뎐		■	定
七音						
乃:내	妳:내		女:뉴		■	泥
內·뉘	南남		年년		■	泥
老:랍	冷·링		呂:류		■	來
鹿·루	犖·락		離리		■	來
八音						
走·즐	哉재		足·쥬		■	情
自·ㅈ	在:재		匠:쟝		■	從
草·찹	采:채		七·치		■	淸
曹찹	才채		全쳔		■	從
九音						
思스	三삼		星싱		■	心
寺·스	□		象샹		■	邪
□	□		□		■	□
□	□		□		■	□
十音						
■	山산		手:실		■	潘
■	士·스	壯二	石·시	石三	■	
■	□		耳·싀		■	□
■	□		二·싀		■	□
十一音						
■	莊장		震:진	照	■	
■	乍·자	牀二	□		■	
■	叉차	穿	赤·치	穿	崇충	牀二
■	□		二·싀		辰친	禪

十二音						
■		卓·쟉	知	中중	知	■	
■		宅·ᄐᆡᆨ	澄	直·지	澄	茶차	澄
■		坼·ᄐᆡᆨ	徹	丑:튜	徹	묱칭	澄

『황극경세서』의 「성음창화도」에서 12음의 정모 48류를 운서의 36자음 자표로 대응시킨 결과이다. 『광운』의 36자모 가운데 '부(敷)'와 '낭(娘)' 성모가 사용되지 않았을 뿐 34성모와 비교적 체계적으로 대응되고 있다. 이 성모의 배열은 "아음→후음→순음→설음→치두음→정치음"으로 반설과 반치는 각각 설음과 치음에 소속되어 있다. 여러 가지 운도에서 이 성모의 배열순서는 운도마다 다양한 순서로 대응되고 있다. 다만 운도 간의 상호 영향관계를 파악하는데 도움이 될 뿐이다.

『황극경세서』의 「성음창화도」에서 보인 12음의 체계는 현대적 언어학적 관점에서 청탁에 따라 청음에는 폐쇄음과 폐찰음을 이청이탁으로 분류하였고 탁음에는 마찰음과 비음과 반치음을 일청 일탁으로 분류할 수 있다.

	수	화	토	석
	청	탁	청	탁
1음	k	g	k'	g'
2음	x	ɣ	ŋ'	ŋ
3음	ʔ	j	m'	m
4음	f	v	ɱ'	ɱ
5음	p	b	p'	ɓ'
6음	t	d	t'	ɗ'
7음	n'	n	l'	l
8음	ts	dz	ts'	dz'
9음	s	z	□	□
10음	ʂ	ʐ	nz'	nz
11음	tʂ	dʐ	tʂ'	dʐ'
12음	tɕ	dʑ	tɕ'	dʑ'

소옹의 「성음창화도」의 성모 체계

결국 소옹의 12정음은 성모 체계로서 자신이 제시한 수·화·토·석과 청탁에 따라 성모체계를 재구성하면 위의 도표와 같다.

명곡의 「성음율려창화전수도」의 「육궁」은 "태궁(兌宮)·이궁(離宮)·진궁(震宮)·감궁(坎宮)·간궁(艮宮)·곤궁(坤宮)"으로 본음이 변화하여 섭(攝)이 바뀐 것들이다. 육궁은 중국에서 유래한 동아시아의 역과 관련된 기호체계인 팔괘의 괘명을 이용하여 여섯가지 궁으로 구분하였다. 원래 팔괘는 '건(乾)☰하늘(天)', '곤(坤)☷땅(地)', '진(震)☳번개(雷)', '손(巽)☴바람(風)', '감(坎)☵물(水)', '이(離)☲불(火)', '간(艮)☶산(山)', '태(兌)☱늪(澤)'인데 '건(乾)'과 '손(巽)'을 제외한 여섯궁이다. 육궁은 한자음이 변화하여 섭이 바뀐 것을 괘명에 따라 여섯궁으로 분류한 것이다.

명곡의 「성음율려창화전수도」의 내용을 요약하면 다음의 도표와 같다.

섭	운목	16섭	벽흡	중성	운미
過	歌, 麻, 戈	果, 假	일벽	ㅏ, ㅑ, ㅓ, ㅕ	ㅇ
			이흡	ㅘ, ㆇ, ㅝ, ㆊ	
豫	模, 魚, 虞	遇	삼벽	ㆍ, ㆎ, ㅡ, ㅢ	ㅇ
			사흡	ㅗ, ㅛ, ㅜ, ㅠ	
壯	唐, 陽	宕	일벽	ㅏ, ㅑ, ㅓ, ㅕ	ㄱ
			이흡	ㅘ, ㆇ, ㅝ, ㆊ	
蒙	東, 冬, 鍾	通	삼벽	ㆍ, ㆎ, ㅡ, ㅢ	ㄱ
			사흡	ㅗ, ㅛ, ㅜ, ㅠ	
泰	泰, 夬, 廢, 祭	蟹	일벽	ㅐ, ㅒ, ㅔ, ㅖ	ㅇ
			이흡	ㅙ, ㆈ, ㅞ, ㆋ	
履	哈, 指, 灰, 徵	蟹	삼벽	ㆎ, ㆎ⃝, ㅢ, ㅢ⃝	ㅇ
			사흡	ㅚ, ㆉ, ㅟ, ㆌ	
觀	寒, 恒, 刪, 元, 仙	山	일벽	ㅏ, ㅑ, ㅓ, ㅕ	ㄹ
			이흡	ㅘ, ㆇ, ㅝ, ㆊ	
晋	痕, 眞, 魂, 諄, 文	臻	삼벽	ㆍ, ㆎ, ㅡ, ㅢ	ㄹ
			사흡	ㅗ, ㅛ, ㅜ, ㅠ	
解	佳, 支	蟹, 止	일벽	ㅐ, ㅒ, ㅔ, ㅖ	ㅇ
			이흡	ㅙ, ㆈ, ㅞ, ㆋ	
頤	哈, 之, 灰	蟹, 止	삼벽	ㆎ, ㆎ⃝, ㅢ⃝, ㅢ⃝	ㅇ
			사흡	ㅚ, ㆉ, ㅟ, ㆌ	
井	庚, 淸	梗	일벽	ㅐ, ㅒ, ㅔ, ㅖ	ㄱ
			이흡	ㅙ, ㆈ, ㅞ, ㆋ	
恒	登, 蒸	曾	삼벽	ㆎ, ㆎ⃝, ㅢ⃝, ㅢ⃝	ㅅ
			사흡	ㅚ, ㆉ, ㅟ, ㆌ	

剝	豪, 肴, 宵	效	일벽	ㅏ, ㅑ, ㅓ, ㅕ		ㅇ
			이흡	ㅘ, ㅑ, ㅝ, ㅖ		
復	侯, 尤	流	삼벽	·, ㅣ, ㅡ, ㅢ		ㅇ
			사흡	ㅗ, ㅛ, ㅜ, ㅠ		
謙	談, 銜, 鹽, 嚴	咸	일벽	ㅏ, ㅑ, ㅓ, ㅕ		ㅂ
			이흡	ㅘ, ㅑ, ㅝ, ㅖ		
'臨	覃, 侵	深 咸	삼벽	·, ㅣ, ㅡ, ㅢ		ㅂ
			사흡	ㅗ, ㅛ, ㅜ, ㅠ		

주지하다시피 운목은 운서마다 조금씩의 차이가 있으며 운목의 자표 또한 운서마다 차이가 나기 때문에 이를 이해하는 데 매우 어렵게 느껴진다.

명곡의 「운섭도」는 횡으로 성모를 종으로 운모를 배열하였는데 성모는 「청분청탁도」에 따라 24행, 운모는 「음분벽흡도」에 따라 8개의 모음으로 배열되어 있다. 최석정은 모든 운을 16섭과 6궁으로 나누었는데 16섭에 해당되는 운섭도는 총 32매이고 운모의 변화로 운섭도에서 이탈된 것을 모아 6궁으로 모아 두었다. 위의 도표를 참조하면 내전 8섭, 외전 8섭으로 구분하여 총 16섭의 양식으로 「성음율려창화전수도」를 구성하고 있는데 최석정이 설정한 운목은 대체로 『광운』의 운목과 비슷한데 이들 운목이 통상적인 16섭과 어떤 차이를 보이는지 분명하게 알 수 있다.

그런데 운모가 바뀌어서 음이 바뀐 것을 육궁으로 모아서 1) 건궁, 2) 이궁, 3) 진궁, 4) 감궁, 5) 간궁, 6) 곤궁으로 배열하였다. 이 여섯 궁에 속하는 글자의 운모가 어떻게 바뀌었는지 살펴보자. 1) 건궁에서는 강(江)운이 본래는 몽(濛)섭인데 현재 장(壯)섭으로 바뀐 것, 2) 이궁에서는 개(皆)·제(齊)운이 본래 이(履)섭이었는데 지금은 태(泰)인 것, 3) 진궁에서는 산(山)·선(先)운이 진(晉)섭이었는데 지금은 관(觀)섭인 것, 4) 감궁에서는 경(耕)·청(靑)운이 항(恒)섭이었는데 지금은 정(井)섭의 여러운이 항(恒)섭으로 들어왔는 것, 5) 간궁에서는 효(肴)·소(瀟)운이 본래 복(復)섭이었는데 지금은 지금은 박(剝)으로 강(江)섭의 양(陽)과 같은 것, 6) 곤궁에서는 함(咸)·첨(沾)운은 본래 임(臨)이었는데 지금은 강(講)섭으로 진(震)궁의 산(山)·선(先)섭과 같다. 여암의 「경세음수도」와의 비교는 다음 장에서 논의하겠다.

3. 조선 후기 운도 연구

우리나라의 운도는 주로 18세기 이후에 나타났다. 따라서 운섭의 분석 방식이 청나라의 영향을 받아 사호(개구호·합구호·제치호·촬구호)로 구분한 것이다. 운도의 체제는 소옹의 『황극경세서』을 바탕으로 하였으나 제마다 독특한 분류 방식을 취하고 있다는 점도 매우 중요하다. 우리나라 최초의 운도는 명곡 최석정의 『경세훈민정음』의 「훈민정음주황극경세사상체용지수도」이며, 황윤석의 『이수신편』의 「정성정음도」와 박성원의 『화동정음통석운고』의 「황극경세성음괘수」와 신경준의 『저정서』의 「경세성음수도」가 대표적이라고 할 수 있다.[75]

3.1 『경세훈민정음』의 「훈민정음주황극경세사상체용지수도」의 체제

명곡 최석정이 무오년 숙종 4년(1678)에 편찬한 『경세훈민정음』에는 역학적 관점에서 훈민정음을 분석하고 그 이론을 토대로 하여 쓴 우리나라 최초의 운도이다. 화담 서경덕과 중국의 소옹의 『황극경세서』의 영향을 받아서 기술한 책이다. 이 책의 전편은 훈민정음 체계를 나름대로 재해석한 이론적 근거를 요약하여 「훈민정음주황극경세사상체용지수도」라는 총합 운도를 「성음율려창화전도」 32매와 변궁 7도를 합쳐 총 39매의 운도를 제시하였다.

「훈민정음주황극경세사상체용지수도」는 소옹의 「경세성음도」와 같이 '정성도'와 '정음도로 구분하였다. 정성도는 일·월·성·신과 평·상·거·입에 따라 1성에서 10성으로 구분하였는데 이를 다시 갑·을·병·정의 갑자의 순차로 배열하면서 매우 독특하게 괘명을 따라 배열하였다. 정음도는 수·화·토·목과 개·발·수·폐에 따라 1음에서 12음으로 배열하고 그 서차는 "각음→치음→궁음→상음→우음→반음"의 차례로 인·묘·진·사 등과 같이 간지와 함께 구분하였다.

이를 요약하면 아래의 도표와 같다.

---

75) 이상규, 『명곡 최석정의 경세훈민정음』, 역락, 2018.

정성				정음			
		평·상·거·입 일·월·성·신	갑자			수·화·토·석 개·발·수·폐	간지
乾	1聲		甲	角	1音		寅
兌	2聲		乙	徵	2音		卯
離	3聲		丙	宮	3音		辰
震	4聲		丁	商	4音		巳
巽	5聲		戊	羽	5音		午
坎	6聲		巳	半	6音		未
艮	7聲		庚		7音		申
坤	8聲		辛		8音		酉
	9聲		壬		9音		戌
	10聲		癸		10音		亥
					11音		子
					12音		丑

정성은 운모로 8성으로 구분하고 정음은 10음으로 구분하고 있는데 정성은 운모를 정음은 성모를 각각 나타낸다. 정성의 8운모는 다시 내외 전으로 구분하여 내전 4와 외전 4를 합친 숫자이다. 「성음율여창화전수도」에서는 그림이 모두 32(변궁 7)장으로 각 그림마다 384음이 기록되어 있다. 먼저 「성음율여창화전수도」는 모든 운을 16섭과 7궁으로 구분하였고 섭은 운모와 결합된 음절을 배열하였으며 궁은 운모의 변화로 발생한 음을 모아 두었다. 16섭은 내외 8섭으로 구분하였다.

> 외팔섭: 일과(一過)·이장(二壯)·삼태(三泰)·사관(四觀)·오해(五解)·육정(六井)·칠박(七剝)·팔겸(八謙)
> 내팔섭: 일예(一豫)·이몽(二蒙)·삼리(三履)·사음(四音)·오이(五頤)·육항(六恒)·칠복(七復)·팔임(八臨)

16섭을 각각 벽·흡에 따라 음수도(音數圖) 총 32매를 그리고 매 그림마다 384음을 갖추고 있다. 그러니까 32×384=12,288음이 음의 총수가 된다. 이 음수도가 전반부의 핵심이 되는 운도이다. 명곡은 한자음을 훈민정음으로 음수 전도를 표현할 수 있음을 보여 주고 있다.

명곡은『절운지남』의 내외 16섭의 분류를 그대로 수용하는 한편 섭에 따른 운도의 분류 방식에 대해 다음과 같은 문제점들을 지적하고 있다. ① 강(江)운에서 아·순·후음을 개구음으로 치·설음을 합구음으로 분류하는 것이나 혹은 해(咍)·제(齊)섭 가운데 해(咍)는 산(山)섭의 갈(曷)을, 제(齊)는 진(臻)섭의 질(質)을 자표로 사용하였는데 이는 잘못이라고 간주하였다.[76] ② 유씨가 내외전 16섭으로 구분한 것은 모두 운에 따른 안배에 지나지 않으며 매(每)섭을 사등으로 나눈 것은 소옹의 견해와 일치하는 것이다. 이외에도 명곡 나름대로 유씨의『절운지남』을 비판적 관점에서 문제점을 지적하고 있다.

명곡이 만든 운도는 가로로는 "각음→치음→궁음→상음→우음→반음"으로 배열하면서 이를 다시 청탁의 구분으로 "전청·전탁·차청·불청불탁"을 "1청·2탁·3청·4탁"의 순으로 배열하되 성뉴(聲紐)의 자표를 훈민정음으로 "ㄱ→ㄲ→ㅋ→ㆁ→ㄸ→ㄸ→ㅌ→ㄴ→ㅂ→ㅃ→ㅍ→ㅁ→ㅈ→ㅉ→ㅊ→□→ㅎ→ㆅ→ㆆ→ㅇ→ㅅ→ㅆ→ㄹ→△"의 23자모로 배열하였다.

세로로는 내외 전으로 운모를 "ㅏ→ㅑ→ㅓ→ㅕ", "ㅘ→ㆇ→ㆊ→ㆈ", "ㆍ→ㅣ→ㅡ→ㅣ", "ㅗ→ㅛ→ㅜ→ㅠ", "ㅐ→ㅒ→ㅔ→ㅖ", "ㅙ→ㅙ→ㅖ→ㆌ", "ⓘ→ⓘ→ⓙ→ⓙ", "ㅚ→ㆉ→ㅟ→ㆌ"와 같이 사등호로 구분하여 배열하였다. 명곡의 훈민정음 연구가 마치 뒤편의 운도를 연구하기 위한 기초라고만 볼 수가 없다. 훈민정음 연구에서는 초성 17자와 중성 11음을 분명히 인식하고 있었던 점으로 보아 한 자음의 표기를 위해서 초성이나 중성의 합자 방식을 조직적으로 인식하고 있었던 것으로 볼 수 있다.

운도는 모두 32장으로 구성되어 있는데 그 차례는 다음과 같다.

내전 : 3) 예(豫)섭 내1 乾之三闢, 4) 예(豫)섭 내1 乾之四翕, 7) 몽(蒙)섭 내2 兌之三闢, 8) 몽(蒙)섭 내2 兌之四翕, 11) 리(履)섭 내3 離之三闢, 12) 리(履)섭 내3 離之四翕, 15) 진(晉)섭 내4 震之三闢, 16) 진(晉)섭 내4 震之四翕, 19) 이(頤)섭 내5 巽之三闢, 20) 이(頤)섭 내5 巽之四翕, 23) 항(恒)섭 내6 坎之三闢, 24) 항(恒)섭 내6 坎

---

76) 우리 한자음에서 입성운미 -p, -t, -k 가운데 ㅣ계를 '산(山)', '갈(曷)'섭으로 처리한 것을 명곡은 제대로 이해를 하지 못한 것이다.『훈민정음 해례』에서는 'ㄷ'으로『동국정운』에서는 이영보래(以影補來) 현상으로 'ㅭ'으로 표기하다가『육조법보단경언해』에서 'ㄹ'로 표기한 것이다.

之四翕, 27) 복(復)섭 내7 艮之二闢, 28) 복(復)섭 내7 艮之四翕, 31) 임(臨)섭 내8 坤之二闢, 32) 임(臨)섭 내8 坤之四翕

외전 : 1) 과(過)섭 외1 乾一闢, 2) 과(過)섭 외1 乾之二翕, 5) 장(壯)섭 외2 兌之一闢, (6) 장(壯)섭 외2 兌之二翕, 9) 태(泰)섭 외3 離之一闢, 10) 태(泰)섭 외3 離二翕, 13) 관(觀)섭 외4 震之一闢, 14) 관(觀)섭 외4 震之二翕, 17) 해(解)섭 외5 巽一闢, 18) 해(解)섭 외5 巽之二翕, 21) 정(井)섭 외6 坎之一闢, 22) 정(井)섭 외6 坎之二翕, (25) 박(剝)섭 외7 艮之一闢, (26) 박(剝)섭 외7 艮之二翕, 29) 겸(謙)섭 외8 坤之一闢, 30) 겸(謙)섭 외8 坤之二翕

이 운도 32장 외에 변궁 7장 곧 건(乾)궁, 이(離)궁, 진(震)궁, 감(坎)궁, 간(艮)궁, 곤(坤)궁을 덧붙여 도합 39매의 운도를 작성하였다. 모든 운을 16섭과 6궁으로 구분하였고 섭은 운모와 결합된 음절을 배열하였으며 궁은 운모의 변화로 발생한 음을 모아 두었다. 16섭은 내외 8섭으로 구분하였는 바와 같다. 내외 16섭으로 구분하면 다음처럼 구분된다.

	내전(內轉)		외전(外轉)
1	통(通)(1~2도)	1	강(江)(3도)
2	지(止)(4~10도)	2	해(蟹)(13~16도)
3	우(遇)(11~12도)	3	진(臻)(17~24도)
4	과(果)(27~28도)	4	산(山)(25~26도)
5	탕(宕)(31~32도)	5	효(效)(25~26도)
6	유(流)(37도)	6	가(假)(29~30도)
7	심(深)(38도)	7	경(梗)(33~36도)
8	증(曾)(42~43도)	8	함(咸)(39~41도)

위의 16도를 다시 흡벽으로 나누어 하나의 운도로 만든 결과 32도가 된다. 정경일(2002:354)은 명곡 최석정의 『경세훈민정운』을 단순히 소옹의 「황극경세서」만 본 딴 것이 아니라는 글에서 "『운경』에 나타나는 내전 8섭, 외전 8섭이라는 분류는 이후 숫자상의 분류일 뿐만 아니라 섭의 소속까지도 『칠음략』, 『사성등자』, 『절운지장도』, 『절운지남』 등에 일관되게 작용되고 있는 운도의 기본 체계이다. <중략> 섭이라는

용어가 처음 등장하는 것은 『사성등자』에 이르러서이다. 그 이후 섭과 내외전은 운도의 가장 중요한 개념으로 자리 잡았다."고 하여 최석정이 이를 수용한 결과로 평가하고 있다.

명곡의 운도는 송나라 소옹의 『황극경세서』에 실린 「황극경세성음창화도」 운도를 본 따서 지은 것이다. 소옹이 만든 「황극경세성음창화도」는 34매로 된 것을 송나라 채원정이 간략화한 「경세성음도」만 「성리대전」 권8, 「경세사상체용지수도」라는 항목 끝에 「정성정음표」로 실려 전해 온다. 소옹은 절운계 등운학에서 사용하는 용어를 사용하지 않고 「역학」 이론에 따라 운모(韻母)를 천성(天聲), 성모(聲母)를 지음(地音)이라 하고 등운을 평·상·거·입, 개·발·수·폐로 구분하였다. 성은 양률창(陽律唱)과 음은 음여률(陰呂律)로 구분하고 양률은 '평(日)·상(日)·거(日)·입(日)-일(日)·월(月)·성(星)·신(辰)'으로 음여는 '개(日)·발(日)·수(日)·폐(日)-수(日)·화(日)·토(日)·석(日)'으로 구분하였다. 「경세성음수도」는 자모음을 창화(唱和)로 나누어 아래의 도식과 같은 방식으로 기술하고 있다.[77]

양율 – 唱(운모)	평·상·거·입	일·월·성·신	상단	모음
음율 – 和(성모)	개·발·수·폐	수·화·토·석	하단	자음

「경세성음수도」는 한자음의 표기를 위한 기본적인 성모와 운모의 분류 방식을 나타내었는데 소옹의 「황극경세서」를 그대로 본 딴 것이다. 「율려창화도」는 기본적인 성모와 운모를 제시하는 부분이다.

최석정은 이상의 논의를 토대로 하여 「성음율려창화전수도(聲音律呂唱和全數圖)」를 제작하였다. 「성음율려창화전수도」는 『경세훈민정음』의 약 70% 분량을 차지하고 있다.

---

77) 송나라 소옹의 『황극경세서』 2권에 실린 34매로 된 「황극경세성음창화도」 운도를 본 따서 명곡이 「성분평·상·거·입도」와 「음분개발수폐도」를 지은 것이다. 송나라 채원정이 소옹의 「황극경세성음창화도」를 간략화한 「경세성음도」가 「성리대전」 권8에 「정성정음표(正聲正音表)」로 실려 있다. 소옹은 「역학」 이론에 따라 운모(韻母)를 천성(天聲), 성모(聲母)를 지음(地音)이라하고 등운에서 1, 2, 3, 4 등운을 운모에서는 평·상·거·입, 성모에서는 개·발·수·폐로 구분하였다. 한편 소옹은 인체의 도와 연관시켜 체(體)와 용(用) 두 가지 개념을 4상을 수립했는데 귀(耳)·눈(眼)·코(鼻)·입(口)을 '용(用)'이라하고 소리(聲)·빛(色)·냄새(氣)·맛(味)를 '체(體)'라 하였다.

이 「성음율려창화전수도」가 이 책의 핵심을 이루고 있는 만큼 그 앞에 서술된 「훈민정음」, 「십칠성분배초성도」, 「십일음취상팔괘도」, 「성분청탁도」, 「음분벽흡도」, 「율려상승배합도」, 「종성십육」, 「성분평·상·거·입도」, 「음분개발수폐도」, 「훈민정음준황극경세사상체용지수도」 등의 내용은 바로 이 「성음율려창화전수도」를 서술하기 위한 내용이었다.

이 「성음율려창화전수도」의 구성에 대해 운도는 모두 32도이며, 각 도마다 384음이 갖추어져 있다. 외 8섭은 일과(一過)·이장(二壯)·삼태(三泰)·사관(四觀)·오해(五解)·육정(六井)·칠박(七剝)·팔겸(八謙)이고 내 8섭은 일예(一豫)·이몽(二蒙)·삼리(三履)·사음(四音)·오이(五頤), ·육항(六恒)·칠복(七復)·팔임(八臨)이다. 운(韻)마다 1벽(一闢)의 글자는 개구음78)으로 입술을 밖으로 굴리고(外轉), 2흡(二翕)의 글자는 합구음으로 입술을 밖으로 굴리며, 3벽(三闢)의 글자는 개구음으로 입술을 안으로 굴리고(內轉), 4흡(四翕)의 글자는 합구음으로 입술을 안으로 굴린다. 그러므로 1벽(一闢)과 2흡(二翕)을 외(外)라고 하고, 3벽(三闢)과 4흡(四翕)을 내(內)라고 하였으니 보는 이들은 자세히 살펴야 할 것이다.79)

첫째, 「성분평상거입도」는 한자음의 사성을 「운섭도」 내부에서 별다른 표시가 없이 평·상·거·입의 순서로 배열해 두고 있다.

---

78) 한자음은 성모와 운모로 구성된다. I-MVF 두 요소로 구성되는데 I는 성모(聲母)이고 MVF는 운모(韻母)인데 이는 다시 세 요소로 구성되어 있다. M은 개모(介母, 운두), V는 핵모(核母, 운복), F는 운미(韻尾)이다. 개모의 유무에 따라 개구와 합구로 구분되고 다시 등호에 따라 개구호, 재치호, 합구호, 촬구호로 나누어 운모 구성을 설명한다. 곧 IMVE/T(I=Initial, 어두자음, M=Medial Vowel 介音, V=Vowel 모음, E=Ending 음절말음, T=Tone 성조)로 도식화 할 수 있다. 중국 남북조 시대 이전에 이처럼 한자의 음을 2구분하는 전통이 있었다. 초중종 3성으로 구분하는 것은 훨씬 후대의 일이다. 운서를 편찬할 목적으로 한자음의 성이나 운을 체계적으로 분류하는 시초는 양나라 심약이 『사성보』를 지어 처음으로 사성에 따라 한자의 분류 체계를 세웠다. 원래 중국에서는, 육조(남북조)시대 이전부터 한 글 자음을 2분하는 법이 생겨서 어떤 한 글자음의 앞의 부분을 성모(聲母), 그 나머지 부분을 운모(韻母)라고 하였으나 3분법은 훨씬 후대의 일이었다. 어떻든 이와 같이 한 자음을 2분할 수 있다는 생각이 역으로 성모(聲母)+운모(韻母)=자음(字音)이 될 수 있다는 생각을 갖게 하여, 반절법(反切法)이 생기고, 나중에 운도가 발달될 수 있었던 것이다.

79) 圖凡三十二, 每圖各具三百八十四音
外八攝 一過 二壯 三泰 四觀 五解 六井 七剝 八謙
內八攝 一豫 二蒙 三履 四音 五頤 六恒 七復 八臨
按, 每韻一闢之字開口外轉, 二翕之字合口外轉, 三闢之字開口內轉, 四翕之字合口內轉. 故一闢二翕謂之外, 三闢四翕謂之內, 覽者詳之

過攝 外一 乾之一闢					
	音	㊤	㊤	㊨	㊨
	聲	歌哿箇鐸	麻馬禡陌	歌哿箇藥	麻馬禡昔
角一淸	ㄱ	歌哿箇各	嘉檟駕格	迦○○脚	○○○○
角二濁	ㄲ	○○○○	○○○○	伽○○噱	○○○○
角三淸	ㅋ	珂可軻恪	齣跒髂客	呿○歌却	○○戄
角四濁	ㆁ	莪我餓咢	牙雅迓額	○○○虐	○○○○
徵一淸	ㄷ	多嚲箇沰	爹綹吒磔	○黏	爹哆○○
徵二濁	ㄸ	駝拕馱鐸	茶踷蛇宅	○○○擲	○○○○
徵三淸	ㅌ	佗袉拖託	侘姹詫坼	○○○彳	○○○○

과섭 외일의 예를 보면 ㊤에서 歌, 哿, 箇, 鐸는 평·상·거·입의 순서로 배열되어 있고 역시 ㊤에서 麻, 馬, 禡, 陌도 평·상·거·입의 순서로 배열되어 있다.

둘째, 「음분개발수폐도」의 설명 역시 양의의 관계로 기술하고 있다. 곧 음은 율과 여가 배합한 이후에 비로소 사성인 평·상·거·입과 사음인 개·발·수·폐의 구분이 생겨난다. 최석정은 이 사성과 사음을 다음과 같이 기술하고 있어 종래의 성조 기술의 방식과는 다른 견해를 제시하고 있다.

평성(平聲)	점 없음	약하면서 편안하고(弱而安)
상성(上聲)	두 점	빠르면서 올라가고(厲而舉)
거성(去聲)	한 점	맑으면서 멀리가고(淸而遠)
입성(入聲)		굳세면서 촉급하다(直而促)

명곡은 「훈민정음준황극경세사상체용지수도」는 훈민정음을 이용하여 소옹의 「황극경세천지사상체용지수도」에 준하는 일괄 운도를 만든 것이다. 이것을 토대로 하여 32매의 운섭도를 만들었는데 그것이 바로 「성음율려창화지수도」 32와 내·외전의 변동이 있는 「육궁」을 함께 제작한 것이다. 명곡의 「훈민정음준황극경세사상체용지수도」를 이해하기 위해 먼저 소옹의 「황극경세천지사상체용지수도」에 대한 이해가 필

요하다.

　명곡의 『경세훈민정음』(卷)에 수록되어 있는 「소씨황극경세천지사상체용지수도」
는 최석정이 소옹의 『황극경세서』 「성음창화도」의 내용을 비판적으로 수용한 내용으
로 한자음을 훈민정음으로 표음한 것이다. 「소씨황극경세천지사상체용지수도」의 구
성을 성모·운모·운미로 각각 구분해 보면 다음과 같다.

　　성모체계: ㄱ, ㅋ, ㆁ, ㄷ, ㅌ, ㄴ, ㄹ, ㅂ, ㅍ, ㅁ, ㅸ, ㅱ, ㅈ, ㅊ, ㅅ, ㅿ, ㅎ,
　　　　ㅇ[18재]
　　운모체계: ㅏ, ㅑ, ㅐ, ㅘ, ㅕ, ㅖ, ㅜ, ㅟ, ㅠ, ㆌ, ㆊ, ㅡ, ㅢ, ㅣ[14재]
　　운미체계: ㅇ, ㄴ, ㅁ, ㅱ[4재]

　『훈민정음 해례』와 달리 성모 체계에서 전탁자 'ㄲ, ㄸ, ㅃ, ㅉ, ㅆ'는 모두 청화
(淸化)되어 나타나지 않는다. 의(疑)모 'ㆁ'는 소실되지 않았고 영(影)모 'ㆆ'와 유(喩)모
'ㅇ'는 합류되었다. 또 『홍무정운역훈』이나 『사성통해』와 달리 치두음(ㅈㅊㅉㅅㅆ)과
정치음(ㅈㅊㅉㅅㅆ)을 구분하지 않았다. 운모 체계의 경우 '환환(桓歡)'운과 '한산(寒山)'운
이 통합되어 'ㅘ'은 모두 'ㅏ'으로 통합되어 표기되었다. 운미 체계의 경우 입성운미
-ㅂ, -ㄷ, -ㄱ은 표기에 반영되지 않았고 폐구운 '-ㅁ'은 '-ㄴ'으로 교체되지 않고 조
선 한자음 그대로 표기에 반영되어 있다. 아마 최석정도 『사성통해』 「범례」에 따랐
던 것으로 보인다.[80]

　「성음율려창화전수도」 구성은 성-음과 율-려의 대응과 벽-흡과 청-탁의 대응으로
짜여져 있다. 곧 성모는 일·월·성·신의 사상의 배합에 따라 일일성, 일월성, 일성성
등으로 16도로 이루어져 있고 또 벽흡으로 대립된다. 음 곧 운도는 수·화·토·석이 배

---

80) 여러 운에서 종성인 ㄱ, ㆁ, ㅁ의 발음이 애당초 섞이지 않아서 곧 침(侵), 담(覃), 염(塩)
　　의 종성은 합구(合)ㅁ인데, 중국 속음에서 모두 ㄴ으로 발음하고 있으므로 진(眞)ㄴ과 침
　　(侵)ㅁ, 산(刪)ㄴ과 담(覃)ㅁ, 선(先)ㄴ과 염(塩)ㅁ의 종성이 많이 뒤섞이고 있다. 동(東)운과
　　경(庚)운에 이르러서는 또 중성 ㅜ ㅠ의 발음이 뒤섞인 것이 역시 많다. 그래서 『고금운회
　　거요』의 경(庚)운 안에서, '맹(肓)'음이 '몽(蒙)'음과 같고, '굉(玄)'음이 '홍(洪)'음과 같으니,
　　이것은 중성이 비슷해서 서로 섞이게 된 것이다. (諸韻終聲ㄱㆁㅁ之呼, 初不混. 而直以侵覃
　　塩, 合口終聲, 漢俗皆呼爲ㄴ 故眞與侵, 刪與覃, 先與塩之音, 多相混矣. 至於東與庚, 則又以中聲ㅜㅠ
　　之呼而相混者, 亦多矣. 故韻會庚韻內, 肓音與蒙同, 玄音與洪同, 此因中聲相似, 以致其相混也) 『사성
　　통해』 「범례」.

합하여 수수음, 수화음, 수토음 등으로 16도로 이루어져 있고 또 청탁으로 대립된다. 이는 64괘의 조합처럼 횡단과 종단의 16도의 조합으로 짜여 있다.

32장으로 구성된 「성음율려창화전수도」의 내용을 한 장으로 요약한 「훈민정음준황극경세사상체용지수도」이다. 명곡은 이 요약도를 섭과 내외전에 따라 한 장식 펼쳐서 32매의 「성음율려창화전수도」를 제작한 것이다. 이는 소옹의 「경세사상체용지수도」의 숫자와 같다. 이 전수도는 성모가 「성분청탁도」에 따라 24행으로 배열되어 있고 「음분흡벽도」에 따라 내부를 넷으로 나누고 사성을 구별하였다. 그리고 각 운도의 왼편에 중성 모음을 가지는 절운계 『광운』의 운목으로 표기되어 있는데 섭별 차례는 차이가 많지만 자표의 한자는 『경사정음절운지장도』와 가장 근접해 있다.

정경일(2002)은 명곡 최석정의 『경세정운』을 단순히 소옹의 「황극경세서」만 본 딴 것이 아니라는 논문에서 "『운경』에 나타나는 내전 8섭, 외전 8섭이라는 분류는 이후 숫자상의 분류일 뿐만 아니라 섭의 소속까지도 『칠음략』, 『사성등자』, 『절운지장도』, 『절운지남』 등에 일관되게 작용되고 있는 운도의 기본 체계이다. 섭이라는 용어가 처음 등장하는 것은 『사성등자』에 이르러이다. 그 이후 섭과 내외전은 운도의 가장 중요한 개념으로 자리 잡았다."[81]고 하여 최석정이 이를 수용한 결과라고 평가하고 있다. 타이페이에서 출판된 중국의 주요 운도를 모아 영인한 『등운오종(等韻五種)』을 검토해 보면 정경일(2002:354)의 견해는 매우 타당한 것으로 보인다.

명곡은 운섭을 다시 내외 전으로 분류하였다. 당시로서는 운학에 대한 충분한 식견이 없으면 불가능한 분류 방식이었다. 송나라 시대 이후 발달한 한자음을 종과 횡으로 바둑판처럼 배열하여 한자음의 변별적 자질을 나타낸 도표를 등운도라고 한다. 『운경』(1161~1203), 『칠음략』(1104~1162)이 가장 오래된 등운도이다. 이 등운도에는 도표마다 차례로 '제일내전개합(第一內轉開合)'는 용어가 붙어 있다. '제일(第一)'은 도식 번호이며, 『운경』은 43도로 이루어져 있다. 그 다음 '내전(內轉)'은 전차(轉次)를 나타낸다. 전차에는 외전(外轉)·내전(內轉) 두 가지가 있다. 이 전차의 내용은

내전: 통(通)·지(止)·우(遇)·과(果)·탕(宕)·증(曾)·유(流)·심(深)섭
외전: 강(江)·진(臻)·해(蟹)·산(山)·효(效)·가(假)·경(梗)·함(咸)섭

---

81) 정경일, 『한국운서의 이해』, 아카넷, 354쪽, 2002.

와 같다. 내전은 2등운을 가지지 않은 것이고 외전은 2등운을 가진 것으로 분류하기도 하나 이 구분 방식이 정확히 무엇을 의미하는지는 명확하지 않다. 다만 명곡의 운도 전체를 살펴보면 내전과 외전은 16섭을 두 부류로 구분하는 근거이며, 개합에 따라 내전은 원순적 개모(glide vowel) -u-를 가진 음이며, 외전은 비원순음 곧 개모 -u-를 가지지 않은 y 개모가 나타나는 개구호(開口呼)임을 유추할 수 있다. 또한 내전과 외전을 괘명을 사용하여 명명한 점은 중국과 달리 조선의 주체적인 의지를 반영한 결과라고 할 수 있다.

모든 운을 16섭과 6궁으로 구분하였고 섭은 운모와 결합된 음절을 배열하였으며 궁은 운모의 변화로 발생한 음을 모아 두었다. 16섭은 내외 8섭으로 구분하였는 바와 같다.

명곡의『경세훈민정음』의 핵심을 이루는 「성음율려창화전수도」는 훈민정음을 가지고 절운계 운서인『광운』의 한자를 운도로 만든 것이다. 이 책에서는「성음율려창화전수도」라고 하여 32장의 도표에 384음을 도회로 나타낸 것인데 본고에서는 이를「운섭도」라 명명하고자 한다. 명곡 최석정의「운섭도」에는 성모『광운』의 36자에서 치음, 설음, 순음을 통합한 것에서『훈민정음』의 17자+6(전탁)=23자체계로 대응되어 있고 운모는『광운』의 체계와 달리「성음율려창화전수도」에 외 8섭과 내 8섭을 합한 16섭(攝)으로 구분하였고 그 명칭은『역학』의 64괘명으로 나타내었다.

이「운섭도」는 먼저 운부(韻符)를 외8섭, 내8섭의 16섭으로 나누고 이들의 이름을 64괘 명을 따라 분류했다. 운모를 개구도에 따른 벽(闢, 열림)·흡(翕, 닫힘)에 4등으로 나누고 이를 다시 갑(甲)·을(乙)·병(丙)·정(丁)과 무(戊)·기(己)·경(庚)·신(辰)으로 구분하여 분류한「음분벽흡도」에서는 16섭을 16×2의 정음 32로 분류하였다.

다음 성부(聲符)는 오음과 청탁에 따라 초성 24자를 분류한「성분청탁도」에 따라 정성 24자를 분류한 다음 가로에는 성부를 세로에는 운부를 교직으로 배열하여 마치 반절표식으로 만들었다. 곧 가로로 정성 23와 세로로 정음 32모를 교직하였다.

최석정의「운섭도」는 역학과 상수론에 바탕을 둔 것으로『훈민정음 해례』의 제자 해설 방식과는 상당한 차이를 보여주고 있다. 이러한 면은 세종과 집현전 학자들의 운학에 대한 인식이 숙종 대에 이르러 어떻게 변화되었는지를 관찰할 수 있는 매우 귀중한 증언이다. 먼저 운부의 분류 근거를 다음과 같이 들고 있다. 운섭도 32장마다 가로에 놓인 운부의 배열은 외팔섭과 내팔섭의 16섭을「성음율려창화전수도」와 같이

'와'내'를 한 쌍으로 하고 이를 다시 팔괘 명에 따라 배열하고 있다. 운섭도의 구성은 와'내섭이 한 짝으로 구성되어 있다. 곧 일과(一過)와 일예(一豫)가 밖과 안의 쌍이 된다. 다시 일과(一過)는 '건지일벽', '건지이흡'으로 일예(一豫)는 '건지삼벽', '건지사흡'으로 하여 내외의 섭을 '건(乾)-리(離)', '태(兌)-진(震)', '손(巽)-간(艮)', '감(坎)-곤(坤)'의 차례로 각각 한 쌍씩 차례로 배열하고 있다. 이와 같은 형식으로 그 다음의 이장(二壯)과 이몽(二蒙)이 내외의 짝으로 흡벽 1, 2, 3, 4의 4등의 운부와 결합하여 차례대로 총 32장으로 구성되어 있다.

이 「운섭도」는 매우 치밀한 구성조직으로 되어 있다. 곧 역학의 사상(四相)과 팔괘(八卦) 그리고 64괘의 구성 원리에 꼭 들어맞게 구성하였으며, 이 구성 도표 내부에 훈민정음을 이용하여 천지자연의 모든 성음을 나타내려고 의도한 이상주의적 동양의 철학이 내재된 것이다.

전체적인 구성을 이해하기 위해 먼저 외'내 한 쌍씩을 이루고 있는 것 가운데 예를 들어 '과(過)섭과'예(豫)섭'의 운섭도는 아래와 같이 4장이 한조로 짝을 이루며 구성되어 있는데 이러한 구성 원리에 따라 16섭 모두가 차례대로 배열되어 있다.

□ 過攝外－乾之一闢
□ 過攝外－乾之二翕
□ 豫攝內－乾之三闢
□ 豫攝內－乾之四翕

이처럼 '이장(二壯)-이몽(二蒙), 삼태(三泰)-삼리(三履), 사관(四觀)-사진(四晉), 오해(五解)-오이(五頤), 육정(六井)-육항(六恒), 칠박(七剝)-칠복(七復), 팔겸(八謙)-팔임(八臨)'의 차례에 따라서 '건(乾)-리(離)', '태(兌)-진(震)', '손(巽)-간(艮)', '감(坎)-곤(坤)'의 하위 순서로 총 32장의 운섭도가 만들어진 것이다.

구체적으로 외 -과(過)섭에서 내- 예(豫)섭까지의 예를 들어보면 정성(正聲) 23자는 "ㄱ, ㄲ, ㅋ, ㆁ, ㄷ, ㄸ, ㅌ, ㄴ, ㅂ, ㅃ, ㅍ, ㅁ, ㅈ, ㅉ, ㅊ, [ ], ㅎ, ㆅ, ㆆ, ㅇ, ㅅ, ㅆ, ㄹ, ㅿ"의 순서로 배열하고 이를 오성에 따라 "각-치-궁-상-우-반설(치)"의 순서로 다시 청탁에 따라 "일청-이탁-사청-사탁"의 순서로 배열하였다.

정음(正音)은 구개의 벌린 정도에 따라 4등호로 나누어 각각 4자씩 배열하여 ㅏ,

ㅏ, ㅓ, ㅕ, ㅝ, ㅛ, ㅚ, ㅞ, ㆍ, ㅣ, ㅡ, ㅢ, ㅗ, ㅛ, ㅜ, ㅠ 16자를 배열하
였다. 정음 곧 운모의 분류는 통상적으로 4등호를 개구호와 합구호에 따라 개구호,
제치호, 합구호, 촬구호로 구분하는데 최석정은 「음분벽흡도」에 따라 1벽, 2흡, 3벽,
4흡으로 구분하였다. 곧

  1벽, 3벽 : ㅏ ㅓ ㅕ ㅖ, ㆍ ㅡ ㅣ ㅢ [개귀]
  1벽, 3벽 : ㅑ ㅕ ㅒ ㅖ, ㅣ ㅛ ㅣ ㅢ [제치]
  2흡, 4흡 : ㅘ ㅝ ㅐ ㅔ, ㅗ ㅜ ㅙ ㅞ [합귀]
  2흡, 4흡 : ㅛ ㅠ ㅙ ㅞ, ㅛ ㅠ ㅙ ㅞ [촬귀]

으로 구분하고 있다. 따라서 '과섭외일(過攝外一)'을 벽흡으로 나누어 운목과 성모를 교
직하여 운도를 만들었다. '과섭외일(過攝外一)' 벽의 운목은 歌哿箇鐸, 麻馬禡陌, 歌哿箇藥,
麻馬禡昔이고 '과섭외일(過攝外一)' 흡의 운목은 戈果過鐸, 麻馬禡陌, 戈果過藥, 麻馬禡昔이다.
'예섭내일(豫攝內一)' 벽의 운목은 模姥暮鐸, 魚語御藥, 魚語御藥, 魚語御藥이고 '예섭내일(豫攝
內一)' 흡의 운목은 虞麌遇燭, 虞麌遇燭, 虞麌遇燭이다.
  '과섭외일(過攝外一)' 벽흡과 '예섭내일(豫攝內一)' 벽흡의 운목과 내외 8섭과 조합을 하
면 아래와 같은 운부 모음체계가 만들어진다.

	歌	麻	歌	麻	戈	麻	戈	麻	模	漁	漁	漁		虞	虞	虞
一闢	ㅏ	ㅑ	ㅓ	ㅕ												
二翕					ㅘ	ㅑ	ㅠ	ㅕ								
三闢									ㆍ	ㅣ	ㅡ	ㅢ				
四翕														ㅗ	ㅛ	ㅜ	ㅠ

  '과섭외알'의 '건지일 벽'의 운목은 "歌哿箇鐸, 麻馬禡陌, 歌哿箇藥, 麻馬禡昔"이고 '과
섭외알'의 '건지이흡'의 운목은 "戈果過鐸, 麻馬禡陌, 戈果過藥, 麻馬禡昔"인데 '과섭'의
운목이 『광운』의 운목 "歌戈哿果箇過, 麻麌禡禡禡獨"과 일치하고 있다.
  '예섭내알'의 '건지삼벽'의 운목은 '模姥暮鐸, 魚語御藥, 魚語御藥, 魚語御藥'이고 '건
지사흡'의 운목은 '虞麌遇燭, 虞麌遇燭, 虞麌遇燭'이다. 운목에 따른 『경사정음절운지

남』의 한자 자표와의 관계를 대조해 보면 거의 일치한다. 예를 들면 魚語御藥(ㅓ), 魚語御藥(ㅕ), 虞麌遇燭(ㅛ), 虞麌遇燭(ㅠ)의 운목과 23(商乀燭 제외)성모와의 배합 가운데 상음과 우음에 해당되는 한자를 추려 내면『광운』의 한자와『경세훈민정음』의 한자들이 일치하고 있다.

魚語御藥(ㅓ) :

[魚-沮(쩌), 鉏(서), 初(처), 蔬(서)]

[語-阻(쩌), 齟(져), 楚(처), 所(서)]

[御- □, 助(쩌), 楚(처), 疏(서)]

[藥- □, □, □, □,

魚語御藥(ㅕ) :

[魚-苴(져), 痀(쳐), 余(여), 胥(셔), 徐(쎠)]

[語-苴(져), 沮(쩌), 與(여), 醑(셔), 敍(쎠)]

[御-怚(져), 觑(쳐), 豫(여), 絮(셔), 屡(쎠)]

[藥-霤(쟉), 嚼(쟉), 龥(챡), 藥(약), 削(쟉)]

虞麌遇燭(ㅛ) :

[虞-傜(죠), 槮(쪼), 芻(쵸), 䚡(쇼)]

[麌-瘵(죠), 數(쇼), □, □

[遇-敪(쵸), 梀(쇼), □, □

[燭-數(쇼), □, □, □

虞麌遇燭(ㅠ) :

[虞-訧(쥬), 趨(츄), 兪(유), 須(슈), □

[麌-聚(쥬), 取(츄), 庾(유), 綏(슈), □

[遇-絇(쥬), 娶(츄), 娶(츄), 裕(유), 歠(슈)]

[燭-足(쥭), 促(츅), 欲(욕), 粟(숙), 續(쇽)]

이상과 같은 방식으로 32장의 운도를 그려낸 것이 명곡의 「운섭도」이며, 그 바탕을 이루는 한자들은『경사정음절운지남』을 기초로 한 것이다. 현실 중국 한자음이나 우리나라 현실음과도 많은 차이가 있음을 추정할 수 있다. 이것은 자신이 만든 이론적인 틀 때문인 것으로 풀이된다. 다만 여기서 두 가지 결과를 도출해 낼 수 있는데 그 하나는 운부모음의 모형 체계와 운목을 다음과 같이 확인할 수 있다.

	歌	麻	歌	麻	戈	麻	戈	麻	模	漁	漁	漁		虞	虞	虞
一闢	ㅏ	ㅑ	ㅓ	ㅕ												
二翕					ㅘ	ㆇ	ㅝ	ㆌ								
三闢									ㆍ	ㅓ	ㅡ	ㅢ				
四翕													ㅇ	ㅗ	ㅜ	ㅠ

이상 명곡의 「운섭도」에 나타난 전체 운목의 구성은 아래와 같다.

過攝		豫攝		壯攝		蒙攝		泰攝		履攝		觀攝		晉攝	
外一		內一		外二		內二		外三		內三		外四		內四	
一闢	二翕	三闢	四翕	一闢	二翕	三闢	四翕	一闢	二翕	三闢	四翕	一闢	二翕	三闢	四翕
乾				兌				離				震			
金				石				絲				竹			
一闢	二翕	三闢	四翕	一闢	二翕	三闢	四翕	一闢	二翕	三闢	四翕	一闢	二翕	三闢	四翕
巽				坎				艮				坤			
匏				土				革				木			

위와 같은 32장의 구성도 내에서 운섭별 운목을 정리하면 아래와 같다.

운섭 차례	운목			
過攝外一 乾之一闢	歌哿箇鐸	麻馬禡陌	歌哿箇藥	麻馬禡昔
過攝外一 乾之二翕	戈果過鐸	麻馬禡陌	戈果過藥	麻馬禡昔
豫攝內一 乾之三闢	模姥暮鐸		魚語御藥	

豫攝內一 乾之四翁	○○○○		虞麌遇燭	
壯攝外二 兌之一闢	唐蕩宕鐸		陽養漾藥	
壯攝外二 兌之二翁	唐蕩宕鐸		陽養漾藥	
蒙攝內二 兌之三闢	東董送屋		東董送屋	
蒙攝內二 兌之四翁	冬腫宋沃		鐘腫用燭	
泰攝外三 離之一闢	○○泰曷	○○夬轄	○○廢月	○○祭薛
泰攝外三 離之二翁	○○泰曷	○○夬轄	○○廢月	○○祭薛
履攝內三 離之三闢	咍海代沒		脂旨至質	
履攝內三 離之四翁	灰賄隊沒		微尾未物	
觀攝外四 震之一闢	寒旱翰曷	刪潸諫轄	元阮願月	仙獮線薛
觀攝外四 震之二翁	桓緩換末	刪潸諫轄	元阮願月	
晉攝內四 震之三闢	痕很恨沒		眞軫震質	
觀攝外四 震之四翁	魂混慁沒		文吻問物	
解攝外五 巽之一闢		佳蟹卦陌	支紙眞昔	支紙眞昔
解攝外五 巽之二翁		佳蟹卦陌	支紙眞昔	支紙眞昔
頤攝內五 巽之三闢	咍海代德		之止志職	
頤攝內五 巽之四翁	灰賄隊德		之止志職	
井攝外六 坎之一闢		庚梗敬陌	清靜敬昔	清靜勁昔
井攝外六 坎之二翁		庚梗敬陌	清靜敬昔	清靜勁昔
恒攝內六 坎之一闢	登等嶝德		蒸拯證職	
恒攝內六 坎之四翁	登等嶝德		蒸拯證職	
剝攝外七 艮之一闢	豪皓号沃	肴巧效覺	宵小笑藥	宵小笑藥
剝攝外七 艮之二翁				
復攝內七 艮之三闢	候厚候屋		尤有宥屋	
剝攝外七 艮之四翁				
謙攝外八 坤之一闢	談敢闞盍	銜檻鑑狎	鹽琰豔葉	鹽琰豔葉
謙攝外八 坤之二翁	談敢闞盍	銜檻鑑狎	嚴儼釅業	鹽琰豔葉
謙攝外八 坤之三闢	覃感勘合		侵寢沁緝	
謙攝外八 坤之四翁	覃感勘合		侵寢沁緝	

이상의 운섭별 운목을 섭(攝), 등운(等韻), 흡벽(翕闢)의 기준에 따라 중성과 종성을 정리하면 아래 도표와 같다.

	섭	내외	등운	합벽	중성	종성	입성
1	過	외	1	일벽	ㅏ, ㅑ, ㅓ, ㅕ	ㅇ	借角
2				이흡	ㅘ, ᆄ, ㅝ, ᆑ		
3	豫	내	1	삼벽	ㆍ, ·ㅣ, ㅡ, ᆜ	ㅇ	借角
4				사흡	ㅗ, ㅛ, ㅜ, ㅠ		
5	壯	외	2	일벽	ㅏ, ㅑ, ㅓ, ㅕ	ㆁ	用ㄱ
6				이흡	ㅘ, ᆄ, ㅝ, ᆑ		
7	蒙	내	2	삼벽	ㆍ, ·ㅣ, ㅡ, ᆜ	ㆁ	用ㄱ
8				사흡	ㅗ, ㅛ, ㅜ, ㅠ		
9	泰	외	3	일벽	ㅐ, ㅒ, ㅔ, ㅖ	ㅿ	借徵
10				이흡	ㅙ, ㅛ, ㅞ, ᆒ		
11	履	내	3	삼벽	·ㅣ, ·ㅣㅣ, ᆜ, ᆜㅣ	ㅿ	借徵
12				사흡	ㅚ, ㆉ, ㅟ, ㆌ		
13	觀	외	4	일벽	ㅏ, ㅑ, ㅓ, ㅕ	ㄴ	用ㄹ
14				이흡	ㅘ, ᆄ, ㅝ, ᆑ		
15	晉	내	4	삼벽	ㆍ, ·ㅣ, ㅡ, ᆜ	ㄴ	用ㄹ
16				사흡	ㅗ, ㅛ, ㅜ, ㅠ		
17	解	외	5	일벽	ㅐ, ㅒ, ㅔ, ㅖ	ㅇ	借角
18				이흡	ㅙ, ㅛ, ㅞ, ᆒ		
19	頤	내	5	삼벽	·ㅣ, ·ㅣㅣ, ᆜ, ᆜㅣ	ㅇ	借角
20				사흡	ㅚ, ㆉ, ㅟ, ㆌ		
21	井	외	6	일벽	ㅐ, ㅒ, ㅔ, ㅖ	ㆁ	用ㄱ
22				이흡	ㅙ, ㅛ, ㅞ, ᆒ		
23	恒	내	6	삼벽	·ㅣ, ·ㅣㅣ, ᆜ, ᆜㅣ	ㆁ	用ㄱ
24				사흡	ㅚ, ㆉ, ㅟ, ㆌ		
25	剡	외	7	일벽	ㅏ, ㅑ, ㅓ, ㅕ	ㅱ	借角
26				이흡	ㅘ, ᆄ, ㅝ, ᆑ		
27	復	내	7	삼벽	ㆍ, ·ㅣ, ㅡ, ᆜ	ㅱ	借角
28				사흡	ㅗ, ㅛ, ㅜ, ㅠ		
29	謙	외	8	일벽	ㅏ, ㅑ, ㅓ, ㅕ	ㅁ	用ㅂ
30				이흡	ㅘ, ᆄ, ㅝ, ᆑ		
31	臨	내	8	삼벽	ㆍ, ·ㅣ, ㅡ, ᆜ	ㅁ	用ㅂ
32				사흡	ㅗ, ㅛ, ㅜ, ㅠ		

이 도표는 정경일(2002: 355)을 인용함

명곡의 『경세훈민정음』은 사마광의 『절운지장도』에서 처음으로 시도된 격자간법(格子間法)의 방식으로 운도를 작성하였는데 『경사정음절운지남』이나 『사성등자』와 동일한 양식으로 섭을 기준으로 하여 매장의 운도를 만들었다. 그리고 내·외전으로 섭을 하위 구분하였으며 가로는 청·탁 1~4로 구분하고 세로로는 흡·벽에 따라 다시 평·상·거·입으로 나누어 한자음의 취자를 선택하였다. 그 취자 선택은 아마 명곡의 독창적인 것이 아니라 『경사정음절운지남』이나 『사성등자』와 같은 운도를 참고하였을 것이다. 특히 유감의 『경사정음절운지남』을 가장 많이 참고한 것인바 ㈜편에 류씨의 『절운지남』를 다시 소개하면서 자신의 의견과 상충되는 바를 일일이 열거하여 문제점을 제시하고 있는 것으로 보아서도 명곡이 매우 친숙하게 연구를 했던 것으로 보인다.

명곡 최석정의 「성음율려창화전수도」32도의 전체를 요약하면 다음과 같다. 위와 같이 내전 8섭, 외전 8섭을 합한 16섭을 벽·흡으로 나누어 32도의 전수도를 각각 나타내었다. 성모의 경우 각(角)·치(徵)·궁(宮)·상(商)·우(羽)·반(半)에 각각 네 음으로 나누어 모두 24자모를 설정하였고 청(淸)·탁(濁)·청(淸)·탁(濁)의 순서로 배열하여 훈민정음으로 음을 달았다. 훈민정음 자모의 교합에 따라 한자자표의 음을 추리할 수 있도록 만들어졌다. 성모의 경우 각→치→궁→상→우→반에 각각 네 음으로 나누어 모두 24자모를 설정하였고 청·탁의 순서로 배열하여 훈민정음으로 음을 달았다.

角				徵				宮			
1	2	3	4	1	2	3	4	1	2	3	4
청	탁	청	탁	청	탁	청	탁	청	탁	청	탁
ㄱ	ㄲ	ㅋ	ㆁ	ㄷ	ㄸ	ㅌ	ㄴ	ㅂ	ㅃ	ㅍ	ㅁ

商				羽				半			
1	2	3	4	1	2	3	4	1	2	3	4
청	탁	청	탁	청	탁	청	탁	청	탁	청	탁
ㅈ	ㅉ	ㅊ	ㅁ	ㅎ	ㆅ	ㆆ	ㅇ	ㅅ	ㅆ	ㄹ	ㅿ

훈민정음의 성모 17자와 각자병서 6자를 합친 23자와 동일한 23자로 설정하였지

만 실재로는 전탁자는 전부 공란으로 처리하고 있어 23자로 설정된 셈이다. 운모의 경우 32도로 구성하여 16섭을 사용하고 있다. 소옹은 각 섭마다 내전과 외전으로 나누어 일벽(一闢)과 이흡(二翕)은 외전(外轉)에 삼벽(三闢)과 사흡(四翕)은 내전(內轉)에 배열하였는데[82] 최석정은 각 섭에 팔괘(八卦)와 팔음(八音)을 연결하여 다음과 같이 나타내었다.

최석정은 각 섭에 팔괘인 건(乾)·태(兌)·이(離)·진(震)·손(巽)·감(坎)·간(艮)·곤(坤)과 팔음인 금(金)·석(石)·사(絲)·죽(竹)·포(匏)·토(土)·혁(革)·목(木)을 배치시켰다. 최석정은 소옹의 상수학을 연결시켜 이처럼 음운 체계 내에 상수로 풀어내려고 하였다.

훈민정음을 활용하여 절운계 운서를 바탕으로 하여『경사정음절운지남』의 운도를 만든 우리나라 최초의 운도가 바로 이「성음율려창화전수도」32도이다. 이 운도에는 도표마다 차례로 '제일내전개합(第一內轉開合)'이라는 용어가 붙어 있다. '제일(第一)'은 도식 번호이며『운경』은 43도로 이루어져 있다. 그 다음 '내전(內轉)'은 전차(轉次)를 나타낸다. 전차에는 외전(外轉)·내전(內轉) 두 가지가 있다. 내전은 2등운을 가지지 않은 것이고 외전은 2등운을 가진 것으로 분류하기도 하지만 괘명을 분류한 내전과 외전과 운섭의 대응 관계를 검토해 내전은 합구호이고 외전은 개구호로 y계 개모가 들어가는 섭에 가깝다고 규정할 수 있다.[83]

운모의 경우 32도로 구성하여 16섭을 사용하고 있다. 소옹은 각 섭마다 내전과 외전으로 나누어 일벽(一闢)과 이흡(二翕)은 외전(外轉)에 삼벽(三闢)과 사흡(四翕)은 내전(內轉)에 배열하였는데[84] 최석정은 각 섭에 팔괘(八卦)와 팔음(八音)을 연결하여 다음과 같이 나타내었다. 각 도식의 좌단에는 각 섭에 대응되는 운목이 표시 되어 있다. 이 운목

---

82) 16섭의 모음은 벽흡으로 나눈 벽흡도를 다시 갑을병정, 무기경신 4등으로 나누어 배당하였다.
　　갑을병정: 과(過), 예(豫), 장(壯), 몽(蒙), 관(觀), 진(晋), 박(剝), 부(復), 겸(謙), 임(臨).
　　무기경신: 태(泰), 이(履), 해(解), 이(頤), 정(井), 항(恒).

83) 개합(開合)은 운부모음의 분류 방식으로 '개(開)'는 개구호(開口呼), '합(合)'은 합구호(合口呼)를 말한다. 합구호는 원순적 개모 -u-를 가진 음이며 개구호(開口呼)는 비원순음 곧 개모 -u-를 가지지 않은 것을 말한다.

84) 16섭의 모음은 벽흡으로 나눈 벽흡도를 다시 갑을병정, 무기경신 4등으로 나누어 배당하였다.
　　갑을병정: 과(過), 예(豫), 장(壯), 몽(蒙), 관(觀), 진(晋), 박(剝), 부(復), 겸(謙), 임(臨).
　　무기경신: 태(泰), 이(履), 해(解), 이(頤), 정(井), 항(恒).

은『광운』의 36운목이다. 명곡 최석정의『경세정운』의「성음율려창화전수도」에 실려 있는 도식의 섭과 운목의 관계를 정리하면 다음과 같다.

섭	운목	16섭	운복(핵모)	운미
過	歌, 麻, 戈	果, 假	ɑ	∅
豫	模, 魚, 虞	遇	ɔ, o	∅
壯	唐, 陽	宕	ɑ	ŋ
蒙	東, 冬, 鍾	通	u, o	ŋ
泰	泰, 夬, 廢, 祭	蟹	ɐ, æ, ɛ	i
履	哈, 脂, 灰, 微	蟹	ɒ, ə	i
觀	寒, 桓, 刪, 元, 仙	山	ɑ, ɒ, æ	n
晉	痕, 眞, 魂, 諄, 文	臻	ə, e	n
解	佳, 支	蟹, 止	æ, ɛ	∅
頤	哈, 之, 灰	蟹, 止	ɒ, æ, e	∅
井	庚, 淸	梗	a, æ	ŋ
恒	登, 蒸	曾	ə	ŋ
剝	豪, 肴, 宵	效	ɑ, a, æ	u
復	侯, 尤	流	ə	u
謙	談, 銜, 鹽, 嚴	咸	ɑ, a,	m
臨	覃, 侵	深, 咸	e, ɒ	m

이 도표는 정경일(2002: 357)을 인용함

이 도표에서 취한 섭이 통상적인 섭과 약간의 차이를 보인다. '과(過)'가 '과(果)'와 '과(假)'의 두 섭과 대응을 보이고 있는데 이는 '과(過)'섭의 모음이 'ㅏ(假)'와 'ㅘ(果)'를 동시에 포섭하고 있다. '해(解)'와 '이(頤)'가 '해(蟹)'와 '지(止)'섭과 대응되는 것도 마찬가지이다. 16섭의 대표자가 이처럼 차이를 보이는 것을 보더라도 소옹의 운도를 그대로 답습한 것이 아님을 알 수 있다.

그리고『광운』의 운목과 전수도의 운목을 비교해 보면 전수도에서는 각 도면마다 4개의 모음이 배열되었고 각 모음마다 평·상·거·입 사성이 배열되어 있어 전체 32개의 운도에서 512개의 운목이 표시될 수 있다. 그러나 실재로는 78개모음의 47운목에 불과하다. 이는 하나의 운목이 여러 개의 모음으로 사용된 것 때문이다. 이 전수도는 다음의 도표처럼 『광운』의 운목에 좌우의 훈민정음 초성과 중종성을 합치면 자표의 한자음을 알 수 있도록 표시한 운도이다. 이 전수도는 중성 32음을 벽·흡에 맞추기 위해 만들었기 때문에 현실적 한자음과 상당히 차이를 보여준다.

명곡 최석정의 『경세훈민정음』은 성모 23자를 청탁에 따라 운모를 외팔섭, 내팔섭 으로 구분하여 운섭도를 만드는 것이 목적이었다. 이 운도를 만든 목적은 훈민정음 을 이용하여 절운계의 운서 『광운』의 운도를 만들어 과시를 위해 혹은 시문 창작에 쉽게 활용할 수 있도록 한 것이다.

「성분평상거성도」에서도 밝혔듯이 사성의 성격을 독자적으로 설명하고 있다. 이 어서 사음에 대해서는

개음(開音)		단조로우며 느리고(單以舒)
발음(發音)		아우르며 드날리며(駢以揚)
수음(收音)		단조로우며 거두어들이고(單以斂)
폐음(閉音)		아우르며 줄어든다(駢而殺)

상고 한어에서 어떤 입성자들이 운모의 자음(종성)의 요소를 잃어버리고 거성으로 변화하기도 하는 성조의 변화가 단순이 운모로만 기술이 불가능하다는 관점에서 최 석정의 「음분개발수폐도」의 설명은 매우 독창적이라고 할 수 있다.

성조의 결정이 단순히 운모(중성)에 의해 결정되는 것이 아니라 전후 음절 구조에 따라 성조가 변화된다는 점에서 명곡이 주장하는 초성과 중성의 관계설은 좀 색다른 견해라 할 수 있다. 위와 같은 최석정의 기술 태도는 철저한 성리학과 역학에 기반을 둔 논리이다. 음양과 율려의 양의(兩儀)에서 사상(四相)을 낳고 이는 다시 팔괘(八卦)에서 다시 16괘와 64괘로 확산되며 이들의 끝과 시작은 서로 환원되는 순환논리의 이론적 기반을 중시한 기술이다.

위에서 제시한 운도에서 변동에 의해 일탈된 한자음의 처리를 위해 명곡은 「육궁」 을 설치하였다. 곧 내외전에 고정되지 않은 섭이나 입성의 변동에 의해 한자음이 변동이 있는 글자를 골라서 「육궁」으로 몰아둔 것이다. 「육궁」의 명칭은 역시 괘명

을 빌려서 '태(兌)·리(離)·진(震)·감(坎)·간(艮)·곤(坤)'을 설치하고 「성음율려창화전수도」의 양식과 동일하게 한자 자표를 보여주고 있다. 곧 역사적으로 섭의 변화에 기인한 것으로 상고음과 중고음의 차이로 이해하거나 혹은 지역적 변이형으로 이해할 수도 있다.

태(兌)궁-강(江)운　　江韻本蒙攝 而今爲壯涉

이(離)궁-개(皆)운·제(齊)운　　皆齊二韻本履攝 而今爲泰攝

진(震)궁-산(山)운·선(先)운　　山先二韻本晋攝 而今爲觀攝

감(坎)궁-경(耕)운·청(靑)운　　耕靑二韻是恒攝 今井攜韻 入於恒攝

간(艮)궁-효(肴)운·소(蕭)운　　肴蕭本復攝 而今爲剝攝如江之入陽

곤(坤)궁-함(咸)운·첨(添)운　　咸添本臨攝 而今謙攝與震宮山先同意

과(過)섭 외일 건(乾) 일벽(闢)의 예는 아래 도표와 같다.

過攝 外一 乾之一闢					
	音	⊕	⊕	⊕	⊕
	聲	歌哿箇鐸	麻馬禡陌	歌哿箇藥	麻馬禡昔
角一淸	ㄱ	歌哿箇各	嘉檟駕格	迦○○脚	○○○○
角二濁	ㄲ	○○○○	○○○○	伽○○噱	○○○○
角三淸	ㅋ	珂可軻恪	齮阿骼客	呿○歌却	○○ 戀
角四濁	ㆁ	我我餓咢	牙雅迓額	○○○虐	○○○○
徵一淸	ㄷ	多觰癉沰	奓縿咤磔	○綯	爹哆○○
徵二濁	ㄸ	駝扡駄鐸	茶蹅蛇宅	○○○擲	○○○○
徵三淸	ㅌ	佗袉拖託	侘姹詫坼	○○○彳	○○○○
徵四濁	ㄴ	那娜奈諾	挐絮胗諾	○○○鑈	○○○○
宮一淸	ㅂ	波跛播博	巴把霸伯	○○○○	○○○辟
宮二濁	ㅃ	婆爸魄泊	爬耙杷白	○○○○	○○○擗
宮三淸	ㅍ	頗回破粕	葩妑帊拍	○○○○	○○○僻
宮四濁	ㅁ	摩麼磨莫	麻馬禡陌	○○○○	
商一淸	ㅈ	貗左佐作	樝鮓詐□	遮者柘隻	嗟姐借積
商二濁	ㅉ	醝皶○昨	搓槎乍酢	蛇○射射	查担藉籍

商三清	大	蹉瑳磋錯	叉㕚瑳蹅	車韄赿尺	㠊且苴㪣
商四濁		○○○○	○○○○	○○○○	○○○○
羽一清	ㅎ	訶歌阿朘	呀喎嚇赫	苛○○譃	○○○○
羽二濁	ㆅ	何荷賀鶴	遐下暇薂	○○○○	○○○○
羽三清	ㆆ	阿嬰椏惡	鴉啞亞啞	莪○○約	○○○○
羽四濁	ㅇ	○○○○	○○○○	○○○○	耶野夜繹
半一清	ㅅ	娑娑些索	沙灑嗄索	奢捨舍釋	些寫卸昔
半二濁	ㅆ	○○○○	○○○○	闍社巩石	邪灺謝席
半三清	ㄹ	羅砢邏洛	○砢○礐	儸跞○○	○○○副
半四濁	△	娜惹偌○	○○○○	姥惹偌○	○○○○
八音屬金　終聲用羽ㅇ　入聲借角85)					

태궁의 강(江)운은 원래 몽(蒙)섭이었는데 지금은 장(壯)섭으로, 이궁의 개(皆)운·제(齊)운은 본래 이(履)섭이었으나 지금은 태(泰)섭으로, 진궁의 산(山)운·선(先)운은 본래 진(晉)섭이었으나 지금은 관(觀)섭으로 변화하여 운모의 변화가 있었음을 말하고 있다. 경(耕)운·청(靑)운 두 운은 본래 항(恒)섭이었는데 지금은 입성의 변화로 항(恒)섭으로, 효(肴)운·소(蕭)운 두 운은 본래 부(復)섭이었는데 지금은 박(剝)섭으로 양운미 입성자가 되었다. 함(咸)운·첨(添)운 두 섭은 본래 임(臨)섭이었는데 지금은 겸(謙)섭으로 진(震)궁의 산(山)·선(先)섭과 동일하다.

이 「육궁」의 기술은 운섭의 변화와 입성의 변화를 입은 한자음 처리를 위한 설명이기도 하지만 한자음의 시대적 지역적 변화를 기술하는데 매우 소중한 진술이 아닐 수 없다. 특히 조선 후기의 조선인의 학자가 중국어에서의 입성자의 소멸과정을 반영해 주거나 적어도 그 변화를 설명한 것으로 그 진위를 떠나서 사료적 가치가 있다.

명곡의 『경세훈민정음』은 세종대에 이후 단절되었던 훈민정음에 대한 새로운 연구의 출발점이었으며 중국의 운도 연구를 계승하여 독자적인 이론체계로 구성한 우리나라 최초의 운도 연구의 성과물이라고 할 수 있다. 특히 소옹의 『황극경세서』 「경세정운」을 근저로 하여 『운경』, 『칠음략』, 『사성등자』, 『절운지장도』, 『경사정음 절운지남도』와 같은 중국 운도의 이론과 체계를 명곡 나름대로 재구성하여 훈민정음

---

85) 팔음은 금(金)에 속하고 종성은 우(羽, ㅇ), 입성은 각(角, ㄱ)을 빌렸다.

의 초성과 중성 문자를 활용하여 한자의 자료를 읽을 수 있도록 만든 것이다.

명곡 최석정은 세종 이후 주춤하였던 운학과 운도 그리고 훈민정음에 대한 이론적 연구의 새로운 불씨를 일으켰다. 세종대에 송나라 『성리대전』을 기반으로 한 『황극경세』의 유가적 가치관을 존중하던 기풍으로 전환될 수 있었던 이유는 청나라의 등장과 함께 양명학과 실학 그리고 노장학의 도학적 기풍의 영향이라고 할 수 있다. 숙종 시대 눈에 보이지 않는 세종시대로의 복귀를 꿈꾸었던 명곡은 경서와 예학뿐만 아니라 자학, 운학, 악학, 상수학, 역학, 지리학 등 폭넓은 지식 체계를 지녔던 분이다.

명곡의 『경세훈민정음』이 가진 연구사적 가치를 요약하면 다음과 같다.

첫째, 명곡의 『경세훈민정음』에 대해 종래 운섭도 32매의 가치만을 너무 강조하던 나머지 '훈민정음'에 대한 전혀 새로운 평가를 가한 점은 훈민정음 연구사에서 새롭게 높이 평가되어야 할 부분이라고 할 수 있다. 물론 역학의 이론체계에 너무 철저하게 얽매여 체계분석의 오류도 없지 않지만 훈민정음의 초, 중, 종성의 체계에 대해 매우 신선한 분석을 가하고 있다.

둘째, 명곡의 이론체계에 가장 큰 영향을 미친 것은 두 말할 나위 없이 소옹의 『황극경세서』 「경세정운」과 채원정의 기술들이다. 이와 함께 『역경』을 비롯하여 『절운지장도』도 매우 많은 영향력을 주었다. 정음-정성을 양의로 파악하고 정성 곧 초성은 음·양의 이론에 따른 양의로 다시 사상으로 구분하여 4(사상)×6(6효)=24자모로, 정음 곧 중성은 4(사상)×8(사상의 배수)=32운모로 기술하는 방식을 채택하였다. 그러나 32운모는 다시 내외전과 개·발·수·폐로 나누어 4등으로 나누어 「성음창화전수도」 32매를 작성하고 성음이 변화를 보이는 글자는 6궁으로 분리하여 별도로 처리하고 있다.

초성에서 삼재설에 근거한 '부·중·침'이라는 자질을 설정하여 초성을 분류한 것이나 중성에서 ⦁, ⊙ ⑪ ⑪와 같은 문자를 만들었다든지 모음 가운데 ⦁와 같은 것을 제외한 것은 납득할 수 없는 처리였다고 할 수 있다.

셋째, 명곡이 『경세훈민정음』을 통해 구현하고자 한 것은 현실적 한자음이라기보다 천지만물이 생성하는 가능성의 세계 속에서 사람이 내는 성음을 체계적으로 모두 드러내려고 한 것이다. 그러니까 이 「성음창화전수도」 32매에 나타나는 한자 자표의 한자음은 상당히 이상적인 것일 수밖에 없다. 다만 그의 「성음창화전수도」 32매에 한자음은 절운계 운서인 『광운』를 기준으로 한 중고음으로 자료는 『경사정음절운지남』에 가장 근접해 있다.

넷째, 세종이 한글 창제 이후 만든『동국정운』이나 중국 현실음의 수용을 위해 『홍무정운역훈』을 연이어서 간행하였지만『경세훈민정음』과 같은 운도 제작의 전통은 숙종조 명곡에 의해 시작된 것이다. 그러한 측면에서 명곡의『경세훈민정음』은 성운학 발전사에서 매우 중요한 위치를 차지한다.

다섯째, 명곡의『경세훈민정음』을 통해 훈민정음에 대한 학술적 연구가 세종 이후 처음으로 이루어진 성과이다. 단순히「성음창화전수도」32매에 자표 한자음 표기를 위해 사용된 것이 아니라 훈민정음 자체에 대한 성운학적, 역학적 분석이 이루어졌다는 측면에서 세종 당시 집현전 학사들의 훈민정음 연구사의 전통을 계승한 것이라고 할 수 있다.

3.2『이수신편』의「경세사상자수도」의 체제

송나라 주자의 성리학적 가치체계에서 점차로 벗어나 근대적 사회 질서를 추구하던 시대에 태어난 이재(頤齋) 황윤석(黃胤錫, 1729~1791)은 18세기 호남 유학 및 실학 연구를 대표하는 학자이다. 이형상(李衡祥, 1653~1733), 이만부(李萬敷, 1664~1731), 이익(李瀷, 1681~1763) 등 근기 실학자들과 매우 긴밀한 학문적 관련성을 맺고 있는 황윤석은 평해 황씨로 전라도 흥덕군 일동면 귀수동에서 만은(晩隱) 황전(1704~1771)의 장남으로 태어났다. 31세(1759년)에 진사 시험에 합격하여 김원행(金元行, 1702~1772)의 문하에서 홍계능(洪啓能, ?~1776), 서명응(徐命膺, 1716~1787) 등과 교류하였다. 그는 박물(博物)과 상수(象數)에 대해 심오한 깊이를 가지고 성리학을 바탕으로 학문의 영역을 확장한 실학파에 속하는 인물이다. 18세기 조선 후기 청조 문물의 영향을 받은 실증적이고 실용적인 학풍의 영향으로 조선 중기 이후 잡학으로 간과하고 있었던 상수, 천문, 운학 등의 영역을 심도 깊게 연구하였을 뿐만 아니라 서구적 과학주의를 과감하게 수용하기도 하였다.

이재 황윤석은 북벌과 반청 사조가 유난히 강했던 노론 계열의 낙론계로 재야에서 박학한 학문 세계를 구축한 유학자이면서 실학자의 한 사람이라고 할 수 있다. 물론 이재는 반청에 대한 감정은 찾아볼 길 없으며 오히려, 청학과 북학을 긍정적으로 평가했던 학자였다.

그의 많은 저술 가운데『이재난고(頤齋亂藁)』는 1738년부터 1791년까지 54년에 걸친 자신의 학문 생활을 일기형식으로 기록한 57권의 문집이며, 이와 함께 『이재유고』 26권, 『이수신편』 23권 등 기타 10여권 찬록 등을 남긴 대저술가 가운데 한분이다. 『이재난고』는 경서학에서부터 역학, 천문, 악학, 운학, 지리 등 폭넓은 내용을 기술하고 있다. 『이수신편』 23권에는 『성리대전』을 참조하여 『황극경세서』에 나오는 「성음창화도」를 변용한 자신의 성운학 이론을 밝힌 내용이 실려있는 저술이다.

이재 황윤석은 근기 남인 계열의 병와 이형상의 후배로서 여러 가지 학문적 유사성이 발견되지만 지금까지 직접적인 학문 연계 관계를 찾아내기는 어려웠다.[86] 그러나 악학의 이론에 대한 남다른 관심과 '구국소서팔자(九國所書八字)'에 대한 기록의 일치 등 학문적으로 구체적인 연계성이 매우 긴밀했을 것 같아 보인다. 이 내용은 황윤석의 『이수신편』(영조 41년(1765)) 권20의 「운학본원」의 말미에도 실려 있다. 특히 『이수신편』에는 '蒙語老乞大 二十字頭文'이 실려 있고 그 다음에 '제국자서'에 '구국소서팔자'가 실려 있는데 신경준의 자료에 훈민정음으로 쓴 "명왕신덕 수이함빈"이 추가되어 있다. '구국소서팔자'의 기록이 중국에서는 명대 가경 대에 왕세정의 『엄주산인사부고』에 처음 나타나고 이어 방우로가 편찬한 『방씨묵보』에는 판화에 여진문자만 새긴 자료가 있다. 한국의 자료에서는 이형상의 '구국소서팔자'는 배열 방식이나 아홉 나라의 문자가 왕세정의 『엄주산인사부고』의 자료와 일치하며 다만 신경준과 황윤석의 '제국자서'에는 아홉 나라의 문자에 부록으로 훈민정음과 일본 문자가 덧붙어 있다. 한문과 훈민정음 및 일본을 포함하면 9국이 아니라 12개국이 되는 셈이다. 중국의 자료와 한국에 남아 있는 3인의 기록에서 9국에 대한 국명의 표기와 순서까지도 일치한다는 사실은 결코 우연한 일이 아닐 것이다.[87] 이기문(1986)은 신경준과 황윤석의 기록은 직접적인 관계가 있는 것으로 추정하고 있는데 당시 18세기 무렵에 위의 세 분의 학자들이 중국의 기록을 베낀 결과로 추정할 수 있는 것은 "九國所書八字"란 제목과 구국의 배열 순서가 일치하는 점을 들고 있다.[88]

---

86) 성영애, 『황윤석의 학문과 음악』, 학고방, 2016. 10쪽에서 황윤석은 홍대용, 서명응 등과 삶의 궤적이 유사한 노론의 학풍과 경향을 보이고 있다고 설명하고 있다.

87) 이상규, 「"명황신덕사이함빈"의 대역 여진어 분석」, 『언어과학여구』 제63집, 언어과학연구회, 2012.

88) 신경준의 『저정서』(1750)에 '구국소서팔자'라 하여 "明王愼德 四夷咸賓"이라는 제하에 9개 나라의 문자로 기록해 두었으며 끝에 일본 문자를 포함하여 모두 10개 나라의 문자가 실려 있다. 신경준의 필사본 『저정서』는 1938년 조선어학회에서 정인보 선생이 보교를 하

황윤석의 『이수신편』에 실린 12개국 문자

　황윤석은 당대 최고의 저술가였다. 황윤석의 저술로『이재난고』유고 57권을 비롯하여, 속고『이재난고』26권, 수필본『이수신편』23권과『자지록(資知錄)』, 악서인『양금신보』등 10여 종의 찬록(纂錄)등 참으로 방대한 분량의 저술을 남겼다. 그는 성리학뿐만 아니라 양명학, 단학, 선학을 비롯하여 천문, 역상, 병법, 산학, 복서, 태을, 육임, 기문, 둔갑 등 잡술에 이르기까지 박학을 추구한 박물학자였다.

　황윤석의 주요 저술로는 먼저『이재난고』를 저본으로 유고(2종)와 속고(1종)의 형태로 새로 편집한 문집『이재유고』가 있다. 1892년 전라도 관찰사 조인영(趙寅永, 1782~1850)의 서문이 있는 목판본이 간행되었고 다시 1943년 석판본으로『이재유고』와『이재속고』가 조선춘추사에서 간행되었다. 1975년 석판본『이재유고』,『이재속고』그리고 수필본『이수신편』과『자지록(資知錄)』,『양금신보』를 필사한『현학금보』를 합본한 3권으로 된『이재전서』(경인문화사)가 간행되었다. 2000년에는 한국고전번역원에서 1829년

여 활자본으로 간행하였으며, 강신항이『운해훈민정음』역주와 원문을 달아 출판하였다. 이 책에서는 '경세성음수도', '원성음지수', '각성 중 운서소예 종성지수', '율려창화도', '훈민정음도설서', '초성해', '중성해', '종성해', '총설'로 구성되어 있다. 그 가운데 '훈민정음도설서'의 말미에 '구국소서팔자'와 더불어 부에 '일본'을 포함하여 11개국(한문 포함)의 문자로 기록되어 있다. 이형상이나 신경준의 구국소서팔자 가운데 여진문자는 왕세정의 기록과 일치하지만 몽고자는 조잡하게 모사한 글씨체이다.

간행한『이재유고』영인본을 간행하였다. 1990년부터 한국학중앙연구원과 전북향토문화연구회 공동으로 추진한 활자본과 색인 사업이 2004년도에 완성하였다.[89]

1) 황윤석의 『이수신편』

황윤석이 쓴『이수신편(理藪新編)』은 전 23권으로 구성되어 있다. 그 가운데 권9에 실린『황극경세서』「성음창화도」는 서화담[90]에 이어 황윤석의 독창적인「성음창화」를『삼운성휘』의 한자를 가지고 배열하여 훈민정음으로 표음을 한 저술이다. 우선 황윤석의『이수신편』가운데 성운학적 내용이 담긴 권12와 권13에『성리대전』『황극경세서』의 내용이 실려 있다. 권13에는『황극경세서』의「관물내편」과「관물외편」의 내용을『이수신편』권12에는「전서의(篆書義)」,「육서(六書)」,「오음(五音)」,「사성(四聲)」,「분성청탁(分聲清濁)」,「절운자결(切韻字訣)」,「자모절운법(字母切韻法)」,「변성요결(辨聲要訣)」,「조성장결(調聲掌訣)」,「자모변(字母辨)」,「자자변(字子辨)」,「자의겸음(字義兼音)」,「오방성(五方聲)」,「청탁(清濁)」,「십사성(十四聲)」,「쌍성첩운(雙聲疊韻)」,「부홍무정운(附洪武正韻)」등으로 구성되어 있다. 영정 조의 시대적 배경과 학문적 풍토의 변화는 소옹의『황극경세』「성음창화도」에 대해 또 다른 해석을 가능하게 하였다. 황윤석은 성리학에 대한 심오한 이해를 바탕으로 '박물'과 '상수'를 주제로 삼아『황극경세서』「성음창화도」를 재해석하였다. 그의 저술인『이수신편』권12의「경세사상체용지수도」에서 훈민정음으로 음을 표시하면서 소옹의 견해를 비판적 관점에서 기술하였다. 특히 명곡 최석정의「소씨황극경세천지사상체용지수도」와 긴밀한 관련성을 가진 황윤석의「경세사상체용지수도」는 모두 훈민정음으로 한자의 음을 표시하였다는 점에서는 유사하지만 실질 내용에 있어서는 상당한 차이를 보여주고 있다.[91]

89) 성영애,『황윤석의 학문과 음악』, 학고방, 12쪽 참조, 2016.
90) 심소희,『한자 정음관의 통시적 연구』, 235~236쪽, 2013. 참조 이화여자대학교출판부, "『이수신편』에서『황극경세서』「성음창화도」에 관한 기사가 처음으로 나오는 곳은『이수신편』권9인데 여기에는 서경덕(徐敬德, 1489-1546)의『화담집(花潭集)』에서 채록한「성음해(聲音解)」와「발전성음해미진처(跋前聲音解未盡處)」두 항목을 그대로 전해하였을 뿐, 별다른 주해를 하지 않았다."
91) 심소희·구현아,「조선시기 최석정과 황윤석의 성음인식 비교」, 한국중국언어학회,『중국언어연구』45호, 2013.

『이수신편』「경세사상체용지수도」

황윤석이 북송 시기에 소옹의 『황극경세』「성음창화도」를 참고하여 기술한 것이 『이수신편』 권12의 「경세사상체용지수도」인데 이는 총 45쪽 분량이다. 『성리대전』에 실린 소옹의 「경세사상체용지수도」처럼 상하 2단으로 나뉘어 상단에는 천성(天聲) 16도가 실려 있고 하단에는 지음(地音) 16도가 실려 있다. 소옹은 우주만물이 생성하는 성음을 역학과 상수론의 관점에서 표상할 수 있다고 가정하고 운모(10성) 160×성모(20음)=192로 계산하여 도합 30,720개의 성음으로 나타내고자 하는 이상적 체계를 제안하였다. 일종의 성음 가능한 체계를 도식화한 것이 바로 「성음창화도」라고 할 수 있다. 마치 역학에서 64괘의 효의 배합으로 설명하듯이 자연 순환적 보편적 우주관에 바탕을 둔 동아시아적 이론이다. 남송 시기에 채원정(蔡元定, 1135~1198)이 이를 간추려 1장으로 일목요연하게 「성음창화도」로 정리하였다.

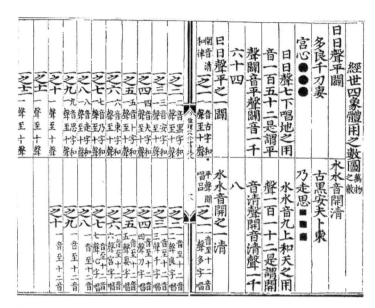

『성리대전』「경세사상체용지수도」

황윤석의 『이수신편』 권12 「경세사상체용지수도」는 자신의 성운학 이론의 핵심을 이루고 있다. 『이수신편』의 「경세사상체용지수도」는 『성리대전』과 마찬가지로 두 단으로 나누어 천성 16도와 지음 16도가 실려 있다. 황윤석은 성모를 '음(音)', 운모를 '성(聲)', '성(聲, 운모)'은 단독으로 나는 소리이지만, '음(音, 성모)'은 섞여 발음되어 무늬를 이루는 소리로 정의하였다.

그의 「경세사상체용지수도」의 정성 곧 성모에 해당하는 소리를 종도로 1성, 2성, 3성,,,,, 10성으로 구분하고 횡도로는 평·상·거·입, 일·월·성·신으로 배열하였다. 그런데 일·월·성·신 하단에 '자전운섭(字典韻攝)'란을 두었다. 또 운모에 해당하는 정음은 종도로는 1음, 2음, 3음……12음으로 구분하고 횡도로는 개·발·수·폐, 수·화·토·석으로 배열하였다. 정음의 수·화·토·석의 하단에 '자전자모(字典字母)'란을 두어 참고로 삼고 있는데 여기서 '자전(字典)'은 곧 『강희자전(康熙字典)』을 뜻한다. 청나라 강희제가 제작한 이 자전은 당시에 조선에서도 가장 널리 이용되었던 자전이기 때문에 고전적 한자음과 대비할 수 있도록 한 것이다. 그리고 이 『강희자전』 앞에 수록된 「등운절운지남(等韻切韻指南)」곧 원나라 유감(劉鑑)의 『절운지남(切韻指南)』(1336)[92]과 동일한 36자모 운도 체계와 청탁 및 발음 방법을 밝혀 주고 있다.

황윤석은 「경세사상체용지수도」에서 정성(正聲)의 양수(陽數)는 종도로 10개로 구분하고 횡도로는 평·상·거·입과 일·월·성·신에 대응시키고 정음(正音)의 음수(陰數)는 종도로 12개로 구분하고 횡도로는 개·발·수·폐와 수·화·토·석에 대응시켜 한자를 나열하고 이를 훈민정음으로 표음하였다.[93] 다만 한자가 없는 칸에 ○은 소리가 있으나 글자가 없는 것이고, □는 음은 있으나 글자가 없는 것이다. 또 ●는 48개이고, ■는 40개이다. 황윤석은 당시 조선에서 널리 읽히던 『강희자전』의 「등운절운지남」을 참조하여 정성 83자와 정음 132자를[94] 가로와 세로로 배합한 운도인 「경세사상체용지수도」를 훈민정음으로 한자의 음가를 표음한 것이다.

황윤석의 「경세사상체용지수도」에 이용한 훈민정음의 체계를 성모체계, 운모체계, 운미로 구분하여 나타내면 다음과 같다.

성모 체계: ㄱ ㅋ ㄲ ㆁ, ㄷ ㅌ ㄸ ㄴ ㄹ, ㅂ ㅍ ㅃ ㅁ, ㅸ, ㅹ, ㅱ, ㅈ ㅊ ㅉ ㅅ
ㅆ, ㆆ, ㅎ, ㆅ, ㅇ(25자)

운모 체계: ㅏ, ㅑ, ㅓ, ㅕ, ㅜ, ㅠ, ㅡ, ㅣ, ㅘ, ㅝ, ㅞ, ㅐ, ㅖ, ㅟ, ㅢ, ㅗ, ㅛ
ㅠ, ㅓ (20자)

운미 체계: ㅇ, ㄴ(2자)

성모 체계에서는 전탁 글자 'ㄲ, ㄸ, ㅃ, ㅉ, ㅆ', 순경음 'ㅸ, ㅹ, ㅱ'와 의(疑)모 'ㆁ', 영(影)모 'ㆆ'와 유(喩)모 'ㅇ'도 남아 있는 것으로 보아 우리말의 자음체계와는 상

---

92) 유감(劉鑑)의 『절운지남(切韻指南)』(1336)은 한도소(韓道昭)의 『오음집운』(1212)를 근거로 하여 제경과 사류의 음을 교정하기 해위 제작한 운서이다. 명곡 최석정은 이 운서에는 속음이 많이 뒤섞여 변질된 음이 많다고 지적하였으나 황윤석은 이를 근거로 하여 정리하였다.

93) 정성은 양수 10을 쓰고 음수는 정음 12를 쓰는 것은 『역(易)』에서 양수는 9를 쓰고 음수는 6을 썼기 때문이다.

94) 『황극경세』 「성음창화도」에서는 정성은 160자리에서 ●의 48자리를 빼면 112자리가 남는다. 정성은 하늘에 속하고 사성에는 각각 벽흡이 있어 아래로 땅의 음과 화합한다. ○는 천에 속하므로 율이고 양이며 강이고 창이며, 성이다. 정음은 192자리에서 ■의 40자리를 빼면 152자리가 남는다. 정음은 땅에 속하고 사음에는 각각 청탁이 있어 위로 하늘의 성과 화합한다. □는 땅에 속하므로 여이고 음이며 유이고 화이며 음이다. 정성 160자리와 정음 192자리를 합치면 352자리인데 사용하지 않는 ●■의 48과 40을 빼면 264자리가 남는다. 이것이 바로 성음의 자모이다.

당히 달랐음을 알 수 있다. 『훈민정음 언해』와 『사성통해』에 반영된 치두음 'ᅎ, ᅔ, ᅏ, ᄼ, ᄽ'과 정치음 'ᅐ, ᅕ, ᅑ, ᄾ, ᄿ'과 그리고 반치음 'ㅿ'는 반영되지 않았다. 황윤석의 이전 명곡 최석정의 「소씨황극경세천지사상체용지수도」에 나타나지 않았던 전탁 글자나 치두와 정치음을 구분하지 않음 점, 소실된 'ㆆ'이 다시 나타난 것은 음운변화의 결과가 아니라 한자음에 대한 표기상의 규정 때문이다.

운모 체계의 경우, '환환운(桓歡韻)'과 '한산운(寒山韻)'이 합류되지 않아 'ᆟ'과 'ᆝ'이 모두 표기에 반영되었고 'ᅪ, ᆈ, ᆎ, ᅱ'에서 원순성의 'ㅗ, ㅜ'는 운미 'ᄝ, ᄫ'가 축약된 표기이다. 운미 체계의 경우, 입성운 '-ㅂ, -ㄷ, -ㄱ'와 폐구운(閉口韻) '-ㅁ'도 나타나지 않고 다만 '-ㅇ[ŋ]'과 '-ㄴ[n]'만 나타난다. 이미 『사성통해』 「범례」에서 '-m>-n'의 변화가 반영된 것을 말해 준다.

황윤석이 표음한 훈민정음은 무엇에 근거하였을까? 『홍무정운역훈』, 『사성통해』, 『삼운성휘』 등 조선조의 운서와는 전혀 상이한 표기법을 채택하고 있다. 다만 운미 'ᄝ, ᄫ' 대신 'ㅗ, ㅜ'로 표기한 것은 『삼운성휘』나 『번역노걸대박통사』와 일치하는 정도이다.95) 이재 스스로 『삼운성휘』에 의존하였다고는 했지만 치두와 정치를 구분한 것은 전혀 다른 점이며 그 이전의 『홍무정훈역훈』이나 『사성통해』에 따르고 있다는 점에서 일관성을 잃고 있다.

황윤석은 「경세사상체용지수도」에 나타난 한자를 정성과 정음으로 나누어 「정성정음도」에서 정성 112자모와 정음 152자모, 전체 254자모로 구성하고 있다. 이렇게 배열한 근거를 황윤석은

> "이 책에서는 정성 112자모와 정음 152자모, 모두 264모로 반절을 삼았다. 지금 요의(了義)의 36자모로 『홍무정운』의 31자모를 참조하고, 또 『삼운성휘(三韻聲彙)』의 훈민정음 자모를 취하여 모든 소리를 기록함으로써 한어의 면모를 보였을 뿐이다."96)

라고 하여 황윤석은 『홍무정운』과 『삼운성휘』를 참조하여 선정한 한자에 각각 훈민

---

95) 심소희·구현아, 「조선시기 최석정과 황윤석의 성음인식 비교」, 한국중국언어학회, 『중국언어연구』 45호, 11쪽, 2013. 참조.

96) 심소희, 『한자 정음관의 통시적 연구』, 367쪽 재인용, 이화여자대학교출판부, 2013. "按本書正聲字母一百一十二, 正音字母一百五十二, 凡二百六十四母, 所以爲反切也. 今以了義字母三十六, 參之洪武字母三十一, 又取三韻聲彙訓民正音字母, 諸聲錄之以見漢語大略耳.", 『경세사상체용지수도』

정음 자모를 취하여 기록하였다.

正聲		正音	
㊀㊀㊀㊀ 日 月 星 辰		㊀㊀㊀㊀ 水 火 土 石	
一聲	多 可 个 舌 禾 火 化 八 開 宰 愛 ○ 回 每 退 ○	一音	古 甲 九 癸 □ □ 乾 揆 坤 巧 丘 弃 □ □ 乾 蚪
二聲	良 兩 向 ○ 光 廣 況 ○ 丁 井 瓦 ○ 兄 永 螢 ○	二音	黑 花 香 血 黃 華 確 賢 五 瓦 仰 □ 吾 牙 月 堯
三聲	千 典 旦 ○ 元 犬 半 ○ 臣 引 良 ○ 君 允 巽 ○	三音	安 亞 乙 一 □ 爻 玉 寅 母 馬 美 來 目 兒 煞 民
四聲	刀 早 孝 ○ 毛 寶 報 霍 牛 斗 秦 六 ○ ○ ○ ○	四音	夫 法 □ 飛 父 凡 □ 吠 武 晚 □ 尾 文 萬 □ 未
五聲	妻 子 四 日 衰 ○ 帥 骨 ○ ○ ○ 德 龜 水 貴 北	五音	卜 百 丙 夶 步 白 菊 備 普 朴 品 匹 旁 排 平 瓶
六聲	宮 孔 衆 ○ 龍 勇 用 ○ 魚 鼠 去 ○ 鳥 虎 免 ○	六音	東 丹 宰 ■ 兌 大 第 ■ 土 貪 天 ■ 同 覃 田 ■
七聲	心 審 禁 ○ ○ ○ ○ 十 男 坎 夬 ○ ○ ○ ○ 妾	七音	乃 妳 女 ■ 內 南 年 ■ 老 冷 呂 ■ 鹿 犖 離 ■

八聲	● ● ● ● ● ● ● ● ● ● ● ● ● ● ● ●	八音	走 哉 足 ■ 自 在 匠 ■ 草 采 七 ■ 曹 才 全 ■	
九聲	● ● ● ● ● ● ● ● ● ● ● ● ● ● ● ●	九音	□ □ □ □ □ □ □ □ □ □ □ □ □ □ □ □	
十聲	● ● ● ● ● ● ● ● ● ● ● ● ● ● ● ●	十音	■ ■ ■ ■ ■ ■ ■ ■ ■ ■ ■ ■ ■ ■ ■ ■	
		十一音	■ ■ ■ ■ ■ ■ ■ ■ ■ ■ ■ ■ ■ ■ ■ ■	
		十二音	■ ■ ■ ■ ■ ■ ■ ■ ■ ■ ■ ■ ■ ■ ■ ■	

황윤석 『이수신편』, 「정성정음도」

황윤석이 『홍무정운』을 참조한 것은 중국 고음체계로 만든 중국운학의 체계를 변용하기 위해서는 불가피한 조치였을 것이다. 그리고 당대 한어에 밝았던 홍계희(洪啓禧, 1703~1771)가 편찬했던 『삼운성휘』에 중국 화음과 조선 한자음 동운이 병기 표기한 것은 규범성을 존중했던 결과이다.

18세기 조선 한자음 규정에 대한 분명한 입장을 밝히고 있는 홍계희의 『삼운성휘』 「서문」을 살펴보자.

"천하의 글자음은 만 가지가 다르지만 마땅히 중화 음으로 바로잡아야 한다. 우리나라의 글자음은 중화와 가장 가까워서 비록 혹시 서로 같지 않은 것이 있더라도 다른 예로 미루어보면 모두 범주 안에서 벗어나지 않는다. 그러나 우리나라 사람들이 자학에 매우 어두워서 자획의 편방에 사로잡히거나, 혹은 구습에 얽매여 잘못 읽는 까닭으로 마침내 화음(華音)과 판이하게 달라진 것이 많으니 한탄스럽다. ...... 화음은 『홍무정운』 자모를 주로 하되 오로지 『사성통해』에서 언문으로 바꾼 음을 따르고, 우리의 음은 널리 쓰이고 있는 속음으로 자모를 정하되 칠음과 어긋나는 것은 바로잡고, 비록 자모가 다르더라도 칠음에 어긋나지 않는 것은 이를 그대로 두었다."97)

규범적 한자음은 중화음에 맞추어야 하고 중화음은 『홍무정운』 자모에 따라야 하되 『사성통해』에서 언문으로 바꾼 음을 따라야 한다고 밝히고 있다. 다만 완전히 달라진 것은 속음으로 정하되 칠음에 어긋나지 않도록 해야 한다고 밝히고 있다. 이로 본다면 황윤석은 당대 홍계희의 견해를 매우 존중했던 것으로 판단된다. 그렇다면 구체적으로 황윤석의 「경세사상체용지수도」의 정성 83자와 정음 132자를 표음한 체계와 『홍무정운역훈』, 『사성통해』, 『삼운성휘』 등과 어떤 상관관계를 가지고 있는지에 대해서는 심소희(2013:369~374)에서 이미 소상하게 밝혀두고 있다.

황윤석은 『홍무정운역훈』과 홍계희의 『삼운성휘』에 나타나는 치두음 'ᅎ, ᅔ, ᅏ, ᄼ, ᄽ'과 정치음 'ᅐ, ᅕ, ᅑ, ᄾ, ᄿ'을 인정하지 않고 모두 현실음인 "ᅎ, ᅔ, ᅏ, ᄼ, ᄽ"로 표음하였다. 그리고 『홍무정운역훈』과 『삼운성휘』에 반영된 일(日, △)모를 모두 'ㅇ'으로 표음하였다. '日'을 홍무(싄), 삼운(ᅀᅵ), 황윤석은 (이)로 대응시켰으며 '二'를 홍무(ᅀᅵ), 삼운(ᅀᅵ), 황윤석은 (이)로 각각 대응 표기하였다.

『동국정운』에서는 역시 종성에서 지(止)섭, 우(遇)섭, 과(果)섭, 가(假)섭, 해(蟹)섭에 속하는 한자음에는 종성에 'ㅇ'자를 표기하였다. 『동국정운』의 한자음 표기 규정에 그대로 적용되었으나 얼마가지 않아서 폐기처분 될 수밖에 없게 되었다. 입성 p, t, k 표기는 『홍무정운역훈』, 『사성통해』, 『삼운성휘』에 이르기까지 상당한 변화가 있었으며 때로는 의고적인 표기로 복귀하는 모습도 보여주고 있다. 중국의 입성 표기가 우리나라에서 어떻게 받아드릴 것인지 변개의 과정을 거친 예이다. 또 다른 한 편으로는 한자음 입성 글자 가운데 음성 입성자 '-p, -t, -k'가 당시 중국의 북방음에서는 이미 소실되었는데도 남방 고음을 그대로 반영시키게 되는 결과를 가져 왔다. 입

97) "天下之字音, 有萬不同, 而當以中華爲正, 我國字音, 最近中華, 雖或有不相同者, 以例推之, 皆不出於範疇之內, 而第緣我國人於字學, 甚鹵莽或泥於偏傍, 或因於習俗而謬讀, 遂與華音判異者, 多可勝歎哉. <중략> 華音則以洪武正韻字母爲主, 而一從四聲通解諺飜之音, 我音則就行用俗音而律之以字母, 其有違於七音者, 正之雖異母而不悖於七音字, 存之.", 『삼운성휘』「서문」.

성자 'ㄷ'의 표기는『동국정운』에서는 'ㅡㄹㆆ'으로 표기하다가『홍무정운역훈』이나『사성통해』계열에서는 다시 'ㄷ'으로 표기되는 등의 혼란을 야기시킨 주요한 원인이 되었다. 중국에서 들어온 한자음 가운데, 'ㄷ' 입성이었던 것이 우리나라에서는 모두 'ㅡㄹ(l)'로 발음되어 여기에서는 원래의 음대로 'ㅡㄷ(-t)'음으로 발음하라고 규정한 것인데, 1447년(세종 29)에 편찬 완료된『동국정운』에서는 소위 '以影補來'식 표기법을 택하여 한자음의 'ㅡㄷ'입성 표기에 'ㄹㆆ'을 사용했다.

또『동국정운』식 한자음 표기에서 종성이 없는 'ㅱ'는 운미음 [w]을 표기한 것이다. 훈민정음 창제 이후 한자음의 표기는『동국정운』이 제정되기 이전과 그 이후 기간 동안 차이를 보인다. 특히 -p, -t, -k 입성운미의 표기가『훈민정음 해례』에서는 'ㄷ'운미인 '彆'을 '볃'으로 표기하였고 '-w' 운미 글자인 '虯'도 '뀨'로 'ㅣ' 운미인 '快도 '쾌'로 표기하여 'ㅇ'을 표기하지 않았다.『동국정운』의 한자음으로는 '·쾡(快)'이다. 그러나『훈민정음 언해』에서는 해례본과 달리 지(止)섭, 우(遇)섭, 과(果)섭, 가(假)섭과 해(蟹)섭의 'ㅣ' 운미에 'ㅇ'을 표기하고 효(效)섭, 유(流)섭의 'ㅱ'표기로 진(臻)섭과 산(山)섭의 'ㄷ'운미인 경우 'ㅡㄹㆆ'을 표기하여 입성 운미를 3성 체계에 따라 표기를 달리하였다.

중국 북방음에서는 이미 당나라와 오대시기에 입성운미가 약화되기 시작하여 14세기에는 성문패쇄음으로 바뀌었으며 송나라 시대에는 약화과정에 놓였던 것이다. 현대 중국어에서는 북방어에서는 완전 탈락하였고 남방 오방언권에서는 성문패쇄음으로 일부 잔존하고 있었다. 따라서 조선에서는 이를 어떻게 받아드려야 할지 문제가 될 수밖에 없었다. 'ㅂ'자는 순음으로 전청의 글자로 '彆'자의 첫소리 곧 [p, b]와 같다.『동국정운』의 한자음으로는 '볋/입성'이다.『훈민정음 해례』에서는 '볃'으로 표기하였고 언해본에서는『동국정운』의 한자음 표기와 동일한 '볋'로 표기하였다. 훈민정음 창제 이후 해례와『동국정운』의 운서를 제작하는 과정에서 종성 입성자의 표기 방식이 변개되었음을 확인할 수 있다. 한자음 표기에서 입성자의 처리 방식이『월인천강지곡』에서는 음성 운미의 한자음은 곧 'ㅡㅇ' 쀠(뺑), 쮜(쩡), 'ㅣ' 쾡(쾌), '-w' 虯(:뿡)처럼 표기하여『훈민정음 언해』의 표기와 차이를 보여준다. 다만 입성자 '-p, -t, -k 가운데 'ㄷ'는 해례에서는 'ㄷ'으로『동국정운』에서는 'ㅡㄹㆆ'로 표기하다가『육조법보단경언해』에서부터 'ㄹ'로 바뀌었다. '快(쾌)', '叫(뀨)'(해례 15ㄱ)과 '業(업)'(해례 15ㄱ), '卽(즉)'(해례 16ㄱ), '彆(볃)'(해례 17ㄴ)에서와 같이 해례의 한자음 표기에는 일체의 방점에 생략되어 있다. 곧 해례의 한자음 표기는 『동국정운』 한자음 표기 규정이 마련되기 이전의 모습이라고 할 수 있다. 결국 이 규정은 한자음 표기를 고려한 것으로 『동국정운』의 한자음 표기 규정에 그대로 적용되었으나 얼마가지 않아서 폐기처분될 수밖에 없게 되었다. 또 다른 한 편으로는 한자음 입성 글자 가운데 음성 입성자 '-p, -t, -k'가 북방음에서는 이미 소실되었는데도 남방 고음을 그대로 반영시키게 되는 결과를 가져 왔다.

셋째, 또한 『삼운성휘』의 「범례」에는 "한어의 입성에 종성이 없는 것과 '금(禁), 심(審), 남(男)' 등의 종성이 'ㅁ'이 아니라 'ㄴ'으로 표기하고 있어 조선의 현실음과도 유리되어 있다. 『사성통해』나 『홍무정운역훈』의 정음에 따른 의고적 한음에 따라 'ㅁ' 운미를 모두 'ㄴ'운미로 표음하였다.

2) 「화음방언자의해」와 어원 및 『이재난고』의 물명과 지명

『이재유고』 권 25 「잡저」 가운데 '화음방언자의해(華音方言字義解)'에 약 150여 개의 어원을 보여주고 있다.[98] 이에 대해서는 강신항(2007:26~62)에서 소상하게 소개해 두고 있다. 『이재난고』에는 물명, 지명, 시조 28수 등의 훈민정음 관련 자료가 수록되어 있다. 이에 대해서도 이미 강신항(2007:63~90)에서 이미 소개한 바가 있다.

이상 황윤석의 『이수신편』에는 역법, 지리, 산술, 산학본원 등 『성리대전』의 내용과 특히 소옹의 선천역학의 이론을 소개하면서 한자음을 훈민정음으로 표음을 하고 있다. 소옹의 『황극경세서』를 전제하고 있다. 『이수신편』 권12, 권56에는 『훈민정음예의』와 『훈몽자회』 「범례」를 싣고 있다. 『이수신편』 권20에는 『황극경세서』를 모델로 한 「운학본원」에 운법횡도와 운법직도를 싣고 정음과 정성을 『삼운성휘』를 근거로 하여 배열하고 그 표음을 훈민정음으로 하였다. 그러나 정속음의 혼란을 일부 보이고 있다. 이 책의 권20에는 '자모표'를 실어두고 있다. 조선 후기 성운학의 꽃을 활짝 피운 이재 황윤석의 이론은 후대의 여암 신경준과 현동 정동유, 괴담 배성렬로 이어지는데 이에 대한 좀 더 미식적인 학문적 연관 관계에 대한 것은 과제거리로 미루어 두고자 한다.

---

98) 강신항, 「황윤석의 국어인식」, 『조선의 지식인의 생활사』, 한국학중앙연구원, 26~62쪽, 2007. 참조.

황윤석은『이수신편(理藪新編)』의「경세사상지수도(經世四象指數圖)」에서 정성 83자와 정음 132자를 소옹의『황극경세서』의 체제에 의거하여『강희자전』의「등운절운지남」에 운모와 성모를 활용하여 훈민정음으로 운도를 작성하였다. 명곡 최석정과 달리 치두음과 정치음을 별도로 구분하지 않았으며 전탁자와 순경음 'ㅸ, ㅃ, ㅱ'이나 의(疑)모 'ㅇ'를 모두 사용하고 있다. 다만 반치음 'ㅿ'자는 나타나지 않았다. 특히 운모에서 'ㅘ, ㅑ, ㅠ, ㅜ'과 같은 글자를 사용하고 있다. 입성자는 음성운미는 모두 나타나지 않고 양운미 가운데 'ㅁ'은 'ㅡㅁ>ㅡㄴ, ㅡㅇ'의 변화를 반영하고 있다. 황윤석은 이「경세사상지수도(經世四象指數圖)」를 작성하는데『삼운성휘』의 훈민정음 표기를 상당수 반영했음을 알 수 있다.[99]

3.3 박성원의『화동정음통석고』

박성원(朴性源, 1697~1767)은 조선 후기의 학자이다. 자는 사수(士洙), 호는 겸재(謙齋)이다. 이재(李縡)의 문하에서 수학하였다. 경종 1년(1721) 생원시에 합격하였으며 영조4년(1728) 별시문과의 을과에 급제, 사간원정자, 사헌부감찰 등을 역임하였다. 1744년 지평으로 있을 때 영조가 기로소에 들어가는 것을 반대하다가 남해에 위리안치 되었다가 2년 뒤 석방되었다. 세손강서원유선(世孫講書院諭善)이 되어 세손인 정조를 보도(輔導)하였으며, 참판을 끝으로 관직에서 물러나 봉조하가 되었다. 예학에 뛰어났고 음운학에도 밝았다. 저서에『화동정음통석운고(華東正音通釋韻考)』,『화동협음통석(華東叶音通釋)』등의 저서가 있다. 조선 영조 23년(1747)에 박성원이 지은 한자의 운서이다. 각종 자전에서 글자를 모아『사성통해』의 자음에 따라 한자음을 글자 아래에 표시한 2권 1책으로 되어 있다. 정조 때 박성원이 각종의 자전(字典)에서 글자를 모으고『사성통해』의 자음에 의해 중국음을 글자 밑에 적은 운서이다. 원래의 서명은『화동정음통석운고』였는데 정조 11년(1787) 왕명으로 간행할 때 정조가「정음통석서(正音通釋序)」를 지어

---

99) 심소희,『한자 정음관의 통시적 연구』, 이화여자대학교출판부, 367쪽, 2013.
　　"이 책에서는 정성 112자모와 정음 152자모, 모두 264모로서 반절을 삼았다. 지름 요의의 36자모로『홍무정운』의 31자모를 참조하고, 또『삼운성휘』의 훈민정음 자모를 취하여 모든 소리를 기록함으로써 한어의 면모를 보였을 뿐이다",『이수신편(理藪新編)』의「경세사상지수도(經世四象指數圖)」의 내용을 다시 인용하였음.

앞에 실은 데서 『정음통석』이라고도 부르게 되었다.

훈민정음 창제 이후 중국 한자음에 비교적 가까운 우리 한자음의 통일을 꾀하기 위해 『동국정운』을 비롯한 『삼운통고』, 『화동정음통석운고』, 『삼운성휘』, 『규장정운』 등의 운서와 함께 중종조 이후에는 명곡 최석정의 『경세훈민정음』, 신경준의 『저정서』 등의 운도가 간행되었다.

조선의 운서나 운도는 주로 한자의 정확한 음을 찾거나 표준화하기 위한 목적뿐만 아니라 과시나 작시에서 압운을 파악하기 위한 목적으로 제작된 것이다.

1) 『화동정음통석운고』의 체제

박성원의 『화동정음통석운고(華東正音通釋韻考)』는 『증보삼운통고(增補三韻通考)』와 체제나 내용이 매우 비슷한 운서임을 강신항(2000:196)이 비교 분석한 결과를 발표한 바가 있다. 『화동정음통석운고』는 단순한 운서가 아닌 「범례」 앞부분에는 「황극경세성음괘수」를 포함한 전통적인 운도의 내용이 상당부분 실려 있다. 강신항(2000:196)은 『화동정음통석운고』의 체제를 『어제정음통석』과 비교하면서도 이 부분을 제외한 이유를 알 수가 없다.[100] 강신항은 이 책의 체제를 아래와 같이 정리하여 소개하고 있다.

① 『華東正音通釋韻考』 序(영조 23년 1747) 박성원

凡例

七音初聲

凡例6項

七音出聲

凡例6項

諺文初中終三聲辨

各韻中聲

卷之一

卷之二

---

100) 강신항, 『한국의 운서』, 국어학회, 198쪽 참조, 2000.

② 『御製正音通釋』序(정조 11년 1787)
　　凡例
　　七音初聲
　　凡例6項
　　七音出聲
　　凡例6項
　　卷之一
　　卷之二
　　諺文初卄終三聲辯
　　各韻卄聲
　　『華東正音通釋韻考』序(영조 23년 1747) 박성원

　　그런데 문제는 「범례」 앞에 「훈민정음 언해」를 비롯하여 「황극경세성음괘수(皇極經世聲音卦數)」와 「경세율려창화도(經世律呂唱和圖)」, 「훈민정음여경세수배합도(訓民正音與經世數配合圖)」(二十四音解, 二十八聲)의 내용이 더 들어 있다.
　　이러한 체제를 고려해 보면 박성원의 『화동정음통석운고』는 운도의 이론과 함께 운서로서 목적으로 저술된 책임을 알 수 있다. 강신항(2000)이 「범례」 뒷부분은 해석과 함께 상세한 해설을 해 둔 상태이기 때문에 「범례」 앞부분에 대해 살펴볼 필요가 있을 것 같다. 그리고 여암의 『저정서』 원본 필사본에 마지막 장에 박성원의 『화동정음통석운고』의 내용이 일부 전제되어 있을 뿐만 아니라 「칠음초성」, 「언문초중종성변」 등의 내용이 상당부분 일치하기 때문에 겸재와 여암의 학문적 연계 관계가 매우 분명한 것으로 드러난다.

2) 『화동정음통석운고』 「황극경세성음괘수」의 체제

　　겸재 박성원의 『화동정음통석운고』와 여암 신경준의 『저정서』는 그 간행 기간이 매우 엇비슷하기 때문에 당시에 운서와 운도에 대한 인식이 매우 비슷할 수밖에 없을 것이다. 그래서 서로 상호 밀접한 연관관계가 있을 것으로 추정되는데 누가 누구의 영향을 받았는지 아니면 둘 다가 제3자의 영향을 받은 것인지는 분명하지 않다. 다만 년대 차이가 조금 앞서는 포암 박성원이 여암 신경준에게 영향을 미친 것으로 볼 수 있는 근거들이 여기저기에서 많이 보인다.

먼저 「훈민정음 언해」가 명곡 최석정의 『경세훈민정음』에서와 동일하게 나온다. 그 가운데 "正統十一年丙寅九月"이라는 기록이 명곡에서 겸제로 이어지면서 다시 여암에 이르기까지 훈민정음 창제가 병인년에 된 것으로 오해를 일으키게 된 것이다.[101] "正統丙寅, 我 世宗大王製訓民正音"라는 대목에 대해 방종현(1946)은 "또 여암 신경준도 영조 26(1750)년에 그가 지은 『저정서』서문에 "정통 병인년에 우리 세종대왕께서 훈민정음을 창제하셨으니"이라고 기록한 것이 있으니 이들의 기사가 모두 그 후 마치 세종 28(1446)년 병인에 훈민정음을 창작이나 한 것 같이 일반이 생각하게 된 원인을 제공했다고 할 수가 있다. 그러므로 이 잘못된 원인을 지은 근거지는 『세종실록』의 기사 중 병인(1446)년 9월에 "訓民正音成…."이라는 이 '成'자에 달렸다고 보겠다. 이 '成'자에 의하여 그 후 여러 학자가 병인(1446)년 9월에 창작이라고 '成'자의 뜻을 해석한 데서부터 이것이 오늘 날까지 그 오인을 물려 받게 된 것이다. 그러나 이 모든 잘못의 근원인 '成'자는 이 『세종실록』의 기록의 표준으로 보아서 이것은 한 간행물이 출판됨을 말한 것이니 이것을 다만 한 서적의 완성으로만 보는데서 그런 잘못이 생긴 것이다. '成'자를 사용한 이 실록의 다른 여러 예에서 그것은 충분히 증명된다고 하겠으니 이 점만 확실히 하면 중세의 여러 학자나 근일의 여러 가지 오해는 자연히 소멸될 것이리라고 믿는다."라고 하여 훈민정음 창제의 시점을 착각하도록 한 대목임을 분명히 밝히고 있다.

황윤석(黃胤錫, 1729~1791)이 영조 50년(1774)에 동양적 역학을 기반으로 상수, 성운, 지리, 천문 등 다양한 방면의 지식을 백과전서식으로 편찬한 책인데 권21에 「경세사상체용지수도」와 함께 소옹의 『황극경세서』 「성음창화도」를 요약한 「정성정음도」 1장을 싣고 있다.

「경세사상지수도」는 상하 2단으로 구성되어 있는데 상단에는 천성 16도, 하단에는 지음 16도가 실려 있다. 일일성평벽(日日聲平闢)에 '多良干刀妻宮心●●●' 7개 글자가 지음 152개와 화합하는 평성벽음 1,064개의 예가 하나하나 배열되어 있고 음도에는 수수음개청(水水音開淸)의 '고흑안부복동내주사■■■' 9자 글자가 천청 112개와 화합하

---

101) 『성호세설』에서(권7 상, 인사문)에 "우리나라의 언문 글자는 세종 28년인 즉 병인년에 처음 지었는데"라고 하여 이 익도 병인설을 주장하였다. 이 내용은 성현에서 비롯하여 이수광, 이형상의 저술에도 그대로 반영되어 있다. 문헌 실증학의 사료 선택의 함정이라고 할 수 있다.

는 개음청성(開音淸聲) 1,008개의 예가 일일이 나열되어 있다.[102]

황윤석은 성모를 음(音) 운모를 성(聲)이라고 하여 소옹과 달리 명명하고 있는데 이는 여암 신경준에서도 마찬가지이다. 「경세사상지수도」를 한 장으로 집약한 「정음정성도」 각각 훈민정음으로 음을 달아 두었다.

먼저 운모를 도해한 정성도는 가로로는 1성에서 10성까지 배열하고 평·상·거·입과 일·월·성·신에 따라 자표를 배열하고 있다. 각성별로 다시 벽흡(闢翕)과 개합(開合)에 따라 『강희자전』의 운섭을 표시하였다.

자전운섭에는 1성에서 7성까지 해당 자표는 훈민정음으로 표음하였으며 자전 운섭 난에는 입의 열고 닫음을 기준으로 한 흡벽(翕闢)과 개구(開口)와 합구(合口)를 비롯한 광협(廣狹)과 국(侷)이라는 자질로 운모의 성음 방식을 보다 정밀하게 묘사하고 있다.

	정성			정음	
	평 상 거 입 일 월 성 신	자전운섭		개 발 수 폐 수 화 토 석	자전자모
1聲	多더 可커 ㅇ거 舌써	闢果 假 開口狹	1音	古구 甲갸 九구 癸귀	淸見　全淸
	禾훠 大회 化ㅇ化 八바	翕果 ○ 假 ○ 合口狹		□ □ 近낀 揆뀌	濁郡　次淸
	開개 宰재 愛애 ○	闢蟹 開口廣		坤콴 欮콴 丘쿠 棄끼	淸溪　次淸
	回회 每뮈 退퉈 ○	翕蟹 合口廣		□ □ 乾껸 眉뀌	濁郡 ○ 全濁
2聲	良량 雨향 向향 ○	闢宕 江 開口侷	2音	黑흑 花화 香향 血휼	淸曉　次淸
	光광 廣광 況황 ○	翕宕 江 合口侷		黃황 華화 雄향 賢현	濁匣　全濁
	丁졍 井졍 亙긍 ○	闢梗 曾 開口廣侷		五우 瓦와 仰앙 ○	濁疑　不淸不濁
	兄횡 永윙 螢형 ○	翕梗 曾 合口廣侷		吾우 牙아 月ㅇ월 堯연	濁疑○ 不淸不濁
3聲	千쳔 典뎐 旦단 ○	闢山 開口廣	3音	安안 亞아 乙을 一히	淸影　全淸
	元원 犬권 半붼 ○	翕山 ○ 合口廣		□ 爻와 王왕 寅인	濁喩　不淸不濁
	臣씬 引인 艮근 ○	闢臻 開口通		母무 馬마 美뮈 未몌	淸明　不淸不濁
	君군 允윤 巽슌 ○	翕臻 合口通		目무 兒ㅇ머 眉뮈 民민	濁明　不淸不濁
4聲	刀돈 早쟌 孝핟 岳얃	闢效 開口廣	4音	夫부 法밥 □ 飛비	淸非　全淸
	毛뫈 寶받 報받 霍핟	翕效 開口廣		父부 凡빤 □ 吠비	濁奉　全濁
	牛위 斗두 奏주 六류	闢流 開口狹		武무 晩만 尾미	淸微　不淸不濁
	○ ○ ○ 玉유	翕流 合口狹		文문 萬완 □ 末미	濁微○ 不淸不濁
5聲	妻쳬 子즈 四스 ㅁ이	闢止 開口廣	5音	ㅏ부 百빅 丙빙 必비	淸幫　全淸
	衰쉬 ○ 師쉬 骨구	翕止 合口通		步부 白빅 □ 鼻삐	濁並　全濁
	○ ○ ○ 德드	闢止 ○ 開口通		普푸 朴부 品푀 匹피	淸滂　次淸
	龜귀 水쉬 貴귀 北븨	翕止 ◎ 合口通		旁팡 排배 平뼹 頻삔	濁滂 ○ 次淸
6聲	宮궁 孔콩 衆즁 ○	闢通 ○ 合口侷	6音	東둥 丹단 丙뎨 ■	淸端　全淸
	龍룡 甬용 用용 ○	闢通 ○ 合口侷		兒ㅇ뮈 月ㅇ딴 第며 ■	濁定　全濁
	魚유 鼠슈 去큐 ○	闢過 ○ 合口侷		土두 貪탄 天텬 ■	淸透　次淸
	烏우 虎후 兎투 ○	翕過 ◎ 合口侷		同둥 覃딴 田뎐 ■	濁透○ 次淸

---

102) "日日聲七下唱地之用音一百五十二是謂平聲闢音平聲闢音一千六十四", "水水音九上和天之用聲一百一十二是謂開音淸聲開音淸聲一千八", 『이수신편(理藪新編)』 권21 「경세사상체용지수도」.

7聲	心신 審신 禁긴 ○ ○ ○ ○ ○ 男난 坎칸 欠컨 ○ ○ ○ ○ 妾쳐	闓突 開口狹 翕突 開口狹 闓咸 開口狹 翕咸 開口狹	7音	乃내 嬭내 女뉴 ■ 內뉘 南난 年년 ■ 老랃 슴링 呂류 ■ 鹿루 犖롼 離례 ■	清娘 不清不濁 濁泥 不清不濁 清來 不清不濁 濁來 ○ 不清不濁
8聲	● ● ● ● ● ● ● ● ● ● ● ● ● ● ● ● ● ● ● ●		8音	走주 哉재 足쥬 ■ 自쯔 在째 匠쌍 ■ 草찯 采채 七치 ■ 曹짣 才채 全쥔 ■	清精 全清 濁從 全濁 清精 次清 濁從 ○ 次清
9聲	● ● ● ● ● ● ● ● ● ● ● ● ● ● ● ● ● ● ● ●		9音	息스 三산 星싱 ■ 寺스 □ 象쌍 ■ □ □ □ □ □ □	清心 全清 濁邪 全濁 清 濁 ○
10聲	● ● ● ● ● ● ● ● ● ● ● ● ● ● ● ● ● ● ● ●		10音	■ 山산 手슈 ■ ■ 士씨 石써 ■ ■ □ 耳쇠 ■ ■ □ 二식 ■	清審 全清 濁禪 全濁 清日 不清不濁 濁日 不清不濁
			11音	■莊장 震진 □ ■쯔짜 □ ■ 叉차 赤치 ■ ■ 崇쭝 辰씬 ■	清照 全清 濁狀 全濁 清穿 次清 濁狀 ○ 次清
			12音	■ 卓좌 中즁 ■ ■ 宅찍 直찌 ■ ■ 折져 丑쥬 ■ ■ 茶짜 呈찡 ■	清知 全清 濁澄 全濁 清微 次清 濁微 次清

　이상의 정성·정음 표에서 1~7성에서 자운에 따라 『강희자전』(1727)에서 제시한 「등운절운지남」103)에서 밝힌 섭에 따라 배열하면서 동일한 섭에서는 벽흡과 개합 그리고 광협과 국이라는 자질로 구분하고 있다.

　1성은 과(果)·가(假)·해(蟹)섭, 2성은 탕(宕)·강(江)·가(梗)·증(曾), 3성은 산(山)·진(臻)섭, 4성은 효(效)·류(流)섭, 5성은 해(蟹)·지(止)섭, 6성은 통(通)·과(過)섭, 7성은 돌(突)·함(咸)섭으로 배치되어 있다. 총 16섭 체계이다.

　정음에도 '자전자모(字典字母)'라고 하여 『강희자전』의 「등운절운지남」에서 자표를 구해서 성모 36자모를 청탁과 4성 곧 전청→전탁→차청→불청불탁의 순서대로 체제로 요약하였다.

---

103) 심소희, 『한자 정음관의 통시적 연구』, 이화여자대학교출판부, 365쪽, 2013. "황윤석은 "자전운섭(字典韻攝)"에서 운모체계를 『절운지남』과 동일한 『강희자전』의 「등운절운지남」을 근거로 정리하였다."라고 설명하고 있다.

아음으로 '見, 郡, 溪, 郡(○), 疑', 후음에 '曉, 匣, 影, 喩', 순음에 '明, 非, 奉, 微, 幇, 並, 滂, 微', 설음에 '端, 定, 透, 娘, 泥', 반설음에 '來', 치음에 '精, 從, 心, 邪, 審, 禪', 반치음 '日', 정치음 '照, 狀, 穿, 知, 澄' 34자모를 제시하고 있다. 이를 사성에 따라 구분하면 아래 도표와 같다.

전청	見, 端, 幇, 非, 審, 心, 影, 精, 照, 知
전탁	匣, 郡, 滂, 並, 奉, 邪, 狀, 禪, 定, 從, 澄
차청	溪, 微, 滂, 狀, 精, 從, 穿, 透, 曉, 微
불청불탁	娘, 泥, 來, 明, 微, 喩, 疑, 日

『화동정음통석운고』는 박성원(朴性源, 1697~1767)이 영조 23년(1747)'년『삼운통고(三韻通考)』의 체계를 그대로 따라 중국의 발음과 우리나라 발음을 함께 훈민정음으로 표음한 최초의 운서로 알려져 있다.[104] 이『화동정음통석운고』는 정조 11년(1787)에 정조의 어제를 올려 다시『어제정음통석(御製正音通釋)』증보 간행되었다.

이『화동정음통석운고』는 여암 신경준에게 상당히 많은 영향을 끼친 것으로 보이는데 이 책 머리에 매우 중요한 운도가 실려 있음에도 불구하고 이에 대한 논의가 없는 것은 참으로 이해하기 어렵다.

강신항(2000:198)은『화동정음통석운고』와『어제정음통석』의 내용 목차를 소개하는 대목에서「화동정음통석운고서(華東正音通釋韻考序)」의 앞부분에 실려 있는「훈민정음」(언해),「황극경세성음괘수」,「훈민정음여경세수배합도(訓民正音與經世數配合圖)」가 전혀 언급되지 않았다. 뒷부분의 운서를 제대로 이해하기 위해서는 앞부분의 운도에 대한 이해가 없이 가능할지 모르지만 본고에서는 박성원이 제작한 운서의 기반이 된「황극경세성음괘수」,「훈민정음여경세수배합도」를 중심으로 그 체제에 대해 살펴보고자 한다.

---

104) 강신항,『한국의 운서』, 국어학회, 178쪽, 2000.
105) 짙은 글씨 부분은 필사본에는 나타나지 않는다. 필자가 삽입해 넣은 것임.

황극경세성음괘수			
平上去入 陽律 日月星辰 闢翕		開發收閉 陰呂[105] 水火土石 淸濁	
一聲	多可个各 禾火化霍	一音	古甲九癸 ○○乾吅
	才宰愛德 龜水貴國		坤巧丘棄 五牙月堯
二聲	良兩向○ 光廣況○	二音	黑花香血 黃華雄賢
	丁井亘○ 兄永螢○		安亞乙一 ○○王寅
三聲	千典但○ 元犬半○	三音	卜百丙必 步排平臭
	臣引艮○ 君允巽○		普朴品匹 木磨美民
四聲	刀早孝岳 ○○○○	四音	東卓中宰 大宅直田
	牛斗秦六 ○○○○		土圻丑天 南妳女年
五聲	妻子四日 回每師骨	五音	走莊震足 曹崇辰匠
	○○帶舌 ○○外來		草叉赤七 ○○○○
六聲	宮孔衆○ 龍甬用○	六音	三山手星 ○○石象
	魚鼠去○ 無羽其玉		老吟呂禮 ○○耳○
七聲	心審禁十 ○○○○	七音	○○○ ○○○
	男坎念妾 凡范欠法		○○○ ○○○
八聲	●●●● ●●●●	八音	○○○ ○○○
	●●●● ●●●●		○○○ ○○○

九聲	●●●● ●●●● ●●●● ●●●●	九音	○○○○ ○○○ ○○○ ○○○○
十聲	●●●● ●●●● ●●●● ●●●●	十音	○○○○ ○○○ ○○○ ○○○○
		十一音	●●●● ●●●● ●●●● ●●●●
		十二音	●●●● ●●●● ●●●● ●●●●

박성원의 「황극경세성음괘수」

박성원은 "위의 성음의 두 도식은 본래 소씨가 경서서 본래 배열한 것을 약간 가감하고 또 바로잡은 것인 바 상세한 것은 소씨를 참조하라"[106]고 하여 소씨의 「황극경세성음수」를 활용하여 제작한 것임을 밝혀놓고 있다. 박성원의 「황극경세성음괘수」, 「훈민정음여경세수배합도」는 다른 운도와 여러 가지 점에서 차이를 보여주며 매우 소루한 느낌이 든다. 운모를 나타내는 양률은 평·상·거·입과 일·월·성·신과 그리고 흡벽에 따라 10성으로 구분하였다. 그런데 성모를 나타내는 음려는 개·발·수·폐와 수·화·토·석 그리고 청탁(清濁)이라는 분류 기준이 누락되어 있다.

소옹의 개념으로 천성에 해당되는 곧 정성인 양률이 여기서는 평성을 기준으로 24성으로 지음 곧 정음에 해당되는 음려가 여기서는 개음을 중심으로 19운으로 구분하였다. 이 도표에서는 성모의 성뉴를 나타내는 자표나 운모의 섭을 확인할 수 있는 자표가 매우 분명하지 않다.

---

106) "右聲音兩圖本出經世書, 今因邵氏本例, 稍加檃括覽者詳之." 『화동정음통석운고(華東正音通釋韻考)』의 「황극경세성음괘수(皇極經世聲音卦數)」.

3.4 여암 신경준의 『저정서』의 「경세성음수도」

신경준은 숙종 조 명곡 최석 이후에 훈민정음을 연구하고 또 훈민정음을 활용하여 운도를 작성한 사람이다. 그는 명곡과 더불어 훈민정음을 높이 평가하고 있다. 그는 『저정서』「훈민정음도해서」에서 "훈민정음은 우리나라말 한 쪽에 해택이 미침에 그치지 않고 이로써 가히 천하 성음의 대전이다."라고 전제하고 있다. 그는 훈민정음을 우리말을 적는 직서기언으로만 아니라 한자음이나 외국어까지 포괄한 천하 성음의 대전으로 평가하고 있다.

여암 신경준의 『저정서』의 「경세성음수도」의 체제에 대해 살펴 보자. 신경준 (1721~1781)이 영조 26년(1750)에 쓴 『저정서』의 맨 앞에 「경세성음수도」가 실려 있다. 이 도식은 소옹의 도식과는 약간의 차이를 보이고 있는데 신경준 나름대로 재편한 도식이며, 이 도식에서 제시한 10성과 12음은 각각 운모와 성모를 나타낸다. 운모를 나타내는 12성은 뒤에 나오는 「중성배경세수도」의 내용과 그리고 10성은 「초성경세수도」의 체재와 내용이 완전하게 부합하고 있어 매우 조직적인 체재를 총괄한 도식임을 알 수가 있다. 이 「경세성음수도」는 한자음의 운도로 송나라 소옹의 『황극경세서』2권에 실린 34매로 된 『황극경세성음창화도』 운도를 본 따서 신경준이 새로 지은 것이다. 송나라 채원정이 소옹의 『황극경세성음창화도』를 간략화한 『경세성음도』가 『성리대전』 권8에 『정성정음표』로 실려 있다. 소옹은 『역학』 이론에 따라 운모를 천성, 성모를 지음이라 하고 등운에서 1, 2, 3, 4 등운을 운모에서는 평(平)·상(上)·거(去)·입(入), 성모에서는 개(開)·발(發)·수(收)·패(閉)로 구분하였다. 한편 인체의 도와 연관시켜 체(體)와 용(用) 두 가지 개념 곧 사상(四象)을 수립했는데 귀(耳)·눈(眼)·코(鼻)·입(口)을 '용(用)'이라하고 소리(聲)·빛(色)·냄새(氣)·맛(味)를 '체(體)'라 하였다. 신경준은 성모(초성)를 '음(音, 자음)'으로 운모를 '성(聲, 모음)'이라고 하여 그 이름은 반대로 사용하고 있다. 운도는 당나라 말엽부터 오대 송나라 시대에 걸쳐 만들어진 것으로 세로로 로 36자모를 가로로 로 1, 2, 3, 4등운으로 운모를 배열한 도식이다.

여암 신경준의 「경세성음수도」 양률창(陽律唱)과 음려화(陰呂和)로 구분하여 좌우로 대칭시키고 양률은 '평(平)·상(上)·거(去)·입(入─일(日)·월(月)·성(星)·신(辰)'으로 음려(陰呂)는 '개(開)·발(發)·수(收)·패(閉)─수(水)·화(火)·토(土)·석(石)'으로 구분하였다. 이 구분은 신경준 자신의 『저정서』「중성해」에서 밝힌 이론에 근거한 것이다. 또한 세로로 양률은 10성으로 음여는 12음으로 한자를 배열하였는데 그 한자 배열 방식은 "궁—각—차—상—우—반차—반상"의 순으로 배열하였으며 같은 음은 "일청(전청)—이탁(전탁)—삼청(차청)—사탁(불청불탁)"의 순으로 배열하였다.

운모(韻母)	양(陽)	율(律)	성(聲)	벽흡(闢翕)	창(唱)	평(平)	상(上)	거(去)	입(入)
						일(日)	월(月)	성(星)	신(辰)
성모(聲母)	음(陰)	여(呂)	음(音)	청탁(淸濁)	화(和)	개(開)	발(發)	수(收)	폐(閉)
						수(水)	화(火)	토(土)	석(石)

음양(陰陽)은 우주를 생성하는 근원이다. 주염계(周廉溪)의 『태극도설』에 의하면 무극 곧 태극이 움직여(動) 양이 생성되고 동이 극에 달하면 고요함(靜)에 이르러 음이 생성되는 순환이 지속된다고 한다. 이를 음악에 따르면 율(律)과 여(呂)가 되고 성음학에 따르면 성(聲)과 음(音)이 되며 창화(唱和)가 된다. 다시 양(陽)은 벽흡(闢翕)이 음은 청탁(淸濁)이라는 양의(兩儀)로 나누어진다.

운목은 반절 상자를 모아 분류하면 성목(聲目)곧 성뉴(聲紐)가 이루어지며 이 성뉴를 오음과 사성에 따라 분류한 체계도를 자모도라고 한다. 이와 같은 방법으로 첩운의 자류를 정리하면 운목이 이루어진다. 예를 들어『광운』의 경우 평성 57, 상성 55, 거성 60, 입성 36을 합쳐 206운으로 구성되어 있다.

1) 「경세성음수도」의 분석

陽律唱			平 / 日	上 / 月	去 / 星	入 / 辰	음가추정
一聲	日	一闢	圖	但感	禱報	合霍	ㅏ
	月	二翕	光	縮	化	刮	ㅚ
	星	三闢	卿	愷	慨	○	ㅒ
	辰	四翕	魚	枵	卦	○	ㅙ
二聲	日	一闢	良	眼聲	駕孝	빠岳	ㅑ
	月	二翕	○	○	○	○	
	星	三闢	律	解	戒	○	ㅖ

陰呂和			開 / 水	發 / 火	收 / 土	閉 / 石	음가추정
一音	水	一清	安	影	泓	淵	ㆆ
	火	二濁	沉	匣	黃	玄	ㆅ
	土	三清	黑	曉	華	血	ㅎ
	石	四濁	拈	爻	王	喩	ㅇ
二音	水	一清	干	見	龜	坰	ㄱ
	火	二濁	軒	強	乾	群	ㄲ
	土	三清	愷	溪	屈	傾	ㅋ

聲	干	闢翕						韻	音	行	淸濁					母
	辰	四翕	●	●	●	●	●			石	四濁	吾	(魚)	瓦	玉	ㅇ
三聲	日	一闢	(多)	可	簡	○	ㅓ		三音	水	一淸	刀	帝	(嫡)	□	ㄷ
	月	二翕	(禾)	火	貫	奪	ㆉ			火	二濁	覃	(定)	同	□	ㄸ
	星	三闢	○	○	○	○	ㅖ			土	三淸	(透)	天	妥	□	ㅌ
	辰	四翕	○	○	○	○	ㅖ			石	四濁	南	(泥)	內	□	ㄴ
四聲	日	一闢	(干)	檢宴	早哲		ㅕ		四音	水	一淸	潮	(知)	追	中	ㄷ
	月	二翕	(鵑)	犬	願雪		ㆌ			火	二濁	宅	(澄)	墜	仲	ㄸ
	星	三闢	(圭)	豈	計	○	ㅖ			土	三淸	妊	(徹)	春	寵	ㅌ
	辰	四翕	○	○	○	○	[ㅖ]			石	四濁	檸	(娘)	膿	女	ㄴ
五聲	日	一闢	(庚)	子參	戊	澁	ㅡ		五音	水	一淸	走	(精)	尊	足	ㅈ
	月	二翕	(公)	吻	助	骨	ㅜ			火	二濁	曹	(從)	祖	全	ㅉ
	星	三闢	(呈)	梗	彼	德	ㅣ			土	三淸	草	(淸)	恩	觀	ㅊ
	辰	四翕	(虢)	水	會	國	ㆈ			石	四濁	思	(心)	送	濟	ㅅ
六聲	日	一闢	靈	泯審	異秀	十	ㅣ		六音	水	一淸	■	■	■	■	■
	月	二翕	(重)	悾	去	玉	ㅠ			火	二濁	寺	(邪)	像	松	ㅆ
	星	三闢	○	○	○	○	ㅣ			土	三淸	■	■	■	■	■
	辰	四翕	(兒)	永	鎣	關	ㆌ			石	四濁	□	□	□	□	□
七聲	日	一闢	兒	耳	珥	○	ㆍ		七音	水	一淸	爪	(照)	莊	鍾	ㅈ
	月	二翕	(窺)	(我)	(貨)	○	ㅗ			火	二濁	乍	乘	(牀)	船	ㅉ
	星	三闢	○	○	○	○	(ㅢ)			土	三淸	又	赤	吹	(穿)	ㅊ
	辰	四翕	○	○	○	○	ㅛ			石	四濁	扇	(審)	水	書	ㅅ
八聲	日	一闢	●	●	●	●	◡		八音	水	一淸	■	■	■	■	■
	月	二翕	○	○	○	藥	(ㅛ)			火	二濁	□	(禪)	垂	徐	ㅆ
	星	三闢	●	●	●	●	○			土	三淸	■	■	■	■	■
	辰	四翕	●	●	●	●	(ㅟ)			石	四濁	□	□	□	□	□
九聲	日	一闢	●	●	●	●	●		九音	水	一淸	(幇)	丙	卜	褊	ㅂ
	月	二翕	●	●	●	●	●			火	二濁	白	(並)	步	□	ㅃ
	星	三闢	●	●	●	●	●			土	三淸	(滂)	品	普	圖	ㅍ
	辰	四翕	●	●	●	●	●			石	四濁	貌	(明)	眉	緜	ㅁ

十聲	日	一闢	●	●	●	●	●	十音	水	一清	法	缶	㊀	福	ㅸ
	月	二翕	●	●	●	●	●		火	二濁	凡	父	吠	㊀	ㅹ
	星	三闢	●	●	●	●	●		土	三清	汎	副	㊀	峯	ㅍ
	辰	四翕	●	●	●	●	●		石	四濁	瑗	謀	㊀	娟	ㅁ
								十一音	水	一清	■	■	■	■	
									火	二濁	■	■	■	■	
									土	三清	■	■	■	■	
									石	四濁	㊀	令	盧	呂	ㄹ
								十二音	水	一清	■	■	■	■	
									火	二濁	■	■	■	■	
									土	三清	■	■	■	■	
									石	四濁	□	㊀	藥	閏	△

여암의 「경세성음수도」107)

여암의 「경세성음수도」는 송나라 소옹의 운도를 본따서 만든 34장의 「개합사장」을 한 장으로 요약하여 정성을 나타내는 '양율창'과 정음을 나타내는 '음려화'를 함께 그린 것이다. 소옹이 운모를 천성, 성모를 지음이라고 하여 이를 다시 평·상·거·입, 개발수폐로 4등으로 분류하였는데 여암도 이를 따랐다. 신경준의 이 도식이 설명하고 자 하는 내용을 요약하여 도표로 나타내면 다음과 같다.

운모: 음(音)-양(陽)-기(奇)-율(律)-창(唱)-벽흡-평·상·거·입-일·월·성·신-천성-10개
성모: 성(聲)-음(陰)-우(偶)-여(呂)-화(和)-청탁-개·발·수·폐-수·화·토·석-지음-12개

양률창은 운모 곧 중성과 중종성을, 음려화는 초성 곧 성모를 나타내고 있으며 양률과 음려를 어울러 「율려창화도」로 합성하는 방식으로 기술하고 있다.

'양률창화도'는 모두 10성으로 구성되어 있다. 여암은 종래 운모(韻母)를 천성(天聲), 성모(聲母)를 자음(子音)이라고 부르는 용어와 뒤바꾸어 사용함으로서 잘못하면 헷갈릴

---

107) 양률창과 음려화의 음가 추정은 필자가 덧붙여 넣은 것임.

가능성이 있다. 이 10성도는 가로로는 평·상·거·입, 일·월·성·신에 따라 세로로는 일·월·성·신을 흡벽(翕闢)에 따라 4등으로 나누어 자표 한자를 표기하고 있다. 여기서 세로로 일·월·성·신은 일벽·개구는 일[+open], 이흡 합구는 월[u-close], 삼벽 제치는 성([ai-open]), 사흡 촬구는 신([uai-close])을 각가 나타내어 4등호로 구분하여 이를 「개합사장」에도 그대로 반영하고 있다. 이 십성도에서는 유음무자 ○와 무음무자 ●을 제외하면 각 성별 18섭과 일치하는 한자자표를 배치하고 있어서 여암이 이 '양율화'를 제작할 때 미리 18운섭을 고려하여 배치했음을 알 수가 있다.

여암은 이 양율창을 이용하여 운도를 4부류로 나누었다. 곧 그의 「개합사장」은 18 중성 곧 18섭으로 분류하였는데 여암의 용어대로 표현하면 정중성이 18개이며 이것은 다시 ① 개구정운 제1장, ② 개구부운 제2장, ③ 합구정운 제3장, ④ 합구부운 제 4장으로 구분되어 있다.108)

① 개구정운(開口正韻) : ㅏ岡 ㅐ開 ㅡ根 ㅓ多 ㅢ登　개구(開口) 5자
② 개구부운(開口副韻) : ㅑ良 ㅒ佳 ㅣ靈 ㅕ千 ㅖ离　제치(齊齒) 5자
③ 합구정운(合口正韻) : ㅘ光 ㅙ媧 ㅜ公 ㅝ和 ㅟ肱　합구(合口) 5자
④ 합구부운(合口副韻) : ㅠ重 ㅝ靴 ㅟ兄　　　　촬구(撮口) 3자

여암이 제시한 「중성도」에 운모를 4등으로 나눈 중성은 아래와 같이 제시하고 있다.

---

108) 각 섭마다 등운은 또한 개구호, 합구호, 곧 외성, 내성으로 나누었다. 종래 운서에서 가장 복잡한 운의 분류는 통상 206운의 분류 방식을 뛰어넘어 보다 발전된 모습을 보여주고 있다. 운도의 분등(分等)과 호(呼)의 구별이 이치상으로는 운서의 자음분석과 서로 합치된다고 말할 수 있다. 운도에서 보여주는 사성, 등호, 경중, 서촉 등은 엄밀하게 말하면 이미 수당 시대에 편찬하였던 운의 방법이다. 육법언(陸法言)이 『광운』에서 206부로 나누던 것을 1, 2, 3, 4라는 등운과 개구·합구라는 등호로 나누었을 때 정밀하게 일치함으로서 운도와 운서가 서로 합치되고 있음을 알 수가 있었다. 여암은 이처럼 「개합사장」은 사등호를 기준으로 하여 4장으로 구분한 것은 탁월한 연구 성과라 할 수 있다.

정운(正韻)	ㅐ	ㅣ	ㅏ	·	개구(開口)
	ㅔ	ㅢ	ㅓ	ㅡ	
부운(副韻)	ㅒ	··	ㅑ	··	제치(齊齒)
	ㅖ	ㅖ	ㅕ	ㅣ	
정운(정운)	ㅙ	ㅚ	ㅘ	ㅗ	합구(合口)
	ㅖ	ㄱ	ㄱ	ㅜ	
부운	ㅙ	ㅖ	ㅘ	ㅛ	촬구(撮口)
	ㅖ	ㄱ	ㄱ	ㅠ	

여암의 「경세성음수도」

二				一			
石	土	火	水	石	土	火	水
ㆁ	ㅋ	ㄲ	ㄱ	ㅇ	ㆆ	ㆅ	ㆆ
이疑	케溪	꾼群	견見	유喻	효曉	햐匣	힝影

四				三			
石	土	火	水	石	土	火	水
ㄴ	ㅌ	ㅌ	ㄴ	ㄴ	ㅌ	ㄸ	ㄷ
낭孃	텨徹	닁澄	디知	니泥	투透	띵定	뒨端

六				五			
石	土	火	水	石	土	火	水
□	□	ㅆ	□	ㅅ	ㅊ	ㅉ	ㅈ
□	■	쎠邪	■	심心	칭淸	쫑從	징精

八				七			
石	土	火	水	石	土	火	水
□	□	ㅆ	□	ㅅ	ㅊ	ㅉ	ㅈ
□	■	션禪	■	심審	춴穿	쟁從	좨照

十				九			
石	土	火	水	石	土	火	水
ㅁ	ㅍ	ㅃ	ㅸ	ㅁ	ㅍ	ㅃ	ㅂ
믕微	푸敷	뿡奉	비非	밍明	팡滂	삥並	방幫

十二				十一			
石	土	火	水	石	土	火	水
△	□	□	□	ㄹ	□	□	□
싀日	■	■	■	래來	■	■	■

여암의 「초성경세수도」

이 18자는 운도의 중성 및 종성 곧 중종성의 18자로 18섭과 유사하며, 이것은 4등으로 나누면 개구·제치·합구·촬구로 『사성통해』의 「운모정국(韻母定局)」 23자와 겹치는 것을 제외하면 동일하며 여암이 제시한 「경세성음수도」의 1성, 2성, 3성, 4성, 5성, 6성의 18운을 말한다. 위의 「경세성음수도」의 양율창에 나타난 자료 가운데 18섭 분류에서 '겨火'는 「개합사장」에서 '겨火'로 실현된 것 이외는 모두 일치하는데 이 섭에 속하는 글자는 원문자○로 처리하였다.

'음려화도'는 모두 12음도인데 한자의 배열을 개·발·수·폐와 수·화·토·석으로 배열하여 이를 '궁음→각음→치음→상음→우음→반상·반치'의 순으로 배열하면서 이를 네 단으로 나누어 '일청(전청)→이탁(전탁)→삼청(차청)→사탁(불청불탁)'의 순으로 배열하였다. 음려화의 도표에서 원문자 ○로 표시한 글자가 성뉴 곧 36자의 자표이다. 이 도식은 뒤에 나오는 「초성경세수도」와 완전한 화합을 일으키고 있어 빈틈없는 여암의 운학적 지식을 가늠해 볼 수 있다.

위의 「초성경세수도」와 '음려화도'를 비교해 보면 36자를 「초성배경세수도」에 따르면 36자모를 '후음→아음→설두음→설상음→치두음→정치음→중순음→경순음→밤설겸후→반치이겸후'의 순서로 배열하였는데 이는 『사성통해』의 배열과는 차이를 보인다. 여암의 「초성배경세수도」는 『고금운회』의 36자모도에 대비하여 설상음 "ㄴ, ㄸ, ㅌ, ㄷ" 4자와 치두음 "ㅅ, ㅈ, ㅆ, ㅉ" 4자와 정치음, "ㅅ, ㅈ, ㅆ, ㅉ" 4자를 달리 설정하여 36자의 성모로 설정한 것은 중국 운서에 충실한 성모 글자를 설정한 결과 이미 당시에 중국음에서도 설상음은 지(知)·철(徹)·징(澄)모는 정치음에 통합되었는데도 이를 분리하여 그대로 "ㄸ, ㅌ, ㄷ"로 설정하고 있다. 이렇게 새로운 문자를 고안해 낸 이유는 형상의 계열적 체계를 고려했던 때문이다.

또한 성모의 배열은 역학적인 문자 이론에 따라, 5음의 배열 방식도 "궁(후)→각(아)→치(설)→우(치)→상(순)"으로 배열하여 훈민정음 체계와는 다른 방식임을 알 수 있다. 또한 같은 음계에 속한 음은 "전청→전탁→차청→불청불탁"의 순으로 배열하였다. 이 배열 방식은 훈민정음과도 차이가 나지만 『운경』, 『칠음략』, 『사등등자』, 『절운지장도』, 『경사정음절운지남』의 배열방식과도 차이를 보여주고 있다.

이상의 내용을 요약하면 다음 도표와 같다.

陽律唱(운모)			음가 추정	陰呂和(성모)			음가 추정
일 성	일	일벽	ㅏ	일 음	수	일청	ㆆ
	월	이흡	ㅘ		화	이탁	ㆅ
	성	삼벽	ㅐ		토	삼청	ㅎ
	신	사흡	ㅙ		석	사탁	ㅇ
이 성	일	일벽	ㅑ	이 음	수	일청	ㄱ
	월	이흡	○		화	이탁	ㄲ
	성	삼벽	ㅒ		토	삼청	ㅋ
	신	사흡	●		석	사탁	ㆁ
삼 성	일	일벽	ㅓ	삼 음	수	일청	ㄷ
	월	이흡	ㅝ		화	이탁	ㄸ
	성	삼벽	ㅔ		토	삼청	ㅌ
	신	사흡	ㅞ		석	사탁	ㄴ
사 성	일	일벽	ㅕ	사 음	수	일청	ㄴ
	월	이흡	ㆀ		화	이탁	ㄾ
	성	삼벽	ㅖ		토	삼청	ㅌ
	신	사흡	[ㆅ]		석	사탁	ㄴ
오 성	일	일벽	ㅡ	오 음	수	일청	ㅈ
	월	이흡	ㅜ		화	이탁	ㅉ
	성	삼벽	ㅢ		토	삼청	ㅊ
	신	사흡	ㅟ		석	사탁	ㅅ
육 성	일	일벽	ㅣ	육 음	수	일청	■
	월	이흡	ㅠ		화	이탁	ㅆ
	성	삼벽	ㆎ		토	삼청	■
	신	사흡	ㆌ		석	사탁	□
칠 성	일	일벽	·	칠 음	수	일청	ㅈ
	월	이흡	ㅗ		화	이탁	ㅉ
	성	삼벽	①		토	삼청	ㅊ
	신	사흡	㊀		석	사탁	ㅅ
팔 성	일	일벽	○	팔 음	수	일청	■
	월	이흡	㊆		화	이탁	ㅆ
	성	삼벽	◑		토	삼청	■
	신	사흡	㊄		석	사탁	□
구	일	일벽	●	구	수	일청	ㅂ
	월	이흡	●		화	이탁	ㅃ

성	성	삼벽	●	음	토	삼청	ㅍ
	신	사흡	●		석	사탁	ㅁ
십성	일	일벽	●	십음	수	일청	ㅸ
	월	이흡	●		화	이탁	ㅃ
	성	삼벽	●		토	삼청	퐁
	신	사흡	●		석	사탁	믕
십일성				십일음	수	일청	■
					화	이탁	■
					토	삼청	■
					석	사탁	ㄹ
십이성				십이음	수	일청	■
					화	이탁	■
					토	삼청	■
					석	사탁	△

신경준은 우리말 표기를 위해서는 초성 17자, 중성 18자만해도 충분하다고 하면서 한자음 표기를 위해서는 초성 36자, 중성 32자를 설정하였다. 이는 세종이 제한적 음소 28자를 제정한 원리와 동일하다. 조선어의 음소와 중국의 음소를 구분하였을 뿐만 아니라 중국에서도 현실 음소가 아닌 이상적 글자까지를 고려한 것이다.

신경준은 한자 표음을 위한 정성(성모)의 체계를 36자로 정하였는데 그것은 『고금운회』의 36모 체계에다 우리나라 경성의 반상층의 언어와 서북방언(西北方言)을 고려하여 36자 체계를 만든 것이다. 이것은 『광운』과 『고금운회거요』의 36자모와 일치하며 『사성통해』와도 일치한다. 다분히 현실적인 음가가 아닌 이상적인 음가였다고 할 수 있다. 그 이유는 변이음 표기를 전제로 한 것이지만 내면적으로는 소중화주의, 곧 중국의 규범 한자음을 고수하려는 의도가 숨겨져 있는 것이다.

천성 10성과 지음 12음을 정성과 정음으로 분류한 소옹의 「경세사상체용지수도」를 채원정이 한 장으로 요약한 결과 정성 10성은 일·월·성·신과 평·상·거·입으로 구분하고 팔괘명과 갑자로 나타내었다. 정음 12음은 수·화·토·석 오행과 개·발·수·폐와 12간지로 우주만물의 성음을 나타내려고 한 것이다. 하늘의 소리인 정성은 운모를 땅의 소리인 정음은 성모를 역학과 성음의 원리에 따라 구분하여 배합한 자리에 사람이 낼 수 있는 가능한 성음의 총수를 담아낸 도식이다.

신경준의 『저정서』는 소옹의 「경세성운도」를 응용하였지만 그 내용은 중국의 운도인 후기 중세적 운도로는 남송의 『절운지장도』와 원나라 유감의 『절운지남』, 명나라 여유기(呂維祺)의 『음운일월등』 등의 영향을 받았고 성모는 『고금운회』 36자모체계를 운모는 조선의 운서인 『사성통해』의 음운 체계를 훈민정음을 활용하여 표음한 운도이다. 이러한 조선 후기에 이상적인 중국의 표준 한자음을 나타내기 위한 노력은 서경덕에서 최석정과 신경준 그리고 황윤석으로 이어지는 일련의 흐름이 있었다.

신경준의 『저정서』의 저술 목적[109]이 훈민정음에 대한 새로운 해석과 더불어 이상적인 표준 한자음을 체계적으로 제시하기 위한 것이었으며, 이러한 노력은 『훈민정음 해례』 이후 정음학의 발달과 무관한 것이 아니었다. 곧 소옹의 「경세성운도」를 모방한 「경세성음수도」의 제작과 한자음 구성과 불가분의 관계가 있는 훈민정음 구성을 초성, 중성, 종성으로 구분하여 기술한 「훈민정음도해」와 『사성통해』를 바탕으로 한 「개합사장(開合四章)」를 제작하여 이상적 한자음의 표준화를 꾀한 결과이다.

신경준의 『저정서』를 구성하고 있는 핵심 내용이 크게 3부분으로 이루어져 있다. 첫째 「경세성음수도」, 둘째 「훈민정음도해」, 셋째 「개합사장」이라는 한자운도이다. 먼저 「경세성음수도」는 소옹의 「경세성음도」의 정성 10성과 정음 12음의 체계를 응용하여 양율창 12성과 음려화 12음 체계를 만들었다. 「율려창화도」란 양율(운모)과 음려(성모)가 서로 배합하는 「율려창화도」를 18성 36음을 제시하고 여기에 사용된 한자는 대부분 『사성통해』에 사용된 한자들이다.

신경준은 「초성배경세수도(初聲配經世數圖)」에서 『고금운회』의 36자모를 계승하였는데 설음에서 설상음 지(知)·징(澄)·철(徹)·양(孃), 정치음 조(照)·상(牀)·천(穿), 설두음 니(泥), 순경음 비(非)를 설정하였다. 또 「중성배경세수도(中聲配經世數圖)」에서는 「경세성음도」의 정성 10성으로 분류하여 32 중성을 설정하였지만 실제로 한자음 표기에 필요한 중성 곧 정중성(正中聲)은 18성으로 정했는데 이는 『사성통해』의 운섭 18운과 일치하며 또 「개합사장」의 18성과도 일치한다. 「종성도」에서도 운을 7섭으로 나누었는데

---

109) 유창균, 『국어학논고』, 계명대학교, 1984. 여암의 『운해』 편찬 목적을 "훈민정음의 연구 그 자체도 한자 음운도를 작성하기 위한 하나의 서설적 구실을 하는 것이라 하였다."라는 오류가 그 이후 많은 학자들에게 무비판적으로 확장되어 나갔던 것이다. 「개합사장」이라는 운도의 연구도 중요하지만 그의 『저정서』의 전반부 「운해」에서 보인 훈민정음 연구는 매우 독창적이어서 『훈민정음 해례』에 참여한 8명의 집현전 학사들에 버금가는 연구 성과로 평가되어야 마땅하다.

이것 역시 『사성통해』의 운미와 일치하며, 또 「개합사장」의 운과 일치한다. 신경준의 이상적 표준 한자음을 구현한 『저정서』의 핵심인 「개합사장」은 바로 『사성통해』와 매우 긴밀한 관계를 맺고 있다.

여암 신경준이 만든 「개합사장」은 당시의 많은 운서와 운도에 대한 해박한 이해가 없이는 도저히 만들 수 없는 독창성을 가지고 있다. 종래 중국의 운도인 소옹의 『황극경세서』, 『운경』, 『칠음략』, 『사성등자』, 『절운지장도』, 『경사정음절운지남』에서 보여주는 운도의 배열이나 배합 방식보다 훨씬 간편화하였다. 그뿐 아니라 국내의 운도인 명곡 최석정의 『경세훈민정음』, 황윤석의 『이수신편』, 박성원의 『화동정음통석운고』에서 보여주는 「경세성음수도」와는 전혀 다른 면모를 보여주고 있다. 철저하게 초성＋중성＋종성의 3성 체계로 인식하고 훈민정음의 '凡字必合而成音'이라는 성절의 원리로 이루어진 저술이다.

곧 성모의 배열은 대부분 『고금운회』의 체계와 공통성을 보여주고 있다. 다만 '아-설-순-치-후'나 '궁-상-각-치-우'와 같은 오음이나 오성의 배열의 방식에서만 약간의 차이를 보여주고 있을 뿐이나 운모의 배열에 있어서는 저술가에 의견에 따라 다양한 차이를 보여주며 운모의 숫자에서도 차이를 보여준다. 그런데 여암은 중종성(종성(입성)을 포함한 중성)을 설치하고 운모를 개합과 흡벽에 따라 4등으로 구분하여 매우 간략해진 「개합사장」이라는 운도를 만들어낸 것이다.

위에서 살펴본 모든 운도는 반절도와 마찬가지로 자모를 세로로 배열하고 운모를 평·상·거·입에 따라 가로로 배열한 일종의 반절도라고 할 수 있다. 여암 신경준은 18중성을 「경세성음수도」에 1성에서 6성으로 분류하였는 데 이 통합한 18운은 『사성통해』의 운목과 완전 일치한다.

여암 신경준이 만든 「개합사장」이란 아래와 같이 구성되어 있다. 개합정운(開合正韻) 제1장 ㅏ岡 ㅐ開 ㅓ根 ㅕ多 ㅢ登 개구(開口) 5, 개합부운(開合副韻) 제2장 ㅑ良 ㅒ佳 ㅣ靈 ㅕ千 ㅖ离 제치(齊齒) 5, 합구정운(合口正韻) 제3장 ㅚ光 ㅙ媧 ㅜ公 ㅟ和 ㅟ肱 합구(合口) 5, 합국부운(合口副韻) 제4장 ㅠ重 ㆌ靴 ㆌ兄 촬구(撮口) 3으로 운모를 개구·제치·합구·촬구로 4등호로 구분하여 도합 18운을 설정하는 것은 운도를 비교적 간략하고 간편하게 만든 결과를 가져왔다.

『사성통해』의 자모배합은 아래 도표와 같다.

『사성통해』 자모 배합도

음	자모	1 ㄱ	1 ㄲ	2 ㅡ	2 ㅣ	3 ㅐ	4 ㅔ	5 ㅓ	6 ㅛ	6 ㅠ	6 ㅒ	7 ㅕ	8 ㅣ	9 ㅡ	9 ㅓ	9 ㅠ	10 ㅣ	10 ㄲ
아음	見	ㄱ	ㄲ				ㅔ	ㅓ	ㅛ	ㅠ	ㅒ	ㅕ	ㅣ	ㅡ	ㅓ	ㅠ	ㅣ	ㄲ
	溪	ㄱ	ㄲ				ㅔ		ㅛ	ㅠ	ㅒ	ㅕ	ㅣ	ㅡ	ㅓ	ㅠ	ㅣ	ㄲ
	群	ㄱ	ㄲ		ㅣ			ㅓ				ㅕ	ㅣ			ㅠ		
	疑		ㄲ				ㅔ	ㅓ	ㅛ	ㅠ	ㅒ			ㅡ			ㅣ	ㄲ
설두음	端	ㄱ				ㅐ		ㅓ				ㅕ			ㅓ		ㅣ	
	透	ㄱ						ㅓ				ㅕ					ㅣ	
	定	ㄱ				ㅔ		ㅓ	ㅛ			ㅕ					ㅣ	
	泥	ㄱ	ㄲ			ㅔ	ㅓ	ㅓ				ㅕ					ㅣ	
설상음	知																	
	澄																	
	徹																	
	孃																	
중순음	幫	ㄱ		ㅣ	ㅐ			ㅓ	ㅛ			ㅕ			ㅓ			ㄲ
	滂	ㄱ		ㅣ				ㅓ	ㅛ			ㅕ	ㅣ					ㄲ
	並	ㄱ		ㅣ				ㅓ	ㅛ			ㅕ						ㄲ
	明	ㄱ		ㅣ	ㅐ				ㅛ			ㅕ						ㄲ
경순음	非	ㄱ		ㅣ				ㅓ							ㅓ			
	敷																	
	奉	ㄱ		ㅣ				ㅓ							ㅓ			
	微			ㅣ				ㅓ							ㅓ			
치두음	精	ㄱ	ㄲ	ㅡ			ㅔ	ㅓ	ㅛ	ㅠ		ㅕ			ㅓ	ㅠ		ㄲ
	淸	ㄱ		ㅡ			ㅔ	ㅓ	ㅛ	ㅠ		ㅕ	ㅣ		ㅓ	ㅠ		ㄲ
	從	ㄱ	ㄲ	ㅡ			ㅔ	ㅓ	ㅛ			ㅕ	ㅣ			ㅠ		ㄲ
	心	ㄱ	ㄲ	ㅡ			ㅔ	ㅓ	ㅛ	ㅠ		ㅕ	ㅣ		ㅓ	ㅠ		ㄲ
	邪		ㄲ	ㅡ				ㅓ				ㅕ				ㅠ		
정치음	照		ㄲ	ㅡ	ㅣ			ㅓ	ㅛ			ㅕ	ㅣ	ㅡ				
	穿		ㄲ	ㅡ	ㅣ			ㅓ	ㅛ	ㅠ		ㅕ	ㅣ	ㅡ				
	狀	ㄱ	ㄲ		ㅣ	ㅐ		ㅓ				ㅕ	ㅣ	ㅡ				
	審	ㄱ	ㄲ		ㅣ			ㅓ					ㅣ	ㅡ		ㅠ		
	禪	ㄱ			ㅣ			ㅓ				ㅕ	ㅣ	ㅡ		ㅠ		
후음	影	ㄱ	ㄲ		ㅣ		ㅔ	ㅓ	ㅛ	ㅠ		ㅕ	ㅣ	ㅡ	ㅓ	ㅠ	ㅣ	ㄲ
	曉	ㄱ	ㄲ		ㅣ		ㅔ	ㅓ	ㅛ	ㅠ		ㅕ	ㅣ	ㅡ	ㅓ	ㅠ	ㅣ	ㄲ
	匣	ㄱ	ㄲ			ㅐ		ㅓ	ㅛ	ㅠ	ㅒ	ㅕ		ㅡ	ㅓ	ㅠ	ㅣ	ㄲ
	喩		ㄲ		ㅣ	ㅐ	ㅔ			ㅠ		ㅕ	ㅣ					ㄲ
반설	來	ㄱ				ㅐ	ㅔ	ㅓ				ㅕ	ㅣ		ㅓ		ㅣ	
반치	日	ㄱ	ㄲ			ㅣ			ㅕ						ㅓ	ㅠ		ㄲ

11		12		13	14		15		16			17	
㉮ ㉯ ㉰		㉰ ㉲		㉮ ㉰	㉮ ㉯		㉰ ㉲		㉮ ㉯ ㉰			㉰ ㉲	
	㉯	㉰	㉲	㉮	㉮	㉯	㉰	㉲		㉮	㉱		
	㉯	㉰	㉲	㉮	㉮	㉯	㉰	㉲		㉮	㉱		
		㉰	㉲	㉮						㉮		㉰	㉲
	㉯	㉰	㉲	㉮	㉮	㉯	㉰	㉲		㉮	㉱		
㉮		㉰		㉮	㉮		㉰		㉮			㉰	
㉮		㉰			㉮		㉰						
㉮		㉰		㉮	㉮		㉰						
㉮		㉰ ㉱		㉮	㉮		㉰		㉮				
㉮		㉰		㉮	㉮			㉲	㉮				
㉮		㉰		㉮	㉮			㉲	㉮				
㉮		㉰		㉮	㉮			㉲	㉮				
㉮		㉰		㉮	㉮			㉲	㉮			㉰	
	㉱												
	㉱												
	㉱												
㉮		㉰	㉲	㉮	㉮							㉰	
㉮		㉰	㉲	㉮	㉮							㉰	
㉮		㉰	㉲	㉮	㉮			㉲					
㉮		㉰	㉲	㉮	㉮		㉰	㉲				㉰	
		㉰	㉲									㉰	
㉮	㉱	㉰	㉲	㉮	㉮				㉮		㉱	㉰	
㉮	㉱	㉰	㉲	㉮	㉮				㉮			㉰	
㉮		㉰	㉲	㉮	㉮				㉮				
㉮	㉱		㉲	㉮	㉮				㉮		㉱	㉰	
		㉰		㉮								㉰	
	㉯	㉱	㉰	㉲	㉮		㉮	㉯	㉰	㉲		㉮	㉱
	㉯		㉰		㉮		㉮	㉯	㉰	㉲			㉱
	㉯	㉱	㉰	㉲			㉮	㉯	㉰	㉲		㉮	㉱
			㉰	㉲									㉰
㉮		㉰	㉲	㉮	㉮			㉰					㉲
		㉰	㉲				㉮						㉰

18			19				20		21		22		23
㉠	㉡	㉰	①	㉰	㉱	㉳	⊖	①	⊖	①	①	㉡	④
㉠	㉡	㉰	①	㉱	㉲	㉳	⊖	①		①	①	㉡	④
㉠	㉡	㉰	①	㉱	㉲	㉳	⊖	①		①	①	㉡	④
	㉡	㉰	①			㉳		①		①			④
㉠			①			㉳	⊖	①			①	㉡	④
㉠			①	㉱			⊖	①			①		④
㉠			①	㉱			⊖				①		④
㉠			①	㉱			⊖				①		④
㉠	㉡		①	㉱			⊖	①			①		④
㉠			①	㉱				①					④
㉠			①	㉱			⊖						
㉠			①	㉱	㉲		⊖	①			①		
㉠			①	㉱			⊖	①					
㉠							⊖				①		
㉠							⊖				①		
㉠													
㉠	①		①	㉱			⊖	①	⊖	①	①		④
㉠	①		①	㉱			⊖			①	①		④
㉠	①		①	㉱				①		①	①		④
㉠	①		①	㉱			⊖	①		①	①		④
	①		①					①		①			④
㉠	①	㉰	①	㉱			⊖	①	⊖	①	①		④
㉠	①		①	㉱			⊖	①	⊖	①			④
㉠	①	㉰	①	㉱			⊖	①	⊖	①	①		④
㉠	①		①	㉱			⊖	①	⊖	①	①		④
㉠	①		①	㉱				①		①			④
㉠	①	㉰	①	㉱	㉲	㉳	⊖	①		①	①	①	④
㉠	①	㉰	①	㉱	㉲	㉳	⊖	①		①	①	①	④
㉠	①	㉰	①	㉱	㉲	㉳	⊖				①	①	④
㉠	①	㉰	①	㉱		㉳		①		①			④
㉠	①		①	㉱			⊖	①		①	①		④
	①		①					①		①			

이 운목은 이미 『사성통해』의 모두에 「운모정국」에 23운목을 사성에 따라 나타내었는데 이 운목을 가지고 초성(성모) 아음으로 見, 溪, 群, 疑와 설두음 端, 透, 定, 泥와 중순음 幇, 滂, 並, 明과 경순음 非, 敷, 奉, 微와 치두음 精, 淸, 從, 心, 邪와 정치음 照, 穿, 狀, 審, 禪과 후음 影, 曉, 匣, 喩와 반설음 來와 반치음 日가 각각 32자모가 존재했다. 설상음 知, 徹, 澄, 娘 4자는 제외된 결과이다. 「초성배경세수도」에 따르면 36자모를 '후음→아음→설두음→설상음→치두음→정치음→중순음→경순음→반설겸후→반치이겸후의 순서로 배열하였는데 이는 『사성통해』의 배열과는 차이를 보인다. 『사성통해』 자모배합도에서 성모는 아-설두-설상-중순-경순-치두-정차-후-반설-반치음 36자이다. 다만 여암의 「개합사장」에서 배열한 설상음 지(知)·징(澄)·철(徹)·양(孃), 경순음 부(敷) 등이 『사성통해』의 정치음 조(照)·상(狀)·천(穿), 설두음 니(泥), 경순음 비(非)와 통합되어 실제로 31개 성모 체계이다.

운모는 23종이나 겹쳐지는 것을 제외하면 18성으로 여암이 제시한 양율창 18중성(개구·제치·합구·촬구)와 음려화 36성모(궁-각-차-상-우-반차-반상)과 일치한다.

『저정서』가 『사성통해』의 성모와 운모 배치도를 고려했지만 성모는 36자모와 운모는 18운모 체계로 완전히 일치하지는 않는다.

가로로는 「초성경세수도」의 음려화에서 배열한 36개의 성모를 후음, 아음, 설두음, 설상음, 치두음, 정치음, 중순음, 경순음, 반설이겸후, 반치이겸후의 순서로 훈민정음의 자모로 배열하면서 같은 음에서는 순청, 전탁, 차청, 반청반탁으로 배열하였다.

중성을 나타낸 「경세성음수도」의 양률창에서는 1성에서 6성까지 일·월·성·신에 따라 훈민정음으로 중성을 표음한 뒤에 그기에 해당되는 운섭을 배열하였다.

一聲	日(ㅏ)	응(凝)·은(隱)·음(音)·쇼(蕭)·지(支)	5섭
	月(ㅘ)	응(凝)·은(隱)·지(支)	3섭
	星(ㅐ)	지(支)	1섭
	辰(ㅙ)	지(支)	1섭
二聲	日(ㅑ)	응(凝)·은(隱)·음(音)·쇼(蕭)·지(支)	5섭
	月(ㅒ)	지(支)	1섭
三聲	日(ㅓ)	지(支)	1섭
	月(ㅝ)	은(隱)·지(支)	2섭

四聲	日(ㅕ)	은(隱)·음(音)·소(蕭)·지(支)	4섭
	月(ㅖ)	은(隱)·지(支)	2섭
	星(ㅖ)	지(支)	1섭
五聲	日(一)	은(隱)·음(音)·우(尤)·지(支)	4섭
	月(ㅜ)	응(凝)·은(隱)·지(支)	3섭
	星(ㅡ)	응(凝)·지(支)	2섭
	辰(ㅟ)	응(凝)·지(支)	2섭
六聲	日(ㅣ)	응(凝)·은(隱)·음(音)·우(尤)·지(支)	5섭
	月(ㅠ)	응(凝)·은(隱)·지(支)	3섭
	星(ㅟ)	응(凝)	1섭
右諸攝中 支蕭尤 三攝無入聲(위에 여러 섭 가운데 지·소·우 세 섭은 입성이 없음.			

이들 중성은 개구(ㅓㅏㅗㆍㅕㅑㅛㅡ)·제치(ㅔㅐㅏㅡㆎㅖㅣㅣ)·합구(ㅙㅚㅘㅟㆉㆌㅜ)·촬구(ㅙㅚㅙㅚㅖㅟㅠ)로 구분되는데 한자음 표기에 사용되지 않은 글자로는 ㅡㆍㅣㅙㆉ가 있다.

초성을 나타내는 「초성경세수도」의 음려화에서 배열한 36개의 성모를 후음, 아음, 설두음, 설상음, 치두음, 정치음, 중순음, 경순음, 반설이겸후, 반치이겸후의 순서로 훈민정음의 자모로 배열하면서 같은 음에서는 순청, 전탁, 차청, 반청반탁으로 배열하였다.

이들 36성모와 18운모를 가로 세로로 조합한 운도를 4호에 따라 배열한 것이 신경준의 「개합사장」이라는 운도이다. 18운을 기준으로 하여 ⑴ 개구정운, ⑵ 개구부운, ⑶ 합구정운, ⑷ 합구부운 4장으로 구분하였는데 도식 마지막에 나오는 운(韻)을 기준으로 하여 그 배합 도식을 하나로 나타내면 다음과 같다.

계(개구정운)	평	상	거	입	계(개구부운)	평	상	거	입	계(합구정운)	평	상	거	입	계(합구부운)	평	상	거	입
ㅏ岡	陽	養	漾	藥	ㅑ良	江陽	講養	絳漾	覺藥	ㅘ光	江陽	講養	絳漾	覺藥	ㅠ重	東冬	董腫	送宋	屋沃
	寒	旱	翰	曷		刪	潸	諫	黠		刪	潸	諫	黠		眞文	軫吻	震問	質物
	覃咸	感豏	勘陷	合洽		咸	豏	陷	洽		元	阮	願	月		魚虞	語虞	御遇	
	看豪	巧皓	效号	覺		看	巧	效			麻	馬	禡						
	麻	馬	禡	黠		歌麻	哿馬	箇禡											
ㅐ開	○灰	○賄	泰卦隊	○	ㅒ佳	佳	蟹	泰		내媧	佳灰	蟹賄	泰卦		ㅖ靴	元先歌	阮銑哿	願霰箇	月屑
一根	眞元	軫阮	震顯	質月	ㅣ靈	庚靑蒸	梗迥	敬徑	陌錫職	丁公	東冬	董腫	送宋	屋沃	ㅠ兄	庚靑蒸	梗迥	敬徑	陌錫職
	侵	寢	沁	緝		眞文	軫吻	震問	質物		文元	吻阮	問願	物月					
	尤	有	宥	○		侵	寢	沁	緝		魚虞	語虞	御遇						
	支	紙	寘	○		尤支微	有紙尾	宥寘未			尤	有	宥						
											支微	紙尾	寘未						
ㅓ多	歌	哿	箇	○	ㅕ千	元	阮	願	月	거禾	寒	旱	翰	曷					
						先	銑	霰	屑		歌	哿	箇						
						塩	琰	豔	葉										
						蕭	篠	嘯											
						麻	馬	禡											
ㅓ登	庚靑蒸	梗迥	敬徑	陌錫職	ㅖ离	支微	紙尾薺	寘未霽		ㄱ肱	庚蒸	梗	敬	陌職					
	支	紙	寘	○							支微灰齋	紙尾賄	寘未卦霽隊						

「개합사장」에서는 전체를 중성을 기준으로 하여 18정중성 곧 18섭을 「경세성음수도」의 음려화의 1성, 2성, 3성, 4성, 5성, 6성과 동일한데 이를 아래와 같이 개구정운, 개구부운, 합구정운, 합구부운 4호로 나누어 개구정운은 개구음 ㅏ, ㅐ, ㅡ, ㅓ, ㅢ 개구 5운을, 개구부운은 제치음 ㅑ, ㅒ, ㅣ, ㅕ, ㅖ 5운을, 합구정운은 합구음 ㅘ,

ᅫ, ㅜ, ㅝ, ㅟ 5운을 합구부운은 촬구음 ㅠ, ㅖ, ㅞ 3운 도합 18운을 세로로 배열하였다.

개구정운(開口正韻) : ㅏ岡 [陽·養·漾·藥]

　　　　　　　　　　ㅏ岡 [寒·旱·翰·曷]

　　　　　　　　　　ㅏ岡 [覃·感·勘·合]

　　　　　　　　　　ㅏ岡 [肴·巧·效·覺]

　　　　　　　　　　ㅏ岡 [麻·馬·禡·點]

　　　　　　　　　　ㅐ開 [○·○·泰·○]

　　　　　　　　　　ㅡ根 [眞·軫·震·質]

　　　　　　　　　　ㅡ根 [侵·寢·沁·緝]

　　　　　　　　　　ㅡ根 [尤·有·宥]

　　　　　　　　　　ㅡ根 [支·紙·寘]

　　　　　　　　　　ㅓ多 [歌·哿·箇]

　　　　　　　　　　ㅓ登 [庚靑蒸·梗迥·敬經·陌錫職]

　　　　　　　　　　ㅓ登 [支·紙·寘]

개구부운(開口副韻) : ㅑ良 [江·講·絳·覺]

　　　　　　　　　　ㅑ良 [刪·潛·諫·點]

　　　　　　　　　　ㅑ良 [咸·豏·陷·洽]

　　　　　　　　　　ㅑ良 [肴·巧·效]

　　　　　　　　　　ㅑ良 [歌·哿·箇]

　　　　　　　　　　ㅒ佳 [佳·蟹·泰]

　　　　　　　　　　ㅣ靈 [庚·梗·敬·陌]

　　　　　　　　　　ㅣ靈 [眞·軫·震·質]

　　　　　　　　　　ㅣ靈 [侵·寢·沁·緝]

　　　　　　　　　　ㅣ靈 [尤·有·宥]

　　　　　　　　　　ㅣ靈 [支·紙·寘]

　　　　　　　　　　ㅕ千 [元·阮·願·月]

　　　　　　　　　　ㅕ千 [鹽·琰·艶·葉]

ㅕ干 [蕭·筱·嘯]

ㅕ干 [麻·馬·禡]

ㅖ离 [支·紙·寘]

합구정운(合口正韻) : ㅘ光 [江·講·絳·覺]

ㅘ光 [刪·潸·諫·黠]

ㅘ光 [麻·馬·禡]

ㅙ媧 [佳·蟹·泰]

ㅜ公 [東·董·送·屋]

ㅜ公 [文·吻·問·物]

ㅜ公 [魚·語·御]

ㅝ禾 [寒·旱·翰·曷]

ㅝ禾 [歌·哿·箇]

ㅟ肱 [庚·梗·敬·陌]

ㅟ肱 [支·紙·寘]

ㅟ肱 [齊·薺·霽·隊]

합구부운(合口副韻) : ㅠ重 [東·董·送·屋]

ㅠ重 [眞·軫·震·質]

ㅠ重 [魚·語·御]

ㅖ靴 [元·阮·願·月]

ㅖ靴 [歌·哿·箇]

ㅟ兄 [庚·梗·敬·陌]

　

신경준의 「개합사장」의 운모의 배열은 개구·제치·합구·촬구를 ① 개구정운, ②개구부운, ③ 합구정운, ④ 합구부운으로 나누어 36성모와 배합한 총괄 운도를 제시한 것이다. 이 가운데 운모 18운은 『사성통해』에서 23운으로 배열되어 있는데 이를 중복된 것을 제외하면 모두 ㅡ, ㅣ, ㅜ, ㅠ, ㅢ, ㅟ, ㅖ, ㅖ, ㅒ, ㅙ, ㅓ, ㅕ, ㅕ, ㅏ, ㅑ, ㅘ, ㅕ, ㅖ 18중성이 된다.

『사성통해』의 운목은 아래의 도표와 같은데 이들 가운데 겹쳐지는 것을 제외하면 중종성 모음은 18중성이 된다. 곧 ㅡ, ㅣ, ㅜ, ㅠ, ㅢ, ㅟ, ㅖ, ㅖ, ㅖ, ㅒ, ㅙ, ㅓ, ㅕ, ㅏ,

ㅑ, ㅘ, ㅡ, ㅞ로 한자음의 중성을 나타내기 위한 것이다.

	중성(운모)	평성	상성	거성	입성
1	ㅜ ㅠ	東	董	送	屋
2	ㅡ ㅣ	攴	紙	복	
3	ㅖ	齊	薺	霽	
4	ㅠ	魚	語	御	
5	ㅜ	模	姥	暮	
6	ㅐ ㅙ	皆	解	泰	
7	ㅚ	灰	賄	隊	
8	ㅣ	眞	軫	震	質
9	ㅡ ㅜ ㅠ	文	吻	問	勿
10	ㅏ ㅓ	寒	旱	翰	曷
11	ㅏ ㅑ ㅙ	刪	産	諫	轄
12	ㅓ ㅞ	先	銑	霰	屑
13	ㅏ ㅕ	蕭	篠	嘯	
14	ㅏ ㅑ	爻	巧	效	
15	ㅓ ㅝ	歌	哿	箇	
16	ㅏ ㅑ ㅙ	麻	馬	禡	
17	ㅕ ㅖ	遮	者	蔗	
18	ㅏ ㅑ ㅙ	陽	養	漾	藥
19	ㅣ ㅓ ㅚ ㅞ	庚	梗	敬	陌
20	ㅡ ㅣ	尤	有	宥	
21	ㅡ ㅣ	侵	侵	沁	
22	ㅏ ㅑ	覃	感	勘	合
23	ㅕ	鹽	琰	艶	葉

『사성통해』의 운

『사성통해』의 한자의 배치는 위의 도표와 같이 성모 아음 見溪群疑, 설두음 端透定泥, 설상음 知徹澄孃, 중순음 幫滂並明, 경순음 非敷奉微, 치두음 精淸從心邪, 정치음 照穿狀審禪, 후음 影曉匣喩, 반설 來, 반치 日을 기준으로 하고 운모는 『저정서』와 동일한 18운모(ㅡ, ㅣ, ㅜ, ㅠ, ㅓ, ㅚ, ㅙ, ㅖ, ㅐ, ㅐ, ㅙ, ㅓ, ㅝ, ㅏ, ㅑ, ㅘ, ㅡ, ㅞ)의 배합으로 이루어져 있다. 여암의『저정서』에서 말하는 정중성 18개와『사성통해』의 18중성은 동일하다. 앞에 제시한『사성통해』의 운은 반복사용된 것을 제외하면 18중성임을 알 수 있다. 이러한 측면에서 신경준의 「개합사장」의 운도 배치와 배열의 방식이 거의 일치한다고 볼 수 있다. 아래의 도표는『사성통해』의 구성표로서 성모와 운모의 배합을 정리한 것인데 이러한 구성의 기본 원리는『저정서』와 유사하다. 다만 성모의 배열 방식에서 차이를 보여줄 뿐 18섭은 동일하다는 사실을 알 수 있다.『저정서』의 4등은『사성통해』에서 제시한 운도 18섭을 4등으로 나눈 것이며 성모는『저정서』와『사성통해』모두 36자모를 기준으로 하여『저정서』는 36자모,『사성통해』는 31자모 체계이다.

이 가운데『사성통해』에 나타나는 입성 운미는 ㆁ, ㄴ, ㅱ, ㅁ인데 이는 신경준의『저정서』의 「종성도」에서 말하는 섭(攝)과 같다. 위의 도표를 통해 실현되는『사성통해』에 나타나는 입성 운미를 요약하면 다음과 같다.

1.	東	ㆁ[ㅇ]
2.	支齊魚模皆灰	ㆁ[ㅇ]
3.	眞文寒刪先	ㄴ[ㄴ]
4.	蕭爻	ㅱ[오/우]
5.	歌麻遮	ㆁ[ㅇ]
6.	尤	ㅱ[오/우]
7.	陽庚	ㆁ[ㅇ]
8.	侵覃鹽	ㅁ[ㅁ]

『사성통해』에 나타나는 운미가 신경준의『저정서』의 「종성도」와 일치하는데『사성통해』의 'ㅱ'가『저정서』에서는 '우/오'로 대응된다는 점만 차이가 난다. 신경준의『저정서』에서는 6종성을 섭으로 나타내었는데 (1) 응(凝)섭은 'ㅇ', (2) 지(支)섭 상은 'ㅇ', (3) 은(隱)섭은 'ㄴ', (4) 지(支)섭은 'ㅇ', (5) 소(蕭)·우(尤)섭은 '우/오', (6) 음(音)섭은 'ㅁ'이 각각 종성으로 실현되고 있음을 보여주고 있다. 다만 입성 종성은 반영하지 않고 있다. 위에서『사성통해』의 종성 8가지에서 겹쳐지는 것을 제외하면 신경준의 6종성과 일치한다.

여암은 「종성도」에서 입성운미를 제외한 양성운미(ㅁ, ㄴ, ㅇ)와 음성운미(ㅓ, ㅕ, ㅏ, ㅑ, ㅘ, ㅘ, ㅝ, ㅖ) 곧 'ㅇ'과 'ㅱ'을 ① 응(凝)섭, ② 지(支)섭 상, ③ 은(隱)섭, ④

지(支)섭 하, ⑤ 쇼(蕭)섭, ⑥우(尤)섭, ⑦ 음(音)섭으로 구분하여 7섭을 제사하였다.

① 응(凝)섭: 東[1] 冬[2] 江[3]
② 지(支)섭 상: 支[4] 徵[5] 魚[6] 虞[7] 薺[8] 佳[9] 灰[10] 隊[11]
③ 은(隱)섭: 眞[12] 文[13] 元[14] 寒[15] 刪[16] 先[17]
④ 지(支)섭 하: 歌[18] 麻[19] 陽[20] 庚[21] 青[22] 蒸[23]
⑤ 쇼(蕭)섭: 蕭[24] 肴[25] 豪[26]
⑥ 음(音)섭: 侵[28] 覃[29] 鹽[30] 咸[31]
⑦ 음(音)섭: 侵[28] 覃[29] 鹽[30] 咸[31]

이들 운미의 섭을 양성운미와 음성운미로 구분하면 아래와 같다.

ㆁ: 1~3
ㅇ: 4~11
ㄴ: 12~17
ㅇ: 18~23
ㅱ: 27
ㅁ: 28~31

이와 같이 여암이 설정한 종성 7섭은 『고금운회거요』의 평성의 섭과 일치하며, 다만 대(隊)섭만 거성의 섭과 일치하고 있다. 여암은 이 『고금운회거요』의 평성의 섭과 일치하며 다만 대(隊)섭에 속하는 운인 '灰咍佳隊, 齊薺霽隊'가 거성이다. 31자 가운데 이 입성의 대(隊)섭을 선택한 이유는 분명하지 않다.

훈민정음 창제 이후 "무릇 모든 글자는 반드시 초중종을 합해야 소리가 이루어진다(凡字必合而成音)"의 규정으로 인해 『동국정운』의 한자음 표기에 있어서 종성이 없는 글자 가운데 지(支)섭 상하는 모두 'ㅇ'를 붙이지만 'ㅗ, ㅛ, ㅜ, ㅠ'로 끝나는 쇼(蕭)·우(尤)섭의 한자음에는 반드시 종성에 'ㅱ'을 표기하도록 고정시켰다. 『홍무정운역훈』에서는 약(藥)섭의 글자에는 'ㅸ'를 표기하도록 하였으나 개신 한자음이 정착되지 못하고 『육조법보단경언해』에 가서는 이들 표기가 모두 사라진다. 그러나 여암은 자신의 운도에 쇼(蕭)·우(尤)섭을 '우/오'로 표기하였다.

이상에서 살펴본 바와 같이 신경준의 「경세성음창화도」는 「초성경세수도」와 「중성경세수도」, 「종성도」의 내용을 연역적으로 총괄하여 나타낸 운도이다. 이 총도를 기준으로 하여 다시 개구·합구·개구부운·합구부운 4호에 따라 「개합사장」의 운도를 작성한 것이다.

3.5 조선 후기의 운도 연구 종합

훈민정음 창제 이후 17, 18세기에 이르러 운서와 운도의 편찬이 활발하게 이루어졌다. 조선 후기 운서에는 훈민정음으로 규범적인 한자음 표기를 하여 학습에 편리하도록 도모하였다. 이러한 조선 운서와 운도의 체재는 중국의 운서와 운도의 발달 과정과 밀접한 관계를 가지고 정착된 것이다.

신경준의 『저정서』는 소옹의 「경세성음도」를 본 따 「경세성음수도」를 만들었는데, 이는 한자 운도인 「개합사장」를 만들기 위한 것이다. 「개합사장」은 성모 36자는 『고금운회거요』의 36자모체계를 기반으로 하여 『사성통해』의 자모 배합도에 반영된 음운 체계에서 5개를 제외한 한자표를 이용하였으며 18운모는 『사성통해』 음운 체계에서 18섭을 그대로 따랐다. 다만 『고금운회거요』의 중성체계는 21중성으로 『사성통해』 중성에서 'ㅢ'가 빠지고 'ㅘ ㅚ ㅑ ㅒ' 중성이 더하여졌다. 『저정서』의 운모는 『고금운회거요』에 따르지 않고 『사성통해』의 18섭과 같다.

특히 이 「개합사장」을 기술하기 위해 훈민정음의 초성, 중성, 종성에 대한 분절음의 체계와 자모 생성에 대한 연구성과는 집현전 학사들에 버금가는 독창적이고 탁월한 이론이었다. 다만 지나치게 역학이론에 얽매어서 모음에서 ··를 자음에서 ㄴ, ㄷ, ㅌ, ㅛ를 설정한 이상적인 기술도 없지 않다.

조선 후기 순수한 운도에 대한 연구로는 명곡 최석정과 여암 신경준 그리고 황윤석 정도이고 나머지는 운서와 운도의 내용이 뒤섞인 설명들이거나 매우 단편적인 기술이라고 할 수 있다. 특히 여암에 많은 영향을 끼친 명곡 최석정의 『경세훈민정음』은 「경세정운서설」에 의하여 「운섭도」를 만들었으며, 외팔섭, 내팔섭으로 구분한 것은 중국의 5대 운도의 직접적인 영향을 받은 결과이지만 「운섭도」의 내용은 「경세정운서설」에 따라 절운계 운서인 『광운』의 「운도」를 만들었으며 훈민정음으로 음가를 표기하였다.

이재 황윤석의 『이수신편』권지12, 운학본원은 최석정의 『경세훈민정음』, 신경준의 『저정서』와 더불어 등운학 분야의 탁월한 저술이다. 「운학본원」의 주요 내용은 「운법횡도」와 「운법직도」이며, 「횡도상」, 「횡도하」, 「직도」, 「신정횡직합도」, 「세종대왕훈민정음본문자모」, 「훈민정음초중종도」, 「중성해」는 「운도」를 만들기 위한 도론적 구실을 한다. 여암의 「운도」도 『사성통해』를 바탕으로 하였다.

겸제 박성원의 『화동정음통석운고』는 훈민정음으로 중국어음, 동음을 표기한 최초의 운서이다. 그의 『화동정음통석운고』는 『삼운통고』에 훈민정음으로 『사성통해』를 바탕으로 금속음을 달았다. 지금까지 박성원의 연구 성과에 대한 연구가 미진한 것으로 보이는데 아마도 여암의 『저정서』편찬에도 상당한 영향력을 미친 것으로 판단된다. 이와 함께 여암이 홍계희의 『삼운성휘』의 부족한 부분을 보유하려고 했던 것으로 보인다. 여암이 남긴 『운보절자휘요찬』은 아직까지 학계에 소개되지 않은 미공개자료인데 앞으로 이와 더불어 여암과 겸재 그리고 이재와의 운서와 운도 그리고 자학에 대한 연구 성과들을 보다 정밀하게 연구해야할 것이다.

최석정의 『경제정운』, 황윤석의 『이재유고』권12, 「자모변」, 신경준의 『저정서』는 중국어음 뿐만 아니라 동음을 표기하기 위하여 문자를 이원화 하였다. 홍계희의 『삼운성휘』는 동음을 기준으로 하여 영조 27년(1751)에 편찬된 중국어음을 훈민정음으로 표기한 운서이다. 『삼운성휘』의 중국어음은 『사성통해』정음이며 『화동정음통석운고』와 같이 『삼운통고』의 체재나 동음이 『훈몽자회』자모 순에 의하여 배열됨에 따라 중국어음도 같은 계열의 음으로 『사성통해』31자모, 18중성을 바탕으로 한자를 배열하였다.

이덕무 등이 중심이 된 『규장전운』은 중국어음과 동음을 훈민정음으로 병기한 운서이다. 『삼운성휘』와 같이 사성통해 31자모, 18중성으로 훈민정음으로 중국어음을 표기하였다. 홍순보의 『전운옥편』은 『규장전운』을 바탕으로 한 동음자전이다. 『전운옥편』 상하로 나누어 옥편의 형식에 따라 획과 부수로 분류하여 한자에 동음을 표기하고 주해 운을 표기하였다.

동음은 네 유형으로 표기 되었다. 동음을 한 음으로만 하였을 때는 『전운옥편』, 『정음통석』, 『삼운성휘』, 『규장전운』이 같은 음이다. 정음과 속음은 『정음통석』음이다. 본란에 있는 음은 정음이며, 정음에 속음이 있을 때 상단에 속음을 표기하였다. 류희의 『언문지』에서 류씨교정음(柳氏校定音)은 중국어음, 동음, 우리음을 표기하기 위한 당시의 현실음이 아닌 이상음이다.

　향후 운도와 운서 연구를 보다 정밀하게 연구한 성과를 쌓아서 훈민정음 연구사에 대해 보다 깊이 있는 연구로 발전되어야 할 것이다. 아울러 한자음의 변천뿐만 아니라 한자음 표기의 변화에 대한 원인을 규명하는 한자음변천사에 대한 연구도 깊이를 더해야 할 것이다.

여암 신경준의 『저정서』 분석

제3장 여암 신경준의 『저정서』 분석

1. 원필사본 『저정서』 해제

여암 신경준(1712~1781)이 영조 26년(1750)에 쓴 것으로 추정되는 친필 필사본 「저정서(邸井書)」, 「개합사장(開合四章)」(연습본, 정서본), 『삼운보궐자휘요찬(三韻補闕字彙要纂)』 세종의 책 복사본의 내용을 정밀하게 분석하였다.[1] 지금까지 학계에서는 『훈민정음도해』, 『훈민정음운해』, 『운해훈민정음』 혹은 『운해』 등의 다양한 이름으로 알려졌던 이 책의 원본 필사본은 바로 「경세성음수도」를 비롯한 훈민정음을 해설한 「운서」와 여암이 독창적으로 구성한 운도인 「개합사장(開合四章)」이라는 두 필사본을 합본한 『저정서(邸井書)』라는 책을 확임함으로서 앞으로 『훈민정음운해』 혹은 『운해훈민정음』 『운해』 등으로 불러온 이 책의 명칭 수정은 불가피 하게 되었다.

또한 훈민정음을 이용하여 18세기 당대 조선의 이상적 한자음 규범화를 위해 『고금운회』의 36자모와 『사성통해』의 18섭의 운모를 4등으로 구분하여 운도를 제작한 여암 신경준의 운학 이론은 세종의 훈민정음 창제 이후 숙종 대 명곡 최석정의 『경세훈민정음』의 뒤를 이은 매우 뛰어난 성과이다. 특히 18세기 실학적 성운학자의 한 사람인 여암 신경준의 학문적 사승 관계에 대한 새로운 이해와 함께 이번에 새로 발굴된 여암 신경준이 쓴 필사본 『저정서』를 구성하고 있는 「운해」, 「개합사장」를 중심으로 그 서지 특징을 살펴볼 것이다.

---

[1] 이 책은 대구에 거주하는 조 모씨의 소장본으로 연구 자료로 활용할 수 있도록 이 책의 공동저자인 천명희 박사를 통해 소장자로부터 허락을 받았다. 이 자료를 천명희 박사가 자료 사용의 허락과 소개를 해 준 점에 대해 이 자리를 빌려 감사한 마음을 전하다. 『삼운보궐자휘요찬』에 대해서는 향후 자료의 소개와 더불어 내용 분석과 해제를 발표할 예정이다.

여암 신경준이 33세 되던 해부터 고향인 순창에 우거하면서 저술에 힘썼다. 그후 그이 나이 39세 때인 영조 26년(1750)에 『저정서』를 지었다. 그런데 이 필사 이본의 하나인 김완근 씨가 소장했던 필사본의 행방이 한동안 묘연하였다. 그러나 최태영 (1987)과 김슬옹 박사가 숭실대학교 부설 한국기독교박물관 소장인 『운해훈민정음(韻解 訓民正音)』을 검토하면서[2] 이 책이 바로 학계에서는 행방이 묘연하다고 알고 있는 김완 근 씨가 소장했던 필사본임을 확인하였다.[3] 아마 숭실대학교 부설 한국기독교 박물 관에서 구매했던 것으로 보인다.

『저정서(邸井書)』 표지와 그 일부인 「개합사장(開合四章)」의 표지

이 책 내용이 시작되는 면 공난에 낙관이 여러 개 찍혀 있는 것을 볼 수 있는데 그 중에 김완근 씨의 낙관을 근거로 하였다. 1937년 조선어학회에서 활자화하는데 저본 으로 쓰인 그 책임이 분명하며 김완근 씨 소장본이었던 여암의 『운해훈민정음』은 현 재 숭실대학교에 보관되고 있음이 확인되었다. 이 숭실대학교 소장본을 '숭실대학교

2) 김슬옹, 「『운해훈민정음 [저정서]의 정음문자관」, 『한말연구학회』, 제39집, 2016.
3) 최태영, 『운해훈민정음』 해제, 숭실대학교국어국문학과편, 기독교박물관자료총서 제1집, 태학사, 1987.

본'이라고 부르면서 이를 중심으로 『운해훈민정음』의 책명에 대하여 좀 더 언급하겠다. 이 숭실대학교본은 그 표지에 『운해훈민정음(韻解訓民正音)』이라 되어 있는 것은 사실이다.

필사본으로 전해져 내려오다가 조선어학회에서 간행된 『한글』 제5권 3호(1937년 3월)부터 제5권 11호(1937년 12월)에 걸쳐, 정인보(鄭寅普) 선생의 해제와 함께 『훈민정음운해(訓民正音韻解)』란 제목으로 연제하였다. 1938년에 동 학회에서 그동안 연재했던 것을 모아서 단행본 활자본으로 간행하였다. 1939년에 『여암전서』(정인보, 김동춘 공교, 신조선사, 신재휴(申宰休, 여암의 5세손)가 간행되었을 때에도 이를 그대로 수록하였다. 김완근 씨 소장 필사본은 그 후 1987년에 숭실대학교국어국문학과편, 기독교박물관자료총서 제1집으로 태학사에서 영인되었다.

이 외에도 한국학중앙연구원 소장 필사본도 있다. 이 한국학중앙연구원 소장본의 서명은 『훈민정음도해(訓民正音圖解)』(C12-1)이다. 이 책에 대해서는 간단한 서지 정보와 해제를 앞에서 소개했으므로 여기에서는 생략한다. 기타 서울대 규장각(가람411. 1. 18, Si62h), 연세대 도서관 등에도 또 다른 후사본이 있다.

본서에서는 각각 다른 이름으로 불려온 동일한 내용의 필사본 3종의 필사본 곧 숭실대학교기독교박물관 소장본과 한국학중앙연구원 소장본과 서로 비교할 수 있도록 최근 필자가 발표한 필사 원본을 부록 자료로 실어 연구에 활용할 수 있도록 하였다.

필사본 3종이 현재까지 알려진 주요한 이본인데 이 가운데 이번에 필자가 새로 발굴하여 소개한 여암의 친필 필사본 원본의 서지 정보는 크게 몇 가지로 구분하여 정리하면 아래와 같다.

첫째, 오침 선장본으로 29×18. 2cm 크기로 무광 무선 무괘로 필사본이다. 책의 표지는 좌측 상단에 큰 글씨로 '邸井書'로 서명이 기록되어 있으며 우측 상단에 적은 글씨로 '韻書'라는 편명이 기록되어 있다. 표지에는 '井, 尹, 邸, 書' 등의 낙서한 흔적도 남아 있다. 본문 1장 1면에 '韻書'라는 편명 제목에 이어 「경세성음수도」 도식이 나온다.

둘째, 「개합사장(開合四章)」이라는 책은 역시 필사본으로 28. 7×18. 3cm 크기로 『저정서(邸井書)』와 동일하다. 역시 무광 무선 무괘 필사본으로 『저정서(邸井書)』와 동일한 필체로 표지의 우측 상단에 '개합사장'으로 되어 있다. 이 「개합사장」 표지에는 "辛日, 甲午, 癸卯, 丙辰"과 "□五月初一日"이라는 기록과 "丁酉正月十八日"이라는 글씨가 있다. 본문은 「개합정운제일장(開合正韻第一章)」이라는 도표가 나온다. 「개합사장(開合四章)」은 『저정서』의 후반부인 동시에 별도의 두 종의 필사본으로 남아 있다. 한 가지는 연습용으로 「개합사장」의 도식을 만들어 그 내용을 초서로 기입한 것이고 다른 한 가지는 이 것을 정체로 정서한 것이다.

셋째, 필사본의 연대를 추정할만한 확실한 기록이 어디에도 없다.

넷째, 본문이 끝난 다음 『삼운성휘』를 보유한 『삼운보궐자휘요찬』의 첫 면과 「율려창화성음유자자수」와 겸재 박성원의 「화동정음」과 『화동정음통석고』 「범례」의 일부 기록을 베껴두었다.

이 『저정서(邸井書)』는 중국의 성모와 운모를 배합한 체계인 운도를 훈민정음으로 우리나라의 한자음 성모와 운모를 표음한 책이다. 『훈민정음 해례』 이후 명곡 최석정의 『경세훈민정음』에 이은 가장 심도 깊이 연구한 운서 가운데 하나이다. 지금까지 이 책에 대한 다양한 평가가 있다.

1938년 3월 조선어학회에서 김완근 소장 필사본을 활자본으로 간행할 당시에 그 권두에 실린 정인보 선생의 해제에

> "『훈민정음운해』 일책은 신 여암 경준(숙종 임진~정조 신축, 1721~1781)의 저이니 (순민은 그의 자) 훈민정음 연구로서 가장 기오할 뿐 아니라, 류 서파보다는 물론 먼저요, 정현동에게도 여암이 삼십여년이나 장한 즉, 사학에 있어 중흥조로 추상하여도 과할 것이 없다. 이 신제 영익의 정음학이 비록 저서는 전하지 아니하나, 서파의 인용함을 보아 그 심오를 짐작할 수 있는데, 신제도 여암의 후진이다."

라고 하여 여암의 『저정서』를 『훈민정음운해』로 규정하면서 이 필사본이 신 여암의 저술임을 천명하였다. 그리고 이 책의 가치를 "훈민정음 연구로서 가장 기이하고 심오하다"라고 평가하고 있다.

방종현(1946)은 "영조 때의 신경준(1712~1781)이란 이가 있어서 『훈민정음운해』(1750년)을 지은 것이 그 처음이고…"라고 하여 훈민정음 연구사에서 『훈민정음 해례』 이후 첫 연구물이라고 평가하고 있다.

최태영(1987:4)은

> "여암이 39세에 지은 『운해훈민정음』은 훈민정음이 창제된 이후 가장 깊이 이 훈민

정음이라고 하는 표음문자를 문자의 본질면에서 고찰한 저술이다."

라고 평가하고 있어서 종래 한자 음운도 작성을 위한 것으로 평가해온 강신항(1967), 유창균(1988) 이외의 연구는 주로 「훈민정음도해」 부분에만 주목하여 이 책을 일종의 정음학서 즉 훈민정음 연구서로 간주해 왔으나 훈민정음 발달사적인 측면에서는 여암 신경준에 앞선 명곡 최석정이 있기 때문에 최초의 연구라는 평가는 합당치 않다.

지금까지 학계에서는 『훈민정음도해』, 『훈민정음운해』, 『운해훈민정음』 혹은 『운해』 등의 다양한 이름으로 알려졌던 이 책은 바로 「운해(韻解)」와 「개합사장(開合四章)」 이라는 두 필사본을 합친 『저정서(邸井書)』라는 책이라는 사실을 확인할 수 있다.

위에서 기술한 바와 같이 기본 서지 정보가 바뀜에 따라 내용 구조도 바뀔 수밖에 없다. 기존의 필사본 자체가 정식 출판된 책이 아니라서 구조가 모호한 부분이 있었고 학자들마다 내용 구조도를 조금씩 달리 제시하곤 했다.

이 책의 구성을 크게 나누면 「경세정음도(經世正音圖)」, 「훈민정음도해(訓民正音圖解)」 그리고 「개합사장(開合四章)」이라는 운도를 포함하여, 대략 3개 부문으로 구성되어 있다.4) 강신항(1967), 유창균(1988) 이외의 연구는 주로 중간의 「훈민정음도해」 부분에만 주목하여 이 책을 일종의 정음학서 즉 훈민정음 연구서로 간주해 왔으나 강신항(1967), 유창균(1988)에서 지적되었듯이, 이 책을 지은 여암의 궁극적인 목적이 운도 작성과 그 해설에 있었다.

이렇게 보면 책 제목 외 기본 구조도가 차이가 나는 것은 아니다. 신경준이 새롭게 제시하고자 하는 한자음 관련 부분의 제목이 「한자운도」가 아닌 「개합사장」으로 설정해야 하는 차이가 있다.5)

지금까지 여암 신경준의 『저정서』가 훈민정음을 이용한 한자음 운도를 밝힌 데 치중한 것으로 간주하고 대부분이 『훈민정음운해』 혹은 『운해훈민정음』 등의 이름을 불렸으나 이것도 물론 잘못이다. 신경준의 『저정서』는 모든 언어의 바른 소리를 적

---

4) 「경세정음도(經世正音圖)」와 「훈민정음도해(訓民正音圖解)」을 합쳐서 1부 그리고 「개합사장(開合四章)」을 2부 3부 부록으로 3구분할 수도 있으나 「경세정음도(經世正音圖)」는 비록 분량은 적지만 매우 중요한 부분이기 때문에 이를 한 부분으로 처리하는 것을 옳은 방법이라고 판단하고 있다.
5) 김슬옹, 「신경준, 『운해훈민정음[저정서]』의 정음 문자관」, 『한말연구학회』 제39호, 40~41쪽, 2016.

을 수 있는 문자인 훈민정음을 활용하여 한자의 음분류를 체계화한 한자 운도로 저술된 책이다. 다시 말하자면 한자의 이상적인 음을 나타내기 위해 작성한 운도라고 할 수 있다. 또한 이 운도를 활용하여 궁극적으로는 『삼운성휘(三韻聲彙)』[6]에 누락된 글자를 『사성통해』를 통해 보완하는 일련의 자전을 완성하는데 있었다. 이번에 필사본으로 새로 발굴된 『삼운보궐자휘요찬(三韻補闕字彙要纂)』는 바로 『삼운성휘』에서 누락된 글자를 수합한 여암 신경준의 저술이다. 그 증거로 필사본의 필체가 동일할 뿐만 아니라 『저정서』의 54면에 『삼운성휘』의 일부를 필사로 남겨 놓은 흔적이 있는 것을 들 수가 있다.

곧 이 책은 지금까지 알려진 바와 같이 훈민정음으로 한자음의 운도를 밝힌 것만이 아니라 훈민정음을 성리학적 토대 위에서 정밀하게 분석한 동시에 18세기 바른 한자음을 훈민정음으로 그 음을 표기한 한자의 운도를 기술한 책이다.

『저정서』의 구성은 「경세성음수도」에서 「종성도」까지는 「운해」라는 편명으로 구성되어 있고 그 이후 한자 음운도는 「개합사장」이라는 별도의 편명[7]으로 구성되어

---

6) 1751년(영조 27) 홍계희(洪啓禧)가 『삼운통고(三韻通考)』·『사성통해(四聲通解)』·『홍무정운(洪武正韻)』 등의 운서를 참고로 하여 지은 운서이다. 상·하 2권, 부(附) 옥편(玉篇) 1권으로 되어 있다. 처음에는 김재로(金在魯)가 계획하고 있었으나 홍계희가 편찬하고 정충언(鄭忠彦)도 그 완성에 참여하였다. 체재는 『삼운통고』와 마찬가지로 평·상·거성 소속 한자를 한꺼번에 배열하는 3단체재를 취하였으나, 자순(字順)은 현실 우리나라 한자음(漢字音)에 입각하여 한글 자모순으로 배열하였다. 한자의 주해는 대개 『증보삼운통고』와 같으나 간혹 상세하게 주해를 단 것이 있으며, 한자음표기는 한글로 하되, 우리나라 한자음을 먼저 기록하고 중국 본토음을 그 밑에 기록하였다. 우리 나라 한자음이 혼란상태에 빠져 있다는 생각에서 현실음도 일부는 개정한 규범음으로 표시하려고 노력하였으며, 중국 본토음은 대개 『사성통해음』을 따랐다. 보편(補篇)인 『옥편』은 자획순으로만 되어 있고, 한글로 표음되지는 않았다. 『삼운성휘』의 범례에는 언자초중종성지도(諺字初中終聲之圖)가 실려 있어서, 18세기에 쓰이고 있던 한글의 자모수(字母數) 등을 보여주고 있으며, 한글자모 하나하나를 『훈민정음』 예의편에 있는 한자들을 그대로 이용하여 초성·중성을 설명하였으며, 8종성을 최세진(崔世珍)의 『훈몽자회』 범례에 실려 있는 초성종성통용팔자(初聲終聲通用八字)에 이용된 한자로써 설명하였다. 이 표에서는 한글자모의 배열 순서를 현행과 거의 같이 "ㄱ, ㄴ, ㄷ, ㄹ, ㅁ, ㅂ, ㅅ, ㅇ, ㅈ, ㅊ, ㅋ, ㅌ, ㅍ, ㅎ, ㅏ, ㅑ, ㅓ, ㅕ, ㅗ, ㅛ, ㅜ, ㅠ, ㅡ, ㅣ, ·"로 하였으며, 다른 모음들의 뒤에 결합되어 중모음을 형성하는 'ㅣ' 모음을 중중성(重中聲)이라고 한 것이 특색이다. 또, 한글 자모의 수를 25자로 하고, 주(註)에서 훈민정음의 ㆁ, ㆆ는 속(俗)에서 ㅇ과 합해지고, ㅿ은 ㅅ, ㅇ의 간음(間音)이라고 하였다. 『한국민족문화대백과사전』 참조.

7) 편명인 동시에 이번에 새로운 단권 형식의 책이 발견되었으니 "운해(韻解)"와 이 "개합사장

있어 이를 합하여 『저정서(邸井書)』라고 할 수 있다. 곧 『저정서』는 편명이 「운해」인 전편은 「경세성음수도」와 『훈민정음도해』로 구성되어 있고, 편명이 「개합사장」인 후편은 한자 음운도로 구성되어 있다. 결국 「운해」는 뒤편에 나오는 「개합사장」을 위한 기본 이론인 동시에 훈민정음에 대한 여암의 독창적인 해설을 한 것이며, 한자 음운도인 「개합사장」은 『고금운회』의 성모와 『사성통해』의 운모 체계에 맞추고 소옹의 「경세사상체용지수도」의 체계를 응용하여 만든 것이다.

지금까지 『운해훈민정음』, 『훈민정음운해』, 『훈민정음 도해』[8] 등으로 그 서명이 잘못 알려져 있지만 이번에 새로 발견된 여암의 친필 필자본을 통해 그 서명이 『저정서(邸井書)』임을 확인할 수 있다. 이 책의 서지적 검토와 아울러 이 내용 분석을 통한 18세기의 운학 연구의 특징과 함께 여암 신경준의 『저정서』에 나타난 훈민정음에 대한 연구 성과와 운도의 특징을 살펴볼 것이다.

1.1 『저정서』의 서지와 서명

조선 후기 실학자인 여암 신경준(1712~1781)이 영조 28년(1750)에 쓴 필사본 「개합사장(開合四章)」이 포함된 『저정서(邸井書)』를 비롯하여 『삼운보궐자휘요찬(三韻補闕字彙要纂)』이 최근 대구의 개인 소장가가 보관한 것을 확인하였다.[9] 최근 이 책은 신경준의 저서 가운데 언어 문자와 관련된 저술로 『일본증음(日本證音)』, 『언서음해(諺書音解)』, 『오성운해(五聲韻解)』를 비롯하여 『여암유고』에 실려 있는 『동음해(東音解)』 등이 있는 것으로 알려졌다.[10] 그러나 이들 책은 현재까지 발견된 것은 없는 것같다.

이 가운데 신경준이 쓴 필사본 『저정서』의 서명을 『운해』[11]라는 이름으로 혹은 『운

(開合四章)"을 합본하여 『저정서』라는 단권의 책으로 만들어진 것이다.

8) 각종 사전이나 포털사이트에 "조선 영조 26년(1750)에 신경준(申景濬)이 훈민정음(訓民正音)의 음운(音韻) 원리를 역학적(力學的)으로 그림을 그려 풀이한 책."라는 식으로 잘못된 소개를 하고 있다.

9) 최근 이 자료는 일괄 국립기관에서 매입한 것으로 알려져 있다.

10) 신경준(申景濬), 『여암유고(旅庵遺稿)』(『한국문집총간』 231) 170쪽: 권13 부록, 『행장』(申獻求)에 "先生之爲文章, 本諸經史…. 所著述頗多, 而若儀表圖類仰圖, 如漢書之天文志也, 疆界誌山水經道路考, 倣周官之職方圖也, 日本證韻諺語音解五聲韻解, 若祝文與字書也."

11) 정인보(1938)와 방종현(1946), 홍기문(1946)은 『훈민정음운해』로 최현배(1940)는 『고친한 글갈』에서는 『훈민정음도해』, 김윤경(1938:125)은 『조선문자급어학사』에서 『훈민정음운

해훈민정음』12)과 『훈민정음도해』13) 등으로 알려져 있다. 『운해훈민정음』14)으로 알려져 있는 필사본 등을 포함하여 현재 규장각과 연세대 도서관 소장본 등 포함하면 5종이 남아 있다. 본고에서는 1938년 조선어학회에서 간행한 활자본의 대본이 된 김완근 소장 필사본15)과 한국학중앙연구원에 소장된 필사본과 그리고 이번에 발견된 필사본을 중심으로 살펴보고자 한다.

조선어학회에서 활자본의 대본이 되었던 김완근 소장본과 『훈민정음도해』로 알려진 한국학중앙연구원 소장 필사본과 본서에서 소개한 원본 친필본 3종이다. 이 가운데 신경준의 친필체 『저정서(邸井書)』라는 책의 특징을 간략하게 몇 가지 지적하면 다음과 같다.

첫째, 『저정서』는 지금까지 알려진 『훈민정음운해』라는 책과 동일한 것으로 오침선장본으로 29×18.2cm 크기로 무광 무선 무괘로 된 필사본이다. 책의 표지는 좌측 상단에 큰 글씨로 '邸井書'로 서명이 기록되어 있으며, 표지 우측 상단에 적은 글씨로 '韻書'라는 편명이 기록되어 있다. 본문 1장 1면에 '韻書'라는 편명 제목에 이어 「경세성음수도(經世聲音數圖)」 도식이 나온다. 이 책의 서명을 규정하는데 결정적인 역할을 한 원본 필사 자료라는 면에서 매우 중요하다.

둘째, 「개합사장(開合四章)」이라는 책은 역시 필사본으로 28.7×18.3cm 크기로 『저정서』와 동일하다. 역시 무광 무선 무괘로 필사본으로 『저정서』와 동일한 필체로 표지의 우측 상단에 '개합사장(開合四章)'으로 되어 있다. 이것은 두 가지 이본을 합철한 것인데 연습용으로 도식을 그려 작성한 것과 정서한 필사이다.

「개합사장」은 「개구정운」제1장 8면, 「개구부운」제2장 8면, 「합구정운」제3장 8면,

해』, 강신항(1978)은 『훈민정음운해』, 박태권(2008)은 『운해훈민정음』, 유창균(1969:131)과 배윤덕(2005:11)은 『운해』 등으로 명명하고 있다.

12) 그의 행장에는 「오성운해(五聲韻解)」로 되어 있다.

13) 강신항(1967:19) 선생은 이 책명이 『韻解』인 근거를 1) 김양선 씨가 소장하고 있는 년대 미상인 사본에도 그 표제에 "운해 훈민정음"이라고 씌여 있고 2) 여암 자신도 그의 문집에 '韻解序'라 하였고, 3) 역시 그의 문집에 『平仄韻互擧要訣』에서 "余旣作韻解 又選一字互入 而切於用者 別爲一編 以便考"라는 기록을 근거로 하였다.

14) 강신항(1967:19) 선생은 김양선 씨가 소장하고 있던 필사본의 표지에 "韻解 訓民正音"으로 쓰여 있는 것으로 말하고 있다.

15) 1938년에는 당시의 조선어학회에서 활자본으로 간행한 일이 있는데 현재 필사본 한권으로 남아 숭실대학교 한국기독교박물관에 소장되어 있다.

「합구부운」제4장 8면인데 모두 32면으로 구성되어 있다. 다만 「합구부운」제4장 8면은 상단도표로 반단으로 되어 있다.

셋째, 『삼운보궐자휘요찬(三韻補闕字彙要纂)』는 필사본으로 18.5×21.5cm 크기로 표지에는 우측 상단에 '삼운보궐자휘요챤'으로 되어 있으며 이 책은 『삼운성운』에서 누락된 글자를 섭(攝)으로 분류하고 7음에 따라 한자를 배열한 내용으로 전자의 2권의 책과 동일한 필체로 되어 있다. 아마도 『사성통해』 등의 운서와 『삼운성휘』와 비교하여 누락된 글자를 보유하려고 지은 책으로 추정된다.

여암의 『삼운보궐자휘요찬(三韻補闕字彙要纂)』 표지

넷째, 필사본의 년대를 추정할만한 확실한 기록이 어디에도 없다. 무광 무선 무괘 필사본으로 『저정서(邸井書)』와 동일한 필체로 표지의 좌측 상단에 「개합사장(開合四章)」으로 되어있다. 우측 상단에는 '韻解'라는 편명과 함께 그 아래에는 "辛丑, 甲午, 癸卯, 丙辰"과 "□五月初一日"라는 기록이 있다. 표지 이면에는 "丁酉 正月 十八日"이라는 기록과 함께 한시 한편이 실려 있다. 이어서 그 다음 면에는 31운모를 나열한 다음 「개합정운제일장(開合正韻第一章)」이라는 도표가 나온다. 이 기록을 근거로 하면 정유(丁酉)는 1777년 여암 신경준(1712~1781)이 66세 되는 해이다. 지금까지 이 『저정서』가 영조 26년(1750)년에 쓴 것으로 추정하고 있으니 표지 내면의 기록은 27년이 지난 뒤에 추

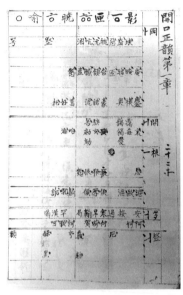

여암의 「개합사장」 연습 필사 초고

록한 기록으로 볼 수 있을 것이다.

『저정서』에는 저자를 확인할 수 있는 서, 발 등이 수록되어 있지 않고 저자와 관련된 정보를 제고하는 직접적인 자료도 없다. 그래서 지금까지 이 책의 서명에 대해 다양한 견해가 있었다. 먼저 조선어학회에서 김완근 소장 필사본을 대본으로 하여 만든 활자본을 간행하면서 그 서명을 '훈민정음운해(訓民正音韻解)'로 불리게 되었다. 최현배의 『고친 한글갈』(1961)에서는 '훈민정음도해(訓民正音圖解)'라고 하면서 그 이유를 훈민정음 학설의 중심을 이루는 대목의 제목인 '훈민정음도해'를 따서 그렇게 불렀다. 현재 한국학중앙연구원 소장 필사본의 서명이 『訓民正音圖解』로 되어 있는 것과 유관한 관계가 있을 것으로 추정된다.

강신항(1978:9)은 "운해 훈민정음(속칭 훈민정음 운해)의 첫머리에는 다만 '운해'라고만 책이름이 쓰여 있고, 이어서 '경세성음수도'라고 적혀 있으며"라고 하면서 이 책의 전체 서명을 '운해훈민정음운해(韻解訓民正音)'라고 부르고 있다.[16]

최태영(1978:5~6)은 이 책 명칭의 타당성에 대해 다음과 같이 기술하고 있다.

"신경준은 그의 문집에서 『운해서(韻解序)』라는 표현을 했고 역시 그의 문집 속에 수록되어 있는 「평측운호거요서(平仄韻互擧要敍)」에서도 「여기작운해(余既作韻解)」라고 했음을 본다. 또한 지금 널리 알려져 있는 1937년도 『한글』 권5의 부록으로 실린 이 책의 내용 서두에도 '운해(韻解)'라고 되어 있다. 그러므로 이 책은 차라리 '운해(韻解)'로 그 책명을 이해해야만 했다. 그런데 숭실대학교 부설 한국기독교박물관이 소장하고 있는 필사본 표제에는 '운해훈민정음(韻解訓民正音)'으로 적혀 있다. 내용 서두에는 역시 '운해(韻解)'라 쓰여 있고 그 다음부터 본문이 시작되고 있다. 앞에서도 언급한 바 있지만 1973년 당시 조선어학회지 『한글』 제5권에 김완근 씨가 소장하고 있는 필사본을

16) 김윤경(1954:261~278), 최현배(1961:289~301), 김민수(1964:71~74), 강신항(1974:5~10).

활자화해서 부록으로 실었으며, 이를 다음해인 1938년에『운해훈민정음(韻解訓民正音)』
라는 이름을 붙여 단행본으로 간행했다."17)

라고 하면서『운해훈민정음』보다『운해』라는 서명이 더 적절한 서명임을 밝혔다.

이처럼 이 책의 서명이 고정되지 않은 것은 이 책의 필사본 원본이 확인되지 않았
기 때문이다. 그러나 다행스럽게도 대구에 고서 수집가인 조 모씨가 소장하던『저정
서(邸井書)』의 필사본을 확인해본 결과 이 책의 표지에는 분명하게 '邸井書'라고 표기 되
어 있다. 곧 필사본『저정서』는 2부로 되어 있다. 곧 1부인「운해」와 2부인 한자 음
운도「개합사장」으로 구성되어 있다. 책 표지에는 좌측에 '저정서(邸井書)'라고 분명히
표기가 되어 있기 때문에 전체 서명은 '邸井書'라고 할 수 있다.

본문의 서두에 '운해'라고만 쓰여 있고, 이어서 '경세성음수도'라고 적혀 있다. 따
라서 이 책 이름을 '운해' 혹은 '훈민정음운해', '운해훈민정음'이라고 추정한 지금까
지의 논의들은 잘못된 추정이었음을 알 수 있다.

이를 증명할 수 있는 또 하나의 근거는 현동 정동유(鄭東愈, 1744~1808)가 쓴『주영
편(晝永編)』에 여암 신경준의 저작인『여지고(輿地考)』18)를 논하다가 그 부족하고 모자라
는 점을 지적한 대목에 분명하게 '邸井書'라는 기록이 보인다.

"일찍 그가 편찬한 저정서(邸井書)를 보니 훈민정음 자형을 논함에 순음의 자모가 아
닌 것은 'ㅂ'이라고 하였다. 이런 등의 모든 것이 다 근거가 없는 말이다.(昔見其所撰邸井
書, 論訓民正音字形, 而以脣音非母爲ㅂ, 此等處, 皆全無依據之辭也。)"19)

라는 기록을 논거로 하더라도 이 책의 서명은 '邸井書'임이 분명하다. 그뿐만 아니

---

17) 최태영,『운해훈민정음』해제, 숭실대학교국어국문학과편, 기독교박물관자료총서 제1집,
태학사. 1987.
18)『여지고(輿地考)』: 신경준이 정리한 역사지리학의 연구 성과를 결집시킨 책으로 역대국계,
군현 연혁, 산천, 도리, 관방, 간도 경계, 궁실 등 7개 항목으로 구성되어 있음.
19) 정동유 저·남만성 역,『주영집』(하), 180~181, 1969. 신경준의『훈민정음운해』의 필사본
1책(조 모씨 소장)의 제검에『저정서(邸井書)』로 되어 있는 것으로 보아 이 책의 초기 원서
명은 '邸井書'였던 것으로 보인다. 지금까지 이 책의 이름을 내제명『운해(韻解)』를 참고하
여『훈민정음운해』혹은『운해훈민정음』이라고 가칭해 오고 있는 것은 앞으로 수정되어
야 할 것이다. 해석 부분은 번역의 오류가 있어서 필자가 수정하였다.

라 책 표지 상단 좌편에 뚜렷하게 '邸井書'라는 서명의 기록을 확인할 수 있다. 지금까지 이『저정서』의 명칭이 '운해(韻解)', '운해훈민정음(韻解訓民正音)', '훈민정음운해(訓民正音韻解)', '훈민정음도해(訓民正音圖解)' 등 다양하게 불러왔으나 필자가 여암이 직접 쓴 원필사본을 발견함으로서 서명이『저정서(邸井書)』임을 새롭게 규명하였다.[20]

따라서 앞으로 이 책의 이름은『저정서(邸井書)』로 불려야 할 것이나 혹시 편명으로 사용하는 경우에만「운해(韻解)」혹은「개합사장(開合四章)」으로 고쳐 불러야 할 것이다.

1.2『저정서』의 편찬 동기

지금까지『저정서』라는 책이「운회」라는 이름으로 알려지면서 전편인「훈민정음도해」부문만 치중해서 연구되어 왔다.『저정서』의 전체에 대한 완전한 이해없이 전편의「운해」부분을 특히 강조하여 훈민정음의 연구의 연장이었다라는 입장에서 평가한 것은 정인보(1938), 방종현(1946)에서 비롯되었다. 정인보는 당시 조선어학회에서 이 책을 활자본으로 간행하면서 권두 해제에 여암 신경준을 훈민정음 연구의 중흥조로 보고 그 학문적 계보가 유희(柳僖, 1773~1837)나 정동유(鄭東愈, 1744~1808), 이영익(李令翊, 1740~1780)으로 이어진 것으로 보았다. 방종현(1946)은

"신경준이 지은 영조 26년(1750)의『훈민정음운해』와 유희가 지은 순조 24년(1824)의『언문지』의 출현이다. 과연 훈민정음이 창제된 이후 이 후기까지에는 이 훈민정음만을 가지고 순전히 논한 책으로 단행본으로 된 것으로 단지 이 두 책이 있을 뿐이 아닌가 한다."[21]

라고 하여 이『저정서』를『훈민정음운해』로 그 명칭을 고정시키고 이 책이 지어진 목적이 훈민정음 연구의 연장이라고 규정함으로써 상당한 시기 동안 이 책의 저술 목적이 잘못 알려지게 된 것이다.

이 책을 저술한 의도를 훈민정음의 연구의 연장이라는 관점에서 바라보는 견해는 최현배(1940)까지 이어진다. 최현배(1940:290)는

---

20) 이상규,「여암 신경준의『저정서(邸井書)』분석」,『어문론총』62호, 한국문학언어학회, 2014.
21) 방종현지음·이상규 역주,『훈민정음통사』, 올재, 183쪽 참조. 2013.

"훈민정음에 대하여 음운학적 내지 역학적 설명을 시험한 것이 훈민정음도해이다.
　　<중략> 한글갈의 중흥자이라 할만하다."

라고 하여 신경준을 "음운학과 중국 역학에 정통한 이로서 "훈민정음에 대하여 음운학적 내지 역학적 설명을 시험한 것"이라고 하고 그의 학문에로 향한 학적 노작은 확실히 한글갈(正音學)의 중흥자라 할 만하다고 극찬하고 있다. 이러한 견해는 그 후 김병제(1984), 김형주(1992)에게까지 이어지고 있다.

　　이와는 달리 정경일(2002:361)은 "한자음의 운을 확인하여 운도를 만드는 데 목적이 있었던 책이며, 훈민정음에 관한 논설은 이를 위한 부차적인 것이었다."라고 하여 여암이 이 책을 저술한 목적이 운도 작성에 있음을 강조하고 있다. 그러나 여암이 의도했든 하지 않았든 간에 훈민정음에 대한 그의 독창적인 견해는 결코 낮추어서 평가할 문제가 아니라고 본다.

　　『저정서』에는 「서」나 「범례」 등 기록이 실려 있지 않아서 편찬자의 편찬 목적이나 의도를 알 수 없다. 따라서 이 책의 저술 목적을 이해하기 위해서는 이 책의 내용을 정밀하게 검토해야할 수밖에 없다. 『운해훈민정음』이라는 서명으로 이 책의 내용 전부를 주해하고 해설한 강신항(1967)은 예전의 평가들이 이 책의 내용을 완전히 파악하여 이해하지 못하고 '운해'의 앞 부분에 실린 '훈민정음도해' 부분만을 중시한 잘못이 있었음을 지적하였다. "여암(旅菴)의 이 책의 저술 목적은 운도를 작성하여 자기가 바로잡았다고 생각하는 한자음을 표시하는 데 있었다"[22]고 규정하고 훈민정음은 한낱 "한자음을 위한 발음기호의 존재에 지나지 않았다고 할 수도 있다"고 함으로써 이전의 견해를 일부 수정안을 제안했다. 따라서 종래 이 책의 저술 목적에 대한 편견이 새롭게 수정된 셈이다.

　　유창균(1969:132)은 "이 책의 내용은 훈민정음의 원리에 관한 연구와 한자 음운도 작도의 두 가지로 크게 나누어 볼 수 있다."고 하여 이 책의 편찬 목적을 두 가지임을 분명히 밝히면서 "훈민정음의 연구 그 자체도 한자 음운도를 작성하기 위한 하나의 서설적 구실을 하는 것이라고 하겠다."고 하여 종래의 견해를 수정안을 제시하였다. 그러나 김석득(1975)은 이 책의 편찬한 의도를 "한문의 세계에서 벗어나서, 조선 지식을 추구하여 우리 삶의 근본이 되며, 우리 사람됨의 근본 뜻이 있는 우리말의 음운과

---

22) 강신항, 『운해 훈민정음 연구』, 한국연구원, 19~21쪽 참조, 1967.

문자를 고구"하기 위한 것으로 파악하고, 이를 "국어학 면에서 실학의 자각적 개념과 실용적 개념에 우선 접근하였다"고 대단히 추상적으로 기술하면서 안타깝게도 강신항(1967)과 유창균(1969)와 같은 『저정서』의 편찬 의도를 정확히 파악하지 못한 것이다. 김민수(1980)는 신경준이 기존의 논의에서 훈민정음 부분이 잘못 중시되어 국어 연구의 중흥조로 과찬되고 있다고 비판하는 오류도 범하였다.

결과석으로 신경준이 『저정서』를 편찬한 의도는 훈민정음의 연구에만 그치지 않는다고 본다. 책의 편차로 볼 때 서두에 「경세성음수도」와 「율려창화도」를 배치하여 소옹의 운도를 본받아 자신이 고안한 운도를 보여주고 있고, 훈민정음 설명 부분에서도 초성과 중성 글자를 「경세수도」로 배치하고 있다. 정경일(2002:364)은 이 책의 마지막 부분에 4장으로 된 한자운도를 그려 보임으로써 그의 의도가 무엇인지를 분명히 드러내고 있다고 하면서 신경준이 이 책을 편찬한 의도는 "훈민정음을 이용하여 그가 고안한 이상적인 한국 한자음의 운도를 그려보고자 했던 것이다."라고 밝히고 있다.

배윤덕(2005:11)은 "신경준의 『운해』 저술 목적이 운도인데, 이는 '한자 음운도'이고 「경세성음수도」에서 「종성도」까지는 뒷부분 '한자 음운도'의 이론이다."라고 하여 전적으로 앞 부분이 훈민정음에 대한 여암의 연구 성과를 지나치게 폄하하고 단지 '운도' 작성을 위한 노력인 것으로 평가하고 있다.

여암은 초성을 36자, 중성 32(18섭)자로 설정하여 우리나라 현실에 존재하지 않는 설상음과 설두음과 같은 초성 글자를 설정하거나 중성 글자에서도 ·· 를 설정하여 · 에 대립시킨 이유는 철저하게 계열적 통합적으로 오행에 맞춘 상형 체계를 기술하기 위한 저술 의도를 잘 보여주고 있다. 조선 후기 조선이야 말로 중화에 대응하는 유일한 문명국임을 자부하는 조선의 지식인들의 의식을 읽을 수 있다. 그런 면에서 여암 신경준은 이상적인 『고금운회』의 운서체계에 접근하는 중고음의 유지와 전승이라는 저술 의도를 가지고 있었으며, 그러한 과정에서 '훈민정음'에 대해 집현전 학사들에 뒤지지 않는 탁월한 훈민정음에 대한 독창적인 해석, 곧 오행에 맞춘 상형과 가획설을 밝혀낸 것이다.

이러한 논의가 결코 빗나간 결론은 아니지만 그 이후 『삼운보궐자휘요찬(三韻補闕字彙要纂)』라는 책까지 저술한 것으로 보아 『광운』이나 『고금운회』를 활용한 한자의 운도 작성과 함께 『사성통해』에 따른 『삼운성휘』 등 누락 글자를 보완하여 자신의 운도 「개합사장」에 맞는 자전을 보유하는 데까지 이르게 되었음을 알 수 있다.

다시 한 번 더 부연해서 말하자면 여암이 이『저정서』를 저술한 의도는 한자음 운도 작성에 근본적인 목적이 있었지만 그 과정에서 '훈민정음'에 대한 독창적인 평가와 해설을 시도한 점은 훈민정음 연구사적인 측면에서도 높이 평가될 만 하다. 다만 궁극적으로 "훈민정음을 이용하여 그가 고안한 한국 한자음의 운도를 그려보고자 했던 것이다."(정경일, 2002:364)에 있은 것만이 아니다.

셋째, 훈민정음을 이용하여 중국의 한자음에 대한 규범화와『삼운성휘』등에 누락된 글자를 보완하여 운도에 맞는 자전을 만드는데 있었다고 할 수 있다. 다만 그가 의도한『삼운보결자휘요찬』을 완전하게 묶어 간행하는 일까지 전진하지 못했다.

신경준의『저정서』의 저술 목적은 세 가지로 구분할 수 있는데 첫째는 세종대왕이 창제한 '훈민정음에 대한 연구, 둘째는 훈민정음을 활용한 '운도'인「개합사장」이라는 한자 음운도이다. 이 두 가지의 경중을 구별할 필요가 없을 만큼 모두 가치 있는 연구 성과라 할 수 있다. 셋째는『삼운보절자휘요찬』을 간행하여 홍계희의『삼운성휘』를 보완하는 일이었다.

특히「경세성음수도」에서「종성도」까지는 훈민정음에 대한 성찰인 동시에 뒷부분「개합사장」의 이론으로 볼 수 있으며, 이러한 기술의 방식은 명곡 최석정의『경세훈민정음』과 매우 흡사하다. 그리고 박성원의 영향도 직접적으로 많이 받았던 것으로 확인된다. 다만 훈민정음에 대한 연구 관점은 명곡과 차이를 보여주고 있다는 측면에서 신경준의 독자적 연구사적 가치를 지니고 있다.

1.3 『저정서』의 구성

여암 신경준은 조선조 이수광(李睟光, 1563~1628)의 실학적 학풍의 직접적인 영향에 힘입은 최정석과 같은 실학계보에 속하는 조선 후기 학문자이다. 또한『저정서』는 훈민정음에 대한 독창적인 연구인 동시에 훈민정음으로 한자음을 표기하기 위한 이상적 한자음의 운도를 체계화한 성운학적 연구서이며, 동 시대에 홍계희(洪啓禧, 1703~ 1771)가 만든『삼운성휘』에 누락된 한자를 보유하는 데까지 진행된 연구 성과이다. 훈민정음에 대한 연구로서 자형 상형설에 대한 논의는 기존의 집현전 학사들의 논의를 뛰어넘은 현대 언어학적인 자질문자(Feature letters) 이론에 맥이 닿는 독창성을 가지고 있다.

먼저 이 책의 서명에 대해서는 앞에서 밝힌 바와 같이『저정서(邸井書)』임은 분명하다. 그런데 이『저정서』라는 책이 원래 '운해'와 '개합사장' 2부로 구성된 것을 하나로 합친 것으로 판단된다. 곧『저정서』의 「운해」는 전편이었고 또 한자음 관련 자료로 구성되어 있는 후편인 「개합사장」이라는 두 종류의 필사본 책을 하나로 묶은 것이다. 강신항(1978:138)은 이 전체를『운해』로 파악하고 있으나 이는 잘못이다. 그 근거로는 우선 「운해」와 「개합사장」 모두 포함된『저정서』라는 책과 「개합사장」이라는 필사본이 [그림-1]과 같이 따로 있는 것으로써 하나의 근거를 삼을 수 있다.

유창균(1969:132)은 첫째, 「경세성음창화도」와 둘째, 「훈민정음도해」, 셋째, 「개합사장」로 구성된 것으로 부록 부분을 「한자음운도」에 포함시켰다. 결국 「운해(韻解)」에 해당되는 「경세성음창화도」와 「훈민정음도해」를 따로 구성하였고 「개합사장」의 명칭을 바로 파악하지 못하여 '한자음운도'라 명명하였다. 전체적인 면에서 내용적 구성의 흐름은 올바르게 파악하고 있었다.

강신항(1978:138)은 이 책 전체를『운해』로 파악해 하나의 구조로 파악하고 있으나 필사본 자료를 근거로 해 보면 이 책은 두 편을 합친 것으로 보아야 한다. 곧『저정서』의 「운해」 부분은 「훈민정음도해」 부분까지고 그 뒷 부분은 「개합사장」이라는 이름으로 된 것을 합쳐서 훈민정음에 대한 도해와 한자음에 대한 도해를 합친 구성임을 알 수 있다.

정경일(2002:365)은『저정서』를 서명을『운해』로 규정하고 이 책의 구성과 체계에 대해 아래의 도표로 나타내었다.

經世聲音唱和圖	經世聲音數圖
	律呂唱和圖
訓民正音圖解	序
	初聲圖
	初聲配經世數圖
	中聲圖
	中聲配經世數圖
	終聲圖
漢字音	總說
	漢字音韻圖
	中聲今俗之變
附錄	我國韻三聲總圖
	日本韻三聲總圖

내용 구성도, 정경일(2002:365)

문제는 「개합사장」의 부분을 '한자 음운도'로 처리하고 '한자 음운도'라는 내용으로 이해하고 있다. 정경일은 위의 도표와 같이 이 책의 내용이 크게 셋으로 나뉘는 것으로 보고 있다.

배윤덕(2005:24)은 첫째, 「경세성음수도」와 둘째, 「훈민정음도해」, 셋째, 「운도」라고 하여 부록을 포함한 구성 체계로 파악하고 있다.

필사본 『저정서』는 「운해」 편과 「개합사장」을 합친 것으로 그 구성도는 아래와 같다.

운해(韻解)	경세성음창화도(經世聲音唱和圖)	경세성음수도(經世聲音數圖)
		율려창화도(律呂唱和圖)
	훈민정음도해(訓民正音圖解)	서(序)
		초성도(初聲圖)
		초성배경세수도(初聲配經世數圖)
		중성도(中聲圖)
		중성배경세수도(中聲配經世數圖)
		종성도(終聲圖)
개합사장(開合四章)	개합사장(開合四章)	총설(總說)
		개구정운(開口正韻)
		개구부운(開口副韻)
		합구정운(合口正韻)
		합구부운(合口副韻)
		중성금속지변(中聲今俗之變)
부록(附錄)		아국운삼성총도(我國韻三聲總圖)
		일본운삼성총도(日本韻三聲總圖)

『저정서(邸井書)』의 내용 구성도

『저정서』의 구성은 도표와 같이 부록을 제외하고 크게 3부분으로 구분되는 것으로 파악할 수 있다. 첫째, 송나라 소옹의 『황극경세성음창화도』를 전범으로 하여 구성한 「경세성음창화도」와 「훈민정음도해」로 구성된 '운해'편과 둘째, 운모를 개합에 따라 분류한 '개합사장'편, 셋째, '부록'으로 구성되어 있다. 결국 여암 신경준이 세심하게 고려한 것은 규범적인 한자음의 파악과 이를 운도에 반영하는 일이었다. 필자의 이러한 시각은 강신항(1967)과 거의 일치한다. 정경일(2002)과 이상규(2014)의 내용 구성도를 비교한 결과는 아래의 도표와 같다.

갈래	기존: 정경일(2002 : 365) 외			수정안: 이상규(2014ㄴ : 167)		
책 제목	訓民正音韻解 또는 韻解訓民正音			邸井書		
구성		經世聲音唱和圖	經世聲音數圖		經世聲音唱和圖	經世聲音數圖
			律呂唱和圖			律呂唱和圖
		訓民正音圖解	序	韻解	訓民正音圖解	序
			初聲圖			初聲圖
			初聲配經世數圖			初聲配經世數圖
			中聲圖			中聲圖
			中聲配經世數圖			中聲配經世數圖
			終聲圖			終聲圖
		漢字音	總說	開合四章	開合四章	總說
			漢字音韻圖			開口正韻
			中聲今俗之變			開口副韻
		附錄	我國韻三聲總圖			合口正韻
			日本韻三聲總圖			合口副韻
						中聲今俗之變
				附錄		我國韻三聲總圖
						日本韻三聲總圖

신경준의 『저정서』 내용 구성 비교

여암이 운도를 작성한 기본 이론적 바탕은 소옹의 『황극경세성음도』이나 한자의 배열 방법이나 순서는 따르지 않고 여암이 작위적으로 선택한 것이다. 권두에 실린 「경세성음수도」는 소옹의 『황극경세성음도』를 본보기로 하여 작성한 것이다. 이어 「율려창화도」는 「경세성음수도」에서 제시한 하단의 성모(초성)와 상단의 운모(중성+종성)가 결합하는 실재의 한자음을 나타내는 예를 반절도처럼 보이고 있다.

「훈민정음도해」에서는 훈민정음을 초·중·종성으로 구분하고 이를 활용하여 한자의 음을 표기하는 문자임을 밝히고 있다. 특히 「훈민정음도해」의 배경 이론은 훈민정음 창제의 기본적인 이론이었던 역학의 오방상형설을 활용하였으며, 조음 상형으로는 순설상형설(脣舌象形說)을 주장하였다. 곧 여암이 이 도해를 만들어 세종대왕이 창제한 훈민정음의 활용 방안을 더욱 확장하여 제시한 것이다. 특히 훈민정음 창제 이후 최초의 해설서인『훈민정음 해례』와 그 다음 명곡 최석정의『경세훈민정음』에 이은 여암의『저정서』에는 훈민정음에 대한 독창적인 연구 성과가 담겨 있다. 훈민정음에 대해서는 명곡 최석정의 시각과 매우 비슷하지만 결코 내용은 동일하지 않다. 초·중·종성에 대한 자형 기원에 대한 여암의 해석은 매우 독장적이다. 특히 여암이 훈민정음의 자모의 글자가 조음기관의 순설상형설에 기원을 두고 있으면 역학의 원리에 따라 계열적, 통합적으로 구성되어 있다는 설명을 통해 훈민정음이 독특한 자질문자(Feature letters)임을 밝혔다.

36자모체계에 맞추기 위해 초성에 ㄴ, ㅌ, ㅥ를 설정하거나 18자 중성에 ·에 대응되는 ··를 설정함으로써 도리어 복잡하게 만든 것도 사실이다. 훈민정음의 발달사의 측면에서 보면 여암의 초·중·종성에 대한 설명은 매우 개성적인 학설이었다고 평가할 수 있다.

이러한 우수한 훈민정음 글자를 가지고 「개합사장」에서 총설에 이어 자신이 바로 잡았다고 생각하는 이상적이면서 규범적인 한자음을 표시하기 위해 운도를 완성한 결과이다. 그러나 이 운도도『고금운회』와 같은 의고적인 운도에 변이음 표기를 고려한 자신의 이상을 맞춘 것으로 보인다. 그리고 복잡하고 장황한 운도가 아닌 사성에 따른 32장으로 만든 「개합사장」의 운도를 제시하였다.

1.4 『저정서』의 내용

『저정서』의 구성은 크게 3부분으로 되어 있다.

첫째, 「경세성음창화도」에는 「경세성음수도」와 「율려창화도」가 함께 실려 있다. 「경세성음수도」는 자모음을 창화(唱和)로 나누어 아래의 도식과 같은 방식으로 기술하고 있다.

양율-창(운모)	평·상·거·입	일·월·성·신	상단	모음
음율-화(성모)	개·발·수·폐	수·화·토·석	하단	자음

「경세성음수도」는 한자음의 표기를 위한 기본적인 운모와 성모의 분류 방식을 나타내었는데 소옹의 『황극경세서』를 그 형식을 본 딴 것이다. 「율려창화도」는 기본적인 성모와 운모를 제시하는 반절도 형식의 종합도표이다. 다만 소옹의 기술 방법과 달리 운모를 천성, 성모를 지음이라고 규정하여 '양율창도와 '음율화도로 나누어 '양율창도'에는 평·상·거·입과 일·월·성·신에 따라 유성무자와 무성무자를 포함하여 8(×4)성으로 '음율화도'는 개·발·수·폐와 수·화·토·석에 따라 12(×4)음으로 조직한 도식이다.

운도는 당나라 말부터 오대 송시대로 걸쳐 발달하였는데 가로로 성모를 36자모로 세로로 운모를 1, 2, 3, 4단으로 구분하여 반절형식으로 조합하여 한자음을 파악할 수 있도록 만든 것이다. 이러한 운도 가운데 소옹이 만든 「성음창화도」34매가 있었는데 전하지 않고 송나라 채원정이 이를 간략하게 요약한 「경세성음도」가 『성리대전』 권8의 『황극경세서』에 전하는데 이것을 근거하여 여암이 독창적으로 개선하여 만든 것이 「경세성음수도」이다. 여암의 「경세성음수도」는 궁극적으로 『고금운회』에 근접한 이상적인 규범한자음을 나타낸 「개합사장」의 작성을 위한 성모와 운모의 수를 나타낸 종합도표라고 할 수 있으며, 그 운모의 구성의 체계는 『사성통해』와 유사하다.

「경세성음수도」는 소옹의 「경세사상체용지수도」의 정성·정음의 체계를 변용하여 '양율창도와 '음려화도로 상하 2단으로 재구성한 것이다. '양율창도는 모두 10성도로 구분하였는데 각 성은 일·월·성·신과 평·상·거·입과 일벽(개구)·이흡(합구)·삼벽(제치)·사흡(촬구)으로 구분하였다. 다만 유음무자는 □로 무음무자는 ■로 나타낸 것이다. '양율창도에 실재적으로 성이 배당되어 있는 것은 1성부터 6성까지만, 평성을 기준으로 하여 보면 모두 18성이다. 이것은 운모의 중성이 32모음 체계임을 말해주며 이를 사등으로 나누어 18섭에 근거하여 만든 것임을 알 수가 있다.

'음률화도는 모두 12음도로 나누어지는데 이것은 '양율창도와 마찬가지로 개·발·수·폐와 수·화·토·석을 기준으로 36성모로 배열되어 있다. 이는 초성에 해당되는 성모로 『고금운회』를 운모는 『사성통해』를 기준으로 한 것이다. '음률화도'의 배열은 '후(궁)-이(각)-설(치)-치(상)-순(위)-반치반상'의 순서로 배열되어 있다.

「율려창화도」는 양율과 음려 즉 성(운모)과 음(성모)이 어울려 소리를 이루는 모습을 나타내는 도표이다. 이는 곧 자모 반절도라고 할 수 있다. 「경세성음수도」에서 설정한 10성과 12음 가운데 1성과 1음이 각각 어떻게 배합하여 글자음이 드러나는지 나타내 보이고 있다. 해당 한자음의 반절 방식을 예로 제시하여 성조와 한자음을 파악할 수 있도록 만들었다. 예를 들면 「경세성음수도」의 '양율창도'의 첫 성이 반절상자 강(岡)이며 '음려화도'의 첫 음은 반절하자 안(安)이다. 이를 반절로 배합하면 '안강절(安ㅗ切)'을 얻을 수 있다. 「율려창화도」 일성 일도에 첫 4자는 이렇게 만들어지며, 일음의 첫 넉자는 '앙(隺, 개구), 앙(坱, 제치), 왕(汪, 합구), ○'을 얻게 된다. 이처럼 「율려창화도」는 성과 운의 결합 방식을 정확하게 설명하기 위한 조치로 맨 머리에 내 놓은 것이다.

둘째, 「훈민정음도해서」의 『구국소서팔자(九國所書八字)』 항에는 '明王愼德四夷咸賓'의 여덟 글자를 아홉 나라의 문자로 쓴 자료이다. 이 내용은 『시경』의 『여오(旅獒)』에 나오는 문구이다. "굴오디 오호 ㅣ라, 밝으신 님금이 덕을 삼가시거든 스이 다 빈흐아(曰嗚呼 明王愼德 四夷咸賓 無有遠邇 畢獻方物 唯服食器用)"23)는 구절 가운데 "明王愼德 四夷咸賓"이라는 여덟 문자를 중국의 주변 9개 국가의 문자로 대역한 자료가 중국과 우리나라에 전하고 있다.24)

'구국소서팔자(九國所書八字)'의 기록이 중국에서는 명대 가경 대에 왕세정(王世貞)의 『엄주산인사부고』에 처음 나타나고 이어 방우로가 편찬한 『방씨묵보』에는 판화에 여진 문자만 새긴 자료가 있다. 한국의 자료에서는 이형상의 '구국소서팔자'는 배열 방식이나 아홉 나라의 문자가 왕세정의 『엄주산인사부고』의 자료와 일치하며 다만 신경준과 황윤석의 '제국자서'에는 아홉 나라의 문자에 부록으로 한글과 일본 문자가 덧붙어 있다. 한문과 한글 및 일본을 포함하면 9국이 아니라 12개국이 되는 셈이다. 중국의 자료와 한국에 남아 있는 3인의 기록에서 9국에 대한 국명의 표기와 순서까지도 일치한다는 사실은 우연한 일이 아닐 것이다. 이기문(1986)은 신경준과 황윤석의 기록은 직접적인 관계가 있는 것으로 추정하고 있는데 당시 18세기 3분의 학자들이 중국의 기록을 베낀 결과로 추정할 수 있는 것은 "九國所書八字"란 제목과 구국의 배열 순서가 일치하는 점을 들 수 있다.25)

「훈민정음도해」 부분은 훈민정음에 관한 문자론으로서 우리 문자를 초성·중성·종성으로 나누고 이에 대하여 자세히 설명을 하였다. 훈민정음의 체계에 맞춰 「초성

---

23) 시경은 '대학, 중용, 논어, 맹자, 시전, 서전, 주역' 곧 7서 가운데 하나로 만력 18(1590)년 7월 내사 도산서원본 칠서언해를 비롯하여 다양한 판본과 구활자본이 전한다.
24) 아이신 기오로 저·이상규/다키구치 옮김, 『명나라 시대의 여진인』, 경진출판사, 2014.
25) 이상규, 「"명왕신덕사이함빈"의 대역 여진어 분석」, 『언어과학연구』 63집, 언어과학회, 2012.

도」, 「중성도」, 「종성도」를 배열하고 이들을 운도체계로 재정리한 「초성배경세수도」, 「중성배경세수도」를 작성하여 운도의 표기 수단인 훈민정음을 성명하고 있다.

「초성배경세수도」는 『광운』의 36자모도에 대비하여 설상음 "ㄴ, ㄸ, ㅌ, ㄷ" 4자와 치두음 "ㅅ, ㅈ, ㅆ, ㅉ" 4자와 정치음, "ㅅ, ㅈ, ㅆ, ㅉ" 4자를 둔 것은 중국 운서에 충실한 성모 글자를 설정한 결과이다. 당시에 중국음에서도 이미 설상음으로 지(知)·철(徹)·징(澄)모는 정치음에 통합되었는데도 이를 분리하여 그대로 설상음 "ㄸ, ㅌ, ㄷ"로 설정하고 있다. 이렇게 새로운 문자를 고안해 낸 이유는 변이음 표기를 위한 조처인 동시에 글자꼴의 계열적 체계를 고려했던 때문이다.

또한 성모 배열은 역학이론에 따라, 5음의 배열 방식도 "궁(후)→각(아)→치(설)→우(치)→상(순)"으로 곧 후음(ㆆ, ㅎㅎ, ㅎ, ㅇ), 아음(ㄱ, ㄲ, ㅋ, ㆁ), 설두음(ㄷ, ㄸ, ㅌ, ㄴ)·설상음(ㄴ, ㄷ, ㄸ, ㅌ), 치두음(ㅈ, ㅉ, ㅊ, ㅅ, ㅆ)·정치음(ㅈ, ㅉ, ㅊ, ㅅ, ㅆ), 순중음(ㅂ, ㅃ, ㅍ, ㅁ)·순경음(ㅸ, ㅹ, ㆄ, ㅱ), 반설음(ㄹ), 반치음(ㅿ)으로 배열하여 훈민정음의 배열 체계와는 다른 방식임을 알 수 있다. 또한 같은 음계에 속한 음은 "전청(수)→전탁(화)→차청(토)→불청불탁(석)"의 순으로 배열하였다. 이 배열 방식도 훈민정음과 차이가 나지만 『운경』, 『칠음략』, 『사등등자』, 『절운지장도』, 『경사정음절운지남』의 배열 방식과도 약간씩 차이를 보여주고 있다.

「중성배경세수도」는 각각 상하 2단으로 구성되었는데 상단은 운모를 표시하는 부분으로 10도로 나누었고, 하단은 성모를 표시하는데 부분으로 12도로 나누었다. 운모의 배열은 일·월·성·신으로 나뉘고 이들은 각각 개구음과 합구음의 순서로 되어 있다. 그리고 각각의 운모에 평·상·거·입에 따른 구분을 하였다. 여암은 「경세성음수도」에서 1성(ㅏ, ㅘ, ㅐ, ㅙ), 2성(ㅑ, ㆇ, ㅒ, ㆈ), 3성(ㅓ, ㅝ, ㅔ, ㅞ), 4성(ㅕ, ㆊ, ㅖ, ㆋ), 5성(ㅡ, ㅜ, ㅢ, ㅟ), 6성(ㅣ, ㅠ, ㆎ, ㆌ), 7성(·, ㅗ, ㅓ, ㅚ), 8성(ᆢ, ㅛ, ·ㅣ, ㆉ) 총 32 글자를 제시하였는데 「중성도」에서는 개구·제치·합구·촬구 4등으로 구분하여 18운모를 각각 배치하였다.

「율려창화도」에서는 「경세성음수도」에서 배열한 성모와 운모가 어떻게 결합하여 음절을 형성하는지를 그 일부만 예시로 보이고 있다.

「중성도」에는 개구·제치·합구·촬구로 구분하여 32개의 중성을 설정하였다. 1, 3, 5, 7, 8는 개구음이나 합구음을, 2, 4, 6, 8, 10은 제치나 촬구음으로 구분하였다. 그러나 실제적으로 운모 32자 가운데 18자만 활용하였다. 운모는 중성자로 '·'와 'ᆢ'를 성정하였다. "盖ㅇ如木之仁‧如自其仁而一芽生, ‧‧如自一芽兩葉生"이라고 하여 '‧'에 대응하는 '‧‧'모음을 이상적으로 설치한 것이 특징이라고 할 수 있다.

「종성도」에서 한자음의 종성으로는 양운미 'ㅁ, ㄴ, ㆁ'계와 'ㅗ, ㅜ'계 음운미, ㆄ운미계 7종류를 『고금운회거요』의 운을 사용하여 7섭(攝)으로 나타내었다. 이 7종성의 섭은 『사성통해』의 운미와도 일치한다.[26] 종성해는 종성에 대한 설명인데, 신경준이 말하는 종성이란, 모음으로 zero운미를 포함하고 있다. 그가 분류한 7섭의 종성과 해당되는 운목은 다음과 같다. 여암은 이것을 중종성이라 명명하였다.

1) 응(凝)섭	ㆁ	東 冬, 江, 陽 庚 青 蒸	ㆁ
2) 지(支)섭(상)	ㅡ ㅣ ㅜ ㅠ	支 微 魚 虞 齊 佳 灰 隊	ㅇ
3) 은(隱)섭	ㄴ	眞 文 元 寒 刪 先	ㄴ
4) 지(支)섭(하)	ㅓ ㅕ ㅏ ㅑ ㅘ ㅓ ㅕ	歌 麻	ㅇ
5) 쇼(蕭)섭	ㅗ	蕭 肴, 豪	ㅱ
6) 우(尤)섭	ㅜ	尤	ㅱ
7) 음(音)섭	ㅁ	侵 覃 監 咸	ㅁ

'지(支)‧미(微)‧어(魚)‧우(虞)‧제(齊)‧가(佳)‧회(灰)‧대(隊)‧가(歌)‧마(麻)' 등 10운은 모두 중성이 종성을 겸한다고 하여 무운미음임을 밝혔다. 따라서 'ㅓ, ㅕ' 등 모음만을 표시한 것이다.[27] 반면에 '쇼(蕭)‧효(肴)‧호(豪)'와 '우(尤)'운은 '외/우'가 독립된 단위로 운미로 존재한다. 그런데 종성도에서는 이들 '외/우'를 하나의 도표 안에 넣어놓고 있다[28]. 이는 이들이 음성적으로는 구별이 되나 음소적으로는 하나로 통합될 수 있음

---

26) 배윤덕, 『우리말 운서의 연구』, 성신여대출판부, 12쪽, 2005. "『각성중성서소예종성지수(各聲中聲書所隷終聲之數)』에서 1성에서 6성까지 섭을 분류하였는데 여기서 종성 섭의 분류에 대한 기준을 설명하였다."

27) 한자음에서 지(支)섭(상)(하)에 속하는 음은 "凡字必合而聲音"의 규정에 따라 종성 자리에 'ㅇ'을 표시하였다. 『훈민정음 해례』, 『석보상절』, 『월인석보』 등 훈정 초기 문헌에서는 이 규정이 지켜졌으나 『월인천강지곡』에서는 일탈을 보이다가 『월인석보』 복각본에서는 혼기를 보여주다가 완전히 타락되었다.

28) 쇼(蕭)섭과 우(尤)섭의 경우 동국정운식 한자음에서는 'ㅱ'을 표기하였다. 동국정운식 한자음 표기에서 종성이 없는 'ㅱ'는 운미음 w을 표기한 것이다. 훈민정음 창제 이후 한자음의 표기는 『동국정운』이 제정되기 이전과 그 이후 기간 동안 차이를 보인다. 특히 -p, -t,

을 보이는 것이다. 따라서 종성은 결국 다음의 다섯으로 재분류할 수 있다.

-ŋ[-ㆁ]: 응(應)섭
-n[-ㄴ]: 은(隱)섭
-m[-ㅁ]: 음(音)섭
-u[-ㅱ]: 소(蕭)섭·우(尤)섭
-ø[-ㅇ]: 지(支)섭 (상)(하)

이 종성체계에는 입성(-p, -t, -k)의 종성이 나타나지 않는다. 대체로 『고금운회거요』 이래 중국 근대음의 운미체계와 매우 유사하다. 『고금운회거요』의 운미는 양운미(/-ŋ, -n, -m)와 음운미(/-i, -u, -ø/)의 2종류 6종인데(조희무:1998) 양운미의 순음운미 /-m/은 중원음운 시기부터 -m>-n으로 음가가 동요하기 시작한다. 즉 이 시기에 들어 순음 성모를 지닌 몇 개의 단어들, 예를 들어 '범(帆)·범(泛)·범(泛)·범(范)·범(犯)·범(凡)·범(帆)'

-k 입성운미의 표기가 『훈민정음』 해례본에서는 'ㅗ'운미인 '뿅'을 '볋'으로 표기하였고 '-w' 운미 글자인 '뿌'도 '뀰'로 '-j' 운미인 '뺫'도 '쾌'로 표기하여 'ㅇ'을 표기하지 않았다. 그러나 『훈민정음』 언해본에서는 해례본과 달리 지(止)섭, 우(遇)섭, 과섭(果)섭, 가(假)섭과 해(蟹)섭의 '-j' 운미에 'ㅇ'을 표기하고 효(效)섭, 유(流)섭의 'ㅱ'표기로 진(臻)섭과 산(山)섭의 'ㅗ'운미인 경우 '-ㄹㆆ'을 표기하여 입성운미를 3성 체계에 따라 표기하였다. 이러한 표기법은 바로 『동국정운』식 표기라고 할 수 있다. 『월인천강지곡』에서는 'ㅇ' 표기는 반영하지 않고 'ㅱ'과 'ㅸ'표기만 반영하였으며 『육조법보단경언해』에서는 'ㅇ'과 'ㅱ' 표기를 폐기하였을 뿐만 아니라 이영보래 표기인 '-ㄹㆆ'도 '-ㄹ'로 현실 동음으로 정착되었다. 중국 한자음 표기에만 확인되는 탕(宕)섭의 입성 가운데 약(藥)운 표기와 지(止)섭의 속음 가운데 치음(齒音) 성모를 가진 글자의 운미 표기에 대해 살펴보면 『홍무정운역훈』의 경우 '-ø'운미 표기에 'ㅇ'을 반영하지 않았지만 지(止)섭의 속음의 경우 치두음과 정치음의 종성자리에 'ㅿ'을 표기하였고 '-j'운미인 경우 'ㅇ'을 반영하지 않았다. 다만 'ㅱ'은 반영하였다. 탕(宕)섭의 약(藥)운의 경우 'ㅸ'으로 표기하였다. 『석보상절』 다라니에 나타는 한자음 표기는 '-j'운미인 경우 'ㅇ'을 그리고 '-w'운미에 'ㅱ'를 표기하였고 진(臻)섭과 산(山)섭의 입성 'ㅗ'는 'ㄷ'으로 표기하였다. 『월인석보』 다라니경에서는 '-j'운미인 경우 'ㅇ'을 표기하지 않았고 '-w'운미에는 'ㅱ'를 표기하였다. 그리고 진(臻)섭과 산(山)섭의 입성 'ㅗ'는 'ㄹㆆ'으로 표기하였다. 『번역박통사』에서는 정음과 속음에 한자음 표기의 차이를 보여주는데 '-j'운미인 경우 'ㅇ'을 표기하지 않았고 '-w'운미에서 정음에는 'ㅱ'를 표기하였으나 속음에서는 표기하지 않았다. 진(臻)섭과 산(山)섭의 입성 'ㅗ'는 정음에서는 '-k', '-t', '-p'는 'ㆆ'을 표기하였으나 속음에는 표기를 하지 않았다. 훈민정음 창제 이후 초성, 중성, 종성을 갖추어야 한다는 음절 표기 의식에 대한 변개가 있었음을 확인할 수 있다.

등에서는 초성과 운미의 음운적 유사에 의한 이화(dissimilation)로 인해 운미가 /-n/으로 변화하기 시작한다.(方孝岳, 1979:134) 『홍무정운』, 『광운』의 반절이 필금절(筆錦切), 비음절(不欽切)로 침(寢)운에 속하는 품(品)·품(稟)을 진(軫)운에 소속시키고 있다. /-m/ > /-n/현상은 명말·청초 16세기 시기에 활발히 진행된다. 1442년에 편찬된 『운략회통』에 이르러 개구음은 /-m/운미로, 합구음은 /-n/으로 나뉘더니, 17세기에 들어서는 완전히 /-n/으로 고정된다. 음운미의 무운미 /-∅/도 더 이상 운미로 기능하지 못하게 되어 현대 중국 표준어의 운미는 /-i, -u, -n, -ŋ/의 네 가지로 축소된다.(왕력:1972)

신경준의 위와 같은 종성 분류는 『고금운회』와 비교하면 음운미 /-i/가 제외되어 있고, 현대 중국어와 비교하면 양운미 /-m/이 더 있다. 따라서 신경준의 종성은 『고금운회』로부터 현대중국어에 이르는 과도기적인 체계인 것으로 보인다. 그런데 여암은 한자음의 종성에 대해서는 이 책의 부록격인 『아국운삼운총도』에서 'ㅇ, ㄴ, ㅁ, ㄱ, ㄹ, ㅂ'이 있다고 했고, 동음에는 'ㄷ, ㅅ' 종성이 있어도 한자음에는 이들 종성이 없다고 하였다.

「개합사장」은 이 책의 핵심 부분 곧 본론에 해당하는 부분이다. 한자 음운도에 앞서 총설에서는 초성을 '음(音)'이라 하고, 중성은 '성(聲)', 종성은 '운(韻)'이라 부르며 이들이 각각 청탁(淸濁), 개합(開合), 운(韻)과 관련됨을 밝혔다. 그리고 『절운』과 역대운서를 간략히 소개하고, 『광운』과 『운회(고금운회)』, 『홍무정운』의 자모도를 제시하고 이를 바탕으로 『저정서』에서 채택하고 있는 성모 36자모도를 제시하고 있다. 그리고 『사성통해』의 운모체계에 따라 정운(개구)·부운(제치)·정운(합구)·부운(촬구)로 구분한 4장의 음운도를 제시하고 있다.

「개합사장」 운도는 정운(개구)·부운(제치)·정운(합구)·부운(촬구) 사장으로 운목을 분류하였다. 종래 섭(攝)을 이처럼 간략하게 하위 분류를 함으로서 운도 활용이 훨씬 간편하게 된 것이다. 운모는 4장을 기준으로 하였고 『운회』의 36자모를 그대로 받아들여 성모는 36자를 아래와 같은 순서로 배치하였다.

① 후음(影ㆆ○), 匣(ㆅ●), 曉(ㅎ◉), 喩(ㅇ◑), ② 설두음(端ㄷ○), 定(ㄸ●), 透(ㅌ◉), 泥(ㄴ◑), ③ 설상음(知ㄷ○), 澄(ㄸ●), 徹(ㅌ◉), 孃(ㄴ◑), ④ 치두음(精ㅈ○), 從(ㅉ●), 淸(ㅊ◉), 心(ㅅ◑), 邪(ㅆ●), ⑤ 정치음(照ㅈ○), 牀(ㅉ●), 穿(ㅊ◉), 審(ㅅ◑), 禪(ㅆ●), ⑥ 순중음(幫ㅂ○), 竝(ㅃ●), 滂(ㅍ◉), 明(ㅁ◑)·순경음(非ㅸ○), 奉(ㅹ●), 敷(ㆄ◉), 微(ㅱ◑), ⑦ 반설음(來ㄹ◑), 반치음(孃△◑))으로 전

부 36자이다.

운모는『사성통해』의 운모를 기초로 하여 설상음과 순경음 부(敷)와 결합하는 운모를 제외하여 ① 개합정운제1장 ㅏ(岡), ㅐ(開), ㅡ(根), ㅓ(多), ㅢ(登) 5자, ② 개구분운제2장 ㅑ(良), ㅒ(佳), ㅣ(靈), ㅕ(千), ㅖ(离) 5자, ③ 합구정운제3장 ㅘ(光), ㅙ(媧), ㅜ(公), ㅞ(禾), ㅟ(肱)), ④ 합구부운제4장 ㅠ(重), ㆉ(靴), ㆌ(兄)) 18자이다. 여암이 만든「경세성음수도」에서 제시한 운모는 32자였는데 실제 운도상에는 18자만 사용하였다.

2. 여암 신경준의 『저정서』

2.1 신경준 운학의 특징

1)『저정서』의 「경세성음수도」

신경준의 「경세성음수도」는 소옹의 「경세성음도」의 정성 10성과 정음 12음도의 체제를 본 따서 만든 보편적인 한자 성음 체계도이다.

송나라 소옹(邵雍, 1011~1077)의『황극경세서』2권에 실린 34매로 된「황극경세성음창화도(皇極經世聲音唱和圖)」운도를 본 따서 신경준이 새로 지은 것이다. 송나라 채원정이 소옹의 「황극경세성음창화도」를 간략화한 「경세성음도(經世聲音圖)」가 「성리대전」 권8에 「정성정음표(正聲正音表)」로 실려 있다. 소옹은 「역학」 이론에 따라 운모(韻母)를 천성(天聲), 성모(聲母)를 지음(地音)이라하고 등운에서 1, 2, 3, 4 등운을 운모에서는 평·상·거·입, 성모에서는 개·발·수·폐로 구분하였다. 한편 인체의 도와 연관시켜 체(體)와 용(用) 두 가지 개념으로 4상을 수립했는데 귀(耳)·눈(眼)·코(鼻)·입(口)을 '용(用)'이라 하고 "소리(聲)·빛(色)·냄새(氣)·맛(味)"를 '체(體)'라 하였다.

소옹은 자연 현상을 그의 상수 이론으로 설명하였는데 우주의 모든 소리를 천성 160개와 지음 192개로 구분하고 이를 조합한 30,720개의 자연음이 이 천지에 존재하는 정음의 총수로 파악하였다.『황극경세서』「성음창화도」에서 정성·정음총도를 고안해 내었다. 이처럼 신경준은 소옹과는 달리 변수(變數)와 통수(通數)를 가정하고 성음

(聲音)의 통수, 곧 천지만물의 수인 소리의 무한성을 내세웠다.

운도는 당나라 말엽부터 오대 송나라시대에 걸쳐 만들어진 것으로 세로로 36자모를 가로로 1, 2, 3, 4등운으로 운모를 배열한 도식이다. 신경준(申景濬)은 성모(초성)를 '音(자음)'으로 운모를 '聲(모음)'이라고 하여 그 명칭은 소옹과는 반대로 사용하고 있다. 여암 신경준의 「경세성음수도」를 양률창(陽律唱)과 음여률(陰呂律)로 구분하여 좌우로 대칭시키고 양률은 운모를 '평·상·거·입'과 '일·월·성·신'으로 음려는 성모를 '개·발·수·폐'와 '수·화·토·석'으로 구분하였다. 이 구분은 신경준의 「훈민정음도해」 초성해와 중성해에서 밝힌 이론에 근거한 것이다. 또한 세로로 양률은 사등에 따라 구분하였다. 음여는 12음으로 한자를 배열하였는데 그 한자 배열 방식은 "궁-각-차-상-우-반차-반상"의 순으로 배열하였으며 같은 음은 "일청(전청)-이탁(전탁)-삼청(차청)-사탁(불청불탁)"의 순으로 배열하였다.

신경준은 소옹의 운도와 달리 운모를 천성, 성모를 지음으로 대응시키고 성모를 음, 운모를 성이라 불렀다. 먼저 양률창(陽律唱)은 소옹이 말하는 정성(正聲)이다. 신경준은 이 운모의 체계를 10성으로 평·상·거·입과 일·월·성·신으로 구분하였다. 신경준의 양률창은 중성과 종성이 결합한 운모(韻母)를 말하는데 운미를 중심으로 보면 7성 밖에 존재하지 않는다.

陽律唱			平	上	去	入
			日	月	星	辰
一聲	日	一闢29)	岡	但·感	禡·報	合·霍
	月	二翕	光	縮	化	刮
	星	三闢	開	愷	慨	○
	辰	四翕	媧	枴	卦	○
二聲	日	一闢	良	眼·黷	駕·孝	呷·岳
	月	二翕	○	○	○	○
	星	三闢	佳	解	戒	○
	辰	四翕	●	●	●	●
三聲	日	一闢	多	可	箇	○
	月	二翕	禾	火	貫	奪
	星	三闢	○	○	○	○

	辰	四翕	○	○	○	○
四聲	日	一闢	千	檢·宴	早	哲
	月	二翕	靴	犬	願	雪
	星	三闢	离	豈	計	○
	辰	四翕	○	○	○	○
五聲	日	一闢	根	子·參	戊	澀
	月	二翕	公	吻	助	骨
	星	三闢	登	梗	彼	德
	辰	四翕	肱	水	會	國
六聲	日	一闢	靈	泯·審	異·秀	十
	月	二翕	重	悙	去	玉
	星	三闢	○	○	○	○
	辰	四翕	兄	永	鎣	閞
七聲	日	一闢	⊙兒	⊙耳	⊙卅	○
	月	二翕	⊙龜	⊙我	⊙貴	○
	星	三闢	○	○	○	○
	辰	四翕	○	○	○	○
八聲	日	一闢	●	●	●	●
	月	二翕	○	○	○	藥
	星	三闢	●	●	●	●
	辰	四翕	●	●	●	●
九聲	日	一闢	●	●	●	●
	月	二翕	●	●	●	●
	星	三闢	●	●	●	●
	辰	四翕	●	●	●	●
十聲	日	一闢	●	●	●	●
	月	二翕	●	●	●	●
	星	三闢	●	●	●	●
	辰	四翕	●	●	●	●

곧 소옹의 「경세성음도」의 정성에 맞춘 것이지만 여암의 「경세성음수도」는 「개합사장」의 운도 작성에 필요한 성과 음의 수를 보여주는 총괄 도표이다. 신경준이 인식하고 있던 한자음의 음운 체계에 대한 분석 결과를 종합적으로 제시하여 주는 부분이라고 할 수 있다.

이 「경세성음수도」는 『성리대전』 권8, 소옹의 『황극경세서』의 「경세사상체용지수도(經世四象體用之數圖)」의 끝에 있는 「경세성음도」의 '정성(正聲)'과

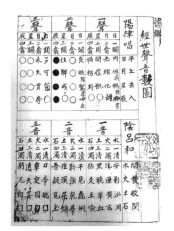

---

29) 흡(翕)·벽(闢): 소강절의 『황극경세성음창화도』에 성(聲)은 청(淸)·탁(濁)으로 구분하고 운(韻)은 흡(翕)·벽(闢)으로 구분하였다. 다시 말하자면 자음은 청탁으로 구분하고 모음은 흡벽으로 구분한다는 말이다. 이 분류 방식은 재래의 등운도에서 합구(合口)와 개구(開口)로 구분하던 것인 바, 이것은 성모와 운부 사이에 개재하는 개모(介母)에 따른 분류 방식이다. 송대에 들어서서는 '성+운'으로 구성된 것으로 분석하였다. 성은 자음에서 초성으로 오는 자음을 뜻하며, 운은 개모+핵모+운미를 합친 것을 말한다. 따라서 흡(翕), 벽(闢)은 곧 개구(開口)와 합구(合口)의 개념으로 개모 [w]의 유무에 따라 1등, 2등, 3등, 4등으로 구분하는데 소강절은 이를 일(日), 월(月), 성(星), 신(辰)으로 구분하였다. 『훈민정음』「제자해」의 창제 원리에 이론적 근거를 만드는데 가장 큰 영향을 끼쳤다고 할 수 있다.

	개수(開口)	합구(合口)
1등운=일(日)	zero	w
2등운=월(月)	r[i]	rw
3등운=성(星)	j[i]	jw
4등운=신(辰)	I[j]	iw

벽(闢)=개구(開口) 평순모음, 흡(翕)=합구(合口) 원순모음를 말한 것으로 병와 이형상의 『악학편고』(1707~1725년) 권1, 『성기원류』 항에 "하늘에는 음양(陰陽)이 있고 땅에는 강유(剛柔)가 있으니 음양은 기(氣)이다. 기로서(성음을) 생성하니 벽흡(闢翕, 열리고 닫침) 있다. 강유는 질(質)이니 질로서 성음을 이루는 그러므로 창화가 있다. 성은 하늘의 변율(變律)을 쫓고, 음은 땅의 변화를 쫓으니 음은 땅을 쫓아서 변화한다. 율려(呂律)는 성이 교체됨으로서 평, 상, 거, 입이 생겨나며, 여는 개·발·수·폐로 음과 함께 하니 이 네 가지 성은 심약이 창작한 것이다.(天有陰陽, 地有剛柔, 陰陽氣也. 氣以生成, 故有闢翕, 剛柔質也. 質以聲音, 故有唱和, 聲臨天而變律, 音隨地而變, 呂律交聲而, 平上去入生焉. 呂互音而開發收閉焉. 此四聲展, 自沈約而剏焉.)"라고 하여 성운학을 율려와 관계를 설명하고 있다. 명곡 최석정과 교분을 나누었던 병와는 숙종 당시 다시 불이 붙은 성운학을 예악의 조화라는 관점에서 『자학』, 『악학편고』 등의 저술을 남겼다.

'정음(正音)'의 체재 그대로 본 따 만든 운도이다.

이 운도는 상하 2단으로 구성되어 있다. 상단은 '양율창도(陽律唱圖)'인데 이는 성(聲)을 표시하고 하단은 '음려화도(陰呂和圖)'로 음(音)을 표시한다. 그런데 소옹은 종래의 성운학자들이 사용하던 용어를 버리고 운모를 천성(天聲), 성모를 지음(地音)이라 하여 나름대로의 독특한 용어를 사용하였는데, 신경준도 이를 따르고 있다.

'양률창도는 모두 십성도(十聲圖)로 나뉜다. 각 성은 다시 일·월·성·신으로 구분되는데 이는 벽흡(闢翕)의 순서, 즉 개구(開口)와 합구(合口)의 순서가 번갈아 적용된 것이다. 결국 일·월·성·신은 운도의 개구(開口)·합구(合口)·제치(齊齒)·촬구(撮口)의 사호에 해당한다. 그리고 일·월·성·신의 아래에 종으로 평·상·거·입의 한자가 배당되어 있다. 유성무자(有聲無字)는 ○로, 무성무자(無音無字)는 ●로 표시하였다. 제일성을 예로 들면 다음과 같은 관계가 성립된다.

상단의 '양률창도'는 모두 10성도로 구분되어 있으나 실제로 성이 배당되어 있는 것은 1성부터 6성까지이다. 그리고 이 가운데에도 대당 자음이 없는 경우가 있어 '양률창도'에 나타나는 양률은 평성을 기준으로 할 경우 모두 18성이다.

일성(一聲)	일(日)	일벽(一闢)	개구(開口)	岡 但 穭 合	ㅏ
	월(月)	이흡(二翕)	합구(合口)	光 縮 化 刮	ㅘ
	성(星)	삼벽(三闢)	제치(齊齒)	開 愷 慨 ○	ㅐ
	신(辰)	사흡(四翕)	촬구(撮口)	媧 枴 卦 ○	ㅙ

즉 『저정서』의 운모 중성이 『사성통해』에 따라 18운모체계라는 의미가 된다. 이 도식을 한자의 운미를 중심으로 구분하면 아래와 같다.

일성 일월성신   -ㅇ, -ㅣ
이성 일월성신   -ㅇ
삼성 일월성신   -ㄴ
사성 일월성신   -w
오성 일월성신   -ㅇ
육성 일월성신   -ㅇ

하단의 '음려화도'는 모두 12음도로 나뉜다. '양률창도'와 마찬가지로 각각의 음은 수·화·토·석의 넷으로 구분되어 각각 청탁의 순서가 번갈아 적용된다. 즉 전청, 전탁, 차청, 차탁의 순서이다. 그리고 수·화·토·석의 각각의 아래에 종(縱)으로 개·발·수·폐, 즉 개구·합구·제치·촬구의 한자가 배당되어 있다. 유음무자(有音無字)는 □로, 무음무자(無音無字)는 ■로 표시하였다. 제일음을 예로 들어 보이면 다음과 같다.

	수(水)	일청(一淸)	전청(全淸)	安影鴻淵	ㆆ
일청(一音)	화(火)	이탁(二濁)	전탁(全濁)	沆匣黃玄	ㆅ
	토(土)	삼청(三淸)	차청(次淸)	黑曉華血	ㅎ
	석(石)	사탁(四濁)	차탁(次濁)	占爻王喩	ㅇ

'음려화도'는 모두 12음도인데 각 음도에 모두 한자가 배당되어 있다. 그러나 전체 숫자는 36성모이다. 이는 신경준이 당시 한자음의 성모 체계를 『고금운회』에 따라 36자모체계로 인식하고 있었음을 보여주는 것이다.

신경준이 『저정서』의 첫머리에 「경세성음수도」를 작성한 것은 결코 김석득(1983)이 주장하듯 부록일 수 없다. 오히려 『운해』 전체 내용의 도론적 구실을 하고 있으며, 한자 음운도의 이론의 바탕이 된다.(배윤덕:1991) 신경준이 인식한 한자음의 음운체계는 36성모, 32운모(18섭)체계였다. 신경준은 스스로 이 「경세성음수도」를 만든 이유는 소옹과 다르다는 사실을 아래와 같이 밝히고 있다.

> "소자의 성음도는 자서를 위해 만들어진 것이 아니고 글자를 빌어 수만을 밝혀 글자에는 정밀히 밝히지 않아서 옮기고 바꾸고 버리고 보탠 것이 많지만 다 소옹의 본뜻을 말하는 것에 지나지 않는다."[30]

---

30) "邵子聲音之圖 初非爲字書而作也 物有色聲氣味 惟聲爲成且可以書別 故特假之字以明其數也 字未嘗究精焉 後之治者頗爲釐正 而猶有所未盡者 今復參以愚見 基所移易刪補字多 而是不過邵子之本皆云爾("經世聲音數圖", 여암 신경준의 『저정서』「경세성음수도」.

신경준은 스스로 이 「경세성음수도」를 만든 이유는 소옹과 달리 자서를 만들거나 보유하기 위한 것이라는 점을 시사하고 있다. 그래서 여암은 『삼운보결자휘요찬』를 지은 것이다.

조선 후기에 소옹의 성음도를 본받아 우리나라에 운도를 소개한 것으로는 명곡 최석정, 황윤석, 박성원에 이어 여암 신경준의 운도가 있는데 이들은 각각 조금씩 차이를 보여주고 있다.

正聲				正音		
日月星辰				水火土石		
平上去入				開發收閉		
乾一聲	多可个舌 禾火化八 開宰愛○ 回每退○	甲	角一音	古甲九癸 ○○近揆 坤巧丘棄 ○○近揆	寅
兌二聲	良雨向○ 光廣況○ 丁井亘○ 兄永螢○	乙	徵二音	黑花香血 黃華雄賢 五瓦仰○ 吾牙月堯	卯

채원정의『황극경세서』「황극경세성음해」의 일부

陽律唱			平 日	上 月	去 星	入 辰	陰呂和			開 水	發 火	收 土	閉 石
一聲	日	一闢	岡	但感	禍報	合霍	一音	水	一淸31)	安	影	泓	淵
	月	二翕	光	縮	化	刮		火	二濁	沆	匣	黃	玄
	星	三闢	開	愷	慨	○		土	三淸	黑	曉	華	血
	辰	四翕	媧	㧊	卦	○		石	四濁	拈	爻	玉	喩
二聲	日	一闢	良	眼䁘	駕孝	呷吐	二音	水	一淸	干	見	龜	堈
	月	二翕	○	○	○	○		火	二濁	斡	強	乾	羣
	星	三闢	佳	解	戒	○		土	三淸	愷	溪	屈	傾
	辰	四翕	●	●	●	●		石	四濁	吾	疑	瓦	玉

여암 신경준의 「경세성음수도(經世聲音數圖)」

소옹의 『황극경세성음도』의 '정성도'와 여암의 「경세성음수도」의 '양률창도'를 대조하면 용어의 차이뿐만 아니라 운도의 위치도 옮기거나 바꾸었으며, 활용한 한자 자표도 버리고 보탠 차이가 나타난다. 결국 여암은 소옹의 도식 체재만을 본 따 「개합사장」에서는 18중성 체계에 맞추어 만들었다. 여암은 「중성배경세수도」에서는 32 중성을 설정했지만 중국한자음을 표기하기 위해 『사성통해』와 같은 18중성 곧 18섭의 체계로 설정하였다. 여암은 「경세성음수도」의 평성에서 1성부터 6성까지를 「개합사장」에 18성으로 다음과 같이 나타난다.

여암은 정성과 정음 곧 양률과 음려가 배합한 도식인 「율려창화도」에서는 1음의 예만 들었으며 「초성배경세수도」에서는 「경세성음수도」에 따라 12음으로 나누고 배열된 한자들은 「경세성음수도」의 36자모처럼 중국 자모표의 36자모와 같으며 이는 「개합사장」의 자모와도 일치한다.

운모는 1성(ㅏ, ㅘ, ㅐ, ㅙ), 2성(ㅑ, ㆇ, ㅒ, ㅖ), 3성(ㅓ, ㅝ, ㅔ), 4성(ㅕ, ㆊ, ㅖ, ㅖ), 오성(ㅡ, ㅜ, ㅢ, ㅟ), 6성(ㅣ, ㅠ, ㅖ, ㅟ), 7성(ㆍ, ㅗ, ㅣ, ㅚ), 8성(ㆍㆍ, ㅛ, ㆍㅣ, ㅛ)로 총 32자를 제시하였는데 「중성도」에서는 개구·제치·합구·촬구의 4등으로 구분하였다. 그러나 「개합사장」에서는 18성에 따라 배열하였으니 아래와 같다.

一聲

日 一 闢 ㅏ 岡 開口正韻

月 二 翕 ㅘ 光 合口正韻

星 三 闢 ㅐ 開 開口正韻

辰 四 翕 ㅙ 媧 合口正韻

二聲

日 一 闢 ㅑ 良 開口副韻

月 二 翕 ○

星 三 闢 ㅒ 佳 開口副韻

辰 四 翕 ●

---

31) 일청(一淸)·이탁(二濁)·삼청(三淸)·사탁(四濁)은 순청(純淸)·전탁(全濁)·차청(次淸)·반청반탁(半淸半濁)이며, 개(開)·발(發)·수(收)·폐(閉)는 개구자(開口字)·제치자(齊齒字)·합구자(合口字)·촬구자(撮口字)이다.

三聲

日 一 闢 ㅓ 多 開口正韻

月 二 翕 ㅟ 禾 合口正韻

星 三 闢 ○

辰 四 翕 ○

四聲

日 一 闢 ㅕ 千 開口副韻

月 二 翕 ㆋ 靴 合口副韻

星 三 闢 ㅖ 离 開口副韻

辰 四 翕 ○

五聲

日 一 闢 ㅡ 根 開口正韻

月 二 翕 ㅜ 公 合口正韻

星 三 闢 ㅢ 登 開口正韻

辰 四 翕 ㅟ 肱 合口正韻

六聲

日 一 闢 ㅣ 靈 開口副韻

月 二 翕 ㅠ 重 合口副韻

星 三 闢 ○

辰 四 翕 ㆌ 兄 合口副韻

여암 신경준의 「경세성음수도」의 '음려화도'는 위에 보인 소옹의 '정음도'에 해당된다. 이 음려화도는 「개합사장」에서 설정한 36자모에 맞추어 수정했는데 중성은 개구자→제치자→합구자→촬구자 순으로 배열하여 4등에 따라 ① 개합정운제1장(ㅏ(岡), ㅐ(開), ㅡ(根), ㅓ(多), ㅢ(登)) 5자, ② 개구부운제2장(ㅑ(良), ㅒ(佳), ㅣ(靈), ㅕ(千), ㅖ(离)) 5자, ③ 합구정운제3장(ㅘ(光), ㅙ(媧), ㅜ(公), ㅟ(禾), ㅟ(肱)), ④ 합구부운제4장(ㅠ(重), ㆋ(靴), ㆌ(兄)) 18자이다.

여암이 만든 「경세성음수도」에서 제시한 운모는 32자였는데 실제 운도상에는 18자만 사용하였다. 1음에서 12음까지 『황극경세서』의 12음 체재를 따라 12음으로 분류했는데 □(유음무자)와 ■(무음무자)를 제하면 36음이 된다.

「경세성음수도」, 「초성배경세수도」, 「개합사장」에서 보여주는 36자모와 배열한 순서는 일치한다. 먼저 「경세성음수도」에서 설정한 36자모의 내용을 보면 다음과 같다.

一音(宮, 喉音)
水 一淸 影 火發 ㆆ
火 二濁 匣 火發 ㆅ
土 三淸 曉 火發 ㅎ
石 四獨 喩 石開 ㅇ

二音(角, 牙音)
水 一淸 見 火發 ㄱ
火 二濁 羣 石開 ㄲ
土 三淸 溪 火發 ㅋ
石 四獨 疑 火發 ㆁ

三音(徵, 舌頭音)
水 一淸 端 土收 ㄷ
火 二濁 定 火發 ㄸ
土 三淸 透 水開 ㅌ
石 四獨 泥 火發 ㄴ

四音(徵, 舌上音)
水 一淸 知 火發 ㄷ
火 二濁 澄 火發 ㄸ
土 三淸 徹 火發 ㅌ

石 四濁 孃 火發 ㄴ

五音(商, 舌上音)
水 一清 精 火發 ㅈ
火 二濁 從 火發 ㅉ
土 三清 清 火發 ㅊ
石 四濁 心 火發 ㅅ

六音(商, 齒頭音)
火 二濁 邪 水開 ㅆ

七音(商, 正齒音)
水 一清 照 火發 ㅈ
火 二濁 牀 土收 ㅉ
土 三清 穿 石開 ㅊ
石 四濁 審 火發 ㅅ

八音(商, 正齒音)
火 二濁 禪 火發 ㅆ

九音(羽, 重脣音)
水 一清 幫 水開 ㅂ
火 二濁 並 火發 ㅃ
土 三清 滂 水開 ㅍ
石 四濁 明 火發 ㅁ

十音(羽, 輕脣音)
水 一清 非 土收 ㅸ
火 二濁 奉 石開 ㅹ

土 三淸 數 土收 ㅍ

石 四獨 微 土收 ㅁ

十一音(半齒, 半舌音)

石 四獨 來 水開 ㄹ

十二音(半商, 半齒音)

石 四獨 日 火發 △

위에서 살펴본 대로 36자모의 순서를 궁음(후)→각음(아)→치음(치두·치상)→상음
(설상·설두)→우음(아) 순으로 배열하여 ① 후음(影ㆆ○), 匣(ㆅ●), 曉(ㅎ◉), 喩(ㅇ
◐), ② 설두음(端ㄷ○), 定(ㄸ●), 透(ㅌ◉), 泥(ㄴ●), ③ 설상음(知ㅌ○), 澄(ㅌ
●), 徹(ㅌ◉), 孃(ㄴ●), ④ 치두음(精ㅈ○), 從(ㅉ●), 淸(ㅊ◉), 心(ㅅ○), 邪(ㅆ●),
⑤ 정치음(照ㅈ○), 狀(ㅉ●), 穿(ㅊ◉), 審(ㅅ○), 禪(ㅆ●), ⑥ 순중음(幫ㅂ○), 竝
(ㅃ●), 滂(ㅍ◉), 明(ㅁ◐)·순경음(非ㅸ○), 奉(ㅹ●), 敷(ㆄ◉), 微(ㅱ◐), ⑦ 반설
음(來ㄹ◐), 반치음(孃△◐))으로 전부 36자이다. 이들 음은 1청(순청)→2탁(전탁)
→3청(차청)→4탁(반청반탁)으로 배열하였다.[32]

여암 신경준은 소옹의 『황극경세서』의 「경세성음해」의 정성(10성)·정음(12음)의 체
재를 변형시켜 양율화도, 음려화도로 한자의 운도를 만들 것이다. 아마도 이 운도를
만들면서 여암은 『사성통해』를 매우 정밀하게 분석한 기반 위에서 당시의 이상적인
한자음을 나타내려고 한 결과이다. 다만 『사성통해』에서 반영되지 않은 설상음을 나
타내기 위해 새로운 문자를 만들어내기도 하였다.

여암 신경준은 명곡 최석정이나 황윤석과 달리 「경세성음수도」에서는 훈민정음을
표기하지 않았다. 이는 그의 치밀한 논리적 사고를 엿보게 하는 부분이다. 그는 훈민
정음을 한자음을 표기하는 수단으로 인식하였다. 따라서 그는 『운해』의 첫머리에 자

---

32) 여암은 36자모의 청탁을 다음과 같이 분류하고 있다.

순청	見端知幇非精照影
차청	溪透徹滂敷淸穿曉
전탁	群定並奉從牀邪禪匣
불청불탁	疑泥孃明徵審心喩來日

신이 인식하고 있던 한자음의 음운체계를 제시하고 그 다음에 이를 표시하기 위한 문자체계로서 훈민정음을 설명하고 있다. 그리고 이에 대한 설명이 끝난 뒤에 경세성음도의 음운 조직을 이용하여 운도를 작성하였던 것이다. 따라서 아직 훈민정음에 대한 설명이 이루어지지 않았기 때문에 「경세성음수도」에는 훈민정음을 이용하여 표기되지 않은 것이다.

이어서 「원음성수지수」에서는 음양의 역할과 원리에 따라 10성과 12음을 천수와 지수로 나누고 다시 체용의 구분에 따라 「경세성음수도」에 담아낼 수 있는 성음의 총수를 289,816,576까지임을 밝혔다. 이 숫자는 자연의 성음 총수인 것이다. 여암은 성은 율, 음은 려가 되고 율은 창하고 여는 화한다는 이원적 대칭원리로 창화와 율려를 배합하여 만물이 생성 소멸하듯 성음을 이루어낸다고 판단한 것이다.

「각성중 운서소예 종성지수」에서는 운모는 개모와 핵모(운복) 그리고 운미의 결합인 바 훈민정음의 체계로는 중성과 종성의 결합한 것이다. 따라서 여암은 모든 중성에 종성이 결합될 수 있는 7성을 밝혀내었다. 여암은 양운미(m, n, ŋ)와 음운미(ŏ, ㅇ)만 인정하고 입성운미(-k, -t, -p)은 인정하지 않았다. 7성을 일·월·성·신으로 나누어 각 섭을 제시하였다.

음운미는 지(支)섭(상)(하)와 쇼(蕭)섭·우(尤)섭 세 가지로 나누어 지(支)섭 (상)(하)는 'ㅇ'를 쇼(蕭)섭·우(尤)섭에는 'ㅱ'을 종성으로 설정하였으니 '무릇 모든 글자는 반드시 초·중·종을 합해야 음절을 이룬다(凡字必合而成音)'라는 『훈민정음 예의』의 규정을 충족시키려고 고민했던 것이다.

2) 「율려창화도」

「율려창화도(律呂唱和圖)」는 양율(陽律)과 음려(陰呂), 즉 성과 음이 어울려 소리를 이루는 모습을 나타내 보여주는 도표이다. 「경세성음수도」에서 성정한 10성과 12음 가운데 「율려창화도」에서는 1성과 1음에서 각기 어떻게 배합하여 글자가 나타나는지에 대해 실례를 들었다. 그리고 그 음을 구체적으로 표시하기 위하여 해당되는 글자의 아래에 반절로 음을 표시하고 성조도 아울러 나타내었다.

예를 들어 「경세성음수도」의 '양률창도'의 첫 성은 '강(岡)'이고 '음려화도'의 첫 음은 '안(安)'이다. 그렇다면 이를 반절 상하자로 사용하면 '안강절(安岡切, 앙)'을 얻을 수 있는데 '안강절(安岡切)'의 자음을 가진 한자들이 바로 '앙(鴦, 평성)', '앙(坱, 상성)', '앙(盎,

'거성' 그리고 입성은 안곽절(安霍切)로 악(惡)을 얻는다. 「율려창화도」일성의 일(日)도 첫 4자는 이렇게 만들어진다. 그리고 일음의 첫 4자는 앙(鴽, 개구), 앙(块, 제치), 왕(汪, 합구), ○을 얻게 된다. 운도의 형식을 취하면서 해당 자리 밑에 반절로 음을 보여주고 있는 것이 매우 특이하다. 이는 성과 음의 결합방식을 정확히 설명하기 위한 배려로 이해된다.

　「율려창화도」는 「경세성음수도」의 양율창과 음려화가 어떻게 배합하여 하나의 한자음을 나타낼 수 있는가를 1성 1음에만 예를 들었는데, 예를 든 한자들은 『사성통해』의 한자들이다. 이들을 일·월·성·신과 수·화·토·석 일성과 일음에 나타난 한자들을 보면 다음과 같다.

律呂唱和圖			一聲									
			日					月			星	辰
	日	平	鴽安岡	安安㫚	庵安憨	○安媽	鏖安報	汪安光	관安綰	鏖安報	哀安開	○安媧
	月	上	块安岡	俊安㫚	唵安憨	○安媽	襖安報	광安光	綰安綰	襖安報	欸安愷	○安枴
	星	去	盎安岡	按安㫚	暗安憨	○安媽	奧安報	汪安光	統安綰	奧安報	愛安慨	○安卦
	辰	入	惡安疆	謁安㫚	始安合	○	○	空安綰	○	○		
			一音									
			水	火	土	石						
	水	一淸	鴽安岡	航黑岡	沆黑江	○점岡						
	火	二濁	央影良	○匣良	香曉良	陽爻良						
	土	三淸	汪洪光	黃黃光	荒華江	王王光						
	石	四濁	○○淵	○玄	○血	○喻						

　먼저 일성(一聲)의 일일성(日日聲)에서 岡(ㅏ):岡(ㅏ)에서 세로에는 안강(安岡)의 반절음으로 평성 앙(鴽)·상성 앙(块)·거성 앙(盎)·입성은 안곽(安霍)의 반절음 악(惡)이 된다는 것을 보여주고 있다. 이에 대해 여암은 "우일일성인 '강(岡)'자가 아래와 창화(唱和)한다"라고

하여 음화(音和)과 양률(陽律)이 반절의 음을 보여주고 있다.

또 일음(一音)에서 수수음(水水音)의 안(安)자가 위와 창화하여 안강(安岡)절이 되어서 앙(鴦)를 얻는다라고 설명하고 있다. 이와 같이 하여 앙(央)은 엿(影)·량(良)절로 앙(央)자를 얻는 것과 같다.

일일성(日日聲)에서 가로로 배열된 한자음 '앙(鴦)·안(安)·암(庵)·○·오(鏖)'은 아무렇게나 정해진 것이 아니라 여암 자신이 만든 「종성도(終聲圖)」의 7섭(攝)에 따라 일성섭(一聲攝)에 따라 배열했는데 다음과 같다.

　一聲

　日 凝隱音蕭支　五攝 [ㅇ, ㄴ, ㅁ, ㅱ, ㅇ]

　月 凝隱支　　　三攝 [ㅇ, ㄴ, ㅇ]

　星支　　　　　一攝 [ㅇ]

　辰支　　　　　一攝 [ㅇ]

위 일성의 일(日)에 응(凝)·은(隱)·음(音)·소(蕭)·지(支) 다섯 섭에 따른 한자들이다. 이러한 섭의 순서는 「개합사장」에 성 'ㅏ罔'의 순서와 완전히 일치한다.

「율려창화도」의 일성일(一聲日)이 「개합사장」에도 다음과 같이 나타난다. 이들 한자들은 『사성통해』의 한자들인데 괄호 안에 있는 한자들은 나타나지 않는다.

　韻陽 義漾 藥, 鴦块 盎惡 　(平上去入)

　刪寒 產早 諫翰 轄曷, 安(按)按 曷 　(平(上)去入)

　覃感 勘合, 庵唵 暗始) 　(平上去(入))

　爻 巧效, 鏖襖奧 　　　　　(平上去)(「律呂唱和圖」에서 지(支)섭 란에 배열하였다.)

「율려창화도」의 일성(一聲) 월(月)의 광(光 ㅘ)에서 평성은 안괄(安光)의 반절로 왕(汪), 상성 왕(汪), 거성은 왕(汪), 입성 확(矐)이 된다. 일성 일월의 한자음 가운데 가로로 배열된 왕(汪)·만(鸞)·와(蛙)는 응(凝, -ㄱ), 은(隱, -ㄱ), 지(支-ㅣ) 삼섭에 따라 배열하였다.

「율려창화도」의 일음(一音)에서도 「경세성음수도」의 1음에 따라 가로는 水(一淸), 火(二濁), 土(三淸), 石(四濁)으로 후음 ㆆ, ㆅ, ㅎ, ㅇ 세로는 양문에 평성 水(開口字), 火(齊口

字), 土(合口字), 石(攝口字)로 ㅏ(罔) ㅑ(良) ㅘ(光)가 된다.「경세성음수도」에서는 2성의
월(月)로 ㅘ는 설정되지 않았다. 이들이「개합사장」에는 다음과 같다.

ㅏ 罔 韻陽養漾藥,   鴦䪴(炕) (平上去)
ㅑ 良 韻陽養漾藥,   央香陽   (平(上)去入)
ㅘ 光 韻陽養漾藥,   汪黃荒王 (平上去入)

촬구(攝口)에 'ㅑ'가 없음은『사성통해』「운도」에 'ㅑ'운이 없으므로 이에 따라 ○
으로 표시하였는데 신경준은『사성통해』의 18성을 기준으로 하여「경세성음수도」에
이성월(二聲月) 이흡(二翕)에는 ○으로 처리하고 'ㅑ'에는 한자를 배열하지 않았다.
　위에서 살펴본 바와 같이 신경준은「경세성음수도」에서 10성과 12음 가운데「율
려창화도」에서 1성과 1음에서 성과 음이 어떻게 배합하여 글자가 나타나는가의 실례
를 들었는데, 이들 한자들은『사성통해』의 한자들이며, 이는 또한「개합사장」에 해
당되는 성(聲)과 운(韻)을 나타난다.
　「율려창화도」에 나타난 1성이 배합해서 된 한자를 보인 것이다. 이는「경세성음수
도」의 다음과 같은 1성의 예에 의한 것이다. 이를 다시 정리하면 다음과 같다.

一聲					
日	一闢	ㅏ	罔但感禍報合霍	a, ə	[open]
月	二翕	ㅘ	光縮火刮	u-	[u-close]
星	三闢	ㅐ	開愷慨	ai-	[ai-open]
辰	四翕	ㅙ	媧棵卦	uai-	[uai-close]

「성음율려창화전수도」에 실려 있는 도식의 섭과 운목의 관계를 정리하면 다음과
같다.

攝	韻目	16攝	韻腹(核母)	韻尾
過	歌, 麻, 戈	果, 假	α	zero
豫	模, 魚, 虞	遇	ɔ, o	zero

壯	唐, 陽	宕	ɑ	ŋ
蒙	東, 冬, 鍾	通	u, o	ŋ
泰	泰, 夬, 廢, 祭	蟹	ɐ, æ, ɛ	i
履	哈, 脂, 灰, 微	蟹	ɒ, ə	i
觀	寒, 桓, 刪, 元, 仙	山	ɑ, ɒ, æ	n
晋	痕, 眞, 魂, 諄, 文	臻	ə, e	n
解	佳, 支	蟹, 止	æ, ɛ	zero
頤	哈, 之, 灰	蟹, 止	ɒ, æ, e	zero
井	庚, 淸	梗	a, æ	ŋ
恒	登, 蒸	曾	ə	ŋ
剝	豪, 肴, 宵	效	ɑ, a, æ	u
復	侯, 尤	流	ə	u
謙	談, 銜, 鹽, 嚴	咸	ɑ, a,	m
臨	覃, 侵	深, 咸	e, ɒ	m

3) 「훈민정음도해 서」

「훈민정음도해 서」에서는 몇 가지 중요한 논의를 하였다. 우리나라 고대 속용문자설을 주장하였다. 그러나 속용문자를 입증할만한 뚜렷한 근거가 희박하다.

정통 병인년(1446) 훈민정음 창제설이 훈민정음 창제시기를 설명하는데 혼란을 야기하는 단초가 되었다. 문자 훈민정음은 세종 25년(1443)년에 완성되었고 이를 해설한 『훈민정음 해례』의 책이 완성된 시기가 정통 병인년(1446)이다. 훈민정음의 성음은 반절식과 『주역』의 교역에 의한 글자의 점획이 가감된 것이며 초성은 청탁, 중성은 벽흡에 의한 상형설을 주장하였다. 훈민정음은 초중종성 삼성체계로 글자를 이룬다. 훈민정음은 쓰기가 매우 편하고 배우기 쉬우며 천만가지 말들을 자세히 표기할수 있는 음소문자이다. 주변의 나라에 외오아나 여오문자가 있지만 매우 불편하다. 훈민정음은 천하의 성음대전으로 다양한 소리를 표기할 수 있는 음성문자이다. 『저정서』를 만든 이유는 성음의 원리를 도해하여 한자의 음을 표준화한 것이다.

여암 신경준은 「훈민정음도해 서」에서 우리나라의 문자 변천에 대해 다음과 같이 이해하고 있었다. 먼저 우리나라에 예부터 속용문자(俗用文字)가 있었는데, 그 수는 갖추어져 있지 않았으며 그 자료가 부족하여 규칙을 충분히 형성하거나 일방적인 용법을 충분히 갖추지 못하였다. 이두(吏讀)는 당시에도 널리 쓰여진 문자이다. 신경준은 이두로 우리말을 고찰하였는데, 주석(註釋)으로 이두에 대해 설명하고 "等以(들로), 爲白去乎(거온)" 등의 실례를 보였다. 훈민정음은 정통 병인(1447년)에 세종이 지었다고 말하고 자획(字劃)이 아주 간단하고 글자가 적으며 배우기 쉽고 모든 말을 자세하게 적을 수 있다 하고는 '천하 성음의 대전'이라고 크게 칭찬하였다.

4) 「초성배경세수도」

신경준은 「경세성음수도」에서 한자음의 성모체계를 36자모로 설정하였다. 또한 총설 부분에서 『고금운회』를 수록하여 36자모체계를 분명히 따르고 있다. 이 36자모는 전통적인 36자모와 비교할 때 청탁의 구별을 전청(全淸)·차청(次淸)·전탁(全濁)·불청불탁(不淸不濁)의 청탁(淸濁)순서에서 전청·전탁·차청·불청불탁의 순서로 바꾸었고, 오음도, 궁(宮)·각(角)·치(徵)·상(商)·우(羽)의 순서로 조음위치에 따라 목구멍 속에서 나는 소리부터 배열하여, 나름대로 고심한 흔적을 찾을 수 있다.

오방을 중심으로 한 「초성도」를 도표 형식으로 펼친 것이 「초성경세수도」이다. 초성 곧 성모를 1성에서 11성으로 구분하고 수·화·토·석과 일청·이탁·삼청·사탁에 따라 한자 자표와 음가를 훈민정음으로 표기하였다. 그는 이 도표의 아래에 율려도에 의하여 가로로 세로로의 줄 사이에 자모를 벌려 메웠기 때문에 그 차례가 예전의 운서류와는 같지 않다고 설명하였다. 그러나 종래 운서류의 자모 체계와 결코 크게 어긋나는 것은 아니다.

신경준은 총설에 「광운 삼십육자모도」와 「운회 삼십육자모도」, 「홍무운 삼십일자모도」를 수록하고 있다. 이들은 모두 최세진이 『사성통해』에 수록한 것을 그대로 옮겨 쓴 것이다. 그런데 「운해 삼십육자모도」만은 그가 재정리한 것이다.

「초성배경세수도」는 1~12음으로 「경세성음수도」의 음여률의 내용과 완전하게 부합된다. 이 도식에서 1음에서 12음까지 수→화→토→석의 배열로 되어 있는데 이는 오방의 대응과 일치하지 않는다. 다만 「초성배경세수도」에서는 '후음→아음→설음(설두-설치)→차음(치두-정치)→순음(순중-순경)→반설→반차'의 순서로 36성모로 배열되어 있으며, '수→화→토→석'은 다시 '일청(전청)→이탁(전탁)→삼청(차청)→사탁(불청불탁)'의 배열 방식으로 되어 있다. 이 「초성배경세수도」의 성뉴(聲細) 자표는 「경세성음수도』에서 대응을 보이고 있다. 이러한 점에서 보면 여암 신경준의 성운학적 분석이 얼마나 정밀하고 정확했는지 가늠할 수가 있다.

후음에 "잉(影)-ᅘᅵ(匣)-ᅘᅡ(曉)-유(喩)", 아음에 "견(見)-꾼(群)-케(溪)-이(疑)", 설두음에 "둰(端)-뎡(定)-특(透)-니(泥)"가 설상음에 "디(知)-뼝(澄)-텨(徹)-냥(孃)", 치두음에 "징(精)-쭝(從)-칭(淸)-심(心)"이 정치음에 "쟉(照)-쨤(牀)-천(穿)-심(審)-션(禪)"이 순중음 "방(幇)-뼁(並)-팡(滂)-밍(明)", 순경음에 "비(非)-뿡(奉) 푸(數)-믱(微)", 반설음에 "래(來)"가 반치음에 "싈(日)"이 완전하게 일치하고 있다.

여암의 초성배경세수도

이는 『고금운회』의 성모 36자 그대로 반영되어 있으며 자표는 『사성통해』에 따랐으며, 그 표음을 훈민정음으로 하였다. 신경준의 36자모는 그가 새로 만든 것이 아니고 송대 운서에서 설음의 설두음·설상음, 순음의 중순음·경순음, 치음의 치두음·정치음을 그대로 다 반영하여 설정한 것이다. 신경준은 의도적으로 36자모의 설정 이유를 다음과 같이 말하였다.

"『홍무정운』에서는 지(知)·징(澄)·철(徹)·냥(孃)·부(敷)를 조(照)·천(穿)·상(牀)·니(泥)·비(非)와 합하여 31자모를 했는데 비록 그 음이 비슷해도 설음을 치음에 합하여 차청을 전청에 합하는 것은 부당하고 또한 지금은 있지 않더라도 옛말에 있었고 중국에서는 사용되지 않더라도 다른 나라에서 사용하고 있으며지(知)·징(澄)·철(徹)·냥(孃)은 우리나라 서북 사람이 많이 사용하고 서울 안에 반촌인이 이를 혹 사용하므로 구법에 따라 36자모를 갖추었다고 하였다."[33]

신경준이 설정한 36자모는 이미 중국어 자체에서도 송대부터 설상음이 정치음화하는 변화가 진행되었기 때문에 남송 시대의 자모표에도 이미 이러한 구별이 없어졌다.

신경준이 설정한 설상음과 경순음 '부(敷)'가 『사성통해』의 정치음과 설두음, 경순음 '非'로 운모와의 배합이 비어 있다. 그의 36자모는 중국 운서에는 따른 것이지만 실제로는 『사성통해』 31자모를 바탕으로 36자모도를 만들었다. 이는 순수하게 체계적인 균형을 유지하기 위한 이상적인 체계였다고 본다.

한편 신경준은 음기와 양기에 따라 청탁을 순청(純淸)·차청(次淸)·전청(全淸)·반청반탁(半淸半濁)으로도 분류하였는데, 이와 같은 분류 방법은 유감의 『절운지남』의 분류 방법을 따른 것으로 보이며, 이와 같은 청탁의 분류는 「개합사장」에서도 그대로 따랐다. 그는 『절운지남』이나 『절음요법』에 따라 ○純淸 ⊙次淸 ●全濁 ◑半淸半濁의 부호로 사용하였다. 그러나 그 부호사용 방식은 일치하지 않는다.

신경준은 36자모의 청탁의 분류를 다음과 같이 하였다.

일청-순청(純淸) : 見·端·知·幫·非·經·照·影

---

33) 신경준의 『저정서』 「초성해」.

삼탁-차청(次淸) : 溪·透·徹·滂·敷·淸·穿·曉

이청-전탁(全濁) : 群·定·澄·並·奉·從·牀·邪·禪·匣

사탁-불청불탁(不淸不濁) : 疑·泥·孃·明·微·審·心·喩·來·日

    신경준은 반청반탁에 심(心)·심(審)모를 분류한데 대해서 심(心)·심(審) 2모가 정운에서는 전탁에 속하나 마땅히 반청반탁이 되어야 하고『절음요법』도 심(心)모를 ◑로 표시하고 심(審)모는 ●로서 나타내었으며, 『절운지남』에서는 심(心)·심(審) 모두 ●로 나타내고 응(疑)·니(泥)·명(明)·유(喩) 등의 다음 위치에 놓고 자휘에도 순청으로 삼지 않고 차청으로 명명한 것은 이와 같은 이유에서라 하였다.[34]

    이와 같은 청탁의 분류는 「개합사장」에서도 동일하게 적용되는데, 아마『절운지남』보다『절음요법』에 따라 ○순청 ⊙차청 ●전탁 ◑반청반탁의 부호로 사용한 것으로 보인다.

    「자모분속」에서 신경준은 36개 자모를 설정한 근거와 이유를 밝히고 있다. 중국에서도 이미 일부 음소가 사라져 32자모 혹은 31자모 체계인데 왜 신경준은『광운』계의 음계를 고집하였는가?『홍무정운』에서 31개『훈민정음』에서 23자모를 설정한 것은 잘못된 것이라 비판하고 있다. 설상음이 서북 사람들에게 그대로 잔존해 있다는 사실과 서울 반촌 사람들이 사용하고 있다는 점을 근거로 하여 변통이 무궁하도록 하기 위해서는 36자모를 설치해야 한다는 주장이다. 아울러 36자모를 오방을 기준으로 발음기관과 연계하여 설명을 하고 있다. 이러한 기술 태도는 철저한 체계주의적 관점을 시종일관 유지해온 여암의 시각이다.

    「칠음해」는 박성원의 『화동정음통석운고』의 「칠음출성원음통석」에 실린 내용과 흡사하다. 7음의 조음방식과 조음위치, 조음의 진행 과정을 기술한 내용이다. 이러한 내용을 근거로 하여 여암의 성운학의 학통을 박성원과 결코 분리할 수 없다고 판단된다. 만우재 금영택(琴榮澤, 1739~1820)의 『만우재집(晩寓齋集)』에도 「언문자음취예」에서도 칠음에 대한 해석을 하였다.

    「오음소속」은 초성의 오음(궁·각·치·상·우)을 역학에 바탕을 두고 역수, 방위, 절

---

34) 心審二母 正韻屬之全淸 而細思之 當爲不淸不濁 以諸字書淸濁圓圈勸之 切音要法則心以◑審以● 切韻指南則心審皆以● 而置之疑泥明喩之爲位次 字彙 赤不以爲純淸 而日次淸者 是也., 신경준의『저정서』, 「청탁」조.

기, 소리 특징 등에 맞추어 분석한 내용이다.『훈민정음 해례』에서도 이와 유사한 기술이 있으나 그보다 훨씬 자세하게 기술하였다. 여암은 오음-괘-역수-방위-절가-바람-성음-기에 맞춘 역학적인 기술이다.

「상형」에서는 초성을 오음(궁·각·치·상·우)의 배열 순서에 따라 기본 글자를 ㅇ, ㅅ, ㄱ, ㄴ, ㅁ으로 설정하고 입술과 혀를 중심으로 형상을 상형한 것이라는 매우 도특한 주장을 하였다. 모든 초성은 'ㅇ'을 중심으로 하나로 펼치면 'ㅡ'이 되고 이것을 굽히고 꺾고 덧댄 상형의 원리와 함께 초성을 가획의 원리로 이루어졌다는 주장이다.

「상순설」은 상형 가운데 입술(脣)과 혀(舌)를 주요한 조음체로 인정하고 이들이 초성 조음에 제일 중요한 것으로 판단하였다.『훈민정음 해례』에서도 언급하지 않는 여암의 독창적인 주장이라고 평가할 수 있다. 여암의 「상순설」은 초성 기본자 5자 ㅇ, ㆁ, ㄴ, ㅅ, ㅁ의 명칭과 발음 상태를 설명하면서 기본 자음의 글꼴은 발음 모양을 본뜬 것이라고 설명하고 있다. 그 기준을 입술으로 중심으로 하고 있는 것이 특징이다. 곧 상순설(象脣說)로 여암의 독특한 주장이기도 하다. 곧 ㅇ은 목구멍의 둥글고 입술로 통하는 모습을 본뜬 것이다. ㆁ은 어금니의 곧고 뾰족함을 본뜬 것이다. ㄴ은 혀를 말고펴는 모양을 본뜬 것이다. ㅅ은 이의 짝을 짓고 연이음을 본뜬 것이다. ㅁ은 입술이 모가 나고 합하는 모양을 본뜬 것이다. 그리고 ㅁ은 입술을 합한 형상이며 ㅂ은 입술을 열어 둥굴리고 담음을 형상한 것이며 ㅍ는 입술을 연 모양을 본뜬 것으로 설명하고 있다.

특히 'ㅂ', 'ㅍ'의 글꼴이 오늘날과 달리 'ㅍ'을 90도 회전한 모양으로 'ㅂ'으로 나타내고 있다. "ㅁ은 미음(彌音)이라고 부르는데 ㄱ음은 미(彌)가 되고 ㄴ음은 음(音)이 된다."라고 하여 'ㅁ'이 'ㄱ(彌)'와 'ㄴ(音)'이 결합되었다는 등 글꼴에 대해서도 매우 미세한 관찰을 하고 있다.

「사음개자궁생(四音盖自宮生)」에서는 네 개의 기본글자 'ㆁ, ㄴ, ㅅ, ㅁ'이 모두 'ㅇ(-)'에서 출발하여 곧고, 굽고, 모나고, 꺾이고, 합침에 따라 초성이 이루어졌다는 기술이다.

「오음변성」에서는 신경준의 상형설을 가획 혹은 획의 분리를 통해 계열적으로나 통합적으로 계기적 관계를 맺고 있다는 매우 독특한 설명을 가한 부분이다.

　　궁음(후음)　ㅇ→ㆆ→ㅎ→ㆅ
　　각음(아음)　ㆁ→ㄱ→ㅋ→ㄲ

치음(설두) ㄴ→ㄷ→ㅌ→ㄸ

치음(설상) ㄴ→ㄷ →ㅌ →ㄸ

상음(치두) ㅅ→ㅈ→ㅊ→ㅆ/ㅉ

상음(정치) ㅅ→ㅈ→ㅊ→ㅆ/ㅉ

우음(순중) ㅁ→ㅂ→ㅍ→ㅃ

우음(순경) ㅁ→ㅸ→퐁→뼝

변치(반설) ㄹ

변상(반치) ㅿ

　여기서 가획은 평음→유기음→경음의 대립을 그리고 궁→각→치→상→우의 통합적 관계와 이들의 계열적 관계로 가획이나 병서에 의한 변별적 기능이 문자에 반영된 곧 변별적 자질 문자임(Distinctive feature letters)을 여암은 일찍 주장한 것이다.

　「변사」에서는 설두음과 설상음 그리고 치두음과 정치음, 순중음과 순경음은 변별하기 매우 어렵다고 한다. 곧 지(知, 곧 ㄷ)의 ㄴ)와 조(照, ㅈ), 비(非, ㅸ)와 부(敷, 퐁)는 서로(彼此) 같고, 니(泥, ㄴ)와 낭(孃 곧 니의 ㄴ), 천(穿, 곧 ㅊ)과 철(徹 곧 ㅌ)은 역시 서로 통한다. 징(澄, 곧 ㄸ)과 상(床, 곧 ㅉ), 의(疑, 곧 ㆁ)와 유음(喩音 ㅇ)의 12음은 몹시 비슷하기 때문에 잘 살펴야 한다. 특히 우리나라는 설음과 치음이 제치·촬구의 중성들과 결합된 것들 중에 분별할 수 없는 것이 많으나, 관서와 영남 사람은 설음을 많이 쓰고, 호남·호서 사람들은 치음을 많이 쓴다고 하여 매우 귀중한 증언을 남겨 주었다.

　그리고 『훈민정음 해례』에서 언급한 疑(ㆁ)와 喩(ㅇ)의 혼동에 대해서도 "의(疑, ㆁ)자의 음은 코를 움직여(動) 소리를 내고, 유(喩 ㅇ)자의 음은 목구멍 속을 가볍게 비워 소리를 내는 것"이라고 하였다. "한음의 의(疑 ㆁ)음 초성은 혹은 니(泥 ㄴ)음으로 되기도 하고, 혹은 의(疑 ㆁ), 유(喩 ㅇ)모들이 구별없이 섞이기도 한다."고 하였다.[35]

　「초성도의 층위」는 먼저 궁-각-치-상-우의 오음이 오방위에 층위별로 어떻게 배속되는지 보여 주여 주고 있다. 제1층에서 제5층위로 구분하였는데

---

35) 『훈민정음 해례』에서 '의유혼동(疑喩混同)'을 훈민정음 자표인 '業欲'을 사용하지 않은 것은 우리말 표기와 한자음 표기를 엄격히 분리하려는 의도가 담겨있는 것이다. 곧 훈민정음으로 한자음을 표기하는 일은 부차적인 것임을 의미한다.

[제1층]

궁(宮)음 토(土) 중앙(中央) ㅇ ㆆ ㅎ ㆅ

[제2층]

각(角)음 목(木) 동방(東方) ㆁ ㄱ ㅋ ㄲ

치음(徵音) 화(火) 남방(南方) ㄴ ㄷ ㅌ ㄸ

ㄴ, ㄷ, ㅌ, ㄸ

상(商)음 금(金) 서방(西方) ᄼ ᅎ ᅔ ᄽ ᅏ

ᄾ ᅐ ᅕ ᄿ ᅑ

우(羽)음 수(水) 북방(北方) ㅁ ㅂ ㅍ ㅃ

[제3층]

궁(宮) 토(土) 미방(未方)-생(生) 술방(戌方)-장(長) 축방(丑方) 성(盛) 신방(辰方)-노쇠(老衰)

ㅇ 미방(未方), ㆆ 술방(戌方), ㅎ 축방(丑方), ㆅ 신방(辰方)

각(角) ㆁ ㄱ ㅋ ㄲ

치(徵) ㄴ ㄷ ㅌ ㄸ

상(商) ᄼ ᅎ ᅔ ᄽ ᅏ

우(羽) ㅁ ㅂ ㅍ ㅃ

[제4층]

치(徵) ㄴ, ㄷ, ㅌ, ㄸ

상(商) ᄼ, ᅎ, ᅔ, ᄽ, ᅏ,

우(羽) ㅱ, ㅸ, ㆄ, ㅹ

[제5층]

반치음(半徵音) ㄹ

반상음(半商音) ㅿ

그리고 또 자음(音)이 발음되는 곳을 순서대로 말한다면 궁→각→치→상→우 혹은 후(목구멍)→아(어금니)→설(혀)→치(이)→순(입술)로 배열되는 이유를 오음의 순서로 "궁

(宮)은 먼저 놓고 다름에 각(角)을 그 다음에 치(徵), 그 다음에 상(商), 그 다음에 우(羽)를 놓게 되는 것'이라고 설명하고 있다. 미(未)·생(生)·술(戌)·장(長)-축(丑)·성(盛)-신(辰)·노쇠(老衰)라는 12지의 시간 순서에 따라 소리의 발음순서도 꼭 같이 배열한 결과이다.

또 궁(宮)의 소리는 주로 합하고 각(角)의 소리는 주로 용(湧, 샘 솟 듯)하며 치(徵)의 소리는 주로 나뉘고 상(商)의 소리는 주로 펼쳐 당기며 우(羽)의 소리는 주로 토(吐)하는 것이니, 그 글자의 모양을 순설(脣舌, 입술과 혀)에서 본뜬 것이라는 뜻을 이해한다면 가히 그 신묘함을 알 것이라고 하여 오음의 음색을 밝히고 있는데 병와 이형상이 제시한 「팔음도설」과 매우 닮아 있다. 이 「오음도설」을 「팔음도설」과 대비하여 요약하면 아래와 같다.

오음	음상	음형	소리의 형상	조음의 형상	
宮	合	둥금	소가 굴속에서 우는 소리	입 다물고 내는 소리	合口而通之
角	湧	솟음	닭이 나무에서 우는 소리	성하게 일어남	張齒湧物
徵	分	나뉨	돼지 우는 소리	나뉘어 분산	齒合吻開
商	張	펼침	양이 양떼에서 떨어져 우는 소리	입을 벌려 펼침	開口而吐之
羽	吐	토함	말이 우는 소리	토해 내는 소리	齒開吻聚

「청탁」 조에는 36자모의 오음을 총괄하여 청탁에 따라 배분하면 아래와 같다.

			음양	경세수
순청(純淸)	평음	見ㄱ 端ㄷ 知ㄴ 幫ㅂ 非ㅸ 精ㅈ 照ㅈ 影ㆆ	양-경	1, 3
차청(次淸)	유기음	溪ㅋ 透ㅌ 徹ㅌ 滂ㅍ 敷ㆄ 淸ㅈ 穿ㅊ 曉ㅎ	양-경	1, 3
전탁(全濁)	경음	郡ㄲ 定ㄸ 澄ㄸ 並ㅃ 奉ㅹ 從ㅉ 牀ㅉ 邪ㅆ 匣ㆅ	음-중	2, 4
반청반탁(半淸半濁)	유성음	疑ㆁ 泥ㄴ 孃ㄴ 明ㅁ 微ㅱ 心ㅅ 審ㅅ 喩ㅇ 來ㄹ 日ㅿ	음-중	2,4

자서(字書)에서도 청탁을 표시한 도권(圖圈)으로 사용하고 있는 예들이 많이 있다. 청탁 관계를 본다면, 『절운요법』에서는 심(心)모를 ◑로써 표시하고, 심(審)모를 ◓로써 나타내었으며, 『절음지남』에서는 심(心)·심(審) 양모(兩母)를 모두 ◓로써 나타내고, 의(疑 ㅇ)·니(尼명 ㄴ)·명(明 ㅁ)·유(兪 ㅇ)의 다음 위치에 놓았으며, 『자휘(字彙)』에서도 역시 순청(純淸)으로 삼지 않고, 차청(次淸)이라고 하여 그 외에도 조금씩 차이를 보여주고 있다. 『화동정음통석운고』에서는 전청을 ○, 차청을 반달, 불청불탁을 ◑, 전탁을 ●로 나타내고 있다.

5) 「중성도」

「중성도」는 「중성해」에서 여러 가지로 설명한 모든 이론의 뒷받침이 되는 그림이다. 「초성도」와 마찬가지로 중앙의 ㅇ(여기서는 태극(太極)을 나타낸 것)으로부터 여러 모음자가 생성 발달한 예를 보였다. 그런데 이 「중성도」에는 모든 모음자를 다 배열한 것이 아니고, 16모음자만 다루었는데, 이 중에서 [ㆍ]모음만 제외한 15자는 유희(柳僖)가 교정(校定)한 「중성정례(中聲定例)」와 완전히 일치된다.

① 「중성배경세수도」

「중성배경세수도」에서는 이 책의 첫머리에 실려 있는 「경세성음수도」의 상단 10성에 있는 한자들의 모음을 표시한 모음 글자들을 배열하였다. 모음 글자의 배열법을 보면, 1, 3, 5, 9의 도에는 개구음과 합구음을, 2, 4, 6, 8, 10의 도에는 제치음과 촬구음을 배열하였다.

신경준은 성운학의 이론과 훈민정음의 체계에 다 같이 정통하였다. 그는 「경세성음수도」에서는 자음을 성과 음으로 나누고 있다. 이러한 이원 분류는 중국 음운학에서 채택하고 있는 음절 분석 방식이다. 그런데 훈민정음은 이를 초성, 중성, 종성으로 3분하고 있다. 신경준은 이러한 괴리를 슬기롭게 풀어가고 있다. 그는 이 두 가지 용어들을 혼용하면서 이를 정리한다. 「총설」조에서 다음과 같이 정리하였다.

초성: 음
중성: 성
종성: 운

곧 중국 음운학에서는 성으로 통합되어 있는 것에서 종성을 분리해 내고 이를 운이라고 부르고 있다.

이렇게 성에서 중성과 종성을 분리한 뒤 그는 「경세성음수도」에 따라 「중성배경세수도」를 만들었다. 모두 10도로 나누고 각도는 다시 일·월·성·진으로 나눈 뒤 해당하는 훈민정음을 표기하고 아래에 예자와 그 음을 기록하였다. 따라서 전체 운도 안에는 모두 40음이 표시된다. 그러나 실제로 음이 표시된 도는 8도까지로 32음이다. 나머지 9, 10도 소용의 체계에는 있으나 신경준은 무음무자로 파악하였다.

32중성 가운데에도 당시 화음을 표기하는 데에는 18자만이 사용되었고, 우리나라 한자에 사용되는 중성은 23자인데 각각 다음과 같다.

(1) 화음 표기 중성 18자
ㅏ ㅘ ㅐ ㅙ ㅑ ㅒ ㅓ ㅕ ㅖ ㅔ ㅡ ㅜ ㅝ ㅟ ㅣ ㅠ ㆌ
(2) 동음 표기 중성 23자
ㅏ ㅘ ㅐ ㅙ ㅑ ㅓ ㅕ ㅖ ㅔ ㅡ ㅜ ㅝ ㅟ ㅣ ㅠ · ㅗ ㅚ ㅖ ㅞ ㅖ ㅣ ㅢ

신경준이 화음의 운도를 만들기 위한 이론적 설명에서 초성에서는 36자모로 화음의 체계만을 설정하였는데 중성에서는 화음과 동음을 구별한 이유는 무엇인가? 이에 대해 그는 화음과 동음의 차이가 초성에서는 드러나지 않으나 중성에서는 드러나기 때문이라고 밝히고 있다. 그리고 이 점이 마땅히 깊이 밝혀야 될 점이라고 하였다.

화음과 동음의 차이에 대한 이러한 인식은 당시 운학자들에게는 일반적인 인식이었다. 박성원도 『화동정음통석운고』에서 이와 같은 인식을 보여주고 있다. 「중성배경세수도」도 「경세성음수도」와 수미 상관적으로 10성으로 분류하였고 그 운모 사등에 따른 16섭으로 나타난다.

중성배경세수도							
일성				이성			
일	월	성	신	일	월	성	신
일벽	이흡	삼벽	사흡	일벽	이흡	삼벽	사흡
ㅏ 강岡	ㅘ 광光	ㅐ 캐開	ㅙ 괘	ㅑ 량良	과 ○○	ㅒ 개佳	ㅙ ●
삼성				사성			
ㅓ 더多	ㅝ 훤禾	ㅔ ●○	ㅖ ○○	ㅕ 천千	ㅖ 훠靴	ㅖ 례离	ㅖ ○○
오성				육성			
ㅡ 근根	ㅜ 궁公	ㅢ 딍登	ㅟ 굉肱	ㅣ 링靈	ㅠ 뜐重	ㅣ ○○	ㅟ 횡兄
칠성				팔성			
○ 술○	㊉ 오我	ⓘ ○	ⓦ ○	○	㊀ 요要	○	ⓦ ○
구성				10성			
●●	●●	●●	●●	●●	●●	●●	●●

「중성경세수도」의 10성 가운데 벽흡에 따라 36자가 사용 되었는데 이것은 중국에서 없는 중성이나 우리나라에서 없는 소리까지를 포함해서 나타낸 도식이기 때문이다.

1성부터 10까지의 ○유성무자와 ●무성무자를 제외한 나머지는 18성이 되는데, 이를 신경준은 정중성(定中聲, 중성+종성)으로 분류하였고 이는 「개합사장」에서 사용한 18성과 동일하며 또한 『사성통해』 18운과 일치한다.

一聲	ㅏ岡강, ㅘ光광, ㅐ開개, ㅙ媧괘
二聲	ㅑ良량, ㅒ佳걔
三聲	ㅓ多더, ㅝ禾
四聲	ㅕ千쳔, ㅖ靴, ㅖ离례

五聲	ㅡ根근, ㅜ公궁, ㅢ登딍, ㆉ肱굉
六聲	ㅣ靈링, ㆌ重쯍, ㆋ兄횡
七聲	·兒ㅗ(와전되거나 다른 소리로 바뀐 예)
八聲	俄ㅛ樂(와전되거나 다른 소리로 바뀐 예)

소리가 없거나 다른 소리로 바뀐 7성과 8성을 제외하면 중성은 모두 18성인데 이는 18섭에 대응된다. 중성은 32이나 중국 한자 모음은 18중성이며, 「개합사장」의 18성과 일치한다. 신경준은 32중성을 사등호로 분류한 것이 「개합사장」에 있는 18중성이다. 이 가운데 「개합사장」에 18중성으로 다음과 같이 나타난다. 중성자는 32운이나 사용되는 것은 18운이라 했다. 이는 「개합사장」에 18성으로 아래와 같이 나타난다.

개구정운 (開口正韻)	ㅏ岡	ㅐ開	ㅡ根	ㅓ多	ㅢ登	개구(開口)
개구부운 (開口副韻)	ㅑ良	ㅒ佳	ㅣ靈	ㅕ千	ㅖ离	제치(齊齒)
합구정운 (合口正韻)	ㅘ光禍	ㅙ媧	ㅜ公	ㆌ禾	ㅣ肱	합구(合口)
합구부운 (合口部韻)	ㆌ重	ㆅ靴	ㆋ兄			촬구(撮口)

이러한 한자음의 18운을 신경준은 정중성(定中聲)이라 하였는데, 이는 『사성통해』운 18중성과 완전히 일치한다. 176쪽의 『『사성통해』 자모 배합도』에서 『사성통해』의 운목은 중성에 따라 반복 실현된 것인데 이 중성을 분류하면 아래와 같이 18중성이 된다.

『사성통해』의 운은 다음과 같다.

一	ㅜㅠ	東董送屋
二	ㅡㅣ	支紙寘
三	ㅖ	齊薺霽
四	ㅠ	魚語御
五	ㅜ	模姥暮
六	ㅐㅑㅒ	開解泰
七	ㅟ	灰賄隊
八	ㅣ	真軫震質
九	ㅡㅠ	文吻問勿
十	ㅓㅕ	寒旱翰曷
十一	ㅏㅑㅘ	刪産諫轄
十二	ㅕㅖ	先銑霰屑
十三	ㅕ	蕭篠嘯
十四	ㅏㅑ	爻巧效
十五	ㅓㅕ	歌哿箇
十六	ㅏㅑㅘ	馬麻禡
十七	ㅕㅖ	遮者蔗
十八	ㅏㅑㅘ	陽養瀁藥
十九	ㅣㅢㅟㅞ	庚梗敬陌
二十	ㅡㅣ	尤有宥
二十一	ㅡㅣ	侵寢沁緝
二十二	ㅏㅑ	覃感勘合
二十三	ㅕ	鹽琰艷葉

이상의 중성을 평성을 기준으로 한 섭을 중심으로 종성과 더불어 다시 정리하면 아래와 같다.

운섭	평성운	중성	운미
一	東	ㅜㅠ	ㆁ
二	支	ㅡㅣ	ㅇ
三	齊	ㅖ	ㅇ
四	魚	ㅠ	ㅱ
五	模	ㅜ	ㅱ
六	皆	ㅐㅒㅙ	ㅇ
七	灰	ㅟ	ㅇ
八	眞	ㅣ	ㄴ
九	文	ㅡㅜㅠ	ㄴ
十	寒	ㅓㅕ	ㄴ
十一	刪	ㅏㅑㅘ	ㄴ
十二	先	ㅕㅖ	ㄴ
十三	蕭	ㅕ	ㅱ
十四	爻	ㅏㅑ	ㅱ
十五	歌	ㅓㅕ	ㅇ
十六	麻	ㅏㅑㅘ	ㅇ
十七	遮	ㅕㅖ	ㅇ
十八	陽	ㅏㅑㅘ	ㆁ
十九	庚	ㅣㅓㅝㆅ	ㆁ
二十	尤	ㅡㅣ	ㅱ
二十一	侵	ㅡㅣ	ㅁ
二十二	覃	ㅏㅑ	ㅁ
二十三	鹽	ㅕ	ㅁ

위의 운은 종성에 따라 중성이 중복 실현된 것을 반영하였다. 그러므로 반복된 유형을 중성별로 분류하면 아래와 같다.

운모번호	중성	자수
1+2+5+7+8+9+19+21	ㅡ, ㅣ, ㅜ, ㅠ, ㅢ, ㅟ, ㆇ	7자
3	ㅖ	1자
6	ㅔ, ㅐ, ㅙ	3자
10+15	ㅓ, ㅝ	2자
11+14+16+18+22	ㅏ, ㅑ, ㅘ	3자
12+13+17+23	ㅕ, ㆉ	2자

결국 운미에 따라 반복되는 중성은 ㅡ, ㅣ, ㅜ, ㅠ, ㅢ, ㅟ, ㅔ, ㅖ, ㅐ, ㅙ, ㅓ, ㅝ, ㅏ, ㅑ, ㅘ, ㅕ, ㆉ가 되어 18중성이 된다. 신경준이 정의한 정중성 18자와 『사성통해』의 18중성이 완전히 일치한다. 신경준은 중국 한자를 표기하기 위해 『사성통해』를 이용하여 18중성 체계를 『저정서』에 도입한 결과이다. 또한 이러한 18중성은 그가 「개합사장」에도 그대로 반영되어 있음을 알 수 있다. 다만 음이 와전되거나 변한 ⓐ, ⓑ, ⓒ의 세 글자는 동그라미를 쳐서 다른 글자와 구별하였음을 밝히고 있다.

"오늘날 세습에서는 와전되거나 변하여 다른 소리로 된 자가 셋인데 5성, 6성의 日은 지금은 7성의 月로써 발음하고 3성의 日은 지금 7성의 月로써 발음하고 2성의 日은 지금 8성의 月로써 발음하는 것이 많아서 ⓐ, ⓑ, ⓒ 석자로 표준을 하고 도중에서 동그라미를 그려 다른 것들과 구별한다고 하였다."[36]

신경준은 32중성을 중국 한자 모음에 사용되는 18중성과 우리나라 한자에 사용되는 32중성으로 구별하였다. 우리 나라 한자에 사용되는 23운으로 "ㅏ, ㅘ, ㅐ, ㅙ, ㅑ, ㅓ, ㅝ, ㅕ, ㅖ, ㅡ, ㅜ, ㅢ, ㅟ, ㅣ, ㅠ, ㆍ, ㅗ, ㅛ, ㅔ, ㅖ, ㅞ, ㆎ, ㅚ"이고 중국 한자에 사용되는 18중성으로 "ㅏ, ㅘ, ㅐ, ㅙ, ㅑ, ㅔ, ㅓ, ㅝ, ㅕ, ㆉ, ㅖ, ㅡ, ㅜ, ㅢ, ㅣ, ㅠ, ㆇ"이다.

「초성합종성위자 예」에서는 초성을 기준으로 모음이 우측과 그 아래에 결합되는 부류로 나누어 기술하고 있다. 「훈민정음 차서」에서는 자모의 순서를 "가갸거겨고교

---

36) "今俗之或譌或變 而爲他聲者 凡五聲六聲之日 今以七聲之日三聲之日 今呼以八聲之月者多 以兒俄藥三字爲標圖中作圖以別之", 『저정서』, 「정중성표」.

구규ㄱㄱㅣㄱ"로 제시하고 있는데 이것은 『훈몽자회』의 자모 순서와 동일하다. 아마 『훈민정음 해례』를 참고하지 못한 탓으로 생긴 결과이다. 「종성합중성위자지례」에서는 한자음의 양성운미인 'ㅇ', 'ㄴ', 'ㅁ'의 예만을 제시하고 있다.

② 중성해
「중성도」에서는 「원도」, 「방도」, 「벽흡」, 「정중성표」에 대해 기술하고 있다. 먼저 「원도」에서 신경준은 중성과 초성을 동일한 상형설에 기반을 두고 설명하고 있다. 중성32자의 글꼴의 생성을 오방음양으로 설명하고 있다. 특히 ·와 ··를 서로 대립된 것으로 인식하며 이를 태극도설에 맞추어 설명하고 있으며, 『훈민정음 해례』의 모음의 삼재 기원설과 달리 신경준은 ·와 ··를 기초로 하여 ㅡ와 ㅣ의 생성을 역시 역학이론에 맞추어 기술하고 있다.
여암의 「중성도」의 설명에서

중앙ㅇ─태극(太極)─동(動)─양(陽)─'·'─하늘(天) 형상─북(北)─감괘(坎卦) 중효(中爻)
　　　─태극─정(靜)─음(陰)─ '··'─땅(地) 둘임 형상─남(南)─이괘(离離) 중효(中爻)

이라고 하여 '·'와 '··'의 생성 이유를 상형과 방위 그리고 역학의 원리에 따라 설명하고 있다. 특히 '·'와 '··'의 생성은 다시 자음의 'ㅇ'(궁음, 중앙)에서 기원을 하였다고 하였다. 기본 글자인 '·', '··', 'ㅣ', 'ㅡ'를 제외한 16중성자의 오른 편에 모두 한 획을 세로로 그어 'ㅣ'를 더 하면, 또 16성(聲)이 될 수 있으니 이것은 중성이 다시 변화한(再變者) 글자이다.
여암은 모음을 12간지에 맞추어 ㅗ, ㅜ, ㅛ, ㅠ는 그 모양이 바르고 그 소리가 곧아서, 사정방(四正方)에 위치하고 있고, ㅏ, ㅓ, ㅑ, ㅕ는 그 모양이 치우이고, 그 소리가 기울어져서 사간방(四間方)에 위치한다고 설명하고 있다. 지나치게 체계적이고 기계적인 기술이어서 마치 꿰어맞춘 듯한 설명이다.
끝으로 초성과 중성의 자형의 글꼴을 "이런 까닭으로 중성문자는 그 획이 곧을 뿐이고, 그 모양이 네모날 따름인데 초성문자는 굽고, 곧고, 모나고, 둥글고, 길고, 짧고, 나누이고, 합하고, 숙이고, 우러러보고, 옆으로 삐치고, 구부러진 것 등 변화가 무궁(無窮)하다."라고 설명하고 있다. 매우 흥미로운 관찰이라 할 수 있다.

여암이 제시한 중성 문자는 모두 32자이나 실제 쓸모가 있는 것은 겨우 18자이라고 하고 있다. 그 이유는 등운학에서 중성은 모두 4성에 따라 구분하기 때문에 자연 중성의 수는 적을 수밖에 없다.

「방도」는 모음의 개구호, 합구호 등을 정하고 등운을 나누는 설명이다. 신경준이 설정한 방도는 여러 모음들을 중국 운학의 이론으로 분류 설명한 것이다. 여암이 이 「방도」 항목에서 설명한 바를 일목요연하게 표로 그려 보겠다. 또 여기에서 말한 방도란 중성도 밑에 있는 4각형의 모음표를 지칭하는 것이다.

운복	개구	양	정운	개구	양
			부운	제치	음
	합구	음	정운	합구	양
			부운	촬구	음

중성의 「상형」에서 그 글꼴은 초성과 같이 상순설을 주장하였으니 곧 입술과 혀를 본떠서 글자를 만들었다. 예를 들면 ·음은 혀를 조금 움직이고, 입술을 조금 열어 발음 소리가 대단히 가볍고, 그 호기(呼氣)가 매우 짧다고 하였고 ‥음은 ·를 나란히 놓은 것이어서, 그 소리는 ·음에 비하여 약간 무겁고, 그 호기는 · 음에 비하여 약간 길다라는 방식으로 기술하고 있다.

「벽흡(闢翕)」은 벽(闢)은 개(開, 열림)이고 흡(翕)은 합(合, 닫힘)인데, 운두(韻頭)나 운복(韻腹)의 모음을 분류할 때 개구, 합구로 대분하는 까닭으로, 이러한 벽흡 등 술어로 사용한 것이다. 즉 벽(闢)은 개구(開口)의 뜻으로, 흡(翕)은 합구(合口)의 뜻으로 사용하고 있다. 그러나 여암은 이 벽흡에서 벽흡과 개·발·수·폐를 결합시키는 바람에 혼란스럽게 만들었다. '벽흡분이위개발수폐(闢翕分而爲開發收閉)'라고 하였는데, 이것이 소위 운도의 1, 2, 3, 4 등을 설명하려고 한 의도인 듯하나, 소옹은 독특한 용어를 사용하여, 1, 2, 3, 4 등을 '개·발·수·폐'라고 하였으나, 여암은 벽흡과 '개·발·수·폐'를 결부시키지는 않았다. '개·발·수·폐'는 초성(즉 소옹의 音)에 관계되는 용어이고, '벽흡(闢翕)' 운(韻 즉 소옹의 聲)에 관계되는 용어이다. 권두에 실린 「경세성음수도」에서도 그렇고, 소옹의 「경세성음수도」에 주를 단 여러 학자 들 가운데 종과(種過)라는 이만 불분명하게 사용하였을 뿐, 나머지 학자는 전부 위에 설명한대로 분명히 사용했다.

「정중성표」는 여암의 독특한 학설 가운데 하나이다. 운미를 1) 음운미, 2) 양운미, 3) 입성운미로 나누어 음운미는 다시 지(支)섭계와 소(蕭), 우(尤)섭 계열로 나누어 우리말에 대응되는 한자음에 종성이 마치 있는 글자처럼 간주한 것이다. 양운미 가운데 '－ㅁ＞ㄴ'의 변화를 고려하여 음운미 계열을 중성과 운미가 결합된 정중성으로 간주한 것이다.

여암은 『훈민정음 예의』에서 처음 언급한 "凡字必合而聲音"이라는 음절구성법37)을 한자음 표기에서와 고유어 표기에서 훈정 초기 당시부터 서로 달랐다. 그러나다 『월인석보』 중간본에서부터 음운미 지(支)섭계와 소(蕭), 우(尤)섭 계열의 종성 표기가 서서히 사라져 가는 모습을 보여준다.

이에 대해 여암 역시 "무릇 글자(漢字)는 초·중·종 3성이 합하여야 하나의 소리(즉 음절)를 이루는데, 분명치 않는 바가 있으면 글자를 올바르게 발음하지 못하는 것이 있을 것이다."라고 하여 성음 방식뿐만 아니라 음절 구성방식으로 이해하고 있다.

초성은 진(晉)나라 이래 106자를 그 준거하는 표준이 되었으며 『광운』에 이르기 까지 견(見)·계(溪)·군(群)·응(疑) 등 36자는 그 준거하는 표준이 되었다. 그런데 중성은 비록 등운(等韻)이라는 것이 있기는 하되, 그 준거할 글자를 세우지 않은 까닭으로 마침내 분명치 않고, 또 일정치 않아서, 자학가(字學家)들의 여러 가지 의견은 많아도 결정된 바가 통일 되지 않았다.

여암은 중성 32성(聲)으로 표준으로 삼았는데, 그 가운데 글자가 있는 것은 18자로 정하였다. 오늘날 와전되거나 변하여 소리가 바뀐 글자가 모두 셋인데 오성 일(日) ㅡ와 육성 일(日) ㅣ은 지금 칠성의 일(日) ·로써 발음하고, 삼성의 일(日) ㅓ는 지금 칠성의 월(月) ㅗ로서 발음하며 이성의 일(日) ㅑ는 지금 팔성의 월(月) ㅛ로써 발음하는 것이 많아서, 슥(�(?) ·), ·오(㹦 ㅗ), ·요(饒 ㅛ) 등 석자로써 표준을 삼고, 도표 중에서는 동그라미를 그려서 다른 것들과 구별하였다.

우리나라 한자음 중성에 대해서는 글자가 있는 강(岡 ㅏ)·광(光 ㅘ)·개(開 ㅐ)·왜(媧 ㅙ)·량(良 ㅑ)·다(多 ㅓ)·훠(禾 ㅝ)·쳔(千 ㅕ)·례(离 ㅖ)·근(根 ㅡ)·궁(公 ㅜ)·딍(瞪 ㅢ)·깅

---

37) 종래에 이를 성음법(聲音法)으로 규정한 것은 잘못으로 보인다.

(肱 ㄲ)·링(靈 ㅣ)·듕(重 ㄲ)·ᅀᅵ(兒 ·)·오(我 ㄴ)·욕(藥 ㅛ) 등과 삼성의 솅(星 ㅖ)·쉰(辰 ㅖ),
사성의 쪤(辰 ㅖ), 칠성의 싱(星 ·ㅣ)과 쬔(辰 ㅖ)까지 23자인데, 중화음에 없는 것은
우리나라 음(東音)으로써 표준을 세워서 사용하도록 하였다. 게(泪 ㅖ), 궤(跪 ㅖ),
쵀(萃 ㅖ), 게(皆 ㅖ), 회(灰 ㅚ) 등 다섯 자가 곧 이것이다.

6) 종성도

신경준은 앞에서 언급한 "各聲十韻書所缺終聲之數"에서 1성부터 6성까지의(七聲之月 八聲
之月 非正聲不論) 섭을 분류만 했을 뿐인데, 「종성도」에서 섭의 분류 기준이 구체적으로
나타나 있다. 신경준은 「종성도」에 7섭으로 나누었는데 복잡한 운을 섭으로 간략하
게 하였다고 하였다.[38]

중성에서 18중성으로 구분하였던 것을 입성을 중심으로 양성운 ‑m, ‑n, ‑ŋ과 음성
운 ‑∅, 입성운 ‑p, ‑t, ‑k를 고려하면 중국의 한자음과 우리의 종성은 상당한 차이를
보여준다. 특히 초중종 삼성의 구성을 설명하려고 하다가 보니까 음성운(‑∅)과 입성
운 ‑p, ‑t, ‑k의 처리가 『훈민정음 해례』나 『홍무정운역해』『사성통해』에서 조금씩
차이를 보여준다. 이러한 점들을 고려한 신경준은 「종성도」에서

```
응(凝)섭      양성운 ‑ŋ
지(支)섭상    음성운 ‑∅, ‑i(ㅇ)
은(隱)섭      양성운 ‑n
지(支)섭하    음성운 ‑∅, ‑y(ㅇ)
우(尤)섭      음성운 ‑∅, ‑wu(우)(ᇢ)
소(蕭)섭      음성운 ‑∅, ‑wo(오)(ᇢ)
음(音)섭      양성운 ‑m
```

와 같이 7가지로 구분하고 있다. 상고 중국어에서 비음운미인 양성입성의 존재에 대
해 어떤 논란도 없다. 단지 침(針)과 진(眞)이 혼란을 일으키는 ‑m이 ‑n의 병합되는 과
정을 원나라 시대의 『중원음운』에서 관찰할 수 있다. 그런데 우리나라 한자음에서는

---

38) "末字之博而約之以韻 韻猶博也 又約之以攝 猶兵之有將也 分攝數多者 猶將之有前茅後殿也 古有以迦結爲
　　首而分攝十二者 以通江爲首 而分攝二十四者 而今爲七攝", 『저정서』, 「분섭」.

비음운미는 상고음이 그래도 유지되고 있어서 큰 문제가 없었다. 다만 개미운(開尾韻)이라고 할 수 있는 음성운미의 처리를 『훈민정음 해례』의 규정에서는 'ㅇ'를 넣어서 초중종 삼성의 체계를 유지하려고 하였다. 그러나 이러한 규정이 『육조법보단경언해』 이후 소멸되고 'ㅇ'을 개미운에서 종성으로 사용하지 않는 쪽으로 발전되었다. 신경준도 이를 받아들이고 있다.

입성운미 가운데 'ㄴ'의 표기는 『훈민정음 해례』에서는 'ㅡㄷ'으로 『홍무정운역훈』, 『사성통해』에서와 마찬가지로 입성운미를 제외하고 양운미와 음운미를 정리하여 신경준은 그의 「종성도」에서 7섭으로 나누었는데, 이는 『고금운회거요』와 『사성통해』의 운미와 완전히 일치한다.

	평 성	상 성	거 성	입 성
1	東	董	送	屋
2	冬	腫	宋	沃
3	江	講	絳	覺
4	支	紙	寘	○
5	徵	尾	未	○
6	魚	語	御	○
7	虞	麌	遇	○
8	齊	薺	霽	○
9	佳	蟹	泰	○
10	灰	賄	卦	○
11	○	○	隊	○
12	真	軫	震	質
13	文	吻	問	勿
14	元	阮	願	月
15	寒	旱	翰	曷
16	刪	潸	諫	黠
17	先	銑	霰	屑
18	蕭	篠	嘯	○
19	肴	巧	效	○
20	豪	晧	號	○
21	歌	哿	箇	○
22	麻	馬	禡	○
23	陽	養	漾	藥
24	庚	耿	敬	陌

25	青	廻	徑	錫
26	蒸	拯	○	職
27	尤	有	宥	○
28	侵	寢	沁	緝
29	覃	感	勘	合
30	鹽	琰	豔	集
31	咸	嗛	陷	洽

『고금운회거요』의 운목

『고금운회거요』의 운목은 모두 31운으로 평·상·거·입의 순으로 배열되어 있다. 이 운미의 형태로 분류하면 다음과 같다(아라비아 숫자는 운목의 순서를 말한다).

1東·2冬·3江	[-ŋ][ㅇ]
4支·5微·6魚·7虞·8齊·9佳·10灰·11隊	[-∅][ㅇ]
12真·13文·14元·15寒·16刪·17先	[-n][ㄴ]
18蕭·19肴·20豪	[-w][ㅁ]
21歌·22麻	[-∅][ㅇ]
23陽·24庚·25青·26蒸	[-ŋ][ㅇ]
27尤	[-w][ㅁ]
28侵·29覃·30鹽·31咸	[-m][ㅁ]

이 운미가 8종이 되지만 동일한 것을 간추려 보면 신경준이 분류한 7섭과 일치한다. 이와 같이 『고금운회거요』, 『사성통해』, 『저정서』「종성도」에서의 운미를 대조하면, 다음과 같다.

고금운회거요	사성통해	여암의 종성도
東冬江	東	凝攝：東冬江陽庚青蒸
支徵魚虞齊佳灰	支齊魚模皆灰	之攝上：支徵齊佳灰隊魚虞
真文元寒刪先	真文寒刪先	隱攝：真文元寒刪先
蕭肴豪	蕭爻	之攝下：歌麻
歌麻	歌麻遮	蕭攝：蕭肴豪
陽庚青蒸	陽庚	
尤	尤	尤攝：尤
侵覃鹽咸	侵覃鹽	音攝：侵覃鹽咸

위의 표를 보면, 『고금운회거요』, 『사성통해』, 「종성도」의 섭의 자표(字標)의 배치 순서가 다를 뿐이지 운미의 유형은 같다고 할 수 있다. 신경준은 글자는 초·중·종 3성이 합하여야만 하나의 소리이 된다고 하여 놓고 종성이 분명하지 않으면 글자를 바르게 말음하지 못한다고 하여 딴이(ㅐ, ㅒ, ㅖ, ㅓ의 ㅣ)를 종성으로 보았으며, 딴이가 없는 종성(ㅏ, ㅕ, ㅑ 등)은 중성과 종성을 겸하였다고 하였다.(「상수」) 이것은 『홍무정운역훈』에서 말하는 글자는 초·중·종 3성이 합하여야만 하나의 소리가 된다는 『홍무정운역훈』에서 말하는 통용 규정에도 맞지 않는다. 바로 그러한 모순을 극복하기 위해 신경준은 모음으로만 끝나는 음절 곧 개미운(開尾韻)을 두 가지로 구분하여 종성의 글자가 없는 개미운인 y-계 이중모음을 종성이 있는 중성 곧 중종성으로 처리한 것이다.

「상수」 조에서 여암은 천하의 형상과 수를 다음과 같이 분류하고 있다.

① 형상(象) : 모나고(方)―둥글고(圓)―굽고(曲)―곧은 것(直)
② 수(數) : 종(縱)―횡(橫)―기(奇 홀수)―우(耦 짝수)

형상과 수라는 기준에 따라 초중종성의 자형의 형상 원리에 따라 아래와 같이 기술하고 있다.

1) 초성: 방(方)─원(圓)─곡(曲)─직(直)
2) 중성: 종(縱)─횡(橫)─기(奇)─우(耦)
3) 종성: 방(方)─원(圓)─종(縱)─횡(橫) 합하여 응용

초성의 글꼴의 기원은 '원(圓) ㅇ'이고 천(天)에 대응(應)한 것이며, 방(方)은 ㄴ이고, 모나고 닫힌 것은 ㅁ인데 지(地)에 응한 것이다.

ㅇ 원(圓)─천(天)─하나─양(陽)
ㄴ 방(方)─ㅁ─지(地)─둘─음(陰)

여암은 초성과 중성을 동일한 원리로 상형된 것으로 기술하고 있는 점은 매우 독특한 설명 방식이라고 할 수 있다. 곧 '종성합방원종횡이용지(終聲合方圓縱橫而用之)'라는 말은 곧 종성에는 초성(=方, 圓)과 중성(=縱, ，橫)을 모두 응용한다는 것을 설명한 말이다. ㅡ, ㅣ, ㅗ, ㅛ, ㅜ, ㅠ, ㅓ, ㅕ, ㅏ, ㅑ, ㅘ, ㅝ, ㅟ, ㅞ 등은 중성과 종성을 겸한 글자로 음운미를 겸하고 있다고 설명한 것이다. 따라서 얼핏보기로 세간(世間)에서는 이들 14자는 종성이 없는 글자라 말하나, 한자음에서는 반드시 초·중·종 3성이 합하여 이루어지는 것이니, 만일에 종성이 없으면 글자 음을 이루지 못하는 것이다. 그러므로 중성이 종성을 겸하였다고 말하는 것이 옳고, 종성이 없다고 말하는 것은 옳지 않은 것이라는 주장이다.

「등위」에서는 신경준은 섭의 등위를 역학 이론을 적용하여 기술하고 있다. 곧

'ㅇ'은 하늘을 본 뜬 것이기에 제일 위에 놓이고 ㅁ은 땅을 본 뜬 것이기에 가장 아래에 놓이고, 중성겸 종성은 가운데 놓이는데, 중성 16을 반으로 나누어 ㅡㅗㅛㅜㅠ의 여덟은 위에 놓으니, 그 남이 먼저이고 소리가 가볍기 때문이다.(종성도에서 는 ··가 빠지고 ㅐㅙㅔㅖㅟㅞ가 있다.) ㅓㅕㅏㅑㅘㅙㅝㅞ의 여덟은 아래에 놓으니 그 남이 뒤이고 소리가 무겁기 때문이다.(종성도에는ㅑ가 없음). ㄴ과 ㅁ은 모가 난 것이라 마땅히 함께 아래에 있어야 되지만, ㄴ은 소리가 가벼워 기(氣)가 올라가기 때문에 상·중지(支)섭 사이에 있는 것이다.(ㅇ天象也 居最上 ㅁ地象也 居最下 中聲兼終聲者 居乎中 而中聲十六分其半 ㅡㅗㅛㅜㅠㅣㅗㅛㅜㅠ以

居上 以其生之先而聲之輕也. 以ㅓㅕㅏㅑ어애예괘八者居下 以其生之後 而聲之重也. ㄴ與ㅁ同是方也 則宜同居乎也 而ㄴ其聲輕其氣異 故居於上下之撮之間), (「等位」)

이는 신경준의 종성도의 7섭이 되어 다음과 같다.

응(凝)섭	東 冬 江 陽 庚 青 蒸	ㆁ
지(支)섭(상)	支 微 齊 佳 灰 隊	ㅇ
은(隱)섭	真 文 元 寒 刪 先	ㄴ
지(支)섭(하)	歌 麻	ㅇ
쇼(蕭)섭	蕭 肴 豪	ㅱ
우(尤)섭	尤	ㅱ
음(音)섭	侵 覃 鹽 咸	ㅁ

이는 『고금운회거요』의 운미와 「종성도」에서 섭이 순서의 차이가 있을 뿐 운미의 유형은 같다. 신경준은 이미 보아온 바와 같이 『고금운회거요』의 운을 섭(攝)에서 사용했는데, 이와 같은 섭의 종성은 『사성통해』의 운미의 형태와 일치한다. 『사성통해』의 운미 형태를 보이면 아래와 같다.

東	ㆁ
支 齊 魚 模 皆 灰	ㅇ
真 文 寒 刪 先	ㄴ
蕭 爻	ㅱ
歌 麻 遮	ㅱ
尤	ㅱ
陽 庚	ㆁ
侵 覃 鹽	ㅁ

위와 같이 되어 『사성통해』 운미들이 『고금운회거요』 운미들과 일치한다. 지금까지 기술한 『고금운회거요』, 『사성통해』 운미와 「종성도」의 섭(攝)을 비교하면 아래

와 같다. 이 「종성도」에서 7섭은 「개합사장」에서 그대로 반영되어 있다. 다만, "各聲中韻書所無終聲之數"에 분류한 대로 양운(陽韻)들을 앞으로 배치하여, 「개합사장」에서는 순서에서 차이가 날 뿐이다. 이처럼 「종성도」에서 『고금운회거요』의 운들을 사용하였음에도 『사성통해』의 운들과 「종성도」의 섭을 비교하여 신경준이 『사성통해』의 운을 이용하였다고 주장하는 것은 「개합사장」를 분석해 보면, 그가 비록 『고금운회거요』의 운목을 인용하였으나 실제로는 『사성통해』의 운을 인용하였음을 알 수 있다. 신경준은 「개합사장」에서 『고금운회거요』의 과 『사성통해』, 『광운』의 운을 사용하였으나, 실제로는 「개합사장」에 있는 한자들이 『사성통해』 한자들이다. 이를 후술한 「개합사장」에 어떤 운으로 나타났는가를 보면 다음과 같다.

『고금운회거요』의 운을 이용한 것

開口正韻 第一章

ㅏ岡　陽養漾藥
　　　寒旱翰曷
　　　覃咸 感豏 勘陷 合洽
　　　肴豪 巧皓 效號 覺
　　　麻馬 禡黠

ㅐ開　○○ 泰 ○
　　　灰賄 卦隊

一根　真元 軫阮 震願 質月
　　　侵寢 沁緝
　　　尤有宥 ○
　　　支紙寘 ○

ㅓ多　歌哿箇 ○

ㅢ登　庚梗敬陌
　　　青蒸 廻經 錫職
　　　支紙寘 ○

開口副韻 第二章

ㅑ良　江陽 講養 絳漾 覺藥

刪潛諫黯

咸謙陷洽

看巧效

歌痲哿馬箇禡

ㅐ佳 佳蟹泰

ㅣ靈 庚梗敬陌

青蒸廻經錫職

真文軫吻震問質物

侵寢沁緝

尤有宥

支徵紙尾寘未

ㅕ千 元先阮銑願霰月屑

鹽琰艶葉

蕭篠嘯

痲馬禡

ㅖ离 支徵齊紙尾齊寘霽實篠

合口正韻 第三章

ㅘ光 江陽講養絳養覺藥

刪元潛阮諫願黯元

痲馬禡

ㅙ媧 佳灰蟹賄泰卦

ㅜ公 東冬董重送未屋沃

文元吻阮問願物月

魚虞語麌御遇

ㅓ禾 寒旱翰曷

歌哿箇

ㅣ肱 庚蒸梗敬陌職

支徵灰 紙尾賄寘未卦

微齊未薺霽

合口正韻 第四章

ㅠ重　東冬 董腫 送宋 屋沃
　　　真文 軫吻 震問 質物
　　　魚虞 語麌 御遇
ㆌ靴　元先 阮銑 願霰 月屑
　　　歌哿 箇
ㆌ兄　庚梗 敬陌
　　　青蒸 逈經 錫職

『四聲通解』의 운
開口正韻 第一章
ㅡ登 庚 梗 敬 陌
開口副韻 第二章
ㅣ靈 庚 梗 敬 陌
合口正韻 第三章
ㅟ肱 庚 梗 敬 陌
合口副韻 第四章
ㆌ兄 庚 梗 敬 陌

「개합사장」에 신경준이 「종성도」의 운과 『고금운회거요』의 운을 사용하였으나, 실제로는 『사성통해』의 운에 의해 한자들이 배열되었다.

「분섭」에서는 이미 앞의 「종성도」에서 7섭으로 구분한 방식을 도해로 나타내 보였다. 이를 다시 정리하면 아래와 같다.

① 응(凝)섭으로서 응(凝)종성 ㆁ이 있는 동(東)·동(冬)·강(江)·양(陽)·경(庚)·
　청(靑)·증(蒸) 등 무릇 7운(韻)이다.

② 지(支)섭 (상)으로서 ㅗ, ㅛ, ㅜ, ㅠ의 종성이 있는 지(支)·미(微)·려(麗)·
　가(佳)·회(灰)·대(隊)·어(魚)·우(虞) 등 무릇 8운이다.

③ 은(隱)섭은 은(隱)종성 ㄴ이 있는 진(眞)·문(文)·원(元)·한(寒)·산(刪)·선
　(先) 등 무릇 6운이다.

④ 지(支)섭 (하)로서 ㅓ, ㅕ, ㅏ, ㅑ, ㅘ, ㅝ, ㅙ의 종성이 있는 가(歌)·마(麻), 등 무릇 2운이다. 지(支)·미(微)·어(魚)·우(虞)·재(齋)·가(佳)·회(灰)·대(隊)·가(歌)·마(麻) 등 10운은 모두 중성과 종성을 겸한 것이므로 첫머리에 있는 지(支)로써 섭을 삼았다.

⑤ 소(蕭)섭이니, 종성(오)가 있는 소(蕭)·효(肴)·호(豪) 등 무릇 3운이다.

⑥ 우(尤)섭이니 우(尤)운 우 하나이고

⑦ 음(音)섭이니, 음종성(ㅁ)이 있는 침(侵)·담(覃)·염(鹽)·함(咸) 등 무릇 4운이다.

훈민정음에서와 같이 여암도 무릇 글자는 초·중·종 3성이 합하여야 하나의 소리(音)을 이루며 분명하지 아니하면 글자를 바르게 발음하지 못한다고 하였다.(凡字初中終三聲 合而成一 有所不明 則字呼不得其正矣(「정중성」)) 그리고 「경세성음수도」에서도 초·중·종 3성을 주장하여, 글자는 초·중·종 3성이 있어 음려(陰呂)는 초성 뿐이나, 양률(陽律)은 중성과 종성을 겸한 것이고 중성은 같아도 종성은 같지 않은 것이 많다고 하였다.(凡一字有初中終三聲 陰呂只初聲 陽律兼中終聲 中聲雖同 而終聲不同字多矣(「경세성음수도」))

이와 같은 초·중·종 3성을 『훈민정음』에서는 다음과 같이 적고 있다.

而初中終合成三聲之字言之 赤有動靜互根陽之變之義焉 動者 天地 靜者 地也 兼乎動靜者 人也盖五行在天則神之運也 在地則人禮仁義智神之運也 肝心脾市質之成也 初聲有發動之義天之事也 終聲有止定之義 地之事也 中聲承初之生 接終之聲人之事也(「제자해」)

신경준이 한자운의 ㅏ, ㅑ, ㅓ, ㅕ와 같은 중성을 중성겸 종성이라 한 것은 이치에는 맞지 않으나 그의 독특한 견해라 할 수 있다. 지(支)섭(상)(하)에는 'ㅇ' 종성을, 소(蕭)섭·우(尤)섭은 순경음 ㅁ 종성을 붙여서 초중종 삼성을 유지하려고 하였으며 이들은 중종성이 된다고 하였다. 이 중종성 처리에 대한 한자음 표기법이 훈민정음 창제 이후 속한자음 표기로 되돌아간 『육조법보단경언해』까지 가장 번잡할 수밖에 없었던 것이다.

「음섭종성」은 양운미 가운데 'ㅁ'이 'ㄴ'으로 변화한 한자음 표기를 고려한 대목이다. 양운미 가운데 음(音)섭 종성인 ㅁ음은 중화음(華音)에서 엄(俺)·심(甚)·즘(怎) 제3

자만 남아 있고 나머지는 -m>-n의 변화의 결과 모두 음(音)섭 종성의 ㄴ음으로 실현된다. 예를 들어 '남경(南京)'이 중화음으로는 '난장'인 것처럼 -m>-n의 변화의 시기는 『절운』에서까지 서로 통하고 있다. 우리나라에서는 ㅁ음으로 발음하고 있는데 대개 ㄴ으로써 발음하면 미치지 못하고, ㅁ으로써 발음하면 지나친 것이라 하여 규범의 기준을 기준을 중화음에 맞추어야 한다고 기술하고 있다.

대개 은(隱)섭은 발음이 끝날 때 입술을 열고, 음(音)섭은 ㄴ으로써 이를 발음하되 발음이 끝났을 때에 입술을 다문다. 중국의 금(金)자를 ㄴ으로써 발음하는 것은 자서(字書)를 모르는 이의 하는 짓이요, 자서에 밝은 이는 결코 그렇지가 않다. 우리나라에서 전(全)자를 ㅁ으로 발음하는 것은 ㄴ으로 내는 소리라는 것을 알지 못하는 결과이다.

그러한즉 마땅히 ㄴ과 ㅁ의 사이 소리 글자를 다시 설정하여서 음(音)섭 종성을 삼아야 하나 ㅁ의 하체는 벌써 ㄴ의 모습을 가지고 있는 것이며, 또 위에 ㄱ이 이것과 합한 것은 입을 다문 것을 본 뜬 것임을 독자들은 가히 저절로 알아낼 수 있으므로 다시 다른 자를 설정하지 않았다.

그러나 음(音)섭은 종성으로써 말한다면 비록 입은 다문 것이지만, 중성에서 개구(開口)와 합구(合口)이니 다른 자서에서도 모두 이것을 개구호(開口呼)에 예속시키고 있는데 다만 『자휘(字彙)』에서만 이것을 폐구호(閉口呼)로 지정한 것은 혼란된 예다.

「입성」조에서 여암은 종성을 8종성으로 ㄱ, ㄴ, ㄷ, ㄹ, ㅁ, ㅂ, ㅅ, ㅇ을 훈민정음의 23초성 가운데, 이 8자만을 취하였다. 그 초성의 명칭을 ㄱ은 其役=기역이라 부르고 ㄹ은 梨乙=리을, ㅂ은 非邑=비읍, ㄷ은 池末=디귿이라고 부른다. 末자는 우리나라의 훈(訓 귿)으로 읽기 때문에 동그라미를 한다고 하였다. 최세진의 『훈몽자회』의 명명 방식과 동일하다.

이 8자 종성 가운데 중국 한자음과 우리나라 동음에서 ㅇ, ㄴ, ㅁ, ㅅ 등은 동일하다. 그런데 입성종성 ㄱ, ㄹ, ㅂ, ㄷ, ㅅ을 ㄱ은 응(凝)섭 입성의 종성(각음)으로 삼고, ㄹ은 은(隱)섭 입성의 종성(치음)으로 삼으며, ㅂ은 음(音)섭 입성의 종성(우음)으로 삼는다 라고 하여 ㄱ은 아음에 대응되는 응(凝)섭에, ㄹ은 설음의 은(隱)섭에 ㅂ은 순음의 음(音)섭의 양운미에 대응시키고 있다.

우리나라에서는 중국의 상고 입성자음이 그대로 존속되어 있어서 입성자음이 없는 중화음과는 차이를 보여준다. 여암은 중화음을 기준으로 하여 "말하기를 무릇 소리가 짧고 급하여 급히 거두어들인 즉 호기(呼氣)가 저절로 들이 쉬어지고, 소리도 자연 들어가는 것이지, 어찌 반드시 ㄱ, ㄹ, ㅂ을 사용한 다음에야 입성이 되겠는가?"라고 하여 앞에서 제시한 「종성도」와 마찬가지로 입성을 인정하지 않고 있다.

「어사종성」에서 여암은 우리나라 이두가 발달된 이유를 "그 말이 끊기는 곳에 조사(助辭)가 매우 많아, 많은 것은 5~6자에 이르나"라고 하여 중국어와 달리 우리나라 말이 교착어임을 인식하고 있다. 이두의 발달과 관공서 문서에서 사용되는 이두의 특징을 설명하고 있다 그리고 한자어에서 음운미인 종성에서는 지(支)섭을 많이 사용하는데, 그 중에서는 가(歌)운이나 마(麻)운안의 성이 가장 많다. 우리나라 말의 끝에는 가(加)·다(多)·라(羅) 등 3성이 가장 많고, 중국 문자의 끝에는 야(也)자가 가장 많으며, 서역나라, 서양에서 가(歌)·마(麻)성을 사용하는 것이 여러 나라에 비교하여 가장 많다고 하여 모음 가운데 사용빈도가 가(歌)·마(麻)운 이 제일 많다는 사실은 다른 나라 말에서도 동일하다고 보고 있다.

「총설」에서는 여암은 초중종성을 총괄적으로 "초성은 음(音)이니, 이로써 청탁을 정하고, 중성은 성(聲)이니, 이로써 개합(開闔)을 정하며, 종성(終聲)은 운(韻)이니, 동(東)·동(冬)·강(江)·지(支) 등을 정한다."라고 요약하였다. 아울러 청탁과 개합에 따라 다시 사등과 평·상·거·입에 모든 소리를 구분하였다.

다만 "동(東)과 동(冬)에서처럼 다 같이 응(凝) 종성이고, 다 똑같이 평성이라도 분수(分數, 여기서의 경우는 분간(分揀)한다는 뜻)의 같지 않음이 있으면, 이를 나누어 위(上)와 아래(下)로 하니, 강(江)과 양(陽) 등이 이것이다. 한가지로 상평(上平)이라도 분수의 차이가 있으면, 또 이를 나눈다."라고 하여 청탁과 개합 뿐만 아니라 경중에 따라서도 "대개 가볍고, 맑은 것은 위에 있고, 무겁고 탁한 것은 아래에 있는데"라고 하여 소리를 상하로도 구분할 수 있음을 밝히고 있다.

「어사종성」에 이어 「역대운서」 조에는 『절운』을 포함한 『광운』 36자모, 『운회』 35자모, 『홍무정운』 31자모, 『운해』 35자모도와 함께 역대운서를 간략히 소개하고 있다. 이 가운데 특히 『광운』에서 채택하고 있는 36자모도를 제시하고 있다.

7)「개합사장」

이번에 필사본 『저정서』가 발굴되기 이전까지는 이 책의 구성에 대한 이해가 부족하여 「개합사장」 부분을 대부분의 연구자들이 "한자 음운도(漢字音韻圖)"라 일컬었다.[39]

"한자 음운도"라는 용어도 가히 틀린 술어는 아니지만 새로 발굴된 책에는 분명히 「개합사장」이라고 명기 되어 있기 때문에 앞으로는 이 분분의 용어도 통일할 필요가 있다.

「개합사장」은 「운해」와 함께 『저정서』를 구성하는 핵심 본론이라고 할 수 있다. 이 장의 앞 부분에는 『광운』 36자모와 『운회』 35자모 및 『사성통해』에 실려 있는 운도를 전제하고 최세진의 주를 그대로 인용하여 싣고 있다. 그리고 「개합사장」의 본론인 「개구정운개구정운(開口正韻開口正韻)」, 「개구부운개구부운(開口屓韻開口屓韻)」, 「합구정운합구정운(合口正韻合口正韻)」, 「합구부운합구부운(合口屓韻合口屓韻)」은 『사성통해』에서 표시한 운모 18섭을 4호로 구분하여 운도를 만들었다. 다만 『홍무정운』의 운도에 나타난 설상음을 나름대로 새로 만든 글자를 사용한 것 이외에는 성모 31자모체계로 『사성통해』의 운모 배열 방식에 따른 한자음을 나타내었다.

운도는 가로에는 「초성배경세수도」의 36자모를 조음 위치에 따라 '후음―아음― 설음―치음―순음―반설음―반치음'의 순서로 배열하고 같은 음계 내부에는 '전청― 전탁―차청―반청반탁'으로 배열하였다. 이 36자모는 『고금운회』의 36자모에 설사음 글자를 새로 만들어 활용하였다. 세로는 18성을 4개의 도에 나누어 배열하고, 하나의 도 안에서 각각의 중성을 이를 핵모음으로 가지는 운들을 가로로 로 평·상·거· 입으로 나누어 배열하였다. 그리고 동일 핵모음을 가지는 음들을 종성에 따라 나누어 종으로 배열하였다.

「개합사장」은 18중성 곧 18섭으로 분류되었는데 여암의 용어대로 표현하면 정중성이 18개이며, 이것은 다사 ① 개구정운 제1장, ② 개구부운 제2장, ③ 합구정운 제3장, ④ 합구부운 제4장으로 구분되어 있다.

① 개구정운(開口正韻) : ㅏ岡 ㅐ開 ㅡ根 ㅓ多 ㅢ登 개구(開口) 5자
② 개구정운(開口屓韻) : ㅑ良 ㅒ佳 ㅣ靈 ㅕ千 ㅖ离 제치(齊齒) 5자
③ 합구정운(合口正韻) : ㅘ光 ㅙ媧 ㅜ公 ㅝ和 ㅞ肱 합구(合口) 5자
④ 합구부운(合口屓韻) : ㅠ重 ㅝ靴 ㅟ兄 촬구(撮口) 3자

이 18자는 운도의 중성 및 종성 곧 중종성의 18자로 18섭과 유사하며 이것은 4등

39) 배윤덕, 「한자 음운도와 사성통해음운도의 대조」, 『』, 381, 성신여자대학교 출판부, 2005.

으로 나누면 개구·제치·합구로『사성통해』의「운모정국(韻母定局)」18자와 동일하다. 여암이 제시한「경세성음수도」의 1성, 2성, 3성, 4성, 5성, 6성의 18운을 말한다.

「개합사장」은 중성의 성질에 따라 4개의 운도로 나눈다.『중성배경세수도』에서는「경세성음수도」에 따라 10성으로 분류하고 32중성을 설정했으나 정음 곧 중국한자음 표기를 위해서는 중성 18성을 정중성(正中聲)[40]으로 설정했다. 즉 18중성을 개구(開口)와 합구(合口)로 나누고 각각을 다시 정운(正韻)과 부운(副韻)으로 나누어 이에 해당하는 운도를 만든 것이다. 다음에 4도의 개구와 정운과 부운관계, 그리고 해당되는 중성을 정리하여 제시한다.

開合	正副	章	所屬 中聲	四呼
開口	正韻	第一章	ㅏ(岡) ㅐ(開) ㅡ(根) ㅓ(多) ㅢ(登)	開口呼
開口	副韻	第二章	ㅑ(良) ㅒ(佳) ㅣ(靈) ㅕ(千) ㅖ(离)	齊齒呼
合口	正韻	第三章	ㅘ(光) ㅙ(媧) ㅜ(公) ㅝ(和) ㅟ(肱)	合口呼
合口	副韻	第四章	ㅠ(重) ㆀ(靴) ㆌ(兄)	撮口呼

「경세성음수도」의 1성~6성의 18운을 개구와 합구 그리고 정운과 부분에 따라 곧 개구호, 제치호, 합구호, 촬구호 4가지로 구분하였다. 개구와 합구는 개모 /w/의 유무에 따른 구별을 말하는 것이고, 정운과 부운이란 개모 /j/의 유무에 따른 구별이다. 곧 개합과 정부의 자질을 합성하면 개구, 제치, 합구, 촬구의 사호가 생성되는 것이다.

신경준은「개합사장」를 위의 4호(四呼)에 따라 4가지 도해로 한자의 운도를 압축한 것이다. 중국의 운도는 도의 숫자가 매우 많다. 먼저 주요한 운도의 숫자를 살펴보면 다음과 같다.

1)『칠음략』 → 43도
2)『운경』 → 43도
3)『사성등자』 → 20도

---

40) 이는『사성통해』의 18운과 일치한다.

4) 『절운지남』 → 24도

5) 『절운지장도』 → 20도

등으로 『운해』에 비하면 그 수가 매우 많아서 차이가 남을 알 수 있다.

『광운』 등의 운서들이 취했던 206운의 분운 방식을 13 내지 16섭으로 개괄했다는 점이 가장 큰 발전이다. 이에 따라 운도의 숫자가 대폭 줄어들게 된 것이다.

그리고 조선에서 만들어진 또 하나의 운도인 『경세성운』도 32도로 구성되어 있다. 그런데 신경준은 등운학의 가장 기본적인 음운 변별 방식에 의거하여 매우 간략하게 조선식의 한자음 운도를 편찬한 것이다.

2.2 여암 신경준의 학문적 연원

여암 신경준에 학문적 연원이 어떻게 되는지 살펴보자. 유창균(1981)은 여암 신경준의 『저정서』 연구는 '서경덕→최석정→황윤석→신경준'과 같은 학문 연구의 흐름이 있다고 제시하였으나 구체적인 학문적 인과 관계에 대한 논의는 제시되지 않았다. 박태권(1970)은 여암의 『저정서』 연구를 통해 중국 운서의 영향과 함께 "최석정과 신경준은 음향오행설에 중독"되었다고 평가하면서 최석정과의 긴밀한 관계가 있다고 판단하고 있다. 이숭녕(1981)은 "명곡과 같이 『황극경세서』의 이론과 방법론을 채택한 사람으로서 명곡의 영향을 받았다."고 구체적으로 지적하고 있다.

이숭녕(1981) 교수는 "여암도 명곡과 같이 「황극경세서」의 이론과 방법론을 채택한 사람으로서 명곡의 영향을 받았다"고 하였다.

배윤덕(2005:25) 교수는 여암의 『운해』의 연구는 "서경덕→최석정→황윤석→신경준과 같이 한 학문의 흐름에서 연구가 되어야 한다."고 하였다.

신경준의 실학적 학문 연구에 영향 관계에 대해서는 권재선(1998:131)은 "그의 성운학 연구는 지리학자이며 성운학자인 정항령(鄭恒齡)(호 현로(玄老) 1700 ~?)의 영향을 입은 것 같다"고 추정하면서 『저정서』에 정항령의 학설을 인용하고 있다고 했지만 구체적으로 주고받은 학문적 영향 관계를 입증할만한 근거를 찾지 못하였다. 그리고 이어서 "신경준의 이론은 『황극경세서』의 이론을 응용하여 훈민정음 체계를 기저체계로 하는 보편 성운 체계를 세우고 운도를 작성하는 경세성음학의 일종으로 최석정의 경세성음학을 계승한 것"으로 파악하고 있다.[41] 명곡과의 연계성도 중요하지만 여암의 학맥은 겸제 박성원과 이재 황윤석에 매우 긴밀하게 이어져 있었다. 신경준에게 성음학뿐만 아니라 지리학 연구에 영향을 준 사람이 정항령(鄭恒齡, 1700~?)으로 자는 현로(玄老)이며, 영조조 실학자로 특히 지리학을 깊이 연구하여 백리척(百里尺) 지도인『동국대지도(東國大地圖)』를 제작하였다고 지적하였다. 그러나 학문적 상호 관련성을 상고할 근기를 아직 찾지 못하였다. 권재선(1990 :131)은 『저정서』에 정항령(鄭恒齡)의 학설을 인용하고 있다고 했지만 필자는 구체적인 관련성을 확인하지 못하였다.

그러나 여암의『저정서』를 조금 더 깊이 살펴보면 훈민정음에 대한 전면적인 새로운 해석을 가하고 있다는 측면에서 명곡을 훨씬 뛰어넘은 독창적이고 개성적인 해설을 가한 한편 한자운도인「개합사장」도 명곡이나 황윤석을 뛰어넘어『사성통해』의 운도를 대폭 축약하여 18섭에서 중종성 7성을 설정하여 그 체계를 전면적으로 새롭게 해설하고 있다.

특히 지금까지 전혀 논의되지 않은 여암의 학설 가운데 음절구성이 초중종 삼성체계라는 점[42], 36자모를 바탕으로 한 상형설과 새로운 문자 설두음 3자와 모음 가운데 ··를 성정한 점은 박성원(朴性源)의『화동정음통석』(1747)의 영향을 직접 받고 있음을 확인할 수 있다. 이번에 발견된『저정서』의 마지막 표지 앞 두면에 걸쳐 보필한 내용이 박성원의『화동정음통석』(1747)의「범례」의 일부가 전사되어 있다.

『저정서』「55 ㄱ」

　華東正聲

　五音初聲 五音合二 變異七音

---

41) 권재선,『간추린 국어학발달사』, 오골탑, 131쪽, 1998. "신경준은 최석정의 경세성음 이론을 계승하여 그 보편성운 이론을 정밀전사체계(System of narrow transc ription)와 도해이론으로 발전시켜 독자적인 이론을 개척했다. 그는 최석정을 계승하여 언어이론의 수립을 위하여 역학이론을 끌어 들이는데 그치지 않고 서학적 지리학, 의학 등의 이론도 받아들여 풍성한 언어이론의 터전을 마련하였다."라고 기술하고 있으나 대단히 모호한 기술 탓으로 실증적 근거를 찾아내기가 힘이 든다.
42) "무른 한 글자에는 초성, 중성, 종성이 있다(凡一字 有初中終三聲)",『저정서』'한자운(漢字韻)'.

角 牙音 ㄱ ㅋ ㆁ

徵 舌音 ㄷ ㅌ ㄴ　變徵 半舌 ㄹ 洪武聲作 半徵半商

商 齒音 ㅈ ㅊ ㅅ

羽 脣音 ㅂ ㅍ ㅁ ◇

宮 喉音 ㅇ ㅎ 變宮 半齒 ㅿ 洪武聲作 半齒半徵

ㆁ ㅇ ◇ 此三聲 出聲相近 不必異制 角羽宮三音 並有此初聲 故隨其音而小變字樣 以別所屬 華音之수 수우之間 부 부우之間

박성원의 '오음의 초성'을 그대로 옮겨 놓았는데 '變徵 半舌 ㄹ'과 '變宮 半齒 ㅿ'의 용어의 차이나 순음의 ◇[w]의 설치 등의 학문적 영향을 여암이 알고 있었음을 확인할 수 있는 자료이다. 'ㅿ'와 'ㅸ'의 음가를 '수우'와 '부우'의 사잇음임을 밝혀 놓은 박성원의 학설을 그대로 수용하고 있다.

결정적으로 여암이 박성원의 학설을 많이 이어받은 것으로 확신할 수 있는 내용은 바로 「칠음해」 부분이다.

徵聲出至舌, 齒合脣啓, 回緩舒遲, 迭振而起, 自邪降出, 여암 「칠음해」

徵爲舌音, 聲出至舌 齒合脣啓, 回緩舒遲, 迭振而起, 自邪降出, 박성원 『화동정음통석』 「범례」

聲出至舌 而迭振回緩者, 火音屬於齒, 금영택 『만우재문집』

商聲出至齒, 口開齶張, 騰上歸中, 明達堅剛, 雖出若留, 여암 「칠음해」

商爲齒音, 聲出至齒, 口開齶張, 騰上歸中, 明達堅剛, 雖出若留, 박성원 『화동정음통석』 「범례」

聲出至齒, 而明達堅剛者, 屬於商, 금영택 『만우재문집』

羽聲出至脣, 齒開脗聚, 淸微逈亮飄振以擧, 若留而去, 여암 「칠음해」

羽爲脣音, 聲出至脣, 齒開脗聚, 淸微逈亮飄振, 以擧若留而去, 박성원 『화동정음통석』 「범례」

聲出至脣, 而淸微逈亮飄氣者, 水音屬於羽, 금영택 『만우재문집』

여암과 박성원과 금영택의 견해들이 상당한 부분이 거의 일치하고 있다. 이러한 측면에서 보면 여암은 결정적으로 겸재 박성원의 영향을 받았다는 증거가 될 수 있다. 결론적으로 여암의 학술은 중국의 운도학과 운학의 전통적 기반 위에 명곡 최석정과 황윤석을 비롯한 박성원의 영향을 깊게 받았으며 악학의 입장은 병와 이형상의 영향권 안에 있었던 성운학자라고 평가될 수 있다.

신경준이 지향했던 당시의 한자음은 현실음계가 아닌 이상적이며 인위적인 음운 체계로 우리말의 소리에 근거해서 훈민정음 체계로서 보편적인 성운 체계를 세우려고 한 것이다. 먼저 소옹의『황극경세서』「경세사상체용지수도」끝에 있는「경세성음도」의 정성(10성)과 정음(12음)의 체계를 본 따서 양율창과 음여창으로 대응시켜 만든 것이다. 곧 신경준은 운모를 천성이라고 하고 성모를 지음이라하고 1, 2, 3, 4 등운을 개(開)·발(發)·수(收)·폐(閉)로 성모를 음, 운모를 성이라고 하였다.

앞으로의 훈민정음 연구는 관련 사료들을 더 많이 발굴하는 동시에 사료 중심의 합리적인 해독과 해석을 통한 연구의 외연을 넓혀 나아가야 한다는 점을 무엇보다 강조하지 않을 수 없다. 아울러 훈민정음에 대한 현대 언어학적 재해석이라는 관점도 매우 중요하지만 철저한 텍스트 해석의 바탕 위에서 고증학적 이론의 수준을 높이는 방향으로 발전시킬 필요가 있다.

또한 훈민정음과 관련된 조선 후기에 나타난 운서나 운도 연구를 착실하게 진행하여 훈민정음 연구사의 얼개를 새롭게 세울 필요가 있다. 최근 명곡 최석정이나 여암 신경준이 평가한 성음대전으로서 '훈민정음에 대한 연구는 집현전 학사들이 이루어낸『훈민정음 해례』에 조금도 손색이 없었다. 따라서 훈민정음 창제 이후 훈민정음 연구 영역을 확장시키기 위해서라도 어학사의 정밀한 개별연구와 함께 통합적 연구가 시도되어야 할 것이다. 아울러 여암 신경준의『저정서』와 관련하여 훈민정음 연구사에 대한 연구도 이어지기를 바란다.

제4장

『저정서』의 주해

제1편 운해

淳州申暻民撰

名 景濬

號 旅菴

1. 운해(韻解)

1. 經世聲音數圖

陽律唱			平	上	去	入	陰呂和			開	發	收	閉
			日	月	星	辰				水	火	土	石
一聲	日	一闢	岡	但感	襘報	合霍	一音	水	一清	安	影	泓	淵
	月	二翕	光	縮	化	刮		火	二濁	沆	匣	黃	玄
	星	三闢	開	愷	慨	○		土	三清	黑	曉	華	血
	辰	四翕	媧	枵	卦	○		石	四濁	挬	爻	王	喩
二聲	日	一闢	良	眼黯	駕孝	呷岳	二音	水	一清	干	見	龜	坰
	月	二翕	○	○	○	○		火	二濁	斡	強	乾	羣
	星	三闢	佳	解	戒	○		土	三清	愷	溪	屈	傾
	辰	四翕	●	●	●	●		石	四濁	吾	疑	瓦	玉
三聲	日	一闢	多	可	箇	○	三音	水	一清	刀	帝	端	□
	月	二翕	禾	火	貫	奪		火	二濁	覃	定	同	□
	星	三闢	○	○	○	○		土	三清	透	天	妥	□
	辰	四翕	○	○	○	○		石	四濁	南	泥	內	□

四聲	日月星辰	清濁					四音	水火土石	清濁				
四聲	日	一闢	千	檢	宴[用]	哲	四音	水	一清	潮	知	追	中
	月	二翕	靬	犬	願	雪		火	二濁	宅	澄	墜	仲
	星	三闢	离	豈	計	○		土	三清	姹	徹	憲	寵
	辰	四翕	○	○	○	○		石	四濁	檸	孃	膿	女
五聲	日	一闢	根	子[塅]	戊	澀	五音	水	一清	走	精	𡘜	足
	月	二翕	公	吻	助	骨		火	二濁	曹	從	徂	全
	星	三闢	登	梗	彼	德		土	三清	草	清	恩	覰
	辰	四翕	肱	水	會	國		石	四濁	思	心	送	潃
六聲	日	一闢	靈	汞[審]	異秀	十	六音	水	一清	■	■	■	■
	月	二翕	重	惲	去	玉		火	二濁	寺	邪	像	松
	星	三闢	○	○	○	○		土	三清	■	■	■	■
	辰	四翕	兄	永	鎣	闃		石	四濁	□	□	□	□
七聲	日	一闢	(冤)	(甹)	(囲)	○	七音	水	一清	瓜	照	莊	鍾
	月	二翕	(頒)	(我)	(買)	○		火	二濁	乍	乘	牀	船
	星	三闢	○	○	○	○		土	三清	叉	赤	吹	穿
	辰	四翕	○	○	○	○		石	四濁	扇	審	水	書
八聲	日	一闢	●	●	●	●	八音	水	一清	■	■	■	■
	月	二翕	○	○	○	(纕)		火	二濁	□	禪	垂	徐
	星	三闢	●	●	●	●		土	三清	■	■	■	■
	辰	四翕	●	●	●	●		石	四濁	□	□	□	□
九聲	日	一闢	●	●	●	●	九音	水	一清	幫	丙	卜	福
	月	二翕	●	●	●	●		火	二濁	白	並	步	□
	星	三闢	●	●	●	●		土	三清	滂	品	普	圃
	辰	四翕	●	●	●	●		石	四濁	貌	明	眉	緡
十聲	日	一闢	●	●	●	●	十音	水	一清	法	缶	非	福
	月	二翕	●	●	●	●		火	二濁	凡	父	吠	奉
	星	三闢	●	●	●	●		土	三清	汎	副	敷	峯

辰	四翁	●	●	●	●		石	四濁	瑗	謀	微	娟
						十一音	水	一清	■	■	■	■
							火	二濁	■	■	■	■
							土	三清	■	■	■	■
							石	四濁	來	令	盧	呂
						十二音	水	一清	■	■	■	■
							火	二濁	■	■	■	■
							土	三清	■	■	■	■
							石	四濁	□	日	虆	閏

제1편 운해

순주 신 순민 찬
명 경준
호 여암

1. 운해

1. 경세성음수도

양율창			평	상	거	입	음려화			개	발	수	폐
			일	월	성	신				수	화	토	석
일성	일	일벽	강	단감	마보	합곽	일음	수	일청	안	영	홍	연
	월	이흡	광	관	화	괄		화	이탁	항	갑	황	현
	성	삼벽	개	개	개	○		토	삼청	흑	효	화	혈
	신	사흡	왜	패	패	○		석	사탁	념	효	왕	유
이성	일	일벽	양	인암	가효	합악	이음	수	일청	간	견	귀	동
	월	이흡	○	○	○	○		화	이탁	금	강	건	군
	성	삼벽	가	해	계	○		토	삼청	개	계	굴	경
	신	사흡	●	●	●	●		석	사탁	오	의	와	옥
삼성	일	일벽	다	가	개	○	삼음	수	일청	도	제	단	원
	월	이흡	화	화	관	탈		화	이탁	담	정	동	□
	성	삼벽	○	○	○	○		토	삼청	투	천	타	□
	신	사흡	○	○	○	○		석	사탁	남	니	내	□
사성	일	일벽	천	검연	조	철	사음	수	일청	조	지	추	중
	월	이흡	화	견	원	설		화	이탁	택	징	추	중
	성	삼벽	리	기	계	○		토	삼청	타	철	준	총
	신	사흡	○	○	○	○		석	사탁	녕	양	농	녀
오성	일	일벽	근	자참	무	삽	오음	수	일청	주	정	존	족
	월	이흡	공	문	조	골		화	이탁	조	종	조	전
	성	삼벽	등	경	피	덕		토	삼청	초	청	총	처
	신	사흡	핑	수	회	국		석	사탁	사	심	송	준

성							음						
육성	일	일벽	령	민심	이수	십	육음	수	일청	■	■	■	■
	월	이흡	중	운	거	옥		화	이탁	사	사	상	송
	성	삼벽	○	○	○	○		토	삼청	■	■	■	■
	신	사흡	형	영	형	격		석	사탁	□	□	□	□
칠성	일	일벽	㊅	㊉	㊌	○	칠음	수	일청	조	조	장	종
	월	이흡	㊐	㊑	㊒	○		화	이탁	사	승	상	선
	성	삼벽	○	○	○	○		토	삼청	차	적	취	천
	신	사흡	○	○	○	○		석	사탁	선	심	수	서
팔성	일	일벽	●	●	●	●	팔음	수	일청	■	■	■	■
	월	이흡	○	○	○	약		화	이탁	□	선	수	서
	성	삼벽	●	●	●	●		토	삼청	■	■	■	■
	신	사흡	●	●	●	●		석	사탁	□	□	□	□
구성	일	일벽	●	●	●	●	구음	수	일청	방	병	복	편
	월	이흡	●	●	●	●		화	이탁	백	병	보	원
	성	삼벽	●	●	●	●		토	삼청	방	품	보	환
	신	사흡	●	●	●	●		석	사탁	모	명	미	면
십성	일	일벽	●	●	●	●	십음	수	일청	법	부	비	복
	월	이흡	●	●	●	●		화	이탁	범	부	페	봉
	성	삼벽	●	●	●	●		토	삼청	범	부	부	봉
	신	사흡	●	●	●	●		석	사탁	원	모	미	연
							십일음	수	일청	■	■	■	■
								화	이탁	■	■	■	■
								토	삼청	■	■	■	■
								석	사탁	래	령	로	여
							십이음	수	일청	■	■	■	■
								화	이탁	■	■	■	■
								토	삼청	■	■	■	■
								석	사탁	□	실	셰	슌

[해석]

여암의 「경세성음수도」는 송나라 소옹(邵雍, 1011~1077)의 34장으로 된 「황극경세사상체용지수도」를 바탕으로 하여 채원정(蔡元定)이 이를 간략화하여 1장으로 만든 「경세성음창화도」를 모방하여 여암이 만든 것이다. 여암의 이 「경세성음수도」는 『성리대전』 권8에 실린 소옹의 『황극경세서』의 「경세사상체용지수도」의 말미에 있는 「경세성음도」의 정성·정음의 체계에서 정성을 양율창, 정음을 음려화로 대응시킨 것이다.

천성 10성과 지음 12음을 정성과 정음으로 분류한 소옹의 「경세사상체용지수도」를 채원정이 한 장으로 요약한 결과는 다음 도표와 같다.

정성(正聲)					정음(正音)			
	日 月 星 辰				水 火 土 石			
	平 上 去 入				開 發 收 閉			
乾 一聲	多 可 个 ○	甲	角 一音		古 甲 九 癸		寅	
	禾 火 化 ○				○ ○ 乾 蚪			
	魚 鼠 去 ○				坤 巧 丘 弃			
	無 羽 具 ○				五 牙 月 堯			
兌 二聲	良 雨 向 勺	乙	徵 二音		東 卓 中 帝		卯	
	光 廣 況 霍				大 宅 直 田			
	宮 孔 眾 六				土 拆 尹 天			
	龍 角 用 玉				南 姝 女 年			

정성 10성은 일·월·성·신과 평·상·거·입으로 구분하고 팔괘명과 갑자로 나타내었다. 정음 12음은 수·화·토·석 오행과 개·발·수·폐와 12간지로 우주만물의 성음을 나타내려고 한 것이다. 하늘의 소리인 정성은 운모이고 땅의 소리인 정음은 성모로 역학과 성음의 원리에 따라 구분하여 배합한 자리에 사람이 낼 수 있는 가능한 성음의 총수를 담아낸 도식이다.

이 도표는 좌우 2단으로 구성되어 있는데 좌단에는 정성과 우단은 정음으로 이루어져 있다. 이 도표를 간략하게 요약하면 다음과 같다.

천성	양	율	창	기	벽흡	평상거입	일월성신	10	운모
지음	음	려	화	우	청탁	개발수폐	수화토석	12	성모

여암 신경준은 소옹의 용어와 달리 '정성'을 '양율창'으로 '정음'을 '음려화'로 나타내

고 운모를 천성, 성모를 자음이라고 하여 자기 독자적인 용어로 기술하고 있다. '양율창'은 모두 10성도로 구성되어 있고 각성은 평·상·거·입과 일·월·성·신으로 그리고 벽·흡에 따라 4등(개구·합구·제치·촬구)(중성+종성)의 한자를 배열해 두고 있다. 정성의 유성무자는 ○로 무성무자는 ●로 표시하였다. 정음의 유음무자는 □로 무음무자는 ■로 표시하였다.

'양율창'의 제1성을 예로 들면 다음과 같이 한자를 배열하고 있다.

일성(一聲)	일(日)·일벽(一闢)·개구(開口)	岡 但感 禰報 合霍	ㅏ
	월(月)·이흡(二闔)·합구(合口)	光 縮 化 刮	ㅘ
	성(聲)·삼벽(三闢)·제치(齊齒)	開 愷 慨 ○	ㅐ
	신(辰)·사흡(四闔)·촬구(撮口)	媧 枒 卦 ○	ㅙ

이처럼 '양율창'은 10성도로 되어 있지만 실재로는 1성부터 7성까지이며 나머지는 유성자○나 무성무자●로 이루어져 있다. '양율창'은 평성을 기준으로 모두 32운모로 되어 있는데 「중성도」에 따라 4등으로 구분하면 결국 18운모 체계가[43] 된다고 할 수 있다. 곧 섭으로 18섭 구성도인데 여암은 이를 더욱 간략하게 하여 중종성이라는 개념을 설정하여 실재로는 7섭 체계를 제안하고 있다.

'음려화'는 모두 12음도로 개·발·수·폐와 수·화·토·석과 청·탁(일청·이탁·삼청·사탁)에 따라 그리고 "후음→아음→설음(설두·설상)→치음(치두·정치)→순음(순중·순경)→반설→반치"의 순으로 배열하여 36성모로 되어 있다.

'음려화'의 제1음은 다음과 같이 한자를 배열하고 있다.

일음(一音)	수(水)·일청(一清·全清)·아음(牙音)	安 影 鴻 淵	ㆆ
	화(火)·이탁(二濁·全濁)·아음(牙音)	沆 匣 黃 玄	ㆅ
	토(土)·삼청(三清·次清)·아음(牙音)	黑 曉 華 血	ㅎ
	석(石)·사탁(四濁·次濁)·아음(牙音)	占 爻 王 喩	ㅇ

---

43) 섭(攝)은 운미(韻尾)의 유형과 모음의 자질에 따라 구별되는데, 외전·내전이 각 8섭으로 도합 16섭으로 되어 있다. 개모(介母)는 [-w]의 개재여부에 따라 벽합(闢翕)으로 구별하는데, 벽은 개구음(開口音), 합은 합구음(合口音)을 뜻한다. 한 섭은 벽이 1도, 합이 1도, 각각 2도로 이루어져 있다.

'음려화'는 12음도인데 『광운』의 체계에 따라 36성모로 되어 있다. 후음→아음→설두음·설상음→치두음·정치음→순경음·순중음→반설음→반치음의 순서로 1성에서 10성까지 36성모자를 배열하였다. 실재로 설두·설상음이나 치두·정치음과 순중·순경음 표기를 배치한 것은 훈민정음의 23개 성모체계와 달리 한자음의 변이음 표기를 위해 이상적으로 36성모체계로 인식한 결과이다. 곧 한자음의 지리적 혹은 시대적 변이음까지 표기할 수 있는 체계로 기술한 결과이다.

여암의 이 「경세성음수도」는 단순한 부록(김석득:1983)이 아니라 『저정서』의 전체 내용을 조망한 도론적 구실(배윤덕:1991)을 하고 있다. 곧 여암 신경준은 한자음 체계를 36성모와 32운모(18섭)의 체계로 인식하고 있으며, 이런 체계적인 인식은 『사성통해』의 영향을 받은 결과이다. 여암 신경준이 이 「경세성음수도」의 한자음 표기를 하는데 훈민정음을 사용하지 않았다. 이것은 그의 치밀한 논리적 사고를 엿볼 수 있게 하는 대목이다. 그는 훈민정음을 이용하여 한자음 표기에 활용 수단으로 인식하고 있었다. 따라서 그는 운해의 첫머리에 자신이 인식하고 있는 한자음의 음운체계의 총괄표인 「경세성음수도」를 제시한 다음 이를 표시하기 위한 문자체계로서 훈민정음을 나름대로 분석하여 기술 설명하고 있다. 아직 훈민정음에 대한 기술이 이루어지지 않았기 때문에 「경세성음수도」는 훈민정음으로 그 음가를 표시하지 않은 것으로 판단된다.

「경세성음수도」는 「초성경세수도」, 「종성경세수도」를 아우르는 도식이다. 이 「초성경세수도」는 성모 36자 운모 32자를 교직하여 이상적인 한자음을 모두 나타낼 수 있도록 배열한 것이다. 곧 또한 성모 배열은 역학이론에 따라, 5음의 배열 방식도 "궁(후)→각(아)→치(설)→우(치)→상(순)"으로 곧 후음(ㆆ, ㆅ, ㅎ, ㅇ), 아음(ㄱ, ㄲ, ㅋ, ㆁ), 설두음(ㄷ, ㄸ, ㅌ, ㄴ)·설상음(ㄴ, ㄷ, ㄸ, ㅌ), 치두음(ㅈ, ㅉ, ㅊ, ㅅ, ㅆ)·정치음(ㅈ, ㅉ, ㅊ, ㅅ, ㅆ), 순중음(ㅂ, ㅃ, ㅍ, ㅁ)·순경음(ㅸ, ㅹ, ㆄ, ㅱ), 반설음(ㄹ), 반치음(ㅿ)으로 배열하여 훈민정음의 배열 체계와는 다른 방식임을 알 수 있다. 또한 같은 음계에 속한 음은 "전청(수)→전탁(화)→차청(토)→불청불탁(석)"의 순으로 배열하였다. 이 배열 방식도 훈민정음과 차이가 나지만 『운경』, 『칠음략』, 『사등등자』, 『절운지장도』, 『경사정음절운지남』의 배열 방식과도 차이를 보여주고 있다.

「중성배경세수도」는 각각 상하 2단으로 구성되었는데 상단은 운모를 표시하는 부분으로 10도로 나누었고, 하단은 성모를 표시하는데 부분으로 12도로 나누었다. 운모의 배열은 일·월·성·신으로 나뉘고 이들은 각각 개구음과 합구음의 순서로 되어 있다. 그리고 각각의 운모에 평·상·거·입에 따른 구분을 하였다. 여암은 「경세성음수도」에서 1성(ㅏ,

ㅘ, ㅐ, ㅙ), 2성(ㅑ, ㆇ, ㅒ, ㆈ), 3성(ㅓ, ㅝ, ㅔ, ㅞ), 4성(ㅕ, ㆊ, ㅖ, ㆋ), 5성(ㅡ, ㅜ, ㅢ, ㅟ), 6성(ㅣ, ㅠ, ㅣㅣ, ㆌ), 7성(ㆍ, ㅗ, ㆎ, ㅚ), 8성(ᆢ, ㅛ, ᆢㅣ, ㆉ) 총 32운모를 제사하였는데 「중성도」에서는 개구·제치·합구·촬구 4등으로 구분하여 32자를 18섭으로 구분하여 각각 배치하였다. 우리나라 한자음이나 중국 한자음에서 각기 유용한 문자의 수는 차이를 보여주지만 정음과 정성의 총수를 밝히기 위한 이상적인 체계라고 할 수 있다.

1.1 經世聲音數圖註

凡一字有初中終三聲, 陰呂1)只初聲, 陽律2)兼中終二聲,3) 中聲雖同, 而終聲不同者多矣. 右圖, 以平上去入, 配日月星辰4), 分作橫四等, 而四等之中, 各收終聲之不同者. 如一聲日之岡但禡合, 二聲日之良眼駕呷之類, 是也. 於平, 得岡, 則其上5)去入, 皆有岡終聲者, 可知也. 於上得但, 則其平去入, 皆有但終聲者, 可知也. 且終聲之不同者, 不止於四, 故用字書雙母例, 附書, 而音攝6)之字, 附書於隱攝之下, 以其聲相近也. 蕭攝尤攝之字, 附書於支攝之下, 蕭尤二攝, 乃重終聲,7) 而亦近於支攝也. 如感報審秀之類, 是也.

○ 邵子聲音之圖, 初非爲字書而作也.8) 物有色聲氣味,9)唯聲爲盛, 且可以書別, 故特假之字, 以明其數也. 於字未嘗究精焉. 後之治字者, 頗爲釐正, 而猶有所未盡者, 今復參以愚見, 其所移易刪補者多, 而是不過邵子之本[旨]云爾.

---

1) 양율(陽律)·음려(陰呂): 율(律)·여(呂)는 6율과 6여로 나누어 음계를 표시하는 중국 음악 용어이다. 그러나 여기 것은 소옹이 그의 운도에서 사용한 술어를 그대로 사용한 것으로서 여암(旅菴)은 여러 가지 술어를 구별하여 운도를 작성하였다.

2) 양율에서 10성과 음율에서 12성: "양은 1에서 시작하여 9성하며 음은 2에서 시작하여 6에서 성하며(陽始於一而盛於九, 陰始於二而盛於六)"하여 역학에서는 1, 3, 5, 7, 9는 양수라하고 2, 4, 6, 8, 10은 음수라 한다. 여기서 1은 양수의 기본수이고 2는 음수의 기본수이며 양수에 9와 음수의 6이 성수(盛數)이다. 『역경』 「계사전」에서 양수는 기수(奇數, 홀수) 음수는 우수(耦數, 짝수)라고 한다. 양율은 1, 3, 5, 7, 9가 기수이니 1+9=10이 되고 음율은 2, 4, 6, 8, 10이 우수이니 우수는 곱하는 때문에 2×6=12가 된다. 양율의 본수 10성과 음율의 본수 12성은 「성음의 기본되는 수(原聲音之數)」 조항에 상세히 설명하고 있다.

3) 한자를 3성구조로 파악하면 음려화는 초성, 양율창은 중성과 종성을 겸한 것이다.

4) 배일월성신: 『황극경세서』 권7~10에는 음·양·강·유의 역의 수로 율려성음의 수를 해석한 것이며 율려성음의 수로 주·비·초·목의 수를 해석한 내용이 담겨 있다. 『황극경세서』 권11~12에서는 일·월·성·신과 주·비·초·목의 수를 해석하여 천지 만물의 이치를 밝히고 있

다. 이에 대해 채원정은 소강절의 선천지학으로 천지만물의 도를 밝힌 것으로 일·월·성·신과 수·화·토·석으로 천지의 체(體)를 성·정·형·체와 주·비·초·목으로 만물의 감응을 원·회·운·세와 세·월·일·시 천지의 시작과 끝을 설명할 수 있다고 한다. 채원정은 "한번 동(動)하고 한번 정(靜)하는 사이를 역(易)에서 이른 바 태극(太極)이라고 한다. 동정(動靜)은 양의(兩儀)이고 음·양·강·유는 역에서 말하는 사상(四象)이다.(一動一靜之間者, 易之所謂太極也. 動靜者, 易所謂兩儀也. 陰陽剛柔者易所謂四象也.)"라고 하였으며, 또 동(動)하는 것은 하늘(天)이고 하늘에도 음양이 있다. 그러므로 태양(太陽)·태음(太陰)·소양(小陽)·소음(小陰)이 있나. 태양은 일(日)이되고 태음은 월(月)이 되며 소양은 성(星)이 되고 소음은 신(辰)이 된다. 이것이 하늘의 사상이다. 정하는 것은 땅이 되고 땅에는 강유가 있다. 그러므로 태강(太剛)·태유(太柔)·소강(小剛)·소유(小柔)가 있으며 태유는 수(水)가 되고 태강은 화(火)가 되며 소유는 토(土)가 되고 소강은 석(石)이 된다. 이것이 땅의 사상이다. 이처럼 천지 만물은 모두 음·양·강·유로 나누어지거나 음·양·강·유를 두루 갖추고 있다. 천지의 변화는 원·회·운·세가 있으며 원·회·운·세에는 춘·하·추·동이 있어서 생·장·수·장을 갖추고 있어 이 사상은 서로를 곱하여 16이 되며 세상 만물의 이치는 이 16에서 벗어나지 않는다. 하늘(天)은 양(陽)으로 땅(地)은 음(陰)으로 갈라지며 음양의 변화는 상과 수로 나타나는데 이는 하도와 낙서로 거슬러 올라가 다음과 같은 생성의 원리를 만들게 된다.

하도(河圖)-정(靜)-상(象)-체(體)-사상(四象)-기수(奇數)-음(陰)-강(剛)-율(律)-성(聲)-일(日)-성(聖)-수(水)-토(土)

낙서(洛書)-동(動)-형(形)-용(用)-오행(五行)-우수(偶數)-양(陽)-유(柔)-여(呂)-음(音)-월(月)-신(辰)-화(火)-석(石)

용(用)에서 체(體)로 가면 1에서 2로, 2에서 4로, 4에서 8로 가는데 1이 곧 태극(太極)이니 일동(一動)과 일정(一靜) 사이에 있다. 소옹의 『황극경세서』 「찬도지요」에 채원정이 한번 동하고 한번 정하는 사이를 역에서 태극이라고 하고 동정은 양의의 음·양·강·유는 역에서는 사상이라고 한다. 이 사상이 괘효의 배합에 따라 8괘가 나타난다.

태양은 일(日)이 되며, 태음은 월(月)이 되며, 소양은 성(星)이 되며, 소음은 신(辰)이 됨으로 이를 일·월·성·신의 배합이라고 한다. 역에서 효에 나타난 상은 음과 양에서 본 뜬 형상으로 역에서 괘를 짜내는 가로로 획을 효(爻)라고 하는데 양은 ─와 같이 나타내고 음은 - -로 나타낸다. 이 음양이 교합하여 사물의 여러 가지 변화를 나타내 준다. 이 효가 세 개로 구성된 것을 괘(掛)라고 하는데 이런 것이 여덟 개 있으므로 팔괘라고 여섯 개로 된 것을 중괘라하며 이 중괘는 64개가 있다.

5) "° 上" 한자 '上'에 상성 권점이 표시되어 있다. 다른 이본에는 이 상성 권점이 표시되어 있지 않다.

6) 『광운』에서는 61운류로 분류하였으나 핵모가 같으면서 위와 같은 개모의 차이에 따라 나누어진 결과이다. 따라서 핵모를 중심으로 운미가 같고 개모 차이에 따라 구별하여 운류를 재분석한 것을 운섭(韻攝)이라고 한다. 또한 핵모가 같은 여러 운을 한 묶음한 『운경』에서는 이들을 다시 내외전(內外轉), 개합(開合)으로 43도로 묶기도 하였다. 『절운지장도』에서는 모두 20도로 되어 있으나 13개로 분류하기도 하였다. 운섭은 광운에서 61운류를 재분석하

여 간략하게 한 것이 『절운지남』에서 16섭으로 구분하였다. 여기서 16섭은 "통(通)·강(江)·지(止)·우(偶)·해(蟹)·진(臻)·산(山)·효(效)·과(果)·가(假)·탕(宕)·증(曾)·경(梗)·류(流)·탐(深)·함(咸)"이다. 그러나 운복(韻腹)과 운미(韻尾)를 분리하여 생각하고, 운미만으로 섭을 결정할수 있다고 생각했기 때문에 여암은 본도나 앞으로의 설명에서, 재래의 분류법을 따르지 않고, 중종성을 설치하여 새로운 분류법을 꾀하여 7섭으로 하였다.

7) 종성해에서는 운미 없이 운복(핵모음)으로 끝난 운미가 zero인 음운미음을 "중종겸 종성"이라고 할 수 있다. 『동국정운』에서 운미 'ㅇ'나 'ㅱ'가 삽입된 선행 모음을 뜻한다. 이 책에서는 원래 모음 또는 반모음으로 끝난 운미인 소섭(蕭攝. 즉 오), 우섭(尤攝. 우)의 2개자를 중종성이라고 하였다. 『홍무정운역훈』에서 'ㅱ'를 삽입하던 종성을 말한다.

8) 소자성음지도(邵子聲音之圖), 초비위자서이작야(初非爲字書而作也): 소옹(邵雍, 1011~1077)은 강절(康節)이 호이고 자는 요부(堯夫)인데 관작에 나서지 않고 중국 하남성에서 평생 역학을 공부한 역의 조종이라고 한다. 그의 성리학의 근본 이념은 『황극경세서』를 통해 음양오행을 기반으로 천지자연의 순환 철학을 수립하였다. 곧 전체를 하나의 원리로 또 하나의 원리를 통해 전체를 일관하는 천지만물의 생성 원리를 상수(象數)를 통해 밝히고 있다. 춘·하·추·동의 사시의 변화 이치를 통해 천지운행의 '원·회·운·세'를 밝혀 이 원리가 삼라만상을 꿰뚫고 있다. 하늘의 일·월·성·신이 변화가 낮과 밤, 한서의 교차, 만물의 성·정·형·체의 생성을 설명하고 그 원리와 율려(律呂)가 서로 부르고 화답하여 사람의 성음(聲音)도 입이 열리고 닫히는 음양의 동작 곧 개·발·수·폐가 봄, 여름, 가을, 겨울의 이치와 동일함을 밝혔다. 이러한 그의 이론의 골간은 『성리대전』에 『황극경세서』에 실려 있다. 특히 천지개벽의 이치를 밝힌 '원·회·운·세'와 성음의 변화 이치를 밝힌 '율려성음'의 이론이 핵심이다. 소옹은 "천지는 오로지 음양의 동정 순환하는 것일 뿐이다"라고 하여 음양오행의 순환 논리를 이수(理數)로 밝혔는데 '율려성음(律呂聲音)' 또한 그 변화의 원리가 상(象, 짝수)과 수(數, 홀수)로 체계적으로 풀이하고 있다. 곧 상수론은 천지의 운행 질서를 파악하는 법칙이듯이 '율려성음'의 변화의 원리를 성수로 풀이하였다. 소옹이 종래의 다른 운서들과 동일한 태도를 취하지 않고, 그의 독특한 우주관에 입각해서 『황극경세서』 권7부터 권10까지에서 '율려성음'도 역(易)과 같이 수리로 설명하여, 율려성음수(律呂聲音數)를 음양강유지수(陰陽剛柔之數)로써 풀이하고 또 『운경(韻鏡)』, 『절운지장도(切韻指掌圖)』와 마찬가지로 운도를 작성한 사실을 가리키는 말인 듯하다. 소옹이 그의 운도에서 표시한 자음들은 재래식 절운(切韻)계의 음계를 나타낸 것이 아니고 송대의 중세구어를 충실히 반영시킨 것이었다.

9) 색·성·기·미는 송나라 『성리대전』에 수록된 소옹의 『황극경세성음도』의 아래에 소백온(邵伯溫), 채원정(蔡元定)등의 주에 다음과 같이 설명하고 있다. "邵伯溫曰:物有聲色氣味, 可考而見唯聲爲甚, 有一物則有一聲, 有聲則有音, 有律則有呂, 故窮聲音律呂, 以窮萬物之數, 數亦以而爲本, 本乎四象故也"(以下略). '"西山蔡氏曰...物有聲色氣味, 唯聲爲盛, 且可以書別, 故以正聲之平上去入, 正音之開發收閉, 列而爲圖, 以見聲音之全數.." 이상은 『성리대전』과 우리나라의 황윤석(黃胤錫) 저, 『이수신편(理藪新編)』 권12의 27장(張)과 28장에서 인용한 것임. 이상으로서 열거한 송 학자들에 의하건데, '만물색성기미운운(萬物色聲氣味云云)'이라는 문귀가 여암(旅菴)의 말이 아니고 송 학자들의 말이라는 것을 알 수 있다.

1.1 경세성음수도(經世聲音數圖)의 주

무릇 한 글자(음절글자, C+V+C)에는 초성·중성·종성 3성이 있으니[10], 음려(陰呂)는 다만 초성뿐이지만 양률(陽律)은 중성과 종성 두 성을 겸한 것이다.[11] 중성이 비록 같아도 종성(韻尾, 입성자)이 같지 않은 것이 많다. 위 도표(「경세성음수도」)는 평(平)·상(上)·거(去)·입(入)을 가지고 일(日)·월(月)·성(星)·신(辰)에 배합시켜서 가로로(橫)로 4등분하였는데 4등 가운데에는 각각 종성이 같지 않은 것을 가려 넣었으니, 1성일(一聲日)의 강(岡)·단(但)·마(禡)·합(合)이나, 2성일(二聲日)의 량(良)·안(眼)·가(駕)·합(呷) 등이 그것이다.

그래서 평성에서 강(岡)자를 얻으면, 그 상(上)·거(去)·입(入)성은 모두 강(岡) 종성, 즉 'ㅇ'음을 가지고 있다는 것을 가히 짐작할 수 있다. 평성에서 단(但)자를 얻으면 그 상·거·입성이 모두 단(但) 종성, 즉 'ㄴ'음을 갖는다는 것을 가히 짐작할 수 있다. 그리고 종성이 같지 않은 것은 네 가지에 그치지 않음으로 자서(字書)의 쌍모(雙母) 예에 따라서 나란히 써서, 음섭자(音攝字, 즉 ㅁ종성)를 은섭자(隱攝字, 즉 ㄴ종성)자 아래에 나란히 썼으니, 이것은 그 소리(즉 ㅁ과 ㄴ)가 서로 가깝기 때문이다.[12] 소섭(蕭攝, 오), 우섭(尤攝, 우)자는 지섭(支攝, ㅐ, ㅒ, ㅖ, ㅣ 등) 아래에 나란히 썼으니, 소(蕭)·우(尤) 2섭은 곧 중종성(重終聲)[13]이고 또한 지섭(支攝, ㅣ)에 가깝기 때문이니, 위의 『경세성음도』에 나오는 감(感)·보(報)·심(審)·수(秀) 등이 곧 이것이다.[14]

○ 소자(邵子)의 「성음도(聲音圖)」는 처음부터 자서(字書)[15]를 위해 만든 것이 아니었다. '물(物)'에는 색(色)·성(聲)·기(氣)·미(味)가 있는데, 오직 성(聲)이 가장 성(盛)하여 가히 글자로 써서 구별할 수 있으므로 특히 글자를 빌어 그 수(數)를 밝혔을 뿐이며, 글자(字音)는 아직 정밀히 밝히지 않았다.

그래서 나중에 글자를 연구 고찰(考究)하는 이가 일부 바로 잡았으나 아직도 미진한 바가 있어 이제 다시 어리석은 견해(愚見)로써 정밀하게 살펴서 옮기고, 바꾸고, 버리고, 기운 것이 많은데 이것은 모두 소자(邵子)의 본뜻을 이르는데 지나지 않는 것이다.

---

10) 『훈민정음』의 성절법(성음법)에 "凡必合而成音"의 규정에서도 초성+중성+종성의 3성이 합해야 음절소리가 어울어진다는 규정인데, 고유어가 아닌 한자어에서는 이 규정을 보다

【해석】

여암의 운학에 대한 가장 기본적인 입장을 이 글에서 밝히고 있다. 여암은 중국과의 음절구성 차이를 확연하게 인식하고 있었다.

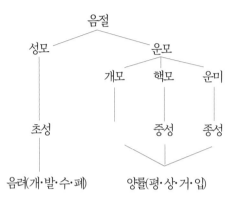

이러한 음절 구성의 차이를 인식하고 훈민정음으로 한자음 표기를 하는데 중성이나

철저하게 지키기 위한 노력을 기울였다. 그 결과 훈민정음 창제 초기 불경언해에서는 운미 표기법이 여러 차례 변모를 보여주게 된 것이다.

11) 한자음에서 반절법에서 반절 상자가 성모(聲母)이고 반절하자가 운모(韻母)이지만 음여(陰呂)는 성모(聲母, 자음)를 양률은 운모(韻母, 모음+운미)를 나타낸다.

12) 운미 체계의 경우, 입성운 '-ㅂ, -ㄷ, -ㄱ'와 폐구운(閉口韻) '-ㅁ'도 나타나지 않고 다만 '-ㅇ[ŋ]'과 '-ㄴ[n]'만 나타난다. 이미 『사성통해』 「범례」에서 '-m>-n'의 변화가 반영된 것을 말해 준다. 『동국정운』에서와 『홍무정운역훈』을 비롯한 세종 조 불경언해에서 소(蕭)섭계와 우(尤)섭계는 'ㅁ'를, 약(藥)운에는 'ㅸ'을 지(支)섭계는 'ㅇ'를 표시하여 빈 종성의 자리를 체워 음절구성을 유지하려고 한 것이다. 이 가운데 소섭과 우섭계를 여암은 중종성이라고 명명한 것이다.

13) 중종성(重終聲)이란 운미 없이 운복(V)으로 끝나는 자음의 모음 곧 운복을 중성 겸 종성이라고 하여 중종성이라고 한다. 지(支)섭(즉 ㅇ), 소(蕭)섭(즉 오), 우(尤)섭(즉 우)와 같이 운미가 없이 운복으로만 된 섭을 중종성이라고 한다.

14) 『절운지남』에 운모를 16섭으로 구분하였다. "통(通)·강(江)·지(止)·우(偶)·해(蟹)·진(臻)·산(山)·효(效)·과(果)·가(假)·탕(宕)·증(曾)·경(梗)·유(流)·탐(深)·함(咸)"이다.

15) 자서(字書): 자서란 한자의 각 글자의 음과 의의를 상설하고, 증거로서 다른 서적을 인용하는 것으로서 다음과 같은 편찬방법이 있다. 즉 문자로서의 한자의 구성은 그 형(形)·음(音)·의(義)의 세가지 관점에 의하여 해설할 수 있는데 중국에서는 한자의 자체의 해설을 주로 한 자서(字書), 고전어를 주석하는 훈고의 자서가 있다. 이상의 대표적인 것을 들면, 1은 『설문해자』(후한(後漢)의 허신자(許愼著) B.C. 99), 2는 『이아(爾雅)』 전한시대 등이다.

종성의 처리가 매우 어려운 문제였다. 이들을 정리하여 아래와 같이 몇 가지 특징들을 요약하여 정리하고 있다.

첫째, 무릇 한 글자(음절글자, C+V+C)에는 초성·중성·종성 3성으로 구성되어 있으며, 음려(陰呂)는 성모인 초성, 양률(陽律)은 중성과 종성 두 성을 겸한 것으로 파악하고 있다. 특히 한자음의 개음절 운미의 처리가 훈민정음 창제 당시부터 문제가 되었는데 신경준은 지(支)섭과 쇼(蕭)섭계와 우(尤)섭계와 그 이중모음은 이미 그 자체에 종성이 달린 중종성으로 처리함으로 자신의 종성을 7섭으로 구성하는 원리를 체계 균형을 맞춘 것이다.

이에 따라 소옹의 「성음창화도」에 따라 만든 「경세성음수도」에서 평(平)·상(上)·거(去)·입(入)을 가지고 일(日)·월(月)·성(星)·신(辰)에 배합시켜서 가로로(橫)로 4등분하였는데 4등 가운데에는 각각 종성이 같지 않은 것을 가려 넣었으니, 1성일(一聲日)의 강(岡)·단(旦)·마(馮)·합(合)이나, 2성일(二聲日)의 량(良)·안(眼)·가(駕)·합(呷) 등이 그것이다. 마치 반절도처럼 성모와 운모를 가로 세로로 배합하여 한자의 운도를 만들어낸 원리를 설명하고 있다.

성모 36자를 훈민정음으로 표기하고 운모는 양성운미(ㅁ, ㄴ, ㅇ), 음성운미(ㅇ, ㅱ, ㅸ), 입성운미(ㅂ, ㄷ, ㄱ)를 고려하여 4호(개구호·제치호·합구호·촬구호)로 구분하여 마지막에 「개합사장」이라는 종합적인 한자음 운도를 만들어 낸 것이다.

특히 종성 처리를 하는데 있어서 "음섭자(音攝字. 즉 ㅁ종성)를 은섭(隱攝字. 즉 ㄴ종성)자 아래에 나란히 썼으니, 이것은 그 소리(즉 ㅁ과 ㄴ)가 서로 가깝기 때문이다."라고 하였다. 이것은 원나라 이후 -m>-n의 통합을 고려한 조치이며 음성운이 개음절 운미인 "소섭(蕭攝 오), 우섭(尤攝 우)자는 지섭(支攝 ㅐ, ㅙ, ㅒ, ㅣ 등) 아래에 나란히 썼으니, 쇼(蕭)·우(尤) 2섭은 곧 중종성(重終聲)이고 또한 지섭(支攝 ㅣ)에 가깝기 때문이니, 위의 「경세성음도」에 나오는 감(感)·보(報)·심(葡)·수(秀) 등이 곧 이것이다."라고 하여 중종성을 설치한 것은 개음절인 한자음 표기를 위한 나름대로 이유가 있는 결정이었다.

신경준은 소자(邵子)의 「성음도」를 충분히 숙지하고 이를 나름대로 매우 단출한 운도 제작에 성공한 결과이다. 중국에서 이미 변별력을 상실한 설두·설상음이나 순중·순경음을 인정하는 36성모를 인정한 것은 방언이나 이어의 변이음까지 표기하는 것을 목표로 하였기 때문이다.

1) 原聲音之數

夫陽始於一而盛於九16），陰始於二而盛於六，此易之所以陽用九，陰用六也．陽寄17)也．兼之故一與九而爲十，陰耦也．兩之故二其六，而爲十二，十者，聲之本數也．十二者，音之本數也．每聲，有日月星辰四象18)，合爲四十，每音，有水火土石四象，合爲四十八，此聲音之體數也．以日月星辰，相因爲一百六十，以水火土石，相因爲一百九十二，而於天數內，去地之體數四十八，爲一百一十二，於地數內，去天之體數四十，爲一百五十二，此聲音之用數也．又以一百一十二，因一百五十二，爲一萬七千二十四，以一百五十二，因一百一十二，亦爲一萬七千二十四，此聲音之變數也．又以一萬七千二十四，因一萬七千二十四，爲二萬八千九百八十一萬六千五百七十六，此聲音之通數也．聲音之數，變而通之，而生生不窮矣．其○有其聲而無其字者也．其□，有其音而無其字者也．其●，即所去之四十八也．其■，即所去之四十也．聲爲律而音爲呂，律以唱而呂以和，19)聲陽也．位本居上，音陰也．位本居下，而及其唱而和之，音上而聲下20)，即地天爲泰，而萬物化生之義也．

---

16) 양시어일이성어구(陽始於一而盛於九): 『황극경세서』「찬도요」하에서 소강절이 이르기를 "양은 1이고 음은 2이다. 그러므로 양이 음을 낳을 때 2가 6번 곱해서 12가 되고 음이 양을 낳을 때 3이 10번 곱해져 30이 된다. 또 말하기를 일(日)로 일을 경영하면 원(元)이 원이 되며 그 수는 1이다. 일의 수가 1이 되는 가닭이 여기에 옜다. 일로 월을 경영하면 원의 회가 되며 그 수가 12가 된다. 월의 수가 12가 되는 까닭이 여기에 있다. 일로 성을 경영하면 운(運)이 되고 그 수는 360이 된다. 성의 수가 360이 되는 까닭이 여기에 있다. 일로 신을 경영하면 원의 세가 되어 그 수는 4,320이 된다. 신의 수가 4,320이 되는 까닭이 여기에 있다. 소백온이 『역학(易學)』에서 1·2·5·7·9는 양수(陽數)라고 하고, 2·4·6·8·10은 음수(陰數)라고 하는데, 이들 중에서 1은 양수의 기본이 되는 수(數)이며, 2는 음수의 기본이 되는 수다. 그리고 6·7·8·9의 수를 4상(四象)에 배치하였을 때, 음양순역(陰陽順逆)의 관계로 9는 태양수(太陽數)가 되고, 6은 태음수(太陰數)가 되기 때문에 위와 같은 말을 사용한 것이다.

17) 양기(陽奇)·음우(陰耦): 『역경(易經)』「계사(繫辭)」의 양괘기(陽卦奇), 음괘우(陰卦耦)에서 온 말.

18) 사상(四象): 사상이라는 용어가 처음 보이는 곳은 『주역』의 「계사전」이다. 즉, "역에 태극이 있으니 양의를 낳고 양의는 사상을 낳고 사상은 팔괘를 낳는다(易有太極 是生兩儀 兩儀生四象 四象生八卦)"라고 하여 팔괘가 태극-양의-사상의 단계를 거쳐 형성됨을 설명하였다. 그리고 "역에 사상이 있음은, 보이고자 하는 것(易有四象 所以示也)"이라고 하여 사상이 구체적이고 가시적인 자연 현상을 상징함을 언명하였다. 이 두 가지 의미, 즉 팔괘 형성의 한 단계로서의 사상과 자연 현상의 상징으로서의 사상의 의미를 보다 구체적으로 표현한 것은 "대연의 수는 오십인데 사십구만을 쓴다. 사십구를 둘로 나눔은 둘(兩)을 상징함이고, 하나를 걸음

은 셋을 상징함이고, 넷으로 나눔은 사시(四時)를 상징함이다...”라는 말이다.

이는 설시(揲蓍)하여 괘를 구하는 과정에 대한 설명으로서, 쉰 개의 시초(蓍草) 중에서 하나를 제외한 마흔아홉 개를 임의로 둘로 나누고, 이것을 각각 넷으로 나눈다는 뜻이다. 일반적으로 이 과정에서 처음부터 쓰이지 않는 하나의 시초를 태극, 마흔아홉 개를 둘로 나눔을 양의, 그리고 그것을 각각 넷으로 나눔을 사상이라고 한다.

여기서 “넷으로 나눔은 사시를 상징한다”라는 말은 사상의 과정이 곧 자연 현상에 있어서의 사계절의 변화를 상징한다는 뜻이다. 이상을 종합해 보면 사상은 본래 점서(占筮)에 있어서 시초에 의한 점법에 나타나는 과정의 하나인데, 여기에 태극·양의·사상이라는 일종의 철학적 개념, 즉 존재의 근원과 자연 현상에 대비하는 사상(思想)으로 발전된 개념임을 알 수 있다. 사상의 개념은 시대의 변천과 각 시대의 주도적 사상에 의해 변화, 발전되었다. 중국 한대의 상수학자들은 월령(月令)과 납갑법(納甲法), 오행설(五行說) 등에 의해 일종의 과학적, 자연 철학적인 해석을 했다. 예컨대, 우번(虞翻)이 “사상은 사시(四時)이다. 양의는 건곤(乾坤)이다. 건괘의 이효와 오효가 곤괘로 가서 감(坎)·이(離)·진(震)·태(兌)를 이룬다. 진은 봄, 태는 가을, 감은 겨울, 이는 여름이며, 그래서 양의가 사상을 낳는다고 한다”라고 말한 것, 맹희(孟喜)와 경방(京房)이 괘기설(卦氣說)에 의해 사상을 사시로 보고 여기에 십간십이지, 오행 등을 배합한 것, 『건착도(乾鑿度)』의 팔괘방위설(八卦方位說) 등이 그것이다. 당나라의 공영달이 사상을 금(金)·목(木)·수(水)·화(火)라 한 것도 오행설에 입각한 것이었다. 전국시대 이래의 오행설에서 탈피하여 사상에 대한 독창적인 자연 철학을 수립한 인물은 송대의 소옹(邵雍)이다. 소옹은 철저히 『주역』의 「계사전」을 계승, 발전시켰다. 계사전의 음양·동정(動靜)·강유(剛柔)·천지(天地)의 개념과 그 철학에 입각하여, “천은 동, 지는 정에서 생겨났고, 동과 정이 교차하여 천지의 변화가 이루어진다”고 전제하고, “동이 시작되어 양·동이 극하면 음이 발생하며 정이 시작되어 유·정이 극하면 강이 발생한다”고 하여, 동에서 천의 음양 운동이 발생하고 정에서 지의 강유 변화가 발생한다고 하였다. 그리고 “동이 큰 것은 태양(太陽), 동이 작은 것은 소양(少陽), 정이 큰 것은 태음(太陰), 정이 작은 것은 소음(少陰)이라 한다”고 하여 물질 운동의 상반된 양면인 동과 정, 그리고 운동의 정도를 태·소로 구별하였다. 일반적으로 사상을 태양·소양·태음·소음이라고 하는 것은 여기에 연유한다. 소옹은 지의 사상을 태강·소강·태유·소유라 하여, 천지의 변화를 각각 네 가지로 구별하고 여기에 구체적인 자연 현상을 분속시켰다. 즉, 태양은 해(日)·더위(暑), 소양은 별(星)·낮, 태음은 달(月)·추위(寒), 소음은 별(辰)·밤이라고 하고, 태강은 불(火)·바람, 소강은 돌(石)·우레(雷), 태유는 물(水)·비(雨), 소유는 흙(土)·이슬(露)이라고 하였다. 천의 해·달·별(星과 辰)이 작용하여 더위·추위·밤·낮의 변화가 발생하고, 지의 물·불·돌·흙이 작용하여 비·바람·우레·이슬의 자연 현상이 있게 된다는 것이다. 소옹은 사상에 의한 자연 현상의 분류를 하도(河圖)·낙서(洛書)의 선천·후천 도수에 배합하기도 하였다. 주희는 『역학계몽(易學啓蒙)』에서 소옹의 선천·후천 도수와 오행설을 결합하여 태양은 9, 소음은 8, 소양은 7, 태음은 6이라고 하였고, 각각 수·화·목·금에 배합하였다. 이와 같이 사상은 중국 철학사에 있어서 오행설과 역학의 상수론(象數論)에 의해 해석되어, 자연과 인간을 철학적·과학적으로 이해하는 데 바탕이 되었다. 『주역』에 대한 연구가 심화된 조선조에서도 사상에 대한 연구가 보인다. 서경덕(徐敬德)은 소옹의 학설을 계승하

1) 성음의 기본이 되는 수(原聲音之數)

대개 양(陽)은 1에서 시작하여 9에서 성(盛)하고, 음(陰)은 2에서 시작하여 6에서 성하니, 이는 역(易)에서 양의 쓰임(用)이 9요, 음의 쓰임이 6인 까닭이다. 양은 기(奇, 홀수)이니 합하는 때문에 1과 9는 10이 되며, 음은 우(耦, 짝수)이니 곱하는 때문에 6의 2곱은 12가 된다. 10은 성(聲, 여암은 양율창의 중종성을 나타냄의 본수(本數)이며, 12는 음(音, 여암은 음려화의 초성을 나타냄의 본수이다. 성(聲)마다에는 일(日)·월(月)·성(星)·신(辰) 4상(四象)이 있어서, 합하여 40이 되고, 음(音)마다에는 수(水)·화(火)·토(土)·석(石) 4상(四象)이 있어 합하면 48이 되니, 이것은 성음의 체수(體數)[21]이다. 성(聲)의 본수 40과 일(日)·월(月)·성(星)·신(辰) 4를 서로 곱하면 160이 되고, 음(音)의 본수 48과 수(水)·화(火)·토(土)·석(石) 4를 서로 곱하면 192가 되는데, 천수(天數) 안에서 지(地)의 체수 48을 빼면 112가 되며, 지수(地數) 안에서 천(天)의 체수 40을 빼면 152가 되니, 이것이 성음의 용수(用數)이다. 또 112에 152를 곱하면 17,024가 되고 152에 112를 곱하면 역시 17,024가 된다. 이것이 성음(聲音)의 변수(變數)이다. 또 17,024에 17,024를 곱하면 289,816,576이 되니, 이것이 성음의 두루 통하는 수(通數)이다.

성음의 수는 변하고 통하여 생성이 되고 또 생성되어 다함이 없다. ○은 그 성(즉 운모)은 있어도 그 글자가 없는 것이며, □은 그 음(즉 성모)이 있어도 글자가 없는 것이며, 그리고 ●(유성무자)표를 한 것은 48을 뺀 것이며, ■(무음무자)표를 한 것은 40을 뺀 것이다.

성(聲)은 율(律)이 되고, 음(陰)은 여(呂)가 되어, 율(律)로 창(唱)하고, 여(呂)로 화(和)한다. 성(聲)은 양(陽)이므로 본래 위에 있고, 음(音)은 음(陰)이므로 본래 아래에 있으나, 창(唱)하고 화(和)함에 있어서는 음이 위에 있고 성이 아래에 있으니 곧 땅(地)과 하늘(天)이 태괘(泰卦)[22]가 되어서 만물이 화생한다는 뜻이다.

여 "천에는 사신(四辰 : 일(日)·월(月)·성(星)·신(辰))이 있고 ......일·월·성·신은 천에서 상(象)을 이루고 수화토석은 지에서 질(質)을 이룬다"라고 하였다. 그의 『온천변(溫泉辨)』·『성음해(聲音解)』에는 사상론에 입각한 철학적·과학적 사유가 잘 나타나 있다. 이황(李滉)은 『계몽전의(啓蒙傳疑)』에서 주희의 『역학계몽』에 보이는 사상에 관해 더욱 심도 있는 설명을 하여 『황제내경』의 운기론(運氣論)과 『황극경세서』의 이론 등을 자세히 분석하였다. 특히,

납갑(納甲)·비복(飛伏)·점서 등에 대한 제가(諸家)의 이론을 도상화하여 분석한 점이 특징이다. 즉, 사상을 오행·월령·간지·점서·방위·하도·낙서 등에 배열하여 전국시대 이래의 모든 자연 철학을 총괄했는데, 이러한 연구는 장현광(張顯光)에 이르러 더욱 심화되었다. 장현광의 문집인 『여헌선생문집(旅軒先生文集)』의 성리설과 역학도설(易學圖說)은 이전의 모든 역설(易說)을 총망라하여 세밀하게 분석하였다. 『주역』의 상수학적 관심에서 일단 벗어나 고전의 본래적 의미로 이해할 것을 주장하는 고증적 방법으로 사상을 연구한 학자로서 정약용(丁若鏞)을 들 수 있다. 그는 『주역사전(周易四箋)』에서 "사상이란 사시의 상이다. 천이 밖에서(지를) 감싸고 일·월이 운행하고, 천·지·수·화의 기가 그 사이에서 항상 운동한다", "사시는 십이벽괘(十二辟卦)이다", "(사상의) 사는 천·지·수·화가 체질이 각각 나뉘고 위차(位次)에 차등이 있음이다. ......천과 화가 함께하여 뇌(雷)와 풍(風)이 생겨나고, 지와 수가 어울려 산(山)과 택(澤)이 이루어진다"라고 하여, 사상을 사계절의 변화와 팔괘를 생성하는 네 가지의 기로 해석하였다. 그리고 우번, 정현(鄭玄)이 사상을 남녀장소(男女長少), 수·화·목·금으로 해석한 것을 비판하였다. 조선 말기의 의학자인 이제마(李濟馬)의 『동의수세보원(東醫壽世保元)』은 사람의 체질을 사상으로 분류하여 치료한 독창적인 의서이다. 사상의 의학적 연구 성과라고 하겠다.

19) 병와 이형상은 『악학편고(樂學便考)』 권1 『성기원류(聲氣原流)』에 "하늘(天)은 음양(陰陽)이 있고 땅(地)에는 강유(剛柔)가 있어 음양은 기(氣)이며, 기로서 생성되는 그러므로 벽흡(闢翕)과 강유(剛柔)는 질(質, 바탕)이다. 질로서 성음이 이루어지는 까닭에 창화가 있고 성은 하늘(天)을 수반하여 변율(變律)이 있고 음은 땅(地)을 수반하여 변여(變呂)가 있게 된다. 율(律)은 성(聲)이 교차되어 평(平)·상(上)·거(去)·입(入)으로서 생겨나고 여(呂)는 음(音)과 호응하여 개(開)·발(發)·수(收)·폐(閉)가 생겨났도다. 이 사성은 이미 심약이 창안한 것에서 나왔다.(天有陰陽, 地有剛柔, 陰陽氣也. 氣以生成, 故有闢翕剛柔質也. 質以成音, 故有唱和, 聲隨天而變律, 音隨地而變呂. 律交聲而 平上去入生焉. 呂乎音而開發收閉成焉, 此四聲槩自沈約而刱焉.)"이라 하였다. 악율(樂律)의 입장에서 소리의 생성 원리를 정리하면 다음과 같다.

<table>
<tr><td rowspan="2">하늘(天)</td><td>음(陰)</td><td rowspan="2">기(氣)</td><td>벽(闢)</td><td rowspan="2">성(聲)</td><td rowspan="2">변율(變律)</td><td rowspan="2">평(平)상(上)거(去)입(入)</td><td rowspan="2">모음</td></tr>
<tr><td>양(陽)</td><td>흡(翕)</td></tr>
</table>

<table>
<tr><td rowspan="2">땅(地)</td><td>강(剛)</td><td rowspan="2">질(質)</td><td>창(唱)</td><td rowspan="2">음(音)</td><td rowspan="2">변여(變呂)</td><td rowspan="2">개(開)발(發)수(收)패(閉)</td><td rowspan="2">자음</td></tr>
<tr><td>유(柔)</td><td>화(和)</td></tr>
</table>

「경세성음수도」 상단의 평·상·거·입과 개·발·수·폐의 대응관계를 역학과 악학과의 상관관계 속에서 파악할 수 있다.

20) 음상이성하운운(音上而聲下云云): 여기까지에 걸쳐 권두에 있는 「경세성음수도」를 설명하고 난 다음, 음상이성하운운(音上而聲下云云)한 것은 실제로 자음을 표시할 때는, 음(즉 聲母)이 위에 가서, 어떤 자음의 앞의 부분을 표시하고, 성(聲. 즉 韻母)이 그 아래에 결합되어, 그 자음의 나머지 부분을 표시하는 사실을 이렇게 표현한 것이다. 또 이것을 역(易)의 64괘의 하나인 태괘(泰卦)에 결합시켜 태괘(☰☷乾下坤上)에 비유한 것이다. 태괘(泰卦, 육십사괘의 쉰여덟 번째 괘(卦). 팔괘(八卦)의 두 번째 괘(卦). 괘(卦)의 맨 위 효(爻)가 떨어진 모양, 즉 맨 위가 음효(陰爻)이고 나머지가 양효(陽爻)라는 뜻이다. 상형(象形)은 '☱'로, 못

「원성음지수(原聲音之數)」란 성음을 상수론에 입각하여 그 총수를 규명한 내용이다. 소옹은 『황극경세서』 권2에서 "하나의 물이 있으면 하나의 성이 있다. 성이 있으면 음이 있고 율이 있으면 여가 있다. 그러므로 성음 율려를 연구하면 만물의 수를 깊이 파고 들어가 연구할 수 있다.(有一物則, 有一聲有聲則, 有音音有律則, 有呂, 故窮聲音律呂以窮萬物之數)"라고 하였다. 또 "일일성(日日聲)은 원(元)의 원(元)이 되어 일(日)의 일(日)이 되고 일월성(日月聲)은 원(元)의 회(會)가 되어 일(日)의 월(月)이 된다. 일성성(日星聲)은 원(元)의 운(運)이 되어 일(日)의 성(星)이 되고 일신성(日辰星)은 원(元)의 세(世)가 되어 일(日)의 신(辰)이 된다.(日日聲, 則元之元日也. 日月聲, 卽元之會日之月也. 日星聲, 卽元之運之星也. 則元之世日之辰也.)"

채원정은 『황극경세서』 권2에 주에서 "태양·태강·소양·소강의 체수(體數)는 모두 10이다. 소강절이 이르기를 양수는 1인데 변화 발전하여 10이 된다. 음수는 2인데 변화 발전하면 12가 된다. 또 일·월·성·신과 사상은 서로 곱하면 16이 된다. 16에서 10을 곱하면 160이 된다. 또 태음·태유·소음·소유의 그 체수는 모두 12이다. 수·화·토·석과 사상을 곱하면 16이 된다. 12에서 16을 곱하면 192가 된다. 이는 일·월·성·신과 수·화·토·석의 체를 이룬다. 160에서 192를 곱하면 30,720이 되는데 동물이 되고 192에서 160을 곱하면 30,720이 되는데 이는 식물이 된다."라고 하여 우주 삼라만상을 상수로 전부 풀이하고 있다. "그러므로 이와 같이 정성(正聲)에 평·상·거·입과 정음(正音)의 개·발·수·폐를 나열하면 도표로 만들면 성음이 온전한 수를 나타내 보이게 된다. 그러나 ○은 성이 있으나 글자가 없는 것이 있고 음이 있으나 글자가 없는 것이 있다.(故以正聲之平上去入, 正音之開發收閉列而爲圖, 以見聲音之全數, 其○有其聲而無其字者也. 其口有其音而無其字者也.)". "하늘의 체수는 40이고 땅의 체수는 48이다. 하늘의 수가 일·월·성·신과 서로 곱하면 160이 되고 땅의 수가 수·화·

을 상징하며 태상절(兌上絶)이라고도 한다. 연못을 나타내는 '☱'가 위아래로 이어진 것으로, 중택태괘(重澤兌卦)라고도 한다. 깨끗한 연못을 상징한다.

21) 체수(體數)·용수(用數): 역학에서 수(數)를 체(體)와 용(用)으로 구별하는데서 온 것. 체(體)수는 용수의 대(對)로 쓰는 말로서, 체수는 용수의 기본이 되는 수(數)이며, 용수는 체수의 작용이 되는 수이다. 단 체수는 정적(靜的)인 수이고, 용수는 동적(動的)인 수인데, 용수는 체수를 얻어야 작용할 수 있고, 체수는 용수를 얻어야 목적을 달성할 수 있다고 한다. 소옹은 일(日)은 원이 되고 원의 수는 1이다. 월은 회가 되고 회의 수는 12이다. 성은 운이 되고 수는 360이다. 신은 세가 되고 새의 수는 4,320이다. 곧 1원은 12회 360운 4,320세를 거느린다.

22) 『주역』 64괘 중 11번째 괘명. 천지가 교합하여 만물이 소통하며 상하가 교합해 그 뜻이 같아진다.

토·석과 곱하면 192가 된다. 하늘의 수에서 땅의 체수 48을 빼면 112가 되는데 이것을 하늘의 성이라고 한다. 또 땅의 수에서 하늘의 체수인 40을 빼면 152가 되는데 이것을 땅이 쓰는 음이라고 한다. 성에는 청·탁이 있고 음에는 벽·흡이 있다. 홀수를 만나면 성은 청(淸)이 되고 음은 벽(闢)이 된다. 짝수를 만나면 성은 탁(濁)이 되고 음은 흡(翕)이 된다. 성은 모두 율(律)이 되고 음은 모두 려(呂)가 된다. 율(律)·려(呂)를 부르면 여가 율에 화답하게 된다. 하늘이 성을 쓰면 평·상·거·입으로 구별되고 112가 되는데 모두 개·발·수·폐의 음이 화답하게 된다. 땅이 음을 쓰면 개·발·수·폐로 구별되고 152가 되는데 모두 평·상·거·입의 성이 화답하게 되는데 모두 평·상·거·입의 성이 화답하게 된다.(右圖天之體數四十. 地地體數四十八, 天數以日月星辰相因爲一百六十, 地數以水火土石相因爲一百九十二, 於天數內去地之體數四十八得一百十二, 是謂天地用聲. 於地數內去天之體數四十, 得一百五十二, 是爲地之用音. 凡日月星辰四象爲聲. 水火土石四象爲音. 聲有淸濁, 音有闢翕, 遇奇數, 則聲爲淸音爲闢, 遇偶數, 則聲爲濁, 音爲翕, 聲皆爲律, 音皆爲呂, 以律唱呂, 以呂和律. 天地用聲別以, 平上去入者一百十二, 皆以開發收閉之音和之. 地之用音別以開發收閉者一百五十二, 皆以平上去入之聲唱之壞壞觀之)" 역(易)의 수리론에 의한 성음계산법인데, 여암의 창안이 아니고 「경세성음도」의 주에서 송나라 학자들이 자세히 언급한 바 있다. 합하고 곱하고 하는 것은, 천지변화는 사상(四象)이 참오착종(參伍錯綜)하여 만물이 생겨난다는 사상에서 나온 것. 그리고 앞에서도 설명한 바와 마찬가지로 여기에서 말하는 '성(聲)'은 '운모(韻母)', '음(音)'은 '성모(聲母)'를 가리키는 말이다.

『역경』「계사」에서는 1부터 10까지의 수에서 기수를 하늘(天)에, 우수를 땅(地)에 배합했는데, 정현의『역법』에서는 하늘과 땅(天地)의 수를 1에서 5까지를 생위, 6에서 10까지를 성수라 하고, 여기에다가 오행과 사계, 사방을 결부하였으며, 기(奇)를 양, 우(偶)를 음으로 보았다. 『훈민정음 해례』에서는 여기의 기(奇)에 양성모음, 우(偶)에 음성모음을 배합시켰다. 건은 하늘(天), 곤은 땅(地), 하늘(天)은 음수, 지는 음수, 양은 기수이기 때문에 1, 3, 5, 7, 9가 이에 속한다. 음은 우수이므로 2, 4, 6, 8, 10이 이에 속한다. 하늘(天)의 수가 다섯, 땅(地)의 수가 다섯, 기수·우수의 오위가 1, 2, 3 4, 5 6, 7 8, 9, 10처럼 각각 가까운 것끼리 짝을 이루어 각각 화합한다. 1과 6이 화합한 불(火), 3과 8이 화합한 나무(木), 4와 9가 화합한 쇠(金), 5와 10이 화합한 흙(土) 등이다. 하늘(天)의 수인 1, 3, 5, 7, 9를 합하면 30, 하늘과 땅(天地) 수의 총계는 55가 된다. 이 양수·음수가 음양의 변화와 진행 운행의 자취를 상징한다(天一地二, 天三地四, 天五地六, 天七地八, 天九地十, 天數五, 地數五, 五位相得而各有合, 天數二十有五, 地數三十. 凡天地之數五十有五, 此所以成變化而行鬼神也). 정현의『역법』에서도 하늘(天) 1이 북에 있어서 물(水)을 낳아 ☵(坎), 땅(地) 2가 남에 있어서 불(火)를 낳아 ☲(離),

하늘(天) 3이 동에서 나무(木)을 낳아 ☰(巽), 땅(地) 4가 서에서 쇠(金)를 낳아 ☱(兌), 하늘(天) 5가 중앙에서 흙(土)를 낳는다. 양과 음에 배우가 없으면 상성할 수가 없다. 지 6이 북에서 물(水)을 성생하고 하늘(天) 1과 나란히 서며, 하늘(天) 7이 남에서 불(火)을 성생하여 땅(地) 2와 나란히 서며, 땅(地) 8이 동에서 나무(木)을 성생하여 하늘(天) 3과 나란히 서며, 하늘(天) 9가 서에서 쇠(金)을 성생하여 땅(地) 4와 나란히 서며, 땅(地) 10이 중앙에서 흙(土)를 성생하여 하늘(天) 5와 나란히 선다(天一生水于北, 地二生火于南, 天三生木于東, 地四生金于西, 天五生土于中, 陽無耦陰無配, 未得相成, 地六成水于北, 與天一並 天七成火于南, 與地二並, 地八成木于東, 與天三並, 天九成金于西, 與地四並, 地十成土于中 與天五並). 공영달(孔穎達)의『역경정의』만물이 형성될 때 미소한 것부터 점점 나타나며, 오행의 전후도 또 미소한 것부터 먼저 나타난다. 물(水)은 가장 미소한 것으로서 1이 되며, 불(火)는 점점 나타나서 2가 된다. 나무(木)의 형체는 실지로는 3이 되며, 쇠(金)는 고체이기 때문에 4가 되며, 흙(土)는 바탕(質)이 크기 때문에 5가 된다(萬物成形以微著爲漸, 五行先後亦以微著爲先, 水最微爲一, 火漸著爲二, 木形質爲三, 金體固爲四, 土質大爲五).

『훈민정음 해례』에서 중성의 성음의 수를 아래의 도식처럼 나타내었다.

	중성	음양(天地)	상수(象數)	오행·오방
초출자	ㅗ	初生於天-양	1	水-北
	ㅏ	初生於天-양	3	木-東
	ㅜ	初生於地-음	2	火-南
	ㅓ	初生於地-음	4	金-西
재출자	ㅛ	再生於天-양	7	火-南
	ㅑ	再生於天-양	9	金-西
	ㅠ	再生於地-음	6	水-北
	ㅕ	再生於地-음	8	木-東
기본자	·	天-양	5	土-中
	ㅡ	地-음	10	土-中
	ㅣ	人-무	무	무

성음계산법이란 여암이 송학자들의 계산법을 요약한 것이라, 중간에 가끔 비약(飛躍)이 있어 초학자로서는 이해가 안 되는 수가 많다. 우리는 먼저 소옹이 성(聲)=천(天), 음(音)=자(地)라고 한 것을 머리에 두고 다음의 보충 설명을 읽으면 위에서 여암이 말한 성음계산법이 이해될 것이다. 소옹의 「경세성음도」 다음에 종과(鍾過)라는 학자가 다음과 같이 설

명하고 있다.(鍾氏過曰; 右圖天之體數四十(이것을 이 책에서는 대뜸 성음(聲音)의 체수라고 하였음).
地之體數四十八, 天數 以日月星辰相因, 爲一百六十(이것을 이 책에서는 거저 막연하게 以日月星辰, 相
因爲一百六十이라고 하였음), 地數 以水火土石相因, 爲一百九十二, 於天數內, 去地之體數 四十八, 得一
百一十二, 是謂天之用聲, 於地數內, 去天之體數 四十, 得百五十二, 是謂地之用音(以下略))

　　소옹(邵雍)의 우주생성의 기본 원리를 도식화한 것이다. 이 원리를 토대로 하여 상수로
다음과 같이 설명하고 있다.

　　"태양의 수 10, 소양의 수도 10, 태강의 수도 10, 소강의 수도 10이다 이름 합하면
　40이 된다. 태음의 수는 12, 소음의 수도 12, 태유의 수도 12, 소유의 수도 12이다. 이
　를 합치면 48이다. 4에 40을 꼽하면 160이 되고 4에 48을 곱하면 192가 된다. 160에
　192를 곱하면 30,720이 되는 바 이것이 동식물의 전수이다. 160에서 태음·소음·태유·
　소유의 체수 48를 빼면 152가 된다. 이는 동식물의 용수이다. 112에 152를 곱하면
　17,024가 되고 17,024에 17,024를 곱하면 28,981만 6,576이 된다. 이것이 동식물의
　통수이다. 만물에는 성·색·기·미가 있는데 이를 살펴보면 오직 성이 심하다. 하나의
　물이 있으면 하나의 성이 있다. 성이 있으면 음이 있고 율이 있으면 려가 있다. 그러므
　로 성음율려를 연구하면 만물의 수를 깊이 연구할 수 있게 된다. 이 수 역시 4가 근본
　이 된다. 이는 그전의 원화운세와 법이 똑 같다. 즉 일일성(日日聲)은 원(元)의 원이 되
　어 일의 일이 되고 일월성은 원의 회가 되어 일의 월이 된다. 일성성은 원의 운이 되어
　일의 성이 되고 일신성은 원의 세가 되어 일의 신이 된다. 이로써 나머지는 유추하면
　될 것이다."[23]

　　이를 요약하면 태양·소양·태강·소강의 본수는 40이고 태양·소양·태강·소강의 체수는
160(40×4)이며　태음·소음·태유·소유의 본수는 48이며　태음·소음·태유·소유의 체수는
192(48×4)가 된다. 그런데 서경덕은 그의 「성음론」에서 하늘에는 음과 양의 크고 작은 기
가 있는데 이 기(氣)가 형상을 이루어 일·월·성·신으로 변화하고 하늘이 형상이 다시 교
차하여 시간이 된다고 하였다. 역시 땅에도 강유의 크고 작은 질(質)이 변화하여 형체를
이루어 수·화·토·석으로 변화하고 이러한 땅의 형체가 다시 교차하면서 세상 만물을 형
성한다고 보았다.
　　이를 요약하면 다음과 같다.

---

23) 『황극경세서』 「관물편」.

무극	태극	하늘	음·양	동	기(氣)─일·월·성·진	시간
		땅	강·유	정	질(質)─수·화·토·석	만물

성(聲)은 율(律)이 되고, 음(陰)은 여(呂)가 되어, 율(律)로 창(唱)하고, 여(呂)로 화(和)한다. 성(聲)은 양(陽)이므로 본래 위에 있고, 음(音)은 음(陰)이므로 본래 아래에 있으나, 창(唱)하고 화(和)함에 있어서는 음이 위에 있고 성이 아래에 있으니 곧 땅(地)과 하늘(天)이 태괘(泰卦)가 되어서 만물이 화생한다는 뜻이다.

상율의 배합을 율여─천자─음양─창화의 관계로 설명하고 있다.

2) 各聲中 韻書所隷 終聲之數

一聲日	凝·隱·音·蕭·支	五攝
月	凝·隱·支	三攝
星	支	一攝
辰	支	一攝
二聲日	凝·隱·音·蕭·支	五攝
星	支	一攝
三聲日	支	一攝
月	隱·支	二攝
四聲日	隱·音·蕭·支	四攝
月	隱·支	二攝
星	支	一攝
五聲日	隱·音·尤·支	四攝
月	凝·隱·支	三攝
星	凝·支	二攝
辰	凝·支	二攝
六聲日	凝·隱·音·尤·支	五攝
月	凝·隱·支	三攝
辰	凝	一攝

右諸攝中 支·蕭·尤 三攝無入聲

○ 七聲之日月, 八聲之月, 非正聲 故不論

2) 각 성 가운데 운서의 종성에 예속되는 수(各聲中 韻書所隷 終聲之數)

일성일(一聲日)	응(凝)·은(隱)·음(音)·소(蕭)·지(支)	오섭(五攝)
월(月)	응(凝)·은(隱)·지(支)	삼섭(三攝)
성(星)	지(支)	일섭(一攝)
신(辰)	지(支)	일섭(一攝)
이성일(二聲日)	응(凝)·은(隱)·음(音)·소(蕭)·지(支)	오섭(五攝)
성(星)	지(支)	일섭(一攝)
삼성일(三聲日)	지(支)	일섭(一攝)
월(月)	은(隱)·지(支)	이섭(二攝)
사성일(四聲日)	은(隱)·음(音)·소(蕭)·지(支)	사섭(四攝)
월(月)	은(隱)·지(支)	이섭(二攝)
성(星)	지(支)	일섭(一攝)
오성일(五聲日)	은(隱)·음(音)·우(尤)·지(支)	사섭(四攝)
월(月)	응(凝)·은(隱)·지(支)	삼섭(三攝)
성(星)	응(凝)·지(支)	이섭(二攝)
신(辰)	응(凝)·지(支)	이섭(二攝)
육성일(六聲日)	응(凝)·은(隱)·음(音)·우(尤)·지(支)	오섭(五攝)
월(月)	응(凝)·은(隱)·지(支)	삼섭(三攝)
신(辰)	응(凝)	일섭(一攝)

이상의 여러 섭(攝)가운데 지(支)·소(蕭)·우(尤) 등 세 섭에는 입성 종성
이 없다.(右諸攝中 支·蕭·尤 三攝無入聲)24)

○ 7성의 일(日)월(月)이나 8성의 월(月)은 정성이 아니므로 논하지 않는
다.(○ 七聲之日月, 八聲之月, 非正聲 故不論)

---

24) 운미는 개운미(음성운, zero), 입성운미(-p, -t, -k), 양성운(m, n, ŋ)가 있는데 한자음에서
   는 음성운 가운데 지(支)섭과 소(蕭)섭 우(尤)섭과 입성운미는 소멸되고 양성운(n, ŋ)만 남

【해석】

「각성중운서소례종성지수(各聲中韻書所隸終聲之數)」에서 각성이란, 권두(卷頭)의 「경세성음수도」에 있는 성(聲)들을 말하는 것인데 이들 성에 어떤 종성들이 예속되는가, 즉 환언하면 이들 성이 나타내는 종성이 몇 개인가 하는 것을 수(數)로써 보인 것이다. 그런데 그 종성의 수는 본문 「종성도」에서 여암이 독특하게 설정한 7운섭(韻攝) 이내로 배치하고 있음을 알 수 있다. 예를 들면 일성도(一聲圖) 가운데 일(日)에 있는 자음들은 강(岡)(응섭(凝攝))·단(但)(은섭(隱攝))·함(咸)(음섭(音攝))·보(報)(소섭(蕭攝))·마(禡)·합(合)·곽(霍)(지섭(支攝))이 되어, 일성일(一聲日), 응(凝)·은(隱)·음(音)·소(蕭)·지(支) 5섭이라고 한 것이다. 이것으로 보더라도 「경세성음수도」의 내용은 어디까지나 여암이 고심하여 독특한 내용으로 한 것임을 알 수 있다.

여암의 「중성도」를 참고하면 각 성 가운데 18운섭의 자료를 참고할 수 있다. 「경세성음수도」에 있는 각성(1~6)의 중성에 따라 어떤 종성들이 결합하는가를 나타낸 것이다. 여암은 종성은 7섭으로 구분하였으니 일성도 가운데 자음들은 강(岡)(凝섭), 단(但)(隱섭), 함(咸)(音섭), 보(報)(蕭섭), 마(禡)·합(合)·곽(霍)(支섭)이 되어 일성일은 응(凝)·은(隱)·음(音)·소(蕭)·지(支) 5섭이라고 설명한 것이다. 여암은 입성 종성을 전혀 인정하지 않고 지(支)섭으로 파악하고 있는 것은 의고적 중국한자음에 최대한 가깝게 표음하려고 한 결과이다.

아 있다. 조선 초 교정 한자음인 『동국정운』에서는 음성운의 지(支)섭은 'ㅇ', 소(蕭)섭에는 'ㅸ', 우(尤)섭에는 'ㅁ'을 사용하다가 'ㅸ'은 약(藥)운에만 일부 남아 있다가 곧바로 소멸되었다. 이들 지(支)섭과 소(蕭)섭 우(尤)섭은 실재로 종성이 존재하지 않는다는 말이다.

1.2 律呂唱和圖

律呂唱和圖		一聲									
		日					月			星	辰
日	平	鵉 安岡	安 安旦	庵 安感	○ 安鴈	鏖 安報	汪 安光	彎 安縮	蛙 安化	哀 安開	○ 安媧
月	上	块 安岡	俊 安旦	唵 安感	○ 安鴈	襖 安報	汪 安光	縮 安縮	㳒 安化	欸 安愷	○ 安枑
星	去	盎 安岡	按 安旦	暗 安感	○ 安鴈	奧 安報	汪 安光	綂 安縮	寈 安化	愛 安慨	○ 安卦
辰	入	惡 安霍	謁 安旦	始 安合	○		臞 安光	空 安縮	○	○	
		一音									
		水	火	土	石						
水	一清	鵉 安岡	航 沆岡	沆 黑岡	○ 悲岡						
火	二濁	央 影良	○ 匣良	香 曉良	陽 爻良						
土	三清	汪 洪光	黃 黃光	荒 華光	王 王光						
石	四濁	○ 淵	○ 玄	○ 血	○ 喩						

1) 律呂唱和圖註

右日日聲, 岡字下唱, 而水水音, 安字上和, 爲安岡切, 得鵉字音也. 並依此推之, 天之用數, 一字下唱, 而地之用數, 一百五十二字上和, 則爲一百五十二字, 天之用數, 一字下唱, 而地之用數, 一字上和, 則爲一百十二字.

1.2 율려창화도(律呂唱和圖)

율려창화도		일성									
		일					월		성	신	
일	평	앙 안강	안 안단	암 안감	○ 안마	오 안보	왕 안광	만 안관	와 안화	애 안개	○ 안왜
월	상	앙 안강	안 안단	암 안감	○ 안마	오 안보	광 안광	관 안관	오 안보	애 안개	○ 안쾌
성	거	앙 안강	안 안단	암 안감	○ 안마	오 안보	왕 안광	환 안관	오 안보	애 안개	○ 안쾌
신	입	악 안확	알 안단	압 안합	○	○	○	알 안관	○	○	

율려창화도		일음			
		수	화	토	석
수	일청	앙 안강	항 항강	항 흑강	○ 첩강
화	이탁	앙 영량	○ 갑량	향 효량	양 효량
토	삼청	왕 홍광	황 황광	황 화광	왕 왕광
석	사탁	○ ○연	○ ○현	○ ○혈	○ ○유

1) 율려창화도 주

위의 일일성(日日聲)인 강(岡)자가 아래와 창(唱)하고, 수수음(水水音)의 안(安)자가 위와 화(和)하여 안강절(安岡切, 앙)이 되어서 앙(鴦)자의 음을 얻는다.

나머지도 이와 같은 방법으로 미루어 보면 천(天)의 용수(用數)한 글자가 아래와 창(唱)하고, 지(地)의 용수 152자가 위와 화(和)하여, 곧 152자가 되고, 천(天)의 용수한 112자가 아래와 창(唱)하고 지(地)의 용수한 글자가 위와 화(和)하여 곧 112자가 되는 것이다.

【해석】

「율려창화도」는 여암이 작성해서 권두에 실어 놓은 「경세성음수도」의 성(聲=韻)과 음(音=初聲=聖母)들이 실지로 결합되어 어떤 자음들을 어떻게 나타낼 수 있는가 하는 것을 본보기로 보인 그림이다.

일성(一聲)

일 월 성 신

	응(凝)	은(隱)	음(音)	지(支)	쇼(蕭)	응(凝)	은(隱)	지(支)	지(支)	지(支)
日(평성)	○	○	○	○	○	○	○	○	○	○
月(상성)	○	○	○	○	○	○	○	○	○	○
星(상성)	○	○	○	○	○	○	○	○	○	○
辰(입성)	○	○	○	○	○	○	○	○	○	○

일음(一音)

水　火　土　石

	영모자	압모자	효모자	유모자
수(개구자)	○	○	○	○
화(제치자)	○	○	○	○
토(합구자)	○	○	○	○
석(촬구자)	○	○	○	○

2) 律呂唱和聲音有字標者之數 兩層分書之

日日聲	平	一闢	三千二百八十八
日月聲	平	二翕	一千七百八十一
日星聲	平	三闢	六百八十五一
日辰聲	平	四翕	五百四十八一
月日聲	上	一闢	三千二百八十八
月月聲	上	二翕	一千七百八十一

月星聲	上	三闢	六百八十五一
月辰聲	上	四翕	五百四十八一
星日聲	去	一闢	三千二百八十八
星日聲	去	二翕	千七百八十一
星星聲	去	三闢	六百八十五一
星辰聲	去	四翕	五百四十八一
辰日聲	入	一闢	一千七百八十一
辰月聲	入	二翕	一千九十六一
辰星聲	入	三闢	一百三十七一
辰辰聲	入	四翕	二百七十四一
合			二萬 二千 一百 九十四一
水水音	開	一清	一千二百九十六
水火音	開	二濁	一千四百五十八
水土音	開	三清	一千二百九十六
水石音	開	四濁	一千六百二十一
火水音	發	一清	一千二百九十六
火火音	發	二濁	一千六百二十一
火土音	發	三清	一千二百九十六
火石音	發	四濁	一千六百二十一
土水音	收	一清	一千二百九十六
土火音	收	二濁	一千六百二十一
土土音	收	三清	一千二百九十六
土石音	收	四濁	一千六百二十一
石水音	閉	一清	一千二百九十六
石火音	閉	二濁	一千一百三十四
石土音	閉	三清	一千一百三十四
石石音	閉	四濁	一千四百五十八
合			二萬 二千 三百 五十六

2) 율려 창화 성음 자표의 수(律呂唱和聲音有字標者之數) 양층으로 구분하였음.

일일성	평	일벽	삼천이백팔십팔
일월성	평	이흡	일천칠백팔십일
일성성	평	삼벽	육백팔십오
일신성	평	사흡	오백사십팔
월일성	상	일벽	삼천이백팔십팔
월월성	상	이흡	일천칠백팔십일
월성성	상	삼벽	육백팔십오
월신성	상	사흡	오백사십팔
성일성	거	일벽	삼천이백팔십팔
성일성	거	이흡	일천칠백팔십일
성성성	거	삼벽	육백팔십오
성신성	거	사흡	오백사십팔
신일성	입	일벽	일천칠백팔십일
신월성	입	이흡	일천구십육
신성성	입	삼벽	일백삼십칠
신신성	입	사흡	이백칠십사
합			이만 이천 일백 구십사
수수음	개	일청	일천이백구십육
수화음	개	이촉	일천사백오십팔
수토음	개	삼청	일천이백구십육
수석음	개	사탁	일천육백이십
화수음	발	일청	일천이백구십육
화화음	발	이탁	일천육백이십
화토음	발	삼청	일천이백구십육
화석음	발	사탁	일천육백이십
토수음	수	일청	일천이백구십육
토화음	수	이탁	일천육백이십

토토음	수	삼청	일천이백구십육
토석음	수	사탁	일천육백이십
석수음	폐	일청	일천이백구십육
석화음	폐	이탁	일천일백삼십사
석토음	폐	삼청	일천일백삼십사
석석음	폐	사탁	일천사백오십팔
합			이만 이천 삼백 오십육

【해석】

「율려창화성음유자표자지수」는 「경세성음수도」에서 성(운)과 음(성모)이 결합할 수 있는 수를 산출한 것이다. 「경세성음수도」 12도에 실려 있는 글자수는 전부 67자이고 12음도에 실려 있는 전체 글자 수는 137자이다. 신경준은 12음도 137자는 그대로 그 수를 이용하였으나 10성도의 글자수는 그대로 사용하지 않고 「각성중은서소예종성지수」에서 밝힌 음섭의 각 성도에 배당된 수를 137자와 결합될 수 있는 수를 나타내 보인 것이다. 예를 들어 일일성에 배당된 음섭수가 1성에서는 5섭, 2성에서는 5섭, 3성에서는 1섭, 4성에서는 4섭, 5성에서는 5섭 계 24이다. 이 24가 일에 해당하는 운을 나타내는 수로 잡고 12음도의 137자와 결합시켜 계산하면 3,288이라는 수가 나오게 되는 것이다. 이렇게 계산하여 10성도의 운 전부가 162가 된다. 위의 계산법에서 수수음이 8이 되는 것은 12음도 중에 수수음이 되는 글자가 6음, 8음, 11음인데 아래에서 전부 계산을 풀어 보겠다.

日日聲[25]	$24 \times 137 = 3,288$	水水音	$8 \times 162 = 1,296$
日月聲[26]	$13 \times 137 = 1,781$	水火音	$9 \times 162 = 1,458$

---

25) 일일성(日日聲)에 반드시 다(多)·양(良) 이하 일곱 자를 충당해야만 하는 이유는 무엇일까? 자전 가운데에서 평성이며 벽성인 글자들을 찾아내 보면, 다(多)·양(良) 같은 글자들과 성은 다르더라도 평성이며 벽성인 점은 같으니, 곧 그것들을 가져다가 여기에 충당시킬 수 있을 것이다. 이것들은 특히 그 자모로써 요약한 것일 따름이다(日日聲, 必以多良以下七字當之, 何也? 是則於字林中求其平闢之聲, 始多良等字聲異而平闢同, 則寅以當之, 不必多良獨可爲平闢之聲. 推多良之聲類, 則凡可爲平闢者, 皆爲日日聲, 此特括其字母爾.)

26) 일월성(日月聲)은 양(陽) 중의 음(陰)이니 그 성은 마땅히 평성이며 흡(翕)성이 될 것이다. 화(禾)·광(光) 아래의 여섯 가지 성은 모두 평성이며 흡(翕)성인 글자이니 그것은 일월성이

日星聲27)	5×137=685	水土音	8×162=1296
日辰聲28)	4×137=584	水石音	10×162=1,602
月日聲	24×137=3288	火水音	8×162=1,296
月月聲	13×137=1781	火火音	10×162=1620
月星聲	5×137=685	火土音	8×162=1,296
月辰聲	4×137=548	火石音	10×162=1,620
星日聲	24×137=3288	土水音	8×162=1,296
星月聲	13×137=1781	土火音	10×162=1,620
星星聲	5×137=685	土土音	8×162=1,296
星辰聲	4×137=548	土石音	10×162=1620

되며, 음은 곧 흡성을 위주로 하는 것임을 알 수 있다.(日月聲, 陽與陰也, 其聲宜平以翕. 禾光以下六聲, 皆爲平素之字, 則知其爲日月聲, 陰則主翕也.) 해는 덥고 달은 추운데, 추위는 더위의 나머지이니 음은 양을 따르는 것이다. 그러므로 달의 성은 해의 성을 따르는 것이니, 화(禾)란 성은 다(多)성의 변화이며, 광(光)이란 성은 양(良)성의 변화인 것이다. 해와 달은 같은 성인데 다만 벽성, 흡성의 차이가 있어서, 궁용의 성을 읽어 보면 곧 용의 성은 바로 궁성의 변화이며, 벽성이 변하여 흡성이 된 것임을 알 수 있다.(日爲暑, 月爲寒, 寒者暑之餘也, 陰從陽者也, 故月之聲, 從日之聲, 而禾之聲, 多聲之變也, 光之聲, 良聲之變也, 日月同聲, 而特闢翕異, 而讀宮與龍之聲, 則和龍乃宮聲之變也, 而變闢爲翕者爾.) 다만 심(心)성은 변화하여 흡성이 될 때에는 미루어 낼 수가 없어서, 용자 아래 희 동그라미가 있게 된 것이며, 그것은 성성은 있으나 글자가 없는 것이다. 만약 심성을 변화시켜 흡성으로 만든다면 곧 금(琴)자가 이에 해당할 듯하지만, 그것은 올바른 흡성이 되지 못하는 것이다. 흰 동그라미는 글자를 이루지 못하고 있는데, 그것을 조절해 보면 금성과 비슷하다는 것이다.(獨心聲變之爲翕, 則推不得, 是爲龍字下白圈, 乃有聲而無字者也. 若使心聲變以爲翕聲, 則似可作琴字, 然非翕聲之正也. 白圈之不成字, 調之則琴聲之似也.) 세 개의 검은 동그라미가 모든 성 밑에 배열되어 있는데, 이것은 곧 빼어 버린 음의 본체의 수 48개인 것이다. 이것은 글자가 없을 뿐만 아니라 성도 없는 것이다.(三個黑圈, 列於每聲之下者, 卽所去陰體數四十八也. 是不唯無字, 乃無聲者也.)

27) 일성성(日星聲)은 태양 중의 소양이니, 그 성은 마땅히 평성이며 벽성인데, 일일성에 견주어 보면 크게 열린 것은 되지 못한다. 개·정 이하의 여섯 글자의 성은 모두 평성과 벽성이 전이된 것이니, 곧 그것은 일성성이 되지만 태양의 크게 열림만은 못하다는 것을 알 수 있다.(日星聲, 太陽中之少陽也, 其聲宜平闢, 比日日聲則爲不甚闢, 開丁以下六聲, 皆爲不闢之轉, 則知其爲日星聲, 但不若太陽之太闢爾.)

28) 일신성(日辰聲)은 태양 중의 소음(少陰)이니, 그 성은 마땅히 평성이며 흡성이 될 것이다. 회(回)·형(兄) 이하 다섯 글자의 성은 모두 평성이며 흡성인 글자인데 태음의 닫쳐짐보다도 심하니, 곧 그것이 일신성이 됨을 알게 된다.(日辰聲, 太陰中之少陰也, 其聲宜平翕, 回兄以下五聲, 皆爲平翕之字, 而甚於太陰之翕也, 則知其爲日辰之聲.)

辰日聲	13×137=1781	石水音	7×162=1,134
辰月聲	8×137=1096	石火音	8×162=1,296
辰星聲	1×137=137	石土音	7×162=1,134
辰辰聲	2×137=274	石石音	9×162=1,458

「음수도」는 소강절은 만물의 원리를 수리로 풀어내고자 하였는데 성음의 원리도 이러한 수리에 의해 말소리를 총체적으로 계산하고 그 속에 조화의 법칙을 찾고자 수립한 도식이다. 소강절은 다음의 도표처럼 말소리의 총체적인 숫자가 얼마인지를 밝혀 두었다.

성(聲)				음(音)			
일일성	평성	벽음	1,064	수수음	개음	청성	1,008
일월성	평성	흡음	1,064	수화음	개음	탁성	1,008
일성성	평성	벽음	1,064	수토음	개음	청성	1,008
일신성	평성	흡음	1,064	수석음	개음	탁성	1,008
월일성	상성	벽음	1,064	화수음	발음	청성	1,344
월월성	상성	흡음	1,064	화화음	발음	탁성	1,344
월성성	상성	벽음	1,064	화토음	발음	청성	1,344
월신성	상성	흡음	1,064	화석음	발음	탁성	1,344
성일성	거성	벽음	1,064	토수음	수음	청성	1,344
성월성	거성	흡음	1,064	토화음	수음	탁성	1,344
성성성	거성	벽음	1,064	토토음	수음	청성	1,344
성신성	거성	흡음	1,064	토석음	수음	탁성	1,344
신일성	입성	벽음	1,064	석수음	폐음	청성	560
신월성	입성	흡음	1,064	석화음	폐음	탁성	560
신성성	입성	벽음	1,064	석토음	폐음	청성	560
신신성	입성	흡음	1,064	석석음	폐음	탁성	560

위의 표에서 성(자음)이나 운(모음+종성) 모두 17,024자가 나온다. 곧 성과 운의 결합 총 숫자는 17,024자가 된다. 이 숫자는 말소리의 구조상 결합 가능한 총수이지만 현실적으

로 모두 발음되는 것이 아니며, 방음에 따라서도 차이가 난다. 이 구조에 맞추어 정성(正聲) 10성과 정음(正音) 12음으로 구성된 것이 「성음창화도」인 것이다.

그런데 「개합사장」 제일 뒷면에 낙서처럼 실려 있는 「율려창화성음유자지수」와 대비해 보면 상당한 차이를 보여주고 있다.

[저정55ㄱ~55ㄴ]

日日聲 平 一闢　一千六十四
　日聲 平 二翕　一千六十四
　星聲 平 三闢　一千六十四　　　　　　四千二萬五十六
　辰聲 平 四翕　一千六十四
月日聲 上 一闢　一千六十四
　日聲 上 二翕　一千六十四
　星聲 上 三闢　一千六十四
　辰聲 上 四翕　一千六十四
星日聲 去 一闢　一千六十四
　日聲 去 二翕　一千六十四
　星聲 去 三闢　一千六十四
　辰聲 去 四翕　一千六十四
辰日聲 入 一闢　一千六十四
　日聲 入 二翕　一千六十四
　星聲 入 三闢　一千六十四
　辰聲 入 四翕　一千六十四
合一萬七千二十四
水水聲 開一淸　一千八
　火聲 開二濁　一千八
　土聲 開三淸　一千八　　　　　　　　四千三十二
　石聲 開四濁　一千八
火水聲 發一淸　一千三百四十四
　火聲 發二濁　一千三百四十四
　土聲 發三淸　一千三百四十四　　　　五千三百七十六
　石聲 發四濁　一千三百四十四

木水聲 收一淸　　一千三百四十四
　火聲 收二濁　　一千三百四十四
　土聲 收三淸　　一千三百四十四　　　　　　五千三百七十六
　石聲 收四濁　　一千三百四十四
土水聲 閉一淸　　五百六十
　火聲 閉二濁　　五百六十
　土聲 閉三淸　　五百六十　　　　　　　　二千二百四十
　石聲 閉四濁　　五百六十
合 一萬七千二十四

　이 도식은 겸제 박성원의 자료를 여암이 옮겨와 첨부한 것으로 추정되는데 상수
계산의 방식은 각각 차이를 나타내고 있다. 앞으로 학자들 간의 왜 이러한 성음의 총
수의 계산이 다른지 더 깊이 있는 성찰이 필요하다.

2. 訓民正音圖解

1) 訓民正音圖解敍[29]

> 東方舊有俗用文字, 而其數不備, 其形無法, 不足以形一方之言, 而備一方之用也. 正統丙寅,
>
> 我 世宗大王製訓民正音, [30]其例, 取反切之義[31], 其象, 用交易變易加[32]一倍之法, 其文, 點畫甚簡, 而淸濁闢翕初中終音聲, 燦然具著, 如一影子, 其爲字不多, 而其爲用至, 周書之甚便, 而學之甚易, 千言萬語, 纖悉形容, 雖婦孺童隷, 皆得以用之, 以達其辭, 以通其情, 此古聖人之未及究得, 而通天下所無者也. 諸國各有所用文字, 高麗忠肅王時, 元公主所用畏吾兒, 未知其如何, 而以九象胥所書旅獒[33] 文者觀之, 皆不免荒亂無章, 則正音不止惠我一方, 而可以爲天下聲音大典也. 然而 聖人制作之意, 至微且深, 當時儒臣解之而未盡, 後世百姓, 日用而不知, 聲音之道, 旣明者將復晦矣. 若賤臣者, 何敢與知其蘊奧之萬一, 而管窺蠡測[34], 爲此圖解, 以寓於戲不妄之意而己.

---

29) 훈민정음도해(訓民正音圖解): 권두(卷頭)의 「경세성음수도」 부분과, 여기부터 시작되는 「훈민정음도해」 부분을 분리시켜서 각각 따로 따로 고찰한다면 아무런 의의도 없다. 여기부터의 설명이 모두 앞에 있는 경세성음수도를 위한 것이며, 이것이 또한 말미의 「개합사장」과도 밀접한 관계를 가지고 있는 것이다.

30) "正統丙寅, 我 世宗大王製訓民正音"라는 대목에 대해 방종현(1946)은 "또 여암 신경준도 영조 26년(1750)에 그가 지은 『훈민정음운해』 서문에 "정통 병인년에 우리 세종대왕께서 훈민정음을 창제하셨으니"라고 기록한 것이 있으니 이들의 기사가 모두 그 후 마치 세종 28년(1446) 병인에 훈민정음을 창작이나 한 것 같이 일반이 생각하게 된 원인을 제공했다고 할 수가 있다. 그러므로 이 잘못된 원인을 지은 근거지는 『세종실록』의 기사 중 병인년(1446) 9월에 "訓民正音成....."이라는 이 '成'자에 달렸다고 보겠다. 이 '成'자에 의하여 그 후 여러 학자가 병인(1446)년 9월에 창작이라고 '成'자의 뜻을 해석한 데서부터 이것이 오늘 날까지 그 오인을 물려 받게 된 것이다. 그러나 이 모든 잘못의 근원인 '成'자는 이 『세종실록』의 기록의 표준으로 보아서 이것은 한 간행물이 출판됨을 말한 것이니 이것을 다만 한 서적의 완성으로만 보는데서 그런 잘못이 생긴 것이다. '成'자를 사용한 이 실록의 다른 여러 예에서 그것은 충분히 증명된다고 하겠으니 이 점만 확실히 하면 중세의 여러 학자나 근일의 여러가지 오해는 자연히 소멸될 것이리라고 믿는다."라고 하여 한글 창제의 시점을 착가하도록 한 대목임을 분명히 밝히고 있다.

31) 취반절지의(取反切之義): 중국 고대에는 음표문자가 없었기 때문에 어떤 자음을 표시하기

1) 훈민정음도해 서

동방에는 옛날에 속용(俗用) 문자가 있었는데[35], 그 수(數, 사용 방법)가 갖추어지지 않고 그 모양(形態)도 가지런하지 않아서 어떤 말을 형용한다거나, 어떤 일을 이루는지 분명하지 않다.

정통(正統) 병인년(丙寅年, 세종 28년(1446)에 우리 세종대왕께서 훈민정음을 지으셨는데[36] 그 예(例)는 반절법(反切法)을 취하고 그 형상은 주역의 교역(交易)하는데 변역(變易)이 소성괘를 곱으로 하는 법도를 활용하였으며, 그 글자의 점획(點劃)은 매우 간략하나 청탁(淸濁)이나 벽흡(闢翕)과 초·중·종성이 찬연히 갖추어서 드러나니 마치 하나의 그림자와 같다. 그 글자 수는 많지 않으면서도 그 쓰임은 두루 미치어 사용하기가 매우 편하고 배우기도 매우 쉬워 천만가지 말들을 자세히 모두 형용할 수 있으니, 비록 아이 젖을 먹이는 어리석은 아낙이라도 모두 이 글자를 써서 그 말을 나타내고 그 뜻을 통할 수 있었다. 이는 옛 성인도 밝혀 얻지 못하던 바요, 온 천하를 통하여서도 없는 것이었다.

주변 여러 나라에는 제각기 사용하는 글자가 있었다. 고려 충숙왕 때에 원나라 공주[37]가 외오아(畏吾兒, 위구루 문자)[38]를 썼는데 그것이 어떠한 것인지

위하여 다른 동음자(同音字)를 이용하는 방법을 썼는데, 이것을 반절법(反切法)이라고 한다. 위진 시대부터 발달하였다고 하는데, 그 방법은 '東, 德紅反(또는 德紅切)이라는 식으로 '德'자의 성모(聲母) /t'/와 '紅'자의 운모(韻母) /uŋ/을 이용하여 東 /t'uŋ/의 자음을 표시하는 방법이다. 반절법에서 제1글자는 성모(聲母)를, 제2글자는 운모(韻母)를 표시하는데 제1자를 반절상자(反切上字), 제2자를 반절하자(反切下字)와 같은 구실을 하는 것으로 보아서, 중종 때 최세진(崔世珍)도 『훈몽자회(訓蒙字會)』「범례」에서 '諺文字母俗所謂反切二十七字'라고 하여 여암과 동일한 말을 하고 있는 것이다.

32) 교역변역가배지법: 역괘(易卦)의 가장 근본되는 법. 예컨대 태극(太極)에서 음(陰)과 양(陽) 등 양의(兩儀)가 생긴 다음, 4상(四象)부터는 이 ─효(爻)와 ── 효가 서로 교차하여 여러 괘(卦)를 이루어 64괘까지 되는 것이다. 여암은 훈민정음의 초성자와 중성자들이 수없이 결합될 수 있는 성질을 이렇게 표현한 것이다.

33) 주(周)나라 무왕(武王) 때에 서려에서 사냥개(獒)를 공물(貢物)로 바쳤는데, 소공(召公)이 이 것은 마땅히 받아서는 안 될 물건이 아니라고 하면서 글을 지어 무왕을 경계시켰다고 함.

34) 관규려측(管窺蠡測): 관규(管窺)는 관(管) 구멍으로 하늘을 바라보고, 여측(蠡測)은 이려측해(以蠡測海)의 준말로서, 바가지로 바닷물을 잰다는 뜻이니, 보는 바가 극히 소부분이고 단소한 지식으로 원대한 사물을 잴 때 쓰는 말. 『한서동방삭전(漢書東方朔傳)』 以管窺天, 以蠡測海, 以莛撞鍾.

35) 전영태 역, 『저정서』, 유인물, 미간행본, 2017. 가림토문자설을 소개하고 있다. 여기서

알지는 못하였다. 이에 구상서(九象胥)[39]에 쓰인 여오문(旅獒文)을 보면(구국소서 팔자(九國所書八字)) 모두 거칠고 어지러워서 질서가 없음을 면치 못하였다. 이에 비하여 훌륭한 문자인 훈민정음은 우리나라에만 혜택이 미침이 그치는 것이 아니라 가히 천하를 위한 성음대전(聲音大典)이라고 할 수 있을 것이다.

그러나 성인(세종대왕)께서 지으신 뜻은 매우 정밀하고 기묘하고 또한 그 뜻이 깊어서 그 당시의 유신들도 이를 해득하는데 미신하였기에 후세의 백성들도 날마다 사용하면서도 성음의 방법을 잘 알지 못하고, 성음을 잘 알던 사람들도 다시 어두워질 것 같았다.

그런데 낮은 신하(賤臣)의 몸으로 어찌 감히 그 온축(蘊蓄, 오래도록 연구하여 학문이나 지식을 많이 쌓음)하고 심오한 이치의 만분지일이라도 알까마는 관규여측격(管窺蠡測格, 대롱으로 하늘을 보고 호리병박으로 바닷물의 양을 잰다. 곧 사물에 대한 이해나 관찰이 매우 좁거나 단편적이다)으로 이 도해를 만들었으니 희롱하는 데만 머물지 않고 늘 선왕의 성덕을 잊지 못하는 뜻을 표하노라.

가림토문자설은 전혀 근거가 없는 주장이라고 할 수밖에 없다. 이두문자 혹은 번체한문을 가리키는 말로 해석해야 할 것이다.

36) 방종현저·이상규주해, 『훈민정음통사』, 16~17쪽, 올제, 2013. "세종대왕께서 세종 25(1443)년에 훈민정음 창제를 완료하고 세종 28(1446)년에 간행물로서 반포된 것임을 알 수 있다. 그러나 세상에서 25년보다 28년으로 더 많이 알려지게 된 것은 세종 28(1446)년 병인년 9월의 기사와 또 그 후에 성호 이익(1681~1763)의 『성호사설』에 역시 병인이라고 하였으며 "우리나라 언자는 세종대왕께서 병인년에 창제하셨는데 무릇 소리를 글자로 나타내지 못하는 것이 없고(我東諺字, 創製世宗朝丙寅, 凡有音字莫不有字)" 또 여암 신경준(1712~1781) 같은 이도 세종 28(1446)년 병인에 세종께서 '훈민정음'을 어제하였다고 『훈민정음운해』에 기록이 있으니 이것들이 모두 그 후 마치 세종 28(1446)년 병인에 한글을 창제한 걸로가 일반이 생각하게 된 원인을 제공하였다고 할 수 있다. 그러나 한글의 창제는 세종 25(1443)년이 분명한 것이고 그 간행 반포된(해례본이 완성된) 것이 그 후 3면 만인 세종 28(1446)년 9월에 된 것임을 상술한 여러 사실에 비추어 능히 구별할 수가 있다."라고 하여 '훈민정음' 창제 시기와 『훈민정음 해례본』의 완성 시기를 명확하게 구분하였다.

37) 원공주(元公主): 고려가 원(元)의 지배를 받게 된 원종(元宗) 이후, 원나라의 혼인정책에 의하여 충렬왕(忠烈王) 때부터 원나라의 공주로써 왕비를 삼았기 때문에 충숙왕(忠肅王)도 원공주와 결혼하였다.

38) 외오아(畏吾兒): 위굴(回鶻)을 외오아(畏吾兒)라고 서칭(書稱)하였음. 외오아문자는 몽고 궁정(宮廷) 내지 고려 궁중의 몽고부인간(蒙古夫人間)에서 이를 사용하였다고 함.

39) 상서(象胥): 통역(通譯)·통변(通辯)이라는 뜻. [廣雅. 釋詁]象. 譯也. [周禮, 秋官, 序官, 象胥,

【해석】

「훈민정음도해서」는 앞에서 제시한 「경세성음수도」나 운도인 「개합사장」의 기술을 위한 것이긴 하지만 여암 자신이 나름대로 훈민정음 문자의 생성과 합자의 원리를 역학에 바탕을 두고 설명한 것이다. 여암은 『훈민정음 해례』를 전혀 보지 않은 상황에서 그 책에 버금가는 해석을 하였다.

이 「훈민정음도해서」의 핵심 내용은 다음의 여덟가지로 요약할 수 있다. ① 우리나라 고대 속용문자설을 주장하였다. 그러나 속용문자를 입증할만한 뚜렷한 근거가 희박하다. ② 정통 병인년(1446) 훈민정음 창제설이 훈민정음 창제 시기를 설명하는데 혼란을 야기하는 단초가 되었다. 문자 훈민정음은 세종 25년(1443)년에 완성되었고 이를 해설한 『훈민정음 해례』가 완성된 시기는 정통 병인년(1446)이다. ③ 훈민정음의 성음은 반절식과 주역의 교역에 의한 글자의 점획이 가감된 것이며, 초성은 청·탁, 중성은 벽·흡에 의한 상형설을 주장하였다. ④ 훈민정음은 초·중·종성 삼성체계로 글자를 이룬다. ⑤ 훈민정음은 쓰기가 매우 편하고 배우기 쉬우며 천만가지 말들을 자세히 형용할 수 있는 표음문자이다. ⑥ 주변의 나라에 외오아나 여오문자가 있지만 매우 불편하다. ⑦ 훈민정음은 천하의 성음대전으로 다양한 소리를 표기할 수 있는 음성문자이다. ⑧ 『저정서』를 만든 이유는 성음의 원리를 도해하여 한자의 음을 규범화하기 위한 것이다.

속용문자설(俗用文字說)에 대해 "동방에는 옛적부터 민속에서 사용하는 문자가 있었는데 한 지방의 말이나 한 지방의 문자로써 사용하기에는 부족하였다"(전영태, 2017:33)는 견해가 있다. "가림토라는 것은 처음부터 백악산 아사달(阿斯達)의 참배객과 대화하기 위해서 외국어 음가를 표현하는 것으로 제정되었지, 순수한 고조선 언어를 발음하고 기록하기 위해서 제정되지 않았음을 의미하는 것입니다. 한자와 훈민정음은 약 5천 년 전부터 사용해왔던 하늘의 말(훈민정음), 글(한자) 입니다."(김승환: 과학으로 풀어쓴 훈민정음)라고 하여 마치 세종이 창제한 훈민정음이 그 이전부터 존재한 것으로 상상하면서 이를 가림토문자 혹은 일본에서 발견된 신대문자(神代文字)의 전신인 것으로 호도하는 예들이 있다.

"일본에서 발견된 비석의 신대문자와 한글의 체계는 거의 같다. <중략> 일본의 신대문자는(아직 완벽하게 확인되지는 않았지만) '백제의 문자'로부터 내려온 것이고 <중략> 훈민정음이란 바로 이런 상황에서 고조선의 옛 문자를 기반으로 우리 겨레의 글자로 재창조된 언어체계를 기리킬 따름이다." (전영태, 2017:33)라는 전혀 근거가 불확실한 논설들이

注], 通夷狄之言者曰象. [周禮, 秋官, 象胥] 象胥, 掌蠻閩夷貉戎狄之國使, 掌傳王之言而論說焉.

유포되고 있어 걱정스럽다.

북의 김영황(1997)은 신대문자에 대하여 다음과 같이 설명하고 있다. 우리나라 신석기 시대, 청동기 시대의 돌도구, 뼈장식물, 질그릇, 바위, 청동 제품 등 여러 가지 유물들에 여러 유형의 추상화 된 도형들과 부호들이 많이 씌여있는데 이것은 시초적인 문자 형태 들이 원시 사회에서는 물론 그 이후 시기에도 잔존적으로 씌였다는 것을 보여주며 이러 한 단계를 거쳐 고조선의 문자인 신지문자가 만들어졌다는 것을 보여준다. 신지문자는 문자생활에 대한 요구를 반영하여 오랜 준비 단계를 거쳐 우리 나라에서 발생 발전한 본 격적인 민족 고유의 고대 문자이다. 우리의 고대 문자인 신지문자는 단군 조선시기부터 우리 말을 적는 문자로서 문화발전에 크게 이바지 하였다.

『평양지』에 의하면 1583년에 평양 법수교 밑에 묻혀있는 옛날 돌비를 파낸 일이 있었 는데 거기에는 인도의 범자[40]도 아니고 중국의 고문자인 전자[41]도 아닌 문자가 새겨져 있었다고 하였다. 그러면서 이것을 두고 단군 때 신지[42]가 쓴 글자일 것이라고 하나 오 래되어 잃어버리고 말았다는 기록을 남겨놓았다.

단군 때 신지가 썼다는 이 문자에 대해서는 『영변지』에서 81자로 된 『천부경』이 신지 문자였다고 하면서 그 중 16자를 소개하였다. 신지라는 것은 고대사회에서의 지배자, 왕 을 가리키는 것 인만큼 신지 문자란 곧 왕의 문자를 의미하는 것으로 된다. 고대 문자와 관련하여 부여에 "왕문(王文)의 문자"가 있었다는 기록이 있는데 왕문이란 곧 왕의 글인 것만큼 이것도 신지 문자와 같은 것이라고 할 수 있다.[43]

고조선 이후의 각이한 시기의 여러 유적, 유물들에는 신지 문자와 유사한 형태의 문자 들이 나타나고 있다. 고조선 시기의 한 청동과에는 『영변지』에 있는 다섯 번째의 신지

---

40) 인도의 범자(梵字)는 산스크리트 문자를 가리킨다. 고대 인도의 산스크리트어를 적는데 쓰인 문자로서 기원전 시기부터 인도에서 널리 사용되었으며 특히 기원 4~9세기경에 많 은 산스크리트 문헌이 나왔다. 이 문자는 왼쪽으로부터 시작하여 오른쪽으로 가면서 쓰 게 되어있는데 모두 46개의 자모로 된 표음문자이다.

41) 전자(篆字)는 가장 오랜 한자 글씨체인 전서를 가리킨다. 전서는 고문, 대전, 소전으로 나 눌 수 있다. 고문은 붓이 아직 없고 참대 막대기 같은 것으로 쓰던 시기에 생긴 글씨체이 며 대전은 고문을 완성시켜 만든 글씨체이다. 소전은 고문과 대전을 발전시켜 만든 글씨 체인데 흔히 전서라고 할 때는 이 소전을 가리킨다.

42) 신지라는 것은 "강자"를 뜻하는 고대어인데 "신"은 "센"의 고대어이며 "지"는 사람을 가리 키는 말로서 후세의 "치"와 통한다. 신지는 한자의 음을 빌어서 "臣智"라고도 쓰고 "神誌" 라고도 쓴다. 단군 설화에 나오는 "神市"도 신지의 표기라고 할 수 있다.

43) 반재원·허정윤, 『한글 창제 원리와 옛글자 살려 쓰기』, 역락, 2018.

문자와 비슷한 것이 새겨져 있고 낙랑 유적에서 발굴된 벽돌에는 여러가지의 고대 문자들이 그려져 있다. 1991년에 청진시 청암구역 부거리에서 발굴된 질그릇에도 9자의 고대 문자들이 새겨져 있으며 성천군에서 나온 고려시기의 것으로 추측되는 황돈단검에도 3개의 고대 문자들이 씌어있다. 우리나라 유적, 유물들에서 발견된 신지문자와 같거나 비슷한 문자 자료들은 고대 문자가 단군조선 시기에 창제되어 고조선 영역에서 널리 쓰였을 뿐 아니라 그 후 고조선 말기와 발해시기, 고려시기 까지도 쓰여졌다는 것을 보여준다.”라고 하여 고대 신지문자의 존재를 당연시 하고 있다. 여암 신경준은 「훈민정음도해서」에서 우리나라의 문자 변천에 대해 다음과 같이 이해하고 있다. 먼저 우리나라에 예부터 속용문자(俗用文字)가 있었는데, 그 수는 갖추어져 있지 않았으며 그 자료가 부족하여 규칙을 충분히 형성하거나 일방적인 용법을 충분히 갖추지 못하였다. 둘째, 이두(吏讀)는 당시에도 널리 쓰여진 문자이다. 신경준은 이두로 우리말을 고찰하였는데, 주석으로 이두에 대해 설명하고 “等以(들로), 爲㫆去乎(거온)” 등의 실례를 보였다. 셋째, 훈민정음은 정통 병인(丙寅 1447년)에 세종이 지었다고 말하고 자획(字劃)이 아주 간단하고 글자가 적으며 배우기 쉽고 모든 말을 자세하게 적을 수 있다 하고는 ‘천하 성음의 대전’이라고 크게 칭찬하였다.

결론적으로 여암은 훈민정음은 우리말을 적기 위한 문자일 뿐만 아니라 온 세상의 소리를 다 적을 수 있는 성음대전(聲音大典)으로 규정하고 있다. 이 당대에 성음대전이란 중국을 전제로 한 표현으로 이해할 수 있는 바 우리말은 물론이거니와 중국 한자음을 모두 적을 수 있는 문자로 규정하면서 훈민정음의 우수성과 그 문자를 창제한 세종의 위업을 높이 받들고 있다.[44]

此條勿刪[45]

> 近世有以 一二三四五六七八九十百, 省文百書以ㄱ, 千書以ㅅ, 萬書以万, 億書以亻代
> ㄱㄴㄷㄹㅁㅂㅇㅈㅊㅌㅋㅍㅎ作, 初終聲, 中聲 則 用正音本文以書之
> 誠爲猥雜無義, 以盖出於眩幻隱密之用也.

---

44) 여암의 「훈민정음도해서」에서 훈민정음의 우수성을 “훌륭한 문자인 훈민정음은 우리나라에만 혜택이 미침이 그치는 것이 아니라 가히 천하를 위한 성음대전(聲音大典)이라고 할 수 있을 것이다.”이라고 표현하고 있다.

45) “此條勿刪” 항은 원본 필사본 『저정서』에서만 나타난다. 다른 필사본에 나타나지 않는 점으로 미루어 보아 이 책이 여암의 친필 원본임을 말해 주고 있다.

이 조항을 빠뜨리지 말 것(此條勿刪)

> 근세에 一二三四五六七八九十百을 문서에서 자구를 생략해서(省文, 관아의 문서) 쓸 때 백(百)을 '亇'으로 천(千)을 '亽'로 만(萬)을 '万'으로 억(億)을 '亿'로 대신한다. ㄱㄴㄷㄹㅁㅂㅇㅈㅊㅌㅋㅍ 하는 초종성(初終聲)과 중성(中聲)에 쓴다. 곧 정음으로 문서의 자구를 생략해서 쓴다. 진실로 모두 현혹되고 혼란하게 은밀히 사용하고 있다.[46]

2) 九國所書八字

[여직문(女直文)의 판독]

伱臾　余　尨叓丯　伐卡　舟伧　備　枀甬县

gəŋgiən oŋ　tikʧi-jo　dəi dujin tuli-lə hiən andahai

明王[47]　慎　德四　夷　咸　賓

---

46) 한글고문서에서 숫자를 약체자로 사용하고 또 성문(省文, 관공서 공문, 소지나 언단)에 훈민정음으로 은밀하게 사용하는 데 대해 혼란스럽고 현혹된다는 여암의 견해를 밝히고 있다.

47) ('명왕明王'은 『서書』 주관周官에서 각주에 '성제聖帝'라고 적혀 있음).

【해석】

구국소서팔자(九國所書八字): 「훈민정음도해서(訓民正音圖解叙)」에 나오는 '구상서소서여오 문자관자(九象胥所書旅敖文者觀之)'라는 대목과 연관이 있는 것으로서, '明王愼德四夷咸賓'은『시 경』의 '여오(旅敖)'에 나오는 문귀다. 이것을 9개국의 문자로 표기한 것이다.

서천(西天): 중국에서 '서천서성국(西天西城國)'이라고 일컬었던 인도의 고대 칭호. 인도 문 자는 고대인도 때 싼스크릿(Sanskrit)어를 표기하는데 사용된 최고의 부라아 후미이문자 (Brahmilipi)와 이에서 파생한 여러 문자들을 통털어 범자(梵字)라고 하였는데, 이것이 4세 기 중엽 이후 남북 양계(兩系)로 갈리어서 중국 등에서 사용한 실담문자(悉曇文字)는 북방계 의 구프타문자(Gupta)에서 발달된 것이었다. 10세기 경부터 역시 북방계의 나아가리문자 (Nagri)로부터 데봐나아가리(Devanagari) 문자가 발달하여 현재 인도의 공용문자가 되었고, 싼스크릿 등 고대 및 근대 인도어의 대부분 서사(書寫) 또는 인쇄를 하는데 사용하였다. 범자는 순수한 단음문자(單音文字)와 순수한 음절문자(音節文字)와의 중간 위치에 있으며, 독 립문자(獨立文字)·결합문자(結合文字)·특수부호(特殊符號)로 성립되고 있다.

'구국소서팔자'의 국내외 자료

'구국소서팔자'의 대문은 『서전』권7『여오』에 실려 있는: "曰嗚呼 明王愼德 四夷咸賓 無 有遠邇 畢獻方物 唯服食器用 (굴오티 오호ㅣ라, 밝으신 님금이 덕을 삼가시거든 스이 다 빈흐야)"48) 구절 가운데 "明王愼德 四夷咸賓"이라는 여덟자를 중국의 주변 아홉나라의 문자로 대역한 자료인데 중국과 우리나라에 전하고 있다.

---

48) '대학, 중용, 논어, 맹자, 시전, 서전, 주역 곧 7서 가운데 하나로 만력 18년(1590) 7월 내사 도산서원본 칠서언해를 비롯하여 다양한 판본과 구활자본이 전한다.

왕세정의 『엄주산인사부고』 권168 『완위여편』 권13 '구국소서팔자'

　　명대 만력 46년(1618) 조함(趙崡)이 옛비석 253종의 각본을 모아서 엮은 『석묵전화』 『금도통경략낭군행기』에 금 세조의 아들 낭군(郎君)의 기록과 동일한 내용이 『만주원류고』에도 전한다. 왕원고(王元美)의 기록에 의하면 대금 세조의 아들인 황제 도통(都統) 경략낭군(經略郎君)이 어느 날 사냥을 나가 허물어진 당나라 황제 건릉(乾陵)의 능을 보고는 능을 새롭게 단장하고 문자가 새겨지지 않은 비에 모두 105자로 된 여진어로 비문을 새기도록 하였다. 그 글 가운데 "明王慎德四夷咸賓"의 글귀가 있었는데 이 비석은 현재 남아 있지 않다. 다만 "뒤에 한자로 번역한 것이 있으니(後有譯書漢字)"라는 내용을 상고하면 여진문자로 새긴 비석을 다시 한역으로 하였다는 말이다.[49] 그러니까 '구국소서팔자'의 유래가 여기서 시작된 것으로 보인다.

　　명대 가경 대에 왕세정의 『엄주산인사부고』 권168 『완위여편(宛委餘編)』 권13에 '구국소서팔자' 항에 "明王慎德 四夷咸賓"에 대응하는 '서천', '여직', '달단', '고창', '회회', '서번', '백이', '면순', '팔백' 9개국의 문자로 기록한 자료가 실려 있다. 명대 왕세정의 『엄주산

---

49) 『만주원류고』 권17. 『국속』조에 "王元美所錄 明王慎德 四夷咸賓 八字 正與此同法. 字刻唐乾陵無字碑上 凡一百五字 後有譯書漢字 具錄左方 大金皇帝都統經略郎君 嚮以疆場無事 獵於梁山之陽 至唐乾陵陵 殿無頹然 一無所覩受命有司 鳩工修餙 今復謁陵下 繪像一新 回廊四起 不勝欣懌 與醴陽太守 酣飲而歸 時天會十二年 歲次甲申仲冬十有 四月 尚書職方郎 黃應期 宥州刺史王圭 從行奉命題".

인사부고』정고(正稿) 중에 일문(逸文)류의 『완위여편』권13에 저자가 수록한 여진문자의 역문이 명대 판에만 볼 수 있으며, 『사고전서』판에는 이 부분을 이미 삭제하여 보이지 않는다.

왕세정의 『엄주산인사부고』는 만력 5년(1577) 본과 숭정 연간(1628~1644)에 간행된 두 가지 판본이 전한다. 이 책에서 왕세정이 '구국소서팔자'의 기록을 수집한 경위에 대해 "甲戌 余從典屬國 所以旅獒全文 合象胥九而書之 今錄明王愼德四夷咸賓八字 以見同文之盛云爾"라고 하였다. 곧 갑술년에 상서(象胥) 9인에게 여오전문(旅獒全文)을 쓰게 했다.

중국의 사이관은 명대 영락 5년(1407) 설립 당시에는 '타타르', '여직', '티베트', '인도', '위그루', '따이족', '투르판', '크메르' 8개관이 있었는데 정덕 6년(1511)에 '팔백관'과 만력 6년(1579)에 '섬라관'이 증설되었다. 왕세정이 『엄주산인사부고』에 9개 외국 통사를 시켜 해당 문자로 기록한 대역문이라면 영락 5년(1407) 설립 당시 8개국에 '팔백'이 포함된 9개국이 된다. 따라서 왕세정의 『엄주산인사부고』에 나타난 구국은 정덕 6년(1511)에 '팔백관'이 증설된 이전에 기록된 것이 확실하다. 『엄주산인사부고』가 간행된 연대는 만력 5년(1577)이니 '갑술(甲戌)'은 만력 2년(1574)으로 추정된다(이기문, 1986;62).

왕세정의 『엄주산인사부고』보다는 10여년 후인 명 만력 16년(1588)에 방우노[50]의 『방씨묵보』 '구국소서팔자' 가운데 여진문자만 골라 둥근 패 먹판(墨錠)에 새기고 또 기록한 "明王愼德 四夷咸賓"와 여진 대역문 **"倅臾佘无橥伅卡甤傓夈逺"**이 있다. 그 먹판의 도안 중에 '明王愼德 四夷咸賓'이라는 여진 대역문은 『엄주산인사부고』 중에 수록한 것과 완전히 같은 점으로 미루어 보아 바로 왕씨 책에서 옮겨 수록한 것으로 보인다. 방우로가 편찬한 『방씨묵보』는 명대 만력 16년(1588) 무렵에 간행한 『방씨미음당간본(方氏美廕堂刊本)』과 태창 원(1620)년에 황수신(黃守信)이 새긴 『정간본(精刊本)』 두 종류가 있다. 중국 고대 판화는 유구한 역사를 가지고 있는데 명대 시대의 판화가 중국의 판화 예술의 전성기였다. 방우로의 『방씨묵보』와 정대약(程大約)의 『정식묵원(程式墨苑)』이 가장 정교한 작품으로 알려져 있다.

태창 연간의 판본인 『방씨묵보』를 주도한 사람은 방우로이고 그 당시에 유명한 화가인 정남우(丁南羽), 오좌천(吳左千), 유충강(俞忠康) 등이 그림을 그리고 조각가인 황득시(黃得時), 황득무(黃德懋)가 새겼다. 이 『방씨묵보』는 그림이 명세할 뿐만 아니라 예술성도 매우

---

50) 방우로는 처음의 이름이 대오(大澆)(혹은 '大激')이며, 자는 우로(于魯) 혹은 건원(建元)으로 명대 징주부흡현(徵州府歙縣)(현 흡징현(歙徵縣)) 사람이다. 그의 작품집으로는 『방건원시집(方建元诗集)』은 『대필산방집(大泌山房集)』 권14에 실려 있다.

방우로(方于魯)의 『방씨묵보』에 실린 여진문

높은 '완약파(婉約派)' 풍격의 대표적인 작품으로 평가받고 있다. S. W. Bushell (1898)이 『방씨묵보』에 "明王愼德 四夷咸賓"를 여진문으로 새겨넣은 판화 자료를 처음으로 소개하였다.[51] 왕세정의 『엄주산인사부고』에 실린 구국소서 가운데 여진문만 『방씨묵보』에 실려 있는데 여진문자를 모아쓰기를 한 점도 『엄주산인사부고』와 일치하고 있어 이들의 상관 관계를 읽을 수 있다. 그러나 이러한 전통은 왕원고의 기록에 의하면 금 세조의 아들인 황제 도통(都統) 경략낭군(經略郞君)이 이미 여진문으로 비문에 새겼다고 추정되는 시기가 천회 12년(1134)으로 거슬러 올라 갈도 수 있다. 따라서 '구국소서팔자'의 중국 자료나 우리나라 자료 모두 금대 여진문자 자료임이 분명하다. 이러한 사실은 금대 초기의 여진대소자의 표기를 판정하는데 매우 중요한 기준이 될 수 있을 뿐만 아니라 명대 여진어를 반영하고 있는 『여진역어』와의 표음적 차이가 있었을 것으로 예상할 수 있다.

'구국소서팔자'에 대한 기록이 우리나라에 처음으로 보이는 자료는 병와 이형상, 1653~1733)이 숙종 38년(1712)에 쓴 『악학편고』이다. 『악학편고』는 4권 3책 필사본으로 29.7×19cm 크기이고 12행 24자이며 무광 무선의 필사본이며 현재 [보물 제652호−2호]로 지정되었다. 이 책은 신라시대부터 조선시대까지 악학 이론을 비롯하여 아악과 속악에 대한 주요 작품을 소개하고 있다. 권1에는 "성기원류(聲氣源流), 자음원류(字音源流), 아음원류(雅音源流), 악부원류(樂府源流), 권2에는 속악원류(俗樂源流), 무의원류(舞義源流), 무기(武器), 무용(舞容), 잡희(雜戱), 악기(樂器 : 金石絲竹匏土革木八音外)등이 실려 있고, 권3에는 아악장(雅樂章)과 속악장(俗樂章)이, 권4에는 "속악장과 가사(歌詞)" 등이 실려 있다.

『악학편고』의 『자음원류』 항 '서역자체(西域字體)'에는 '자음(字音)', '창힐자(倉頡字)', '범자

51) S. W. Bushell(1898), 『Inscriptions in the Jurchen and Allied Scripts』, Actes du Onzième Conrès des Orientalistes. deuxième section, Paris.

(梵字)', '가로로 자(伽盧字)52)', '언문', '왜언' 항에 여러 나라의 문자 기원에 대한 설명이 있고 그 마지막 부분에 9개국의 문자로 "明王愼德 四夷咸賓"을 각국의 언어로 대역한 자료가 실려 있다.

아음	치음	설음	후음	순음	초음	조음
迦 平淸	左 平淸	吒 平淸	多 平淸	波 平淸	野 上	里 上
佉 平濁	差 平濁	佗 平濁	他 平濁	頗 平濁	囉 去	哩 去
誐 上	惹 上	拏 上	那 上	摩 上	攞 平	梨 上
伽 去	社 去	茶 去	馱 去	婆 去	嚩 上	螺 去
仰 入	攘 入	晨 入	娜 入	莽 入	舍 去	

「자음원류」 가운데 '천축문자설(天竺文字說)'53)의 내용은 대체로 『사서회요』 권8과 일치한다. 곧 "문자를 만든 사람으로는 3명이 있으니 한 사람은 범(梵)이고, 또 한 사람은 가로로(伽盧)이고, 또 한 사람은 창힐(倉頡)이다. 이른바 범(梵)은 광음천(光音天)의 사람이고 '범천(梵天)'이라는 문자는 서역에 전했으며 그 글은 오른쪽으로 쓰며, 가로로 는 서역에서 만들어진 문자인데 그 문자는 왼쪽으로 쓴다. 이 모두 성운이 서로 상생하여 이루어진 문자로 여러 번방의 문자가 모두 여기서 근거하여 만들어졌다. 마지막의 창힐은 하(夏)나라 사람인데 만든 문자가 상형문자이고 그 문자는 아래로 쓴다.54) 병와는 이 가운데 천축문자를 소개하고 있다. 천축문자의 자모는 모두 50자이며 이 가운데 16자는 전성의 전범이 되었고 34자는 5음의 시조가 되었다고 한다.

이형상의 『악학편고』에서 언급한 인도의 천축문자 가운데 '가로로 자(伽盧字)'는 바로 '카로슈티' 문자이다. 아람 문자의 영향으로 오른쪽에서 왼쪽으로 쓰는 인도의 '카로슈티'가 바로 '가로로 자'이다. 인도 북방에서 발생한 '카로슈티'는 600년경 굽타 문자 가운데 데바나가리로 발전되었고 티베트를 거쳐 중앙아시아 쪽으로 퍼져나가 위굴문자와 몽골

---

52) 병와 이형상의 『악학편고』 『자음원류』항에 "伽魯者創書於西域 其書皆左行以 聲韻相生而爲字諸番之書 皆其法也"하여 '가로로 자(伽魯字)'에 대해 티베트 지역의 좌행서 문자로 성운상생(聲韻相生)하는 음소문자로 추정된다.

53) 천축문자설 : 원나라 성희명(盛熙明)이 쓴 『법서고(法書考)』 권2 '자원(字源)' 및 명대 도종의(陶宗儀)가 쓴 『사서회요』 권 8의 '외역(外域)'의 내용이다.

54) "文字自上而下直写直排的形式).(造書之主凡三人，曰梵，曰伽魯，曰倉頡. 梵者，光音天人也，以梵天之書伝于印度，其書右行；伽魯創書於西域，其書左行，皆以音韻相生而成字，諸蕃之書悉其變也；其季倉頡居中夏，象諸物形而爲文，形声相益以成字，其書下行."(『악학편고』 『자음원류』).

의 파스파 문자의 전범이 되었다.[55] 가로로 자(伽盧字)는 모두 50자인데 그 가운데 16자는 전성의 문자로 "1. 𑀓遏, 2. 𑀓阿引, 3. 𑀓壹, 4. 𑀓翳引, 5. 𑀓嗢, 6. 𑀓汚引, 7. 𑀓哩, 8. 𑀓梨引, 9. 𑀓義, 10. 𑀓盧引, 11. 𑀓伊, 12. 𑀓愛引, 13. 𑀓翳, 14. 𑀓奧引, 15. 𑀓무, 16. 𑀓惡繁"가 있으며, 이 16자는 천축의 소리에 근거하여 문자의 근원을 밝힌 것이다. 7~10 까지 네 문자를 제외한 12 전성은 현재도 남아 있으며 4성은 3과 5에 통섭되었다. 34모는 5음으로 구분하였다.

이 천축 문자 34자모체계는 『서사회요』 권와 『법서고』에 나오는 파스파 문자 체계와 자형이나 음운체계가 상당히 유사하다. 또한 『몽고자운』의 36자모 체계와 비교해보아도 자형의 유사성을 발견할 수 있다.

병와 이형상의 『자학』 「구국소서팔자」

흔히 우리가 알고 있는 범자는 오른 쪽으로 쓰는 범천(梵天) 혹은 범서(梵書) 문자와 왼 쪽으로 쓰는 가로로 자(伽盧字) 곧 카로슈티자가 그 기원을 같이한다는 점을 알 수 있다. 『몽고자운』의 발문에 "몽고는 처음 위글 문자를 빌려서 썼는데 국사(라마승 파스파)가 새

55) 정광, 『몽고자운연구』, 박문사, 2009, 186쪽 참조.

문자를 만들어 국자라고 불렀다. 문자 모양은 범서(梵書 산스크리트 문자)와 같으며 범천의 '카로슈티' 문자의 변체이다. 이형상의 『자학』에 '범자 오음 가령(梵字五音假令)' 항에서 범자를 "아음, 치음, 설음, 후음, 순음, 초음(화회성), 조음"으로 구분하여 자모를 소개하고 있다.

또 하나의 자료는 병와 이형상이 숙종 42(1716)년에 쓴[56) 필사본인 『갱영록』 9권 가운데 권2인 『자학』[57) 「외이문자」 항에 『서경』에 실린 "明王愼德 四夷咸賓"이라는 글귀를 9개국의 문자로 기록한 내용이 있다.[58) 아마 『갱영록』 9권 가운데 권2인 『자학』에 실린 '구국소서팔자'의 내용은 『악학편고』의 내용을 후에 그대로 옮겨 전사한 동일한 내용이다. 또 「왜언」 항에서는 9국을 포함한 왜언까지 그 문자에 대해 "왜국의 반자(가나)와 언문에 함

병와 이형상의 『악학편고』, 「구국소서팔자」

께 쓰이는 것으로써 또한 문자 언문이 있다고 하니 이 둘을 합해 보아야 한다. 위구르, 크메르, 파스파는 비길 데 없이 매우 괴이하다. 티베트는 약간 체계가 있으나 심히 박잡하다. 타타르와 투르판은 또한 극히 보잘것없다. 여진은 여러 방면에 비하여 약간 나으며, 왜언은 촌스럽고 천박하니 모두 가소로운 것이다. 유독 서천은 귀숙되는 바가 있으니 전서(篆書)와 주문(籒文)의 문자 모양과 거의 비슷하다.

다음으로는 신경준의 『저정서』(1750)에 '구국소서팔자'라 하여 "明王愼德 四夷咸賓"이라는 제하에 9개 나라의 문자로 기록해 두었으며 끝에 일본 문자를 포함하여 모두 10개 나라의 문자가 실려 있다. 신경준의 필사본 『저정서』는 1938년 조선어학회에서 정인보 선

---

56) 권영철(1978)은 『갱영록(更永錄)』의 편찬 시기를 "숙종 41(1715)년에서 영조 4(1728) 사이"로 추정하고 있으나 병와가 쓴 『악학편고』 「언문반절설 추록(追諺文半切殷)」에 "내가 근년에 『악학편고』 4권을 편찬하였고, 또 작년 여름에 친구들의 부탁을 받아 10일 만에 『자학(字學)』을 지었다."는 내용과 함께 "일 년 뒤인 병신년 7월에 다시 써서 자식들에게 주었다."는 기록에 따르면 이 책의 편찬 연대인 병신년은 숙종 42(1716)년으로 확정할 수 있다.

57) 진갑곤(1933), 『병와 이형상의 자학 서설—미발표 자료 자학제강을 중심으로』, 『동방한문학』 9.

58) 이형상 지음, 김언종 외 옮김(2008), 『역주 자학(譯註字學)』, 푸른역사, 참조.

생이 보교를 하여 활자본으로 간행하였으며, 강신항이『운해훈민정음』역주와 원문을 달아 출판하였다.[59] 이 책에서는「경세성음수도」,「원성음지수」,「각성 중 운서소예 종성지수」,「율려창화도」,「훈민정음도설서」,「초성해」,「중성해」,「종성해」,「총설」로 구성되어 있다. 그 가운데「훈민정음도설서」의 말미에 '구국소서팔자'와 더불어 부에 '일본'을 포함하여 11개국(한문 포함)의 문자로 기록되어 있다. 이형상이나 신경준의 구국소서팔자 가운데 여진문자는 왕세정의 기록과 일치하지만 몽고자는 조잡하게 모사한 글씨체이다.

황윤석의『이수신편』(영조 41(1765)년) 권 20의『운학본원』의 말미에도 실려 있다. 특히『이수신편』에는 '蒙語老乞大 二十字頭文'이 실려 있고 그 다음에 '제국자서'에 '구국소서팔자'가 실려 있는데 신경준의 자료에 한글로 쓴 "명왕신덕 스이함빈"이 추가되어 있다. '구국소서팔자'의 기록이 중국에서는 명대 가경 대에 왕세정의『엄주산인사부고』에 처음 나타나고 이어 방우로가 편찬한『방씨묵보』에는 판화에 여진문자만 새긴 자료가 있다. 한국의 자료에서는 이형상의 '구국소서팔자'는 배열 방식이나 아홉 나라의 문자가 왕세정의『엄주산인사부고』의 자료와 일치하며 다만 신경준과 황윤석의 '제국자서'에는 아홉 나라의 문자에 부록으로 한글과 일본 문자가 덧붙어 있다. 한문과 한글 및 일본을 포함하면 9국이 아니라 12개국이 되는 셈이다. 중국의 자료와 한국에 남아 있는 3인의 기록에서 9국에 대한 국명의 표기와 순서까지도 일치한다는 사실은 우연한 일이 아닐 것이다. 이기문(1986)은 신경준과 황윤석의 기록은 직접적인 관계가 있는 것으로 추정하고 있는데 당시 18세기 3분의 학자들이 중국의 기록을 베낀 결과로 추정할 수 있는 것은 "九國所書八字"란 제목과 구국의 배열순서가 일치하는 점을 들 수 있다. 우리나라에 사서에는 '여직'보다 '여진'이 더 많이 나타나는데 한국 자료에서는 모두 '女直'으로 나타나는 사실도 중요한 근거가 될 것이다. 앞으로 '구국소서팔자'가 중국으로부터 조선에 전파된 경로와 경위에 대해서는 좀 더 정밀한 연구가 필요할 것이다.

여진(女眞)—여진(女眞)을 말함. 여진족은 오늘의 만주지방에 아골타(阿骨打)를 조(祖)로 하여 金나라를 세우고, 요와 북송을 멸하였으나 10세 120년 만에 원에게 멸망당하였다(1115~1234 A.D.). 여진문자는 이 금대에 이루어졌는데, 표의문자와 표음문자의 양종(兩種)으로 구성되어 있다.『금사(金史)』에 의하면 여진족은 처음에는 자기 자신의 문자를 가지고 있지 않고 국세가 날로 팽창함에 따라 거란(契丹) 문자를 사용하였다. 그러다가 금 태조가 완안희이(完顏希伊)에게 여진문자를 찬정(撰定)할 것을 명하였다. 희이(希伊)는 한자

---

59) 강신항(1982),『운해훈민정음』, 형설출판사.

황윤석의 『이수신편』에 실린 12개국 문자

의 해서(楷書)를 모방하고 또 거란자에 의거하여 여진어에 적합하도록 여진자(女眞字)를 만들어 천보(天輔) 3년(1119 A.D.)에 태조가 이것을 광포(廣布)했다. 이것을 여진문자라고 한다. 그 뒤 희종(熙宗)이 천권원년(天眷元年 : 1138 A.D.)에 자신이 만든 여진자를 반포하고 황통 5년(皇統五年 1145 A.D.)에 사용되기 시작하였다. 이것을 여진소자라고 한다. 한자처럼 한 자씩 띄어 쓰며 위에서 아래로 종서(縱書)하여 행(行)은 우(右)에서 좌(左)로 옮겨간다.

달단(韃靼)—몽고(蒙古)를 말함. 원래 달단(韃靼 : Tatar)은 당시대부터 원초 사이에 동몽고 지방(東蒙古地方)에 살고 있던 몽고계 부족을 가리키거나, 시베리아 중부 일대에 걸쳐 살고 있는 터어키계 유목민의 총칭으로 사용되었다.

몽고문자는 원 세조가 '라마'교의 고승 파스파(Pagspha)를 초빙하여 서장문자(西藏文字)를 기초로 해서 1269년에 만들게 하였다고 하며 파스파(八思巴) 문자라고 함. 그러나 한문화의 영향으로 별로 큰 발달을 보지 못했다고 한다. 또 보통 몽고문자라고 불리우는 것이 있는데, 이 문자는 위굴(Uighur) 문자에서 발달된 것으로서 근래까지 내몽고 지방에서 사용되고 있었다.

고창(高昌)—현 중국 신강성 토로번현(新疆省吐魯番縣)인 투울판(Turfan, 敦煌) 분지에 10세기경부터 14세기까지 존재하였던 위굴(回鶻, Uighur)인 국가를 말함. 고창위굴(高昌回鶻), 서주(西州)위굴, 화주(和州) 위굴이라고도 하며, Uighur 문자가 있었음.

회회(回回)—아라비아(Arabia)를 말함. 아라비아어는 셈어족의 남셈어에 속하는 언어인데, 북부 아라비아어와 남부 아라비아어로 나뉘어져 있다. 아라비아 문자는 나바테야(Nabat aea) 문자의 초서체로부터 발달되었다고 하며, 우측으로부터 좌측으로 쓴다.

서번(西番)─서번(西蕃)이라고도 하며 티벳(西藏, Tibet)을 말함. 티벳문자는 인도의 문자를 본받아 7세기경에 창제되었다.

백이(百夷)─버어마(Burma)의 한 지방인 듯함. 명(明)나라 전고훈(錢古訓)이 찬(撰)한 백이전(百夷傳)이 있다.

면전(緬甸)─버어마(Burma)를 말함. 그런데 버어마에서 사용되는 언어는 하두 수십종(數十種)으로 달(達)하고 복잡하여 아직 공식어(公式語)를 정하지 못하고 있다. 버어마어의 문자와는 11세기의 파강조(朝)시대 불교의 수입과 함께 타토온(Thaton)에 있는 타라잉(Talain)인들로부터 인도계의 변체(變體)인 타라잉어의 알파벳을 배워서 비롯되었다.

팔백(八百)─버어마와 태국(泰國)과의 국경지대에 있었던 국명. 팔백식부국(八百媳婦國)이라고 하여, 서남의 만(蠻)으로서, 그 추장에게 처가 800명이 있고, 각각 1채(一寨)를 점령하고 있었다고 하는 전설에서 나온 국명이다. 식부(媳婦)란 처(妻)의 뜻. 뒤에 팔백대전(八百大甸)이라고 하고, 명초에는 입조까지 하였기 때문에, 팔백대전군민선위사사(八百大甸軍民宣慰使司)를 설치한 바 있었다. 대팔백(大八百)과 소팔백(小八百)이 있었는데 현재에는 모두 태국(泰國)에 속하고 있다.

일본(日本)─여기 보인 것은 일본문자 히라가나(平假名)의 예. 일본의 히라가나는 평안시대(平安時代)에 만엽가나(萬葉假名)로부터 발달되었다.

3. 初聲圖와 初聲解

3.1 初聲圖

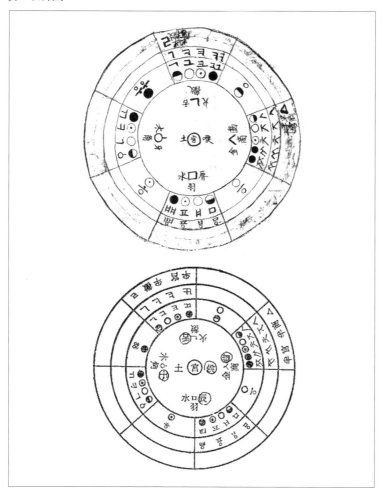

【해석】

「초성도(初聲圖)」는 역(易)의 생성철학을 근거로 하여 「하도배수도(河圖配數圖)」나 「하도오

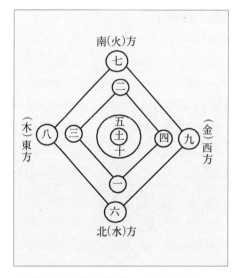

행배치도(河圖五行配置圖)」를 응용한 것으로서 중앙으로부터 번져 간 원들은, 중앙의 궁음(宮音), 즉 토(土)에서 발생한 4음이 기본문자인 ㅇ, ㄴ, ㅅ, ㅁ이 생성 변화해 가는 단계를 보인 것이고 앞으로 「초성해」에서는 이 도(圖)의 설명으로 시종한다. 기본문자로부터 생성 변화해 가는 예를 하나만 보이면 중앙의 ㅇ으로부터 기본자 ㅁ가, 다음에 ㅁ으로부터 ㅁ, ㅂ, ㅍ, ㅃ가 그 다음에 ㅁ, ㅸ, ㅃ 등의 글자가 이루어지는 것이다. 이 「초성도」는 「하도배수도」를 본 딴 것이라고 할 수 있기 때문에, 아래의 이것을 그려서 상하양도(上下兩圖)를 참고토록 하였다. 그런데 훈민정음의 기본문자를 ㅇ, ㆁ, ㄴ, ㅅ, ㅁ로 잡은 것은 여암의 독특한 고찰에 의한 것이고(初聲解一四音皆自宮生頂 참조). 『훈민정음 해례』 제자해에서는 ㄴ, ㅁ, ㅇ을 기본자로 잡고 있다.

"또 성음의 청탁으로 말할 것이면 ㄱ, ㄷ, ㅂ, ㅈ, ㅅ, ㆆ는 전청이 되고 ㅋ, ㅌ, ㅍ, ㅊ, ㅎ는 차청이 되고 ㄲ, ㄸ, ㅃ, ㅉ, ㅆ, ㆅ는 전탁이 되고 ㆁ, ㄴ, ㅁ, ㅇ, ㄹ, ㅿ는 불청불탁이 되느니라. ㄴ, ㅁ, ㅇ는 그 소리가 가장 거세지 아니한 까닭에 차서次序(차례)로는 비록 뒤에 있으나마 형상을 모상해서 글자를 지음에 시초가 된 것이요, ㅅ, ㅈ는 비록 다 같이 전청이라도 ㅅ가 ㅈ에 비해서 소리가 거세지 아니한 까닭에 또한 글자를 짓는 시초가 된 것이니라. 오직 아음의 ㆁ만은 비록 혀뿌리가 목구멍을 막아서 소리의 기운이 코로 나오되 그 소리가 ㅇ과 비슷해서 운서에도 의疑와 유喩가 서로 혼용되는 것이라. 이제 또한 목구멍에서 모상함을 취하여 아음의 글자를 짓는 시초를 삼지 아니한바 대개 목구멍은 물水에 속하고 어금니는 나무木에 속하는 터로 ㆁ이 아음에 있으면서도 ㅇ와 비슷한 것은 마치 나무의 움이 물에서 나와서 부드러워柔軟 아직 물의 기운이 많음과 같으니라. ㄱ는 나무木의 성질이요, ㅋ는 나무의 성장이요. ㄲ는 나무의 노장老壯(나이들어 씩씩하게 됨)임에 이에 이르러 모두 어금니에서 모상한 것이다.(又以聲音淸濁而言之. ㄱㄷㅂㅈㅅㆆ○爲全淸. ㅋㅌㅍㅊㅎ○爲次淸. ㄲㄸㅃㅉㅆㆅ○爲全濁. ㆁㄴㅁㅇㄹㅿ○爲不淸

不濁。ㄴㅁㅇ。其聲最不厲。故次序雖在於後。而象形制字則爲之始。ㅅㅈ雖皆爲全淸。而ㅅ比ㅈ。聲不
厲。故亦爲制字之始。惟牙之ㆁ。雖舌根閉喉聲氣出鼻。而其聲與ㅇ相似。故韻書疑與喩多相混用。今亦
取象於喉。而不爲牙音制字之始。盖喉屬水而牙屬木。ㆁ雖在牙而與ㅇ相似。猶木之萌芽生於水而柔
軟。尙多水氣也。ㄱ木之成質。ㅋ木之盛。長。ㄲ木之老壯。　故至此乃皆取象於牙也。)," 『훈민정음
해례』 「제자해」

"ㄴ, ㅁ, ㅇ는 그 소리가 가장 거세지 아니한 까닭에 차서(次序)(차례)로는 비록 뒤에 있
으나마 형상을 모상해서 글자를 지음에 시초가 된 것이요."라고 하여 기본자를 ㄴ, ㅁ,
ㅇ 세자로 잡고 있다. 신경준의 관점과는 차이를 보여주고 있다.

필사 이본 가운데 숭실대학교 소장본의 「초성도」에 설상음 ㄴ, ㄴ, ㅌ, ㄸ가 설두음과
위치가 잘못 들어가 있으며 설두음 ㄴ, ㄷ, ㅌ, ㄸ이 누락되어 있다. 그리고 한국학중앙
연구원 소장본에는 설두음과 설상음이 들어가는 위가 바뀌었다. 이러한 사실을 고려해
보더라도 필사본 이본 가운데『저정서』가 여암의 필사 원본임을 확인할 수 있는 근거가
된다.

그리고 본문 초성해(특히 層位項)에 의하면 초성자는 36사이어야 되는데, 사본(寫本)인
『운해 훈민정음』.(조선어학회간『훈민정음운해』도 같다)의　초성도에는 32자밖에 없다.
이 원형으로 된 「초성도」를 도식으로 바꾸면 아래와 같다.

궁(宮)	후(喉)	토(土)	◑ ○ ⊙ ●
			ㅇ ㆆ ㅎ ㆅ
상(商)	치(齒)	금(金)	◑ ○ ⊙ ●
			ㅅ ㅈ ㅊ ㅆ ㅉ
			ㅅ ㅈ ㅊ ㅆ ㅉ
우(羽)	순(脣)	수(水)	◑ ○ ⊙ ●
			ㅁ ㅂ ㅍ ㅃ
			ㅁ ㅸ ㆄ ㅹ
각(角)	이(牙)	목(木)	◑ ○ ⊙ ●
			ㆁ ㄱ ㅋ ㄲ
치(徵)	설(舌)	화(火)	◑ ○ ⊙ ●
			ㄴ ㄷ ㅌ ㄸ
			ㄴ ㄴ ㅌ ㄸ

반치(半徵)	반궁(半宮)	화(火)	ㄹ
반상(半商)	반궁(半宮)	금(金)	△

「초성도」를 정리하면 위의 도표와 같다. 그런데 ◖○◉● 는 여암이 상형설을 설명하는 상징부호로 사용하고 있다. 곧 ◖는 유성, ○는 무성, ◉는 유기, ●은 경음을 나타내는데 초성이 계열직 통합적 가획에 의한 상형설을 설명하는 매우 유효한 기술 방식이다. 오늘날 훈민정음의 초성이 계기적인 계열 및 통합 관계를 유성-무성- 유가-경음의 변별적 자질로 구성된 변별적인 문자(Distingtive feature)임을 여암은 일찍부터 인식하고 있었음을 말해 준다.

이 「초성도」는 오방에 근거하여 오음(아·설·순·치·후)을 배치하였고 청탁에 따라 다층의 동심원을 그려 오음의 청탁을 배치한 그림이다. 초성의 계열·통합 관계를 효율적으로 그려낸 도식이다.

3.2 初聲配經世數圖[60]

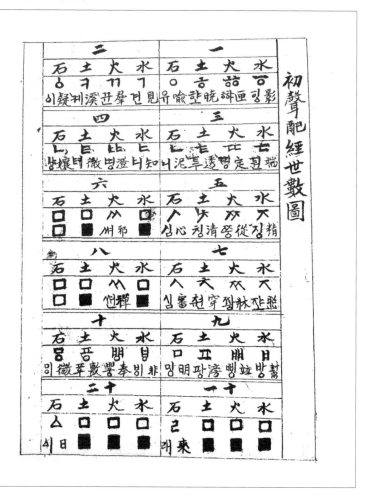

60) 초성배경세수도(初聲配經世數圖): 소옹의 「경세성음도」에서 초성을 12구분하여 각각 수(全清)·화(全濁)·토(次清)·석(不清不濁)으로 4분한 다음 초성 배열의 예에 따라 배열한 도표이다. 배열한 한자는 모두 중국『광운』의 36자모표에 있는 한자이며 그 음은 중국자음 그대로 적었다. 그리고 한자의 배열 순서는 권두의 「경세성음수도」의 12음도와 같다. 여암은 훈민정음의 문자로 중국 한자음을 정확하게 나타낼 수 있는 운도를 만들려고 한 것이다.

3.2 초성배경세수도

이				일			
석	토	화	수	석	토	화	수
ㆁ	ㅋ	ㄲ	ㄱ	ㅇ	ㅎ	ㆅ	ㆆ
ᅌᅵ疑	켸溪	꾼羣	견見	유喩	화曉	ᅘᅡ匣	ᅙᅵᆼ影
사				삼			
석	토	화	수	석	토	화	수
ㄴ	ㄸ	ㅌ	ㄴ	ㄴ	ㅌ	ㄸ	ㄷ
냥孃	텨徹	띵澄	디知	니泥	투透	띵定	된端
륙				오			
석	토	화	수	석	토	화	수
□	□	ㅆ	□	ㅅ	ㅊ	ㅉ	ㅈ
□	■	쎠邪	■	심心	칭淸	쭝從	징精
팔				칠			
석	토	화	수	석	토	화	수
□	□	ㅆ	□	ㅅ	ㅊ	ㅉ	ㅈ
□	■	씬禪	■	심審	쳔穿	쫭狀	좌照
십				구			
석	토	화	수	석	토	화	수
ㅱ	ㆄ	ㅹ	ㅸ	ㅁ	ㅍ	ㅃ	ㅂ
ᄝᅵ微	ᅗᅮ敷	ᄬᅩᆼ奉	ᄫᅵ非	밍明	팡滂	삥竝	방幫
십이				십일			
석	토	화	수	석	토	화	수
△	□	□	□	ㄹ	□	□	□
ᅀᅵ日	■	■	■	래來	■	■	■

【해석】

「초성배경세수도」는 소옹의 「경세성음도」에서 초성을 12성으로 나누고 수·화·토·석을 기준으로 사상으로 나눈 다음에 "후음-아음-설음-치음-순음-반설-반치"으로 배열하였는데 이는 『광운』과 『고금운해거요』에 따라 36자모를 따랐다. 초성의 배열은 후음(ㆆ, ㆅ, ㅎ, ㅇ)→아음(ㄱ, ㄲ, ㅋ, ㆁ)→설두음(ㄷ, ㄸ, ㅌ, ㄴ)·설상음(ㄴ, ㄸ, ㅌ, ㄴ)→치두음(ㅈ, ㅉ, ㅊ, ㅅ, ㅆ)·정치음(ㅈ, ㅉ, ㅊ, ㅅ, ㅆ)→순경음(ㅂ, ㅃ, ㅍ, ㅁ)·순중음(ㅸ, ㅹ, ㆄ, ㅱ)→반설음(ㄹ)→반치음(ㅿ)으로 1성에서 10성까지 훈민정음과 한자 자표(성뉴)를 배열하였는데 이는 「경세성음수도」의 '음려화'의 10성과 완전히 일치한다.

여암 신경준은 음양오행설을 기반으로 하여 초성의 상형설에 입각한 훈민정음에 대한 재해석 부분은 매우 탁월한 비평이론이라고 할 수 있다. 유창균(1969)은 『저정서』의 앞부분인 「운해」 부분을 "훈민정음의 연구 그 자체도 한자음운도를 작성하기 위한 하나의 서론적 구실을 하는 것"이라고 평가하고 있는데 이것은 지나치게 신경준의 업적을 평가절하한 것이라고 할 수 있다. 물론 뒤에 나오는 운도인 「개합사장」을 위한 논술이기는 하지만 '훈민정음' 그 자체에 대한 여암 나름대로의 연구 결실인 동시에 대단히 독창적인 연구 성과라 아니 할 수 없다. 세종이 '훈민정음'을 창제한 이후 집현전 학사들과 함께 세종이 펴낸 『훈민정음 해례』 이후 명곡 최석정의 『경세훈민정음』에 이은 신경준의 연구 성과가 바로 이 『저정서』인 것이다.

「초성배경세수도」에서 36자모체계를 유지한 것은 『광운』과 『고금운해거요』의 36자모 체계에 맞추려고 한 것이다. 특히 설음을 설두음·설상음으로, 치음을 치두음·정치음으로, 순음을 순경음·순중음으로 구분하였다. 『훈민정음 해례』에서는 순경음과 순중음을 구분하여 문자를 제정하였으나 『홍무정운역훈』에서는 약(藥)운 계열에 종성자리에 'ㅸ'만 사용하였다. 『훈민정음 언해』에서는 치두음과 정치음을 구분하여 『고금운해거요』와 『사성통고』와 『사성통해』에서만 사용되었다. 그런데 여암 신경준에 와서 설두음(ㄷ, ㄸ, ㅌ, ㄴ)과 설상음(ㄴ, ㅌ, ㅌ, ㄴ)을 새롭게 설정하였다. 여암은 한자음 표기를 의고적으로 『고금운회』에 고정시키기 위한 자신의 의지가 반영된 결과로 성모에서 초성의 자모를 36자모체계로 고정시켰던 것이다.

여암은 그 근거를 「초성해」에서

> "또한 지금은 비록 불분명한 것일지라도 옛날부터 있었던 음들이니 중원에서는 비록 사용되지 않더라도 다른 나라에서는 사용하고 있는 곳도 있으니 지(知)ㄴ·철(徹)ㅌ·증(澄)ㅌ·낭(孃)ㄴ은 쓸모가 있고 우리나라 서북 사람들은 이를 사용하며, 서울의 반촌(泮村, 양반) 사람들도 간혹 이를 사용하고 있는 이도 있어서 지금도 옛 방식에 따라 36자모로 갖춘데 의지한 것이다."

라고 밝히고 있다. 여암 스스로도 36자모도가 이상적인 체계라는 것을 알고 있었지만 다양한 변이음을 이상적으로 모두 나타내기 위한 조치였음을 밝히고 있다.

3.3 初聲解

1) 字母[61]分屬

喩ㅇ·影ㆆ·曉ㅎ·匣ㆅ屬宮 土音 生於脾, 成於喉而微兼牙, 疑ㆁ·見ㄱ·溪ㅋ·羣
ㄲ屬角, 木音, 生於肝而成於牙, 泥ㄴ·端ㄷ·透ㅌ·定ㄸ·孃ㄴ·知ㅈ·徹ㅌ·澄ㅼ
屬徵, 火音, 生於心, 成於舌, 而泥·端·透·定, 爲舌頭音, 孃·知·徹·澄, 爲舌上
音, 心ㅅ·精ㅈ·清ㅊ·邪ㅆ·從ㅉ·審ㅅ·照ㅈ·穿ㅊ·禪ㅆ·牀ㅉ屬商, 金音, 生於
肺, 成於齒而心·精·清·邪·從, 爲齒頭音, 審·照·穿·禪·牀, 爲正齒音, 明ㅁ·幫
ㅂ·滂ㅍ·並ㅃ·微ㅱ·非ㅸ·敷ㅹ·奉ㅹ屬羽, 水音, 生於腎, 成於脣而明·幫·滂·
並, 爲重脣音, 微·非·敷·奉, 爲輕脣音而兼齒, 來ㄹ屬半徵, 半火音, 生於半舌而
兼喉, 日ㅿ屬半商, 半金音, 生於半齒而兼喉, 字母並三十六, 洪武正韻, 以知·徹·
澄·孃·敷, 倂於照·穿·牀·泥·非爲三十一母, 雖其音相似, 而舌音倂於齒音, 次清
倂於全清, 似未穩, 且今雖不明, 而古有存者, 中土雖不行, 而他國有用處, 至於知·徹·
澄·孃, 我國西北人多用之, 在京中泮村人, 亦或用之, 故今依舊法, 備三十六母焉. 訓民
正音依 洪武正韻, 而只設影·匣·曉·喩·見·羣·溪·疑·端·定·透·泥·精·從·清·心·邪·
幫·並·滂·明·來·日 二十三母, 其餘勿論, 盖由於方俗顯存之音也. 然而正音之理, 有
能推例善用, 則不止三十六母, 而變通無窮矣. 此設於不設之中也.

比至于故今之上(이 글은 故今의 위에 넣으라)
[書於知·徹·澄·孃, 我國西北人多用之, 在京中泮村人, 亦或用之]

---

61) 자모(字母): 자모는 초성 곧 성모(聲母)를 가리키는 말이다. 『홍무정운』31자모는 見([k]),
溪([kʰ]), 羣([kʼ]), 疑([ŋ])와 같이 한자로 초성을 나타낸다. 『광운』에서는 36자모를『홍무정
운』과 같이 見([k]), 溪([kʰ]), 羣([kʼ]), 疑([ŋ])로 나타내는 성모 글자의 대표글자를 자모라고
한다. 이 36자모를 조음의 위치나 조음방법에 따라 배열한 것이 운도이다.

3.3 초성해

1) 자모를 분배하여 귀속함(字母分屬)

유(喩) ㅇ·형(影) ㆆ·효(曉) ㅎ·햅(匣)ㆅ은 궁(宮)음에 속하며, 토(土)음인데 비장(脾, 지라)에서 생겨나 목구멍(喉)에서 이루어지는데 약간 아(牙)음을 겸하여 이루어진다.

의(疑) ㆁ·견(見) ㄱ·켸(溪) ㅋ·꾼(羣) ㄲ은 각(角)음에 속하며, 목(木)음인데 간(肝)에서 생겨나 어금니(牙)에서 이루어진다.

니(泥) ㄴ·단(端) ㄷ·투(透) ㅌ·떵(定)ㄸ과 냥(孃) ㄴ·지(知)ㄴ·철(徹)ㅌ·징(澄)ㄸ은 치(徵)음에 속하며, 화(火)음인데 심장(心臟)에서 생겨나 혀(舌)에서 이루어지며, 니(泥)·단(端)·투(透)·떵(定)ㄸ은 설두음(舌頭音)이고 냥(孃)·지(知)·철(徹)·증(澄)은 설상음(舌上音)이다.

심(心) ㅅ·정(精) ㅈ·청(淸) ㅊ·싸(邪) ㅆ·쫑(從) ㅉ·심(審) ㅅ·조(照) ㅈ·천(穿) ㅊ·썬(禪) ㅆ·짱(牀) ㅉ은 상(商)음에 속하며, 금(金)음인데 소리가 폐(肺)에서 생겨서 이(齒)에서 이루어진다. 심(心) ㅅ·정(精) ㅈ·청(淸) ㅊ·싸(邪) ㅆ·쫑(從) ㅉ은 치두음(齒頭音)이고 심(審) ㅅ·조(照) ㅈ·천(穿) ㅊ·썬(禪) ㅆ·짱(牀) ㅉ은 정치음(正齒音)이다.

명(明) ㅁ·방(幫) ㅂ·팡(滂) ㅍ·뻥(竝) ㅃ과 믱(微) ㅁ·비(非) ㅸ·푱(敷) ㆄ·뽕(奉) ㅹ은 우(羽)음이며, 수(水)음인데 신장(腎臟)에서 생겨나 입술(脣)에서 이루어진다. 명(明)·방(幫)·팡(滂)·뻥(竝)은 중순음(重脣音)이며, 믱(微) ㅁ·비(非) ㅸ·푱(敷) ㆄ·뽕(奉) ㅹ은 경순음(輕脣音)이며 치(齒)음도 겸한다.

래(來) ㄹ은 반치음(半齒音)인데 반화음(半火音)이며, 반설에서 생기나 목소리도 겸한다.

실(日) ㅿ은 반상음(半商音)인데 반금음(半金音)이며, 반치에서 생기나 목소리도 겸한다.

자모가 모두 36개이나 『홍무정운』에서는 지(知)ㄴ·철(徹)ㅌ·증(澄)ㄸ 냥(孃)ㄴ·푱(敷, 픙)62)를 조(照)ㅈ·천(穿)ㅊ·짱(牀)ㅉ·니(泥, ㄴ)·비(非, ㅸ)에 합쳐서 31모이다. 비록 그 음이 서로 비슷하더라도 설(舌)음을 치(齒)음에 병합되거나 차청이 전청으로 합병된 것이다. 이러한 것은 온당하지 못한 것 같다.63)

또한 지금은 비록 불분명한 것일지라도 옛날부터 있었던 음들이니 중원에서는 비록 사용되지 않더라도 다른 나라에서는 사용하고 있는 곳도 있으니 지(知)ㄴ·철(徹)ㅌ·증(澄)ㄴ·낭(孃)ㄴ은 쓸모가 있고 우리나라 서북 사람들은 이를 사용하고 있으며, 서울의 반촌(泮村, 양반) 사람들도 간혹 이를 사용하고 있는 이도 있어서 지금도 옛 방식에 따라 36자모로 갖춘데 의지한 것이다.

훈민정음은 『홍무정운』에 의지하여 다만 형(影 ㆆ)·협(匣 ㆅ)·효(曉 ㅎ)·유(喩 ㅇ)와 견(見 ㄱ)·꾼(羣 ㄲ)·켸(溪 ㅋ)·의(疑 ㅇ)와 단(端 ㄷ)·떵(定 ㄸ)·투(透 ㅌ)·니(泥 ㄴ)·정(精 ㅈ)·쫑(從 ㅉ)·청(清 ㅊ)·심(心 ㅅ)·싸(邪 ㅆ)와 방(幫 ㅂ)·뻥(竝 ㅃ)·팡(滂 ㅍ)·명(明 ㅁ)과 래(來 ㄹ), 실(日 ㅿ)의 23모만 설치하고 그 나머지에 대해서는 논하지 않았다. 이것은 우리나라에서 방속(方俗, 지방 방언)에만 드러나 실현되는 음에만 의거하였기 때문이었다.

그러나 정음(正音)의 이치는 그 법식(본보기)에 미루어 능히 잘 사용할 수 있어야 하는 것이니 곧 36자모에만 그치는 것이 아니라 변통이 무궁해야 할 것이다. 이것은 자모로 베풀지 않은 가운데 베풂이 있는 것이라고 할 수 있다.

【해석】

「자모분속(字母分屬)」은 36자모체계를 음양오행설에 기반을 두고 이들 자모가 어떻게 분배되어 귀속되는지를 설명한 것이다. 곧 역학이론과 음양오행설을 기초로 하여 「초성도」와 「초성경세수도」를 역학의 입장에서 설명한 항목이다. 『훈민정음 해례』에서는 자

---

62) "지(知, ㅈ)·철(徹, ㅊ)·징(澄, ㅉ)·양(孃, ㄴ)·부(敷, ㅂ)"모는 『홍무정운』의 자모가 아닌 『운해』의 자모이다. 『홍무정운』의 자모로 설명하자면 치두음 "精(ㅈ), 清(ㅊ), 從(ㅉ), 양(孃, ㄴ)·부(敷, ㅂ)"과 정치음 조(照, ㅈ)·촨(穿, ㅊ)·상(牀, ㅉ)·니(泥, ㄴ)·비(非, ㅸ)이 통합된 것이다. 따라서 "『홍무정운』에서는 지(知, ㅈ)·철(徹, ㅊ)·징(澄, ㅉ)·양(孃, ㄴ)·부(敷, ㅂ)"이라고 한 것은 신경준이 잘못 설명한 부분이다.

63) "설상음은 즉, 우리 나라에서 발음하는 것과 같으나 정치음과 비슷하여 같지 않으니, 한 음에서는 설상음이 저절로 정치음과 같아졌고, 비(非)모와 부(敷)모, 니(泥)모와 양(孃)모는 우리 나라와 한음에서 구별할 수 없게 되었다. 『집운』에서는 36자모를 모두 쓰고 있으나 영(影)·효(曉)·갑(匣) 삼모를 천후음(淺候音)이라하고 유(喩)모를 심후음(深候音)라고 하였으며, 또 영(影)모를 갑(匣)모 아래에 부연하여 예로부터 이어 내려오는 계통이 같지 않고, 모두 대개 까닭이 있을 것이나 여기에서는 다 밝히지 않겠다. (舌上音, 卽同本國所呼, 似與正齒音不同, 而漢音, 自歸於正齒, 非敷泥孃, 鄕漢難辨, 集韻, 皆用三十六母, 而稱影曉匣三母, 爲淺候音, 喩母爲深候音, 又以影母, 敍入匣母之下, 古今沿襲, 不同盖亦必有所由也, 而今不可究矣.)", 『사성통해』 서.

모의 분속을 다음과 같이 설정하였다.

오음(성)	아	설	순	치	후
오행	木	火	土	金	水
오시	春	夏	季夏	秋	冬
오음(악)	角	徵	宮	商	羽
오방	東	南	무정위(중앙)	西	北
오상	仁	禮	信	義	智
오장	肝	心	脾	肺	賢
사덕	元	亨		利	貞
오색	靑	赤	黃	白	黑

자모를 오방(五方), 사시(四時), 오미(五味), 오장(五臟), 오색(五色), 오음(五音) 등 휩쓸어 음양오행에 따라 서로 맞출 수 있는 이런 동양적 사상이 이 훈민정음 제작에 영향을 주었다. 이 오행설을 주장한 이로는 『저정서』를 지은 신경준 같은 이도 있고 최석정 같은 이도 있으며, 근자에는 이익습(1892년)이란 이가 '알파베트'라는 제목으로 코리안 리포트에 발표된 것도 있다.

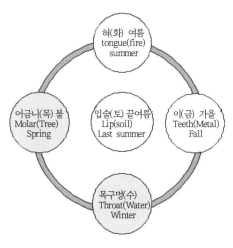

사람의 성음도 오행에 바탕을 둔 것이라고 하였으므로 여기서도 다음과 같이 『고금운회거요』나 『절운지장도』의 「변자모차제례」 등을 참고하여 오행, 오시, 오방 등과 결부하여 설명한 것이다. 다만 본문에서는 '합제사시(合諸四時)'라고 하였으나 실지로는 오시로 설명되어 있다.

오행(五行)을 기준으로 하여 오방위, 오상이나 오장 등을 연계시킨 것은 대단히 관념적인 기술인 것처럼 보이지만 성리학에서는 이들 모두를 우주 생성과 소멸의 인자로 보고 순환하는 일련의 상관관계로 파악하고 있다. 성음도 오행에 바탕을 둔 것이라고 하였으므로 여기서도 다음과 같이 『고금운회거요』나 『절운지장도』의 「변자모차제례」 등을 참고하여 오행, 오시, 오방 등과 결부하여 설명한 것임. 다만 본문에서는 '합제사시(合諸四時)'라고 하였다.

여암은 36성모를 오음·오방·오장과 조음위치에 따라 아래와 같이 분류하고 있다.

위치	대표 성모자	오음	오방	오장	조음
후음	유(喩ㅇ) 영(影ㆆ) 효(曉ㅎ) 갑(匣ㆅ)	궁(宮)	토(土)	비장(脾臟)	목(喉) 엄(牙)
아음	의(疑ㆁ) 견(見ㄱ) 계(溪ㅋ) 군(君ㄲ)	각(角)	목(木)	간(肝)	엄(牙)
설두	니(泥ㄴ) 단(端ㄷ) 투(透ㅌ) 정(定ㄸ)	치(徵)	화(火)	심(心)	설(舌)
설상	양(孃ㄴ) 지(知ㄷ) 철(徹ㅌ) 징(澄ㄸ)	치(徵)	화(火)	심(心)	설(舌)
치두	심(心ㅅ) 정(精ㅈ) 사(邪ㅆ) 종(從ㅉ)	상(商)	금(金)	폐장(肺臟)	치(齒)
정치	심(審ㅅ) 조(照ㅈ) 천(穿ㅊ) 선(禪ㅆ) 상(狀ㅉ)	상(商)	금(金)	폐장(肺臟)	치(齒)
순중	명(明ㅁ) 방(幫ㅂ) 방(滂ㅍ) 병(並ㅃ)	우(羽)	수(水)	신장(腎臟)	순(脣)
순경	미(微ㅱ) 부(敷ㅸ) 봉((奉ㅹ)	우(羽)	수(水)	신장(腎臟)	순(脣)

치두음과 정치음에 대해서는 『훈민정음 언해』에

"中듕國귁귁 소·리·옛 ·니쏘·리·는 齒칭頭뚷·와 正·졍齒·칭·왜 굴·히요·미 잇느·니 ㅈㅊㅉㅅㅆ字·쫑·는 用·용於헝 齒칭頭뚷ㅎ·고 ·이소·리·는 ·우·리나·랏 소·리·예·셔 열·보·니 ·혓·그·티 웃·닛머·리·예 다쯔·니·라 ㅈㅊㅉㅅㅆ字·쫑·는 齒칭頭뚷ㅅ소·리·예 ·쓰·고 ㅈㅊㅉㅅㅆ字·쫑·는 用·용於헝 正·졍齒·칭ㅎ느·니 ·이소·리·는 ·우·리나·랏 소·리·예·셔 두터·보·니 ·혓·그·티 아·랫·닛므유·메 다쯔·니·라"

와 같이 설명하고 있을 뿐만 아니라 『사성통해』 「범례」에서는

"무릇 치음이란 치두는 혀를 들어 이에 닿음으로써 그 소리가 얕고 정치는 혀를 말아서 잇몸에 닿음으로써 그 소리가 깊으니, 우리의 치음은 ㅅ, ㅈ, ㅊ는 치두와 정치

의 중간에 있다. 훈민정음에는 치두와 정치의 구별이 없으므로 이제 치두에는 ᄼ, ᅎ, ᅔ를 만들고 정치에는 ᄾ, ᅐ, ᅕ를 만들어 구별한다.(凡齒音, 齒頭則舉舌點齒, 故其聲淺, 整齒則卷舌點腭, 故其聲深, 我國齒聲ㅅㅈㅊ在齒頭整齒之間, 於訓民正音, 無齒頭整齒之別, 今以齒頭爲ᄼᅎᅔ, 以整齒爲ᄾᅐᅕ以別之.)"

라고 하여 이를 구분하고 있다.

『사성통해』「범례」에서는 설상음과 순경음에 대해서도 다음과 같이 기술하고 있다.

"무릇 설상의 소리는 혀의 허리가 잇몸에 닿으므로 그 소리가 어려워서 저절로 정치음으로 돌아가는 까닭에 『운회』에서도 '니(泥)'와 '상(孃)'을 섞어서 구별하지 아니하고 지금의 '지(知)·철(徹)·징(澄)'은 '조(照)·천(穿)·상(牀)·선(禪)'모로 합치고, '상(孃)'은 '니(泥)'로 합쳤다.(凡舌上聲以舌腰點腭, 故其聲難而, 自歸於正齒. 故韻會以知徹澄孃歸照穿牀禪. 而中國時音, 獨以孃歸泥. 且本韻混泥孃而不別, 今以知徹澄歸照穿牀, 以孃歸泥.)"

"순경성(脣輕聲) 가운데 '비(非)'모와 '부(敷)'모의 2모의 자모는 본운(『홍무정운』)과 몽고운(『몽고운략』)에서는 혼동하여 하나로 되어 있고 중국 당시 음에도 구별이 없으므로 이제 '부(敷)'모를 '비(非)'모로 돌린다.(脣輕聲非敷二母之字, 本韻及蒙古韻, 混而一之, 且中國時音亦無別, 今以敷歸非.)"

이상 신경준의 36자모표를 정리하면 아래와 같다.

칠음	궁토 후	각목 아	징화 설두	징화 설상	상금 치두	상금 정치	우수 중순	우수 경순	반치반궁 반설겸후	반상반궁 반치겸후
일청(전청)	影ㆆ	見ㄱ	端ㄷ	知ㄷ	精ᅎ	照ᅐ	幫ㅂ	非ㅸ		
이탁(전탁)	匣ㆅ	羣ㄲ	定ㄸ	澄ㄸ	從ᅏ	狀ᅑ	並ㅃ	奉뼝		
삼청(차청)	曉ㅎ	溪ㅋ	透ㅌ	徹ㅌ	清ᅔ	穿ᅕ		滂ㅍ	敷ㆄ	
사탁(반청반탁)	諭ㅇ	疑ㆁ	泥ㄴ	孃ㄴ	心ᄼ	審ᄾ	明ㅁ	微ㅱ	來ㄹ	日ㅿ
이탁(전탁)					邪ᅏ	禪ᅑ				

여암의 36자모체계와 훈민정음의 체계와 비교해 보면 사성의 구별은 "일청(전청)—이탁(전탁)—삼청(차청)—사탁(불청불탁)(반청반탁)"으로 예의와는 일치하나 해례와는 다르

다. 곧 해례에는 "전청─차청─전탁─불청불탁(반청반탁)"의 순서로 되어 있어 차이를 보여준다.

여암은 훈민정음에서 성모의 체계가 23성모인 것에 대해 「초성해」에서

> 훈민정음은 『홍무정운』에 의지하여 다만 형(影 ㆆ)·협(匣 ㆅ)·효(曉 ㅎ)·유(喩 ㅇ)와 견(見 ㄱ)·군(羣 ㄲ)·케(溪 ㅋ)·의(疑 ㆁ)와 단(端 ㄷ)·땅(定 ㄸ)·투(透 ㅌ)·니(泥 ㄴ)·정(精 ㅈ)·쫑(從 ㅉ)·청(淸 ㅊ)·심(心 ㅅ)·싸(邪 ㅆ)와 방(幫 ㅂ)·빵(竝 ㅃ)·팡(滂 ㅍ)·명(明 ㅁ)과 래(來 ㄹ), 실(日 ㅿ)의 23모만 설치하고 그 나머지에 대해서는 논하지 않았다. 이것은 우리나라에서 방속(方俗, 지방 방언)에만 드러나 실현되는 음에만 의거하였기 때문이었다.

와 같이 비판하고 있다.

여암이 설상음 ㄴ, ㅌ, ㅼ을 설정한 근거는 서북 사람들과 서울 반상층의 사람들의 말 속에 남아 있기 때문이라고 설명하고 있다. 이처럼 새로운 문자를 설정하는 것은 박성원의 『화동정음통석』에서 ◇를 설정했던 것에도 영향을 받은 것으로 보인다. 여암은 훈민정음에서 설정한 23자모는 방속에서 드러난 우리 말의 음소로 인정하면서 설상음 ㄴ, ㅌ, ㅼ을 포함한 36자모를 주장한 것은 중국 운서의 법도를 맞추기 위한 이상적인 조치였음을 분명히 밝히고 있다.

2) 七音解

七音[64]解『出元音通釋』

角聲出於牙, 縮舌而躍, 張齒湧吻, 通圓實樸, 平出於前

徵聲出至舌, 齒合脣啓, 回縵舒遲, 迭振而起, 自邪降出

商聲出至齒, 口開齶張, 騰上歸中, 明達堅剛, 雖出若留

羽聲出至脣, 齒開胳聚, 淸微迴亮飄振以擧, 若留而去

宮聲出於喉, 合口而通, 厖大沈雄, 舌則居中, 自內直上

變徵爲半舌音, 開口發氣, 半響於舌而舌帖, 逆升於喉而喉舞

變宮爲半喉音, 齊齒發氣, 起響於喉而喉靜, 輕出於舌而舌搖

---

[64] 칠음(七音): 음의 고저를 궁(宮), 상(商), 각(角), 치(徵), 우(羽)의 5음과 변궁(變宮)과 변치(變徵) 2음을 합하여 7음으로 표시하였다. 오행은 목(木), 화(火), 수(水), 금(金), 토(土), 반화(半火), 반금(半金) 7행과 아(牙), 설(舌), 순(脣), 치(齒), 후(喉), 반설(半舌), 반치(半齒)음 7음

2) 칠음해(七音解)

칠음해(七音解)『원음통석』(박성원의 『화동정음통석운고』를 말함)에서 근거한 것이다.

각(角)음은 엄(목젖 주변)에 이르러 소리가 난다. 혀(설근)가 움츠려졌다가 불룩 솟아 올리며, 이를 벌리고(闢) 입술을 내밀면서 열리면(闢) 통원실박(通圓實樸, 둥근 것을 거쳐 수수하게)하여 평탄하게 앞으로 나간다.

치(徵)음은 소리가 혀에 이르러(부딪치어) 나는데 이(齒)는 합(闔)해지고 입술은 열려(闢) 혀가 천천히 굴러 펴다가 느슨하고 느긋하게 절로 어그러져 아래로 나아간다.

상(商)음은 소리가 나와서 이(齒)에 이르러 소리가 난다. 입을 열고(闢) 잇몸을 펴서 위로 올렸다가 가운데로 되돌린다. 명달견강(明達堅剛, 지혜롭고 사리에 밝으며 굳다)하며 비록 소리가 밖으로 나가나 약간 머물며 나아간다.

우(羽)음은 소리가 나와서 입술에 이르러 소리가 난다. 이를 벌리고 입술을 모아(闔) 청미(淸微, 맑고 깨끗하며 미묘)하며, 형량(逈亮, 빛나고 밝음)하다가 세차게 흔들어 올리는데(입술에) 머무는 것 같으면서 입승이 들리면서 나아간다.

궁(宮)음은 목구멍에서 소리가 난다. 목구멍이 합해지고 통하는 것이 거칠어지며, 혀가 가운데 가라앉으며 웅크리는데 곧 안에서 위로 곧게 올린다.

변치(變徵)음은 반설음이 된다. 입을 열고 호기(呼氣, 바깥으로 공기를 불어냄)를 내며 반쯤은 혀에서 올려서 혀를 늘려 목구멍으로 거슬러 오르게 하여 목구멍이 흔들리게 한다.

변궁(變宮)은 반후음인데 이(齒)를 가지런히 하고 호기를 내며, 목구멍에서 울림을 일으키나 목구멍이 고요하고 목구멍에서 가볍게 내는데 혀가 가볍게 나가니 혀를 흔들게 한다.

【해석】

「칠음해」는 『원음통석』에 근거한 것이라고 밝혔듯이 여암이 박성원의 『화동정음통석

___

이 상호 결부되어 있다. 송나라 시대에 7음과 결부한 36자모도를 만들기도 하였다.

운고』의 「칠음출성출원음통석(七音出聲 出元音通釋)」의 내용과 같은 내용이나 약간의 차이가 있다. 칠음을 소리가 시작되는 데서 끝나는 데까지 조음과정을 재미있게 기술하고 있다. 박성원은 이것을 5언시로 설명하고 있다.

角聲出於牙, 縮舌而躍, 張齒湧勿, 通圓實樸, 平出於前,
徵聲出至舌, 齒合脣啓, 回變逐迆, 迭振而起, 白邪隆出,
商聲出至齒, 口開脣張, 騰上歸中, 明聲刺, 雖出若留,
羽聲出至脣, 齒開脣聚, 清微迴亮顫振以擧, 若留而去,
宮聲出於喉, 合口而通, 龐大沈雄, 舌則居中, 內直上,
變徵爲半舌音, 開口發氣, 半響於舌而舌帖, 逆升於喉而喉舞,
變宮爲半喉音, 齊致發氣, 起響於喉而喉靜, 輕出於舌而舌搖,

그러나 여암의 「칠음해」 해석은 박성원으로부터 직접적인 영향을 받을 결과로 판단된다. 특히 조음 방법에 대한 매우 정밀한 해석이라 할 수 있다. 금영택의 『만우재문집(晩寓齋文集)』 「언문자음자예(諺文字音起例)」에도 7음에 대해 아래와 같이 기술하고 있다.

聲出於牙 而通圓實樸者 木音屬於角
聲出至舌 而迭振回變者 火音屬於徵
聲出至齒 而明聲刺者 金音屬於商
聲出至脣 而清微顫氣者 水音屬於羽
聲出至喉 而龐大沈雄者 土音屬於宮
至若門口發氣平響於舌 舌帖逆升者 變徵 爲半舌音
齊齒發氣 起響於喉 喉靜輕出者 變宮 爲半喉音

『만우재문집』 「언문자음자예」

여암 신경준은 조음음성학적 관점에서 조음체의 이동으로 5음을 설명하고 있다. 『훈민정음』에서 오음과 오행을 결부하여 설명하고 이를 다시 조음 작용면에서 음상과 관련하여 설명한 것을 정리하면 다음과 같다.

五音	모양	오행	사시	오음	오방	설명내용
喉	邃而潤	水	冬	羽	北	如水之虛明而流通
牙	錯而長	木	春	角	東	如木之生於水而有形
舌	銳而動	火	夏	徵	南	如火之轉展而揚揚
齒	剛而斷	金	秋	商	西	如金之屑瑣而鍛成
脣	方而合	土	季夏	宮	無定位	如土之含蓄萬物而廣大

『성리대전』권26 『이기(理氣)』1조에는 "주자가 이르되 모든 정이 다시 원을 생성하며 이와 같이 무궁하다(朱子曰..蓋是貞復生元 無窮如此)"라는 말이 있다. 또 권27 『사시조』에는 '주가가 이르되 일세로로 말하면 춘·하·추·동이 있고 건으로 말하면 원·형·이·정이 있다(朱子曰..以一歲言之, 有春夏秋冬, 以乾言之, 有元亨利貞云云)'라고 있는데, "원(元)=춘(春), 형(亨)=하(夏), 이(利)=추(秋), 정(貞)=동(冬)"의 관계로 파악하고 있다. 이러한 사실에 근거하여 오행과 조음기관을 결부하였을 때 물(水)=목구멍(喉), 불(火)=혀(舌)이므로 오행 중에서 물(水)과 불(火)이 중요하듯, 조음기관 중에서도 후(喉), 설(舌)이 가장 중요하다는 설명이다. 후(喉)는 소리의 문이고 설(舌)은 가장 중요한 조음체이다.

	조음위치	조음방법			조음진행
		혀	이	입술	
각(角)	목적 주변(牙)	설근 수축	벌어짐	둥글게 열림	평탄하게
치(徵)	혀	혀 부딪침	닫침	열림	혀가 들려
상(商)	이		부딪침	열림	공기 머물다 나감
우(羽)	후→입술		열림	합침	
궁(宮)	후-합침	가라앉고 웅크림			안에서 곧게 울린다
변치(變徵)	입을 염	반울림-목구멍			목이 흔들리게
변궁(變宮)	반후음	목에서 음향	가지런 하게		혀가 흔들린디.

여암이 7음의 배열 방식이 『훈민정음 해례』와 많은 차이를 보이고 있으니 매우 독특한 조음 방식에 대한 관찰 결과라고 할 수 있다.[65] 여암은 7음의 배열 방식을 "각(아)-치

---

65) 『훈민정음 해례』에서는 '초성범십칠자(初聲凡十七字)'라고 하여 전탁자(ㄲ, ㄸ, ㅃ, ㅆ, ㅉ, ㆅ) 6자를 제외한 17자를 초성 글자로 채택한 것은 훈민정음 표기 중심으로 훈민정음이

(설)–상(치)–우(순)–궁(후)–변차·변궁"으로 『훈민정음 해례』와 그 배열 순서의 차이를 보여주고 있다. 특히 여암은 반설음을 '변차(반설)', 반치음을 '변궁(반후)'라는 독특한 용어를 사용하고 있다.

3) 五音66)所屬

> 宮之ㅇ, 其卦坤, 其數二, 其方未, 其氣立秋, 其風凉, 其聲函胡, 其音濁, 其器土,
> ㆆ, 其卦乾, 其數六, 其方戌, 其氣立冬, 其風不周, 其聲溫潤, 其音辨, 其器石,
> ㆅ, 其卦艮, 其數八, 其方丑, 其氣立春, 其風融, 其聲崇聚, 其音啾, 其器瓠, ㆅㆅ,
> 其卦巽, 其數四, 其方辰, 其氣立夏, 其風清明, 其聲無餘, 其音直, 其器木, 角,
> 卦震, 其數三, 其方卯, 其氣春分, 其風明庶, 其聲清越, 其音濫, 其器竹, 徵, 其卦
> 离, 其數九, 其方午, 其氣夏至, 其風景, 其聲纖微, 其音哀, 其器絲, 商, 其卦兌,

제작되었음을 의미한다. 한자음 표기 등 외래어 표기를 위해서는 합자 방식으로 운용한다는 기본원리이다. 훈민정음 창제를 한자음 표기를 위해 만들었다는 논거의 타당성이 없음을 알 수 있다.

66) 오음(音): 성음을 아·설·순·치·후로 구분하여 5음으로 구분하거나 혹은 악학 이론으로서 악음 궁·상·각·치·우 5음으로 구분된다.

五音(聲)	牙	舌	脣	齒	喉
五行	木	火	土	金	水
五時	春	夏	季夏	秋	冬
五音(樂)	角	徵	宮	商	羽
五方	東	南	무정위(중앙)	西	北
五常	仁	禮	信	義	智
五臟	肝	心	脾	肺	賢
四德	元	享		利	貞
五色	青	赤	黃	白	黑

오행(五行)을 기준으로 하여 오방위(五方位), 오상(五常)이나 오장(五臟) 등을 연계시킨 것은 대단히 관념적인 기술인 것처럼 보이지만 성리학에서는 이들 모두를 우주 생성과 소멸의 인자로 보고 순환하는 일련의 상관관계로 파악하고 있다. "'원(元)'은 계절로서 봄(春)으로 사람의 덕성으로는 인(仁)이라 하면서 원은 사물을 낳는 시작이니 천지의 덕이 이것보다 앞서는 것이 없기 때문에 철(時)로는 봄이 되고 사람에게 있어서는 인(仁)이 되어 선(善)의 으뜸이 된다.(元者, 生物之始, 天地之德莫先於此, 故於時爲春, 於人則爲仁而衆善之長也)"라고 하여 '元貞移貞'을 4계로 설명하듯이 여기서는 오음을 오시로 대응시켜 설명하고 있다.

其數七, 其方酉, 其氣秋分, 其風閶闔, 其聲舂容, 其音鏗, 其器金, 羽, 其卦坎, 其
數一, 其方子, 其氣冬至, 其風廣漠, 其聲豊大, 其音讙, 其氣革,

3) 오음소속(五音所屬)

궁(宮)의 ㅇ은 그 괘(卦)가 곤(坤)이며 역수(易數)로는 2이며, 방향은 미(未)방, 절기로는 입추(立秋), 바람은 서늘하고(凉), 소리는 함호(函胡, 큰 소리), 음(音)은 탁(濁)하며, 그릇은 토(土)이다.

궁(宮)의 ㅎ은 그 괘가 건(乾)이며, 역수는 6이며, 방향은 술(戌)방, 절기는 입동(立冬), 바람은 부주(不周, 많이 불지 않음), 소리는 온윤(溫潤, 온화한 것), 음은 변(辨, 분별), 그릇은 돌(石)이다.

궁(宮)의 ㆆ은 그 괘가 간(艮), 역수는 8이며, 방향은 축(丑)방, 절기는 입춘(立春), 바람은 융(融和, 따사함), 소리는 모아지며(崇聚) 음은 추(啾, 작은 소리로 우는 소리), 그릇은 호(瓠, 바가지)다.

궁(宮)의 ㅎㅎ은 그 괘가 손(巽)이며, 역수는 4이며, 방향은 신(辰)방, 절기는 입하(立夏), 바람은 청명(淸明, 맑고 밝은 것), 소리는 여음이 없으며(無餘) 그릇으로는 목(木, 나무)이다.

각(角) 음은 그 괘가 진(震)이며, 역수는 3이며, 방향은 묘(卯)방, 절기는 춘분(春分), 바람은 명서(明庶, 동쪽에서 불어오는 바람), 소리는 맑고 높으며(淸越), 음은 람(濫, 퍼짐), 그릇으로는 대나무(竹)이다.

치(微)음은 그 괘가 리(離)이며, 역수는 9이며, 방향은 오(午)방, 절기는 하지(夏至), 바람은 맑고 소리는 가늘며(纖微) 음은 애처롭고(哀) 그릇으로는 실(絲)이다.

상(商)음은 그 괘가 태(兌)이며, 역수는 7이며, 방향은 서방(西方), 절기는 추분(秋分), 바람은 창합(閶闔, 서쪽에서 부는 가을바람), 소리는 느긋하고 고요하고(鏗,) 음은 금석(金石) 소리이며, 그릇으로는 쇠(金)이다.

우(羽)음은 그 괘가 감(坎)이며, 역수는 1이며, 방향은 자(子)방, 절기는 동지(冬至), 바람은 광막(廣漠, 넓고 끝이 없음), 소리는 풍대(豊大, 풍족하고 큼), 음은 시끄럽고 그릇으로는 혁(革, 가죽)이다.

【해석】

오음과 역학 이론과 관련지어 여암이 설명한 오음의 소속에 대한 상호 관계를 도식으로 나타내면 다음과 같다.

오음	괘	역수	방향	절기	풍	성	음	기
宮之ㅇ	坤	二	未	立秋	凉	函胡	濁	土
宮之ㅎ	乾	六	戌	立冬	不周	溫潤	辨	石
宮之ㆆ	艮	八	丑	立春	融	崇聚	啾	瓠
宮之ㆅ	巽	四	辰	立夏	淸明	無餘	直	木
角	震	三	卯	春分	明庶	淸越	濫	竹
徵	离	九	午	夏至	景	纖微	哀	絲
商	兌	七	酉	秋分	閶闔	春容	鏗	金
羽	坎	一	子	冬至	廣漠	豐大	謹	革

오음(五音)을 역의 괘와 역수 오방위, 사절기(오절기), 풍, 성, 음, 기와 7음(궁, 상, 각, 치, 우, 반상, 반치)와 순응적 대응을 도식화 한 것이다. 이와 같은 성리학적 인식 태도는 현대 구조주의의 인식 방식과 대등한 것이다. 물론 이러한 대응이 작위적이긴 하지만 당대의 지식 체계를 융합한 관점으로 평가될 수 있다.

『훈민정음 해례』「초성해」에서도 사람의 말소리를 오행에 근본을 두고 다음과 같이 설명하고 있다.

"대저 사람의 소리가 있음도 오행에 근본이 되는 까닭에 사시(四時)에 어울러 어그러지지 않고 오음에 맞추어 틀리지 않는다. 목구멍은 입 안에서 깊고 젖어서 물水이라고 할 것이라. 소리가 비고 통通하여 물의 허명虛明하고 유통함과 같은 바 계절로는 겨울이요, 음으로는 우羽다. 어금니는 착잡錯雜, 어긋나고하고 길어서 나무木라고 할 것이라. 소리는 목구멍소리와 비슷해도 여물어서 나무가 물에서 나도 형상形狀이 있음과 같은 바 계절로는 봄春이요, 음으로는 각角이다. 혀는 날카롭고 움직여 불火이라고 할 것이라. 소리가 구르고 날리어 불의 전전轉展, 이글거리며하여 양양함揚揚, 활활 타오름과 같은 바 계절로는 여름夏이요, 음으로는 치徵다. 이는 단단하고 끊어서 쇠金라고 할 것이라. 소리가 부스러지고 걸리어 쇠의 소설消屑, 잔부스러기한 것이 단련鍛鍊되어 이루어짐과 같은 바 계절로는 가을秋이요, 음으로는 상商이다. 입술은 모지고 합合, 다물어짐하여 흙土라고 할 것이라. 소리가 머금고 넓어서 땅이 만물을 함축하여 광대함과 같은 바 계절로는 계하季夏, 늦여름요, 음으로는 궁宮이니라. 그러나 물水은 물건을 낳는 근원이요, 불은 물건을 이루는 작용인지라, 오행 중에서도 물水, 불火이 큰 것이 되고 목구멍은 소리를 내는 문이요, 혀는 소리를 가래는 관인지라 오음 중에서도 후설이 주장이 되느니라. 목구멍은 뒤에 있고 어금니가 다음이므로 북과 동의 위치요, 혀와 이가 또 그 다음임에 남과 서의 위치요, 입술이 끝에 있으매 흙(土)은 정한 방위가 없이 사계절에 덧붙어 왕성한 뜻이니라. 이는 초성 중에 스스로 음양, 오행 방위의 수가 있는 것이다."[67]

라고 하여 아래의 도표와 같이 분류하였다.

오음	어금니 소리(牙)	혓소리(舌)	입술소리(脣)	잇소리(齒)	목구멍소리(喉)
오행	나무(木)	불(火)	흙(土)	쇠(金)	물(水)
오시	봄(春)	여름(夏)	늦여름(季夏)	가을(秋)	겨울(冬)
오성	각(角)	치(徵)	궁(宮)	상(商)	우(羽)
오방	동(東)	남(南)	중앙(中央) 무정위(無定位)	서(西)	북(北)

여암이 제시한 초성의 오음 소속과『훈민정음 해례』에서의 오음 소속과 비교해 보면 근본 원리는 유사하지만 서로 다른 시각으로 관찰했음을 알 수 있다.

4) 象形[68]

宮, 志云中也[69], 居中央·暢四方, 倡始施生, 爲四聲之綱也. 其聲主合, 故其象爲 ㅇ, 是土之圓滿周徧四方無缺之象也. 角, 志云觸也. 物觸地而生, 戴芒角也. 其聲主湧, 故其象爲 ㆁ, 是木之芒芽自土而湧出之象也. 徵, 志云祉也. 物盛大而繁祉也. 其聲主分, 故其象爲 ㄴ, 是火之炎分而上燃之象也. 商, 志云章也. 物成熟而可章度也. 其聲主張, 故其象爲 ㅅ, 是金之尖銳而張決之象也. 羽, 志云聚也. 物聚藏而宇覆之也. 其聲主吐, 故其象爲 ㅁ, 是水之聚會而盈坎之象也.

---

67)『훈민정음 해례』「제자해」.

68) 상형(象形): 여암 자신이 5음의 기본문자로 설정한 ㅇ, ㆁ, ㄴ, ㅅ, ㅁ을 상형설의 견지에서 설명한 항목이다. 훈민정음 해례본 제자해에서 설정한 기본문자는 ㄱ, ㄴ, ㅁ, ㅅ, ㅇ의 다섯 글자다. 원래 상형(象形)이란 六書(書)의 하나로서 日, 月, 山, 川 등의 형상을 본뜬 문자를 말한다.『한서』, 예문지.

69) 지(志): '志'는 '어떤 기록에 의하면'이라는 의미이다.

4) 상형(象形)

궁(宮)은 한서 『율력지(律歷志)』에서 말한 가운데(中)이기 때문에 가운데에 위치하여 사방으로 시원히 통하고 처음 소리를 시작하고 만물을 생육하여 사성(四聲, 商, 角, 徵, 羽)의 벼리가 된다. 그 소리는 소가 굴 속에서 우는 소리와 같아 합(입을 다물고 내는 소리)하는 것을 주로 함으로서 그 형상이 ○이 되었는데 이것은 토(土)의 원만(圓滿)하고 사방(四方)으로 두루 미치며, 빠짐이 없음을 나타낸 형상(象)이다.

각(角)은 한서 율력지(律歷志)에서 촉(觸)의 발음이기 때문에 만물이 흙에 닿아서 망각(芒角, 까끄라기)이 머리로 밀고 나오는 듯하다. 그 소리는 닭이 나무에서 우는 것 같고 용(湧, 소리가 솟아나는 듯) 한 것을 주로 하며 그 형상은 ㆁ이 되는데 이는 마무의 새 순이 흙에서 나와 솟아오르는 형상이다.

치(徵)는 한서 율력지(律歷志)에서 말한 지(祉) 발음이니, 만물이 성대(盛大)해져서 번성하게 된다. 그 소리는 놀란 돼지가 지르는 소리와 같아서 분(分, 합의 반대로 입을 벌리는 것)을 주로 하는 것이므로 그 형상은 ㄴ이 된다. 이것은 불길(火)이 갈라지며 위로 타오르는 형상이다.

상(商)은 한서 율력지(律歷志)에서 말한 장(章 곧 형상(形狀), 구별(區別)한다는 뜻)의 발음이기 때문에 사물이 성숙한 뒤에 그 정도를 가히 구별할 수 있다. 그 소리는 양(羊)이 양떼에서 멀어져 우는 소리와 같기 때문에 그 형상이 ㅅ이 되는데, 이것은 쇠(金)의 첨예(尖銳, 날카롭고 예리하여)하여 펼쳐서 당기는 형상이다.

우(羽)는 한서 율력지(律歷志)에서 말한 취(聚)의 발음이니, 만물이 모여 감추고 덮어씌우는 듯 하는 것이니 그 소리는 말이 들에서 우는 소리와 같고 주로 토(吐)하는 것이므로 그 형상이 ㅁ이 된다. 이것은 물(水)이 모이어 구덩이에 가득 찬 형상이다.

【해석】

여암의 상형설은 『훈민정음 해례』 「제자해」와 차이가 많이 난다. 기본자를 설정하고 가획의 원리에 의한 상형설을 말하고 있어 차이를 보여 준다. 여암 신경준의 발음기관에 의한 상형설(象形說)은 상순설(象脣說) 항(項)에 자세히 나오는데 역시 『훈민정음 해례』와는 다르다.

궁―중―소리의 처음―만물의 생육―사성의 벼라―굴 속에 소가 우는 소라―ㅇ―토
각―촉―소리가 땅에서 밀고 나옴―닭이 나무에서 우는 소라―용솟음―ㆁ―토에서 솟아오름
차―자―만물이 성대히 번성―돼지 지르는 소라―ㄴ―화
상―장―사물의 성숙―양이 양 데에서 멀어져 우는 소라―금―날카로움
우―취―만물이 모여 감추고 덮어 씌우는―압―수―구덩이에 물이 찬소리

와 같이 오음의 위치와 악학이론에 바탕을 둔 소리의 형상을 잘 나타내고 있다. 그런데
『훈민정음 해례』의 상형설은 다음과 같다.

"초성은 모두 17자이다. 아음(어금닛소리) ㄱ는 혀뿌리가 목구멍을 막는 형상을 본뜬
것이요. 설음(혓소리) ㄴ는 혀끝이 윗잇몸에 닿는 모양을 본뜬 것이다. 순음(입술소리)
ㅁ는 입 모양을 본뜬 것이다. 치음(잇소리) ㅅ는 이의 모양을 본뜬 것이요. 후음(목구멍
소리) ㅇ는 목구멍의 모양을 본뜬 것이다. ㅋ는 ㄱ에 비하여 소리가 조금 거센(稍厲) 까
닭에 획을 더하였다. ㄴ에서 ㄷ, ㄷ에서 ㅌ, ㅁ에서 ㅂ, ㅂ에서 ㅍ, ㅅ에서 ㅈ, ㅈ에서
ㅊ, ㅇ에서 ㆆ, ㆆ에서 ㅎ가 되는 것도 소리에 따라 획을 더한 뜻이 다 같으나, 오직
ㆁ만은 다르다. 반설음 ㄹ와 반치음 ㅿ는 역시 혀와 이의 형상을 본뜨되 그 모양을 달
리 한 것(이체자)이지. 획을 더하는 뜻은 없다."

정음 28자는 각상형이제지(各象形而制之)라고 하여 기본적으로 소리가 나는 입안의 꼴을
상형하여 글자를 만들었으며 그 음성의 기본자를 ㅇ, ㅅ, ㄱ, ㄴ, ㅁ으로 설정하여 가획
의 방식으로 기술하고 있다.
여암이 설정한 음성분류 기본자 상형 내용을 요약하면 다음과 같다.

喉 ㅇ 象喉形
齒 ㅅ 象齒形
牙 ㄱ 象舌根閉喉之形
舌 ㄴ 象舌附上腭之形
脣 ㅁ 象口形

『훈민정음 해례』의 상형설은 다음의 도표와 같다.

宮	土	脣	脣方而合, 聲合而廣, 如土之含蓄萬物, 而廣大也
商	金	齒	齒剛而断, 聲脣而滞, 如金之屑琐, 而段成也
角	木	牙	牙錯而長, 聲似喉而寶, 如木之生淤水, 而有形也
徵	火	舌	舌銳而勤, 聲轉而飆, 如火之轉展, 而揚揚也
羽	水	喉	喉邃而潤, 聲虛而通, 如水之虛明, 而流通也

여암의 상형설을 정리하면 다음의 도표와 같다.

宮	土	喉	其聲主合, 故其象爲ㅇ, 是土之圓満周偏四方, 无缺之象也
商	金	齒	其聲主張, 故其象爲ㅅ, 是金之尖銳而张决之象也
角	木	牙	其聲主張, 故其象爲ㆁ, 是木之芒芽自土而勇出之象也
徵	火	舌	其聲主分, 故其象爲ㄴ, 是火之尖分而上燃之象也
羽	水	脣	其聲主吐, 故其象爲ㅁ, 是水之聚会而盈坎之象也

"宮, 志云中也. 居中央·暢四方, 倡始施生, 爲四聲之綱也."에서 오음(五音)과 오방(五方)의 대
응이 『훈민정음 해례』와 차이를 보인다. 후음(喉音)-우(羽), 순음(脣音)-궁(宮)과의 대응 관
계는 『훈민정음 해례』와 일치하고 있다. 『훈민정음 해례』의 운도 7성과 악률 오성과의
대응(순음-궁, 후음-우)이 『고금운회거요』와 일치한다. 『훈민정음 해례』의 오음계 배치
가 『훈민정음 해례』는 『홍무정운역훈』, 『사성통해』와 차이가 난다는 점을 구체적으로
지적하게 되었다. 곧 음양오행의 동아시아의 사상 체계로 만든 훈민정음의 제자의
원리를 밝힌 제자해에서 제시한 '순(脣)-궁(宮)'의 배합과 '후(喉)-우(羽)'의 배합이 문제
가 있음을 유희도 『언문지』에서 이 문제를 지적한 바가 있다. 잔엽 상주본 『훈민정음』
행간 필사 기록에도 오음계 배치의 문제를 지적하였다. 곧 "『원화운보』와 신공은 후음
을 궁토에 맞추었다(元和韻譜及神珙, 喉音爲宮土)"라고 하여 '후(喉)-궁(宮)'의 배합이 옳으며,
이어서 "운보와 심약과 신공은 순음을 우음에 맞추었다(韻譜及沈約神珙, 皆以脣爲羽音)"라고
하여 '순(脣)-우(羽)'의 배합이 옳다고 규정한 내용이다. 곧 오음, 오성, 오계, 오시뿐만
아니라 특히 율려와 성음의 이치를 성학학과 통합한 곧 전체를 하나의 원리로 일관하
는 통합적 구조주의의 원리에서 오성과 오음(또는 칠성과 칠음)의 배합 원리는 매우 중요
한 문제이다.

팔음은 금(金)·석(石)·사(絲)·죽(竹)·포(匏)·토(土)·혁(革)·목(木)의 여덟 종류의 재료로 만든 악기(樂器) 또는 그 악기에서 나는 소리를 가리킨다. 『악서』에는 팔음을 8괘(八卦)와 8풍(八風) 및 절기(節氣)와 배합(配合)시키고 있다.

『악서』에 이르기를, "8음은 8괘와 8풍에 배합된다. 금은 태괘(兌卦)와 창합풍(閶闔風:서풍)에, 석은 건괘(乾卦)와 부주풍(不周風:서북풍)에, 사는 이괘(離卦)와 경풍(景風:남풍)에, 죽은 진괘(震卦)와 명서풍(明庶風:동풍)에 배합된다. 포는 간괘(艮卦)와 융풍(融風:동북풍)에, 토는 곤괘(坤卦)와 양풍(涼風:서남풍), 혁은 감괘(坎卦)

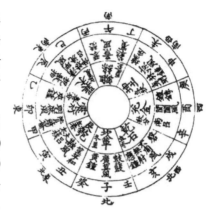

『악학궤범』 권1 소재 팔음도설

와 광막풍(廣莫風:북풍)에, 목은 손괘(巽卦)와 청명풍(淸明風:동남풍)에 배합된다."라고 하였다.

또 이르기를, "8음의 악기는 8절후에 분배된다. 쇠소리(金聲)는 용용(容: 소리가 잘 울려퍼져 우렁우렁함)하니 추분의 음이며, 종보다 나은 것이 없다. 돌소리(石聲)는 온윤(溫閏:부드럽고 윤기가 있음)하니 입동의 음이며, 경(磬)보다 나은 것이 없다. 실소리(絲聲)는 섬미(纖微:가늘음)하니 하지의 음이며, 금과 슬보다 나은 것이 없다. 대소리(竹聲)는 청월(淸越:맑고 높음)하니 춘분의 음이며, 관(管)과 약보다 나은 것이 없다. 박소리(匏聲) 소리는 숭취(崇聚:여러 음이 동시에 나옴)하니 입춘의 음이며, 생과 우가 이에 속한다. 흙소리(土音)는 함회(函晦:감싸는 듯하고 낮음)하니 입추의 음이며, 훈(壎)과 부(缶)가 이에 속한다. 가죽소리(革聲)는 융대(隆大:큼)하니 동지의 음이며, 도와 북이 이에 속한다. 나무소리(木聲)는 여음이 없으니 입하의 음이며, 축과 어가 이에 속한다."라고 하였다.

오음에 대한 기술은 관점에 따라 차이가 난다. 그 가운데 병와 이형상은 『악학편고』에서 악학의 관점에서 종률(鍾律)의 오음에 대한 논의를 다음과 같이 기술하고 있다. 곧 "혀가 중앙에 있으면 궁(宮)이 되니 소가 움에서 우는 것 같고, 입을 크게 벌리면 상(商)이 되니 양이 무리를 떠나는 것 같고 혀를 움츠리면 각(角)이 되니 꿩이 나무에 오르는 것 같고 혀가 치아를 받치면 치가 되니 달아가 깨어 놀래는 것 같다. 입을 오므리면 우(羽)가 되니 새가 나무에서 우는 것 같다. 대개 음이라는 것은 궁(宮)에서 중(中)에 있고 각(角)에서 촉급(觸)하고 잇소리(齒)에서 지(祉)하고 상(商)에서 장(章)하고 우(羽)에서 우(宇)한다. 그러므로 4음은 궁(宮)의 기(紀)가 된다. 이것을 오행에다 조화를 시켜보면 작은 나무(木)가 되고, 상(商)은 쇠(金)가 되고, 궁(宮)은 흙(土)가 되고, 치는 불(火)가 되고, 우(羽)는 물(水)가 된다. 오상으로는 인(仁)이 되고, 의(義)가 되고, 예(禮)가 되고, 지(智)가 되고, 신(信)이 된다. 오사로는 모(貌)가 되고, 언(言)이 되고, 사(思)가 되고, 시(視)가 되고, 청(聽)이 된다. 유(類)로 말하면 궁(宮)은 군(君)이 되고, 상(商)은 신(臣)이 되고, 각(角)은 민(民)이 되고, 치는 사(事)가 되고, 우(羽)는 물(物)이 된다.", 병와 이형상의『악학편고』「자음원류」. 여암의 악학에 기반한 오음의 특징을 기술한 부분은 병와의『자학』이나『악학편고』의 설명방법에 닿아 있음을 알 수 있다.

5) 象脣舌

ㅇ, 君也[70], 居上位而不可下, 處中宮而不可役於四方, 故只用於初聲, 而不用於終聲[71] ㅇㄴㅅㅁ, 旣爲初聲, 又可爲終聲, 故一字兼二聲[72]以呼之, 呼ㆁ曰伊凝, ㅣ音爲伊, ㅇ音爲凝, (伊凝之伊, 或作異, 非是, 若作異, 則与喩母所生, 屬宮) 呼ㄴ曰尼隱, ㅣ音爲尼, 一音爲隱, 呼ㅅ曰時衣, ㅣ音爲時, ㆍ音爲衣, (衣字讀以方言之釋, 故作圈以表之) 呼ㅁ曰彌音, ㄇ音爲彌·ㄴ音爲音, 故切韻時, 以ㆁ作初聲用, 則以伊爲切, 而取伊初聲, 作終聲用則以凝爲韻, 而取凝終聲[73] ㄴㅅㅁ, 皆倣此焉.

盖ㅇ之爲音也. 舌居中而脣微合, ㆁ之爲音也. ㅣ舌微吐, 而ㆁ時脣微合, ㄴ之爲音也. ㅣ時舌自上而抵下齶, 一時舌自下而抵上齶, ㅅ之爲音也. ㅣ時脣微斜左, ㆍ時脣微斜右, ㅁ之爲音也. ㄇ時脣始合旋開, ㄴ時脣陰, ㆁㅇㄴㅅㅁ, 是象乎脣舌者也. 且宮之聲主合, 角之聲主湧, 徵之聲主分, 商之聲主張, 羽之聲主吐, 會其意而象, 其形於脣舌則, 可以知其妙矣. 然而五音, 各出於喉牙舌齒脣, 而特以脣舌取象者, 何也. 盖喉牙齒屬土木金, 其形靜, 脣舌屬水火, 其形動, 靜者難知, 動者易見, 故其取象於脣舌者, 此也. 且心有所感, 而宣於外者爲聲, 醫書云, 聲出於心者, 此也. 而舌屬心, 心者聲之君也. 舌者承宣也. 脣者門戶也. 是以, 老而牙齒脫者, 聲不大異於常, 而脣缺者聲訛, 舌病者聲啞, 此脣舌爲聲之最用事者也.

「행간의 작은 글씨」
此言象者, 直言脣舌之用也, 若以象形言之, 則五音各象其形, 盖ㅇ者, 喉之圓通也. ㆁ象牙之直而尖也. ㄴ者, 象舌之卷而舒也. ㅅ者, 象齒之耦而連也. ㅁ者, 象脣之方而合也, 此段尤妙, 可谓發前人所未發, 然已象形言之, 則ㅁ者, 合脣之象

也, ㅂ者, 脣之始開之象也, ㅍ者開脣之象也

比註書於音爲凝之下(이 주서는 응(凝)자 아래에 넣어라)
[伊凝之伊, 或作異, 非是, 若作異, 則爲喩母所生, 屬宮]

比註書於音爲衣之下(이 주서는 의(衣)자 아래에 넣어라
[衣字讀以方言之釋, 故作圈以表之]

---

70) 君也: 임금이라. 곧 여암 신경준은 후음 'ㅇ'은 곧 중궁(中宮)으로 오음의 궁(宮)인 으뜸으로 모든 자모의 근본으로 보고 있다. 이 'ㅇ'을 중심으로 자모의 상형을 기술하고 있기 때문에 임금이라고 말한 것이다.

71) 故只用於初聲, 而不用於終聲, : 'ㅇ'이 초성에서만 사용되고 종성에서 사용되지 못한다는 인식은 이미 『훈민정음』 해례에서 "의여유다상혼용(疑與喩多相混用)"이라고 하여 '의(疑, ㅇ)'와 '유(喩, ㅇ)'는 각각 중국 등운학에서 말하는 36자모의 하나인데, 중국 음운학에서는 한어의 어두자음을 분류하여 36자모표를 만들고, 각 자모로 하여금 각 어두자음을 대표케 하였을 때, 의(疑)모는 ŋ-을, 유(喩)모는 j-, ɦ-를 나타내게 하는 것이었다. 그러나 12세기경부터 한어의 어두 ŋ-음이 소실되어, 원래 ŋ-음을 가졌던 한자들의 자음이 j-, ɦ-을 가졌던 한자들과 같아졌으므로 여러 운서에서 한어 자음을 자모로 표시할 때 '疑'모자와 '喩'모자를 엄격히 구별하여 표음하지 못하고 '疑'모와 '喩'모의 사용에 혼동이 생기게 되었다. 이러한 사실을 알고 있었던 해례 편찬자들은 훈민정음의 ㅇ가 '疑'모에 해당되고, ㅇ자가 '喩'모에 해당되므로 의모계 자음과 유모계 자음이 혼용되는 모습을 설명하기 위하여 ㅇ음과 ㅇ음이 '상사(相似, 서로 비슷하다)'라고 표현하고 있는 것이다. 그러나 중세국어를 기록한 ㅇ자와 ㅇ자는 그 음가 면에서 도저히 비슷할 수가 없다. 제자해에서 ㅇ의 음가를 '설근폐후성기출비(舌根閉喉聲氣出鼻)'라고 해서 [ŋ]임을 말하였고, 종성해에서 ㅇ의 음가를 '성담이허(聲淡而虛)'라고 해서 zero임을 말하였으므로, 『훈민정음』 해례 편찬자들도 ㅇ과 ㅇ의 음가 차이를 알고 있었다. 해례 편찬자들은 ㅇ자가 ㅇ자와 음가가 비슷하여 ㅇ자도 ㅇ자와 마찬가지로 목구멍 모양을 본떠서 글자를 만들었다고 생각하고 있었으므로, ㅇ자는 아음의 불청불탁 소속자이면서도 아음의 기본 문자가 되지 않았다고 설명한 것임. 다른 조음위치에서 발음되는 글자들은 불청불탁자가 기본 문자가 되었다. 『훈민정음』 해례에서는 ㅇ와 ㅇ가 자형상 비슷하다는 뜻이며, ㅇ자는 아음이라 오행으로는 나무(木)이고, ㅇ자는 후음이라 물(水)인데, 다른 아음자와는 달리 ㅇ자가 ㅇ자를 본받아 제자되었으므로 마치 나무가 물에서 생겨났으나 아직 물기가 있는 것과 같다는 뜻이다.

72) 二聲: 초성과 종성에 모두 사용될 수 있다는 것은 음소로서 초성과 종성에서 모두 기능을 하고 있다는 말이다.

73) '伊'와 '凝'은 전혀 다른 음이다. 곧 『광운』에 자모 의(疑, ㅇ)모와 유(喩, ㅇ)를 여암은 '伊'와 '凝'으로 나타내었다. 곧 '伊'는 각(角)음의 의(疑, ㅇ)모이고 '凝'은 궁(宮)음의 유(喩, ㅇ)이다.

5) 상순설(象脣舌)

ㅇ은 군(君)의 위치라 가장 윗자리(上位)에 자리 잡아 아래로 내려올 수 없고, 중궁(中宮)에 위치하여 사방의 수(戌 변방)자리에 치우칠 수 없기 때문에 오직 초성으로만 쓰이고 종성으로 쓰이지 않는다.

ㆁ, ㄴ, ㅅ, ㅁ은 이미 초성이 되고 또한 종성이 될 수 있으므로 한 글자(字)가 이성(二聲, 두 가지 소리)을 겸하여 두 가지 성으로 부른다. ㆁ은 이응(伊凝)이라 부르는데 ㅣ음(音)은 이(伊 이)가 되고, ㅇ음은 응(凝 응)이 된다. ((伊凝之伊, 或作異, 非是, 若作異, 則爲喩母所生, 屬宮) '이응(伊凝)'의 '이(伊)'를 '이(異)'로 쓴 곳이 있으나 이는 옳지 않다. 만약에 '이(異)'로 쓰면 유모소생(喩母所生), '유(喩, 이)'모가 새로 생겨남)이 되므로 궁(宮)에 속한다. 74)

ㄴ은 니은(尼隱)이라고 부르는데 ㅣ음은 니(尼)가 되고 ㅡ음은 은(隱)이 된다.

ㅅ은 時ⓢ(시옷)이라고 부르는데, ╱음은 시(時)가 되고 ╲음은 ⓢ이 된다. ((衣字讀以方言之釋, 故作圈以表之)의(衣)자는 방언의 뜻(訓)으로 읽었기 때문에 권(圈, ○)를 그려 이를 나타내었다.

ㅁ은 미음(彌音)이라고 부르는데 ㄇ음은 미(彌)가 되고 ㄴ음은 음(音)이 된다. 그러므로 절운(切韻, 반절)할 때 ㆁ을 가지고 초성을 삼아 쓸 때에는 이위절(伊爲切, 위)하여 이초성(伊初聲, 즉 이)을 취하였고 ㅇ으로 종성을 삼아서 쓰면 응(凝 응)이 되어 응(凝)운으로 삼아서 응종성(凝终聲 즉 ㅇ)을 취하였다. ㄴ, ㅅ, ㅁ도 모두 이에 따른다.

대개 ㅇ의 소리를 낼 때에는 혀를 가운데에 놓고서 입술을 살짝 합하며, ㆁ의 소리를 낼 때에는 ㅣ를 발음할 때 혀를 조금 내었다가 ㅇ을 발음할 때 입술을 살짝 합한다. ㄴ의 소리를 낼 때에는 ㅣ를 발음할 때 혀를 위로부터 아랫잇몸에 대고, ㅡ로 발음할 때 혀를 아래로부터 윗 잇몸에 댄다.

ㅅ의 소리를 낼 때에는 ╱을 발음할 때 입술을 조금 왼쪽(左)으로 기울이고, ╲할 때 입술을 오른쪽(右)로 기울이며, ㅁ의 소리를 낼 때에는 ㄇ을 발음할 때 입술을 합했다가 곧 바로 열고 ㄴ을 발음할 때 입술을 닫는다. ㅇ, ㆁ, ㄴ, ㅅ, ㅁ은 입술과 혀(脣舌)를 본뜬 것이다.

또 궁(宮)의 소리는 주로 합하고 각(角)의 소리는 주로 용(湧, 샘 솟 듯)하며 치(徵)의 소리는 주로 나뉘고 상(商)의 소리는 주로 펼쳐 당기며 우(羽)의 소리는 주로 토(吐)하는 것이니, 그 글자의 모양을 순설(脣舌, 입술과 혀)에서 본뜬 것이라는 뜻을 이해한다면 가히 그 신묘함을 알 것이다.

그러나 오음(五音)이 각각 후(喉), 아(牙), 설(舌), 치(齒)에서 나오는데 특히 순(脣)과 설(舌)에서 형상을 본을 뜬 것은 무슨 까닭인가? 그것은 대개 후(喉), 아(牙), 치(齒)는 토(土), 목(木), 금(金)에 속하므로 그 형상이 고요하고(靜) 순(脣), 설(舌)은 수(水), 화(火)에 속하므로 그 형상은 움직이는(動) 것이다. 정한(靜 고요한) 것은 알기 어렵되, 동한(動 움직이는) 것은 보기 쉬우므로 그 형상을 순(脣), 설(舌)에서 본뜬 것이다.[75] 그리고 또한 마음에 느낀 바가 있어 이를 밖으로 펴는 것이 소리가 되는 것이다.

의서(醫書)에서 이르기를 소리란 마음으로부터 나온다고 한 것이 바로 이와 같은 것인데, 혀(舌)는 마음(心)에 속하며 마음은 소리의 군(君, 임금)이다. 혀라는 펴는 것(承宣)이며 입술이라는 것은 문호(門戶)가 되는 것이다.

이런 까닭으로 늙어서 어금니(牙)나 이(齒)가 빠진 사람은 소리가 보통과 별로 다름이 없으나, 입술이 결함이 있는 자는 소리가 그릇되고 혀(舌)가 병든 자는 소리가 벙어리가 되나니, 이는 순(脣)과 설(舌)이 소리를 내는데 가장 중히 쓰이는 까닭이다.

「행간의 작은 글씨」

이상에 대해 말한 바는 순설의 쓰임을 말한 것이다. 만약에 상형으로 말한다면 오음은 각각 제 모양을 본뜬 것이다. 대개 ㅇ은 목구멍의 둥글고 통함을 본뜬 것이다. ㆁ은 어금니의 곧고 뾰족함을 본 뜬 것이고 ㄴ은 혀의 말고 펴는 것을 본 뜬 것이요, ㅅ은 이의 짝짓고 연이음을 본 뜬 것이요, ㅁ은 입술의 모나고 합함을 본 뜬 것이다.[76]

이 단이 가장 묘하여 가히 앞사람이 깨치지 못한 바를 깨쳤다고 말할 수 있다. 그러나 상형으로서 말하면 ㅁ은 입술을 합한 상이며 ㅂ은 입술의 열고 굴리고 닫음을 상한 것이요, ㅍ는 입술이 연린 것을 본 뜬 것이다.

---

74) 다만 아음의 ㆁ는 비록 설근(혓뿌리)이 목구멍을 닫고 소리 기운이 코를 통하여 나오는 소리이지만, 그 소리가 ㅇ와 서로 비슷해서 중국의 운서42)에도 '의(疑)'모와 '유(喩)'모가 서로 혼용되는 경우가 많으므로, 이것 또한 목구멍의 모양을 취하여 아음(어금닛소리) 글

【해석】

『훈민정음 해례』「제자해」에서는 기본자 'ㄴ, ㅁ, ㅇ'자와 이체자 'ㅅ, ㅈ'과 'ㆁ, ㆆ', 'ㅿ, ㄹ'을 설정하여 전청, 차청, 불청불탁으로 가획의 원리에 따라 계열적으로 또는 통합적 관계에 따라 자형을 만들어졌음을 밝히고 있다. 이와 달리 여암의 「상순설」은 초성 기본자 5자 ㅇ, ㆁ, ㄴ, ㅅ, ㅁ의 명칭과 발음 상태를 설명하면서 기본모음의 글꼴은 발음 모양을 본 뜬 것이라고 설명하고 있다. 그 기준을 입술과 혀를 중심으로 하고 있는 것이 특징이다. 곧 상순설(象脣舌)로 여암의 독특한 주장이기도 한다.

기본 글자인 ㆁ, ㅅ, ㄴ, ㅁ이 두가지 성 곧 획을 결합하여 아래와 같이 만든 것으로 설명하고 있다.

ㆁ—ㅇ+ㆍ
ㅅ—/+ヽ
ㄴ—ㅣ+ㅡ
ㅁ—ㄱ+ㄴ

곧 ㅇ은 목구멍의 둥글고 입술로 통하는 모습을 본뜬 것이다. ㆁ은 어금니의 곧고 뾰족함을 본뜬 것이다. ㄴ은 혀를 말고펴는 모양을 본뜬 것이다. ㅅ은 이의 작찟고 연달음을 본뜬 것이다. ㅁ은 입술이 모가 나고 합하는 모양을 본뜬 것이다. 그리고 ㅁ은 입술을 합한 형상이며 ㅂ은 입술을 열어 둥굴리고 담음을 형상한 것이며 ㅍ는 입술을 연 모양을

자를 만들 시초(기본자)로 삼지 않은 것이다. 대개 목구멍은 오행의 수(물)에 속하고 어금 닛소리(아음)는 목(나무)에 속하는데, ㆁ가 비록 아음 위치에 있으면서도 ㅇ와 비슷한 것은, 마치 나무의 새싹이 물에서 생장하여 부드럽고 연약하면서(柔軟, 부드러움) 여전히 물기운을 많이 가진 것과 같은 것이다. ㄱ는 나무의 성질이요. ㅋ는 나무의 성장(무성함)이요. ㄲ는 나무의 노장(늙어서 굳건함)인 것이므로 이렇게 되어서 모두 어금니모양을 본뜬 것이다.(唯牙之ㆁ。雖舌根閉 喉聲氣出鼻。而其聲與ㅇ相似。故韻書疑與喩多相混用。 今亦取象於喉。而不爲牙音制字之始。 盖喉屬水而牙屬木。ㆁ雖在牙而與ㅇ相似。猶木之萌芽生於水而柔軟。尚多水氣也。ㄱ木之成質。ㅋ木之盛。長。ㄲ木之老壯。故至此乃皆取象於牙也。),『훈민정음 해례』, 제자해.

75) 순설상형설(脣舌象形說)의 이론적 근거를 밝힌 부분이다.

76) 이 여암 신경준의 상형설은 조음방법에 따른 조음체의 변동 상황을 표현한 것이다. 그 가운데 'ㅇ'이 중심 궁음이 되고 이를 펴고말고 이어 다양한 글자체를 상형한다는 견해이다. 이와 달리 상순설(象脣舌)은 5음의 기본문자 ㅇ, ㆁ, ㄴ, ㅅ, ㅁ의 명칭과 조음 방식에 따라 상현이 된 것으로 설명한 부분이다.

본뜬 것으로 설명하고 있다.

특히 'ㅂ', 'ㅍ'의 글꼴이 오늘날과 달리 'ㅍ'을 90도 회전한 모양으로 'ㅂ'을 나타내고 있다. "ㅁ은 미음(彌音)이라고 부르는데 ㄇ음은 미(彌)가 되고 ㄴ음은 음(音)이 된다."라고 하여 'ㅁ'이 'ㄇ(彌)'와 'ㄴ(音)'이 결합되었다는 등, 글꼴에 대해서도 매우 미세한 관찰을 하고 있다.

여암의 기본글자의 상순설의 핵심을 요약하면 다음과 같다.

ㅇ	舌	혀 가운데 입술을 살짝 합함
ㆁ	ㅣ舌	혀를 조금 내밀어었다 입술을 살짝 합함
ㄴ	ㅣ舌	혀를 위로부터 아랫잇몸에 대고 혀를 아래로부터 윗몸에 댄다.
ㅅ	ノ	입술을 왼쪽으로 기울이고 丶을 오른쪽으로 기울인다
ㅁ	ㄇ	입술을 합했다 열고 ㄴ은 입술을 닫는다

또 궁(宮)의 소리는 주로 합하고 각(角)의 소리는 주로 용(湧, 샘 솟 듯)하며 치(徵)의 소리는 주로 나뉘고 상(商)의 소리는 주로 펼쳐 당기며 우(羽)의 소리는 주로 토(吐)하는 것이니, 그 글자의 모양을 순설(脣舌, 입술과 혀)에서 본뜬 것이라는 뜻을 이해한다면 가히 그 신묘함을 알 것이라고 하여 오음의 음색을 밝히고 있는데 병와 이형상이 제시한 「팔음도설」과 매우 닮아 있다. 이 「오음도설」을 「팔음도설」과 대비하여 요약하면 아래와 같다.

오음	입술	순형	소리의 비유	소리 꼴의 특징	조음방식
宮	合	둥금	소가 굴속에서 우는 소리	입 다물고 내는 소리	合口而通之
角	湧	솟음	닭이 나무에서 우는 소리	성하게 일어남	張齒湧勿
徵	分	나뉨	돼지 우는 소리	나뉘어 분산	齒合吻開
商	張	펼침	양이 양떼에서 떨어져 우는 소리	입을 벌려 펼침	開口而吐之
羽	吐	토함	말이 우는 소리	토해 내는 소리	齒開吻聚

병와 이형상은 『병와선생문집(瓶窩先生文集)』권3, 「차명곡운기신사군(次明谷韻寄申使君)」에서 "소의 울음소리는 궁이고, 꿩의 울음소리는 각이고 양의 외친 소리는 치이고, 돼지 울

음소리는 상이고, 새의 울음소리는 우입니다. 이것은 비록 대강이기는 하지만, 금수역시 각기 달리 타고 나는데 어찌 같아질 수야 있겠습니까.(牛叫爲宮, 雉鳴爲角, 羊呼爲徵, 豕叫爲商, 鳥帝爲羽, 此雖大綱, 禽獸亦各殊稟, 何可同也.)"[77] 라고 하여 오음을 동물의 울음에 비유하여 설명하고 있다.

여암은 자신의 상순상형설에 대해 아래와 같이 요약하고 있다.

> "이상에 대해 말한 바는 순설의 쓰임을 말한 것이다. 만약에 상형으로 말한다면 오음은 각각 제 모양을 본뜬 것이다. 대개 ㅇ은 목구멍의 둥글고 통함을 본 뜬 것이다. ㆆ은 어금니의 곧고 뾰족함을 본 뜬 것이고 ㄴ은 혀의 말고 펴는 것을 본 뜬 것이요, ㅅ은 이의 짝짓고 연이음을 본 뜬 것이요, ㅁ은 입술의 모나고 합함을 본 뜬 것이다.[78]
> 이 단이 가장 묘하여 가히 앞사람이 깨치지 못한 바를 깨쳤다고 말할 수 있다. 그러나 상형으로서 말하면 ㅁ은 입술을 합한 상이며 ㅂ은 입술의 열고 굴리고 닫음을 상한 것이요, ㅍ는 입술이 연린 것을 본 뜬 것이다."

『오류전비록』에서도 오음에서 "궁(宮)은 토(土)음이며 혀가 가운데 위치한다. 상(商)은 금(金)음이며 입이 벌어진다. 각(角)은 목(木)음이며 혀가 뒤쪽으로 오므라든다. 치(徵)는 화(火)음이며 이를 누른다. 우(羽)는 수(水)음이 입이 둥글게 모인다.(宮土音, 舌居中. 商金音, 開口張. 角木音, 舌縮却. 徵火音, 舌拄齒. 羽水音, 撮口聚)"라고 하였다.

여암 스스로 상순설의 근거를 오음의 소리와 의서를 근거로 해서 설명하고 있는데 다소 비논리적인 면이 있지만 매우 독창적인 설명을 자신이 스스로 논증하여 기술하고 있다는 점은 높이 평가 될 수 있을 것이다.

---

77) 『병와선생문집(甁窩先生文集)』 권3, 「차명곡운기신사군(次明谷韻寄申使君)」.
78) 이 여암 신경준의 상형설은 조음방법에 따른 조음체의 변동 상황을 표현한 것이다. 그 가운데 'ㅇ'이 중심 궁음이 되고 이를 펴고말고 이어 다양한 글자체를 상형한다는 견해이다. 이와 달리 상순설(象脣舌)은 5음의 기본문자 ㅇ, ㆆ, ㄴ, ㅅ, ㅁ의 명칭과 조음 방식에 따라 상현이 된 것으로 설명한 부분이다.

6) 四音皆自宮生[79)]

> ㅇ, 字書云, 王權切, 天之體也. ㅆ一而二之, 正音之ㅇ, 其取乎此歟, 盖ㅇ, 擧
> 其全體而觀之則一也. 以其上下而觀之則爲二, 以其左右而觀之則又爲二, 以其四方
> 與中之虛者而觀之則爲五[80)], 五而後, 萬音之體備矣. 此圖書之中五, 而天之體, 君
> 之象也. ㅇㄴㅅㅁ, 各得ㅇ之一體而成者也.[81)] ㆁㄷㅣ 得ㅇ之(而直之者也). ㄴ則ㅇ
> 之ㅣ曲之者也. ㅅ, 得ㅇ之ㅅ拗之者也. ㅁ, 得ㅇ之ㅅ 兩ㅇ合而方之者也.
> 夫ㅇ, 居於中而爲極於四方者也. 圓滿無缺, 周轉不滯, 其象(ㅇ)圖, 而ㆁㄴㅅ
> ㅁ, 旣偏於一方, 則其形已著, 其位已局, 直之曲之拗之方之, 自不得已者也. 至於
> 四音, 皆出於ㅇ, 而獨ㆁ有ㅇ之全體者, 何也. 盖ㅇ, 始出而爲ㆁ, 則其地近ㅇ,
> 其位宗子也. 故能得ㅇ之體也. 是如八卦皆宗於帝[82)], 而於震獨言帝出, 又如四性,
> 皆以信爲本, 而義之羊, 取諸獸, 禮之豆, 取諸器, 智之日, 取諸明爲字, 而惟仁,
> 獨得信之人也. 至於ㄴㅅ, 皆得ㅇ之一半, 而獨ㅁ有ㅇ之兩面者, 何也. 盖ㅁ,
> 在時屬冬, 冬者, 新舊歲之交也. 在方屬北, 北者, 陰陽位之界也. 在五臟[83)]爲腎,
> 心肝肺脾皆一, 而惟腎有二, 在四端[84)]爲是非, 惻隱辭讓羞惡皆一, 而惟是非爲二,
> 以宿神言之, 靑龍朱雀白虎皆一, 而惟玄武龜蛇, 合而 爲二, 以字形言之, 東西南字
> 形, 皆連綴爲一, 而惟北字, 左右牉而 爲二, ㅁ之有兩面, 此其象也.

6) 사성이 모두 자연히 궁으로부터 생김(四音皆自宮生)

> ㅇ은 자서(字書)에서 말하되 음이 왕권절(王權切, 원)[85)]이라고 하였으니, 천(天)
> 의 체(體, 몸체)[86)]이며, 하나이면서도 둘이니, 정음(正音)의 ㅇ은 그 이치를 이로
> 부터 취한 것인가. 대개 ㅇ은 그 본체를 들어 볼 것 같으면 하나이지만 그것을
> 아래와 위로 나누어 볼 것 같으면 역시 둘이며, 그것을 좌우로 나누어 보면 역

---

79) 사음개자궁생(四音皆自宮生): 네 가지 음이 모두 궁에서 생겨났다. 곧 음양 오행성에서 오
  행배당도(五行配當圖)에 의하면 오행중의 토(土)에 오음의 궁(宮)이 배치됨으로 토가 만물생
  육의 근본이 된다는 이론과 마찬가지로 정음(正音)중 궁(宮)에 속하는 ㅇ자가 정음의 모든
  글자의 근본이 된다는 설명이다. 이 내용은 자모 상형설과 연이어 여암 신경준의 독특한
  견해이다.
80) 오(五)가 만물의 몸이 되고 역에서는 궁(宮)이자 사방의 중심이 된다. 사상배치도를 참조
  하면 아래와 같다.

시 둘이며, 그 사방(四方)과 가운데가 빈(虛)한 것을 합해서 보면 다섯이 된다. 다섯이 된 후에 만가지 소리(萬音)의 체(體)는 갖추어지는 것이다. 이리하여 도서(圖書, 하도(河圖)와 낙서(洛書)) 가운데에서 다섯이어서, 그것은 천(天)의 체(體)요, 군(君, 임금)의 형상(象)이다.

ㅇ, ㄴ, ㅅ, ㅁ은 각각 ㅇ의 일체(一體, 한 몸)를 얻어서 이루어진 것이다.

ㅇ의 ㅣ는 ㅇ의 〈 를 얻어서 곧게 한 것이며, ㄴ은 ㅇ의 〵 이 굽은 것이고 ㅅ은 ㅇ의 〰을 얻어서 가운데를 꺾은 것이며, ㅁ은 ㅇ의 ∧와 를 합하여 모가 나게 한 것이다. 대개 ㅇ은 가운데에 위치하여 사방에서 극(極)이 되며, 원만무결(圓滿无缺, 원만하고 결함이 없음)하고 돌고 돌아 막힘이 없어 그 형상(象)은 곤륜(昆侖, 천하 전주(全周)의 모습과 같이 둥근 것, 완전함)인데 ㅇ, ㄴ, ㅅ, ㅁ은 이미 한쪽 방향으로 치우친 것이라 이미 그 모양이 뚜렷하여지고 그 위치가 한정되어서 곧고, 굽고, 꺾이고, 모나고 한 것은 제 스스로 부득이 한 일인 것이다.

그리고 4음(四音, ㅇ, ㄴ, ㅅ, ㅁ)이 모두 ㅇ에서 나왔는데, 홀로 ㅇ만 ㅇ을 온통 가지고 있는 것은 무슨 까닭인가?

대개 ㅇ으로부터 ㅇ이 비로소 생김으로 ㅇ은 그 바탕이 ㅇ과 가깝고 그 자리가 종가의 맏아들(宗子)의 위치인 까닭이다. 그러므로 능히 ㅇ의 체(體)를 얻을 수 있다. 이것은 팔괘(八卦)가 모두 제(帝 황제)를 마루(宗, 으뜸)로 삼았으되 다만 진(震)괘에서만 제(帝)가 나왔다고 말하는 것과 같다. 또한 사성(四性, 인(仁)·의(義)·예(禮)·지(智))이 믿음(信)으로써 근본(本)을 삼아 '희자(羲字)'의 양(羊)이 여러 짐승의 뿔(獸)에서 그것을 취하였고, '체자(禮字)'의 두(豆)는 '그릇(器)'에서 그것을 취하였고, '지자(智字)'의 일(日)은 여러 '명(明, 밝음)'에서 그것을 취하여 글자를 이루었는데 오직 '인자(仁字)'만이 '신자(信字)'의 인(人)을 얻었다고 하는 것과 같은 것이다.

ㅇ, ㄴ, ㅅ은 모두 ㅇ의 한쪽만 얻은 것이나, 홀로 ㅁ만이 ㅇ의 양면(兩面)을 얻었음은 무슨 까닭인가? 저 ㅁ은 절기(節氣)로는 동(冬)에 속하는데 동(冬)이란 신구(新舊)의 해가 교차(交叉, 오고 가는)하는 때이고, 방위로는 북(北)에 속하는데 북이란 음양(陰陽)의 자리에서 경계이며, 오장(五臟)으로는 신장(腎臟)이 되는데 심장(心臟), 간장(肝臟), 폐장(肺臟), 비장(脾臟)가 모두 하나이나 오직 신장만이 둘이며 사단(四端)으로는 시비(是非)가 되는데 측은(惻隱)·사양(辭讓)·수오(羞惡)가 모

두 하나나 오직 시비(是非)만이 둘이 된다. 숙신(宿神)으로 말할 것 같으면 청룡(靑龍)·주작(朱雀)·백호(白虎)가 모두 하나이나 오직 현무(玄武)는 구(龜, 거북이)와 사(蛇, 뱀巳)이 합하여 둘이 되고, 글자형(字形)으로서 말할 것 같으면 동·서·남의 자형은 모두 이어 써서 하나인데 오직 북(北)자만이 좌우로 반분(半分)이 되어 둘이 되니 ㅁ에 양면(兩面)이 있음은 이 모양을 본뜬 것이다.

【해석】

상제는 만물을 주제함으로써 말한 것이다. 출(出) 드러난다(發露)는 말로서, 진괘(震卦)가

81) "ㅇㄴㅅㅁ, 各得ㅇ一體而成者也."란 'ㅇ'에 'ㅡ'를 더하면 'ㆆ'에 되고 'ㅇ'을 펴서 다시 굽히면 'ㄴ'이 되고 이를 어긋나게 꺾으면 'ㅅ'이 되고 'ㄴ'으로 접은 ㄴㄱ을 합치면 'ㅁ'이 된다는 자형의 상형 기원을 말하고 있다.

82) 팔괘개종어제(八卦皆宗於帝): 역경(易經) 설괘(說卦) 제5장에 '帝出乎震, 齊乎巽, 相見乎離, 致役乎坤, 說言乎兌, 战乎乾, 劳乎坎, 成言乎兌'이라 하고 주자(朱子)의 주(注)에 '朱子曰, 帝出乎震, 于萬物出乎震'이라고 있어 이를 인용한 말.

83) 오장(五臟)은 오장은 심(心), 폐(肺), 비(脾), 간(肝), 신(腎), 5개의 장(臟)을 가리키고 있다. 서양의학과 같은 한자이나 그 작용은 같지 않다. 서양의학에서의 장(臟)은 해부학적인 하나의 장기를 가리키나 한의학의 장은 그 일련의 생리기능까지를 포함한다.

84) 사단(四端): 인(仁)의 단(端)인 측은한 마음과 의(義)의 단(端)인 수오(羞惡)의 마음, 예(禮)의 단(端)인 사양(辭讓)하는 마음, 지(智)의 단(端)인 시비(是非)의 마음을 말함.

85) 왕권절(王權切)은 '왿' 곧 동그라미라는 음이다.

86) 송학에서는 모든 사물의 근본이나 바탕이 되는 것을 '체(體), 근본 바탕', 그 작용이나 응용, 활용을 '용(用, 쓰임)'이라고 하는데, 해례에도 이 개념을 도입하여 '체(體)'와 '용(用)'이라는 용어를 사용하고 있다. 체(體)를 '본체(體)-하늘(天)-해(日), 달(月), 별(星) 별(辰)-물(水), 불(火), 흙(土), 쇠(金)'의 관계로 용(用)은 '쓰임(用)-땅(地)-추위(寒), 더위(暑), 낮(晝), 밤(夜)-비(雨), 바람(風), 이슬(露), 우레(雷)'의 관계로 파악하고 있다.

동방에 있으니 계절로는 봄이 된다. 가지런함(齊)은 다하여 이른다(畢達)는 말로서 손괘(巽卦)가 동남방에 있으니 계절로는 봄과 여름이 교차하는 시기이다. 서로 만나본다(相見)란 만물이 형성되고 밝아지고 왕성해져서 모두 서로 보는 것이다. 이괘(離卦)는 남방에 있으니 계절로는 여름이 된다. 치(致)는 맡김(委)과 같으니 만물을 맡겨 기르지 않음이 없는 것이다. 곤괘(坤卦)는 서남방에 있으니 계절로는 여름과 가을이 교차하는 시기이다. 기뻐함(說言)은 만물의 형체가 여기에 이르러 충족하여서 기뻐하는 것이다. 태괘(兌卦)는 서방에 있고 계절로는 가을이 된다. 싸움은 양기가 싹트기 시작하자 음이 의심하여 싸우는 것이다. 건괘(乾卦)는 서북방에 있으니 계절로는 가을과 겨울이 교차하는 시기이다. 위로함(勞)이란 만물이 속으로 돌아가 간직되어 휴식하는 것이다. 감괘(坎卦)는 북방에 있고 계절로는 겨울이 된다. 이룸(成言)은 양기가 북쪽에 이르니 만물이 미치고 시작하는 것이다. 간괘(艮卦)는 북방에 있고 계절로는 겨울이 된다. 계절로는 겨울과 봄이 교차하는 시기이다.(節齊蔡氏曰, 帝以主宰乎物爲言也. 出者發露之謂, 震居東方, 於時爲春. 齊者, 畢達之謂, 選居東南, 於時爲春夏之交也. 相見, 物形明盛, 皆相見也. 離居南方, 於時爲春. 致者委也, 委妙萬物, 无不養也. 坤居西南, 於時爲秋夏之交也. 說言者, 物形至此充足而說也. 兌居西方, 於時爲秋. 戰者, 陽氣始萌, 陰疑而戰也. 乾居西北, 於時爲秋冬之交也. 勞者, 萬物歸藏於內而休息也. 坎居北方, 於時爲冬. 成言者, 陽氣至北, 物之所成終而成始也. 艮居東北, 於時爲冬春之交也.)라고 하여 역학에서 괘에 따른 방위와 계절에 따라 순화되는 원리를 이용하여 궁에서 사성이 생성된다는 것을 말하고 있다.

여암은 아음 'ㅇ'를 예를 들어 "ㅇ―완―궁―천―체―( ), ⌒(하나이면서 둘임)―오방의 중심"이라는 관계로 기술하였다. 아울러 기본글자를 비롯한 모든 성모는 'ㅇ'에서 비롯되는 것으로

> "ㅇ, ㄴ, ㅅ, ㅁ은 각각 ㅇ의 일체(一體, 한 몸)를 얻어서 이루어진 것이다. ㅇ의 ㅣ는 ㅇ의 (를 얻어서 곧게 한 것이며, ㄴ은 ㅇ의 ◟이 굽은 것이고 ㅅ은 ㅇ의 ⌒을 얻어서 가운데를 꺾은 것이며, ㅁ은 ㅇ의 ⌒와 ◡를 합하여 모가 나게 한 것이다."

라고 기술하고 있다. 이처럼 신경준의 자모 상형설은 『훈민정음 해례』의 기술 보다 훨씬 더 정교하고 조직적이다.

아음 ㅇ → ㄱ → ㅋ → ㄲ
설음 ㄴ → ㄷ → ㅌ → ㄸ

순음 ㅁ → ㅂ → ㅍ → ㅃ
치음 ㅅ → ㅈ → ㅊ → ㅉ
후음 ㅇ → ㆆ → ㅎ → ㆅ

훈민정음은 위와 같이 이체자 ㆁ, ㅇ을 제외하고는 가획에 의한 계열관계(Syntagmatic Relation)와 통합 관계(Poradigmatic Relation)를 유지한 자모체계이다. 이는 곧 자모가 변별적 체계를 갖춘 문자라고 할 수 있다. 기본 글자인 ㄴ, ㅁ, ㅅ, ㅇ에서 모두 가획과 발음형상을 모방한 상형의 글자이다. 여암 신경준은 여기서 한 걸음 더 나아가 기본글자인 ㄴ, ㅁ, ㅅ, ㆁ은 모두 궁(宮)음인 ㅇ에서 글자자형이 만들어진 근원으로 설명하고 있다.

궁(宮)의 'ㅇ'은 천체(天體)이며 상하로 나누면 ◠ ◡이고 좌우로 나누면 ( )이 된다. 그래서 나머지 네음의 하늘의 몸체이며 임금의 형상이다. "ㆁ, ㄴ, ㅅ ㅁ"이 네 음은 모두 'ㅇ'에서 몸꼴의 형상을 취하게 된다.

ㆁ의 ㅣ는 ㅇ의(에서 이를 곧게 한 것.
ㄴ의 ◟는 ㅇ의 ◟에서 취한 것.
ㅅ의 ㅅ은 ㅇ의 ◠에서 꺾은 것.
ㅁ의 ㅁ는 ㅇ의 ◠ ◡에서 모가 나게 꺾은 것.

이라고 하여 기본글자도 ㅇ에서 형상을 따온 것이며 궁(宮)의 ㅇ에서 4방의 글자를 곧고, 휘고, 꺾고 모나게 하여 만든 글자임을 밝히고 있다. 『훈민정음 해례』에서 밝히지 않은 상형설을 보다 정밀하게 밝혔다는 측면에서 여암의 훈민정음 해설의 의미를 찾을 수 있다. 다만 철저하게 오음오방 사상과 역학의 이론적 바탕 위에서 기술하고 있기 때문에 자칫 작위적이라는 느낌을 지울 수 없다.

7) 五音變成[88)]

ㅇ變而加一於上爲ㆆ, ㆆ變而加一於上爲ㅎ, ㅎ變而竝之爲ㆅ, 此宮之變者也.[87)] ㆁ變而加一於上爲ㄱ, ㄱ變而加一爲ㅋ, ㅋ變而竝其ㄱ爲ㄲ, 此角之變者也. ㄴ變而加一於上爲ㄷ, ㄷ變而加一於上爲ㅌ, ㅌ變而竝其ㄷ爲ㄸ, 此徵之變也. 而皆橫畫一長, 縱畫ㅣ短, 此所以爲舌頭音也. ㄴㄷㅌㄸ, 又變而爲ㄴ, ㅌ, ㅌ, ㅕ, 皆縱畫

丨長, 橫畫一短, 此所以爲舌上音也. 爲ㄴ, ㄷ, ㅌ, ㄸ之時, 舌卷而上, 此徵之再變者也. ㅅ變而加一於上爲ㅈ, ㅈ變而加一於上爲ㅊ, ㅊ變而竝其ㅅ爲ㅆ, 竝其ㅈ爲ㅉ, 此商之變者也而皆左戾ノ長·右戾丶短, ㅅㅈㅊㅆㅉ, 又變而爲, ㅅㅈㅊㅆㅉ, 皆右戾丶長·左戾ノ短, 此商之再變者也. ㅁ變而縱四角生爲ㅂ, ㅂ變而橫四角生, 爲ㅍ, ㅍ變而竝其ㅂ爲ㅃ, 此羽之變者也. ㅁㅂㅍㅃ, 又變而各加一空圈於下, 爲ㅁㅸㆄㅹ, 盖ㅁㅂㅍㅃ, 合脣作聲, 而爲ㅁㅸㆄㅹ之時, 將合勿合, 吹氣出聲, 故其空圈ㅇ, 乃不合吹氣之象也. 此羽之再變者也. 徵又變而與宮交爲ㄹ, 兼ㄴㅣ兩聲, 商又變而與宮交爲△, 兼ㅅㅣ兩聲, 此變之極者也.

或問曰, 五音諸母之中, 特取其ㆆㄱㄷㅈㅂ竝之者, 何也. 曰, 五音之四母, 猶易之四象. 宮之ㅇ·角之ㆁ·徵之ㄴ·商之ㅅ·羽之ㅁ, 陰老而陽生也. 宮之ㆆ·角之ㄱ·徵之ㄷ·商之ㅈ·羽之ㅂ, 純陽也.

宮之ㅎ·角之ㅋ·徵之ㅌ·商之ㅊ·羽之ㅍ·陽老而陰生也.

宮之ㆅ·角之ㄲ·徵之ㄸ·商之ㅉ·羽之ㅃ, 純陰也. ㆅㄲㄸㅉㅃ之陰極而陽生, 爲ㅇㆁㄴㅅㅁ, ㅇㆁㄴㅅㅁ之陽長而爲ㆆㄱㄷㅈㅂ, ㆆㄱㄷㅈㅂ之陽極而陰生, 爲ㅎㅋㅌㅊㅍ, ㅎㅋㅌㅊㅍ之陰長, 而復爲ㆅㄲㅃㅉㅃ, 陰陽互根, 循環不窮而陽數一也. 一變則爲二, 故陽之奇一, 老而中折爲ㅁ, ㅁ者一而二之之象也. 陰數二也. 二變則爲一, 故陰之耦⚋, 老而交互, 爲ㄨ, ㄨ者, 二而一之之象也.

然則, ㆆㄱㄷㅈㅂ, 陽儀之⚊也. ㆅㄲㄸㅉㅃ, 陰儀之⚋也. ㅎㅋㅌㅊㅍ老陽之ㅁ也. ㅇㆁㄴㅅㅁ, 老陰之ㄨ也. ㅁ老, ⚋將爲⚊之時也. ㄨ者⚋將爲一之時也. ⚊者, ⚋之合, 而連焉者也. ⚋者, ⚊之離而竝焉者也. 陽則可竝, 而陰自是竝也. 又何可竝之有乎. 或曰, 然則, 在宮竝, 其ㆆ, 是其例也. 而以ㅎ竝之者, 何也. 曰, 東人之於喉音, 最所難成, 故ㅇㆁ竝以角ㆁ呼之, 雖竝ㆆ字, 而將難用也. 不得已竝ㅎ爲ㆅ, 以備匣母, 而ㆅ呼亦不甚明, 殆與ㅎ同也. 然而土者, 五行之終, 而至廣且大, 取陰之盛者, 而竝之, 亦一義也. 或曰, 諸音之母皆四, 而商獨爲五者, 何也. 曰, 金性從革, 宜其多變, 且物之剛者善鳴, 而金於物至剛, 商於行爲金, 故五音之中, 惟商最淸, 能及遠能引永, 商音之多, 其以此歟. 或曰, 宮徵商羽之母, 其變. 必加一畫於上, 而角之ㅋ, 獨加一畫於中者, 何也. 曰, 自下而上者, 易卦之例, 而ㅋ之爲音, 舌之抵下腭者重, 故加一於下, 且本字, 加一於木之下, 象其根, 末字, 加一於木之上, 象其杪, 末字, 加一於木之中, 象其重枝葉, 說文, 釋末字曰, 木老於未, ㅋ與

未同, 卽木老而枝葉下垂之象也. 木兩而爲林, ㄲ其林乎, 或曰, 羽母之變也. 則不加
於上, 不加於下, 而獨以縱生四角, 以橫生四角者, 何也. 曰, 夫ㅁㅂㅍ, 皆是合脣爲
聲, 而爲ㅁ時, 脣之合也. 四方均齊, 爲ㅂ時, 脣之合也. 自右而矗, 爲ㅍ時, 脣之
合也. 自上下而矗, 凡物之形, 方者矗其左右, 則角從上下四隅而出, 矗其上下, 則角
從左右四隅而出, 自然之理也. ㅂ者, ㅍ之縱也. ㅍ者, ㅂ之橫也. 或曰, 五音諸母,
皆因其第一母, 以次加畫而成, 故其形相類, 而獨ㅇ與ㄱㄱㄲ, 若不相類, 何也. 曰,
ㅇ承宮而首出者也. ㅇ之下體, 是宮之ㅇ, 而其上ㅣ, 卽象數之終也. 夫數, 始於
一縱一橫, 故一ㅣ得一橫一, 相連爲ㄱ, 爲ㄱ然後, 始去其宮體ㅇ與諸母之形相似,
而自ㄱ至ㄲ, 皆因ㅇㅣ加畫以成者也.

　盖ㅇ之ㅣ, 木之萌也. 是木之未成者也. ㄱ, 木之幹柯皆備, 且有曲直之象, 是木之
已成者乎, 或曰, 諸字之畫, 橫者皆平, 縱者皆直, 而商之ㅅ獨歪, 何也. 曰, 此因
其音而象之者也. 聖人初非有音於安排造作也. 字書所謂方圓曲直左右梣引, 皆因其形
勢之自然者, 是也. ノ者象左引, 丶者象右引, 左爲陽而右爲陰, 陽爲上而陰爲下, 故
左引長·右引短者, 陽長陰消, 所以居上, 右引長·左引短者, 陰長陽消, 所以居下, 而
爲次商也.

　此言象者, 直言脣舌之用也. 若以象形言之, 則五音各象其形, 盖ㅇ者, 象喉之圓而
通也. ㆁ者象牙之直而尖也, ㄴ者, 象齒舌之卷而舒也. ㅅ, 象齒之耦而連也. ㅁ
者, 而不可下處, 中宮而不可役四方故只用 初聲 象脣之方而合也.

　此段尤妙, 可謂發前人所未發, 然已象形言之, 則ㅁ者, 合脣之象也, ㅂ者, 脣之始
開之象也, ㅍ者開脣之象也

---

87) 여암 신경준은 궁음 'ㅇ'을 기본으로 하여 'ㅡ'를 위에 얹어 'ㆆ'이 되고 'ㆆ'에 다시 'ㅡ'를 위
에 얹어 'ㅎ'이 되며 이들 다시 나란히 놓게 되면 'ㆅ'이 된다. 다만 각자병서를 변음으로
처리하여 가획의 원리로 낱글자가 생성되는 것을 오음의 변성이라 하고 있다. 이와 같은
방식으로 5음의 기본문자인 ㅇ, ㆁ, ㅅ, ㄴ, ㅁ등이 어떻게 변하여 다른 음을 나타내는
문자들을 형성하게 되었는가를 설명한 것.

88) 훈민정음의 글자 제작 원리를 분명히 밝힌 구절이다. 곧 '상형(象形)'을 훈민정음의 제자
원리로 삼고, 자음자는 조음기관 또는 자음을 조음할 때의 조음기관의 모양을 본떠서 만
들고, 제자 순서는 먼저 아, 설, 순, 치, 후음별로 기본 글자 ㄱㄴㅁㅅㅇ를 제자한 다음
이를 바탕으로 해서 '인성가획(因聲加劃)'의 원리에 따라 발음이 센(厲)음의 순서대로 획을
더하여 다른 자음 글꼴을 만들었다. 모음 역시 하늘(天), 땅(地), 사람(人)의 삼재를 상형한
· ㅡ ㅣ를 기본으로 하고 합성의 원리에 따라 글꼴을 만들었다.

7) 오음이 변하여 이루어짐(五音變成)

ㅇ이 변하여 위에 ㅡ을 얹으면 ㆆ이 되고, ㆆ이 변하여 위에 ㅡ을 얹으면 ㅎ이 되며 ㅎ이 변하여 이를 나란히 놓게 되면 ㆅ이 되니 이들은 궁(宮)음이 변한 것이다.

ㆁ이 변하여 위에 ㅡ을 얹으면 ㄱ이 되고, ㄱ이 변하여 ㅡ을 얹으면 ㅋ이 되며, ㅋ이 변하여 ㄱ을 나란히 놓게 되면 ㄲ이 되니 이들은 각(角)음이 변한 것이다.

ㄴ이 변하여 위에 ㅡ을 더하며 ㄷ이 되고 ㄷ이 변하여 위에 ㅡ을 얹으면 ㅌ이 되며, ㅌ이 변하여 ㄷ을 나란히 놓게 되면 ㄸ이 되니 이들은 치(徵)음이 변한 것인데 모든 가로로 획(橫劃) ㅡ가 길고 세로로 획(縱劃) ㅣ가 짧은 것은 이들이 설두음(舌頭音)이 되기 때문이다. ㄴ, ㄷ, ㅌ, ㄸ이 또 변하여, ㄴ, ㄴ*, *ㅌ, *ㄸ이 되는데 모두 세로획 ㅣ가 길고 가로획 ㅡ가 짧은 것은 이들이 설상음(舌上音)이 되기 때문이다. ㄴ, *ㄴ, *ㅌ, *ㄸ을 발음할 때에 혀를 말아 위로 올리니 이들은 치(徵)음이 다시 변(再變)한 것이다.

ㅅ이 변하여 위에 ㅡ을 얹으면 ㅈ이 되고 ㅈ이 변하여 위에 ㅡ을 얹으면 ㅊ이 되며, ㅅ이 변하여 ㅅ을 나란히 놓게 되면 ㅆ이 되고 ㅈ을 나란히 놓으면 ㅉ이 되니 이들은 상(商)음의 변한 것인데 모두 왼쪽으로 어그러져 왼쪽이 길고 오른쪽이 어그러져 오른쪽이 짧아 ㅅ, ㅈ, ㅊ, ㅆ, ㅉ가 된다.

ㅅ, ㅈ, ㅊ, ㅆ, ㅉ가 또 변하여 ㅅ, ㅈ, ㅊ, ㅉ이 되는데 모두 오른쪽이 길고 왼쪽이 짧으니, 이들은 상(商)음이 다시 변(再變)한 것이다.

ㅁ이 변하여 세로로(縱)으로 네 뿔(四角)이 생겨서 ㅂ이 되고 ㅂ이 변하여 가로로 네 뿔이 생겨서 ㅍ이 되며 ㅍ이 변하여 ㅂ을 나란히 놓게 되면 ㅃ이 되는데 이들은 우(羽)음의 변한 것이다. ㅁ, ㅂ, ㅍ, ㅃ이 또 변하여 각각 하나의 동그라

음성분류	기본자	상형 내용	가획자	이체자
어금니(牙)	ㄱ	象舌根閉喉之形	ㅋ	ㆁ
혀(舌)	ㄴ	象舌附上齶之形	ㄷ ㅌ	ㄹ
입술(脣)	ㅁ	象口形	ㅂ ㅍ	
이(齒)	ㅅ	象齒形	ㅈ ㅊ	△
목구멍(喉)	ㆁ	象喉形	ㆆ ㅎ	
不厲 → 厲				

미(空圈)를 아래에 더하게 되면, ㅁ, ㅂ, ㅍ, ㅃ이 되니 대개 ㅁ, ㅂ, ㅍ, ㅃ은 입술을 합하여 소리를 내되, ㅁ, ㅂ, ㅍ, ㅃ이 될 때에는 마치 합하는 듯하면서도 합하지 않으면서 숨을 내쉬어 소리를 내므로, 그 동그라미 ㅇ은 곧 입술을 합하지 않고 숨을 내어 쉬어 소리를 내는 것을 형상한 것이며, 이들은 우(羽)음이 다시 변한 것이다.

치(徵)음은 또 변하여 궁(宮)과 섞여서 ㄹ이 되는데 '나'와 '이' 양성(兩聲)을 겸하였고, 상(商)이 또 변하여 궁(宮)과 섞여서 ㅿ이 되는데 '시'와 '이' 양성을 겸하였으며 이들은 변화(變)의 극단(極)들이다.

혹시 묻기를 오음의 여러 자모(五音諸母) 가운데서, 특히 ㅎ, ㄱ, ㄷ, ㅈ, ㅂ을 취하여 이를 나란히 놓게 된 것은 무슨 이유냐고 할 것이다. 이를 말하면 오음(五音)의 네 자모(四母)는 마치 역(易)의 사상(四象)과 같다.

궁(宮)의 ㅇ, 각(角)의 ㆁ, 치(徵)의 ㄴ, 상(商)의 ㅅ, 우(羽)의 ㅁ은 음(陰)이 노쇠(老)해서 양(陽)이 생성(生)된 것이다.

궁(宮)의 ㅎ, 각(角)의 ㄱ, 치(徵)의 ㄷ, 상(商)의 ㅈ, 우(羽) ㅂ은 순수한 양(純陽)이다.

궁의 ㅎ, 각의 ㅋ, 치의 ㅌ, 상의 ㅊ, 우의 ㅍ은 양이 노쇠(老衰)해서 음이 생성(生)된 것이다.

궁(宮)의 ㆅ, 각의 ㄲ, 치의 ㄸ, 상의 ㅉ, 우의 ㅃ은 순수한 음(陰)이다.

ㆅ, ㄲ, ㄸ, ㅉ, ㅃ 등은 음(陰)이 극단(極)에 이르러 양(陽)이 생성(生)하여 ㅇ, ㆁ, ㄱ, ㅅ, ㅁ이 되고, ㅇ, ㆁ, ㄴ, ㅅ, ㅁ 등은 양(陽)이 장성(長)하여 ㅎ, ㄱ, ㄷ, ㅈ, ㅂ이 되며 ㅎ, ㄱ, ㄷ, ㅈ, ㅂ 등 양이 극단에 이르러 음이 생성하여 ㅎ, ㅋ, ㅌ, ㅊ, ㅍ이 되고 ㅎ, ㅋ, ㅌ, ㅊ, ㅍ 등의 음이 장성(長)하여 다시 ㆅ, ㄲ, ㄸ, ㅉ, ㅃ이 되니 음양(陰陽)은 서로 변성(變成)하여 순환됨이 무궁(無窮)하다.

양수(陽數)는 하나 一이니 하나 一가 변하면 곧 둘 二이 되므로 양의 기수(奇) 一이 노쇠(老)하여 가운데가 꺾이면 ㅁ이 되니 ㅁ은 하나 一이면서도 두 개의 一가 되는 형상(象)이다. 음수(陰數)는 둘 二이니 둘 二이 변하면 곧 하나 一가 되므로 음의 우수(耦, 짝수)이다. 二이 노쇠(老)하여 서로 변성(變成)하면 ㄨ이 되니 ㄨ은 둘 二이면서도 하나 一인 형상(象)이다.

그런즉 ㅎ, ㄱ, ㄷ, ㅈ, ㅂ은 양의(陽儀)의 하나 一이고 ㆅ, ㄲ, ㄸ, ㅉ, ㅃ은

음의(陰儀)의 둘 --이다.

ㅎ, ㄲ, ㅌ, ㅊ, ㅍ은 노쇄한 양(老陽)의 ㅁ이고 ㅇ, ㆁ, ㄴ, ㅅ, ㅁ은 노쇄한 음(老陰)의 ㄨ이다.

ㅁ은 하나 ―가 지금 막 둘 --로 되려는 때이고 ㄨ라는 것은 --가 지금 막 ―가 되려는 때이다. ―라는 것은 --가 합하고도 연달은 것이고 --라는 것은 ―가 떨어지고도 나란히 선 것이다.

양(陽)이면 가히 나란히 설 수 있고 음(陰)도 제 스스로 나란히 섬에 또 무엇이 이를 나란히 세울 수 있겠는가? 그러면 또 묻기를 그렇다면 궁(宮)에 있어서 ㅎ을 나란히 세우는 것이 그 예(例)일 테인데 ㅎ으로써 나란히 세우는 것은 무슨 까닭일까라고 할 것이다.

우리나라 사람은 후음(喉音)이 가장 이루기 어려운 바이라 ㅇ, ㆆ을 다 같이 각(角)음의 ㆁ으로써 부르며, 비록 ㆆ을 나란히 하여 글자를 이룰지라도 바야흐로 쓰는 것이 어려워 어쩔 수 없이 ㅎ을 나란히 두어 ㆅ을 만들어 갑모(匣母 ㆅ)로써 갖추었으나 ㆅ도 발음하기가 매우 분명치 않아서 그렇지만 토라는 것이 오행의 마지막이라 가장 넓고 또한 커서 음(陰)의 성(盛)한 것을 취하여서 이를 나란히 놓는 것과 또한 한 가지 뜻이다.

혹시 말하기를 여러 음(諸音)의 성모(聲母)는 모두 4(四)인데 상(商)음만이 홀로 5(五)인 것은 무슨 까닭인가라고 할 것이다. 말하기를 금(金)의 성질은(性) 종혁변혁(從革變革혁, 혁(革), 괘명에 따라 변화됨)에 속하므로 당연히 그것이 많이 달라지고(多變)하고 또한 물(物)의 강(剛)한 것을 잘 울리는데 물 가운데에서 금(金)은 대단히 강하며, 상(商)은 오행에서 금(金)이 되는 까닭으로 오음(五音) 가운데서 오직 상(商)음이 가장 맑고, 멀리까지 미칠 수 있고 길게 끌 수 있어서 상(商)음이 많은 것은 이런 까닭이다.

혹은 말하기를 궁(宮), 치(徵), 상(商), 우(羽)음 등의 성모(聲母)는 그 변함에 있어서 반드시 위에 한 획(劃)을 더하는데 유독 각(角)음의 ㅋ만은 가운데 한 획을 더함은 무슨 까닭이냐고 말 할 것이다. 말하기를 아래로부터 위로 하는 가획하는 것은 역괘(易卦)의 방식인데 ㅋ이 소리를 낼 때 혀를 아랫잇몸에 댄다는 것은 중요한 일이므로 ―을 아래에서 더한 것이다.

또 본(本)이라는 글자는 목(木)의 밑에 ―을 더하였으니 그 뿌리를 형상(象)한 것이고 말(末)이라는 글자는 목(木)의 위에 一을 더하였으니 그 끄트머리를 본뜬 것이며, 미(未)라는 글자는 목(木)의 가운데 一을 더하였으니 그 지엽(枝葉)이 겹친 것을 형상한 것이다.

설문(說文)에 서 미(未)자를 풀어 말하기를 목(木)이 미(未)에서 노쇠(老衰)한다고 하였으니 ㅋ과 미(未)는 한가지라, 곧 목(木)이 노쇠하여 지엽(枝葉)이 아래에 매달린 형상(象)인 것이다. 목(木)은 둘이면 임(林)자가 되니 ㄲ은 그 임(林)자와 같은 것이다.

혹시 말하기를 우(羽)모가 변한 것은 위에 더하지도 않고 아래에 더하지도 않고 홀로 세로로(縱)로 네 뿔(四角)을 달고, 가로로(橫) 네 뿔을 내는 것은 무슨 까닭인가라고 할 것이다. 말하기를 대개 ㅁ, ㅂ, ㅍ은 모두 입술이 합하여 소리가 되는데, ㅁ 때에는 입술이 합하되 사방이 고르고 가지런(均齊)하며, ㅂ때에는 입술이 합하되 좌우로부터 오물어들고, ㅍ 때에는 입술이 합하되 아래 위로부터 오물아드니 무릇 물(物)의 형상(形狀)이 네모난 것은 그 좌우가 오물어드는 즉 아래 위 네 모퉁이를 따라서 나오고 그 아래 위가 오물어드는 것은 곧 뿔이 좌우 네 모퉁이를 따라 나오는 것은 자연의 이치다. ㅂ은 ㅍ의 세로(縱)이며, ㅍ은 ㅂ의 가로(橫)이다.

또 혹자가 말하기로 오음의 모든 성모(五音諸母)는 모두 그 제 1모를 따서 차츰 획을 더하여 이루어졌으므로, 그 모양이 서로 비슷한데 유독 ㆁ만 ㄱ, ㅋ, ㄲ과 서로 비슷하지 않는 것은 무슨 까닭이냐고 할 것이다. 말하기를 ㆁ은 궁(宮)을 이어받아서 머리가 나온 것이라, ㆁ의 아랫몸은 궁의 ㅇ이고 그 위의 1은 곧 수(數)의 마지막을 형상(象)한 것이다.

대개 수(數)는 1종 1횡에서 비롯하는 그러므로 1종 1은 1횡 一을 얻어야 서로 이어서 ㄱ이 되고, ㄱ이 된 다음에야 비로소 그 궁체(宮體) ㅇ을 내려서 제모(諸母)의 형상들이 비슷함과 같이 ㄱ으로부터 ㄲ에 이르기까지 모두 ㆁ의 ㅣ를 바탕으로 획을 더하여 이루어진 것들이다.

대개 ㆁ의 1는 나무의 새싹이니, 나무의 미성자(未成者)이고, ㄱ은 나무의 줄기와 가지를 갖추고 또한 곡직(曲直)의 형상(象)이 있으니, 이는 나무의 이미 성장된 것이다.

또 혹시 말하기를 여러 글자의 획들이 가로로 된 것은 모두 평평하고, 세로로 된 것은 모두 곧은데, 상음(商音)의 ╱╲만 홀로 비뚤어진 것은 무슨 까닭인가 라고 할 것이다. 말하기를 이것은 그 소리를 바탕으로 하여 글자를 본뜬 것이기 때문이다. 성인께서는 처음에 안배(安排)와 조작에 뜻을 두지 않으셨다. 자서(字書)에 이른바, 모나고, 둥글고, 굽고, 곧고, 좌우로 휘고 벋은 것이 모두 그 형세를 바탕으로 하여 자연스러운 것이니 바로 이것이다.

╱은 좌로 벋은 것을 본뜨고 ╲은 우로 벋은 것을 본뜬 것이니, 좌는 양(陽)이 되고, 우는 음(陰)이 되며 양은 위(上)가 되고 음은 아래(下)가 되는 때문에 좌로 벋은 것은 길고 우로 벋은 것은 짧으니 이는 양이 장(長:始)함에 음이 소감(消滅)하여 위에 있는 까닭이며, 위로 벋은 것이 길고, 좌로 벋은 것이 짧은 것은 음이 장(長:始)함에 양이 소감(消滅)하여 아래에 있는 까닭이니 차상(次商)이 되는 것이다.

이상에 대해 말한 바는 순설의 쓰임을 말한 것이다. 만약에 상형으로 말한다면 오음은 각각 제 모양을 본뜬 것이다. 대개 ㅇ은 목구멍의 둥글고 통함을 본뜬 것이다. ㆁ은 어금니의 곧고 뾰족함을 본 뜬 것이고 ㄴ은 혀의 말고 펴는 것을 본 뜬 것이요, ㅅ은 이의 짝짓고 연이음을 본 뜬 것이요, ㅁ은 입술의 모나고 합함을 본 뜬 것이다. ㅍ[피읖]은 입술이 열린 모습이다.

【해석】

「오음변성」에서는 신경준의 상형설을 가획 혹은 획의 분리를 통해 계열적으로나 통합적으로 계기적 관계를 맺고 있다는 매우 독특한 설명을 가한 부분이다.

여암은 기본글자에서 36성모를 생성하는 동시에 글꼴과 음가의 특징을 연계해서 기술하고 있다. 오음의 변성은 궁을 기준으로 ㅇ자를 가지고 모든 오음의 총성 글자의 생성을 역학적 관점에서 기술하고 있다.

궁음(후음) ㅇ→ㆆ→ㅎ→ㆅ
각음(아음) ㆁ→ㄱ→ㅋ→ㄲ
치음(설두) ㄴ→ㄷ→ㅌ→ㄸ
치음(설상) ㄴ→ㄴ→ㅌ→ㅌ
상음(치두) ㅅ→ㅈ→ㅊ→ㅆ/ㅉ
상음(정치) ㅅ→ㅈ→ㅊ→ㅆ/ㅉ

우음(순중) ㅁ→ㅂ→ㅍ→ㅃ
우음(순경) ㅱ→ㅸ→ㆄ→ㅹ
변치(반설) ㄹ
변상(반치) ㅿ

이를 다시 음양의 관계로 일청·이탁·삼청·사탁을 양·소양, 음·순음의 관계로 기술하였다.

ㅇ	ㆁ	ㄴ	ㅅ	ㅁ	양
ㅎ	ㄱ	ㄷ	ㅈ	ㅂ	소양
ㆆ	ㅋ	ㅌ	ㅊ	ㅍ	음
ㆅ	ㄲ	ㄸ	ㅉ	ㅃ	순음

여기서 가획은 평음→유기음→경음의 대립을 그리고 궁→각→치→상→우의 통합적 관계와 이들의 계열적 관계가 가획이나 병서에 의한 변별적 기능이 문자에 반영된 곧 변별적 자질 문자임(Distinctive feature letters)을 여암은 일찍 주장한 것이다.

양	음이 노쇄하여 양이 생김	ㅇ ㆁ ㄴ ㅅ ㅁ		✕	노음
			가획	—	양의
	순수한 양	ㅎ ㄱ ㄷ ㅈ ㅂ			
			가획	□	노양
음	양이 노쇄하여 음이 생김	ㆆ ㅋ ㅌ ㅊ ㅍ			
			병서	—	음의
	성장	ㆅ ㄲ ㄸ ㅉ ㅃ			

가획과 병서에 의한 글자 생성 과정에서 병서 곧 글자 두 개를 나란히 배열하는 근거는 무엇인가? 이에 대한 물음과 답을

"혹시 묻기를 오음의 여러 자모 가운데서, 특히 ㅎ, ㄱ, ㄷ, ㅈ, ㅂ을 취하여 이를 나란히 놓게 된 것은 무슨 이유냐고 할 것이다. 이를 말하면 오음의 네 자모는 마치 역의 사상과 같다."

라고 답하고 있다.

설두음과 설상음의 자형 구별에 대해 치음 글자의 왼쪽을 길게 삐치어 '치두음(齒頭音)'을 삼고 오른 쪽을 길게 삐치어 '정치음(正齒音)'을 삼아 구변하던 일은 『훈민정음』 언해본에 나와 있는 일인데 종획(縱畫), 횡획(橫畫)을 길고 짧게 구변하여 설두음과 설상음의 자형 구별을 한 것은 여암에게서 비롯된다.

여암의 순경음 설명은 황당무계한 듯한 면도 많으나 여기의 경순음(輕脣音) 설명은 다른 학자들의 설명과 부합되는 바가 있다.

8) 辨似

歌曰, 知·照·非·敷89)彼此同, 泥·孃·穿·徹90)亦相通, 澄·床·疑·喩91)音尤似, 認母詳聲仔細窮, 此十二母之音, 固相似, 而以舌上·正齒·全淸·次淸, 爲喉爲牙之義, 會神熟讀, 則辨之不難矣. 東方則於舌·齒音之得齊齒92)·撮ㅁ中聲者, 多不能分, 而關西·嶺南多用舌音93), 湖南·湖西多用齒音, ㅇ釋家悉曇書94)曰, 疑ㆁ字之音, 動鼻作聲, 喩ㅇ字之音, 發爲喉中輕虛之聲而已, 故初雖稍異, 而大體相似也. 漢音, 疑音初聲, 或歸於泥音, 或疑·喩混無別95)

---

89) 지(知)·조(照)·비(非)·부(敷): 『광운』에서는 '知(ㅈ, 설상)·照(ㅈ, 정치)·非(ㅸ, 순경)·敷(ㅸ, 순경)'로 앞뒤가 서로 같다.

90) 니(泥)·양(孃)·천(穿)·철(徹): 『광운』에서는 '泥(ㄴ, 설두)·孃(ㄴ, 설상)·穿(ㅊ, 정치)·徹(ㅊ, 설상)'이 앞과 뒤가 서로 같다.

91) 징(澄)·상(床)·의(疑)·유(喩): 『광운』에서는 '澄(ㄵ)·床(狀ㅉ)·疑(ㅇ)·喩(ㆁ)'이 서로 비슷하다.

92) 제치(齊齒): ㅣ, ㅑ, ㅕ ㅎ, 촬구(撮ㅁ): ㅛ, ㅠ, ㆇ, ㆊ제치(濟齒), 촬구(撮口): 중성해를 참고할 것. 한자음은 성모와 운모로 구성된다. I—MVF 두 요소로 구성되는데 I는 성모이고 MVF는 운모인데 이는 다시 세 요소로 구성되어 있다. M은 개모(介母, 운두), V는 핵모(核母, 운복), F는 운미(韻尾)이다. 개모의 유무에 따라 개구와 합구로 구분되고 다시 등호에 따라 개구호, 재치호, 합구호, 촬구호로 나누어 운모 구성을 설명한다. 곧 IMVE/T(I=Initiㄱl, 어두자음, M=Mediㄱl Vowel 介音, V=Vowel 모음, E=Endiŋ 음절말음, T=Tone 성조)로 도식화 할 수 있다.

93) 이관서, 영남다용설음(而關西, 嶺南多用舌音): 제치나 촬구음은 모두 j를 수반하고 있는 음이다. 이들과 결합한 경우 구개음화현상(Pㄱlㄱtㄱlizㄱtion rule)으로 상호간의 구별이 힘든다. 관서나 영남지방에서는 구개음화가 일어나기 때문에 차이를 보인다는 말이다.
설음 ㄷ ㅌ+ㅣ, ㅑ, ㅕ, ㅛ, ㅠ —
치음 ㅈ ㅊ+ㅣ, ㅑ, ㅕ, ㅛ, ㅠ『—
설음의 구개음화 결과가 치음과 같은 모양이 되기 때문에 그 구별이 쉽지 않다는 말이다.

8) 비슷한 것들을 서로 구별함(辨似)

> 노래에 이르기를 지(知, 곧 ㄷ의 ㄴ)와 조(照, ㅈ), 비(非, ㅸ)와 부(敷, ㆄ)는 서로 (彼此) 같고, 니(泥, ㄴ)와 냥(孃 곧 니의 ㄴ), 천(穿, 곧 ㅊ)과 철(徹 곧 ㅌ)은 역시 서로 통한다. 징(澄, 곧 ㄸ)과 상(床, 곧 ㅉ), 의(疑, 곧 ㆁ)와 유음(喩音 ㅇ)도 몹시 비슷하니, 자모(字母)를 확인하고 성(聲)을 잘 살펴서 자세함을 다하라.
>
> 이 12자모의 음은 매우 서로 비슷하여서, 설상(舌上)·정치(正齒)와 전청·차청이 후음이 되고 아음이 된다는 뜻이나, 정신을 모아 숙독하면 이들을 구별하기 힘들지 않다.
>
> 우리나라는 설음과 치음이 제치(齊齒)·촬구(撮口)의 중성들과 결합된 것들 중에 분별할 수 없는 것이 많으나, 관서(關西)와 영남(嶺南) 사람은 설음을 많이 쓰

---

94) 실담서(悉曇書): 실담(悉曇)은 범어(梵語:Sㄱnskrit) Siddㄱm의 음역(音譯), 중국, 한국, 일본 등에 전래되었던 범자(梵字)의 일종. 悉旦·悉曇·悉談·七曇·七旦이라고도 씀. 고대 인도에서 사용되던 부라아후(Brāhmi lipi) 문자에서 4세기경 구푸타(Guptㄱ)문자가 생기고, 이로부터 6세기경에 발전한 문자임. 실담서(悉曇書)는 이것을 적은 책.

95) 훈민정음에서도 "의여유다상혼용(疑與喩多相混用)"이라 하여 '의(疑)'와 '유(喩)'는 각각 중국 등운학에서 말하는 36자모의 하나인데, 중국 음운학에서는 한어의 어두자음을 분류하여 36자모표를 만들고, 각 자모로 하여금 각 어두자음을 대표케 하였을 때, 의(疑)모는 ŋ-을, 유(喩)모는 j-, ɦ-를 나타내게 하는 것이었다. 그러나 12세기경부터 한어의 어두 ŋ-음이 소실되어, 원래 ŋ-음을 가졌던 한자들의 자음이 j-, ɦ-을 가졌던 한자들과 같아졌으므로 여러 운서에서 한어 자음을 자모로 표시할 때 '疑'모자와 '喩'모자를 엄격히 구별하여 표음하지 못하고 '疑'모와 '喩'모의 사용에 혼동이 생기게 되었다. 이러한 사실을 알고 있었던 해례 편찬자들은 훈민정음의 ㆁ자가 '疑'모에 해당되고, ㅇ자가 '喩'모에 해당되므로 의모계 자음과 유모계 자음이 혼용되는 모습을 설명하기 위하여 ㆁ음과 ㅇ음이 '상사(相似, 서로 비슷하다)'라고 표현하고 있는 것이다. 그러나 중세국어를 기록한 ㆁ자와 ㅇ자는 그 음가 면에서 도저히 비슷할 수가 없다. 제자해에서 ㆁ의 음가를 '설근폐후성기출비(舌根閉喉聲氣出鼻)'라고 해서 [ŋ]임을 말하였고, 종성해에서 ㅇ의 음가를 '성담이허(聲淡而虛)'라고 해서 zero임을 말하였으므로, 훈민정음해례 편찬자들도 ㆁ과 ㅇ의 음가 차이를 알고 있었다. 해례 편찬자들은 ㆁ자가 ㅇ자와 음가가 비슷하여(今亦取象於喉. 而不爲牙音制字之始) ㆁ자도 ㅇ자와 마찬가지로 목구멍 모양을 본떠서 글자를 만들었다고 생각하고 있었으므로, ㆁ자는 아음의 불청불탁 소속자이면서도 아음의 기본 문자가 되지 않았다고 설명한 것임. 다른 조음위치에서 발음되는 글자들은 불청불탁자가 기본 문자가 되었음. ㆁ雖在牙音與ㅇ相似 ... 尙多水氣也: 여기서는 ㆁ와 ㅇ가 자형상 비슷하다는 뜻이며, ㆁ자는 아음이라 오행으로는 나무(木)이고, ㅇ자는 후음이라 물(水)인데, 다른 아음자와는 달리 ㆁ자가 ㅇ자를 본받아 제자되었으므로 마치 나무가 물에서 생겨났으나 아직 물기가 있는 것과 같다는 뜻임.

고, 호남(湖南)·호서(湖西) 사람들은 치음을 많이 쓴다.

○ 석가(釋家)의 실담서(悉曇書)에 말하기를 의(疑ㆁ)자의 음은 코를 움직여(動) 소리를 내고, 유(喩ㅇ)자의 음은 목구멍 속을 가볍게 비워 소리를 내는 것뿐이라고 하였다. 한음(漢音)의 의(疑ㆁ)음 초성은 혹은 니(泥ㄴ)음으로 되기도 하고, 혹은 의(疑ㆁ), 유(喩ㅇ)모들이 구별없이 섞이기도 한다.[96]

【해석】

「변사(辨似)」에서는 가운데 서로 비슷하여 혼동되기 쉬운 글자들을 모아서 그 이동(異同)을 분명히 하였다. '자과(字窠)'의 권말과 『강희자전』의 권수(卷首)에는 이 표가 계재(載)되어 있다(字窠, 辨似字劃之辨在 髮間, 注釋, 豈能偏覽, 玆復 出點畫相似者四百七十有奇, 比體並列彼比相, 之士, 一目了然, 無魚魯之 也).

중국 한음에서는 '지(知)-죠(照)'와 '비(非)-부(敷)', '니(泥)-냥(孃)'과 '천(穿)-철(徹)', '증(澄)-상(床)'과 '의(疑)-유(喩)'의 글자가 변동이 되어 음이 혼동되고 있다. 곧 설상음 '지(知)'와 정치음 '죠(照)'가 통합되어 가고 있고 순경 전청음 '비(非)'와 '부(敷)'가 통합되어 오음의 이동과 청탁의 이동으로 그 음을 서로 구별하기 위해서는 세밀한 관찰이 필요하다는 설명을 「변사」에서 하고 있다.

초성에서 뿐만 아니라 중성에서도 제치와 촬구가 분별하기 어려우며 지방에 따라 설음과 치음이 치우져서 방언 차이를 보여 주고 있다고 설명하고 있다.

여암의 왜 36성모자모를 유지하는지에 대해서는 여기저기에서 계속 설명을 하고 있는데 특히 설음과 치음이 많은 이유에 대해서는

> 우리나라는 설음과 치음이 제치(齊齒)·촬구(撮口)의 중성들과 결합된 것들 중에 분별할 수 없는 것이 많으나, 관서(關西)와 영남(嶺南) 사람은 설음을 많이 쓰고, 호남(湖南)·호서(湖西) 사람들은 치음을 많이 쓴다.

---

96) 유희의 『언문지』에서 최세진은 다음과 같이 말하였다. "'魚[ㅇ]'음은 곧 '疑[ㆁ]'음과 같고, '孃[ㄴ]'음은 곧 '泥[ㄴ]'음과 같고, '么[ㅎ]'음은 곧 '影[ㅎ]'음과 같고, '敷[ㅍ]'음은 '非[ㅸ]'음과 같으니, 둘로 나누면 안 되는데 『운회』에서는 이것을 나누어 놓았다. 몽고운에서는 '魚[ㅇ]'자와 '疑[ㆁ]'자는 음이 비록 같지만 그 몽고 글자는 다르기 때문이다. '泥[ㄴ]'와 '孃[ㄴ]', '么[ㅎ]'와 '影[ㅎ]', '非[ㅸ]'와 '敷[ㅸ]' 또한 같다. 그러나 다만 '泥[ㄴ]'와 '孃[ㄴ]'에 대해서는 달리 논해야 한다. 결코 같이 논해서는 안 된다고 한 것은 알 수 없다.

라는 설명을 하고 있다. 특히 관서지역의 사람들이 ㄷ-구개음화가 실현되지 않고 있는 현실을 기록했다는 면에서 매우 소중한 증언이 아닐 수 없다.

	開口		合口	
1등운		開口呼	w	合口呼
2등운	r		rw	
3등운	j	齊齒呼	jw	撮口呼
4등운	i		iw	

　'의유혼용(疑喩混用)'에 관한 여암의 繹家悉曇書曰以下 疑‥喩混無別까지의 설명은『훈민정음 해례』에도 나와 있는데 그 설명이 비과학적이고 사실과 부합되지 않는 바가 있다. 그러나 이것은 유모(喩母)가 표시하는 음가가 /j/이어서 국어에서는 일재 독립된 어두자음(語頭子音)으로 인정할 수 없는 점과 의모(疑母)가 표시하는 음가가 /ŋ/이기는 하여도, 이것 역시 국어의 어두자음으로 존립할 수 없는 것이어서 이 의모(擬母) 계통의 한자음의 어두 자음들이 국어와 중국음에서 탈락 되어서 어두자음 구실을 못하고, 그대로 운모(韻母)대로 만 발음되었던 것을 말하는 것 같다. (訓民正音解例中 制字解의 說明一牙之ㅇ, 雖舌根抒喉, 聲氣 出鼻, 而其聲與ㅇ相似, 故韻書疑與喩, 多相混用).

9) 層位

　宮土也. 居中97), 是爲第一層, 角木也. 居東, 徵火也. 居南, 商金也. 居西, 羽 水也. 居北, 是爲第二層, 宮出而列於方位, 則夫土, 生於未·長於戌·盛於丑·老於 辰, 故ㅇ居未·ㆆ居戌·ㆅ居丑·ㆅ居辰, ㄱㅋㄲ角之變也. 從乎角, 而居角之次, ㄷㅌㄸ徵之變也. 從乎徵, 而居徵之次, ㅈㅊㅉ商之變也. 從乎商, 而居商之次, ㅂㅍㅃ羽之變也. 從乎羽, 而居羽之次, 是爲第三層, 徵之ㄴㄷㄴ, 商之ㅈㅈ ㅊㅆㅉ·羽之ㅁㅂㅸㆄㅃ, 變而又變者也. 各從其類, 而居其下, 是爲第四層, 半徵之 ㄹ·半商之△, 變之極者也. 居最下, 是爲第五層, 且以音出之次第言之, 喉居最初, 牙居喉之外舌居牙之外, 齒居舌之外, 脣居齒之外故先宮而次角·次徵·次商·次羽

---

97) 신경준은 오음과 오성의 배치가 훈민정음의 체계와는 다르다.
　　대응관계를 도표로 만들면 다음과 같다.(이상규,「잔엽 상주본『훈민정음』해례본」,『한글』

9) 초성도의 층위(層位)

궁(宮)음은 토(土)이니 중앙에 위치하여, 이것이 제1층이 되고, 각(角)음은 목(木)이니 동방(東方)에 있고, 치음(徵音)은 화(火)이니 남방(南方)에 있고, 상(商)음은 금(金)이니 서방(西方)에 있고, 우(羽)음은 수(水)이니 북방(北方)에 있어서 이들은 제2층이 된다.

궁(宮)이 나와서 방위(方位)로 배열되는 즉 대개 토(土)라는 것이 미방(未方)에서 생(生)하여, 술방(戌方)에서 장(長)하고 축방(丑方)에서 성(盛)하여 신방(辰方)에서 노쇠(老衰)하기 때문이니, 그런 까닭으로 ㅇ은 미방(未方)에 있고, ㆆ은 술방(戌方)에 있으며 ㅎ은 축방(丑方)에 있고, ㆅ은 신방(辰方)에 있는 것이다.

ㄱ, ㅋ, ㄲ은 각(角)음의 변한 것이라, 각음 ㆁ을 좇아서 각음 ㆁ 다음에 위치하고, ㄷ, ㅌ, ㄸ은 또 치(徵)음이 변한 것이라, 치음(ㄴ)을 따라서 치음(ㄴ) 다음에 위치하며, ㅈ, ㅊ, ㅆ, ㅉ은 상(商)음의 변한 것이라, 상음(ㅅ)을 좇아서 상음(ㅅ) 다음에 위치하고, ㅂ, ㅍ, ㅃ은 우(羽)음의 변한 것이라, 우음 ㅁ을 좇아서 우음 ㅁ 다음에 위치하니, 이들은 제3층이 된다.

치(徵)음의 ᄔ, ᄕ, ᄐ, ᄄ과 상음의 ᄼ, ᅎ, ᅔ, ᄿ, ᅏ, 우음의 ㅱ, ㅸ, ㆄ, ㅹ 등은 변하고 또 변한 것이다. 각각 그 무리를 좇아서 아래(下位)에 위치하니 이들은 제4층이 된다.

반치음(半徵音)의 ㄹ과 반상음(半商音)의 ㅿ은 변한 것의 극(極)이라 최하위에 위치하며 이들은 제5층이 된다.

그리고 또 음(音)이 발음되는 곳을 순서대로 말한다면 목구멍이 맨 먼저 있고, 어금니가 목구멍의 밖에 있으며, 혀는 어금니의 다음에 있고, 이는 혀의 다음에 있으며, 입술은 이의 다음에 있으므로 궁(宮)은 먼저 놓고 다름에 각(角)을 그 다음에 치(徵), 그 다음에 상(商), 그 다음에 우(羽)를 놓게 되는 것이다.

제298호, 한글학회, 2012. 참조.

오음-오성	출전
脣一宮, 喉一羽	훈민정음, 제자해, 고금운화거요, 절운지장도 중 오음성변자모차제예
脣一羽, 喉一宮	홍무정운, 광운지남, 원화운보, 신공절운지장도 중 변오음예

【해석】

「초성도의 층위」는 앞에 나온 「초성도」의 배치에 대한 설명이다. 역학의 원리 아래 오음, 오방, 오계 등 순환의 논리로 초성의 계열과 통합의 관계를 기술하고 있다. 먼저 궁-각-치-상-우의 오음이 오방위에 층위별로 어떻게 배속되는지 보여 주여 주고 있다.

[제1층]
궁(宮)음   토(土)   중앙(中央)   ㅇ   ㆆ   ㅎ   ㆅ

[제2층]
각(角)음   목(木)   동방(東方)   ㆁ   ㄱ   ㅋ   ㄲ
치음(徵音)   화(火)   남방(南方)   ㄴ   ㄷ   ㅌ   ㄸ
                                       ㄴ, ㅌ, ㅌ, ㄸ

상(商)음   금(金)   서방(西方)   ㅅ   ㅈ   ㅊ   ㅆ   ㅉ
                                       ㅅ   ㅈ   ㅊ   ㅆ   ㅉ

우(羽)음   수(水)   북방(北方)   ㅁ   ㅂ   ㅍ   ㅃ

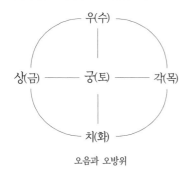

오음과 오방위

[제3층]
궁(宮) 토(土) 미방(未方)-생(生) 술방(戌方)-장(長) 축방(丑方) 성(盛) 신방(辰方)-노쇠(老衰)
          ㅇ 미방(未方),   ㆆ 술방(戌方),   ㅎ 축방(丑方),   ㆅ 신방(辰方)
각(角)   ㆁ   ㄱ   ㅋ   ㄲ
치(徵)   ㄴ   ㄷ   ㅌ   ㄸ

상(商)　　ㅅ　ㅈ　ㅊ　ㅆ　ㅉ

우(羽)　　ㅁ　ㅂ　ㅍ　ㅃ

[제4층]

치(徵)　ㄴ, ㄷ, ㅌ, ㄸ

상(商)　ㅅ, ㅈ, ㅊ, ㅆ, ㅉ,

우(羽)　ㅁ, ㅸ, ㅍ, ㅃ

[제5층]

반치음(半徵音)　ㄹ

반상음(半商音)　△

그리고 또 음(音)이 발음되는 곳을 순서대로 말한다면 궁→각→치→상→우 혹은 목구멍→어금니→혀→이→입술로 배열되는 이유를 오음의 순서로 "궁(宮)은 먼저 놓고 다름에 각(角)을 그 다음에 치(徵), 그 다음에 상(商), 그 다음에 우(羽)를 놓게 되는 갓"이라고 설명하고 있다. 미(未)·생(生)-술(戌)·장(長)-축(丑)·성(盛)-신(辰)·노쇠(老衰)라는 12지의 시간 순서에 따라 소리의 발음순서도 꼭 같이 배열한 결과이다.

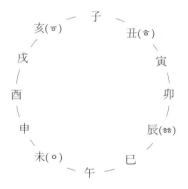

후음ㅇ, ㆆ, ㅎ, ㆅ의 12간지 배열

10) 淸濁

夫五音, 統以言之, 商角徵淸, 宮羽濁, 分以言之, 三十六母, 各有淸濁, 見·端·
知·幇·非·精·照·影八者·純淸也. 溪·透·徹·湴·敷·淸·穿·曉八者·次淸也. 群·定·
澄·並·奉·從·牀·邪·禪·匣十者·全濁也. 疑·泥·孃·明·微·心·審·喩·來·日十者, 半
淸半濁也. 盖陽輕而陰重, 陽浮而陰沉, 輕浮者爲淸, 而重沉者爲濁, 以數言之, 淸奇
而濁耦, 故經世數之, 一三淸·二四濁, 以象言之, 淸天而濁地, 故生於天而水土淸,
生於地而火石濁, 以字言之, 畫少者淸, 而畫多者濁, 故ㅇㄱㄷ ㅈ ㅂ爲淸, ㅎㅋㅌ
ㅊㅍ爲次淸, ㆅ ㄲㄸㅉ爲濁, ㅇ ㆁㄴㅅㅁ爲次淸, 心·審二母, 正韻屬之全淸,
而細思之, 當爲半淸半濁, 以諸字書淸濁圈圈觀之,
切韻要法則心以◑, 審以◖, 切音指南則心·審皆以◐, 而置之疑·泥·明·喩之位次,
字彙, 亦不以爲純淸, 而曰次淸者, 是也.

10) 청탁(淸濁)

　　대개 오음(五音)을 통괄하여 말하자면, 상(商)음, 각(角)음, 치(齒)음은 청(淸)이
고, 궁(宮)음, 우(羽)음은 탁(濁)이다. 분류하여 말한다면 36자모(字母)에 각각 청탁
(淸濁)이 있으니 견(見, ㄱ)·단(端, ㄷ)·지(知, ㄴ)·방(幇 ㅂ)·비(非 ㅸ)·정(精 ㅈ)·조(照
ㅈ)·영(影 ㅎ) 여덟은 순청(純淸)이고, 계(溪, ㅋ)·투(透, ㅌ)·철(徹, ㅌ)·방(湴, ㅍ)·부
(敷, ㅸ)·청(淸, ㅈ)·천(穿ㅊ)·효(曉, ㅎ) 여덟은 차청(次淸)이며, 군(群, ㄲ)·정(定, ㄸ)·
증(澄, ㄸ)·병(並, ㅃ)·봉(奉, ㅹ)·종(從, ㅉ)·상(狀, ㅉ)·사(邪, ㅆ)·선(禪, ㅆ)·갑(匣
ㆅ) 열은 전탁(全濁)인데, 의(疑, ㅇ)·니(泥, ㄴ)·양(孃, ㄴ)·명(明, ㅁ)·미(微, ㅱ)·심
(心, ㅅ)·심(審, ㅅ)·유(喩, ㅇ)·래(來, ㄹ)·일(日, ㅿ) 열은 반청반탁(半淸半濁)이다.
　　대개 양(陽)은 가볍고(輕)하고 음(陰)은 무거우니(重), 양은 뜨고(浮)하고 음은 가
라앉은(沉) 것이니, 가볍고 뜨는 것은 청(淸)이 되고, 무겁고 가라앉은 것은 탁(濁)
이 되니, 수(數)로써 말한다면, 청(淸)은 기수(奇數 홀수)이고, 탁(濁)은 우수(耦數 짝
수)인 까닭으로 경세수(經世數)의 1과 3은 청이고, 2와 4는 탁이다.
　　형상(象)으로써 말한다면, 하늘은 맑고 땅은 탁(濁)하므로, 하늘(天)에서 생겨
난 수(水)와 토(土)는 청(淸)이요, 땅(地)에서 생겨난 화(火)와 석(石)은 탁이다.
　　글자로써 말한다면, 획이 적은 글자는 청이고 획이 많은 글자는 탁인까닭으

로 ㆆ, ㄱ, ㄷ, ㅈ, ㅂ은 청이 되고, ㅎ, ㅋ, ㅌ, ㅊ, ㅍ은 차청(次淸)이 되며 ㆅ, ㄲ, ㄸ, ㅉ, ㅃ은 탁이 되고, ㅇ, ㆁ, ㄴ, ㅅ, ㅁ은 차탁(次濁)이 된다.

심(心, ㅅ), 심(審, ㅅ) 두 성모는 정운(正韻, 『홍무정운』을 말하는 듯함)에서는 전청(全淸)에 속하나, 이를 자세히 생각해 보면 마땅히 반청반탁(半淸半濁)이 되어야 할 것이다.

여러 자서(字書)에서도 청탁을 표시한 도권(圖圈)으로써 심(心 ㅅ)·심(審 ㅅ)의 청탁을 표시한 것을 가지고 청탁 관계를 본다면, 『절운요법(切韻要法)』에서는 심(心)모를 ◐로써 표시하고, 심(審)모를 ◗로써 나타내었으며, 『절음지남(切音指南)』98)에서는 심(心)·심(審) 양모(兩母)를 모두 ◗로써 나타내고, 의(疑 ㅇ)·니(尼명 ㄴ)·명(明 ㅁ)·유(兪 ㅇ)의 다음 위치에 놓았으며, 『자휘(字彙)』99)에서도 역시 순청(純淸)으로 삼지 않고, 차청(次淸)이라고 말한 것은 이 때문이다.

【해석】

여암의 「경세성음수도」의 용어와 차이를 보인다. 일청·이탁·삼청·사탁이라는 용어를 순청·차청·전탁·반청반탁이라는 용어로 바꾸어 쓰고 있다. 「오음변성」에서는 양, 소양, 음, 순음과 같은 용어로도 사용하고 있다.

여암은 우선 청탁의 용어를 아래와 같이 정의하고 있다.

하늘(天)	청	수	토	청	상·각·치	1,3청
땅(地)	탁	화	석	탁	궁·우	2,4탁

---

98) 반절지남(切音指南): 원나라 유감이 지은 『경사정음절운지남(經史正音切韻指南)』을 가리키는 말. '운도 24장'과 '직지옥약시분법(直指玉鑰匙"법)'으로 이루어진 『절운지장도(絶韻指掌圖)』를 바탕으로 하여 『사성등자』를 참고하고 문법을 더하여 학자의 편리를 도모한 것.

99) 자휘(字彙): 자서(字書). 명(明)나라 매 응조(梅膺祚)의 찬(撰). 12집. 수말(首末). 2권이 따로 있음. '說文'및'玉篇'의 부수(部首)를 변개(變改)하고, 해체(楷體)에 의하여 부(部)를 나눈 것. 자수(字數)는 33,097. 정자통(正字通) 및 『강희자전』이 기초로 한 것인데, 자서(字書)의 획인(劃引)은 이 책에서 비롯한다.

36자모의 오음을 총괄하여 청탁에 따라 배분하면 아래와 같다.

				음양	경세수
순청(純淸)	평음	見ㄱ 端ㄷ 知ㄷ 幇ㅂ 非ㅸ 精ㅈ 照ㅈ 影ㆆ		양-경	1청
차청(次淸)	유기음	溪ㅋ 透ㅌ 徹ㅌ 滂ㅍ 敷ㆄ 淸ㅊ 穿ㅊ 曉ㅎ		양-경	3창
전탁(全濁)	경음	郡ㄲ 定ㄸ 澄ㄸ 竝ㅃ 奉 ㅹ 從ㅉ 牀ㅉ 邪ㅆ 匣ㆅ		음-중	2탁
반청반탁(半淸半濁)	유성음	疑ㆁ 泥ㄴ 孃ㄴ 明ㅁ 微 ㅱ 心ㅅ 審ㅅ 喩ㅇ 來ㄹ 日ㅿ		음-중	4탁

청·탁이란 원래 중국의 어두자음을 분류 할 때 사용하는 술어로서 자음들의 유성(有聲)·무성(無聲)·유기(有氣)·무기(無氣)등의 구별을 말하는 것이다.

	전청	차청	전탁	불청불탁	
				아, 설, 순	후, 반설
유성성	-	-	+	+	+
유기성	-	+	+	-	-
비음성	-	-	-	+	-

그런데 이 항(項)에서는 순수한 음운론적 설명 이외에 역학적인 설명까지 가미했는데 이것은 권수의 「경세성음수도」 및 「초성배경세수도」를 대조해 가면서 읽으면 이해할 수 있다.

각 운서와 운도에서 사용된 청탁(淸濁)의 용어가 매우 다양하게 사용되고 있는데 아래 도표에서 서로 비교해보면 세종 대에 편찬된 『훈민정음 해례』, 『동국정운』, 『홍무정운역훈』은 운도 중에서도 『절운지장도』[100]와 가장 유사한 것을 볼 수 있다.

---

100) 최병권, 『절운지장도 연구』, 연세대학교 석사학위논문, 14쪽, 1994.

『훈민정음 해례』	全淸	次淸	全濁	不淸不濁
『동국정운』	全淸	次淸	全濁	不淸不濁
『홍무정운역훈』	全淸	次淸	全濁	不淸不濁
『운경』	淸	次淸	濁	不淸不濁
『고금운회거요』	淸	次淸	濁	次濁
『절운지남』	純淸	次淸	全濁	半淸半濁
『절운지장도』	全淸	次淸	全濁	不淸不濁
『황극경세서』	淸	淸	濁	濁

『훈민정음 해례』 운도의 구성이나 사성의 배치나 용어를 대비해 본 결과 다른 운도보다 『절운지장도』와 가장 비슷한 부분이 많다는 사실을 확인하였다. 『동국정운』의 서에도 "이에 온공(溫公, 사마온공)이 운도를 짓고 강절(康節, 소옹)이 수리를 밝혀 깊은 이치를 찾아 울려서 여러 설이 하나로 모아졌다."[101]이라 하여 운도의 오음(칠음)과 청탁의 배열 방식은 『절운지장』을 지었다고 알려진 사마온공의 영향을 많이 받았고 다시 『주역』에 근거한 오음(칠음)을 오방, 오절, 오색 등으로 확장한 것은 『성리대전』의 영향이었으며 그 가운데 소옹의 영향으로 상수론으로 그 이론의 확대가 이루어졌음을 분명히 말해주고 있다. 따라서 정인지의 서문에서도 이러한 논란을 막기 위해 "그러나 풍토가 구별되고 성기 또한 따라서 다른 즉"이라 하였으며, 『동국정운』 세문에서도 "대저 음에 같고 다름이 있는 것 아니요, 사람이 같고 다름이 있는 것이며, 사람에 따라 다름이 있는 것 아니요, 지방이 같고 다름이 있는 것이니, 대개 지세가 다르면 풍기가 틀리고 풍기가 다르면 호흡이 다르니"라고 대응했던 것이다. 그러나 조선 후기에 들어서면서 『훈민정음 해례』 상주본의 행간 필사 내용과 같은 반론이 나타나기 시작하였다.

여러 자서(字書)에서도 청탁을 표시한 도권(圖圈)으로 사용하고 있는 예들이 많이 있다. 청탁 관계를 본다면, 『절운요법』에서는 심(心)모를 ◑로써 표시하고, 심(審)모를 ◓로써 나타내었으며, 『절운지남』에서는 심(心)·심(審) 양모(兩母)를 모두 ◓로써 나타내고, 의(疑 ㅇ)·니(尼명 ㄴ)·명(明 ㅁ)·유(兪 ㅇ)의 다음 위치에 놓았으며, 『자휘(字彙)』에서도 역시 순청(純淸)으로 삼지 않고, 차청(次淸)이라고 하여 그 용어도 조금씩 차이를 보여주고 있다. 『화동정음통석운고』에서는 전청을 ○, 차청을 반달, 불청불탁을 ◑, 전탁을 ●로 나타내고 있다.

---

101) "於時溫公著之於圖, 康節明之於數, 探賾釣深 以一諸說", 『동국정운』 서문.

4. 中聲圖와 中聲解

4.1 中聲圖

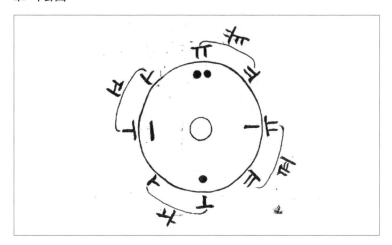

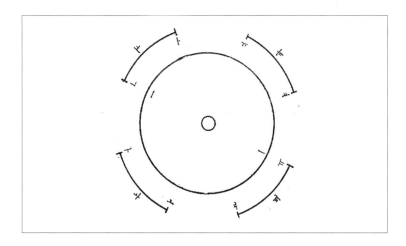

正韻	ㅐ	ㅣ	ㅏ	ㆍ	開口
正韻	ㅖ	ㅢ	ㅓ	ㅡ	齊齒
副韻	ㅒ	ㆍㆍㅣ	ㅑ	ㆍㆍ	
副韻	ㅖ	ㅣㅣ	ㅕ	ㅣ	

正韻	ㅙ	ㅚ	ㅘ	ㅗ	合口
正韻	ㅞ	ㅟ	ㅝ	ㅜ	撮口
副韻	ㅙ	ㅛ	ㅑㅑ	ㅛ	
副韻	ㅞ	ㅠ	ㅕㅕ	ㅠ	

정운(正韻)	ㅐ	ㆍㅣ	ㅏ	ㆍ	개구(開口)
	ㅖ	ㅢ	ㅓ	ㅡ	
부운(副韻)	ㅒ	ㆍㆍㅣ	ㅑ	ㆍㆍ	제치(齊齒)
	ㅖ	ㅣㅣ	ㅕ	ㅣ	
정운(정운)	ㅙ	ㅚ	ㅘ	ㅗ	합구(合口)
	ㅞ	ㅟ	ㅝ	ㅜ	
부운	ㅙ	ㅛ	ㅑㅑ	ㅛ	촬구(撮口)
	ㅞ	ㅠ	ㅕㅕ	ㅠ	

【해석】

「중성도(中聲圖)」는 「중성해」에서 여러 가지로 설명한 모든 이론의 뒷받침이 되는 그림이다. 「초성도」와 마찬가지로 중앙의 ㅇ(여기서는 태극(太極)을 나타낸 것)으로부터 여러 모음자가 생성 발달한 예를 보였다. 그런데 이 「중성도」에는 모든 모음자를 32모음자를 배열하였는데, 이 중에서 [..]모음만 제외한 15자는 유희(柳僖)가 교정(校定)한 「중성정례(中聲定例)」와 완전히 일치된다.

개구와 합구는 중국 운학 특히 등운학에서는 한자음을 성모와 운모로 2분하는데 그치지 않고 더 세분하였다. 어떤 자음을, 앞의 부분, 즉 그 음절의 맨 앞 부분을 성모라 하고, 그 나머지 부분 전부를 운모로 2분하는 일은 고대부터 있었던 일이나, 여기의 운모를 다시 세분해서 고찰하는 일은 송시대 이래 등운학이 발달된 이후의 일이었다. 운모는 운두(운두(韻頭 : 이것이 대개는 반모음이어서 介母라고 함). 운복(韻腹 : 主母音이어서 核母音이라고도 함), 운미(韻尾)로 3분될 수 있는데, 등운학에서는 운두(韻頭)나 운복(韻腹)에 오는 음의 성질 여하로 다음과 같이 구별하고, 이 구별을 기준으로 하여 운도를 작성하였던 것이다.

『사성통해』에서 운모 32개와 『저정성』에서 제시한 중성은 일치한다. 다만 자형의 차이는 있으나 여암은 『사성통해』를 기준으로 하되 한걸음 더 나아가 개구·제치·합구·촬구로 4등으로 분류함으로써 한자음 색인 방식을 보다 간편하게 한 것이다.

1) 中聲配經世數圖

一				二			
日	月	星	辰	日	月	星	辰
ㅏ	ㅘ	ㅐ	ㅙ	ㅑ	ㆇ	ㅒ	ㆈ
강岡	광光	캐開	괘嗢	량良	○○	개佳	●
三				四			
日	月	星	辰	日	月	星	辰
ㅓ	ㅝ	ㅔ	ㅞ	ㅕ	ㆊ	ㅖ	ㆋ
더多	훠禾	○○	○○	천千	ᄒᆑ靴	례离	○○
五				六			
日	月	星	辰	日	月	星	辰
ㅡ	ㅜ	ㅢ	ㅟ	ㅣ	ㅠ	ㅢ	ㆌ
근根	궁公	딍登	귕肱	링靈	즁重	○○	ᄒᆔᆼ兄
七				八			
日	月	星	辰	日	月	星	辰
ㆍ	ㅗ	ㆎ	ㅚ	ᆢ	ㅛ	ᆢㅣ	ㆉ
ᄉᆞᆯ㊊	오㊍	○	○	●	요㊎	●	●
九				十			
日	月	星	辰	日	月	星	辰
●	●	●	●	●	●	●	●
●	●	●	●	●	●	●	●

1) 중성배경세수도

일				이			
日	月	星	辰	日	月	星	辰
ㅏ	ㅘ	ㅐ	ㅙ	ㅑ	ㆇ	ㅒ	ㅙ
강岡	광光	캐開	괘媧	량良	○○	개佳	●
삼				사			
日	月	星	辰	日	月	星	辰
ㅓ	ㅝ	ㅖ	ㅖ	ㅕ	ㆊ	ㅖ	ㅖ
더多	爲禾	○○	○○	쳔千	훠靴	례离	○○
오				육			
日	月	星	辰	日	月	星	辰
ㅡ	ㅜ	ㅓ	ㅟ	ㅣ	ㅠ	ㅔ	ㅟ
근根	궁公	딍登	궝肱	링靈	뜽重	○○	횡兄
칠				팔			
日	月	星	辰	日	月	星	辰
·	ㅗ	·ㅣ	ㅚ	··	ㅛ	··ㅣ	ㅚ
슐兒	오我	○	○	●	요藥	●	●
구				십			
日	月	星	辰	日	月	星	辰
●	●	●	●	●	●	●	●
●	●	●	●	●	●	●	●

【해석】

「중성배경세수도(中聲配經世數圖)」는 권두에 실은 「경세성음수도」의 세부적인 설명에 해당되는 그림이다. 모음들을 10성으로 나누어 표를 만들었다. 예로 든 한자들은 '我'와 '藥'을 제외하고는 전부 「경세성음도」의 평성란(平聲欄)에 있는 글자들이고, 우리 한자로 있을 수 있는 글자라도, 그의 「정중성(定中聲)」란에서 정한 21의 한자들 속에 배당되지 못한 것은, 자연히 앞으로 논외가 된다. 배열법은 먼저 기(奇)와 우(耦)로 나누어, 기수 1, 3, 5, 7, 9의 성도에는 개구(開口)와 합구(合口)자를 배열하고, 우수 2, 4, 6, 8, 10의 성도(聲圖)에는 제치(齊齒)와 촬구(撮口)자를 배열하되, 기수(奇數)에서도 일(日). 성(星) 줄에는 개구자(開口字)를 월(月) 신(辰) 줄에는 합구자(合口字)를 배열하고, 우수(耦數)에서도 일(日)·성(星) 줄에는 제치자(齊齒字)를, 월(月)·신(辰) 줄에는 촬구자(撮口字)를 배열한 것이다. 본서의 모든 내용이 이렇게 질서 정연히 조리 있게 꾸며지고 있다.

개 구	합 구
1등 개모 무, 주모음 약 2등 약간 광모음 3등 개모는 /i/, 주모음은 4등 약간 협모음	1등 개모는 /w/, 주모음 2등 약간 광모음 3등 개모는 /iw/, 주모음 4등 약간 협모음

이런 차이는 중고 중국어에 존재했었으나, 중세 중국어부터는 차츰 간략화되어 다음과 같은 4등호(四等呼)가 되었다.

등	개 구	합 구
1	寒 /ㄱn/	桓 /uㄱn/
2	刪 /ㄱn/	刪 /uㄱn/
3	仙 /jæn/	仙 /juæn/
4	仙 /iɛn/	仙 /iuɛn/

(1) 初聲合中聲爲字之例

ㅏ ㅑ ㅓ ㅕ ㅣ, 附書於初聲之右, 如見類 가 갸 거 겨 기之字,
ㅗ ㅛ ㅜ ㅠ ㅡ ‧ ‥ 附書於初聲之下, 如見類 고 교 구 규 그 ㄱ ㄱ之字,
ㅘ ㅑ ㅝ ㅖ, 如見類 과 꽈 궈 궤之字,
ㅣ ㅢ ㅐ ㅔ, 如見類 기 긔 개 게之字

(1) 초성과 중성이 합하여 글자가 되는 예(初聲合中聲爲字之例)

ㅏ, ㅑ, ㅓ, ㅕ, ㅣ 등은 초성의 오른 편에 붙여 쓰는 것이니, 가, 갸, 거, 겨, 기(가행자) 등과 같은 것이다.
ㅗ, ㅛ, ㅜ, ㅠ, ㅡ, ‧, ‥ 등은 초성의 아래에 붙이어 쓰는 것이니, 고, 교, 구, 규, 그, ㄱ, ㄱ 등과 같은 것이다.

ᅪ, ᆄ, ᅯ, ᆑ 등은 과, 꾜, 궈, 겪, 등과 같은 것이다. ᆡ, ᅴ, ᅢ, ᅦ 등은 기, 긔, 개, 게 등과 같은 것이다.

【해석】

「종성합중성위자지예(終聲合中聲爲字之例)」에서는 훈민정음의 사용법은, 훈민정음 창제 당시, 이미 그 해례에 '· ㅡ ㅗ ㅜ ㅛ ㅠ 附書初聲之下. ㅣ ㅏ ㅓ ㅑ ㅕ 附書於右. 凡字必合而成音'이라고 규정하고 있다.

훈민정음의 초성과 중성의 결합의 예와 순서를 보면 반절도의 발달과 긴밀한 관계가 있다. 훈민정음의 반절도는 대체로 16세기부터 19세기 말까지 한글 문자 학습을 위한 교재역할을 하였다. 홍직필(洪直弼, 1776~1852)의 『매산집』에 "효종 7년 「중략」/ 글을 읽다가 쉴 대에는 꼭 누이들에게 여사고담을 읽어달라고 청하니 누이들이 싫어하며 스스로 읽지 못함을 책망하였다. 마침내 분연히 반절을 써달라 하여 방으로 가지고 가서는 문을 닫아걸고 반나절만에 나오니 꿰뚫어 막힘이 없었다."라는 기록을 미루어 보더라도 한글 반절표가 18세기에 항간에 널리 유포되었음을 알 수 있다. 모음 "ㅏ-ㅑ-ㅓ-ㅕ-ㅗ-ㅛ-ㅜ-ㅠ-ㅡ-ㅣ-·"의 순서에 따라 14행의 자음을 배열한 반절표인데 구연방식이나 필사 방식으로 교육되었다. 우메다 히로유키(2009)는 일본에서도 18세기 이래 한글 반절표가 알려졌는데 『조선국언문자모』(1704), 『상서기문』(1794), 『기문습유』(1841), 『언문』(1876)과 일본가나문자로 발음이 표기된 『곤양만록』(1763), 『필종자모전』(1792)를 비롯한 『왜한최찬집』(1719), 『왜한절용무쌍휘』(1784) 등이 있었다.

(2) 訓民正音字次序

가 갸 거 겨 고 교 구 규 그 기 ᄀᆞ 右見類之例, 餘倣此, 訓民正音無ᄀᆞ, 今加設初聲之 ㄴ ㄷ ㅌ ㄹ 亦今加設

(2) 훈민정음 글자의 차례(訓民正音字次序)

가 갸 거 겨 고 교 구 규 그 기 ᄀᆞ 오른편에 보기를 보이었으니 나머지 나행(行) 이하도 이에 따른다. 훈민

정음에는 ㄲ자가 없으나, 이제 초성의 ㄴ, ㄷ, ㅌ, ㄸ를 더 설정(設定)한 것
과 같이, ㄲ도 이제 더 설정하였다.

【해석】

「훈민정음자차서(訓民正音字次序)」는 훈민정음 창제에 초성의 순서는 아(牙), 설(舌), 순
(脣), 치(齒), 후(喉)음의 순서로 하고, 또 같은 아음(牙音) 중에서는 전청(全淸)─차청(次淸)─
전탁(全濁)─불청불탁(不淸不濁)의 차례로 하였던 것인데 그 후에 변동이 일어나, 『훈몽자회』
의 범례에서 현재 우리가 사용하고 있는 것과 비슷한 순서를 보이게 되었고, 모음자의 순
서도 『훈민정음 해례』에서는 ·, ㅡ, ㅣ, ㅗ, ㅏ, ㅜ, ㅓ, ㅛ, ㅑ, ㅠ, ㅕ로 되어 있던 것
이 그 후 ㅏ, ㅑ, ㅓ, ㅕ, ㅗ, ㅛ, ㅜ, ㅠ, ㅡ, ㅣ, ·의 차례로 바뀌었는데, 여기에서는
이 바뀐 예를 보인 것이다.

여암의 경우 설두음과 설상음, 치두음과 정치음, 순중음과 순경음 가운데 설상음 ㄴ,
ㄷ, ㅌ, ㄸ를 더 설정(設定)하였고 모음에 ㄲ와 같이 ··를 추가하여 설정한 것으로 보아 이
반절표는 한자음 표기를 위해 만든 36자모표에 의거한 반절도라고 할 수 있겠다.

(3) 終聲合中聲爲字之例

> 如見類강爲凝攝, 간爲隱攝, 감爲音攝,

(3) 종성과 중성이 합하여 글자가 되는 예(終聲合中聲爲之字例)

> 강이 응(凝)섭이 되고, 간이 은(隱)섭이 되고, 감이 음섭(音)섭이 되는 것은
> (가행자의 글자를 가지고) 보기에서 보이는 것과 같다.

【해석】

여암은 종성을 6~7종으로 구분하고 있다. 곧 첫째, 응(凝)섭은 종성이 'ㅇ'인 것,
둘째, 지(支)섭(상)은 'ㅠ ㅜ ⑪ ⑫ ㅣ ㅡ ㅔ ㅐ ㅢ ㅙ ㅟ ㅒ'로서 종성이 음운미로
끝나는 것, 셋째, 은(隱)섭은 양운미 가운데 종성이 'ㄴ'으로 끝나는 것, 넷째, 지(支)
섭(하)로 'ㅕ ㅝ ㅑ ㅘ ㅑ ㅏ ㅓ ㅓ'로 종성이 음운미로 끝나는 것, 다섯째, 우(尤)섭,

소(蕭)으로 'ㅱ'을 종성자로 끝나는 음운미, 여섯째, 음(音)섭으로 양운미 가운데 종성이 'ㅁ'으로 끝나는 것이다. 그런데 이미 중국에서도 종성 '-ㅁ>-ㄴ'의 변화와 '-ㅁ>-ㅇ'의 변화가 진행되어 양운미는 'ㄴ', 'ㅇ'만이 잔존해 있다.

『동국정운』의 한자음에서 효(效)섭과 유(流)섭 한자는 음성운미 'ㅱ'를 부기하였다. 'ㅃ' 이하의 한자음은 언해의 한자음이지만 예의편이 완성된 세종 26(1443)년의 표기로 볼 수 없다. 『훈민정음』 해례편 편찬 시기까지는 『동국정운』식 한자음이 확정된 시기가 아니기 때문에 'ㅱ'의 표기나 중성으로 끝나는 한자음의 종성 표기 'ㅇ'은 반영되지 않았던 것으로 보인다. 『동국정운』식 한자음 표기에서 종성이 없는 'ㅱ'는 운미음 [w]를 표기한 것이다. 훈민정음 창제 이후 한자음의 표기는 『동국정운』이 제정되기 이전과 그 이후 기간 동안 차이를 보인다. 특히 -p, -t, -k 입성운미의 표기가 『훈민정음』 해례본에서는 '-t'운미인 '彆'을 '볃'으로 표기하였고 '-w' 운미 글자인 '씨'도 '꿈'로 '-j' 운미인 '快'도 '쾌'로 표기하여 'ㅇ'을 표기하지 않았다. 그러나 『훈민정음』 언해본에서는 해례본과 달리 지(止)섭, 우(遇)섭, 과(果)섭, 가(假)섭과 해(蟹)섭의 '-j' 운미에 'ㅇ'을 표기하고 효(效)섭, 유(流)섭의 'ㅱ'표기로 진(臻)섭과 산(山)섭의 '-t'운미인 경우 '-ㄹㆆ'을 표기하여 입성 운미를 3성 체계에 따라 표기하였다. 중국에서는 북방음에서는 이미 당나라와 오대에 입성운미가 약화되기 시작하여 14세기에는 성문패쇄음으로 바뀌었으며 송나라 시대에는 약화과정에 놓였던 것이다. 현대 중국어에서는 북방어에서는 완전 탈락하였고 남방 오방언권에서는 성문패쇄음으로 일부 잔존하고 있다. 따라서 조선에서는 이를 어떻게 받아들여야 할지 문제가 될 수밖에 없었다.

4.2 中聲解

1) 圓圖

中之 ㅇ 太極也. 太極動而一陽生[1]), 爲, ᆞ 天一之象也. 居北, 靜而一陰生, 爲 ᆢ, 地二之象也. 居南, ᆞ坎之中爻离之中爻也[2]).

盖ㅇ, 如木之仁, 如自其仁而一芽生 ᆢ 如自一芽而兩葉生, ᆢ與 ᆢ 其生也始, 其形也微, 及其ᆞ, 滋[3])而爲一 ᆢ 交而爲 ㅣ, 一橫一縱成, 而萬聲由是生焉.

橫, 陽也. 居東, 縱, 陰也. 居西, 一縱上ㆍ一橫下而爲ㅗ, 一縱下ㆍ一橫上而爲ㅜ, 二縱上ㆍ一橫下而爲ㅛ, 二縱下ㆍ一橫上而爲ㅠ, 一縱左ㆍ一橫右而爲ㅏ, 一縱右ㆍ一橫左而爲ㅓ, 一縱左ㆍ二橫右而爲ㅑ, 一縱右ㆍ二橫左而爲ㅕ, ㅗ與ㅏ合而爲ㅘ, ㅜ與ㅓ合而爲ㅝ, ㅛ與ㅑ合而爲ㆇ, ㅠ與ㅕ合而爲ㆊ, 縱與橫, 以奇耦, 上之下ㆍ左之右之, 變化相因, 而爲萬聲之體也.

ㅗㅏㅜㅓㅘㅝ, 縱一橫一, 交易而成, 一爲陽而且其聲輕, 輕爲陽, 故其次, 始於子[4])ㆍ終於巳. ㅛㅑㅠㅕㆇㆊ, 縱二橫二, 交易而成, 二爲陰而且其聲重, ㄴ爲陰, 故其次, 始於午ㆍ終於亥, 而ㅗㅜㅛㅠ, 其形正ㆍ其聲直, 故居四正方, ㅏㅓㅑㅕ, 其形偏ㆍ其聲側, 故居四間方[5]), 十六中聲之右, 皆加一縱 ㅣ, 又爲十六聲, 是中聲之再變者也. 夫初聲[6]), 陰呂也. 陰以陽爲用, 故其變也. 以橫一相加而成, 中聲, 陽律也. 陽以陰爲用, 故其變也. 以縱ㅣ相加而成, 橫之所以爲陽, 縱之所以爲陰者, 何也. 夫縱者, 自南而至北, 橫者, 自東而至西, 縱爲經而橫爲緯, 經爲陰而緯爲陽也. 天地南北極, 不動, 而日月星辰, 皆由運行者, 東西道也. 人之膂背, 不動, 而屈伸把握, 最爲用事者, 左右手也. 如織布之經絲不動, 而緯絲往來交互而成也. 故縱體而橫用, 縱靜而橫動, 縱變少而橫變多, 此所謂陽變而陰不變者也. 是以, 中聲, 其畫直而已, 其形方而已, 初聲, 曲直方圓長短分合俯仰斜戾紆屈者, 變化無窮也. 中聲三十二, 所用者不過十八[7]), 而初聲三十六也. 以等韻觀之, 一韻四等之中, 口聲, 常不滿四, 而初聲, 幾至三十者, 多矣.

---

1) 태극동이일양생(太極動而一陽生): 여기에 전개되는 설명은 역학(易學)의 가장 기본이 되는 사상이다. 역(易)에서 태극(太極)은, 아직 우주만물이 생성발달하기 이전의 근원적인 상태로서, 천지음양이 나누이기 이전을 말한다. 이 태극을 근원으로 하여 음양이 나누이고, 이로부터 중리만물(衆理萬物)이 생성 발달한다고 한다. 그리하여 이러한 역학의 근본사상은 송

1) 원도(圓圖)

> 중성도(中聲圖)의 중앙의 ㅇ은 태극(太極)이다. 태극이 움직여(動) 하나의 양(陽)이 생겨서 'ㆍ'가 되니, 하늘이 하나인 것을 본뜬 것이고, 북쪽에 위치한다. 태극이 고요하여(靜) 하나의 음(陰)이 생겨서 ㆍㆍ가 되니, 땅이 둘임을 본뜬 것이고, 남쪽에 위치한다.
>
> ㆍ음(音)은 감괘(坎卦)의 중효(中爻)이며 ㆍㆍ음은 이괘(离離)의 중효이다. 대개 ㅇ은 '목(木)'의 씨와 같아서, ㆍ음은 그 씨로부터 한 눈이 나오는 것과 같고, ㆍㆍ 음은 한 눈으로부터 두 잎사귀가 나오는 것과 같다.
>
> ㆍ와 ㆍㆍ 는 그 생겨남이 처음이라, 그 모양은 작으나 그 ㆍ에 붙어남에 이르러 ㅡ가 되고, ㆍㆍ가 사귐에 이르러 ㅣ가 되어, 한 획이 가로로 한 획이 세로로 되어서 모든 소리가 여기에서 생겨난다.

시대 이학자(理學者)들에 의하여 크게 이론화되고 발전되어, 그들은 우주간과 인간사회의 모든 현상을 음양의 변이와 변화로써 설명하였다. 『역경』「계사 상」에 "易有太極, 是生兩儀, 兩儀生四象, 四象生八卦)"라 있고, 송학자 소옹(邵雍)의 '觀物內篇之一'에 '天生於靜者也, 一動一靜交, 而天地之道盡之矣. 動之始則陽生焉, 動之極則陰生焉, 一陰一陽交, 而天地之用盡之矣. 靜之始則柔生焉, 靜之極則剛生焉, 一剛一柔交, 而地之用盡矣'라 하여 양(陽)은 동(動)에서, 음(陰)은 정(靜)에서 이루어짐을 설명하고 있다. 이러한 설명은 훈민정음 창제이론에도 영향을 미치어, 「제자해」제일 첫머리에 '天地之道, 一陰陽五行而已, 坤復之間爲太極, 而動靜之後爲陰陽, 凡有生類在天地之間者, 捨陰陽而何之'라고 하게 된 것이다. 이 이외에도 『훈민정음 해례』「제자해」의 내용은 역리론을 근거로 한 문자설명으로 시종하고 있다.

2) 坎之中爻ㅡ ·가 양(陽)이라 효(爻)로서는 ㅡ이니까, 감괘(坎卦)의 ☵에서 중앙에 있는 효(爻)와 같다는 것이고 ㆍㆍ가 음(陰)이라, 효로서는 ㅡㅡ이니까, 리괘(離卦)의 ☲에서 중앙에 있는 효와 같다는 설명이다.

3) 자(滋): 더하다(益). 번성한다의 뜻. 최현배는 『한글갈』에서는 '滋'를 '붙어나다'로, '交'를 '세로로 잇기다'라고 해석하였다.

4) 始於子, 終於巳: 글자의 순서를 시(時)에 견주어서, ㅗ부터 ㅕ까지는 자시(子時)로부터 사시(巳時)까지 ㅛ부터 ㅖ까지는 오시(午時)로부터 해시(亥時)까지로 배당한 것이다.

5) 사간방(四間方): 건(乾), 곤(坤), 간(艮), 손(巽)의 방위, 즉 북서, 서남, 북동, 동남방을 말함.

6) 夫初聲, 陰呂地云云: 이 설명을 이해하려면, 이 원도항(圓圖項)의 앞의 부분을 자세히 읽어 보면 된다. 앞에서 설명한 바를 표로써 보이면, 다음과 같다.

7) 중성삼십이中聲三十二, 소용자부과십팔所用者不過十八: 「중성해」의 「정중성표항(定中聲標項)」에서 여암(旅菴)의 자세한 설명이 나오지만, 그는 우리 모음자로서는 32가 있으나, 실지 한자음에는 18밖에 없다고 하여, 여기에다가 이런 말을 한 것이고, 아울러 권말(卷末)의 「개합사장」에서도 18모음만 이용하고 있다.

가로로 그은 것은 양(陽)이라 동쪽에 있고, 세로로 그은 것은 음(陰)이라 서쪽에 있어서, 한 획을 세로로 위에다 긋고, 한 획을 가로로 아래에다 그으면 ㅗ가 된다.

한 획을 세로로 아래에다 긋고, 한 획을 가로로 위에다 그으면 ㅜ가 되며, 두 획을 세로로 위에다 긋고, 한 획을 그 아래에 그으면 ㅛ가 된다. 두 획을 아래에다 세로로 긋고, 한 획을 위에다 가로로 그으면 ㅠ가 된다.

한 획을 왼편에다 세로로 긋고, 한 획을 오른편에 가로로 그으면 ㅏ가 되며, 한 획을 오른 편에 세로로 긋고, 한 획을 왼편에다 가로로 그으면 ㅓ가 된다.

한 획을 왼편에다 세로로, 두 획을 오른 편에다 가로로 그으면 ㅑ가 되고, 한 획을 오른 편에다 세로로, 두 획을 왼편에다 가로로 그으면 ㅕ가 된다.

ㅗ와 ㅏ를 합하면 ㅘ가 되고, ㅜ와 ㅓ를 합하면 ㅝ가 되며 ㅛ와 ㅑ를 합하면 ㆇ가 되며, ㅠ와 ㅕ를 합하면 ㆊ가 된다.[8]

세로로 그은 획 ㅣ와 가로로 그은 획인 ㅡ가 기(奇 홀수)와 우(耦 짝수)로써, 이들을 위, 아래에, 왼편, 오른편에 긋고 서로 변화시키면 만성(萬聲 만가지 소리)의 체(體)가 되는 것이다. ㅗ, ㅏ, ㅜ, ㅓ, ㅘ, ㅝ 등은 한 획을 세로로 한 획을 가로로 한 획을 서로 엇걸리어 이루어진다. ㅡ은 양(陽)이고 또한 그 소리가 가벼운데, 가벼운 것은 양이 되는 때문에 그 차례는 자(子)에서 시작하여 사(巳)에서 끝난다.

ㅛ, ㅑ, ㅠ, ㅕ, ㆇ, ㆊ 등은 두 획을 세로로, 두 획을 가로로 하여 서로 엇갈리어 이루어진다. ㅡ는 음(陰)이 되고 또한 그 소리가 무거운데, 무거운 것은 음이 되므로 그 차례는 오(午)에서 시작하여 해(亥)에서 끝난다.

그리고 ㅗ, ㅜ, ㅛ, ㅠ는 그 모양이 바르고 그 소리가 곧아서, 사정방(四正方)에 위치하고 있고, ㅏ, ㅓ, ㅑ, ㅕ는 그 모양이 치우이고, 그 소리가 기울어져서 사간방(四間方)에 위치한다.[9]

16중성자(中聲字)의 오른 편에 모두 한 획을 세로로 그어 'ㅣ'를 더 하면, 또 16성(聲)이 될 수 있으니 이것은 중성이 다시 변화한(再變者) 글자이다.

대개, 초성은 음려(陰呂)이니, 음(陰)은 양(陽)으로써 그 용(用)을 삼는 때문에 그 변화하는 것이 가로로 한 획 ㅡ를 더하여 이루어지고, 중성은 양률(陽律)이니, 양(陽)은 음(陰)으로써 그 용(用)으로 삼는 때문에 그 변화하는 것은 세로로 한 획 ㅣ를 서로 더하여 이루어진다.

가로로 그은 一가 양이 되고, 세로로 그은 ㅣ가 음이 되는 것은 무슨 까닭인가? 대개 종(從)이라는 것은 남으로부터 북에 이르고, 횡(橫)이라는 것은 동으로부터 서쪽으로 이르며, 종(縱)은 경(經)이 되고, 횡은 위(緯)가 되며, 경은 음(陰)이 되고 위는 양(陽)이 되는 것이다.

하늘의 남북극은 움직이지 않는데(不動), 일(日)·월(月)·성(星)·신(辰)등이 모두 돌아다니는 것은 동으로부터 서쪽으로 가는 길이다. 사람의 가슴과 등은 움직이지 않는데, 굽히고 펴고, 쥐고 하여 가장 여러 가지 일을 하는 것은 좌우의 손이다. 마치 베를 짤 때에 날실(經絲)은 움직이지 않고 씨실(緯絲, 橫絲)은 오고 가고, 서로 엇걸리어 이루어지는 것과 같다.

그러므로 종(縱 세로)은 체(體)가 괴고, 횡(橫 가로)은 용(用)이 되며, 종은 정(靜)인데, 횡은 동(動)하며, 종은 변화가 적은데, 횡은 변화가 많으니, 이것이 이른바 양이 변하고 음은 변하지 않는다는 것이다.

이런 까닭으로 중성문자(中聲文字)는 그 획이 곧을 뿐이고, 그 모양이 네모날 다름인데 초성문자(初聲文字)는 굽고, 곧고, 모나고, 둥글고, 길고, 짧고, 나누이고, 합하고, 숙이고, 우러러보고, 옆으로 삐치고, 구부러진 것 등 변화가 무궁(無窮)하다.

중성 문자는 32자이나 쓸모가 있는 것은 겨우 18자인데, 초성은 36자이나 등운(等韻)10)의 견지에서 볼 것 같으면, 一운(韻)의 4등(等)11) 가운데 중성은 언제나 넷에 차지 못하나, 초성은 거의 30자에 이르는 것이 많은 것이다.

【해석】

신경준은 중성 또한 초성과 동일한 상형설에 기반을 두고 설명하고 있다. 중성32자의 글꼴의 생성을 오방음양으로 설명하고 있다.

·와 ‥를 서로 대립된 것으로 인식하며 이를 태극도설에 맞추어 설명하고 있다.

---

8) 여암이 제시한 중성은 32개이다.

정운(正韻)	ㅐ	·ㅣ	ㅏ	·	개구(開口)
	ㅔ	ㅓ	ㅓ	ㅡ	
부운(副韻)	ㅒ	··ㅣ	ㅑ	··	제치(齊齒)
	ㅖ	ㅖ	ㅕ	ㅣ	
정운(正韻)	ㅙ	ㅚ	ㅘ	ㅗ	합구(合口)
	ㅞ	ㅟ	ㅝ	ㅜ	
부운(副韻)	ㅙ	ㅚ	ㅘ	ㅛ	촬구(撮口)
	ㅖ	ㅟ	ㅖ	ㅠ	

9) 천지인 삼재설을 기초를 두고 가획의 원리에 따라 모음 생성을 기술한 『훈민정음 해례』에서는 "두 자를 합용하는 것은 ㅗ와 ㅏ가 똑같이 ·에서 나온 까닭에 합해서 ㅘ가 된다. ㅛ와 ㅑ가 똑같이 ㅣ에서 나온 까닭에 합해서 ㅑ가 된다. ㅜ가 ㅓ로 똑같이 ㅡ에서 나온 까닭에 합해서 ㅝ가 된다. ㅠ가 ㅕ로 똑같이 ㅣ에서 나온 까닭에 합해서 ㅖ가 되는 것이다. 함께 나온 것 끼리 유가됨으로써 서로 합해서 어그러지지 않는다. 한 글자(字)로 된 중성으로서 ㅣ와 서로 합한 것은 열이니 곧 ·ㅣㅏㅓㅚㅐㅟㅖㅒㅖ가 그것이다. 두 글자로 된 중성으로서 ㅣ와 서로 합한 것은 넷이니, 곧 ㅙ, ㅖ, ㅙ, ㅖ가 그것이다. ㅣ가 깊고(深), 얕고(淺), 합(闔)되고, 벽(闢)되는 소리에 아울러 능히 서로 따를 수 있는 것은 혀가 펴지고 소리가 얕아서 입을 열기에 편한 때문이다. 또한 가히 사람이 물건을 여는데 참찬參贊(일에 관여하고 돕는 것)하여 통하지 않는 바가 없음을 알 수 있다.(二字合用者ㅗ與ㅏ同出於·故合而爲ㅘ.ㅛ與ㅑ又同出於ㅣ故合而爲ㅑ.ㅜ與ㅓ同出於ㅡ故合而爲ㅝ.ㅠ與ㅕ又同出於ㅣ故合而爲ㅖ.以其同出而爲類.故相合而不悖也.一字中聲之與ㅣ相合者十.·ㅣㅏㅓㅚㅐㅟㅖㅒㅖ是也.二字中聲之與ㅣ相合者四.ㅙㅖㅙㅖ是也.ㅣ於深淺闔闢之聲.並能相隨者以其舌展聲淺而便於開口也.亦可見人之參贊開物而無所不通也.)",『훈민정음 해례』.

10) 등운(等韻)과 사등(四等): 중국운학에서는 개구(開口), 합구(合口)와 같은 구별을 '呼'의 구별이라 하고 1, 2, 3, 4등의 구별을 '等'의 구별이라고 한다. 그리고 운도는 이 두 가지 구별을 이용하여, 운모(韻母)의 세밀한 차이를 나타내는 것이기 때문에 '등운도'라고도 하며, 또 송·원·명·청 시대에 발달된 운도의 학문을 '등운학'이라고 한다. 『사원(辭源)』에서는 등운(等韻)에 대하여 다음과 같이 설명하고 있다.(等韻:一以一韻母分爲開口呼, 合口呼 而開合各分爲四等也. 唐末始有三十六字母. 送入乃取韻書之字. 依字母之次第而爲之圖. 如切韻指掌圖. 四聲等子之類. 皆於古人韻書切語之外. 別成一家之學者也.)

11) 송나라 소옹인데 그는 『황극경세서』에서 천지 사이에 생성되는 만물을 수리와 역의 괘와 효로 생성과 소멸의 구성을 체계적으로 기술하였다. 그는 체와 용의 개념을 설정하여 성음의 생성원리를 설명하고 수리로서 만물의 원리를 찾고자 하였다. 한편 성성 10성과 정음 12음으로 된 「성음창화도」를 만들었다. 『황극경세서』 「성음창화도」에서 성(聲)은 청(淸)·탁(濁)으로 구분하고 운(韻)은 흡(翕)·벽(闢)으로 구분하였다. 흡·벽은 곧 개구(開口)와

태극	동(動)	양(陽)	천(天)	一	북	·	坎 ☵	木	씨앗
	정(靜)	음(陰)	지(地)	二	남	··	離 ☲	木	두 잎

『훈민정음 해례』의 모음의 삼재 기원설과 달리 신경준은 ·와 ··를 기초로 하여
一와 ㅣ의 생성을 역시 역학이론에 맞추어 기술하고 있다.

태극	동(動)	양(陽)	천(天)	一	北	·	一	東
	정(靜)	음(陰)	지(地)	二	南	··	ㅣ	西

여암의 「중성도(中聲圖)」의 설명에서

중앙ㅇ―태극(太極)―동(動)―양(陽)―‘·’―하늘(天) 형상―북(北)―감괘(坎卦) 중효(中爻)
―태극―정(靜)―음(陰)―‘··’―땅(地) 둘임 형상―남(南)―이괘(離離) 중효(中爻)

이라고 하여 ‘·’와 ‘··’의 생성 이유를 상형과 방위 그리고 역학의 원리에 다라 설
명하고 있다. 특히 ‘·’와 ‘··’의 생성은 다시 자음의 ‘ㅇ’(궁음, 중앙)에서 기원을 하
였다고 하면서 다음과 같이 설명하고 있다.

　　“ㅇ은 ‘목(木)’의 씨와 같아서, ·음은 그 씨로부터 한 눈이 나오는 것과 같고,
·· 음은 한 눈으로부터 두 잎사귀가 나오는 것과 같다.”

　그리고 모음 ‘ㅣ’와 ‘ㅡ’의 생성 역시 마찬가지로 이 두 글자에서 나온 것으로 설
명하고 있어 『훈민정음 해례』의 천―지―인의 삼재설에 바탕을 둔 설명과는 전혀
다르다.

　　합구(合口)의 개념으로 개모(介母, glide)의 유무에 따라 1등, 2등, 3등, 4등으로 구분하는데
　소강절(邵康節)은 이를 하는에는 일·월·성·신과 땅에는 수·화·목·토로 구분하였다. 곧 하
　늘과 땅은 양의로 갈라지고 양의에서 다시 사상과 팔괘로 확대되어 수리로서 본질을 드러
　낸 것이다. 특히 사람의 성음(聲音)도 자연의 일부이니 이 성음을 성수로 나타내기 위해 성
　모와 운모를 종횡으로 배열하여 나타낼 수 있는 가능한 성음의 총수를 밝히려 한 것이다.

"·와 ·· 는 그 생겨남이 처음이라, 그 모양은 작으나 그 ·에 불어남에 이르러 ㅡ가 되고, ··가 사귐에 이르러 ㅣ가 되어, 한 획이 가로로 한 획이 세로로 되어서 모든 소리가 여기에서 생겨난다."

ㅡ ― 양(陽)―동쪽
ㅣ ― 음(陰)―서쪽
ㅗ ― ㅣ(상) + ㅡ(하)
ㅜ ― ㅣ(하) + ㅡ(상)
ㅛ ― ㅣ(상) + ㅣ(상) + ㅡ(하)
ㅠ ― ㅣ(하) + ㅣ(하) + ㅡ(상)
ㅏ ― ㅣ(좌) + ㅡ(우)
ㅓ ― ㅡ(좌) + ㅣ(우)
ㅑ ― ㅣ(좌) + ㅡ(우) + ㅡ(우)
ㅕ ― ㅡ(좌) + ㅡ(좌) + ㅣ(우)
ㅘ ― ㅗ + ㅏ
ㅝ ― ㅜ + ㅓ
ㅛㅑ ― ㅛ + ㅑ
ㅖ ― ㅠ + ㅕ

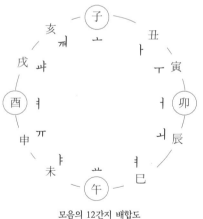

모음의 12간지 배합도

ㅣ(세로) ― 기(奇 홀수) ―상하좌우, ㅡ(가로) ― 우(耦 짝수) ―상하좌우로 변화시키면 만성(萬聲 만가지 소리)의 체(體)가 되는 방식으로 모음의 글꼴을 형성하게

된다. 그 결과 모음을 두 부류로 나누어서 12간지에 배당 시키면 다음도표와 같다.

12간지에 ㅗ, ㅜ, ㅛ, ㅠ는 그 모양이 바르고 그 소리가 곧아서, 사정방(四正方)에 위치하고 있고, ㅏ, ㅓ, ㅑ, ㅕ는 그 모양이 치우이고, 그 소리가 기울어져서 사간방(四間方)에 위치한다. 기본 글자인 'ㆍ', 'ㆍㆍ', 'ㅣ', 'ㅡ'를 제외한 16중성자(中聲字)의 오른 편에 모두 한 획을 세로로 그어 'ㅣ'를 더 하면, 또 16성(聲)이 될 수 있으니 이것은 중성이 다시 변화한(再變者) 글자이다.

여암은 초성 글자는 가획이 가로로 한 획(ㅡ)이 덧붙는데 반해 중성은 세로로 한 획(ㅣ)이 덧붙는 것으로 이해하고 "대개, 초성은 음려(陰呂)이니, 음(陰)은 양(陽)으로 써 그 용(用)을 삼기 때문에 그 변화하는 것이 가로로 한 획 ㅡ를 더하여 이루어지고, 중성은 양률(陽律)이니, 양(陽)은 음(陰)으로써 그 용(用)으로 삼기 때문에 그 변화하는 것은 세로로 한 획 ㅣ를 서로 더하여 이루어진다."라고 하였다.

그리고 가로로 그은 'ㅡ'가 양이 되고 세로로 그은 'ㅣ'가 음이 되는 이유를

"대개 종(縱)이라는 것은 남으로부터 북에 이르고, 횡(橫)이라는 것은 동으로부터 서쪽으로 이르며, 종(縱)은 경(經)이 되고, 횡은 위(緯)가 되며, 경은 음(陰)이 되고 위는 양(陽)이 되는 것이다. 하늘의 남북극은 움직이지 않는데(不動), 일(日)·월(月)·성(星)·신(辰)등이 모두 돌아다니는 것은 동으로부터 서쪽으로 가는 길이다. 사람의 가슴과 등은 움직이지 않는데, 굽히고 펴고, 쥐고 하여 가장 여러 가지 일을 하는 것은 좌우의 손이다. 마치 베를 짤 때에 날실(經絲)은 움직이지 않고 씨실(緯絲, 橫絲)은 오고 가고, 서로 엇걸리어 이루어지는 것과 같다. 그러므로 종(縱 세로)은 체(體)가 괴고, 횡(橫 가로)은 용(用)이 되며, 종은 정(靜)인데, 횡은 동(動)하며, 종은 변화가 적은데, 횡은 변화가 많으니, 이것이 이른바 양이 변하고 음은 변하지 않는다는 것이다."

라고 하여 장황하게 설명하고 있다. 지나치게 체계적이고 기계적인 기술어서 마치 꿰어 맞춘 듯한 설명이다.

끝으로 초성과 중성의 자형의 글꼴을 "이런 까닭으로 중성문자(中聲文字)는 그 획이 곧을 뿐이고, 그 모양이 네모날 다름인데 초성문자(初聲文字)는 굽고, 곧고, 모나고, 둥글고, 길고, 짧고, 나누이고, 합하고, 숙이고, 우러러보고, 옆으로 삐치고, 구부러진 것 등 변화가 무궁(無窮)하다."라고 설명하고 있다. 매우 흥미로운 관찰이라 할 수 있다.

여암이 제시한 중성 문자는 모두 32자이나 실제 쓸모가 있는 것은 겨우 18자이라

고 하고 있다. 그 이유는 등운학에서 중성은 모두 4성에 따라 구분하기 때문에 자연 중성의 수는 적을 수밖에 없다.

2) 方圖

既有圓圖, 而又爲之方圓者, 何也. 圓圖, 所以明所生之序 · 所居之方者也. 方圖, 所以定開合, 呼而分韻等者也. 夫聲[12], 一也. 而有開口合口, 開陽而合陰, 開之中, 又有正韻副韻, 其副韻, 齊齒呼也. 合之中, 又有正韻副韻, 其副韻, 撮口呼也. 正陽 而副陰, 正韻之中, 又有正副, ㄷ韻之中, 又有正副, 此一而二 ㄷ韻四·而八之理 也[13], 開口 之·ㅏㅣㅐ, 正之正也. ㅡㅓㅢㅔ, 正之副也. ㅑㅒ, 副之正 也. ㅣㅕㅖ, 副之副也. 以次爲四等合口之ㅗㅘㅚㅙ, 正之正也. ㅜㅝ ㅟㅞ, 正之副也. ㅛㅛㅛㅖ, 副之正也. ㅠㅋㅖㅖ, 副之副也. 以次爲四 等, 正上而副下, 陽上而陰下, 尊卑之序也. 中世儒臣, 撰正音解, 以ㅗㅜ爲闢音, ㅛㅠ爲翕音, 而細念之, ㅗㅜ, 亦是翕音也. ㅗㅛ中聲, 中華古音, 不用, 無以 援訂, 而ㅜㅠ諸字書, 皆屬之合口呼,

2) 방도(方圖)

이미 원도(圓圖)에서 모음에 대하여 설명한 바 있는데, 또 모음의 방도(方圖)라 는 것은 무엇인가? 원도(圓圖)는 모음생성(母音生成)의 차례를 밝히고, 모음의 위 치하는 방위를 밝힌 그림이나, 방도(方圖)는 모음의 개구호(開口呼), 합구호(合口

---

12) 성(聲): 다른 운학자들은 '聲'을 성모(聲母)라 하여 자음의 뜻으로 썼는데, 소자 계통에서는 '聲'은 운모(韻母)를 뜻한다. 그러나 여암(旅菴)은 무슨 까닭인지 운모(韻母) 가운데의 운두 (韻頭)와 운복(韻腹), 즉 반모음(半母音)과 주모음(主母音)만을 운미(韻尾)와 분리 시켜서 '聲' 이라 하고, 운미(韻尾)는 이것을 따로 독립시켜 종성해(終聲解)에서 설명하였다. (종성해 참조).

13) 一而二. 二而四: 여기 전개되는 설명은 완전히 역(易)의 8괘가 이루어지는 과정과 같다. 역 학(易學)에서 음양(陰陽) 사상(四象)의 분파순서(分派順序)를 다음과 같이 설명한다.
　陽 陽中陽……太陽
太極 揚中陰……少陽 四象
　陰 陰中陽……少陽
　陰中陰……太陰

呼)14) 등을 정하고, 등운(等韻) 등을 나누는 설명이다.

대개, 성(聲), 즉 우두(韻頭)와 운복(韻腹)을 말한다.)이라는 것은 하나이나 거기에는 개구(開口)와 합구(合口)가 있으며, 개구(開口)는 양(陽)이고, 합구(合口)는 음(陰)이다. 개구 가운데, 또 정운(正韻)과 부운(副韻)이 있어서, 그 부운이 제치호(齊齒呼)다. 합구 가운데 또 정운과 부운이 있어서, 그 부운이 촬구호(撮口呼)다.15)

정운(正韻)은 양(陽)이고 부운(副韻)은 음(陰)이다. 정운 가운데 또 정부(正副)가 있고 부운 중에 또 정부(正副)가 있어서, 이것은 역(易)의 1이 2가 되고, 2가 4가 되며, 4가 8이 되는 이치와 같은 것이다.

개구호(開口呼)의 ·, ㅏ, ㅣ, ㅐ는 정운(正韻)의 정(正)이고 ㅡ, ㅓ, ㅢ, ㅔ는 정운의 부(副)이며 ‥, ㅑ, ‥ㅣ, ㅒ는 개구호의 부운(副韻)의 정(正)이고 ㅣ, ㅕ, ㅖ, ㅖ는 부운의 부(副)로서 차례로 4등(四等)이 된다.

합구호(合口呼)의 ㅗ, ㅘ, ㅚ, ㅙ는 정운의 정(正)이고 ㅜ, ㅝ, ㅟ, ㅞ는 정운의 부(副)이며 ㅛ, ㅙ, ㅛ, ㅛ는 합구호의 부운의 정이고 ㅠ, ㅖ, ㅟ, ㅖ는 부운의 부로서 차례로 사등이 된다.

정운은 위에 있고 부운은 아래에 있으며, 양은 위에 있고, 음은 아래에 있으니 존비(尊卑)의 차례이다. 중세 유신(儒臣)이 정음해(正音解)를 지어서, ㅗ, ㅜ로써 벽음(闢音)을 삼고, ㅛ, ㅠ로써 흡음(翕音)을 삼았는데, 이글을 자세히 살펴보니 ㅗ, ㅜ도 역시 흡음(翕音)이다. ㅗ, ㅛ등 중성은 중화 고음(古音)에서는 사용되지 않아서 증거로 인용할 수 없으나 ㅜ, ㅠ등은 여러 자서(字書)에서 모두 이들을 합구호(合口呼)에 넣고 있다.

---

14) 「성음율려창화전수도」의 구성에 대해 운도는 모두 32도이며, 각 도마다 384음이 갖추어져 있다. 외 8섭은 일과(一過), 이장(二壯), 삼태(三泰), 사관(四觀), 오해(五解), 육정(六井), 칠박(七剝), 팔겸(八謙)이고 내 8섭은 일예(一豫), 이몽(二蒙), 삼리(三履), 사음(四音), 오이(五頤), 육항(六恒), 칠복(七復), 팔임(八臨)이다. 운마다 1벽(一闢)의 글자는 개구음으로 입술을 밖으로 굴리고(外轉), 2흡(二翕)의 글자는 합구음으로 입술을 밖으로 굴리며, 3벽(三闢)의 글자는 개구음으로 입술을 안으로 굴리고(內轉), 4흡(四翕)의 글자는 합구음으로 입술을 안으로 굴린다. 그러므로 1벽(一闢)과 2흡(二翕)을 외(外)라고 하고, 3벽(三闢)과 4흡(四翕)을 내(內)라고 하였으니 보는 이들은 자세히 살펴야 할 것이다.

송나라 시대 이후 발달한 한자음을 종과 횡으로 바둑판처럼 배열하여 한자음의 변별적 자질을 나타낸 도표를 등운도라고 한다. 『운경』(1161~ 1203), 『칠음략』(1104~1162)이 가장 오래된 등운도이다. 이 등운도에는 도표마다 차례로 '제일내전개합(第一內轉開合)'는 용어가

　방도(方圖)는 모음의 개구호, 합구호 등을 정하고 등운을 나누는 설명이다. 신경준이 설정한 방도(方圖)는 여러 모음들을 중국운학식으로 분류 설명한 것이다. 여암(旅菴)이 이 방도 항목에서 설명한 바를 일목요연하게 표로 그려 보겠다. 또 여기에서 말한 방도란 중성도(中聲圖) 밑에 있는 4각형의 모음표를 지칭하는 것이다.

운복	개구	양	정운	개구	양
			부운	제치	음
	합구	음	정운	합구	양
			부운	촬구	음

　운복은 개구와 합구로 구분되며 이를 다시 정운과 부운으로 음양에 따라 사등으로 나누어진다.

　정운 ―양 정 · ㅏ ㅓ ㅐ
　개구호 ―양 부 ― ㅓ ㅢ ㅔ
　부운(제치호)―음 정 ㅑ · · ㅣ ㅐ
　성부 ㅜ ㅕ ㅣㅣ ㅖ

────────────────

붙어 있다. '제일(第一)'은 도식 번호이며 『운경』은 43도로 이루어져 있다. 그 다음 '내전(內轉)'은 전차(轉次)를 나타낸다. 전차에는 외전(外轉)·내전(內轉) 두 가지가 있다. 이 전차의 내용은

내전: 통(通)·지(止)·우(遇)·과(果)·탕(宕)·증(曾)·유(流)·심(深)섭
외전: 강(江)·진(臻)·해(蟹)·산(山)·효(效)·가(假)·경(梗)·함(咸)섭

와 같다. 내전은 2등운을 가지지 않은 것이고 외전은 2등운을 가진 것으로 분류하기도 하나 이 구분 방식이 정확히 무엇인지는 명확하지 않다.
그 다음 '개합(開合)'은 운부모음의 분류 방식으로 '개(開)'는 개구호(開口呼), '합(合)'은 합구호(合口呼)를 말한다. 합구호는 원순적 개모 -u-를 가진 음이며 개구호(開口呼)는 비원순음 곧 개모 -u-를 가지지 않은 것을 말한다.
15) 운도의 성모는 사성과 오음으로 분류하고 운모는 섭을 중심으로 13섭(『절운지장도』 혹은 16섭(『사성등자』, 『경사정음질운지남』)으로 구분하거나 16세기 청대에 들어서서는 사호(개구호·합구호·제치호·촬구호)로 구분하였다. 근대 중국어 연구자들은 운모를 개음(glide)의 유무에 따라 개음이 없는 개구호(開口呼), 개음이 [i]인 제치호(齊齒呼), 개음이 [u]인 합구호(合口呼), 개음이 [y]인 촬구호(撮口呼)로 구분하고 있다. 이는 곧 사등의 1등, 2등, 3등, 4등의 등호와 일치한다.

정운 ㅡ양 정 ㅗ ㅘ ㅚ ㅙ
합구호 ㅡ음 부 ㅜ ㅝ ㅟ ㅞ
부운(촬구호) ㅡ음 정 ㅛ ㆇ ㆉ ㆈ
성부 ㅠ ㆊ ㆌ ㆋ

훈민정음 창제 당시 ㅗ, ㅜ를 벽음으로 ㅛ, ㅠ를 흡음으로 규정하였으나 여암은 스스로 이들 모두 합구호로 처리하였음을 아래와 같이 밝히고 있다.

정운은 위에 있고 부운은 아래에 있으며, 양은 위에 있고, 음은 아래에 있으니 존비(尊卑)의 차례이다. 중세 유신(儒臣)이 정음해(正音解)를 지어서, ㅗ, ㅜ로써 벽음(闢音)을 삼고, ㅛ, ㅠ로써 흡음(翕音)을 삼았는데, 이글을 자세히 살펴보니 ㅗ, ㅜ도 역시 흡음(翕音)이다. ㅗ, ㅛ등 중성은 중화 고음(古音)에서는 사용되지 않아서 증거로 인용할 수 없으나 ㅜ, ㅠ 등은 여러 자서(字書)에서 모두 이들을 합구호(合口呼)에 넣고 있다.

3) 象形

中聲, 亦象脣舌而制字··, 呼時, 舌微動脣微啓, 而其聲至輕, 其氣至短 ··, 並者也. 其聲, 比差重, 其氣, 比差長, 盖, 聲之始生者也. 其形微, 未及成畫, 故華音無以, 作中聲用者, 惟兒 ·二等字, 以슬呼之而亦是譌也. 我東字音, 以 作中聲者頗多··, 而則全無, 惟方言, 謂八日ᄋᆞᄃᆞᆲ 此一節而已, 一, 舌平而不上不下, 脣微啓而不開不合, ㅣ, 舌自上而下, 脣微斜, 盖一ㅣ, 縱橫之始生者也. 一居東一居西, 未及相配, 故其形單·其聲孤, 至其縱橫相配, 然後, ㅗ與ㅛ聲相合, ㅜ與ㅠ聲相合也. ㅗㅛㅜㅠ四者, 縱ㅣ, 以一奇一耦, 上之下之而成也. ㅗㅛ, 舌卷而脣縮向內, 故縱上而在初聲與橫之間, ㅜㅠ, 舌吐而脣撮向外, 故縱下而在初聲與橫之外, ㅓㅕㅏㅑ四者, 橫一, 以一奇一耦, 左之右之而成也. ㅓㅕ, 舌與脣斜開而少合, 故橫左而在初聲與縱之間, ㅏㅑ, 舌與脣斜開而又開, 故橫右而在初聲與縱之外, 至於ㅓ等十六字, 舌與脣斜向右, 故以ㅣ附書於初聲之右, ㅗㅛㅜㅠ一, 其形正·其聲直, 故附書於初聲之下, ㅏㅑㅓㅕㅣ, 其形偏·其聲側, 故附書於初聲之傍,

3) 상형(象形)[18]

중성도 역시 입술과 혀를 본떠서 글자를 만들을 것이니, ·음은 발음할 때에 혀를 조금 움직이고, 입술을 조금 열어 발음하여 그 소리가 대단히 가볍고, 그 호기(呼氣)가 매우 짧다.

··음(곧 글자)은 ·를 나란히 놓은 것이어서, 그 소리는 ·음에 비하여 약간 무겁고, 그 호기는 ·음에 비하여 약간 길다. 대개 ·음과 ··음은 성(聲 모음)이 처음으로 생긴 것이라, 그 모양이 희미(稀微 작고 보잘 것 없음)하여, 미처 획을 이루지 못하여, 중화음에서는 ·와 ··로써 중성으로 사용하는 일이 없고 오직 아(兒) 2등자(等字)만 슬이라고 읽고 있으나, 이것 역시 와전(訛傳)된 것이다.[16]

우리나라 자음(子音)에는 ·음을 중성으로 사용하는 것이 자못 많으나, ··음은 전연 없고 다만 방언(方言)에서 팔(八)을 ᄋᆞᆲ이라고 말할 때에만 사용될 뿐이다.[17]

一음은 혀를 평평히 하고 위로 올리지도 않고 아래로 내리지도 않으며 입술을 조금 열되 여는 듯 합하는 듯이 발음한다.

ㅣ음은 혀를 위로부터 아래로 움직이고, 입술을 조금 빗긴다. 대개 一와 ㅣ는 종과 횡으로 처음 생긴 것인데, 하나는 동쪽에 위치하고 하나는 서쪽에 위치하여 미쳐 서로 짝하지 못해서, 그 모양은 홑이고, 그 소리는 외롭다. 그 종과 횡들이 서로 짝하게 된 다음에야, ㅗ와 ㅛ 소리가 서로 합하고 ㅜ와 ㅠ소리도 서로 합하는 것이다. ㅗ, ㅛ, ㅜ, ㅠ 등 넷은 세로로 그은 획 ㅣ가, 하나는 기수(奇數)가 되고, 하나는 우수(偶數)가 되어 위로 뻗고 아래로 뻗어서 이루어지는 것이다. ㅗ와 ㅛ는 혀를 말고 입술을 오물어 안으로 향하는 때문에 세로로 그은 획이 위로 올라가서 초성과 가로로 그은 획 사이에 존재한다. ㅜ와 ㅠ는 혀를 내밀고 입술을 뾰족하게 하여 밖으로 내미는 때문에 세로로 그은 획이 아래로 내려가 초성과 가로로 그은 획의 밖에 있는 것이다.

ㅓ, ㅕ, ㅏ, ㅑ 등 넷은 가로로 그은 획 一가 하나는 기수(奇數)가 되고, 하나는 우수(偶數)가 되어, 오른 편으로 뻗고 왼편으로 뻗어서 이루어지는 것이다. ㅓ와 ㅕ는 혀와 입술이 비스듬히 열리고 약간 합하는 때문에 가로로 그은 획이 왼편에 가서 초성과 세로로 그은 획 사이에 존재하며, ㅏ와 ㅑ는 혀와 입술이 비스듬히 열리고 또 열리는 때문에 가로로 그은 획이 오른편에 가서 초성과 세

로로 그은 획의 밖에 존재하는 것이다.

ㅣ, ㅡ등 16자에 이르러서는 혀와 입술이 비스듬히 오른편으로 기우는 때문에 ㅣ로써 초성의 오른 편에 붙이어 쓰며, ㅗ, ㅛ, ㅜ, ㅠ, ㅡ, ·, ·· 등은 그 모양이 바르고, 그 소리가 곧은 때문에 초성의 아래에 붙이어 쓰며, ㅏ, ㅑ, ㅓ, ㅕ, ㅣ등은 그 모양이 치우치고, 그 소리가 기울어지기 때문에 초성의 옆에 붙이어 쓴다.

【해석】

중성의 글꼴은 초성과 같이 상순설을 주장하였으니 곧 입술과 혀를 본떠서 글자를 만들었다.

1) ·음 혀를 조금 움직이고, 입술을 조금 열어 발음 소리가 대단히 가볍고, 그 호

---

16) 대개 운학이 양자강 연안에서 발달되어 역시 종성으로 입성을 쓰고 있어서 발음되는 대로 몇 부분으로 분류하니, 이것이 입성이 몇 운류(韻類)로 나누인 까닭이다. 옛날 운서에서도 역시 모두 옛 방법을 따라서 같은 운 안에 수록할 뿐인데, 그러나 오늘날 일반 대중은 '穀'과 '骨', '質'과 '職'을 같은 음으로 발음하고 있으니. ─ㄹ과 ─ㄱ의 구별이 없어진 것이다. 그러므로 이제 사성통해를 편찬하면서 역시 종성을 기록하지 않았다. 사성통고에서는 속음의 입성운미를 모두 '影母'(ㆆ)로 나타내되 다만 '藥'운은 그 발음이 '效'운(ㅣㄱㅜ)과 비슷하여 몽고시대 운서의 자음에서는 ㅁ으로 표시하고 『사성통고』의 속음에서는 ㅸ으로 표시하였는데, 이번의 『사성통해』에서도 역시 『사성통고』와 마찬가지로 ㅸ으로 표시하였다. 盖韻學, 起於江左, 而入聲, 亦用終聲. 故從其所呼, 類聚爲門, 此入聲之所以分從各類也. 古韻亦皆沿襲舊法, 各收同韻而已, 然今俗所呼, 穀與骨, 質與職, 同音. 而無ㄹㄱ之辨也. 故今撰通解, 亦不加終聲. 通攷於諸韻, 入聲則皆加影母, 爲字, 唯藥韻則其呼, 似乎效韻之音. 故蒙韻, 加ㅁ爲字, 通攷加ㅸ爲字, 今亦從通攷, 加ㅸ爲字. 『사성통해』「범례」

17) ·, ㅡ가 ㅣ에서 일어나는 것은 한양어에서 쓰이지 않는다. 아동들의 말이나 변야(邊野)(변두리 낮은 곳, 방언)의 말에 간혹 있으니 마땅히 두 글자를 합해서 쓰되 기 긔 따위와 같다.(둥근 것과) 세로된 것이 먼저 쓰고, 가로된 것을 나중에 쓰는 것은 다른 것과는 같지 않다. (·ㅡ起ㅣ聲。於國語無用。兒童之言。邊野之語。或有之。當合二字而用。如기긔之類。其先。縱後橫。與他不同。),『훈민정음 해례』

18) 상형(象形): 초성(初聲)의 기본자 ㅇ ㆍ ㄴ ㅅ ㅁ 등이 순설(脣舌)을 본떠 만들어졌다고 함과 동일한 이론으로 모음의 기본자들도 순설(脣舌)을 본떠 제자(制字)되었다고 설명하였다. 이 상형항목(象形項目)은 그 동안 여러 학자들에 의하여 가장 주목되던 부분이다. 그런데 우리가 여기서 조심하지 않으면 안되는 것은 이 책 전체에 걸쳐서 흐르고 있는 여암(旅菴)의 상형설(象形說), 역학이론(易學理論)이다. 이 점을 망각하면 여암의 이론이 자기에게 편리하게만 해석되기 쉽다.

기(呼氣)가 매우 짧다.

2) ··음은 ·를 나란히 놓은 것이어서, 그 소리는 ·음에 비하여 약간 무겁고, 그 호기는 ·음에 비하여 약간 길다.

그런데 중화음에서는 ·와 ··가 중성으로 사용하는 일이 없고 오직 ᅀᆞ(兒) 2등자(等字)만 슬이라고 읽고 있으나, 이것 역시 와전(訛傳)된 것으로 설명하고 있다. 우리나라 자음(子音)에는 ·음을 중성으로 사용하는 예는 많으나, ··음은 전연 없고 다만 방언(方言)에서 팔(八)을 'ᄋᆞᆲ', 딱딱하다(硬)를 'ᄋᆞ물댜'라고 말할 때에만 사용될 뿐이다.

3) 一음은 혀를 평평히 하고 위로 올리지도 않고 아래로 내리지도 않으며 입술을 조금 열되 여는 듯 합하는 듯이 발음한다.

4) ㅣ음은 혀를 위로부터 아래로 움직이고, 입술을 조금 빗긴다. 대개 一와 ㅣ는 종과 횡으로 처음 생긴 것인데, 하나는 동쪽에 위치하고 하나는 서쪽에 위치하여 미쳐 서로 짝하지 못해서, 그 모양은 홀이고, 그 소리는 외롭다.

5) ㅣ와 一가 서로 짝하게 된 다음에야, ㅗ와 ㅛ 소리가 서로 합하고 ㅜ와 ㅠ소리도 서로 합하는 것이다. ㅗ, ㅛ, ㅜ, ㅠ 등 넷은 세로로 그은 획 ㅣ가, 하나는 기수(奇數)가 되고, 하나는 우수(優數)가 되어 위로 뻗고 아래로 뻗어서 이루어지는 것이다.

6) ㅗ와 ㅛ는 혀를 말고 입술을 오물어 안으로 향하는 때문에 세로로 그은 획이 위로 올라가서 초성과 가로로 그은 획 사이에 존재한다.

7) ㅜ와 ㅠ는 혀를 내밀고 입술을 뾰족하게 하여 밖으로 내미는 때문에 세로로 그은 획이 아래로 내려가 초성과 가로로 그은 획의 밖에 있는 것이다.

8) ㅓ, ㅕ, ㅏ, ㅑ 등 넷은 가로로 그은 획 一가 하나는 기수(奇數)가 되고, 하나는 우수(優數)가 되어, 오른 편으로 뻗고 왼편으로 뻗어서 이루어지는 것이다. ㅓ와 ㅕ는 혀와 입술이 비스듬히 열리고 약간 합하는 때문에 가로로 그은 획이 왼편에 가서 초성과 세로로 그은 획 사이에 존재하며, ㅏ와 ㅑ는 혀와 입술이 비스듬히 열리고 또 열리는 때문에 가로로 그은 획이 오른편에 가서 초성과 세로로 그은 획의 밖에 존재하는 것이다.

9) ·ㅣ, ㅢ 등 16자에 이르러서는 혀와 입술이 비스듬히 오른편으로 기우는 때문에 ㅣ로써 초성의 오른 편에 붙이어 쓰며, ㅗ, ㅛ, ㅜ, ㅠ, 一, ·, ·· 등은 그 모양이 바르고, 그 소리가 곧은 때문에 초성의 아래에 붙이어 쓰며, ㅏ, ㅑ, ㅓ, ㅕ, ㅣ 등은 그 모양이 치우치고, 그 소리가 기울어지기 때문에 초성의 옆에 붙이어 쓴다.

4) 闢翕

陽闢而陰翕, 故數之一三爲闢, 二四爲翕, 象之日星爲闢, 月辰爲翕, 闢翕分而爲開發收閉, 開者, 開口正韻也. 發者, 開口副韻也. 收者, 合口正韻也. 閉者, 合口副韻也. 又分之, 則・爲開一爲發, ・・爲收ㅣ爲閉, ㅗ爲開ㅜ爲發, ㅛ爲收ㅠ爲閉,

4) 벽흡(闢翕)

양(陽)은 벽(闢)이고 음(陰)은 흡(翕)인 때문에 수(數)의 1, 3은 벽이 되고, 2, 4는 흡이 되며, 형상(象)의 일(日)·성(星)은 벽이 되고, 월(月)·신(辰)은 흡이 된다. 벽·흡을 나누어 개(開)·발(發)·수(收)·폐(閉)로 하는데, '개(開)'라는 것은 개구정운(開口正韻)이고, 발(發)이라는 것은 개구부운(開口副韻)이며, 수(收)라는 것은 합구정운(合口正韻)이고, 폐(閉)라는 것은 합구부운(合口副韻)이다. 이들은 또 다시 나누면 ·음은 개(開)가 되고, ㅡ음은 발(發)이 되며, ・・음은 수(收)가 되고 ㅣ음은 폐(閉)가 된다. ㅗ음은 개(開)가 되고, ㅜ음은 발(發)이 되며, ㅛ음은 수(收)가 되고 ㅠ음은 폐(閉)가 된다.

【해석】

「벽흡(闢翕)」은 벽(闢)은 개(開, 열림)이고 흡(翕)은 합(合, 닫힘)인데, 운두(韻頭)나 운복(韻腹)의 모음을 분류할 때 개구(開口), 합구(合口)로 대분하는 까닭으로, 이러한 벽흡(闢翕) 등 술어로 사용한 것이다. 즉 벽(闢)은 개구(開口)의 뜻으로, 흡(翕)은 합구(合口)의 뜻으로 사용하고, 실지로 표를 보아도 이렇게 배열되어 있다.

예 : 일성도에서

一聲	日	一闢	岡	ㅏ	강……開口
	月	二翕	光	ㅘ	광……合口
	星	三闢	開	ㅐ	캐……開口
	辰	四翕	媧	ㅙ	괘……合口

그러나 다음의 주(註)에서도 설명한 바와 같이 여암(旅菴)은 이 벽흡(闢翕)에서 벽흡과 개·발·수·폐를 결합시키는 바람에 혼란스럽게 만들었다. '벽흡분이위개발수폐(闢翕分而爲開發收閉)'라고 하였는데, 이것이 소위 운도의 1, 2, 3, 4 등을 설명하려고 한 의도인 듯하나, 소옹(邵雍)은 독특한 용어를 사용하여, 1, 2, 3, 4 등을 '개·발·수·폐'라고 하였으되, 벽흡(闢翕)과 '개·발·수·폐'를 결부시키지는 않았다. '개·발·수·폐'는 초성(즉 소옹의 音)에 관계되는 용어이고, '闢翕'운(韻 즉 소옹의 聲)에 관계되는 용어이다. 권두에 실린 「경세성음수도」에서도 그렇고, 소옹의 「경세성음수도」에 주를 단 여러 학자들 가운데 종과(種過)라는 이만 불분명하게 사용하였을 뿐, 나머지 학자는 전부 위에 설명한대로 분명히 사용했다.

그리고 여암(旅菴)의 설명을 표로 그려보면, 그 자체 내에서도 서로 부합되지 않는 것이 있다.

	數	四象		(ㄱ)	(B)
闢(陽)	1	日	開	開口正韻	·	ㅗ
	3	聖	發	開口副韻	ㅡ	ㅜ
翕(陰)	2	月	收	合口正韻	ˮ	ㅛ
	4	辰	閉	合口副韻	ㅣ	ㅠ

위의 표에서 개구, 합구들의 배열과 모음들의 배열이 서로 부합되지 않는다. (ㄱ) 항의 모음은 개구정운(開口正韻)과 부운(副韻)이고 모음은 합구정운(合口正韻)과 부운(富韻)이다. 그러나 여기에서 여암(旅菴)이 개·발·수·폐에 배당시킨 모음들을 무시하고 벽(闢)=개구(開口), 흡(翕)=합구(合口)를 말한 것으로 인정한다면, 여암(旅菴)의 설은 다음과 같이 이해된다.

벽(闢)	개(開)	開口正韻	·, ㅏ, ㅓ, ㅐ 등
	발(發)	開口副韻(齊齒呼)	··, ㅑ, ㅒ 등
흡(翕)	수(收)	合口正韻	ㅗ, ㅘ, ㅚ, ㅙ 등
	폐(開)	合口副韻(撮口呼)	ㅛ, ㆊ, ㆉ, ㅙ 등

한자음 운도 「개합사장」으로 분류하는 당위성을 「벽흡」에서 제시하고 있다.

5) 定中聲標[9]

凡字初中終三聲[20], 合而成一, 有所不明, 則字呼不得其正矣. 自晉以來[21], 韻法漸明, 而終聲定焉. 東·董·送·屋等一百六字[22], 其標也. 至西域僧于義撰字母[23], 而初聲定焉. 見·溪·羣·凝等三十六字, 其標也. 中聲雖有等韻, 而不立標字, 故終不明, 而不定, 字學家聚訟無決,

今余以岡·光等二十二聲爲標, [24] 而其有字者十八也, 今俗之或譌或變, 而爲他聲者凡三, 五聲六聲之日, 今呼以七聲之日, 三聲之日, 今呼以七聲之月, 二聲之日, 今呼以八聲之月者, 多, 以兒·我·藥三字爲標, 圖中作圈以別之[25], 以東音言之[26], 有字者, 岡·光·開·媧·良·多·禾·千·离·根·公·登·肱·靈·重·兒·我·藥, 三聲之星辰, 四聲之辰, 七聲之星辰, 二十三而華音所無者, 以東音立標以備東方之用, 洎·跪·苹·皆·灰·五字, 是也. 盖初聲則東方與中國不同者幾希, 而中聲則多不同, 此宜深明之也.

---

19) 정중성표(定中聲標): 중성도 초성 36자모, 운모(韻母) 106운 등과 같이 어떤 기준이 있어야 된다고 생각하여 이 항목에서 그 기준이 되는 글자를 세운 것이다. 이것은 여암의 독특한 학설이니 종래에는 어떤 자음(字音) 가운데 그 어두자음(語頭子音)을 제외한 나머지의 전부 즉 중성과 종성을 합한 것을 106운(韻)이니 206운(韻)이니 하여 운모(韻母)를 전체적인 면에서 유별(類別)했고 중성과 종성을 분리시켜 종ㅇ성만 가지고 구별은 안했다.

20) 성음(成音): "무릇 모든 글자는 합한 연후에 소리가 이루어진다"는 음절 구성에 대한 규정이다. 여기서 '字'는 음소를 나타내는 개념이다. 이 음소를 나타내는 글자는 초성과 중성 그리고 종성이 합해야 곧 음절이 구성된다는 의미이다. 한글은 이처럼 음소문자이면서 음절문자의 성격을 띤 것이다. 음절 구성에서 초성, 중성, 종성을 다 갖추어야 하는 원칙으로 해석하여 『훈민정음 언해』와 『동국정운』 등의 표기법으로 사용되었다. 다만 『훈민정음 해례』에서는 적용되지 않았는데, 그 이유는 더욱 정밀한 연구가 필요하다. 곧 『훈민정음 해례』 종성해에서 "且ㅇ聲淡而虛, 不必用於終, 而中聲可得成音也"라 하여 중성으로 끝나는 글자이더라도 'ㅇ'을 갖추지 않아도 한 음절로 고정된다고 설명하고 있다. '凡字必合而成音' 규정은 『훈민정음 해례』, 『훈민정음 언해』, 『동국정운』, 『훈민정음 역훈』, 『사성통해』에 이르기까지 종성이 없는 음절의 글자 표기 규정이 조금씩 번개되었다. 이 규정 역시 단순한 성음 규정인지 아니면 음절제약 규정인지 더 논의를 해야될 것이다.

21) 晉以來韻: 중국의 운학이, 사마염이 세운 진나라 이후 일어나기 시작하여 남북조시대. 남조(南朝)에서 발달한 다음, 수(隋)의 육법언(六法言)으로 이어 내려갔음을 말하는 것.

22) 백육종성(百六終聲): 청(淸)초에 고염무(顧炎武)가 명(明)나라 궁정에서 『광운』을 발견할 때까지 세상에서는 심약이 『절운』을 만들고 금대에 정해진 107운(후에106운이 됨)을 '切韻' 것으로 믿었었고, 지금도 106운이 통용되고 있어 이를 말한 것이다. 그런데 이 운해의 후단에 가면 역대운서 항목에서 여암은 중국의 역대 운학자들의 이름을 열거하고 있음을 보니, 여기의 106 운이란 단지 일반적으로 통용되는 것을 말했을 뿐이고, 그가 몰라서 그

5) 중성의 표준될 글자를 정함(定中聲標)

무릇 글자(漢字)는 초·중·종 3성이 합하여야 하나의 소리(즉 음절)를 이루는데, 분명치 않는 바가 있으면 글자를 올바르게 발음하지 못하는 것이 있을 것이다. 그래서 진(晉)나라 이래 운학(韻學)이 점점 밝게 발달해서 종성이 정(定)해지니, 동(東)·동(董)·송(送)·옥(屋) 등 106자는 그 준거하는 표준이다. 그 후 서역(西域) 승(僧) 요의(了義)에 이르러 자모(字母)를 뽑아 가려 초성을 정하니 견(見)·계(溪)·군(羣)·응(凝) 등 36자는 그 준거하는 표준이다.

중성은 비록 등운(等韻)이라는 것이 있기는 하되, 그 준거할 글자를 세우지 않은 까닭으로 마침내 분명치 않고, 또 일정치 않아서, 자학가(字學家)들의 여러 가지 의견은 많아도 결정된 바가 통일 되지 않다.

이제 내가 강(岡)·광(光) 등 32성(聲)으로 그 준거될 표준을 삼았는데, 그 가운데 글자가 있는 것은 18자이다. 오늘날 세간(世間)에서는 혹 와전되고, 혹 변하여 타성(他聲)으로 된 것이 모두 셋인데 오성 일(日) ㅡ와 육성 일(日) ㅣ은 지금 칠성의 일(日) ㆍ로써 발음하고, 삼성의 일(日) ㅓ는 지금 칠성의 월(月) ㅗ로서 발

런 것은 아닌 것 같다. 『광운』은 206운이다. 그런데 주(96)에서 밝힌 바와 같이 106종성이란 성립 될 수 없는 어구이다.

23) 서역승요의(西域僧了義): 『황극경세서』의 상관만리(上官萬里)의 주(註)에서 36자모를 완성한 것은 요의(了義)라고 나올 뿐 다른 곳에는 모두 수온(守溫)이 36자모의 터를 잡았다고 하였으니, 무슨 착오 인 듯하다.

24) 강·광등삼십이성위표(岡·光等三十二聲爲標): 여기서 말하는 32성이란 여암이 방도(方圖)에서 설명하였던 중성의 총수 32를 가리키는 말이다. 32가운데 다른 음으로 변한 3을 제외하고도, 실지로는 18음만이 존재한다고 하여 권말에서 이 18모음을 기준으로 「개합사장」을 작성한 것이다.

25) 오성육성지일(五聲六聲之日)~작권이별지(作圈以別之): 「중성경세수도」를 참고하면서 이 설명을 읽을 것.

26) 동음(東音): 우리나라의 한자음이라는 뜻 以東音言之一以下是也까지 — 여암(旅菴)에 의하면 우리나라 한자음의 모음은 23이라고 하였는데, 그가 인정한 한자음의 모음은 18과 대조해 보면 다음과 같다.
한자의 모음─ ㅏ, ㅘ, ㅐ, ㅙ, ㅑ, ㅢ, ㅝ, ㅓ, ㅖ, ㅡ, ㅜ, ㅓ, ㅟ, ㅣ, ㄸ(ㅒ, ㅟ, ㅖ)
우리나라의 한자음 모음 ─ㅏ. ㅘ. ㅐ, ㅙ, ㅑ, ㅢ, ㅝ, ㅓ, ㅖ, ㅡ, ㅕ, ㅟ, ㅡ, ㄸ(ㆍ, ㅗ, ㅛ, ㅔ, ㅖ, ㆎ, ㅚ)
주해자가 괄호 속에 넣은 모음들만이 상호 상치되는 것들이다.

음하며 이성의 일(日) ㅑ는 지금 팔성의 월(月) ㅗ로써 발음하는 것이 많아서, ᅀᅳ(兒 ·)·오(我 ㅗ)·요(藥 ㅛ) 등 석자로써 표준을 삼고, 도중(圖中)에서 동그라미를 그려서 다른 것들과 구별하였다.

동음(東音)의 중성에 대하여 말할 것 같으면 글자가 있는 강(岡 ㅏ)·광(光 ㅘ)·개(開 ㅐ)·왜(媧 ㅙ)·량(良 ㅑ)·다(多 ㅓ)·훠(禾 ㅝ)·쳔(千 ㅕ)·례(离 ㅖ)·근(根 ㅡ)·궁(公 ㅜ)·듸(登 ㅢ)·귕(肱 ㅟ)·링(靈 ㅣ)·듕(重 ㅠ)·ᅀᅳ(兒 ·)·오(我 ㅗ)·욕(藥 ㅛ) 등과 삼성의 셍(星 ㅖ)·쉰(辰 ㅖ), 사성의 쥉(辰 ㅖ), 칠성의 싱(星 ㅣ)과 쥔(辰 ㅖ)까지 23인데, 중화음(中華音)에 없는 것은 우리나라 음(東音)으로써 표준을 세워서 우리나라에서 사용하도록 갖추었으니, 게(泪 ㅔ), 궤(跪 ㅞ), 췌(萃 ㅞ), 게(皆 ㅐ), 회(灰 ㅚ) 등 다섯 자가 곧 이것이다.

대개 초성은 우리나라와 중국음 사이에 같지 않은 것이 매우 드무나, 중성은 같지 않은 것이 많으니 이 점을 마땅히 깊이 밝혀야 된다.

【해석】

여암은『훈민정음 예의』에서 처음 언급한 "凡字必合而聲音"이라는 음절구성법[27]을 한자음 표기에서와 고유어 표기에서 훈정 초기 당시부터 서로 달랐다. 그러나다『월인석보』 중간본에서부터 음운미 지(支)섭계와 소(蕭), 우(尤)섭 계열의 종성 표기가 서서히 사라져 가는 모습을 보여준다.

이에 대해 여암 역시 "무릇 글자(漢字)는 초·중·종 3성이 합하여야 하나의 소리(즉 음절)를 이루는데, 분명치 않는 바가 있으면 글자를 올바르게 발음하지 못하는 것이 있을 것이다."라고 하여 성음 방식뿐만 아니라 음절 구성방식으로 이해하고 있다.

초성은 진(晉)나라 이래 106자를 그 준거하는 표준이 되었으며『광운』에 이르기까지 견(見)·계(溪)·군(羣)·응(疑) 등 36자는 그 준거하는 표준이 되었다. 그런데 중성은 비록 등운(等韻)이라는 것이 있기는 하되, 그 준거할 글자를 세우지 않은 까닭으로 마침내 분명치 않고, 또 일정치 않아서, 자학가(字學家)들의 여러 가지 의견은 많아도 결정된 바가 통일 되지 않다.

여암은 중성 32성(聲)으로 표준으로 삼았는데, 그 가운데 글자가 있는 것은 18자로 정하였다. 오늘날 와전되거나 변하여 소리가 바뀐 글자가 모두 셋인데 오성 일

---

27) 종래에 이를 성음법(聲音法)으로 규정한 것은 잘못으로 보인다.

(日) ㅡ와 육성 일(日) ㅣ은 지금 칠성의 일(日) ·로써 발음하고, 삼성의 일(日) ㅓ는 지금 칠성의 월(月) ㅗ로서 발음하며 이성의 일(日) ㅑ는 지금 팔성의 월(月) ㅛ로써 발음하는 것이 많아서, 슨(兒 ·), ·오(我 ㅗ), ·요(藥 ㅛ) 등 석자로써 표준을 삼고, 도표 중에서는 동그라미를 그려서 다른 것들과 구별하였다.

우리나라 한자음 중성에 대해서는 글자가 있는 강(岡 ㅏ)·광(光 ㅘ)·개(開 ㅐ)·왜(媧 ㅙ)·량(良 ㅑ)·다(多 ㅓ)·훠(禾 ㅝ)·쳔(千 ㅕ)·례(离 ㅖ)·근(根 ㅡ)·궁(公 ㅜ)·등(登 ㅢ)·깅(肱 ㅟ)·링(靈 ㅣ)·듕(重 ㅠ)·슨(兒 ·)·오(我 ㅗ)·욕(藥 ㅛ) 등과 삼성의 셍(星 ㅔ)·쉰(辰 ㅞ), 사성의 쵄(辰 ㅞ), 칠성의 싱(星 ·ㅣ)과 쥔(辰 ㅞ)까지 23자인데, 중화음에 없는 것은 우리나라 음(東音)으로써 표준을 세워서 사용하도록 하였다. 게(洎 ㅔ), 궤(跪 ㅞ), 췌(萃 ㅞ), 게(皆 ㅐ), 회(灰 ㅚ) 등 다섯 자가 곧 이것이다.

대개 초성은 우리나라와 중국음 사이에 같지 않은 것이 매우 드무나, 중성은 같지 않은 것이 많으니 이 점을 마땅히 깊이 밝혀야 된다. 여암은 중성의 자표를 고정시켜 한음과 동음을 구분하였다. 음은 체계가 다른 중국어와 동음 간의 중성 자표를 비교함으로써 모음의 체계를 확인할 수 있을 것이다. 특히 '·'의 비음운화 시기에 한자음에 어떻게 투영되고 있는지 앞으로 더욱 정밀한 연구가 뒤따라야 할 것이다.

5. 終聲圖와 終聲解

5.1 終聲圖

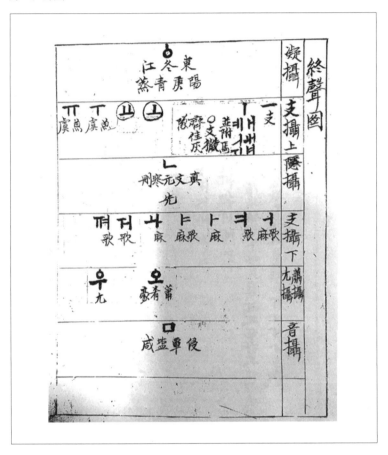

5.1 종성도

ㆁ 江冬東 蒸靑庚陽	凝攝
ㅠㅜ(ㅛ)(ㅗ) ㅣ ㅡ虞重虞魚隊齊ㅇ並ㅖㅐ 佳支附ㅢㅙ 灰微焉ㅟㅒ支ㅇ	支攝上
ㄴ 刪寒元文眞 先	隱攝
ㆋ ㆊ ㆇ ㅘ ㅑ ㅏ ㅕ ㅓ 歌 歌 麻 麻歌 麻 歌 麻歌	支攝下
우 오 尤 豪肴蕭	尤蕭 攝攝
ㅁ 咸監覃侵	音攝

【해석】

한자음에서 종성은 운미(韻尾)에 해당된다. 그 종류는 음운미, 양운미, 입성운미 세 가지로 구분된다. 먼저 음운미는 지(支)섭(상)(하)에 소속되는 운미 zero이며 양운미는 응(凝)섭, 음(隱)섭, 음(音)섭에 소속되는 운미 -ŋ, -m, -n이며, 입성운미는 운미 -p, -t, -k이다. 그런데 음운미 가운데 합구나 촬구 계열의 소(蕭)섭과 우(尤)섭은 운미 -ㅱ을 표기한다.

중국 한자음에서는 이미 입성운미는 송원나라 시대에 북방지역에서는 소멸되었으며,

양운미도 -m>-n의 변화를 거친 결과 종성은 6~7개로 줄어들었는데 이를 반영한 것이다. 다만 한국한자음에서 『동국정운』식 표기로 음운미 가운데 소(蕭)섭과 우(尤)섭을 'ᄝ'로 표기하였다. 여암은 이러한 한자음의 운미 곧 종성표기를 기준으로 하여 위의 도표와 같이 분류한 것이다.

효(效)섭과 유(流)섭은 16섭 가운데 두 부류로 구분된다. 곧 효(效)섭은 -au(ao), -iau(ao)로, 류(流)섭은 -ou, -iou로 변한 중고 한자음들을 대표하는 운섭이다. 효(效)섭은 ㅗ, ㅛ 유(流)섭은 ㅜ, ㅠ 인데 이 두 섭의 범주에 드는 한자음은 '凡字中終聲合而成音'이라는 훈민정음 예의의 규정에 따라 종성 자리에 'ᄝ'을 표기하여 『동국정운』과 『홍무정운역훈』에 반영하였다. 한편 우(遇)섭은 운복이 ㅗ, ㅛ, ㅜ, ㅠ이지만 종성에는 지(支)섭계와 더불어 'ㅇ'을 붙여 음섭을 구별하였다. 이러한 표기법은 간경도감에서 간행된 불전의 언해에 그대로 반영되었다. 다만 『홍무정운역훈』에서 '요(藥)'섭은 'ᄫ'을 종성에 부기한 것이 특징이라고 할 수 있다.

여기서 섭의 명칭이 효(效)섭은 소(蕭)섭과 같고 유(流)섭은 우(尤)섭과 같으며 우(遇)섭은 우(虞)섭과 동일하다. 다만 자표가 다른 이유는 사성에 따라 섭 글자의 자표가 다르기 때문이다.

5.2. 終聲解

1) 象數

夫天下之象, 方圓曲直而已, 天下之數, 縱橫奇耦而已, 初聲用方圓曲直, 中聲用縱橫奇耦, 終聲合方圓縱橫而用之, 總萬殊而歸一, 所以爲終也. 圓者 ㅇ 也. 應乎天也. 方者 ㄴ 也. 方而閉者 ㅁ 也. 應乎地也. 圓者一而方者二, 是陽一而陰二也. 縱橫者中聲兼終聲者也. ㅡ ㅣ ㅗ ㅛ ㅜ ㅠ ㅓ ㅕ ㅏ ㅑ ㅘ ㆇ ㅝ ㆊ也. 世謂此十四字, 無終聲, 而凡字必合三聲而成, 若無終聲, 則是不成字也. 故謂之中聲兼終聲[28]則可, 謂之無終聲則不可.

---

28) 중성겸종성(中聲兼終聲): 한자음의 운모(韻母)를 3분 하였을 때, 가장 중심이 되는 것은 운복(韻腹)이고, 운두(韻頭)와 운미(韻尾)는 없기도 하고 있기도 하기 때문에, 여기서 말하는 중성겸종성이란 한자음이 운복(韻腹)으로만 끝나는 것을 말하는 것이다, 그리고 일부 한자음 중에는 운미(韻尾)가 반모음/j/ 나/w/로 끝나는 것이 있는데, 이것을 우리 모음자로

1) 상수(象數)[29]

> 대개 천하의 형상(象)은 모나고(方), 둥글고(圓), 굽고(曲), 곧은 것(直) 뿐이고, 천하의 수(數)는 종(縱)·횡(橫)·기(奇 홀수)·우(耦 짝수) 뿐이다. 초성은 방(方)·원(圓)·곡(曲)·직(直)을 응용하고, 중성은 종(縱)·횡(橫)·기(奇)·우(耦)를 응용하고, 종성은 방(方)·원(圓)·종(縱)·횡(橫)을 합하여 이들을 응용하되, 모든 여러 다른 것들이지만 하나로 돌아가니, 이것은 종(終)이 되기 때문이다.
>
> 원(圓)은 ㅇ인데 천(天)에 대응(應)한 것이며, 방(方)은 ㄴ이고, 모나고 닫힌 것은 ㅁ인데 지(地)에 응한 것이다.
>
> 원은 하나이고 방은 둘이니, 이것은 곧 양(陽)이 하나인데 음(陰)이 둘인 것과 같은 것이다.
>
> 종·횡은 중성과 종성[30]을 겸한 것이니, ㅡ, ㅣ, ㅗ, ㅛ, ㅜ, ㅠ, ㅓ, ㅕ, ㅏ, ㅑ, ㅘ, ㆇ, ㅝ, ㆊ 등이다.
>
> 세간(世間)에서는 이들 14자를 종성이 없는 것이라 말하나, 무릇 글자(漢字音)는 반드시 초·중·종 3성이 합하여 이루어지는 것이니, 만일에 종성이 없으면 글자음(漢字音)을 이루지 못하는 것이다.
>
> 그러므로 중성이 종성을 겸하였다고 말하는 것이 옳고, 종성이 없다고 말하는 것은 옳지 않은 것이다.

표시하면 역시 'ㅣ'나 'ㅗ', 'ㅜ'등이 됨으로 여암(旅菴)의 이 설명이 이것을 뜻 하는 것으로 보아도 좋다. 象數의 註— 종성해 상수란(象數欄) 위에 다음과 같은 주서(註書)가 붙어 있다. '聲者出於氣. 氣之形乎兩間者, 象與數而已. 故曰有理而後象, 有象而後數, 初聲者象也, 中聲者數也, 終聲者合象與 數而成韻者也.'('聲'이라는 것은 氣에서 나오는데 기가 양간(하늘과 땅 사이)에서 형상을 이루는 것은 상과 수(數)뿐이다. 그러므로 말하기를 理가 있은 뒤에 象이 되고, 상이 있은 뒤에 수(數)가 되나니, 초성이라는 것은 형상(象)이며, 중성이라는 것은 수(數)이고, 종성이라는 것은 象과 數가 합하여 된 것이다.)

29) 상수(象數): 상수(象數)는 수(數)를 본 뜬 것이라는 뜻이 아니고, 상란(上欄)에 주(註)가 있는 바와 같이 초성은 형상(象)이고, 중성은 수(數)인데, 종성은 초성과 중성을 다 쓰는 것이므로, 형상(象)과 수(數)를 함한 것이라는 뜻으로 상수(象數)라고 한 듯하다.

30) 종성: 종성은 ㅇ, ㄴ, ㅁ 의 3개만 인정하고, 그 나머지는 모음으로 끝나는 것, 즉 운미)가 없는 것과 반모음 운미로 끝나는 것을 세운 것이다. 종성도 가운데, 지(支)섭과 소(蕭)·우(尤)섭을 고찰해 보면, ㅡ, ㅣ, ㅓ, ㅏ는 운복으로 끝난 것으로 생각할 수 있고, ㅕ, ㅝ ㆊ도 결국은 ㅓ라는 주모음으로 끝나고 만 것이며, ㅘ는 ㅏ로 끝난 것이다. ㅐ, ㅙ, ㅒ, ㅖ, ㅢ, ㅟ는 모두 운미가 반모음 j로 끝나는 것이며, ㅗ, ㅛ, ㅜ, ㅠ는 운복 ㅗ와 ㅜ로 끝난

【해석】

천하의 형상과 수는 다음과 같다.

① 형상(象) : 모나고(方)—둥글고(圓)—굽고(曲)—곧은 것(直)

② 수(數) : 종(縱)—횡(橫)—기(奇 홀수)—우(耦 짝수)

1) 초성: 방(方)—원(圓)—곡(曲)—직(直)

2) 중성: 종(縱)—횡(橫)—기(奇)—우(耦)

3) 종성: 방(方)—원(圓)—종(縱)—횡(橫) 합하여 응용

초성의 글꼴의 기원은 '원(圓) ㅇ'이고 천(天)에 대응(應)한 것이며, 방(方)은 ㄴ이고, 모나고 닫힌 것은 ㅁ인데 지(地)에 응한 것이다.

ㅇ 원(圓)—천(天)—하나—양(陽)

ㄴ 방(方)—ㅁ—지(地)—둘—음(陰)

종성합방원종횡이용지(終聲合方圓縱橫而用之)라는 말은 곧 종성에는 초성(=方, 圓)과 중성(= 縱,, 橫)을 모두 응용한다는 것을 설명한 말이다. ㅡ, ㅣ, ㅗ, ㅛ, ㅜ, ㅠ, ㅓ, ㅕ, ㅏ, ㅑ, ㅘ, ㅑ, ㅝ, ㅖ 등은 중성과 종성을 겸한 글자로 음운미를 겸하고 있다고 설명한 것이다.

따라서 얼핏보기로 세간(世間)에서는 이들 14자는 종성이 없는 글자라 말하나, 한자음(漢字音)에서는 반드시 초·중·종 3성이 합하여 이루어지는 것이니, 만일에 종성이 없으면 글자음을 이루지 못하는 것이다. 그러므로 중성이 종성을 겸하였다고 말하는 것이 옳고, 종성이 없다고 말하는 것은 옳지 않은 것이다.

여암은 우리말에서가 아닌 한자어에서 종섭 7섭이 결합되는 중성 14는 반드시 'ㅇ', 'ㅁ'을 종성으로 써야 하는 것을 중종성이라고 명명했는데 이는 『훈민정음 예의』의 '凡字火合而成音'이라는 규정을 이행하기 위한 것이라고 할 수 있다.

것을 말하고 오, 오른편 도표 결국은 운미가 반모음 w인 것을 표시한 것이다. 그런데 여기 나열된 한자들은 모두 106운자표의 상평(上平), 하평(下平), 란에 있는 30자에다가 무슨 까닭인지 거성란(去聲欄)의 대자(隊字)를 넣어서 31자다.

2) 等位

ㅇ, 天象也. 居最上, ㅁ, 地象也. 居最下, 中聲兼終聲者, 居乎中, 而中聲十六分
其半以 ·ㅡㅣㅗㅛㅜㅠ八者居上, 以其生之先, 而聲之輕也. 以ㅓㅕㅏㅑㅘㆌ
ㅕㅖ八者居下, 以其生之後, 而聲之重也. ㄴ與ㅁ, 同是方也. 則宜同居乎下, 而ㄴ
其聲輕·其氣升, 故居於上下支攝之間, 鄭玄老曰, 韻書之首31)東·冬, 終鹽·咸, 有首
乾·終坤之意, 得之矣. 上平聲之首ㅇ 終ㄴ, 下平聲之首ㄴ·終ㅁ, 亦豈偶然哉, ㅗ·
ㅜ終聲, 有入於上支攝者, 有入於下支攝者, 上支攝之ㅗ, 如呼고·呼·노, 是一聲聲
也. 下支攝之, 如呼가오·呼나오, 乃二聲聲也. 上支攝之ㅜ, 如呼구·呼누, 是一聲
聲也. 下支攝之ㅜ, 如呼기우·呼느우, 乃二聲聲也. 今下支攝之ㅗ·ㅜ, 書以갇·귀
者, 省文而合之也. 東方, 以下支攝之ㅗㅜ, 亦如上支攝之ㅗ·ㅜ, 而只以一聲呼之.

2) 등위(等位)34)

ㅇ은 하늘을 본뜬 것이라 가장 위에 위치하고, ㅁ은 땅을 본 뜬 것이라 가장
아래에 위치하며, 중성이 종성을 겸한 것은 가운데에 위치하는데, 중성 16자를
반으로 나누어 ·, ㅡ, ㅣ, ㅗ, ㅛ, ㅜ, ㅠ, ㅠ 등 여덟을 위에 놓으니, 그 생
성(生成)이 먼저이고, 그 소리가 가볍기 때문이다.

나머지 ㅓ, ㅕ, ㅏ, ㅑ, ㅘ, ㅑ, ㅕ, ㅖ 등 여덟을 아래에 놓으니, 그 생성이 뒤
이고 소리가 무겁기 때문이다.

ㄴ과 ㅁ은 다 같이 모난 것이라 마땅히 함께 있어야 되나, ㄴ은 그 소리가 가
볍고, 그 호기가 올라가는 때문에 상·하 지(支)섭의 사이에 위치하는 것이다.

정현노(鄭玄老)32)가 말하기를 운서의 첫머리인 동(東)이나 동(冬)과, 끝인 염(鹽)
과 함(咸)은 괘(卦)에서의 첫머리인 건(乾)과 마지막인 곤(坤)과 같은 의미를 가지고
있어서, 이를 얻은 것이라 하였다.

상평성(上平聲)의 첫머리인 ㅇ과 끝인 ㄴ이나, 하평성(下平聲)의 첫머리 ㄴ과 끝

---

31) 운서지수(韻書之首) 동(東)·동(冬): 오늘날 일반적으로 통용되고 있는 106 운자표(韻字表)의
평성(平聲)에 대하여 말한 것, 평성의 상평(上平)은 東·冬으로 시작하여, 하평(下平)은 鹽·咸
으로 끝났으며, 그 받침(운미)은 상평의 첫머리가 [ㅇ], 끝이 [ㄴ] 이며, 하평의 첫머리가
[ㄴ], 끝이 [ㅁ]으로 배열되어 있다.

인 ㅁ이 또한 어찌 우연이겠는가?

ㅗ·ㅜ 종성에는 위의 지(支)섭에 들어가는 것과 아래의 지(支)섭에 들어가는 것이 있으니 위의 지(支)섭에 있는 'ㅗ'는 '고' '노'라고 말할 때의 'ㅗ'이니, 즉 일성성(一聲聲)이고 아래의 지(支)섭에 있는 'ㅗ'는 '가오', '나오'라고 말할 때의 'ㅗ'이니, 곧 이성성(二聲聲)[33]이다. 위의 지(支)섭에 있는 'ㅜ'는 '구', '누'라고 할 때의 'ㅜ'이니, 이것은 일성성이고 아래 지(支)섭의 'ㅜ'는 '기우' '느우'할 때의 'ㅜ'이니 곧 이성성이다.

이제 아래의 지(支)섭의 'ㅗ', 'ㅜ'는 'ㅘ', 'ㅟ'로 쓰니, 글자를 생략하고서 이들을 합한 것이다. 그런데 우리나라에서는 아래 지섭의 'ㅗ', 'ㅜ'도 역시 위 지섭의 'ㅗ', 'ㅜ'와 똑같이 다만 '일성(一聲)'으로써 이들을 발음한다.

【해석】

ㅇ은 하늘을 본뜬 것이라 가장 위에 위치하고, ㅁ은 땅을 본 뜬 것이라 가장 아래에 위치하며, 중성이 종성을 겸한 것은 가운데에 위치하는데, 중성 16자를 반으로 나누어 ·, ··, ㅡ, ㅣ, ㅗ, ㅛ, ㅜ, ㅠ, ㅜ, ㅠ 등 여덟을 위에 놓으니, 그 생성(生成)이 먼저이고, 그 소리가 가볍기 때문이다. 나머지 ㅓ, ㅕ, ㅏ, ㅑ, ㅘ, ㅙ, ㅝ, ㅞ 등 여덟을 아래에 놓으니, 그 생성이 뒤이고 소리가 무겁기 때문이다.

초성의 'ㅇ'과 'ㅁ'을 천지에 대응시키고 그 가운데 16개의 중성을 위와 아래로 배치하면 아래의 도식과 같다.

ㅇ		하늘(天)
·, ··, ㅡ, ㅣ, ㅗ, ㅛ, ㅜ, ㅠ, ㅜ, ㅠ	위―경(輕)	
ㅓ, ㅕ, ㅏ, ㅑ, ㅘ, ㅙ, ㅝ, ㅞ	아래―중(重)	
ㅁ		땅(地)

---

32) 정현로(鄭玄老): 『여암집(旅菴集)』의 「잡저」에 수록되어 있는 『동국여지도발(東國與地圖跋)』 중에 '吾友鄭恒 齡玄老'라는 말이 있다.

33) 일성성과 이성성은 현대 언어학적인 개념으로 단모음과 이중모음의 개념이다.

34) 등위(等位): 종성도에서 각섭(各攝)을 종(縱)으로 배열할 때, 무엇을 기준으로 하는가를 설명한 것, 역시 역학이론을 근거로 하였다. 「종성도」를 참고 할 것. 그러나 여기 설명된 모음 중에는 종성도에 없는 ·, ··, ㅑ 등 세 모음도 포함되어 있다.

"ㄴ과 ㅁ은 다 같이 모난 것이라 마땅히 함께 있어야 되나, ㄴ은 그 소리가 가볍고, 그 호기가 올라가는 때문에 상·하 지(支)섭의 사이에 위치하는 것이다."라고 하여 양운미 'ㄴ'과 'ㅁ'을 지(支)섭의 사이에 있는 것으로 해석하고 있다.

상평성(上平聲)의 첫머리인 ㅇ과 끝인 ㄴ이나, 하평성(下平聲)의 첫머리 ㄴ과 끝인 ㅁ이 또한 어찌 우연이겠는가?

"ㅗ·ㅜ 종성에는 위의 지(支)섭에 들어가는 것과 아래의 지(支)섭에 들어가는 것이 있으니 위의 지(支)섭에 있는 'ㅗ'는 '고', '노'라고 말할 때의 'ㅗ'이니, 즉 일성성(一聲聲)이고 아래의 지(支)섭에 있는 'ㅗ'는 '가오', '나오'라고 말할 때의 'ㅗ'이니, 곧 이성성(二聲聲)이다."와 "위의 지(支)섭에 있는 'ㅜ'는 '구', '누'라고 할 때의 'ㅜ'이니, 이것은 일성성이고 아래 지(支)섭의 'ㅜ'는 '기우' '느우'할 때의 'ㅜ'이니 곧 이성성이다."라고 하여 지(支)섭(상)으로 분류하였다.

이제 아래의 지(支)섭의 'ㅗ', 'ㅜ'는 '곻', '궇'로 쓰는데 『동국정운』에서는 'ㅱ'을 종성 운미로 사용하였다.

3) 分攝

博則約之, 理之常也. 約猶束也. 不束則亂, 夫字之博而約之以韻, 韻猶博也. 又約之以攝, 猶兵之有將也. 分攝數多者, 猶將之有前茅後殿也. 古有以迦·結爲首[35], 而分攝十二者, 以通·江爲首, 而分攝二十四者, 而今爲七攝, 一曰, 凝攝, 有凝終聲者, 皆隷之, 東·冬·江·陽·庚·青·蒸凡七韻, 二曰, 支攝上, 有一丨ㅗㅛㅜㅠ終聲者皆隷之, 支·微·齊·佳·灰·隊·魚·虞凡八韻, 三曰, 隱攝, 有隱終聲者皆隷之, 眞·文·元·寒·刪·先凡六韻, 四曰, 支攝下, 有ㅓㅕㅑㅘㅝㅞ終聲者皆隷之, 歌·麻凡二韻[36], (支·微·魚·虞·齊·佳·灰·隊·歌·麻十韻皆中聲兼終聲, 故以居首支爲攝), 五曰, 蕭攝, 有蕭終聲者皆隷之, 蕭·肴·豪凡三韻, 六曰, 尤攝, 尤一韻, 七曰, 音攝, 有音終聲者皆隷之, 侵·覃·鹽·咸凡四韻, 攝之前後異分, 是猶八門六花陳法雖殊而其制勝一也. 不可相誓也.

---

35) 古有以迦以下 二十四字 까지: 분섭법(分攝法)에는 『강희자전(康熙字典)』의 권수(卷首)에 인용되어 있는 '자모절운요법(字母切韻要法)'의 '분12섭운섭법분(分十二攝韻攝法)'처럼 가(迦)·결(結), 강(岡)·경(庚)·개(祕)·고(高)·해(該)·괴(傀)·근(根)·천(千)·구(鉤)·가(歌)로 나누는 것과 유감의 절운지남처럼 강(江)·지(止)·과(過)·해(蟹)·진(臻)·산(山)·효(效)·과(果)·가(假)·원(原)·탕(宕)·증(曾)·경(梗)·류(流)·심(深)·함(咸)의 16섭으로 나누는 것이 있는데 24섭으로 나눈 예도 있다.

3) 섭으로 나눔(分攝)

많은 것은 즉 간략하게 함이 온당한 이치다. 간략하게 한다고 하는 것은 묶는 것과 같다. 묶지 않을 것 같으면 어지럽다. 대개 한자는 글자가 많아서 이들을 운 (韻)으로 간략하게 묶었으나, 운(韻)도 아직도 많아서, 또 이들을 섭(攝)으로 간략하게 하니, 마치 병졸(兵卒)들에게 장수(將帥)가 있는 것과 같다.[37]

분섭수(分攝數)가 많은 것은 장수(將帥)에 전모(前茅)와 후전(後殿)[38]이 있는 것과 같다. 옛날에 가(迦)·결(結)을 첫머리로 하여 12섭으로 나눈 것과 통(通)·강(江)을 첫머리로 하여 24섭으로 나눈 것이 있었는데, 이제 이 들을 7섭으로 하였으니, 첫째는 응(凝)섭으로서 응(凝)종성 ㅇ이 있는 것은 모두 이에 예속(隸屬)시켜 동(東)·동(冬)·강(江)·양(陽)·경(庚)·청(靑)·증(蒸) 등 무릇 7운(韻)이다.

둘째는 지(支)섭 상으로서 ㅗ, ㅛ, ㅜ, ㅠ의 종성이 있는 것은 모두 이에 예속시켜, 지(支)·미(微)·려(麗)·가(佳)·회(灰)·대(隊)·어(魚)·우(虞) 등 무릇 8운이다.

셋째는 은(隱)섭이니 은(隱)종성 ㄴ이 있는 것은 모두 이에 예속시켜, 진(眞)·문(文)·원(元)·한(寒)·산(刪)·선(先) 등 무릇 6운이다.

넷째는 지(支)섭 하이니, ㅓ, ㅕ, ㅏ, ㅑ, ㅘ, ㅝ, ㅖ의 종성이 있는 것은 모두 이에 예속시켜, 가(歌)·마(麻), 등 무릇 2운이다. (支·微·魚·虞·齊·佳·灰·隊·歌·麻 十韻皆中聲兼終聲, 故以居首支爲攝)지(支)·미(微)·어(魚)·우(虞)·재(齊)·가(佳)·회(灰)·대(隊)·가(歌)·마(麻) 등 10운은 모두 중성과 종성을 겸한 것이므로 첫머리에 있는 지(支)로써 섭을 삼았다.

다섯째는 소(蕭)섭이니, 종성(오)가 있는 것은 모두 이에 예속시켜, 소(蕭)·효(肴)·호(豪) 등 무릇 3운이다.

여섯째는 우(尤)섭이니 우(尤)운 우 하나이고,

일곱째는 음(音)섭이니, 음종성(ㅁ)이 있는 것은 모두 이에 예속시켜 침(侵)·담(覃)·염(鹽)·함(咸) 등 무릇 4운이다.

섭(攝)의 앞, 뒤에 분류상 차이가 있음은 마치 팔문육화진법(八門六花陳法)[39]이

---

36) 가·마·범이운일사왈이하(歌, 麻凡二韻一四曰以下): 종성이라고 들어 놓은 모음은 ㅓ, ㅕ, ㅏ, ㅑ, ㅘ, ㅝ, ㅖ 등 7모음인데 가(歌)·마(麻)·범(凡)운이라고 한 점이 이 이상하겠지만 종성도를 보면 이들 모음에 배당된 한자가 가(歌)·마(麻) 2자 뿐인데 가(歌)는 ㅓ로 끝나는 음을 마(麻)는 ㅏ로 끝나는 음을 표시한 것이다.

> 비록 다른 점이 있어도 그 승리를 거둠은 동일한 것과 같은 것이니, 서로 헐어 말하는 것은 옳지 않은 일이다.

[해석]

중국 성운학에서 운모를 사성에 따라 운(韻)으로 간략하게 묶었으나, 운(韻)도 아직도 많아서, 또 이들을 다시 섭(攝)으로 간략하게 묶음으로서 운서에서 자음을 확인하기가 훨씬 용이하게 되었다.

분섭수(分攝數)는 12섭으로 나누는 방식과 통(通)·강(江)을 첫머리로 하여 24섭으로 나누거나 18섭으로도 나누었다. 여암은 중종성을 기준으로 하여 훨씬 더 간략하게 7섭으로 나누었다.

이미 앞의 「종성도」에서 7섭으로 구분한 방식을 도해로 나타내 보였다. 이를 다시 정리하면 아래와 같다.

① 응(凝)섭으로서 응(凝)종성 ㅇ이 있는 동(東)·동(冬)·강(江)·양(陽)·경(庚)·청(靑)·증(蒸) 등 무릇 7운(韻)이다.

② 지(支)섭 (상)으로서 ㅗ, ㅛ, ㅜ, ㅠ의 종성이 있는 지(支)·미(微)·려(麗)·가(佳)·회(灰)·대(隊)·어(魚)·우(虞) 등 무릇 8운이다.

③ 은(隱)섭은 은(隱)종성 ㄴ이 있는 진(眞)·문(文)·원(元)·한(寒)·산(刪)·선(先) 등 무릇 6운이다.

④ 지(支)섭 (하)로서 ㅓ, ㅕ, ㅏ, ㅑ, ㅘ, ㅝ, ㆇ의 종성이 있는 가(歌)·마(麻), 등 무릇 2운이다. 지(支)·미(微)·어(魚)·우(虞)·재(齋)·가(佳)·회(灰)·대(隊)·가(歌)·마(麻) 등 10운은 모두 중성과 종성을 겸한 것이므로 첫머리에 있는 지(支)로써 섭을

---

37) 18세기 이후 성호학파와 백탑파로 분류되는 일군의 학자들인 홍양호, 이긍익, 이광사, 정동유, 신경준, 배상열, 유희로 이어질 수 있었다. 그에 비해 조선 후기의 성운학 연구는 『태극도설』과 '훈민정음'을 활용하여 운도를 기술하고 『광운』, 『홍무정운역훈』, 『사성통해』 등 한자음을 표기하는데 그 목적을 두고 있었다고 할 것이다. 이러한 연구 경향은 결국 역학에 근거한 『황극경세서』와 같은 성운학과 운세도 작성을 통한 운도의 해석과 훈민정음을 이용한 한자음 표기에 초점을 맞추고 있다.

38) 후전(後殿): 전군(殿軍). 철퇴 할 때 가장 마지막까지 남아서 싸우는 군대.

39) 팔문육화진법(八門六花陣法): 8문둔갑법(遁甲法)과 육화진법(六花陣法)을 말하는 것. 8문둔갑법은 제갈공명(량)이 큰 성공을 거두었다는 전술법이며, 육화진법은 당(唐)나라 이정(李靖)이 제갈공명의 8진법을 기초로 하여 새로 창안하였던 진법이다.

삼았다.

⑤ 소(蕭)섭이니, 종성(오)가 있는 소(蕭)·효(肴)·호(豪) 등 무릇 3운이다.

⑥ 우(尤)섭이니 우(尤)운 우 하나이고

⑦ 음(音)섭이니, 음종성(ㅁ)이 있는 침(侵)·담(覃)·염(鹽)·함(咸) 등 무릇 4운이다.

이러한 섭의 구분을 요약하여 7섭으로 「종성도」에서 보여준다.

4) 音攝終聲

音攝終聲, 華音俺·甚·怎三字外, 皆如隱攝終聲之ㄴ, 而至於切韻相通40), 東方則以口呼之, 盖以ㄴ則不及也. 以ㅁ則過也. 李世澤韻譜, 以金與巾同等, 兼與堅同等, 以爲金·巾音同, 兼·堅音同, 而但金·兼旋閉口, 切韻指掌, 以深·咸二攝, 爲閉口呼而曰, 於聲出口未歇時, 隨閉其脣, 盖隱攝, 聲終時開脣, 音攝, 以ㄴ呼之, 而聲終時閉脣, 中國之全, 以ㄴ呼者, 是不知字書者之爲也. 明者必不然也. 東方之全, 以ㅁ呼者, 不知內含ㄴ聲者也. 然則宜更設ㄴㅁ之間, 以爲音攝終聲, 而ㅁ之下體, 旣是ㄴ, 上又以ㄱ合之, 是閉口之象也. 讀者可以自審, 故不爲之更設別字也. 然而音攝, 以終聲言之, 雖是閉口, 而以中聲定開合之例言之, 乃開口呼也. 他字書, 皆屬之開口, 而字彙之爲閉口呼者, 是亂其例也.

4) 음섭종성(音攝終聲)

음(音)섭 종성인 ㅁ음은 중화음(華音)에서 엄(俺)·심(甚)·즘(怎) 제3자 외에는 모두 음(音)섭 종성의 ㄴ음과 같아서, 『절운(切韻)』에서까지 서로 통하고 있다.

우리나라에서는 ㅁ음으로 발음하고 있는데 대개 ㄴ으로써 발음하면 미치지 못하고, ㅁ으로써 발음하면 지나치는 것이다.

이세택(李世澤, 1716~1777)의 『운보(韻譜)』41)에서는 금(金)과 건(巾)이 같고, 겸(兼)과 견(堅)이 같아서 금(金)과 건(巾)을 같은 음으로 하고, 겸(兼)과 견(堅)을 같은 음으로 하였는데, 다만 금(金)과 겸(兼)은 입을 빨리 다문다 하였다.

---

40) ㅁ과 ㄴ 상통(相通): 이것은 중고한음에서 구별되던 운미 ―m, ―n 이 현대 북방음(북경어)에서는 그 구별이 없어져서 모두 ―n 으로 발음되는 현상을 설명한 것이다. 그러나 이 항목의 후단에 가면 너무나도 억지에 가까운 설명이 되고 말았다.

『절운지장(切韻指掌)』42)에서는 심(深)·함(咸) 2섭을 폐구호(閉口呼)로 삼아서 설명하기를 소리가 입으로부터 나올 때 숨이 다 나오기 전에 바로 그 입술을 다문다고 하였다.

대개 은(隱)섭은 발음이 끝날 때 입술을 열고, 음(音)섭은 ㄴ으로써 이를 발음하되 발음이 끝났을 때에 입술을 다문다. 중국의 금(金)자를 ㄴ으로써 발음하는 것은 자서(字書)를 모르는 이의 하는 짓이요, 자서에 밝은 이는 결코 그렇지가 않다.

우리나라에서 전(全)자를 ㅁ으로 발음하는 것은 ㄴ으로 내는 소리라는 것을 알지 못하는 결과이다.

그러한즉 마땅히 ㄴ과 ㅁ의 사이 소리 글자를 다시 설정하여서 음(音)섭 종성을 삼아야 하나 ㅁ의 하체는 벌써 ㄴ의 모습을 가지고 있는 것이며, 또 위에 ㄱ이 이것과 합한 것은 입을 다문 것을 본 뜬 것임을 독자들은 가히 저절로 알아낼 수 있으므로 다시 다른 자를 설정하지 않았다.

그러나 음(音)섭은 종성으로써 말한다면 비록 입은 다문 것이지만, 중성에서 개구(開口)와 합구(合口)이니 다른 자서에서도 모두 이것을 개구호(開口呼)에 예속시키고 있는데 다만 『자휘(字彙)』에서만 이것을 폐구호(閉口呼)로 지정한 것은 혼란된 예다.

【해석】

양운미 가운데 음(音)섭 종성인 ㅁ음은 중화음(華音)에서 엄(俺)·심(甚)·즘(怎) 제3자만 남아 있고 나머지는 ―m>n의 변화의 결과 모두 음(音)섭 종성의 ㄴ음으로 실현된다. 예를 들어 '남경(南京)'이 중화음으로는 '난징'인 것처럼 ―m>n의 변화의 시기는 『절운(切韻)』에서까지 서로 통하고 있다. 우리나라에서는 ㅁ음으로 발음하고 있는데 대개 ㄴ으로써 발음하면 미치지 못하고, ㅁ으로써 발음하면 지나친 것이라 하여 규범의 기준을 기준을 중화음에 맞추어야 한다고 기술하고 있다.

---

41) 이세택 운보(李世澤韻譜): 이세택(李世澤)은 명(明)나라 사람, 등운학에 입각하여 운보(韻譜)를 지음.

42) 『절운지장(切韻指掌)』: 운도의 절운지장을 말하는 것, 『절운지장도』는 사마온공(司馬溫公: 사마광)이 지었다고 일반적으로 말하고 있으나 실은 다른 이가 지은 것이라고 한다.

대개 은(隱)섭은 발음이 끝날 때 입술을 열고, 음(音)섭은 ㄴ으로써 이를 발음하되 발음이 끝났을 때에 입술을 다문다. 중국의 금(金)자를 ㄴ으로써 발음하는 것은 자서(字書)를 모르는 이의 하는 짓이요, 자서에 밝은 이는 결코 그렇지가 않다. 우리나라에서 전(全)자를 ㅁ으로 발음하는 것은 ㄴ으로 내는 소리라는 것을 알지 못하는 결과이다.

그러한즉 마땅히 ㄴ과 ㅁ의 사이 소리 글자를 다시 설정하여서 음(音)섭 종성을 삼아야 하나 ㅁ의 하체는 벌써 ㄴ의 모습을 가지고 있는 것이며, 또 위에 ㄱ이 이것과 합한 것은 입을 다문 것을 본 뜬 것임을 독자들은 가히 저절로 알아낼 수 있으므로 다시 다른 자를 설정하지 않았다.

그러나 음(音)섭은 종성으로써 말한다면 비록 입은 다문 것이지만, 중성에서 개구와 합구이니 다른 자서에서도 모두 이것을 개구호에 예속시키고 있는데 다만 『자휘(字彙)』에서만 이것을 폐구호로 지정한 것은 혼란된 예다.

5) 入聲

正音二十三初聲之中取其八字, 兼作終聲用, 附於上則爲初聲, 附於下則爲終聲, ㄱㄴㄷㄹㅁㅂㅅㅇ 是也43). 呼ㄱ曰其役·ㄹ曰梨乙·ㅂ曰非邑·ㄷ曰池末, 『末字, 讀以方言之釋, 故作圈, 其用之例, 如 ㅇㄴㅁㅅ也. ㅇㄴ之終聲, 中國與東方同, ㄱㄹㅂㄷㅅ, 東方以爲入聲之終聲者, 而以ㄱ爲凝攝入聲之終聲, 以ㄹ爲隱攝入聲之終聲以ㅂ爲音攝入聲之終聲, 盖 ㅇㄱ同是角音, ㄴㄷ同是徵音, ㅁㅂ同是羽音故也. 至於ㄷㅅ二字, 有聲而無字44), 或曰, 以ㄱㄹㅂ爲終聲, 然後, 方可爲入聲也. 否則, 不甚分明也. 曰, 凡聲短促而急收之, 則氣自吸而聲自入, 何必用ㄱㄹㅂ而後, 爲入聲乎, 夫聲之有平上去入45), 非係於初中終三聲也. 在於呼之徐疾抑揚而已, 故調聲歌曰, 平聲平道勿低昂, 遇上高呼猛厲强, 去韻哀哀音漸遠, 入宜短促急收藏, 平者不上不下而平也. 上者, 高呼猛厲而上也. 去者, 哀哀漸遠而去也. 入者, 短促收藏而入也. 有初中終三聲皆同, 而爲平爲上爲去爲入者, 以其呼之異也. 如孤·古·故·谷之類, 是也. 若以終聲, 欲分四聲, 則平上去亦皆有別般終聲字以分之可也. 何獨於入聲有之乎, 或曰, 入聲皆與支攝內音相似, 而不屬於支攝, 屬於凝·隱等攝者, 何也. 曰, 屋·沃·覺·藥·陌·錫·職之韻, 內含東·冬·江·陽·庚·靑·蒸之聲, 質·物·月·曷·黠·屑之韻, 內含眞·文·元·寒·刪·先之聲, 緝·合·葉·洽之韻, 內含侵·覃·鹽·咸之聲, 而其內含者甚微, 又急於收藏, 故不能知也. 且中終聲之備二字者, 其聲長, 中終

聲之以一字兼之者, 其聲短其聲

　短則其平聲, 幾近於入矣. 且欲短促急收, 則中終聲之備二字者, 有不如終聲之兼於
中聲者, 故入聲不屬於支攝, 而支攝之入聲皆借也. 李氏韻譜曰, 入聲俱從順轉, 就其
易也. 如谷字曰, 孤·古·故·谷, 順轉也. 若曰, 公·(革+頁)·貢·谷, 拗紐也. 不從
此, 不知古人分屬之妙旨也. 或曰, ㄱㄹㅂ之終聲46), 天地間固有之, 中國兒·二之
呼숼, 雖是譌也. 而其有ㄹ終聲可知也. 且中國南方之人, 多用ㄹ終聲, 雖以禽鳥之
聲聞之, 明是有ㄱㄹㅂ等聲, 而子欲廢之耶, 曰, 余之言, 非謂天地間無ㄱㄹㅂ終聲
也. 亦非謂ㄱㄹㅂ不可爲終聲也. 所以明中國入聲之爲入聲也. 盖東人饒於轉舌, 居
常言語, 用ㄱㄹ等五聲甚多, 又以兩聲並之爲一終聲, 如돐듦之類也. 此有甚於中終
聲之備二字者, 其聲益長而亦是入聲也. 然而平聲半陰半陽也. 上聲壯陽也. 去聲陽極
而陰生也. 入聲純陰也. 如人自平地升上, 行去還之意, 其圖, 去上□入平, 其象,
平●上○去◎●, 一陰一陽, 一開一閉, 一高一低, 一長一短, 迭相爲節, 然後,
可以成律呂矣. 入聲閉也短也. 雖돐듦之呼, 宜促而急之, 若徐永則開時多·開時少,
長處多·短處少, 非入聲之正也. 或曰, 正音之淸濁開合, 見形卽知, 而獨於平上去入,
無可別者奈何, 曰, 其例, 以點加於左傍, 以志之, 平聲無點, 上聲二點, 去聲入聲,
皆一點

---

43) 그러나 ㄱㅇㄷㄴㅂㅁㅅㄹ의 8자 만으로 충분히 쓸 수 있다. 빗곶(梨花), 영·의갗(狐皮)과
　　같은 경우에는 ㅅ자로 통용할 수 있기 때문에 다만 ㅅ자를 쓰는 것과 같다. 또 ㅇ은 소리
　　가 맑고 비어서 종성에 반드시 쓰지 않아도 중성으로 소리를 이룰 수 있다. ㄷ는 별(彆)이
　　되고 ㄴ은 군(君)되고 ㅂ는 업(業)되고 ㅁ는 땀(覃)되고 ㅅ는 고유어(諺語)에 · 옷(衣)이 되고
　　ㄹ는 고유어(諺語)에 :실(絲)이 되는 유와 같다. 然ㄱㅇㄷㄴㅂㅁㅅㄹ八字可足用也.如빗곶爲梨
　　花·영·의갗爲狐皮.而ㅅ字可以通用·故只用ㅅ字.且ㅇ聲淡而虛·不必用於終·而中聲可得成音也.ㄷ如彆
　　爲彆.ㄴ如군爲君·ㅂ如·업爲業·ㅁ如땀爲覃·ㅅ如諺語·옷爲衣·ㄹ如諺語:實爲絲之類,『훈민정음 해
　　례』 종성표기 방법.

44) 유성이무자(有聲而無字): 우리 말에는 그러한 음이 있어도 한자음 종성에는 'ㄷ'과 'ㅅ'으로
　　끝나는 것이 없다는 뜻.

45) 부성지유평상거입이기(夫聲之有平上去入而已): 여기의 설명은 여암(旅菴)이 중국어의 성조(聲
　　調)의 본질이 무엇인가를 인식하고 있었다는 것을 보여준다. 단음절어(單音節語)이며 고립
　　어(孤立語)인 중국어는 그 동음이의어를 구별하기 위하여 tone이 발달한 tone language인
　　데, 각 단어 상호간의 구별은 고저 악센트에 의하여 이루어지는 것이며 운미(韻尾) 즉 종
　　성에 의하여 구별되는 것이 아닌 것이다. 여기의 설명은 이것을 말한 것이다.

46) 입성운미인 ㄹㄱㅂ 3음은 한족의 대중음과『고금운회거요』및 몽고시대의 운서에서 모
　　두 쓰지 않고, 오직 남쪽 지방의 발음에서 많이 쓰고 있다.(入聲ㄹㄱㅂ三音, 漢俗及韻會蒙

5) 입성(入聲)

훈민정음의 23초성 가운데, 8자만을 취하여 종성을 겸하여 사용하는데, 위에 놓으면 초성이 되고, 아래에 놓으면 종성이 되니, ㄱ, ㄴ, ㄷ, ㄹ, ㅁ, ㅂ, ㅅ, ㅇ 등이 이것이다.

ㄱ은 其役=기역이라 부르고 ㄹ은 梨乙=리을, ㅂ은 非邑=비읍, ㄷ은 池末=디귿이라고 부른다. 末자는 우리나라의 훈(訓 귿)으로 읽기 때문에 동그라미를 한다.

이들 글자의 사용 예는, ㅇ, ㄴ, ㅁ, ㅅ 등과 같다. ㅇ과 ㄴ의 종성은 중국과 우리나라가 같으나, ㄱ, ㄹ, ㅂ, ㄷ, ㅅ을 우리나라에서는 입성(入聲)의 종성으로 삼으니, ㄱ은 응(凝)섭 입성의 종성으로 삼고, ㄹ은 은(隱)섭 입성의 종성으로 삼으며, ㅂ은 음(音)섭 입성의 종성으로 삼는다. 47)

대개 ㅇ과 ㄱ은 동일한 각음(角音)이고 ㄴ과 ㄹ은 동일한 치(徵)음이며, ㅁ, ㅂ은 동일한 우(羽)음이기 때문이다. ㄷ과 ㅅ의 두 글자에 이르러서는 소리는 있어도 글자가 없다.

어떤 이가 말하기를 ㄱ, ㄹ, ㅂ으로써 종성을 삼은 다음에야, 비로소 가히 입성이 될 수 있고, 그렇지 않을 것 같으면 매우 분명치 않다고 할 것이다.

말하기를 무릇 소리가 짧고 급하여 급히 거두어들인 즉 호기(呼氣)가 저절로 들이 쉬어지고, 소리도 자연 들어가는 것이지, 어찌 반드시 ㄱ, ㄹ, ㅂ을 사용한 다음에야 입성이 되겠는가?

대개 소리에 평(平)·상(上)·거(去)·입(入)이 있는 것은 초·중·종 3성에 관계가 있는 것이 아니고, 발음(呼)의 느리고, 빠르고, 낮고, 높음에 있을 뿐이다.

그러므로 「조성가(調聲歌)」에 이르기를, 평성은 평도(平道)이니 낮게도 높게도 하지 말고, 상성을 만나면, 높게 발음하되 날래고, 높고, 강하게 하며, 거성(韻)은 애처로운 소리로 점점 멀리하고, 입성은 마땅히 짧고 촉급(促急)하게 거두어 간직하여야 한다고 하였으니, 평성은 위로 올라가지도 아래로 내려가지도 않고 평평한 것이고, 상성이라는 것은 높게 발음하되 날래고 높게 하여 위로 올라가는 것이고, 거성은 애처로이 점점 멀어져서 사라지는 것이며 입성은 짧고 초급하게 거두어 간직하여 들이는 것이다.

초·중·종 3성이 모두 동일한 것이 있어도, 평성이 되고, 상성이 되고, 거성이 되고, 입성이 되는 것은 그 발음의 차이니 孤(孤)·고(古)·고(故)·곡(谷), 여암의 음운도에서는 구음)등과 같은 것이 이것이다.

만일에 종성으로써 사성을 나누고자 한다면, 평·상·거성도 역시 모두 별도의 종성자를 가지고 이들을 나누는 것이 옳지, 어찌 홀로 입성에만 이들 사성을 표시하는 종성이 있겠는가?

또 어떤 이가 말하기를 입성은 모두 지(支)섭 내의 음과 서로 비슷하되, 지(支)섭에 속하지 않고 응(凝)·은(隱) 등 섭에 속한 것은 무슨 까닭이냐고 할 것이다.

말하기를 옥(屋)·옥(沃)·각(覺)·약(藥)·맥(陌)·양(錫)·직(職) 등의 운은 동(東)·동(冬)·강(江)·양(陽)·경(庚)·청(靑)·증(蒸)의 성(중성을 말하는 것)을 내포하고 있고(옥(屋)과 동(東), 옥(沃)과 동(冬)은 같은 운(同韻)이다. 이하 같다.), 질(質)·물(物)·월(月)·갈(曷)·점(點)·설(屑) 등의 운은 진(眞)·문(文)·원(元)·한(寒)·산(刪)·선(先)의 성을 내포하고 있으며, 집(緝)·합(合)·엽(葉)·흡(洽)의 운은 침(侵)·담(覃)·염(鹽)·성(咸)의 성을 내포하고 있는데 그 내포하고 있는 것이 너무나도 희미하고, 또 거두어 간직하기에 급하기 때문에 할 수 없는 것이다.

또 중성과 종성을 두 가지 자(字)로 갖춘 글자는 그 소리가 길고, 중성과 종성을 한 자로써 겸한 것은 그 소리가 짧으며, 그 소리가 짧으면 그 평성은 거의 입성에 가까운 것이다. 그리고 짧고 촉급하게 거두려 하면, 중성과 종성을 두 자로 갖춘 글자는, 종성이 중성을 겸한 것과 같지 않으므로, 입성은 지(支)섭에 속하지 않는 것이고, 지(支)섭의 입성은 모두 빌려 통용하는 것이다. 이씨(李氏)의 『운보(韻譜)』에서 설명하기를, 입성은 모두 순전(順轉)을 좇는 것이라 하였으니, 그 쉬운 데로 나아가려고 하기 때문이다. 가령 谷자 같은 것으로 말하면, 고(孤)·고(古)·고(故)·곡(谷)는 순전(順轉)이고, 만일에 공(公)·초(韝)·공(貢)·곡(谷)으로 말하면 요뉴(拗紐)이니, 이를 좇지 않을 것 같으면 고인분속(古人分屬)의 묘한 뜻을 알지 못함이다.

또 어떤 이가 말하기를, ㄱ, ㄹ, ㅂ의 종성은 천지(天地) 간에 본디 있는 것이어서, 중국의 아(兒)·이(二)를 '슬'이라고 발음하니, 비록 이것이 와전(訛傳)된 것이라고 하더라도, ㄹ종성이 있음은 가히 알 수 있는 바이며, 또한 중국의 남방 사람들은, ㄹ종성을 많이 쓰며 비록 금조(禽鳥)의 소리로써 이를 들어 보더라도, 분명히 ㄱ, ㄹ, ㅂ등 소리가 있으니, 그대가 왜 이들을 폐하려 하느냐고 할 것이다.

말하기를, 나의 말은 천지간에 ㄱ, ㄹ, ㅂ 종성이 없다고 함이 아니고, 또한 ㄱ, ㄹ, ㅂ이 종성되는 것이 옳지 않다 하는 것도 아니니, 중국 입성의 입성됨을 명백히 하는 것뿐이다.

대개 우리나라 사람은 혀를 구르는 일이 많아서, 일상 언어에서도 ㄱ, ㄹ 등 5성을 매우 많이 사용하고, 또 두 가지 성(소리)을 나란히 하여 이를 하나의 종성으로 삼으니 '돎, 둟' 등과 같은 것이다.

이것들은 중성과 종성의 2자(字)를 갖추고 있는 가장 뚜렷한 것인데, 그 소리는 더욱 길어도 역시 입성인 것이다. 그러나 평성은 반음반양(半陰半陽)이고, 상성은 장양(壯陽)이며, 거성은 양이 극(極)하여 음이 생(生)한 것이고, 입성은 순음(純陰)이라, 마치 사람이 평지로부터 위로 올라가, 길을 걸어가다가 돌아들어오는 뜻과 같다.

그 그림은 □이고, 그 형상(象)은 평성이 ◖, 상성이 ◯, 거성이 ◎, 입성이 ●이라, 일음일양(一陰一陽)에 일개일폐(一開一閉)하고, 일고일저(一高一低)에 일장일단(一長一短)하여 교대로 서로 마디가 된 다음에야 가히 율려(律呂)를 이루는 것이다.

입성은 닫히고 짧은 것이니, 비록 '돎, 둟'을 발음하더라도 마땅히 짧고 급하게 해야 하며, 만일에 느리고, 길게 발음하면, 입을 여는 시간이 많고, 닫히는 시간이 적으며, 긴 곳이 많고, 짧은 곳이 적어서 올바른 입성이 아니다.

또 어떤 이가 말하기를, 훈민정음의 청음(淸音), 탁음(濁音), 개구(開口), 합구(合口) 등은 글자 모양을 보아도 곧 알 수 있는데, 홀로 평(平)·상(上)·거(去)·입(入)에 있어서만, 구별하는 것이 없으니, 어찌 된 일인가 라고 할 것이다.

말하기를, 평(平)·상(上)·거(去)·입(入)의 구별은 점을 오른편(원래는 왼편)에 찍어서 이것을 표시하니, 평성은 무점(無點)이고, 상성은 2점이며, 거성과 입성은 모두 한 점이다.

韻, 皆不用之, 唯南音之呼, 多有用者), 『사성통해』「범례」.

47) 입성인 모든 운의 종성이 지금의 남방음에서는 너무 분명하게 손상되었고 북방음은 완이 緩弛(느리고 늘어짐)함에 흐르거니와 몽고운도 또한 북방음을 따른 까닭에 종성을 쓰지 않았다. 황공소(黃公紹)의『고금운회』에도 입성에서 '질(質)'운의 '율(聿)', '졸(卒)' 등의 글자를 '옥(屋)'운 '국(菊)' 자모에 넣고 '합(合)'운의 '합(閤)', '합(榼)' 등의 글자를 '갈(葛)'운 자모에 넣어 아([-k]), 설([-t]), 순([-p])의 음(종성)을 혼동하여 구별치 아니하였으니 이 또한 종성을 쓰지 아니한 것이라. 평성, 상성, 거성, 입성의 사성이 비록 청, 탁, 완, 급의

여암은 종성을 8종성으로 ㄱ, ㄴ, ㄷ, ㄹ, ㅁ, ㅂ, ㅅ, ㅇ을 훈민정음의 23초성 가운데, 이 8자만을 취하였다. 그 초성의 명칭을 ㄱ은 其役=기역이라 부르고 ㄹ은 梨乙=리을, ㅂ은 非邑=비읍, ㄷ은 池㖌=디귿이라고 부른다. 㖌자는 우리나라의 훈(訓 귿)으로 읽기 때문에 동그라미를 한다고 하였다. 최세진의 『훈몽자회』의 명명 방식과 동일하다.

이 8자 종성 가운데 중국 한자음과 우리나라 동음에서 ㅇ, ㄴ, ㅁ, ㅅ 등은 동일하다. 그런데 입성종성 ㄱ, ㄹ, ㅂ, ㄷ, ㅅ을 ㄱ은 응(凝)섭 입성의 종성(각음)으로 삼고, ㄹ은 은(隱)섭 입성의 종성(치음)으로 삼으며, ㅂ은 음(音)섭 입성의 종성(우음)으로 삼는다 라고 하여 ㄱ은 아음에 대응되는 응(凝)섭에, ㄹ은 설음의 은(隱)섭에 ㅂ은 순음의 음(音)섭의 양운미에 대응시키고 있다.

우리나라에서는 중국의 상고 입성자음이 그대로 존속되어 있어서 입성자음이 없는 중화음과는 차이를 보여준다. 여암은 중화음을 기준으로 하여 "말하기를 무릇 소리가 짧고 급하여 급히 거두어들인 즉 호기(呼氣)가 저절로 들이 쉬어지고, 소리도 자연 들어가는 것이지, 어찌 반드시 ㄱ, ㄹ, ㅂ을 사용한 다음에야 입성이 되겠는가?"라고 하여 앞에서 제시한 「종성도」와 마찬가지로 입성을 인정하지 않고 있다.

사성은 평(平)·상(上)·거(去)·입(入)이 있는데 이는 초·중·종 3성에 관계가 있는 것이 아니고, 발음(呼)의 느리고, 빠르고, 낮고, 높음에 있다고 판단하고 있다. 평(平)·

차이는 있을망정 그 종성이 있을 때만 본시 일반일 뿐이 아니라 하물며 입성이 입성되는 바는 아음, 설음, 순음의 전청으로 종성을 삼아서 촉급하기 때문이다. 이것이 더욱 종성을 쓰지 아니 할 수 없는 것이 명백하다. 본운을 지음에 있어 같은 운을 합하고 다른 운은 갈라서 입성 여러 운의 아음, 설음, 순음 종성도 모두 구별하여 섞지 아니 하였으니 이제 ㄱ, ㄷ, ㅂ로 종성을 삼는다. 그러나 ㄱ, ㄷ, ㅂ를 곧게 발음하면 또 소위 남방음과 같아지니 다만 가볍게 써서 급히 마쳐 너무 분명하게는 발음하지 않는 것이 옳으니라. 또 속음은 비록 종성을 쓰지는 않는다고 하지만은 평성, 상성, 거성과 같이 완이(緩弛)함에 이르지 않는 까닭에 속음 종성으로 여러 운에는 후음 전청의 'ㆆ'를 쓰고 '약(藥)'운(종성에만)에는 순경 전청의 'ㅸ'를 써서 구별한다. (入聲諸韻終聲, 今南音傷於太白, 北音流於緩弛, 蒙古韻亦因北音, 故不用終聲. 黃公紹韻會, 入聲如以質韻颲卒等字, 屬屋韻匊字母, 以合韻㗯㯰等字, 屬葛韻葛字母之類, 牙舌唇之音, 混而不別, 是亦不用終聲也. 平上去入四聲, 雖有淸濁緩急之異, 而其有終聲, 則固木嘗不同, 況入聲之所以爲入聲者, 以其牙舌唇之全淸, 爲終聲而促急也, 其尤不可不用終聲也, 明矣. 本韻之作, 倂同析異, 而入聲諸韻, 牙舌唇終聲, 皆別而不雜, 今以ㄱㄷㅂ爲終聲. 然直呼以ㄱㄷㅂ, 則又似所謂南音, 但微用而急終之, 不至太白可也. 且今俗音, 雖不用終聲, 而不至如平上去之緩弛也, 故俗音終聲, 於諸韻 用喉音全淸ㆆ, 藥韻用唇輕全淸ㅸ, 以別之), 『사성통고』「범례」.

상(上)·거(去)·입(入)에 대한 음가에 대해서는 아래와 같이 각기 다른 설명으로 되어 있어 참고가 된다.

	운해	훈민정음(합자해)	훈민정음언해본	훈몽자회
평성	平道勿低昻	安易和, 春, 萬物舒泰	뭇눗봇소리	哀而安, 눗가온소리
상성	高呼猛厲 强	和易擧, 夏, 萬物漸盛	처석미 눗갑고 내종이 노폰 소리	厲而擧, 기리혀 나종 들리는 소리
거성	哀哀音漸 遼	擧勿壯, 秋, 萬物成熟	뭇노폰소리	淸而遠, 곧고 바로 노폰소리
입성	短促急 收 藏	促勿寒, 冬, 萬物閉藏	샐리 긋듣는 소리	直而促, 곧고 ㅂ른 소리

위의 여러 설(說)을 보건데, 여암(旅菴)의 설명은 『강희자전(康熙字典)』에 의거한 듯하다. 강희자전은 숙종 42년(丙申,1716, 청강희 55년)에 간행된 책이니, 여암이 이 책을 지을 때인 영조 26년(庚午, 1750, 청 건륭(乾隆) 55년)과의 사이에는 35년의 시간이 흘렀으므로 혹시 강희 자전을 그동안에 보았는지도 알 수 없다. 『강희자전』에는 다음과 같이 있어 이 책의 설명과 거의 부합된다.

　"초·중·종 3성이 모두 동일한 것이 있어도, 평성이 되고, 상성이 되고, 거성이 되고, 입성이 되는 것은 그 발음의 차이니 고(孤)·고(古)·고(故)·곡(谷), 여암의 음운도에서는 구음)등과 같은 것이 이것이다.
　만일에 종성으로써 사성을 나누고자 한다면, 평·상·거성도 역시 모두 별도의 종성자를 가지고 이들을 나누는 것이 옳지, 어찌 홀로 입성에만 이들 사성을 표시하는 종성이 있겠는가?
　또 어떤 이가 말하기를 입성은 모두 지(支)섭 내의 음과 서로 비슷하되, 지(支)섭에 속하지 않고 응(凝)·은(隱) 등 섭에 속한 것은 무슨 까닭이냐고 할 것이다.
　말하기를 옥(屋)·옥(沃)·각(覺)·약(藥)·맥(陌)·양(錫)·직(職) 등의 운은 동(東)·동(冬)·강(江)·양(陽)·경(庚)·청(靑)·증(蒸)의 성(중성을 말하는 것)을 내포하고 있고(옥(屋)과 동(東), 옥(沃)과 동(冬)은 같은 운(同韻)이다. 이하 같다.), 질(質)·물(物)·월(月)·갈(曷)·점(點)·설(屑) 등의 운은 진(眞)·문(文)·원(元)·한(寒)·산(刪)·선(先)의 성을 내포하고 있으며, 집(緝)·합(合)·엽(葉)·흡(洽)의 운은 침(侵)·담(覃)·염(鹽)·성(成)의 성을 내포하고 있는데 그 내포하고 있는 것이 너무나도 희미하고, 또 거두어 간직하기에 급하기 때문에 할 수 없는 것이다.

　또 중성과 종성을 두 가지 자(字)로 갖춘 글자는 그 소리가 길고, 중성과 종성을 한 자로써 겸한 것은 그 소리가 짧으며, 그 소리가 짧으면 그 평성은 거의 입성에 가까운 것이다. 그리고 짧고 촉급하게 거두려 하면, 중성과 종성을 두 자로 갖춘 글자는, 종성이 중성을 겸한 것과 같지 않으므로, 입성은 지(支)섭에 속하지 않는 것이고, 지(支)섭의 입성은 모두 빌려 통용하는 것이다. 이씨(李氏)의『운보(韻譜)』에서 설명하기를, 입성은 모두 순전(順轉)을 좇는 것이라 하였으니, 그 쉬운 데로 나아가려고 하기 때문이다. 가령 谷자 같은 것으로 말하면, 고(孤)·고(古)·고(故)·곡(谷)는 순전(順轉)이고, 만일에 공(公)·최(䩂)·공(貢)·곡(谷)으로 말하면 요뉴(拗紐)이니, 이를 좇지 않을 것 같으면 고인분속(古人分屬)의 묘한 뜻을 알지 못함이다.

　대개 우리나라 사람은 혀를 구르는 일이 많아서, 일상 언어에서도 ㄱ, ㄹ 등 5성을 매우 많이 사용하고, 또 두 가지 성(소리)을 나란히 하여 이를 하나의 종성으로 삼으니 '돍, 둛' 등과 같은 것이다.

　이것들은 중성과 종성의 2자(字)를 갖추고 있는 가장 뚜렷한 것인데, 그 소리는 더욱 길어도 역시 입성인 것이다. 그러나 평성은 반음반양(半陰半陽)이고, 상성은 장양(壯陽)이며, 거성은 양이 극(極)하여 음이 생(生)한 것이고, 입성은 순음(純陰)이라, 마치 사람이 평지로부터 위로 올라가, 길을 걸어가다가 돌아들어오는 뜻과 같다.

　그 그림은 □이고, 그 형상(象)은 평성이 ◓, 상성이 ◯, 거성이 ◎, 입성이 ●이라, 일음일양(一陰一陽)에 일개일폐(一開一閉)하고, 일고일저(一高一低)에 일장일단(一長一短)하여 교대로 서로 마디가 된 다음에야 가히 율려(律呂)를 이루는 것이다.

　입성은 닫히고 짧은 것이니, 비록 '돍, 둛'을 발음하더라도 마땅히 짧고 급하게 해야 하며, 만일에 느리고, 길게 발음하면, 입을 여는 시간이 많고, 닫히는 시간이 적으며, 긴 곳이 많고, 짧은 곳이 적어서 올바른 입성이 아니다.

　또 어떤 이가 말하기를, 훈민정음의 청음(淸音)·탁음(濁音), 개구(開口)·합구(合口) 등은 글자 모양을 보아도 곧 알 수 있는데, 홀로 평(平)·상(上)·거(去)·입(入)에 있어서만, 구별하는 것이 없으니, 어찌 된 일인가 라고 할 것이다.

　말하기를, 평(平)·상(上)·거(去)·입(入)의 구별은 점을 오른편(원래는 왼편)에 찍어서 이것을 표시하니, 평성은 무점(無點)이고, 상성은 2점이며, 거성과 입성은 모두 한 점이다.

6) 語辭終聲

東方之語甚繁, 中國之一字, 非但以二三字呼之, 而其語截處, 助辭甚多, 多至五六
字, 以吏讀觀之, 可知也. 『新羅弘儒侯薛聰作方言句讀, 以解經傳, 如是乎等以, 爲
白去乎之類也. 是乎, 等以者, 中國之是以二字辭也. 爲白去乎者, 中國之焉一字辭
也. 今公家辭狀, 皆用此, 而名之曰吏讀, 一以爲句節分明之道, 一以防推移弄奸之
弊, 吏讀, 新羅時創, 而與今異者甚多, 大抵古繁而今簡, 此可見聲音之易變也. 然
而, 語之終, 多用羅·多·阿·加·也·所·古·吾·只·置等辭, 皆支攝內聲也[48]. 此則古
今之所同也. 以中國言之, 爲語助者, 除一焉字而, 而·其·斯·只·之·猗·耳·爾·已·
以·矣·於·歟·諸·且·于·夫·乎·兮·繄·哉·耶·也·者·些, 皆支攝內聲也. 西域之人,
多用麼·迦·佉·多·囉·若·舍·沙·訶·陀·那聲亦支攝也. 西洋之語, 未能知, 而以作
世界國名者觀之, 多亞·加·巴·羅·瓦·沙等聲, 是亦支攝也. 此則天下之所同也. 辭
之終聲, 大抵多用支攝, 而用歌·麻韻, 內聲尤多, 東方言辭之終, 加·多·羅三聲尤
多, 中國文字之終, 也字尤多, 西域西洋用歌·麻聲, 較諸國尤多, 且人之喜而笑·痛
而哭·悲而噎嘻·怯而呼號, 皆聲之自然, 不用文節者, 而其聲皆從支攝內出也. 兒之
始生, 必啼, 是尤出於天機者, 而其聲歌·麻韻內出也. 歌·麻韻內聲, 非但終聲多用,
而初聲亦多用, 了義之叙韻, 以麻·歌爲首尾, 亦非偶爾也.

6) 어사 종성(語辭終聲)

　　우리나라의 말은 매우 번거로워서, 중국의 한 글자(字)를, 비단 2~3자로 발음
할 뿐만 아니라, 그 말이 끊기는 곳에 조사(助辭)가 매우 많아, 많은 것은 5~6자
에 이르니, 이두(吏讀)를 볼 것 같으면 가히 알 수 있는 것이다.

　　신라 때에 대유학자인 설총(薛聰)이 방언 구두(句讀)를 지어서 경전을 해독하였
으니, 是乎(이온), 等以(들로), 爲白去乎(ᄒ숣거온) 등과 같은 것이다. 이온(是乎)이나
들로(等以)는 중국의 시이(是以, 이런 까닭으로)라는 두 글자에 해당되는 어미다. ᄒ숣
거온(爲白去乎)은 중국의 언(焉)이라는 한 글자에 해당되는 어미다.

　　이제 공가(公家, 관서)의 사장(辭狀, 관청공문)에서는 모두 이와 같이 사용하고
명칭을 이두라고 하는데, 첫째 이두는 구절을 분명히 하는 방법으로 사용하고,

---

48) 지섭내성야(支攝內聲也): 여암(旅菴)이 예로 든 글자들의 자음이 모두 운복(韻腹)으로 끝나거
　　나 반모음운미(半母音韻尾)로 끝나는 자음들이라는 뜻이다.

둘째는 이리저리 옮기고, 농호(弄好)하는 폐단을 방지하는 방법으로 사용하였다.

이두는 신라 때의 어미(語尾)인데, 현재와 다른 것이 매우 많으니, 대개 옛날에는 번거로웠던 것이 현재에는 간편하니, 이로써 성음(聲音)의 이변(易變: 변하기 쉬움)을 알 수 있는 것이다.

그러나 말의 끝에는 라(羅)·다(多)·아(阿)·가(加)·야(也)·소(所)·고(古)·오(吾)·지(只)·도(躅) 등 어미를 많이 사용하니 이들이 모두 지(支)섭내의 성(聲)이며, 이것들은 예나 이제나 같은 것들이다.

중국어에 대하여 말할 것 같으면, 어조사(語助辭)가 되는 것들은 언(焉)자 하나를 제외하고는, 이(而)·기(其)·사(斯)·지(只)·지(之)·애(俟)·이(耳)·이(爾)·이(己)·이(以)·의(矣)·어(於)·여(歟)·제(諸)·차(且)·우(于)·부(夫)·호(乎)·혜(兮)·긴(緊)·재(哉)·야(也)·자(者)·사(些)들이 모두 지(支)섭 내의 성이다.

서역(西域)사람들은 마(麼)·가(迦)·거(佉)·다(多)·라(囉)·야(若)·사(舍)·사(沙)·사(詞)·타(陀)·나(那)와 같은 성들을 많이 사용하는데 역시 지(支)섭이다.

서양말들은 아직 알 수 없으나, 세계국명을 지은 것으로써 볼 것 같으면, 아(亞)·가(加)·파(巴)·라(羅)·와(瓦)·사(沙) 등이 많은데, 이것 역시 지(支)섭이니, 지(支)섭은 천하가 다 같은 것이다.

말의 종성에는 대략 지(支)섭을 많이 사용하는데, 그 중에서는 가(歌)운이나 마(麻)운안의 성이 가장 많다. 우리나라 말의 끝에는 가(加)·다(多)·라(羅) 등 3성이 가장 많고, 중국 문자의 끝에는 야(也)자가 가장 많으며, 서역나라, 서양에서 가(歌)·마(麻)성을 사용하는 것이 여러 나라에 비교하여 가장 많다. 또한 사람들이 기쁘면 웃고, 아프면 울고, 슬프면 아이구 하고, 겁나면 큰 소리를 지르는 것이 모두 저절로 나오는 소리이고, 문절(文節)을 사용하는 것이 아닌데, 그 소리들도 모두 지(支)섭 내로부터 나오는 것이다.

어린애가 처음 태어남에 반드시 우는 것은 가장 천기(天機, 천지조화(天地造化)의 심오한 비밀, 또는 의사(意思), 조화(造化)의 미묘한 힘. 또는 활동)에서 나온 것이라고 하겠는데, 그 우는 소리도 가(歌)·마(麻)운 내의 성은 비단 종성으로만 많이 사용할 뿐 아니라, 초성으로도 역시 많이 사용하니, 요의(了義)가 서운(叙韻, 叙韻—叙=지을 서, 차례 서. 叙韻=운서를 지을 때 차례를 세우는 것.)함에 마(麻)·가(歌)운으로써 첫머리와 끝을 삼았음은 또한 우연이 아닌 것이다.

우리나라 말은 중국과 달리 조사와 어미가 많이 사용되기 때문에 이두에서는 이들 토가 많이 발달되었다. 이두는 신라시대 이후 관공서 공문으로 계속 사용되어 왔는데, 이들 어사의 종성이 지(支)섭이 많이 사용되고 있는데 가(歌)운이나 마(麻)운과 같아 'ㅏ'로 끝나는 것이 많다. 특히 가(加)·다(多)·라(羅) 등 3성이 많은데 중국어에서는 야(也)가 많이 사용되고 있다.

6. 總兌

初聲音也. 以定淸濁, 中聲聲也. 以定開闔49), 終聲韻也50). 以定東·冬·江·支之屬, 夫淸濁, 出於音之輕重也. 開合, 分於氣之呼吸也. 其淸濁·開合雖不同, 而其終聲同, 則合爲一韻, 是終聲爲韻之主也51). 其淸濁·開合旣同, 終聲又同, 而復有徐疾抑揚之不同, 則分以爲四等, 平上去入, 是也. 同是凝終聲, 同是平而有分數之不同, 則分以爲上下江與陽之類, 是也. 同是上平, 而又有分數之差異, 則又分之東與冬之類, 是也. 大抵, 輕淸者居上, 而重濁者居下, 其間亦有可疑者, 而盖由於古今有異, 方俗不同, 亦或有分屬之不察者, 而行之已久, 不可輕變, 正其泰甚者而已

---

49) 개합(開合): 개합은 운부 모음의 입술의 조음을 방식을 말하는데 개(開)는 폐구호(閉口呼), 합(合)은 합구호(合口呼)를 줄인 말이다. 합구호는 원순적 개모 —u—를 가진 것을 뜻하며 비원순 즉 개모 —u—를 갖지 않은 것을 개구호라고 한다.

50) 초성음야(初聲音也)~종성운야(終聲韻也)까지: 딴 학자들과의 차이가 이 술어상에 나타난 것. 소옹(邵雍)계통의 학자들과 다른 계통의 학자들과의 술어상(術語上) 차이는 다음과 같다.

	初聲	中聲十終聲
邵雍系統一音		聲
其 他一聲母	韻母	

여기에서 한 걸음 더 나아가 여암(旅菴)은 中聲=聲, 終聲=韻이라고 한 것이다

51) 종성위운지주야(終聲爲韻之主也): 이것도 여암의 독창으로서, 운(韻)이 종성에 의하여 결정되는 것도 사실이나, 종성만 같다고 동운(同韻)이 되는 것은 아니다. 오히려 운두, 운복 등이 운목 설정상 큰 기준이 되는 것이다.

6. 총설(總說)[52]

초성은 음(音)이니, 이로써 청탁(淸濁)을 정하고, 중성은 성(聲)이니, 이로써 개합(開闔)을 정하며, 종성(終聲)은 운(韻)이니, 동(東)·동(冬)·강(江)·지(支) 등을 정한다.

대개 청탁(淸濁)은 음이 가볍고(輕) 무거운데서(重) 나오고, 개합(開闔)은 공기의 호흡 여하에 따라서 나눈다. 청탁이나, 개합이 비록 같지 않더라도, 그 종성이 같은 것은 합하여 같은 운으로 하니, 이것은 종성이 운의 주(主)가 되기 때문이다.

또 그 청탁이나 개합이 이미 같고, 종성이 같더라도 다시 느리고, 빠르고, 낮고, 높은 것 등에 같지 않음이 있으면, 이것을 나누어 4등(等)으로 하니, 평·상·거·입이 이것이다. 또 다같이 옹(嶽) 종성이고, 다 똑같이 평성이라도 분수(分數, 여기서의 경우는 분간(分揀)한다는 뜻.)의 같지 않음이 있으면, 이를 나누어 위(上)와 아래(下)로 하니, 강(江)과 양(陽) 등이 이것이다. 한가지로 상평(上平)이라도 분수의 차이가 있으면, 또 이를 나누니, 동(東)과 동(冬)이 이것이다.

대개 가볍고, 맑은 것은 위에 있고, 무겁고 탁한 것은 아래에 있는데, 그 사이에 역시 의심스러운 것이 있는 것은, 대개 고금(古今)의 차이가 있거나, 방속(方俗)이 같지 않음으로 말미암은 것이다.

또 혹시 분류상 잘 살피지 못하였으되 세상에 행하여진지 이미 오래인 것은 가벼이 고치는 것이 옳지 않아서, 그 몹시 심한 것만을 바로 잡았을 뿐이다.

---

52) 총설: 「어사종성(語辭終聲)」까지에서 종성에 대한 설명을 마치고, 이 총설 항부터 여암은 중국운학 일반에 관한 설명을 전개시키고 있다.

【해석】

초성은 음(音)이니, 이로써 청탁(淸濁)을 정하고, 중성은 성(聲)이니, 이로써 개합(開闔)을 정하며, 종성(終聲)은 운(韻)이니, 동(東)·동(冬)·강(江)·지(支) 등을 정한다.

초성	음(音)	청·탁	경중	
중성	성(聲)	개·합	호흡	평·상·거·입
종성	운(韻)	동(東)·동(冬)·강(江)·지(支)	운의 중심	

또 다 같이 응(凝) 종성이고, 다 똑같이 평성이라도 분수(分數, 여기서의 경우는 분간(分揀)한다는 뜻.)의 같지 않음이 있으면, 이를 나누어 위(上)와 아래(下)로 하니, 강(江)과 양(陽) 등이 이것이다. 한가지로 상평(上平)이라도 분수의 차이가 있으면, 또 이를 나누니, 동(東)과 동(冬)이 이것이다.

상	경·청	강(江)	상평	동(東)
				동(冬)
하	중·탁	양(陽)		

대개 가볍고, 맑은 것은 위에 있고, 무겁고 탁한 것은 아래에 있는데, 그 사이에 역시 의심스러운 것이 있는 것은, 대개 고금(古今)의 차이가 있거나, 방속(方俗)이 같지 않음으로 말미암은 것이다.

또 혹시 분류상 잘 살피지 못하였으되 세상에 행하여진지 이미 오래인 것은 가벼이 고치는 것이 옳지 않아서, 그 몹시 심한 것만을 바로 잡았을 뿐이다.

6.1 歷代韻書

1) 切韻

說文曰, 切磋也. 謂以兩字磨盪而成也. 以上一字爲切, 下一字爲韻, 如以德ㄷ紅ㅎㅗㅇ切爲東ㄷㅜㅇ字, 東之初聲, 是橫三十六格中第九端ㄷ也. 初聲則取某韻某等中端母所生某字爲切, 可也. 東之中聲, 是合口正韻, 縱五等中第三公ㅜ也. 東之終聲, 是凝攝平聲ㅇ也. 中終聲則取同等同韻中有公中聲·凝終聲之字, 而後, 可也. 切韻之上一字只初聲, 下一字兼中終聲且切之爲字七刀也. 刀乃分之省文也. 如字音十分上一字則截去其下, 七分而取其三分, 爲初聲也. 下一字則截去其上, 三分而取其七分爲中終聲也. 大抵萬物相切而成聲, 八音之木與革切而爲鼓, 絲與木切而爲琴瑟, 木與木切而爲枳敔, 土之塤竹之篪, 與人氣切而成聲, 至於天之風雷, 陰與陽切而成聲, 人之笑嘯歌哭, 物與我切而成聲也. 不知切之義, 鳥可與論聲音之妙哉.

1) 절운54)

설문(說文)에서 설명하기를 절(切)은 차(磋)라 하였으니, 두 글자로써 갈고 깨끗이 닦아서 이루어짐을 말하는 것이다.

위의 한 글자로써 절(切, 반절상자)을 삼고 아래의 한 글자로써 운(韻, 반절하자)을 삼으니 德(듸)와 紅(홍)을 끊어서 東(둥)자를 삼는 것과 같다.

東(둥)자의 초성은, 즉 횡(橫)으로 36등분한 가운데의 아홉 번째의 단(端)이다.

초성은 어떤 운의 어떤 등(等) 가운데의 단(端)모에서 나온 어떤 글자를 취하여 반절(切)로 삼는 것이 옳다.

둥(東)자의 중성은, 즉 합구정운(合口正韻)이니, 종(縱)으로 5등분한 가운데의 세 번째 공(公, ㅜ)이다.

둥(東)자의 종성은 즉 응(凝)섭 평성의 [ㅇ]이니, 중성과 종성은 동등(同等), 동(同)운 중에 공(空) 중성, 응(凝)종성의 글자가 있는 것을 취한 다음이라야 가하다.

『절운』에서 위의 한 글자는 다만 초성이나, 아래 한 글자는 중성과 종성을 겸한 것이고, 또한 반절(切)자는 '칠(七)'과 '도(刀)'이니, '도(刀)'는 곧 '분(分)'자의 생략된 것이라, 자음은 십분한 데서 위의 한 글자는 아래의 칠분을 잘라버리고 나머지 삼분을 취하여 초성을 삼고, 아래 한 글자는 그의 삼분을 잘라버리고, 나머지 칠분을 취하여 중성과 종성으로 삼는 것과 같다.

대개 만물은 서로 잘라서 소리를 이루는 것이니 팔음53)에서는 나무와 가죽을 잘라서 북을 만들고, 실과 나무를 잘라서 금슬(琴瑟)을 만들고, 나무와 나무를 잘라서 축어(柷敔)를 만들고, 흙으로 된 훈(塤)이나 대로 된 지(篪) 등은 사람의 호기(呼氣)와 서로 끊어서 소리를 이루며, 하늘의 바람이나 번개에 이르러서는 음(陰)과 양(陽)이 잘라져서 소리를 이루고, 사람의 웃음, 휘파람, 노래, 곡(哭)등은 물건과 자기(自己)가 잘라져서 소리를 이루는 것이다.

반절(切)의 뜻을 알지 못하고 어찌 가히 더불어 성음(聲音)의 묘를 논할 수 있으리오

【해석】

육법언(陸法言)이 중국 수나라 시대 601년(仁壽 1)에 편찬하였다. 운서란 시부(詩賦)의 압운(押韻) 기준을 제시하기 위한 일종의 발음사전으로서, 육조(六朝)시대에 많이 만들어졌으나(지금은 제대로 남은 것이 하나도 없음) 내용상 결함이 많았다.

『절운』은 그러한 운서들을 비판하고 타당한 압운 기준을 정하기 위해 편찬된 것이며, 그 후부터 많은 증보 개정본이 만들어져『광운(廣韻)』에 이른다. 이를 총칭하여 '절운계 운서'라 하는데 원본인 절운을 포함하여 그 대부분이 없어졌으며, 둔황[敦煌] 등지에서 약간의 단편이 발견된 것 이외는 완전한 책으로서 존재하는 것은『광운』과 제2차 세계대전 후에 발견된 왕인후(王仁昫)의『간류보결절운(刊謬補缺切韻)』뿐이다. 이들은 원본『절운』의 대용으로서 수당음(隋唐音) 연구의 근본 자료로 사용된다. 이『절운』은 남방음과 북방음의

---

53) 팔음(八音): 여덟가지의 악기나, 또는 이들로부터 생기는 음(音) 여덟가지의 악기는 다음과 같다. 金(鍾=쇠북 종), 石(聲=경쇠 경), 絲(琴瑟=거문고와 비파, 금슬), 竹(簫笛=통소), 匏(笙=생황 생), 土(塤壎=질나팔훈), 革(鼓=북고), 목(柷敔=축어). 柷敔─축(柷)은 음악을 시작할 때 치는 악기. 語(어)는 음악이 끝날 때 치는 악기. 柷(풍류 축) 語(풍류 그치는 악기 어). 篪─대 이름.

54) 절운(切韻): 여기의『절운(切韻)』은 수나라 육법언(陸法言)이 지은 운서를 가리키는 것이 아니고, 중국운학에서 한 자음을 성모(聲母)와 운모(韻母)등으로 분리시켜 고찰하는 법을 설명한 대목이다. 그런데 여기의 설명은 반절법을 말하는 것 같은 느낌이 많다.

옳고 그름과 고음과 금음의 통하고 막힘을 논하여 여러 가지 전적을 참고하여 편찬하였다고 한다. 따라서 이『절운』의 한자음은 전적으로 당대의 현실음만을 반영한 것이 아니라 현실음과 고음을 참조하고 다양한 방언을 절충하여 만든 운서로 후대에『절운』계 운서에 많은 영향을 미쳤다. 다만 이『절운』의 원본은 돈황에서 발견된 당사본 일부만 남아 있을 뿐이다.

2) 歷代韻書

韻, 說文和也. 文心雕龍曰, 異音相從謂之和, 同聲相應謂之韻, 字彙曰, 音員爲韻, 夫員者數也. 如一司之官, 長亞大小, 其員甚多, 其職掌不同, 而其爲一司之官, 同也. 漢魏以上之書, 皆言音不言韻, 自晉以後, 音降而爲韻矣. 韻書之最古者, 莫如魏李登聲類, 晉呂靜倣其法, 作韻集, 齊周顒始著四聲切韻, 梁沈約有四聲一卷, 隋秦王俊有韻纂, 陸法言作廣韻, 至唐孫愐, 唐韻出, 而諸書皆廢, 宋陳彭年等重修廣韻, 丁度有集韻金韓道昭有五音集韻, 元黃公紹有韻會擧要, 明洪武中宋濂等正韻.

2) 역대운서

운은 설문에서 화(和)라고 하는데『문심조룡(文心雕龍)』에서는 이음(異音)이 서로 가까이 지내는 것을 화(和)라고 하고 같은 소리(同聲)가 서로 조응(應)하는 것을 운(韻)이라고 하였다.

『자휘(字彙)』에서는 음(音)과 원(員)이 운(韻)이 된다고 하였는데, 대개 원(員)이라는 것은 수(數)이니 어떤 관청에서 장차장, 고급관리, 하급관리 등 그 인원이 매우 많고 그 구실이 모두 한 가지가 아닌데도 이들이 한 관청의 관원이 되는 것과 마찬가지인 것과 같다. 한나라, 위나라 이전의 책에서는 모두 음(音)에 관하여 논하였으되 운(韻)에 관해서는 말하지 않았는데 진(晉)나라 이후 음이 내려와서 운이 된 것이다. 운서 가운데 가장 오래된 것으로는 위나라 이등(李登)의『성류(聲類)』만한 것이 없는데 진나라 여정(呂靜)이 그 법을 본받아『운집(韻集)』을 지었고 제나라 주옹(周顒)이 처음으로『사성절운(四聲切韻)』을 지었으며, 양나라 심약(沈約)의『사성(四聲)』일 권이 있고 수나라 진왕준(秦王俊)의『운찬(韻纂)』이 있으며, 육법언(陸法言)이『광운(廣韻)』을 지었는데, 당나라 손면(孫愐)에 이르러『당운

【해석】

음화(音和)는 『문심조룡(文心雕龍)』에서는 이음(異音)이 서로 가까이 지내는 것을 음화(音和)라고 하고 같은 소리(同聲)가 서로 조응(應)하는 것을 운(韻)이라고 하였다. 고대 한자음을 재구하는데 이 음화를 이용하여 같은 부류의 한자음을 확인하는 방법으로 이용되었다. 『자휘(字彙)』에서는 음(音)과 원(員)이 운(韻)이 된다고 하였는데, 대개 동일한 부류에 속하는 한자음의 구성원을 원(員)이라고 한다.

한나라, 위나라 이전의 책에서는 모두 음(音)에 관하여 논하였으되 운(韻)에 관해서는 말하지 않았는데 진(晉)나라 이후 음이 내려와서 운이 된 것이다. 운서 가운데가장 오래된 것으로는 위나라 이등(李登)의 『성류(聲類)』만한 것이 없는데 진나라 여정(呂靜)이 그 법을 본받아 『운집(韻集)』을 지었고 제나라 주옹(周顒)이 처음으로 『사성절운(四聲切韻)』을 지었으며, 양나라 심약(沈約)의 『사성(四聲)』 일 권이 있고 수나라 진왕준(秦王俊)의 『운찬(韻纂)』이 있으며, 육법언(陸法言)이 『광운(廣韻)』을 지었는데, 당나라 손면(孫愐)에 이르러 『당운(唐韻)』이 나옴으로 여러 운서가 폐지되었던 것이다. 그후 송나라 진팽년(陳彭年) 등이 『광운』을 중수하였고, 정도(丁度)의 『집운(集韻)』이 있으며, 금나라 한도소(韓道昭)의 『오운집운(五音集韻)』이 있고, 원나라 황공소(黃公紹)의 『운회거요(韻會擧要)』가 있으며, 명나라 홍무 년간에 송렴(宋濂) 등이 지은 『홍무정운(洪武正韻)』등이 있다고 하여 중국의 주요 운서들을 소개하였다.

중국에서는 일찍 성운학 분야에서는 불경 수입과 함께 인도로부터 유입되어온 범어의 음운학은 현대 언어과학에 버금가는 높은 수준을 유지하고 있었다. 범어의 자음과 모음의 조합 방법을 유기적으로 배합한『실담장』이 범어의 음절표일 뿐만 아니라 세상의 모든 가능한 어음을 표기할 수 있는 총목이라고 할 수 있다. 공해(空海, 774~835)는『범자실담자모병석의(梵字悉曇字母幷釋義)』에서 자음 34개와 모음 12개를 결합시켜 음절 408개를 만들어내고, 다시 겹자음 음절을 만들게 되면 13,872개의 음절을 표기할 수 있도록 고안하였는데 이것이 바로 운도이다. 운도의 횡도와 종도 곧 아, 설, 순, 치, 후, 반설, 반치의 7음의 조음 위치를 나타내는 횡도와 전탁, 전청, 차청, 불청불탁의 조음 방법을 나타내는 종도를 배합하는 체계적인 반절 모형을 중국으로부터 받아들린 것이다.

중국에서 성운학의 발전 역사를 개괄적으로 살펴보면 다음과 같다. "운서는 사성을 처음으로 체계화한 양나라 심약(沈約, 411~513)이 지은『사성보(四聲譜)』에서 시작되었다. 당나라에서는 시부(詩賦)로 관리를 뽑았는데 이때에 예부에서 편찬한『광운(廣韻)』이 주로 이용되었다. 송나라 시대에는 경우(景祐)56) 연간에 학사 정도(丁度, 990~1053)57)는 시부에서 자주 쓰이는 것을 수합하여『운략(韻略)』을 지었다. 원나라 때에는 한효언(韓孝彦)·한도소(韓道昭)58) 부자가『오운편운(五音篇韻)』과『오음집략(五音集略)』을 왕여비(王與祕)가『옥편(玉篇)』을 확장하여『편해(篇海)』를 지었고, 금나라 사람으로 형박(荊璞)이 오음을 분별하여『오운집운(五韻集韻)』을 편찬하였다. 한 씨 부자는 글씨체를 전문적으로 연구하였다. 이에 번잡한 것을 삭제하고 소략한 부분을 보충하고 같은 것은 아우르고 다른 것은 나누어서 합하여 한 책으로 만들었다. 글자는 있는데 그 음을 잃은 것은 먼저 자획을 헤아려 그 음절을 알고 그 다음에『집운(集韻)』을 가지고 그 운모를 찾아 그 훈의를 변별하면 체용(體用)을 다 알 수 있고 내외가 서로 통하게 만들었다. 한효언·한도소 부자가 지은『오음편운(五音篇韻)』은 성화(成化, 1464~1487) 연간에 유행했으며, 출판할 때에는 승려 계선(戒旋)이 실제로 그 일을 담당하였는데 고증과 윤색에 있어서 모두『홍무정운』의 예를 따랐다. 홍치(弘治, 1487~1505) 연간에 승려 진공(眞空)이 거듭 교정하여 가결(歌訣)을 짓고는『관주집(貫珠集)』이라고 이름을 붙였다. 또한 유감(劉鑑)이 지은『절운지남(切韻指南)』(원명『경사정운절운지남(經史正音切韻指南)』)

---

56) 경우(景祐): 북송 인종(1002~1063)의 연호.
57) 정도(丁度, 990~1053)는 송인 이숙(李淑) 등과 함께『운략(韻略)』을 간수하여『예부운략(禮部韻略)』이라 개칭하였고, 또한『광운(廣韻)』을 간수하여『집운(集韻)』(1039)을 완성하였다.
58) 한도소(韓道昭)는 금나라 사람.『오음집략(五音集略)』을 지었다.

을 아울러 부록으로 실었다. 『편운』이 편찬된 것은 홍무 연간 이전이었고 헌종과 혜
종 연간에 간행되었다. 예전에 낙양의 승려 감율(鑑聿)이 『운총』을 지었는데 구양수(歐
陽修)가 서문을 써서 말하기를 유자(儒者)의 학문은 힘쓸 곳이 많아(문학 반면에) 힘쓸 겨
를이 없으니, 반드시 전문가에 힘입어서 이해해야 한다고 하였다.

소옹(邵雍)의 『경세성음(經世聲音)』 또한 훈민정음과 서로 표리가 되는 것이다. 『절운』
의 학문은 바로 이것의 원본이 되니 천명하여 밝히지 않을 수 없다. 이는 실로 문자학
과 함께 그 공용을 같이 하는 것이다. 그런데 운도 상에 오운과 번절 방식은 인도로부
터 나왔는데 서역의 승리인 요의(了義)가 처음으로 자모(성모와 운모)를 만들었지만 갖
추어지지 않았고, 그 후에 신공(神珙)과 진공(眞空) 등이 그것을 계승하여 비로소 36자
모를 갖추게 되었다. 한나라 때에는 번절(翻切)이 없었으므로, 『사기』, 『한서』의 주에
기록된 번절은 안사고(顔師古)와 사마정(司馬貞) 등이 추가한 것이다."[59]라고 하여 병
와 이형상은 중국 운학의 전통을 요약해서 잘 설명해 주고 있다. "소옹은 송 나라 사
대부 출신의 문인으로서 시대적 사명감을 가지고 스승 이지재(李之才)로부터 전수받은
상수 역학과 부친 소고(昭古)로부터 물려받은 불교의 성음 지식을 바탕으로 불교의 정
음 사상을 뛰어넘는 새로운 성리학적 언어관을 제시하였다."[60] 이러한 여건에서 소
옹(邵雍)이 『황극경세서』 「성음창화도」를 제작한 직접적인 동기가 되었다.

운서는 시문 창작을 위해 사성으로 나누고 이를 성모와 운모로 종횡으로 배열한 일
종의 반절로 만들어 많은 한자들의 자음을 용이하게 찾을 수 있도록 만든 책이다. 그
런데 운서는 성모와 운목과의 관계가 너무나 복잡하여 상호의 관계를 파악하기 어렵
다. 따라서 한자를 많이 알고 있어도 운서의 학을 이해하는 이는 매우 드물었다. 운서

---

59) "韻書昉於梁沈約以四聲爲譜至唐, 以聲律取士, 有禮部韻. 宋景祐中, 學士丁度剗刑賦所常用爲『韻略』.
元時, 韓孝彦子允中, 道昭字伯暉父子並昌黎人, 作五音篇韻. 先是王與祕復陽人也廣玉篇而爲篇海, 荊璞
字彦寶, 浚川人也. 亦金人, 辨五音而編集韻. 韓氏專門字書, 實有天縱之識, 而濟以家傳之妙, 遂取二
書, 究觀要旨, 惜其各爲書而不相統, 且其中多疏繆處, 於是刪繁補略, 倂同析異, 合爲一書. 俾後之得
其字而失其音者, 先數字劃, 求之於篇, 識其音切, 然後就集韻, 求其韻母, 而辨其訓義, 體用相濟, 內外
共貫. 其於小學, 可謂該矣. 是書行於, 成化而剗劂時, 山人戒璇, 實相其役, 考證潤色, 悉遵洪武韻列,
弘治間, 有眞空者, 重加讐校, 既作爲歌訣, 名曰『貫珠集』, 又取劉鑑(字士明 關中人 亦元儒也.)所著切
韻指南倂附焉. 篇韻纂修, 始於洪武之前, 刊行於憲宗之際, 昔洛僧鑑聿爲韻總. 歐陽子敍之曰, 儒之學用
功多, 故有所不暇, 必待用心之專者爲之. 我朝世宗大王御製訓民正音, 即所謂彦文也. 邵氏經世聲音, 亦
與訓民相表裡, 切韻之學斯爲原本, 不可不闡而明之, 實與卦劃書契同其功用", 병와 이형상의 『자학』
「운학시종(韻學始終)」.

60) 심소희·구현아, 「조선시기 최석정과 황윤석의 성음인식 비교」, 『중국어언연구』 제45호,
2013. 5쪽 참조.

마다 시대에 따라 성모의 차이뿐만 아니라 운목도 차이를 보여주고 있었기 때문에 운서에 대한 정확한 지식이 없이는 자음을 정확하게 인식하기도 어려웠다. 이러한 문제점을 해결하기 위해 성모와 운모를 적절하게 분류한 다음 반절도처럼 만든 도표에 속하는 한자음을 확인하기 위해 만든 것이 운도이다.

유창균(1984:505)은 운도의 형식과 유형을 ① 초기 보수적인 운도로는 정초의『칠음략』이나 장인지의『운경』을, ② 후기 중세적 운도로는 남송의『절운지장도』와 원나라 유감의『절운지남』, 명나라 여유기(呂維琪)의『음운일월등』을, ③ 역학과 상수학의 이론을 바탕에 깐 소옹의『황극경세서』의「성음창화도」로 세 부분으로 구분하여 들고 있다.

한편 왕력(王力, 1997:13~16)은 운도 발전에 대해 다음과 같이 정리하고 있다.[61] 곧 가장 오래된 운도는 정초(鄭樵)의『통지략(通志略)』에 실린『칠음략』이 있고 장인지(張麟之)의『운경』(1203) 사마광의 저술로 알려진『절운지장도』, 저자를 알 수 없는『사성등자』, 원나라의 유감의『경사정운지남』(1336)과 명나라 만력 년간의 서효(徐孝)의『중정사마온공등운도경(重訂司馬溫公等韻圖經)』, 청나라의 저자 미상의『자모절운요법(字母切韻要法)』,『강희자전』등이 있다.

이들의 운도 연구자들을 왕력(1997:13~16)은『한어어음사(漢語語音史)』에서 3그룹으로 나누고 있다. 제1파는『칠음략』,『운경』으로 대표되는『절운』의 자음 43개를 운도로 나타내고 있다. 제2파는『절운지장도』,『사성등자』,『절운지남』 등에서는 송·원대의 현실어음을 표준으로 삼고 20~24개로 운도로 나타네ㅔ고 있다. 제3파는 서효(徐孝)의『중정사마온공등운도경』과 청나라의『자모절운요법』 등에서는 12개의 운으로 운도에 나타내고 있다.

이들 운도를 섭(攝)을 중심으로『절운지남』에서는 16섭으로『자모절운요법』에서는 12섭으로 구분하고 자모는 당나라 말 수온(守溫)의 30운모에서 송대 36운모로 구분하다가 이를 다시 청탁에 따라 4종으로 나누었다.

송·원 나라 시대에는 운모는 섭(攝)에서 다시 등호(等呼), 곧 개구와 합구로 나누어 운도를 구분하였다.『절운지남』에서는 16성을 4호로 나누어 24개의 운도로 구분하였다.

---

61) 왕력 지음·권택용 옮김,『한어어음사(漢語語音史)』, 도서출판대일, 1997.

⑴ 『廣韻』三十六字母

		全淸	次淸	全濁	不淸 不濁	全淸	全濁
角	牙	見	溪	羣	疑		
徵	舌頭	端	透	定	泥		
	舌上	知	徹	澄	孃		
羽	徵重	幫	滂	竝	明		
	徵經	非	敷	奉	微		
商	齒頭	精	淸	從		心	邪
	整齒	照	穿	牀		審	禪
宮	喉	影	曉	匣	喻		
半徵	反舌				來		
半商	反齒				日		

崔世珍曰, 洪武韻三十一字母同此, 而但以知·徹·澄·孃·敷, 倂於照·穿·牀·泥·非矣. 時用漢音, 亦不用, 知·澈等五母, 云舌上音, 卽同本國所呼, 似與正齒音不同, 而漢音自歸於正齒, 非·敷·泥·孃, 鄕漢難辨, 集韻, 皆用三十六母, 而稱影·曉·匣三母爲淺喉音, 喻母爲深喉音, 又以影母叙入匣母之下, 古今沿襲不同, 蓋必有所由, 而今不可究矣.

⑴ 『광운』 36자모

최세진(崔世珍)이 설명하기를, 『홍무정운』 31자모는 이와 같으나, 다만 지 (知)·철(徹)·징(澄)·낭(孃)·부(敷)를 조(照)·천(穿)·니(泥)·비(非)에 병합시켰다. 당시 사용하던 한음(漢音)도 또한 같지가 않다. 지(知)·철(徹)등 5모는 설상음(舌上音)을 말하며, 본국에서 발음하는 바도 같은데, 정치음(正齒音)과 비슷하되 동일하지가 않고, 한음은 저절로 정치음으로 돌아갔으니, 비(非)와 부(敷), 니(泥)와 낭(孃)을 우리나라와 중국에서 분별하기가 어렵다.

『집운』62) 36모를 모두 썼으나, 영(影)·효(曉)·갑(匣) 3모를 얕은 후음(淺喉音)이라 하고, 유(喩)모는 깊은 후음(深喉音)이라고 했다. 또 영(影)모로써 갑(匣)모 아래에 써넣어서, 옛부터 지금에 이어 내려옴이 같지가 않으니, 대개 반드시 까닭이 있을 것이다 이제 밝힐 수가 없다고 하였다.

【해석】

광운(廣韻) 36자모(字母): 이것을 비롯하여 『운회(韻會)』, 『홍무정운(洪武正韻)』의 자모표(字母表)는 최세진이 지은 『사성통해』에 실려 있던 것을 인용한 듯하여, 거의 비슷한 것들이 『언문지(諺文志)』 권두에도 전재(轉載)되어 있다. 다만 최세진의 설명을 인용한 글은 양자간에 약간씩 차이가 있다. 또 『사성통해』에는 훈민정음으로 자모마다 초성 표기가 되어있다. 그리고 『사성통해』의 예를 따라 전부 광운 36자모라고 말하고 있으나, 원래 광운이란 수ㅍ나라 육법언(六法言)이 지었던 절운(切韻)을 그 후 역대의 많은 사람이 가필정정(加筆訂正)한 것을 다시 송 나라때 책명까지 고쳐 『광운』이라고 인쇄하였던 것이고, 36자모란 당말 5대초 수온(守溫)이란 중이 30자모로 터를 잡았던 것을 송대에 완성시킨 것으로서 36자모라고 한 것은 이것을 가리켜 말하는 것이다. 본시 광운에는 반절(反切) 이외에 음을 표시하는 방법이 없었고, 『오음집운(五音集韻)』은 금나라의 한도소(韓道昭) 저부터 이 36자모를 사용하여 매자(每字)에 자모를 명시하게 되었던 것이니 광운 36자모란 잘못된 말이다.

"최세진은 중국 사람들은 설상음은 정치음과 같지 않은 듯 하지만 우리나라의 발음과 거의 같아서 자연히 정치음으로 변했다. 순경음의 '非'와 '敷'와의 구별이나 설두음의 '니(泥)'와 '양(孃)'의 차이에 대해서는 우리나라나 중국의 발음이나 모두 구별하기 어렵다. 그러므로 『사성통해』에서는 『광운』에 어찌 언문이 있겠는가? 지금 고금의 본음을 논하려 하기 때문에 『광운』 자모에 언문을 다는 것은 취하지 않는다. 『사성통해』는 우리나라 역관인 최세진이 편찬한 것이다.(崔世珍謂, 漢人舌上音, 似與整齒不同, 而卻同本國所呼, 自歸整齒, 非敷泥孃, 漢諺難之, 故通解於廣韻字母, 各懸諺文, 用韻之例, 廣韻局豈有諺文哉, 今將論古今本音, 故復去之, 國朝譯官崔世珍撰四聲通解)"(유희의 『언문지』 『초성례』에서)

---

62) 집운(集韻): 송대에 사마광(司馬光)과 정도(丁度)가 찬(撰)한 운서(1066. ㄱ.D.) 凡十卷 평성 4권·상성·거성·입성 각각 2권. 합계 5만 3천 52자 수록. 그런데 이 『집운(集韻)』에서는 『광운(廣韻)』과 마찬가지로 반절(半切) 이외에 음을 표시하는 다른 방법이 없었으니, 여기서 말한 '집운'이란 금(金)나라 한 도소(韓道昭)가 지은 『오음집운(五音集韻)』(1211 ㄱ.D.)을 말하는 것으로 생각된다. 세인(世人)들이 분명히 말하지 않는 것 같음에 이에 밝힌다.

(2) 『韻會』三十五字母

	淸	次淸	濁	次濁	次淸次	次濁次
角	見	溪	羣	疑		
徵	端	透	定	泥		
宮	幫	滂	竝	明		
次宮	非	敷	奉	微		
商	精	淸	從		心	邪
次商	知	徹	澄	孃	審	禪
羽	影	曉	匣	喩	么	
半徵商				來		
半宮商			日			

崔世珍曰. 魚卽疑音. 孃卽泥音. 么卽影音. 敷卽非音. 不宜分二. 而韻會分之者.
蓋因蒙韻內魚·疑二母音雖同. 而蒙者卽異也. 泥·孃·么·影·非·敷·六母亦同. 但以
泥·孃二母. 別著論辨. 決然分之. 而不以爲則. 未可知也.

(2) 『운회』 35자모

최세진이 설명하기를, 어(魚)는 곧 의(疑)음이고, 낭(孃)은 곧 니(泥)음이고 요
(么)는 곧 영(影)음이고, 부(敷)는 곧 비(非)음이니, 둘로 나누는 것은 마땅치 않은
일인데, 『운회』[63]에서 이를 나눈 것은, 대개 몽음(蒙音)안의 어(魚)·의(疑) 2모가
음은 비록 같으나 몽고자(蒙古字)가 곧 다른 데에서 말미암은 것이다.[64] 니(泥)와
낭(孃) 2모만은 따로 논변(論辨)을 지어 이를 결단하여 나누어 한 가지로 하지 않
았으니 알 수 없는 일이라고 하였다.

---

63) 운회삼십오자모(韻會三十五字母):『운회(韻會)』는 황공소(黃公紹)가 지은『고금운회(古今韻會)』
를 웅충(熊忠)이 요약한『고금운회거요』를 말하는 것이다.

64) 최세진이 말하기를 "어(魚)음은 곧 의(疑)음과 같고 낭(孃)음은 곧 니(泥)음과 같고 요(么)음
은 곧 영(影)음과 같고, 부(敷)음은 비(非)음과 같으니 둘로 나누면 안 되는데『운회』에서
는 이것을 나누어 놓았다. 몽고운에서는 어(魚)와 의(疑)자는 음이 비록 같으나 그 몽고 글
자는 다르기 때문이다. 니(泥)와 낭(孃), 비(非)와 부(敷) 또한 같다. 그러나 다만 니(泥)와
낭(孃), 요(么)와 영(影), 비ㄲ와 부ㄲ 또한 같다. 그러나 다만 니(泥)와 양(孃)에 대해서는

【해석】

　1297년 웅충(熊忠)이 원초의 황공소(黃公紹)가 지은 『고금운회(古今韻會)』를 간략화한 책이다. 이 책은 송 이후의 중국 음운 변화를 잘 반영하고 있다. 형식상으로는 류연(劉淵)의 『임자신간예부운략(任子新刊禮部韻略)』(1252)과 같은 107운을 기준으로 하고 있으나, 실지로는 당시의 음운 체계를 고려하여 배열하고 있는데 『몽고자운(蒙古字韻)』과 매우 흡사하다. 운 안에서 한자의 배열도 한도소(韓道昭)의 『오음집운(五音集韻)』(1211)을 본보기로 하여 36자모순으로 하고 있다. 그러나 이 36자모도 재래의 그것과는 다르다. 음운 체계는 몽고자운과 매우 가깝다. 세종은 한글창제 직후 신숙주, 성삼문 등에게 『고금운회거요』의 국역을 하도록 명하였는데, 이 사업은 완성되지 못했다. 그 대신 1447년에 이 『운회거요』의 영향을 크게 받은 『동국정운』이 편찬되었는데, 따라서 『동국정운』의 편찬은 곧 『운회거요』 국역 사업의 연장으로 볼 수 있다. 『운회』에서 '각, 치, 궁, 상, 우는 '아, 설, 순, 치, 후'에 해당하고 또 '청, 차청, 탁, 차탁'은 '전청, 차청, 전탁, 불청불탁'에 해당하고 궁은 순중, 차궁은 순경, 상은 치두, 차상은 정치에 해당하고 상의 차탁은 娘(낭)모에 해당하고 또 상과 차상의 차청차와 차탁차는 치음의 제4, 제5자에 해당한다. 단지 『운회』에는 아, 후 양음의 전탁자의 일부를 떼어 魚(어)모를 세우니 그것이 곧 각차탁자(角次濁次)요, 후의 전청, 차청, 양 음의 글자의 일부를 떼어 幺(현)모를 세우고 후의 전탁자의 일부를 떼어 合(합)모를 세우니 그것이 곧 후차청차(喉次淸次)와 차탁차(次濁次)이다. 여기서 순중·순경과 치두·정치를 합하는 동시에 郎(낭)모는 설음의 泥(니)모와 합하고 『운회』에서 새로 세운 魚(어), 幺(현), 合(합) 3모를 흩어서 각기 그 본모로만 돌아간다면 운회음의 초성은 언해의 주음과 거의 그대로다. 오직 상의 상차청(商次淸)은 'ㅊ' 초성이요, 순의 차상탁(次商濁)은 'ㅉ' 초성으로 언성의 주음과 틀리는데 순脣자는 『사성통해』에 따라 『운회』가 특히 몽운을 쫓았던 것으로 『동국정운』에서 다시 한음을 참작하여 고친 것으로 보인다. 그러나 상相자만은 시종 불확실하다. 필자가 가진 광서간(光緖刊)본이 오류가 많아서 미루어 보면 그 역시 상차청차(商次淸次)에서 차(次)의 한 글자가 누락된 것이 아닐까 생각한다. 설사 위에서 말한 예외는 없다고 하더라도 그것은 거의 문제가 되지 않는다. 전부 124자 가운데 122자가 『운회』와 일치할 뿐만 아니라 그 이외에 『월인석보』에 나오는 다른 글자의 주음도 대체로 일치한다. 그런데 언해의 주음으로 미루어 보아 『동국정운』 음의 교정된 부분은 중성이나 종성보다도 초성이 제일 많다. 초성음의 교정에 『운회』가 그 점만으로도 양

　　달리 논해야 한다. 결코 같이 논해서는 안 된다고 한 것을 알 수 없다. (유희의 『언문지』에서).

운서의 깊은 관계를 부인할 수 없다. 더구나 중성음의 교정에 있어서도 초성이나 마찬가지로『운회』음을 많이 참조하였다고 추측된다. 거기에 대해서는 아래에서 다시 기술하겠다.

(3)『洪武正韻』三十一字母[65)]

	全淸	次淸	全濁	不淸不濁	全淸	全濁
角	見	溪	羣	疑		
徵	端	透	定	泥		
羽	幫	滂	竝	明		
	非 合敷		奉	微		
商	精	淸	從		心	邪
	照 和知	穿 合徹	牀 合澄		審	禪
宮	影	曉	匣	喩		
半商				來		
半徵				日		

【해석】

『홍무정운』은 중국 명나라 태조 홍무 8년(1375)에 악소봉 등이 왕명에 따라 펴낸 운서이다. 양나라의 심약(沈約)이 제정한 이래 800여 년이나 통용되어 온 사성의 체계를 모두 북방 중원음을 표준으로 삼아 개정한 것으로,『훈민정음 해례』과『동국정운』을 짓는 데 참고 자료가 되었다.

『홍무정운(洪武正韻)』은 31자모와 76운으로 편운되어 있는데 자모는 남방음의 요소가 운모는 북방음의 요소가 많이 잔류해 있어 널리 이용되지 못하다가 명나라 정통 7년(1442) 년 란무(蘭茂)가 편찬한『운략회통』등으로 발전되었다.

---

65) 홍무정음삼십이자모(武洪正音三十二字母):『사성통해』에서는 來모를 반치(半徵)라고만 한 것을 여기서는 반치 반궁(半徵半宮)이라고 하였고 日모는 반상(半商)이라고만 한 것을 여기서는 반상반치(半商半徵)라고 하였다. 그리고 원래 홍무정운에서도 반절로만 음을 표시하였고 31자모라는 것은 없었다. 아마도 홍무정운 역훈(洪武正韻譯訓)을 편찬한 학자들이 정리해낸 자모표 같다.

446 여암 신경준의 저정서 연구

이 운서를 훈민정음으로 표음하여 만든『홍무정운역훈(洪武正韻譯訓)』은 단종 3(1455)년에 신숙주, 성삼문, 조변안, 김증, 손수산 등이 16권 8책으로 편찬한 활자본 운서이다. 현재 14권 7책이 고려대학교 도서관(보물 제417호)에 소장되어 있다. 명나라 흠찬 운서인『홍무정운』의 중국음을 정확히 나타내기 위하여 한글로 주음을단 운서로 당시 중국과의 교린을 위한 중국 한자음 표기 자료이다. 이 책은 그 서문만이 신숙주의『보한재집』권15와『동문선』등에 이름만 전하여오다가, 1959년『진단학보』제20호에 발표된 이숭녕 교수의「홍무정운역훈의 연구」에 의하여, 처음으로 그 전래가 세상에 알려지게 되었다.

각권이 표제表題, 운목韻目, 자모字母, 역음譯音, 자운字韻 등은 대자로 표시되어 있고, 반절, 속음俗音, 발음 설명, 석의釋義 등은 소자로 표시되어 있다. 편찬 목적은 첫째, 정확한 중국 발음을 쉽게 습득하고, 둘째, 속음(북방음)의 현실성을 참고로 이를 표시하였으며, 셋째『홍무정운』을 중국 표준음으로 정하고자 한 것이며, 넷째 세종의 어문정책 전반에 관한 소망성취 등으로 요약할 수 있다. 참여한 인물은 감장자로 수양대군, 계양군이며, 편찬자는 신숙주, 성삼문, 조변안, 김증, 손수산이며, 수교자는 노삼, 권인, 임원준이다. 간행 시기는 신숙주의 서문에 "景泰六年仲春旣望"이라 하여 단종 3(1455)년을 기록하고 있으므로 이를 간행시기로 볼 수 있고, 서문 중간에 "凡膳十餘藁, 辛勤反復, 竟八載之久"라 하였으므로 세종 30(1448)년 경에 이미 착수된 것이라 할 수 있다. 이 책은 당초의 목적과는 달리 표준 운서로서의 가치보다는 오히려 자료로서의 큰 가치를 가진다. 한자음의 전통적 표시 방법은 반절이나 운도 등에 의지하는데, 이들은 한글 표기의 정확성에 미치지 못하므로 이 책의 한글 표기는 아주 훌륭한 자료가 된다. 신숙주의 이 서문은『보한재집』에 들어 있다.『홍무정운역훈』은『사성통고四聲通考』음과 유사했던 것으로 보인다.

『홍무정운(洪武正韻)』은 중국 명나라 태조 때, 악소봉(樂韶鳳) 등이 왕명으로 편찬한 운서. 양(梁)나라의 심약(沈約)이 제정한 이래 800여 년이나 통용되어 온 사성(四聲)의 체계를 모두 베이징(北京) 음운을 표준으로 삼아 개정한 것으로, 후세에 많은 영향을 주었다.『홍무정운』 31자모도란『홍무정운』은 명나라 태조의 명으로 악소봉(樂韶鳳), 송겸(宋濂) 등이 홍무 7(1374)년에 전 16권으로 편찬한 표준 개신 운서이다. 편찬원들은 강남 호남의 독서음이 반영된 동시에 중원음운 식 중원 공통어의 영향을 받아서 일종의 남북 간의 절충식 운서로 운목은 평·상·거·입으로 구분하여 각각 22운과 입성 10운으로 도합 76운으로 되어 있으며 입성운 -p, -t, -k가 유지된 것이 특징이다.『홍무정운』의 반절을 정리하면 36자모가 낭(娘)→니(泥), 지(知)→조(照), 징(徵)→천(穿), 징(澄)→상(牀), 부(敷)→비(非)와 통합하여 31자모체계로 되어 있다.

『홍무정운역훈』 서문에는 "7음은 36자모로 되나 설상 4모와 순경음의 차성인 1모(敷)는 세상에서 쓰이지 않은 것이 오래되었다. 이를 제외한 31자모체계로 되어 있다. 또 앞선 분이 이미 바꾼 것이니 억지로 36자모를 존속시켜 옛것에 사로 잡혀서는 안 되는 것이다."라고 하였으니 훨씬 후일에 이르러 한자의 한음으로 인하여 'ㅹ'의 한 음이 더 사용됨에 불구하고도 의연 차청의 1모(敷)만은 결락된 셈이다. 그러니까 순경음은 말하자면 실용상 불필요한의 음이다. 그렇다고 실용되는 그 음까지를 배제할 수도 없고, 또 그렇다고 실제 사용되지 않는 무용의 글자를 나열할 수도 없는 것이다. 마침내 순음에 'ㅇ'를 연서한다는 극히 합리적인 변법을 취하기에 이른 것이 아닐까 한다. 글자 수로는 네 음이 마련되었으나 실용에 쓰이지 않기 때문에 무용의 글자가 남는 것은 결코 아니다. 이 한 가지 점에서만도 『훈민정음』을 제작한 세종의 비상한 고심이 짐작된다.

(4) 『韻解』三十六字母[66]

	全淸	全濁	次淸	半淸半濁	全淸
宮	影	匣	曉	喩	
角	見	羣	溪	疑	
徵	端	定	透	泥	
	知	澄	徹	孃	
商	精	從	淸	心	邪
	照	牀	穿	審	禪
羽	幇	竝	滂	明	
	非	奉	敷	徼	
半徵半宮				來	
半商半宮				日	

依律呂圖. 井間排塡. 故字母次序. 多與舊韻不同. ㅇ來母所屬루. 卽누우間音. 日母所屬수卽수우間音. 皆兼宮. 非母所屬붕. 卽부우間音. 非·奉·敷·微四母. 亦徵兼宮者也.

---

66) 운해 36자모(韻解 三十六字母): 이 표를 별도로 이루어진 것으로 보아서는 안된다. 본문에서 이미 설명되었던 바가 이 표로써 정리된 거이고, 이 다음에 벌려 놓은 운도의 표준이 되는 것이다.

(4) 『운해』 36자모

	전청	전탁	차청	반청반탁	전탁
궁	영	갑	효	유	
각	견	군	계	의	
치	단	정	투	니	
	지	징	철	양	
상	정	종	청	심	사
	조	상	천	심	선
우	방	병	방	명	
	비	봉	부	철	
반치반궁				래	
반상반궁				일	

율려도(律呂圖, 『經世聲音數圖』)에 의하여 가로로 세로로 로 의 줄 사이에 자모를 벌려 메꾸었기 때문에, 그 차례가 그전 운서류(韻書類)와 같지 않은 것이 많다.

○ 래(來)모에 소속된 '루'는 곧 '누우'의 간음(間音)이며,[67] 일(日)모에 소속된 '수'는 곧 수우의 간음이니, 모두 궁(宮)음을 겸하였고, 비모소속(非母所屬)의 '부'는, 곧 부우의 간음인데, 비(非)·봉(奉)·부(敷)·철(微)의 4모도 역시 치(徵)음과 궁음을 겸한 것이다.[68]

---

67) 래(來)모 소속의 루, 卽누우間音: 이런 설명은 이미 이 책의 초성해(初聲解)의 오음변성(五音變成)항에서 다음과 같이 언급한 바가 있다. '徵又變而興宮交爲ㄹ. 兼니이 兩聲. 商又變興宮交爲△. 兼시이 兩聲. 此變之極者也.' 그리고 순경음(脣輕音) ㅸ등이 궁음(宮音)을 겸했다는 것도 'ㅂ'밑의 'ㅇ'을 가리키는 설명이다. 또 박 성원(朴性源)이 지은 『화동정음통석운고(華東正音通釋韻考)』(영조 23년 1747 ㄱ.D)의 범례(凡例)에도 '華音之우者', 수우之間音淺候音詳變宮, 부者, 부우之間音經辰而呼'라고 되어있다.

68) 최세진이 말하기를 『홍무정운』 이후의 한자음을 보면 知 는 照에 합병되고, 徹은 穿에 합병되고 澄은 狀에 합병되고, 敷는 非에 합병되었다. 그러므로 『사성통해』에서도 또한 이에 다라서 다섯 자모(知徹澄孃敷)를 제거하였는데 이는 일반인의 발음에는 설상음을 말할 수 없으므로 마침내 병합하여 폐지한 것이다. (유희의 『언문지』).

【해석】

『운회(韻會)』는 『고금운회거요(古今韻會擧要)』를 말한다. 원나라 웅충(熊忠)이 대덕 원년 (1297)에 편찬한 운서이다. 이 운서는 지원 29년(1292) 이전에 황공소(黃公紹)가 편찬한 『고금운회(古今韻會)』가 권질이 많아서 사용하기에 불편했기 때문에 이를 사용하기 편하게 편찬한 운서로 송나라 말기와 원나라 초에 걸친 어음 계통을 표시하는 중요한 운서이다. 특히 조선초에 우리나라에 유입되어 와서 훈민정음 창제와 그 이후 『동국정운』의 편찬과 『홍무정운역훈』 편찬에 많이 이용되었다. 세종 26년에 임금이 집현전 학사들에게 『운회』의 번역을 명하기도 하였으나 그 결과는 『동국정운』 제작으로 이어진 것으로 추정된다.

1297년 웅충(熊忠)이 원초의 황공소(黃公紹)가 지은 『고금운회(古今韻會)』를 간략화한 책이다. 이 책은 송 이후의 중국 음운 변화를 잘 반영하고 있다. 형식상으로는 류연(劉淵)의 『임자신간예부운략(壬子新刊禮部韻略)』(1252)과 같은 107운을 기준으로 하고 있으나, 실지로는 당시의 음운 체계를 고려하여 배열하고 있는데 『몽고자운(蒙古字韻)』과 매우 흡사하다. 운 안에서 한자의 배열도 한도소(韓道昭)의 『오음집운(五音集韻)』(1211)을 본보기로 하여 36자 모순으로 하고 있다. 그러나 이 36자모도 재래의 그것과는 다르다. 음운 체계는 몽고자운과 매우 가깝다. 세종은 한글창제 직후 신숙주, 성삼문 등에게 『고금운회거요』의 국역을 하도록 명하였는데, 이 사업은 완성되지 못했다. 그 대신 1447년에 이 『운회거요』의 영향을 크게 받은 『동국정운』이 편찬되었는데, 따라서 『동국정운』의 편찬은 곧 『운회거요』 국역 사업의 연장으로 볼 수 있다. 『운회』에서 '각, 치, 궁, 상, 우'는 '아, 설, 순, 치, 후에 해당하고 또 '청, 차청, 탁, 차탁'은 '전청, 차청, 전탁, 불청불탁'에 해당하고 궁은 순중, 차궁은 순경, 상은 치두, 차상은 정치에 해당하고 상의 차탁은 娘(낭)모에 해당하고 또 상과 차상의 차청차와 차탁차는 치음의 제4 제5자에 해당한다. 단지 『운회』에는 아, 후 양음의 전탁자의 일부를 떼어 魚(어)모를 세우니 그것이 곧 각차탁자(角次濁次)요, 후의 전청, 차청, 양 음의 글자의 일부를 떼어 么(현)모를 세우고 후의 전탁자의 일부를 떼어 合 (합)모를 세우니 그것이 곧 후차청차(喉次淸次)와 차탁차(次濁次)이다.[69]

69) "최세진이 말하였다. "'魚[이]'음은 곧 '疑[이]'음과 같고, '孃[ㄴ]'음은 곧 '泥[ㄴ]'음과 같고, '么[ㅎ]'음은 곧 '影[ㅎ]'음과 같고, '敷[ㅂ]'음은 '非[ㅂ]'음과 같으니, 둘로 나누면 안 되는데 『운회』에서는 이것을 나누어 놓았다. 몽고운에서는 '魚[이]'자와 '疑[이]'자는 음이 비록 같지만 그 몽고 글자는 다르기 때문이다. '泥[ㄴ]'와 '孃[ㄴ]', '么[ㅎ]'와 '影[ㅎ]', '非[ㅂ]'와 '敷[ㅂ]' 또한 같다. 그러나 다만 '泥[ㄴ]'와 '孃[ㄴ]'에 대해서는 달리 논해야 한다. 결코 같이 논해서는 안 된다고 한 것은 알 수 없다. (崔世珍曰, "魚卽疑音, 孃卽泥音, 么卽影音, 敷卽非音, 不宜分二, 而韻會分之. 蓋因蒙韻內, 魚·疑二母, 音雖同而蒙字卽異也. 泥孃·么影·非敷亦同. 但以泥·孃

여기서 순중·순경과 치두·정치를 합하는 동시에 郎(낭)모는 설음의 泥(니)모와 합하고 『운회』에서 새로 세운 魚(어), 幺(현), 合(합) 3모를 흩어서 각기 그 본모로만 돌아간다면 운회음의 초성은 언해의 주음과 거의 그대로다. 오직 상의 상차청(商次淸)은 'ㅊ' 초성이오, 순의 차상탁(次商濁)은 'ㅉ' 초성으로 언성의 주음과 틀리는데 순音자는 『사성통해』에 따라 『운회』가 특히 몽운을 쫓았던 것으로 『동국정운』에서 다시 한음을 참작하여 고친 것으로 보인다. 그러나 상相자만은 시종 불확실하다. 필자가 가진 광서간(光緖刊)본이 오류가 많아서 미루어 보면 그 역시 상차청차(商次淸次)에서 차(次)의 한 글자가 누락된 것이 아닐까 생각한다. 설사 위에서 말한 예외는 없다고 하더라도 그것은 거의 문제가 되지 않는다. 전부 124자 가운데 122자가 『운회』와 일치할 뿐만 아니라 그 이외에 『월인석보』에 나오는 다른 글자의 주음도 대체로 일치한다. 그런데 언해의 주음으로 미루어 보아 『동국정운』음의 교정된 부분은 중성이나 종성보다도 초성이 제일 많다. 초성음의 교정에 『운회』가 그 점만으로도 양 운서의 깊은 관계를 부인할 수 없다. 더구나 중성음의 교정에 있어서도 초성이나 마찬가지로 『운회』 음을 많이 참조하였다고 추측된다. 거기에 대해서는 아래에서 다시 기술하겠다.

別論, 決然不以爲同, 則未可知也.)", 유희의 『언문지』에서.

제2편 「개합사장(開合四章)」

1. 開口正韻第一章

ㅎ 曉 ◉				ㆅ 匣 ●				ㆆ 影 ○					開口正韻第一章
毃	○	汗	炕	涸	肮	沆	航	惡	盎	坱	鴦	ㅏ 岡	
顥	漢	罕	駻	曷	翰	旱	寒	遏	按	侒	安		
哈	顤	喊	憨	盍	憾	頷	含	姶	暗	晻	庵		
○	○	○	○	○	○	○	○	○	○	○	○		
	耗	好	蒿		號	皓	豪	○	奧	襖	鏖		
○	○	○	○	○	害	○	○	○	○	○	○	ㅐ 開	
○	餀	海	哈	○	○	○	○	○	曖	欸	哀		
○	○			○	○	亥	孩	○	曖				
○	○	○	○	佷	恨	很	痕	○	隱	穩	恩	一 根	
○	○	吘	○	○	○	○	○	○	○	○	○		
○	詬	吼	齁	○	候	厚	侯	○	溫	漚	謳		
○	○	○	○	○	○	○	○	○	○	○	○		
○	呵	歌	訶		賀	荷	何	○	椏	妸	阿	ㅓ 多	
赫	詡	詳	亨	覈	行	幸	行	㔔	㵢	㹗	罌	ㅢ 登	
黑	○	○	○	○	劾	㔎	恒	○	餩	○	𪘲		
○	○	○	○	○	○	○	○	○	○	○	○		

ㅋ 溪 ◉				ㄲ 羣 ●				ㄱ 見 ○				○ 喩 ◑			
恪	抗	慷	康	○	○	○	○	各	摑	航	岡	○	○	○	○
渴	衎	侃	看	○	○	○	○	葛	幹	笴	干	○	○	○	○
溘	勘	坎	龕	○	䶗	○	○	合	紺	感	弇	○	○	○	狢
○	○	○	○	○	○	櫃	○	○	○	○	○	○	○	○	○
	靠	考	尻	○	○	○	○		誥	杲	高				
○	○	○	○					○	盖	○	○	○	○	○	○
	○	愷	開					○	改	該		○	○		
慨	○	○						漑	○	○		○	○	膃	溉
○	○	○	○	○	○	○	○	○	○	○	○	○	○	○	○
	硍	墾	報			頃			艮	頣	根				
○	○	○	○	○	○	○	○	○	○	○	○				
○	寇	口	摳	○	○	○	○	○	溝	苟	鉤				
○	○	○	○	○	○	○	○	○	○	○	○				
○	坷	可	珂	○	○	○	翃	○	簡	哿	歌				
客	○	○	鏗	○	○	○	○	格	更	梗	庚				
○		○	肯	○				翯	亘	㝛	○				
刻			胁								瓶				
○	○	○	○	○	○	○	○	○	○	○	○				

ㅌ 透 ◉				ㅍ 定 ●				ㄷ 端 ○				ㅇ 疑 ◑			
託	濜	帑	湯	鐸	宕	蕩	唐	沰	讜	黨	當	咢	柳	馴	昂
闥	炭	坦	灘	達	憚	但	壇	怛	旦	疸	單	嶭	岸	○	豻
榻	睒	菼	探	沓	澹	禫	罩	答	擔	膽	耽	嵷	儑	鎮	玵
○	○	○	○	○	○	○	○	○	○	○	○	○	○	○	○
	套	討	饕		導	道	陶		到	倒	刀	○	傲	頟	敖
○	○	○	○	○	○	○	○	○	○	打	○	○	○	○	○
○	泰	○	○	○	○	○	○	○	帶	○	○	○	艾	○	○
	噽	胎			待	臺			靆				駚		騃
○	○	○	○	○	○	○	○	○	○	○	○	○	○	○	○
	疼	吞										趪	餤	恨	垠
○	○	○	○	○	○	○	○	○	○	○	○	○	○	○	○
○	透	羪	偸	○	豆	稨	頭	○	鬬	斗	兜	○	偶	藕	齵
○	○	○	○	○	○	○	○	○	○	○	○	○	○	○	○
○	拕	袉	他	○	駄	舵	駝	○	跢	觰	多	○	餓	我	哦
○	○	○	○	○	○	○	○	○	○	○	○				
忒	磓	鼟	鼟	特	鄧	䮫	騰	德	㱫	等	登				
○	○	○	○	○	○	○	○	○	○	○	○				

ㅌ 徹 ⊙				ㅉ 澄 ●				ㄷ 知 ○				ㄴ 泥 ◑			
○	○	○	○	○	○	○	○	○	○	○	○	諾	儾	囊	曩
○	○	○	○	○	○	○	○	○	○	○	○	捼	難	攤	難
○	○	○	○	○	○	○	○	○	○	○	○	納	妠	腩	南
○	趠	朝	趒	○	棹	○	桃	○	罩	獠	嘲	○	○ 膿	○ 惱	○
○	詫	妊	侘	○	蛇	跥	茶	○	吒	紽	爹	○	○	○	○
												○	奈 乃	○	○ 能
												○	○	○	○
												○	○	○	○
												○	梛	穀	糯
												○	○	○	○
												○	奈	娜	那
瘑	夯	○	欏	宅	鋥	○	棖	摘	倀	○	丁	○	○	○	寧 蠬 𩜈 能 能
○	○	○	○	○	○	○	○	○	○	○	○	○	○	○	○

[난상에 기록된 내용]

獠訓夷種音近爪獠/狀 獠又有訓㺚貛而音聊者/及訓西南夷而音老者/共有三訓三音皆於汝尋/今本文之獠 當別擇於音近爪者以代之

요(獠)의 뜻은 오랑캐를 뜻할 때는 소리가 죠(爪)에 가깝다./그러나 요는 또 소연(㺚貛 밤사냥)의 뜻이 있는데 그럴 때는 소리가 료(聊)이다./뜻이 서남이(西南夷 서남의 오랑캐)에 미치면 소리가 노(老)가 된다./세 개의 뜻과 소리가 혼란하여 고심을 하였다./지금 본문의 요(獠)는 죠(爪)에 가까운 소리로써 대신하여 마땅히 가려서 뽑았다.

ㅊ 淸◉	ㅉ 從●	ㅈ 精○	ㄴ 孃◑
錯 稽 蒼 倉	昨 藏 奘 藏	作 葬 駔 臧	○ ○ ○ ○
攃 粲 ○ 餐	嶻 嬨 瓉 殘	囋 贊 趲 錢	○ ○ ○ ○
趖 謥 慘 驂	雜 暫 歜 蠽	帀 參 旮 簪	○ ○ ○ ○
○ ○ ○ ○ 糙 草 操	○ ○ ○ ○ 措 造 曹	○ ○ ○ ○ 竈 旱 糟	○ 鬧 撓 鐃
○ ○ ○ ○	○ ○ ○ ○	○ ○ ○ ○	○ 膅 絷 拏
○ 蔡 ○ ○ 來 猜	○ ○ ○ ○ 在 裁	○ ○ ○ ○ 載 宰 栽	
○ ○ ○ ○	○ ○ ○ ○	○ ○ ○ ○	
○ ○ ○ ○	○ ○ ○ ○	○ ○ ○ 怎	
○ 轐 趣 誰	○ 蹴 椒 剿	○ 秦 走 鰍	
○ 次 此 雌	○ 自 紫 慈	○ 恣 子 杍	
○ 嗟 瑳 蹉	○ ○ ○ 鹺	○ 佐 左 挫	
○ ○ ○ ○	○ ○ ○ ○	○ ○ ○ ○	搦 ○ 檸 獰
堿 蹭 ○彰	賊 贈 層○	則 禇 矰 ○增	
○ ○ ○ ○	○ ○ ○ ○	○ ○ ○ ○	○ ○ ○ ○

ㅉ 牀 ●				ㅈ 照 ○				ㅆ 邪 ●				ㅅ 心 ◐			
○	○	○	○	○	○	○	○					索	喪	頼	枲
○	○	○	○	○	○	○	○					薩	散	傘	珊
○	○	○	○	○	○	○	○					颯	三	穆	三
○	儓	魖	巢	○	抓	瓜	膘					○	○	○	○
													燥	掃	騷	
○	乍	○	茶	○	詐	鮓	樝					○	○	○	○
													賽	蒠	顋
鮛	酯	濓	薅	櫛	繂	嶘	臻	○	○	○	○	○	○	○	○
													撻	酒	○
霰	穳	頿	岑	戦	譜	顋	簹	○	○	○	○	○	○	○	○
○	驟	稤	愁	○	皺	摡	鄒	○	○	○	○	○	癜	叟	涑
○	○	士	茌		袠	批	畓	○	寺	似	詞	○	四	枭	思
												○	些	縒	娑
蹟	○	○	傖	責	諍	睜	爭					○	○	○	○
崩	○	○	○	側		○	○					塞	寱	○	○
			碏			○	○						○		僧
○	○	○	○	○	○	○	○					○	○	○	○

ㅂ 幫 ○				ㅆ 禪 ●	ㅿ 審 ◑				ㅊ 穿 ◉			
搏	螃	榜	幫		○	○	○	○	○	○	○	○
○	○	○	○		○	○	○	○	○	○	○	○
○	○	○	○		○	○	○	○	○	○	○	○
○	豹	飽	包		○	哨	捎	梢	○	鈔	炒	抄
	報	寶	褒									
○	覇	把	巴		○	廈	灑	沙	○	詫	姹	叉
○	貝	○	○									
	恁											
○	○	○	○		瑟	阺	○	莘	刹	櫬	齔	櫬
○	○	○	○		澀	滲	瘁	森	屛	識	墋	參
○	○	探	○		○	漱	浚	搜	○	篘	黐	搊
○	○	○	○		○	駛	史	師	○	厠	刿	差
伯	迸	浜	○		索	眚	省	生	策	濟	○	瑲
○	窮	○	○		色	○	洗	○	測	○	○	○
北			崩					殺		○	○	○
北	○	彼	陂		○	○	○	○	○	○	○	○

ㅸ 非 ○				ㅁ 明 ◖				ㅍ 滂 ◉				ㅃ 立 ●			
○	○	○	○	莫	溁	莽	茫	粕	脄	髈	滂	薄	傍	○	傍
○	○	○	○	○	○	○	○	○	○	○	○	○	○	○	○
○	○	○	○	○	妠	媌	妞	○	○	○	○	○	○	○	○
法		膝													
○	○	○	○	○	貌	卯	茅	○	炮	砲	抛	○	配	鮑	庖
					帽	耄	毛		犦	皫	薰		暴	抱	袍
○	○	○	○	○	禡	馬	麻	○	怕	吧	萉	○	杷	罷	爬
				○	昧	○	○	○	霈	○	○	○	旆	○	○
					穟					佫	坏			倍	賠
				○	○	○	○	○	○	○	○	○	○	○	○
				○	○	○	○	○	○	○	○	○	○	○	○
										剖	桴				
				○	茂	歃	嗕	○	○			○	賠	部	裒
				○	○	○	○	○	○			○	○	○	○
陌	孟	猛	萌	拍	○	拼	怦	白	○	鮮	彭				
懵	僭	○		覆	鰤	倗	○	○	陚	○					
墨	○	○	蓸	覆	○	溯		葡	○	○	朋				
○	○	羑	縻	○	○	破	○	○	○	被	○				

ㄹ 來 ◖				ㅁ 微 ◖				ㅍ 敷 ⊙				ㅃ 奉 ●			
落	浪	朗	郎	○	○	○	○	○	○	○	○	○	○	○	○
剌	爛	爤	蘭	○	○	○	○	○	○	○	○	○	○		○
拉	濫	覽	藍	○	○	○	○	○	○	○	○	○	○	○	○
				蔓	鏝	暖	祛	汎	釩	泛	乏	梵	范		凡
○	○	○	○	○	○	○	○	○	○	○	○	○	○	○	○
	滂	老	勞												
○	○	○	○	○	○	○	○	○	○	○	○	○	○	○	○
○	頼	○	○												
	貀	來													
○	○	○	○												
○	○	○	○												
○	陋	蔞	樓												
ㄹ	○	○	○												
○	邏	�896	羅												
礐	○	冷	○												
勒	倰	冷	○												
	○	○	稜												
○	○	○	○												

入	去	上	平	△ 日 ●
藥	漾	養	陽	
曷	翰	旱	寒	
合	勘	感	覃咸肴豪麻	
洽	陷	豏		
覺	效	巧		
黠	号	皓		
	禡	馬		
○	泰	○	○	
	卦	賄	灰	
	隊			
質	震	軫	眞	
月	願	阮	元	
緝	沁	寢	侵	
○	宥	有	尤	
○	寘	紙	支	
○	箇	哿	歌	
陌	敬	梗	庚	
錫	徑	迥	青	
職	寘	紙	蒸	
○			支	

2. 開口副韻第二章

ㅎ 曉 ◉				ㆅ 匣 ●				ㆆ 影 ○				
殼	惹	俜	船	學	巷	項	降	渥	○	爌	映	ㅑ良
謔	向	響	香	鷽	骭	限	閑	約	快	軮	央	
瞎	○	○	羲	哈	陷	檻	咸	軋	晏	○	鑍	
○				○	效	槑	看	鴨	鴬	黯	猎	
呷	傲	闌	咸	○	○	○	○		靿	拗	坳	
○	○	○	○	○	夏	下	遐	○		○	○	
	孝	嚆	虓						亞	啞	鴉	
○	○	○	○									
	磚	閧	鰕									
○	譮	駭	俙	○	邂	蟹	諧	○	隘	矮	娃	ㅒ佳
謈	○	○	○	○	○	○	○	益	嘆	影	英	ㅣ靈
閼	伙	鵋	馨	檄	脛	婞	刑	憶			○	
虵			興	澀			○				齊	
肵	夐	○	鴝	○	○	○	礥	乙	印	○	因	
迄		遂	欣						隱	隱	慇	
吸	誠	廞	歆	○	○	○	○	邑	蔭	飲	音	
○	嗅	朽	休	○	○	○	○	○	憂	幽	憂	
○	戲	喜	犧						懿	倚	醫	
	歖	稀	希						衣		衣	
○	獻	幰	軒	○	○	○	○	○	蝘		○	ㅕ千
娭	灝	顯	嫣	紇	見	峴	賢	竭	宴	於	焉	
餐	○	險	菱	協	○	欻	嫌	敏	悁	奄	淹	
○	魃	曉	嚻	○	鷳	晶	○	○	要	夭	妖	
○	○	○	○	○	○	○	○	○	○	○	○	ㅖ离
	歃	醶		系	傒	奚		黳	吟	鷖		离

ㅋ 溪 ◉				ㄲ 羣 ●				ㄱ 見 ○				○ 喩 ◑			
確	颲	崆	腔	罐	○	○	○	覺	絳	講	江	○	○	○	○
郤	嘵	硁	羌	嚜	弶	勥	强	脚	彊	襁	薑	藥	漾	養	陽
犒	○	齦	慳	○	○	○	○	憂	諫	簡	艱	○	○	○	○
恰	歛	屜	鵼	○	○	○	○	夾	鑑	減	監	○	○	○	佔
○	敲	巧	敲	○	○	○	伽	○	教	姣	交	○	○	○	狡
○	○	○	佉					子	○	○	迦	○	○	○	○
	骼	呵	齣						駕	假	嘉				
○	炌	楷	揩	○	○	○	筬	○	戒	解	皆	○	○	○	○
隙	慶	○	卿	展	競	○	綮	戟	敬	警	京	繹	○	郢	盈
愙	磬	警	○	極	○	○	殑	激	徑	剄	經	戈	○	○	○
克			硍				殑	殛			競				蝇
詰	菣	○	罄	佶	覲		稛	吉	抻	緊	巾	逸	胤	引	寅
乞						近	勤	訖			斤				
泣	搇	廞	欽	及	懃	噤	琴	急	禁	錦	金	熠	頪	柄	淫
○	頯	糗	丘	○	舊	舅	求	○	救	久	鳩	○	宥	有	尤
○	○	○	○	○	芰	技	奇	○	○	○	○	○	異	矣	移
	豈	識											毅	顗	沂
○	傔	○	○	○	健	○	○	○	建	寋	搴	○	○	○	○
揭	倢		愆			件	乾	子	見	繭	堅	曳	挺	演	延
愜	欠	○	謙	跲	鏴	儉	黔	頰	劍	檢	兼	葉	艶	琰	炎
○	趬	槁	趫	○	嶠	驕	喬	○	蹻	矯	驕	○	燿	鷕	鴞
○	○	○	○	○	歌	○	茄	○	○	○	○	○	夜	也	耶
○	器	起	敧					吉	冀	几	基	○	○	○	○
	契	啓	谿					計	鷄	饑		賢			

ㅌ透◉				ㄸ定●				ㄷ端○				ㅇ疑◖			
												嶽	○	○	峴
												虐	軯	仰	印
												珥	鴈	眼	顏
												映	獤	顡	巖
												○	樂	皶	聱
												○	○	○	○
												○	迓	雅	牙
												○	睚	婭	崖
○	○	○	○	○	○	○	○	○	○	打	○	逆	鷁	○	迎
剔	聽	珽	汀	狄	定	挺	庭	的	訂	項	丁	嶷	憖	脛	娙
○	○	○	○	臺	○	○	○	蛭	○	○	○	麑	愁	○	凝銀斷
○	○	○	詹	○	○	○	○	○	○	○	○	戺	頌	儓	吟
○	○	○	○	○	○	○	○	○	○	○	○	○	釳	鼺	牛
○	○	○	○	○	地	○	○	○	○	○	○	○	義	擬	宜
○	○	○	○	○	○	○	○	○	○	○	○	○	唁	齗	言
鐵	瑱	腆	天	跌	電	殿	田	哩	殿	典	顛		硯	釅	妍
貼	桥	忝	添	牒	禪	簟	恬	喋	店	點	誓	業	驗	儼	嚴
○	糴	朓	挑	○	調	窕	條	○	弔	鳥	貂	○	齸	齞	堯
○	○	○	○	○	○	○	○	○	○	哆	爹	○	○	○	○
○	○	○	○	○	○	○	○	○	○	○	○	○	○	○	○
	替	體	梯		第	弟	啼		諦	邸	低		詣	堄	倪

ㅌ 徹 ◎				ㄸ 澄 ●				ㄷ 知 ○				ㄴ 泥 ◒			
○	○	○	○	○	○	○	○	○	○	○	○	○	○	○	○
𡇼	悵	昶	募	著	仗	丈	長	芍	悵	長	張			餈	
獺	○	○	○	嗟	綻	○	獮	噠	○	○	儃	○	○	○	○
睇	○	○	○	霅	賺	湛	㽉	箚	站	鮎	詀	○	○	○	○
○	○	○	○	○	○	○	○	○	○	○	○	○	○	○	○
○	○	○	○	○	○	○	○	○	○	○	○	○	○	○	○
○	薑	○	搋	○	○	徥	媞	○	媞	䝟	捏				
彳	逌	逞	檉	擲	鄭	徎	呈	繘	○	聶	貞	○	竊	○	○
敕	覴	庱	○	直	瞪	澄	○	陟	○	○	○	溺	寗	顐	寧
			僜				瀓				黴				
扶	疢	韗	伸	秩	陣	紖	陣	窒	鎮	駗	珍	昵	○	○	○
湁	闖	踸	琛	蟄	鴆	朕	沈	縶	愖	揕	砧	○	○	○	○
○	惆	丑	抽	○	胄	紂	儔	○	晝	肘	輈	○	○	○	○
○	○	○	癡	○	○	○	○	○	○	○	馳	○	○	○	○
○	○	○	○	○	○	○	○	○	○	○	○	○	○	○	○
徹		搌	脡	屮	顫	躔	纏	哲	驏	展	邅	涅	臙	撚	秊
鍤	覘	譒	覘	牒	○	湛	詗	輒	○	○	霑	捻	念	淰	拈
○	超	○	超	○	召	肇	潮	○	○	○	朝	○	溺	臬	嬈
○	○	○	○	○	○	○	○	○	○	○	○	○	○	○	糶
○	○	○	○	○	○	○	○	○	○	○	○	○	○	○	○
	跇				滯				廗				泥	稱	泥

ㅊ 淸 ◉				ㅉ 從 ●				ㅈ 精 ○				ㄴ 孃 ◖			
○	○	○	○	○	○	○	○	○	○	○	○	○	○	○	○
鵲	踖	搶	鎗	嚼	匠	蔣	牆	爵	醬	漿	將	遭	釀		孃
○	○	○	○	○	○	○	○	○	○	○	○	疪	暴	皵	?
○	○	○	○	○	○	○	○	○	○	○	○	鹵	誾	誾	誾
○	○	○	○	○	○	○	○	○	○	○	○	○	○	○	○
○	○	○	○	○	○	○	○	○	○	○	○	○	○	○	○
												○	揪	嬭	?
刺	倩	請	淸	籍	淨	靜	情	積	婧	井	精	○	○	○	○
感		猜	鯖	寂	○	靘	○	勣	甑	○	靑	恓	铌	○	○
							繪	唧			繪				○
七	親	笉	親	疾	○	盡	秦	○	晉	榗	津	匿	○	○	紉
緝	沁	寢	侵	集	鈐	蕈	鬵	嗺	浸	醋	祲	孨	賮	抯	詪
○	趀	○	秋	○	就	湫	酋	○	傲	酒	啾	○	糅	狃	惆
○	○	○	○	○	○	○	○	○	○	○	○	○	○	○	○
○	○	○	○	○	○	○	○	○	○	○	○	○	○	○	○
切	舊	淺	千	截	賤	踐	前	節	箭	剪	箋				
妾	塹	憯	籤	捷	晱	漸	潛	接	僭	饡	尖	聶	○	○	黏
○	峭	悄	鍫	○	譙	○	樵	○	醮	勦	焦	○	○	○	○
○		且	礎	○	藉	抯	查	○	借	姐	嗟	○	○	○	○
○	○	○	○		○	○	○	○	○	○	○				
	砌	泚	妻		霽	薺	齊		霽	濟	齋				

ᅏ 牀 ◉				ᅐ 照 ●				ᄽ 邪 ○				ᄉ 心 ◗			
○	○	○	○	○	○	○	○	○	○	○	○	○	○	○	○
				酌	障	掌	章			像	祥	削	相	想	襄
鍘	棧	棧	潺	札	○	盞	○	○	○	○	○	○	○	○	○
箠	儳	巉	巇	耹	蘸	斬	漸	○	○	○	○	○	○	○	○
○	○	○	○	○	○	○	○	○	○	○	○	○	○	○	○
○	○	○	○	○	○	○	○	○	○	○	○	○	○	○	○
○	柴	○	豺	○	債	揪	齋								
麝	○	○	○	隻	政	整	征	席	○	○	錫	昔	性	省	○
食	剩	○	○	職	證	拯	○				○	錫	醒	醒	星
			乘				蒸				○	息			綠
實	○	○	神	質	震	軫	眞	○	蓋	○	○	悉	信	鹵	新
○	○	甚	○	執	枕	枕	斟	習	鐔	○	尋	皴	勸	槑	心
○	畜	○	○	○	呪	帚	周	○	岫	○	囚	○	秀	潃	狶
○	示	賜	○	○	志	止	之	○	○	○	○	○	○	○	○
○	○	○	○	○	○	○	○	○	○	○	○	○	○	○	○
折				浙	戰	瑳	施		羨	綫	涎	屑	霞	獮	仙
○	○	○	○	摺	占	囇	詹	○	○	歛	捶	燮	礈	繕	纖
○	○	○	○	○	照	沼	昭	○	○	○	○	○	笑	小	宵
○	射	○	跎	○	柘	者	遮	○	謝	灺	衰	○	瀉	寫	些
○	○	○	○	○	○	○	○					○	○	○	○
	犁				制								細	洗	酉

ㅂ 幫 ○				ㅅ 禪 ●				ㅈ 審 ◗				ㅊ 穿 ◗			
剝	○	紺	邦	○	○	○	○	○	○	○	○	○	○	○	○
				妁	尙	上	裳	爍	餉	賞	商	綽	唱	敞	昌
捌	扮	○	○	○	○	○	○	殺	訕	產	山	察	輚	刱	獌
○	○	○	○	○	○	○	○	霅	鈒	弮	杉	插	懺	醶	撬
○	○	○	○	○	○	○	○	○	○	○	○	○	○	○	○
○	○	○	○	○	○	○	○	○	○	○	○	○	○	○	○
○	擗	擺	頗					○	矖	灑	篩	○	瘥	窳	釵
碧	○	丙	兵	石	盛	○	成	釋	聖	○	聲	尺	○	○	○
壁	柄	鞞	○		丞	○	○	識	勝	殊	○		稱	稱	○
逼	氷	○	氷	寔			承				升	漦			稱
筆	儐	臏	彬	粶	愼	腎	辰	失	䀹	哂	申	叱	○	○	瞋
鶊	○	稟	○	十	甚	甚	諶	溼	深	審	深	斛	○	瀋	踸
○	○	○	○	○	授	受	醲	○	狩	首	收	○	臭	醜	犨
○	貧	匕	卑	○	嗜	視	時	○	屍	始	詩	○	郯	齒	鷉
鼊	偏	○	鞭	○	繕	善	禪	設	扇	然	羶	掣	砓	○	闡
鶊	窆	貶	砭	涉	○	○	蟮	攝	閃	陝	苫	謵	躋	○	襜
○	裱	表	鑣	○	邵	紹	韶	○	少	少	燒	○	覘	幨	弨
○	○	○	○	○	扼	社	闍	○	舍	捨	奢	○	赾	撦	車
○	○	○	○	○	○	○	○	○	○	○	○	○	○	○	○
	閉	骳	豍		逝				世				掣	苣	犢

ㅸ非 ○				ㅁ明 ◖				ㅍ滂 ◉				ㅃ並 ●			
				邈	牝	俖	厖	璞	胖	攃	胮	霅	○	捧	龐
				鞹	慢	○	○	汎	○	販	○	拔	瓣	剴	份
				○	○	○	麥	○	○	○	○	○	浬	○	芝
				○	○	○	○	○	○	○	○	○	○	○	○
				○	○	○	○	○	○	○	○	○	○	○	○
				○	賣	買	埋	○	○	啡	嵒	○	○	罷	排
○	○	○	○	○	命	皿	名	僻	聘	○	○	擗	○	病	平
覓				冥	瞑	酩	冥	霹	聘	頩	俜	甓	併	立	瓶
密				密				堛			砒	愎			凭
○	○	○	○	密	愍	泯	珉	拂	闢	碀	砂	弼	○	牝	貧
○	○	○	○	○	○	○	○	○	○	品	○	魟	○	○	○
○	富	缶	不	○	○	○	○	○	○	○	○	○	○	○	○
○	○	○	○	○	○	○	○	○	帔	婢	披	○	備	諀	皮
				○	○	○	○	○	○	○	○	○	○	○	○
				蔑	麵	兌	眠	撇	騗	篇	篇	鼈	便	辮	便
				○	○	爰	○	○	○	○	○	○	○	○	㢯
				○	妙	眇	苗	○	剽	麃	瓢	○	○	殍	瀌
				○	○	也	哶	○	○	○	○	○	○	○	○
				○	○	洣	彌	○	○	○	○	○	○	○	○
				謎	米	迷		媲	鞁	砒		薜	階	輂	

己來 ◐				밍微 ◑				퐁敷 ◉				뼁奉 ●			
○	○	○	○												
略	亮	兩	良												
○	○	○	爛												
祾	玁	臉	鑑												
○	○	膠	寥												
○	○	○	○												
○	○	攔	唻												
○	令	嶺	令	○	○	○	○	○	○	○	○	關	○	○	○
歷	○	另	靈												
力			陵												
栗	吝	嶙	鄰	○	○	○	○	○	○	○	○	○	○	○	○
立	淋	廩	林	○	○	○	○	○	○	○	○	○	○	○	○
○	溜	柳	劉	○	莓	○	謀	○	副	愷	飆	○	復	阜	浮
○	○	○	○	○	○	○	○	○	○	○	○	○	○	○	○
○	○	○	○												
	練		蓮												
獵	殲	斂	廉												
○	寮	繚	燎												
○	○	趹	囉												
○	吏	邐	離												
○	○	○	○												
麗	禮	禮	黎												

入	去	上	平	△	日	●	
覺	絳	講	江	○	○	○	○
藥	漾	養	陽	若	讓	壤	穰
黠	諫	潸	刪	拶	○	○	○
洽	陷	豏	咸	○	○	○	○
	效	巧	肴	○	○	○	○
	箇	哿	歌	○	○	○	○
	禡	馬	麻				
	泰	蟹	佳				
陌	敬	梗	庚	○	○	○	○
錫	徑	廻	青		認	○	○
職			蒸				仍
質	震	軫	眞	日	刃	忍	仁
物	問	吻	文				
緝	沁	寢	侵	入	姙	荏	任
	宥	有	尤	○	肉	蹂	柔
	寘	紙	支	○	二	爾	而
	未	尾	微				
月	願	阮	元	○	○	○	○
屑	霰	銑	先	熱	輖	蹨	然
葉	豔	琰	鹽	讘	染	冉	髯
	嘯	篠	蕭	○	繞	擾	饒
	禡	馬	麻	○	○	惹	若
	寘	紙	支	○	○	○	○
	未		微			○	○
	霽	薺	齊			彷	苒

3. 合口正韻第三章

ㅎ曉◉				ㆅ匣●				ㆆ影○				韻
○	○	○	○	○	○	○	○	○	○	○	○	ㅘ光
霍	況	恍	荒	穫	攌	晃	黃	臛	汪	妊	汪	
眓	○	○	豟	滑	患	睆	環	肟	統	縮	彎	
○	化	○	花	○	話	踝	華	○	窊	猭	蛙	
○	諙	扮	咼	○	○	夥	懷	○	黯	崴	蛙	ㅙ媧
					畫	○	○					
礐	烘	嗊	烘	斛	闃	澒	紅	屋	瓮	蕹	翁	ㅜ公
鼿	○	○	○	○	○	○	洚	沃	○	○	○	
								○	○	○	輼	
忽	惚	緫	昏	搰	溷	混	魂	頵	揫	穩	溫	
○	○	○	○	○	○	○	○	○	○	○	○	
	諢	俖	呼		護	戶	胡					
豁	喚	煖	歡	活	換	緩	桓	斡	悓	椀	刓	ㅝ禾
○	○	○	○	○	和	禍	和	○	涴	媒	倭	
謋	鞠	澋	轟	獲	横	○	宏	擭	玄	○	泓	ㅟ肱
㬠	○	薨	甍	或	○	○	弘	○	○	○	泓	
○	毀	麾	輝	○	○	○	○	餧	委	透	威	
虺	譓	卉	灰	○	○	○	面	尉	葳	猥	隈	
悔	悔	○		繪	痶	○	攜	痿	猥	○	烓	
嘒	誨		睳	慧	繪	○			痕			

此畫當從劃於火圭字下

ㅋ 溪 ◉				ㄲ 羣 ●				ㄱ 見 ○				ㅇ 喩 ◖			
○	○	○	○	○	○	○	○	○	○	○	○	○	○	○	○
廓	曠	懭	戫					郭	桄	廣	光	夔	旺	往	王
勖	○	○	○	○	攉	○	趲	刮	憒	○	關	○	○	○	○
○	跨	髁	誇	○	○	○	○	○	坬	寡	瓜	○	○	○	○
○	○	胯	楻					○	○	枴	媧				
	快	○	○						卦	○	○				
哭	控	孔	空					穀	貢	潁	公	○	○	○	○
酷	○	○	○					告	○	○	攻				
○	○	○	○					○	○	○	○				
窟	困	閫	坤					骨	臉	穌	昆	○	○	○	○
○	○	○	○					○	○	○	○	○	○	○	○
	袴	苦	枯						顧	古	孤				傔
潤	鐬	款	寬					括	貫	管	官	○	○	○	○
○	課	顆	科					○	過	果	戈	○	○	○	訛
蜊	○	䯽	鐃	趣	○	○	○	蠣	○	礦	舣	嶲	○	○	○
			軶					國	○	○	肱				
○	噴	蹳	虧	○	櫃	跪	逵	○	賯	軌	龜	○	位	洧	帷
○	○	○	○	○	○	○	○	貴	鬼	歸			胃	○	韋
○	碗	恢		○	○	○	○	○	領	傀			愸	阢	
○	裬	睽		○	○	○	○	○	往	圭			銳	○	
塊	○			贛				慣				愸			

ㅌ 透 ◉				ㄸ 定 ●				ㄷ 端 ○				ㅇ 疑 ◑			
												○	○	○	○
												攫	○	○	○
												刖	原	○	頑
												○	冤	瓦	佤
禿	痛	桶	通	獨	洞	動	同	穀	凍	董	東	牛臬	○	○	○
○	統	○	烔	蠋	○	○	彤	篤	○	○	冬				
○	○	○	○	○	○	○	○	○	○	○	○	○	○	○	○
突	裾	㬉	㬉	突	鈍	囤	屯	咄	頓	顐	敦	兀	顆		俥
○	○	○	○	○	○	○	○	○	○	○	○				
	兔	土	珱		○	杜	徒		妒	覩	都		誤	五	吾
脱	象	瞳	湍	奪	段	斷	團	掇	鍛	短	端	杌	玩	輐	岏
	○	唾	妥	詑	○	惰	墮	牠	○	剁	朵	俀	○	臥	姽	訛
○	○	○	○	○	○	○	○	○	○	○	○	○	○	○	○
○	○	○	○	○	○	○	○	○	○	○	○	○	僞	礭	危
													魏	顀	巍
○	○	○		○	○	○		○	○	○		○	○		危
	○	髏	推	○	○	○		○	腿	磓					
				○	錞	頹									
○	○	○		○	○	○		○	○	○		○	○	○	觳
	退				隊				對				磓		○

ㄸ 徹 ◉				ㅌ 澄 ●				ㄷ 知 ○				ㄴ 泥 ◑			
違	蒼	○	憂	○	撞	○	幢	晣	戇	○	椿				
煩	○	○	○	○	○	○	窻	鷓	○	豻	○				
○	○	檪	○	○	○	薩	○	○	○	仈	搗				
○	○	○	○	○	○	○	○	○	○	○	○				
頟	○	○		鰈	○	橲		膪	○	○					
												耨	黱	○	○
												○	○	○	農
												○	○	○	○
												訥	嫩	炳	麼
												○	○	○	○
												怒	弩	奴	
												○	悗	煖	湤
												○	糯	厄	捼
○	○	○	○	○	○	○	○	○	○	○	○	○	○	○	○
○	摧	○	○	○	墜	○	鎚	○	錘	○	追	○	○	○	○
○	○	○	○	○	○	○	○	○	○	○	○	○	○	○	○
○	○	○	○	○	○	○	○	○	○	○	○	○	○	○	○
○	惵	○	○	○	○	○	○	○	綴	○	○	○	○	○	○
○				鎚	○			○				內			

ㅊ 清 ◎				ㅉ 從 ●				ㅈ 精 ○				ㄴ 孃 ◒			
												搦	鬞	擃	噥
												妠	○	○	妏
												○	○	○	○
												○	○	○	○
													髩	○	○
瘯	謥	○	囪	族	豰	嵷	叢	鏃	糉	總	葼				
				○	○	○	琮	○	綜	○	宗				
○	○	○	○	○	○	○	○	○	○	○	○				
猝	寸	忖	村	捽	鐏	鱒	存	卒	焌	撙	尊				
	○	○	○		○	○	○		○	○	○				
	屭	蔖	麄		祚	粗	徂		作	祖	租				
撮	竄	憃	鋑	柮	攢		攢	繓	穳	纂	鑽				
○	剉	脞	脞	○	座	坐	矬	○	挫	○	侳				
○	○	○	○	○	○	○	○	○	○	○	○	○	○	○	○
○	翠	綷	嫛	○	萃	惢	厜	○	醉	觜	嶉	○	諉	萎	○
	○	○	○		○	○	○		○	○	○	○	○	○	○
	○	○	○		○	○	○		○	摧	嶉		○	○	○
	○	嗺	崔		○	罪	摧								
	毳	○	○		○	○	○		蕝	○	○	○	○	○	○
	倅				睟				睟				○		

ㅉ 牀 ●				ㅈ 照 ○				ㅆ 邪 ●				ㅅ 心 ◐			
泥	澯	○	淙	捉	○	○	○								
	狀	○	牀	斮	壯	牀	莊								
○	饌	撰	狗	苗	弄	蝶	跧								
○	○	○	○	○	○	蛆	陛								
○	○	○	○	○	○	○	○					速	送	敝	橞
○	○	○	○	○	○	○	○					涑	○	○	○
○	○	○	○	○	○	○	○					○	○	○	○
○	助	齟	鉏	○	詛	阻	蒩					窣	巽	損	孫
												○	○	○	○
													訢	鹵	蘇
								○	○	篝	○	劋	蒜	篹	酸
								○	○	○	○	○	膇	鑕	莎
趒	○	○	○	擅	○	○	○	○	○	○	○	○	○	○	○
○	○	○	○	○	惴	捶	錐	○	逡	徢	隨	○	邃	髓	綏
○	○	○	○	○	○	○	○	○	○	○	○	○	○	○	○
○	○	○	膗	○	○	○	○	○	○	○	○	○	崔	膗	
	雧	○	○		贅	○	○	○	○	○	○	○	○	○	
	○		○		○			○				碎			

ㅂ 幫 ○				ㅆ 禪 ●				ㅅ 審 ◖				ㅊ 穿 ◉			
○	○	○	○					朔	淙	摉	雙	妮	縬	羧	囟
										爽	霜		枬	礑	創
○	扮	版	班					刷	蓁	○	拴	纂	簒	慅	○
○	○	○	○					○	諓	要	○	○	○	硟	○
			○					○	○	○	○				
								○	○	曬					
卜	○	琫	○					縮	○	○	○	○	○	○	○
○	○	○	○					○	○	○	○	○	○	○	○
	奔	本	奔												
○	○	○	○					○	疏	所	疏	○	楚	楚	初
	布	補	逋												
撥	半	板	般												
○	播	跛	波												
○	○	○	閟	○	○	○	○	撼	○	○	○	○	○	○	○
○	○	○	○	○	睡	箠	垂	○	帥	水	衰	○	吹	揣	吹
	○	○	○		○	○		○	○	○		○	○	○	
	○	○	栳		○	○		○	○	蓑			○	撮	磋
○	○	○		啜	○	○		稅				撬	○	○	
背								○				○			

478　여암 신경준의 저정서 연구

ㅸ 非 ○				ㅁ 明 ◑				ㅍ 滂 ◉				ㅃ 並 ●			
○	○	○	○	○	○	○	○	○	○	○	○				
轉	放	昉	方	○	矕	○	蠻	○	盼	○	攀				
髮	販	反	蕃												
○	○	○	○	○	○	○	○	○	○	○	○				
○	○	○	○												
	拜														
○	○	○	○	木	蠓	蠓	蒙	撲	○	○	○	僕	檏	菶	蓬
	諷	慝	封									僕			
弗	糞	粉	分	沒	悶	懣	門	哱	噴	栩	歆	敱	坌	豵	盆
○	○	○	○	○	○	○	○	○	○	○	○	○	○	○	○
	付	甫	蚹		暮	姥	模		怖	普	鋪		捕	簿	蒲
				末	幔	滿	瞞	潑	判	坢	潘	跋	畔	伴	槃
				○	磨	麼	摩	○	破	叵	頗	○	危	爸	婆
○	○	○	○	○	○	○	○	○	○	○	○	○	○	○	○
○	沸	匪	非	○	○	○	眉	○	○	○	○	○	○	○	○
○	○	○		○	每	枚		○	培	胚		○	琲	裴	
○	○	○		○	○	○		刷	○	○		○			哇
廢	○			妹	○	○		配				佩			○

蕃韻當在髮韻上: 번(蕃)운의 변화한 운의 위에 둔다.

ㄹ 來 ◐				ㅁ 微 ◐				ㅸ 敷 ◉				ㅃ 奉 ●			
辇	○	○	瀧	○	○	○	○	○	○	○	○	○	○	○	○
硏					妄	罔	亡	簿	訪	髣	芳	縛	防		房
○	○	○	爐	○				○	○	○	○	○	○	○	○
				萬	晚	禍		○	疲	翻		○	飯	煩
○	○	○	彎	○	○	○	○	○	○	○	○	○	○	○	○
○	○	○	朦	○	邁	○	○	○	○	○	○	○	敗	○
					邁				湃				敗	
祿	弄	○	○	○	○	○	○	○	○	○	○	○	○	○	○
綠	○	○	○						葑	捧	峯	宓	俸	奉	逢
○	○	○	○	物	問	吻	文	拂	溢	忿	芬	佛	分	憤	汾
峰	論	怨	論												
○	○	○	○	○	○	○	○	○	○	○	○	○	○	○	○
	路	魯	盧		務	武	無		赴	撫	敷		附	父	扶
捋	亂	卵	鑾												
○	嬴	裸	螺												
○	○	○	○	○	○	○	○	○	○	○	○	○	○	○	○
	○	○	○												
○	類	壘	纍	○	○	○	○	○	○	○	○	○	○	○	○
	○	○	○		未	尾	微		費	斐	霏		狒	朏	肥
	○	○	雷	○	○	○		○	○	○		○		○
○	○	○		○	○	○		肺	○	○		○		○
類								○				吠		

入	去	上	平	韻 △ 日 ◐
覺	絳	講	江	
藥	漾	養	陽	
黠	諫	产	刪	
月	願	阮	元	
	禡	馬	麻	
	泰	蟹	佳	
	卦	賄	灰	
屋	送	董	東	
沃	宋	腫	冬	
物	問	吻	文	
月	願	阮	元	
	御	語	魚	
	遇	虞	虞	
曷	翰	旱	寒	
	箇	哿	歌	
陌	敬	梗	庚	○ ○ ○ ○
職			蒸	○ ○ ○
	寘	紙	支	○ 沕 藥 蕤
	未	尾	微	○ ○ ○
	卦	賄	灰	○ ○ ○
	霽	薺	齊	芮 ○ ○

4. 合口副韻第四章

ㅎ 曉 ◉				ㆅ 匣 ●				ㆆ 影 ○					合口副韻第四章
○	○	◉	○	○	碻	○	雄	郁	○	○	○		
旭	呴	洶	兇	驍	○	○	○		雍	擁	邕	ㅠ重	
猇	○	○	○					○	○	○	贇		
		訓	薰					蔚	慍	惲	氳		
○	○	許	虛	○	○	○	○	○	○	飫	於		
	照	誩	吁						嫗	傴	紆		
○	楦	謢	嗊	○	○	○	○	噎	怨	宛	駌		
血	絢	矏	鋗	穴	炫	泫	玄	關	絹	蜎	淵	ㆌ靴	
○	○	○	韡	○	○	○	○	○	○	○	胭		
○	詗	夐	兄	○	○	○	○	○	鎣	濚	縈		
眴	○	詗	○		濴	廻	熒	鎣	○	○		ㆌ兄	
湎			○					○			○		

ㅋ 溪 ◉				ㄲ 羣 ●				ㄱ 見 ○				ㅇ 喩 ◖			
麹	誇	○	穹	○	○	○	○	菊	○	○	弓	昱	○	○	融
曲	慫	恐	銎	局	共	銎	蚼	鞠	供	拱	恭	欲	用	勇	容
○	○	稛	困	繘	○	窘	惌	橘	○	擩	廲	聿	○	尹	筼
屈		去	祛	掘			群	亥			君		運		云
○	欨	去	祛	○	遽	巨	渠	○	據	舉	居	○	豫	與	余
	齫	區			娶	瞿			矩	拘			喻	雨	于
闕	○	○	○	瀿	○	○	○	瀾	○	○	○	越	○	○	沿
闋	駽	犬	孝		倦		欋	玦	絹	狷	涓	悅	堧	衰	沿
○	○	○	舵	○	○	○	瘑	○	○	○	○	○	○	○
	蹞	頃	傾	○	○	○	瓊	○	○	環	○	○	詠	永	榮
	闃	聚						臭		頍	坰	域			○
												○			

ㅌ 透 ⊙	ㄸ 定 ●	ㄷ 端 ○	ㆁ 疑 ◑
			○　○　○　○
			玉　屵　　　顯
			○　○　○　○
			崛
			○　御　語　魚
			遇　麌　虞
			月　願　阮　元
			○　○　○　○
			役　○　○　○

ㅌ 澈 ⊙	ㄸ 澄 ●	ㄷ 知 ○	ㄴ 泥 ◑
畜　○　○　仲	逐　仲　○　蟲	竹　中　○　中	
楝　踵　寵　踵	躅　重　重　重	瘃　　　　　冢	
黜　○　楯　春	尤　○　蜳　酎	怵　○　○　屯	
○　絮　褚　挓	○　箸　佇　除	○　著　紵　猪	
○　○　○　○	○　○　○　○	○　○　○　○	
皺　　　豚　豭	傳　篆　椽	輟　轉　轉　邅	
○　○　○　○	○　○　○　○	○　○　○　○	
○			

ㅊ 清 ◉				ㅉ 從 ●				ㅈ 精 ○				ㄴ 孃 ◐			
○	○	○	○	○	○	○	○	麤	○	○	○	怤	○	○	○
促		鶒	縱		從		從	足	縱	樅	蹤	傉		襛	濃
焌	○	蹲	皴	崒	○	瘯	鶙	卒	儁	○	遵	豽	○	○	○
○	覷	玻	疽	○	聚	咀	㠱	○	怚	苴	且	○	女	女	茹
	娶	取			聚	聚			足		姐				
○	○	○	○	○	○	○	○	○	○	○	○	○	○	○	○
	臕	線	詮	絕	泉	雋	全	蕝	怪	臇	鐫	呐		膼	
○	○	○	○	○	○	○	○	○	○	○	○	○	○	○	○
戛	○	○	○	○	○	○	○	○	○	○	屨	○	○	○	○

ㅉ 牀 ◉				ㅈ 照 ○				ㅆ 邪 ●				ㅅ 心 ◐			
○	○	○	○	祝	衆	○	終	○	○	○	○	宿	○	○	嵩
贖	劕			燭	種	腫	鍾	續	頌		松	栗	宋	竦	凇
術	順	盾	脣	○	稕	準	諄		殉	楯	旬	恤	濬	筍	荀
○	○	紓	○	○	翥	渚	諸	○	屟	叙	徐	○	絮	渃	胥
	住	○	廚		翥	主	朱								須
○	○	○	○	○	○	○	○	○	○	○	○	○	○	○	○
			船	拙		剚		瞾	泫	䑞	旋	雪	選	選	宣
○	○	○	○	○	○	○	○	○	○	○	○	○	○	○	○
												○	○	○	騂

ㅂ 幫 ○	ㅆ 禪 ●	ㅅ 審 ◑	ㅊ 穿 ◑
	執　○　○　○	叔　○　○　○	柷　○　○　充
	蜀　　燀　饞	束	妮　銃　錐　衝
	○　○　○　純	紬　舜　賰　○	出　○　蠢　春
	○　署　墅　蛛	恕　署　書　○	○　處　○　○
	樹　豎　殊		姝
○　○　○　○	○　○　○　○	○　○　○　○	○　○　○　○
福	啜　挩　膞　遄	說　縛	歠　釧　舛　穿
○　○　○　○	○　○　○　○	○　○　○　○	○　○　○　○

ㅸ 非 ○	ㅁ 明 ◑	ㅍ 滂 ◉	ㅃ 竝 ●
福　諷　○　風			
諷　覅　封			
○　○　○　○			
○　○　○　○			
	○　○　○　○	○　○　○　○	
	緬	困	
	○　○　○　○	○　○　○　○	

ㄹ 來 ○				ᄝ 微 ◐				퐁 敷 ⊙				ᄬ 奉 ●			
六	○	○	隆	媚	穈	○	○	腹	○	○	豊	伏	鳳	○	馮
錄	蹢	隴	寵						討	捧	峰	宓	俸	奉	逢
律	淪	輪	淪	○	○	○	○	○	○	○	○	○	○	○	○
○	慮	呂	臚	○	○	○	○	○	○	○	○	○	○	○	○
	屢	鏤	婁												
○	○	○	○												
劣			寧												
○	○	○	膝												

韻				△ 日 ◐			
入	去	上	平				
屋	送	董	東	肉	○	○	戎
沃	宋	腫	冬	辱	朝	宂	茸
質	震	軫	眞	○	閏	蝡	犉
物	問	吻	文				
	御	語	魚	○	洳	汝	如
	遇	麌	虞		孺	乳	儒
月	願	阮	元	○	○	○	○
屑	霰	銑	先	藝	曣	軟	蝡
	霰	哿	歌	○	○	○	挼
陌	敬	梗	庚				
錫	徑	迥	青				
職			蒸				

【해설】

첫째, 중성해의 정중성표(定中聲表)에서 표준이 되는 글자로 정하였던 18자를, 다음과 같이 모음의 등운 차이에 의하여 분류하고 이들을 종(縱)으로 배열하여, 운도에서 나타내는 자음(字音)의 운두(韻頭) 및 운복모음(韻腹母音)의 표준으로 보인다.

開口正音 第一音 岡(ㅏ) 開(ㅐ) 根(ㅡ) 多(ㅓ) 登(ㅢ)	─ 開口呼
開口副音 第二音 良(ㅑ) 佳(ㅒ) 靈(ㅣ) 千(ㅕ) 禽(ㅖ)	─ 齊齒呼
合口正音 第三音 光(ㅘ) 媧(ㅙ) 公(ㅜ) 禾(ㆋ) 肱(ㅟ)	─ 合口呼
合口副音 第四音 重(ㅠ) 靴(ㆌ) 兄(ㅟ)	─ 撮口呼

둘째, 초성해에서 설정하였던 36자모를 운해 36자모표의 순서에 따라서, 각 장(章)마다 횡(橫)으로 배열하였다. 즉 궁음—각음—치음—상음—반치반궁의 순으로 하고 또 동일음 중에서는 전청—전탁—차청—반청—반탁—전탁의 순서로 배열한 것이다.

셋째, 그리하여 위에서 분류한 모음들을 세로로(縱) 배열하고 가로로 로는 36자모들을 배열하여 종횡이 서로 결합되어 나타낼 수 있는 한자음에 해당되는 한자들을 각 장마다 운도안에 배열하였다.

넷째, 이들 한자들의 배열순서는 각 장마다 그 기준이 되는 운들을 표로 만들어 마지막에 붙인것에 의거하였는데 기준이 되는 도(圖)안의 한자배열은 횡으로는 평(平)·상(上)·거(去)·입(入)의 순으로 4등분하고, 종으로는 종성해에서 설정한 7섭(攝) 이내(以內)의 한자로 하였다.

5. 中聲今俗之變 各韻皆別行以書

東 ㅜ ㅠ 屋同
冬 同東 沃同
江 ㅏ ㅑ ㅏ 今變呼 ㅘ 洪武韻移俗陽 覺同 (ㅑ 今變呼 ㅛ)
支 ㅣ ㅡ ㆌ 從ㆌ者洪武韻自灰賄隊來雜 從ㅣ者或自薺霽來雜
微同支 洪武韻合于支
魚 ㅜ ㅠ 從ㅜ者洪武韻合于虞
虞 ㅜ

薺 ㅖㆌ (ㅖ今變呼ㅣ 從ㆌ者 洪武韻移屬隊)

佳 ㅒㅖㅙ (ㅒ今變呼ㅖ)

灰 ㆌㅖㅙ 從ㅖ ㅙ者 洪武韻移屬佳

隊 ㆌ ㅒㅖㅙ ㅣ 從ㆌ ㅙ者 洪武韻移屬卦韻從 ㅒㅖ者 移屬泰 從ㅣ者移屬寘

眞 ㅣ ㅡㅜㆌ 質同

文同眞 (洪武韻移屬眞) 物同 (ㅜ今變呼ㅗ)

元(並與眞文寒刪先相雜 故洪武從類分屬) 月同

寒 ㅓㆎㅕ 今變呼ㅏ 曷同 ㆌ今變呼ㅗㅘ

刪 ㅑㅘ 黠同

先 ㅕㆌ 屑同

蕭 ㅕ 今變(呼ㅑ)

肴 ㅏㅑ (洪武韻合于豪)

豪同肴

歌 ㅏㅑㅘㅓ 今變呼ㅗ

麻 ㅏㅑㅘ

陽 ㅑㅘ 藥同ㅏㅑ今變呼ㅗㅛ

庚 ㅣㅢㆌㅖ (ㅓ今變呼ㆍㅣㅡㆌㅖ今變呼ㅜㆌ) 陌同 (ㅢ今變呼ㅓ) ㅖ (今變呼ㅙ)

靑同庚 洪武韻蒸合于庚 錫同

蒸同庚 職同 (ㅓ今變呼ㅓ ㅖ今變呼ㅠ ㅕ今變呼ㆌ)

尤 ㅡㅣ

侵 ㅣㅡ (ㅡ今變呼ㆍ) 緝同

覃 ㅏ ㅑ 合同 (ㅑ今變呼ㅓ)

鹽 ㅕ 葉同

咸同覃 (ㅑ今變呼ㅕ 洪武韻合于覃) 洽同

5. 중성의 오늘날의 변화 각운은 모두 별개 행으로 나누어 썼다

東(동) ㅜㅠ, 屋(옥)운도 같다.

冬(동) 東(동)과 같은데 沃(옥)운과도 같다.

江(강) ㅏㅑ, ㅏ는 지금의 ㅗ로 변했고 홍무운에서는 陽(양)운에 이속시켰으며 覺(각)도 같다. ㅑ는 지금의 ㅛ로 변했다.

支(지) ㅣㅡㅟ, ㅟ를 따르는 것은 홍무운에서 재(灰)·회(賄)·대(隊)운으로부터 와서 뒤섞인 것이고 ㅣ를 따르는 것은 혹 제(薺)·제(霽)운으로부터 와서 뒤섞인 것이다.

微(미)는 支(지)와 같다. 홍무운에서는 지(支)운에 합하였다.

魚(어) ㅜㅠ, ㅜ를 따르는 것은 홍무운에서 우(虞)운에 합하였다.

虞(우) ㅜ

薺(제) ㅖㅟ, ㅖ는 지금의 ㅣ로 변했고 ㅟ를 따르는 것은 홍무운에서 隊(대)운에 합하였다.

佳(가) ㅐㅒㅙ, ㅒ는 지금의 ㅖ로 변했다.

灰(회) ㅟㅒㅙ, ㅒ, ㅙ를 따르는 것은 홍무운에서 가(佳)운으로 옮겼다.

隊(대) ㅟ ㅒ ㅖ ㅙ ㅣ ㅟㅙ를 따르는 것은 홍무운에서 괘(卦)운으로 옮겼고 ㅒㅖ를 따르는 것은 태(泰)운으로 ㅣ를 따르는 것은 진(眞)으로 옮겼다.

眞(진) ㅣ ㅡㅜㅠ 질(質)운도 같다.

문(文)은 진(眞)과 같다. 홍무운에서는 진(眞)운으로 옮겼고 물(物)운도 같다. ㅜ는 지금은 변하여 ㅗ로 발음한다.

원(元)은 진(眞)·문(文)·한(寒)·산(刪)·선(先)과 서로 뒤섞인 까닭에 홍무운에서는 유에 따라 분속하였다. 월(月)운도 같다.

寒(한) ㅓㅕ ㅓ는 지금의 ㅏ로 변했다. 갈(曷)운도 같다. ㅕ는 지금의 ㅛㅘ로 변했다.

刪(산) ㅏㅑㅘ 점(黠)운도 같다.

先(선) ㅕㅟ 설(屑)운도 같다.

蕭(소) ㅕ 지금의 ㅑ로 변했다.

肴(효) ㅏㅑ 홍무운에서 효(豪)운에 합하였다.

효(豪)운은 효(肴)운과 같다.

歌(가) ㅏㅑㅘㅓ는 지금의 ㅗ로 변했다.

麻(마) ㅏㅑㅘ

陽(양) ㅏㅑㅘ 약(藥)운 도 같다. ㅏㅑ는 지금의 ㅗㅛ로 변했다.

庚(경) ㅣㅡㅟㅞ ㅓ는 협재 ·로 변했고 ㅣㅓㅟㅞ는 지금의 ㅜㅠ로 변했다. 맥(陌)운도 같다. ㅓ는 지금의 ㅣㅞ로 변했다.

천(靑)운은 경(庚)운과 같다. 홍무운에서 증(蒸)운을 경(庚)운에 합하였다. 석(錫)운도 같다.

증(蒸)운은 경(庚)운과 같다. 직(職)운도 같다. ㅓ는 지금의 ㅣ로 ㅟ는 지금의의 ㅠ로 ㅞ는 지금의의 ㅟ로 변했다.

尤(우)ㅡㅣ

侵(침) ㅣㅡㅡ는 지금의의 ·로 변했다. 집(緝)운도 같다.

覃(담) ㅏ ㅑ 합(合)운도 같다. ㅏ는 지금의의 ㅓ로 변했다.

鹽(염) ㅕ 엽(葉)운과 같다.

함(咸)운은 담(覃)운과 같다. ㅑ는 지금의의 ㅕ로 변했고 홍무운에서는 담(覃)운에 합하였다. 흡(洽)운도 같다.

【해석】

오늘날 중국에서의 중성 변화를 말하고 있는데 '속(俗)'을 중화에 대응되는 조선을 나타내는 것이 아니라 한인들의 속된 음을 뜻한다. 최세진의 『훈몽자회』「범례」에서는 "註內稱俗者 指漢人之謂也"라고 했듯이 조선에서의 금속의 한음이 아니라 중국의 금속의 음을 말한다.

여암 신경준은 박성원(朴性源)의 『화동정음통석운고』권2의 말미에 있는 각 중성 항의 내용을 그대로 옮겨온 것으로 추정된다. 다만 박성원은 『화동정음통석운고』에는 중화의 음과 동음인 조선의 음을 함께 나타냈었는데 여암 신경준은 철저한 원리주의에 입각하여 정통 중국음을 나타내려고 한 것이다.

여암은 우리나라 漢字音을 초·중·종 3성으로 나누어 표로 나타낸 다음, 이에 대한 설명을 붙였다. 따라서 초성에 'ㅋ'(漢字音에 없으니까)은 빠졌다.

[부록] 1. 我國韻三聲總圖

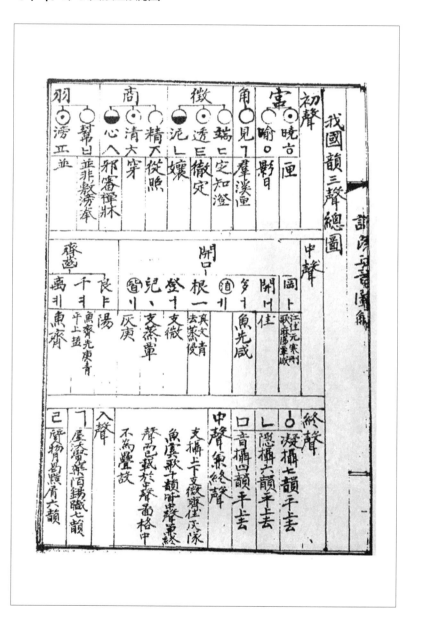

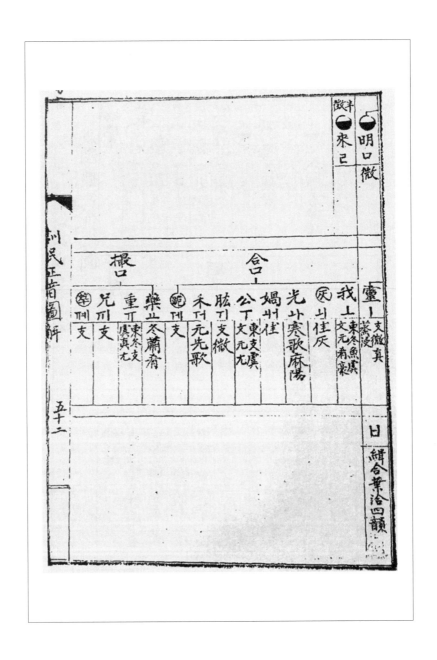

1) 初聲

訓民正音有二十三母, 而曉·喩·見·端·透·泥·精·淸·心·幫·滂·明·來十三母, 有字, 匣·羣·溪·定·從·邪·並七母, 只用於行話之間而無字[70],

影·疑·日三母, 古時經傳諺解亦無以此懸字音者, 而皆以喩母書之, 盖用於行話之間, 而不能分別, 其餘知·徹·澄·孃·照·牀·穿·審·邪·非·奉·敷·微等母, 行話之間罕用, 或用之而亦不能分別焉.

正音二十三母中, 今俗所習, 只曉·見等十三母, 至於匣·羣等全濁聲, 並以心ㅅ字附書於左, 如羣母以ㅅㄱ書之, 定母以ㅅㄷ書之, 誤也.[71]

盖我國與日本字音, 全濁則全無, 惟江韻ㅑ雙字, 以禪母呼之, 是俗音之譌也. 本屬審母,

1) 초성

훈민정음에 23모가 있는데, 曉(ㅎ)·喩(ㅇ)·見(ㄱ)·端(ㄷ)·透(ㅌ)·泥(ㄴ)·精(ㅈ)·淸(ㅊ)·心(ㅅ)·幫(ㅂ)·滂(ㅍ)·明(ㅁ)·來(ㄹ)등 13모는 글자가 있고, 匣(ㆅ)·羣(ㄲ)·溪(ㅋ)·定(ㄸ)·從(ㅉ)·邪(ㅆ)·並(ㅃ)등 7모는 다만 일반 대화에서만 쓰이고, 해당하는 글자(漢子)가 없다.

영(影)·의(疑)·일(日)등 3모도 옛날 경전(經傳) 언해에 역시 이들 글자(한글)로써 한자음을 단 것이 없는데, 모두 유(喩)모(ㅇ)로써 이 셋을 쓰고, 대게 일반 대화에서 사용할 때에는 분별할 수가 없다.

그 나머지인 지(知)·철(徹)·징(澄)·양(孃)·조(照)·상(牀)·아(疒)·심(審)·사(邪)·비(非)·봉(奉)·부(敷)·미(微) 등 모는, 일반 대화에서도 드물게 쓰는데, 혹시 이들을 사용하더라도 역시 분별할 수가 없다.

정음 23모 가운데 오늘날 일반에서 배우는 것은 다만 효(曉)·견(見) 등 13모이다. 갑(匣)·군(羣) 등 전탁성(全濁聲)에 이르러서는 心(ㅅ)자로써 왼편에 나란히 붙여써서 군(羣)모는 ㅅㄱ으로써 이를 쓰고, 정모(定母)는 ㅅㄷ으로써 이를 쓰는 것과 같은 것은 잘못이다.

---

70) '匣(ㆅ)·羣(ㄲ)·溪(ㅋ)·定(ㄸ)·從(ㅉ)·邪(ㅆ)·並(ㅃ)七母, 只用於行話之間而無字'는 각자 병서자와 '溪(ㅋ)'자 1자가 한자어에서 사용되지만 글자에 없음을 말하고 있다.

71) 이미 된소리를 각자병서로 쓰지 않고 합용병서로 쓰는 것은 잘못이라고 평가하고 있다.

대개 우리나라와 일본 자음은 전탁(全濁)이 전혀 없고, 오직 강(江)운 중에 쌍자(雙字)를 선(禪)모로써 발음하는데 이것은 속음(俗音)에서 와전된 것이고, 본래에는 심(審)모에 속하는 것이다.

2) 中聲

初聲四國同者多, 而中聲多不同, 我國初聲少, 中聲多, 故異國甚難學焉.

2) 중성

초성은 여러 나라에 같은 것이 많은데, 중성은 같지 않은 것이 많다. 우리나라는 초성이 적고 중성이 많아서 다른 나라에서 배우기가 매우 어렵다.

3) 終聲

我國終聲又有ㄷㅅ二者, 而此則無字, 只用於行話之間

3) 종성

우리나라 종성에는 또한 ㄷ과 ㅅ 둘이 있는데, 이들도 글자(漢字)는 없고 다만 일반 대화에서만 쓰일 뿐이다.

초성 23자	궁(宮)	曉ㅎ 喩ㅇ
	각(角)	見ㄱ
	치(徵)	端ㄷ 透ㅌ 泥ㄴ
	상(商)	精ㅈ 淸ㅊ 心ㅅ
	우(羽)	幫ㅂ 滂ㅍ 明ㅁ
	반치(半徵)	來ㄹ

중성 24자	개구(開口)	岡ㅏ 開ㅐ 多ㅓ ㉐ㅔ 根ㅡ 登ㅢ 兒· ㉫ㅣ
	제치(齊齒)	良ㅑ 千ㅕ ㉞ㅖ 靈ㅣ
	합구(合口)	我ㅗ ㉑ㅚ 光ㅘ 媧ㅙ 公ㅜ 肱ㅟ 禾ㅝ 跪ㅞ
	촬구(撮口)	藥ㅛ 重ㅠ 兄ㅛ ㉦ㅕ

종성	종성(終聲)	ㅇ ㄴ ㅁ
	중성(中聲) 겸 종성(終聲)	ㅣ ㅐ ㅙ ㅖ 등
	입성(入聲)	ㄱ ㄹ ㅂ

　　신경준은 「아국운삼성총도(我國韻三聲總圖)」에서는 초성과 중성의 차이에 대한 이러한 생각을 더욱 분명히 드러내고 있다. 그는

　　"초성은 네 나라가 서로 같은 것이 많다. 그러나 중성은 같지 않음이 많다. 우리나라는 초성은 적은데 중성은 많다. 그러므로 다른 나라는 배우기가 심히 어렵다."

라고 하였는데 당시 사용되는 현실 국어음, 즉 그가 말하는 '行話之間'의 초성과 중성은 다음과 같다.

　　초성: ㅎ, ㅇ, ㄱ, ㅌ, ㄴ, ㅈ, ㅊ, ㅅ, ㅂ, ㅍ, ㅁ, ㄹ(13 초성)

중성: ㅏ, ㅐ, ㅓ, ㅔ, ㅡ, ㅢ, ㆍ, ㅣ, ㅑ, ㅕ, ㅖ, ㅣ, ㅗ, ㅚ, ㅘ, ㅙ, ㅜ, ㅝ, ㅞ, ㅖ, ㅛ, ㅠ, ㅟ, ㅞ(24중성)

초성에는 ㅋ이 빠져 있는 것이 눈에 띈다. 그는 ㅋ은 당시 현실음에서는 사용되고 있으나 문자가 없어 표기하지 않는다고 하였으나 이는 그의 착오임이 분명하다. 'ㅋ'은 한자음에서는 조선 전기 이래 극히 제한적으로 사용되었으나 국어음에서는 이미 널리 쓰이고 있었다.

중성은 한자음에는 23중성인데 현실음에서는 24중성이 쓰이는 것으로 파악하였다. 차이를 보이는 부분은 현실음에 'ㅟ'가 하나 더 있을 뿐이다. 그러나 실지로 '위'가 현실음에 쓰였다는 기록은 없다. 아마 그의 착각일 것이다.

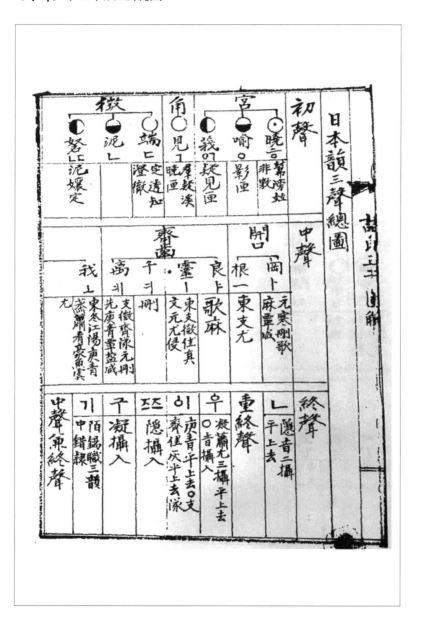

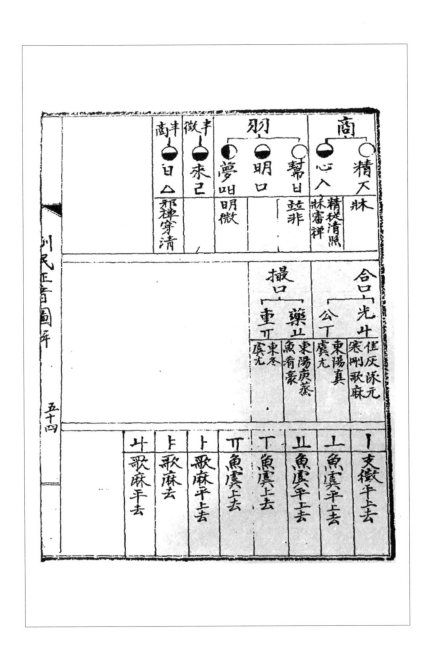

1) 初聲

曉·喻·𢈢候音, 而𢈢아기間音, 見牙音,
端·泥·筈舌音, 而筈노도間音, 精·心齒音,
幫·明, 夢脣音, 而夢모보間音, 來舌兼候, 니이間音, 日齒兼候, 시이間音,
日本初聲又有羣·定·從全濁三者, 而此則無字, 只用於行話之間,

1) 초성

효(曉)·유(喻)·아(𢈢)는 후음(喉音)인데, 아가의 간음(間音)이니 아음(牙音)을 보라.
단(端)·니(泥)·노(筈)는 설음(舌音)인데, 노(筈)는 노·도의 간음이고, 정(精)·심(心)
은 치음(齒音)이며, 방(幫)·명(明)·몽(夢)은 순음(脣音)인데, 몽(夢)은 모·보의 간음이
고, 래(來)는 설음과 후음을 겸하였는데 니·이의 간음이며, 일(日)은 치음과 호음을
겸하였는데 시·이의 간음이다.
　일본 초성에는 또 군(羣)·정(定)·종(從) 등 전탁음(全濁音) 셋이 있는데 이들은 글
자가 없고, 다만 일반 대화에서만 쓰일 뿐이다.

2) 中聲

岡·根開口正韻, 良·靈·千·䕹副韻, 我·光·公合口正韻, 藥·重副韻,

2) 중성

　강(岡)·근(根)은 개구정운(開口正韻)이고, 량(良)·령(靈)·천(千)·만(萬)은 개구부운
(開口副韻)이며, 아(我)·광(光)·공(公)은 합구정운(合口正韻)이고, 약(藥)·중(重)은 합구
부운(合口副韻)이다.

3) 終聲

> 日本終聲又有 ㅇㅡㅖ三者, 而此則無字, 只用於行話之間.

3) 종성

> 일본 종성에는 또 ㅇ, ㅡ, ㅖ 등 셋이 있는데, 이들은 글자가 없고, 다만 일반 대화에서만 쓰일 뿐이다.

【해설】

여암은 「조선음삼성총도」와 마찬가지로 일본운을 초·중·종 3성으로 나누고, 이들을 다음과 같은 기준으로 표를 만든 것이다.

初聲	宮	曉ㆅ 喩ㅇ 疑ㆁ	14자
	角	見ㄱ	
	徵	端ㄷ 泥ㄴ 䫆ㄸ	
	商	精ㅈ 心ㅅ	
	羽	幫ㅂ 明ㅁ 夢ㅃ	
	半徵	來ㄹ	
	半商	日ㅿ	

中聲	開口	岡ㅏ 根ㅡ	11자
	齊齒	良ㅑ 靈ㅣ 千ㅕ 离ㅖ	
	合口	我ㅗ 光ㅘ 公ㅜ	
	撮口	藥ㅛ 重ㅠ	

終聲	終聲	ㄴ	14자
	重終音	우 이 쯔 구 기	
	中聲兼終聲	ㅣ ㅗ ㅛ ㅜ ㅠ ㅏ ㅑ ㅘ	

참고문헌

강신항, 「신경준 훈민정음운해」, 신동아편집실, 「한국을 움직인 고전백선」, 동아일보사, 1978.

강신항, 「신경준-국학정신의 온상」, 『한국의 인간상』 4권. 신구문화사, 1965.

강신항, 「신경준의 학문과 생애」, 『성대문학』 11호. 성균관대학교 성균어문학회, 1965.

강신항, 「여암 신경준: 지리학, 문자(음운)학자」, 『실학논총』(이을호 박사 정년기념논총, 전남대학교, 1975.

강신항, 「훈민정음 운해와 신경준」, 전남대 어학연구소 편, 『훈민정음과 국어학』, 전남대학교 출판부, 1992.

강신항, 「『훈민정음운해』 해제」, 『훈민정음운해』, 대제각, 1974.

강신항, 『국어학사』(증보개정판), 보성문화사, 1986/1994.

강신항, 『운해 훈민정음 연구』, 한국연구원, 1967.

강신항, 『韻解 訓民正音』, 형설출판사, 1978.

강신항, 『훈민정음 창제와 연구사』, 도서출판 경진, 2009.

강신항, 『훈민정음 해례 이론과 성리대전과의 연관성』, 『국어국문학』 26, 국어국문학회, 1963.

강신항, 『훈민정음연구』, 성균관대학교 출판부, 2003.

강신항, 『훈민정음』(문고본), 신구문화사, 1974.

강신항, 『훈해 훈민정음 연구』, 한국연구원, 1967.

고동환, 「여암 신경준의 생애와 학문관」, 신경준 선생 탄신 300주년 기념학술대회, 2003.

고동환, 「여암 신경준의 학문과 사상」, 『지방사와 지방문화』 6권 2호. 역사문화학회, 2003.

곽 경 외, 『한글세계화와 한글확장: 한글확장자판 표준화 위원회의 2011년 연구 성과 총람』, 미래형 한글문자판 표준포럼 한글확장자판 표준화위원회, 2011.

국립국어원, 『훈민정음 해례』(영어판, 중국어판, 베트남판, 몽골판, 러시아판), 2008.

권오성·김세종, 『역주 난계선생유고』, 국립국어원, 1993.

권재선, 「자음 상형 원리와 그림풀이에 대해 다시 돌아봄」, 『한글새소식』 498호, 한글학회, 2014.

권재선, 『간추린 국어학 발전사』, 우골탑, 1990.

권재선, 『국어학 발전사』, 우골탑. 1998.

권재선, 『한글 국제음성기호 연구』, 우골탑, 1999.

권택룡, 「『訓民正音韻解』 臻攝·山攝之硏究」, 『동일문화논총』 10집. 동일문화장학재단, 2002.

김 일, 「신경준의 「훈민정음운해」와 그의 역학적 언어관」, 『중국조선어문 루계』 113호, 길림성민족사무위원회, 2001.

김동준, 「소론계 학자들의 자국어문 연구활동과 양상」, 「민족문학사연구」 35호, 민족문학사연구소, 2007.

김만태, 「훈민정음의 제자원리와 역학사상: 음양오행론과 삼재론을 중심으로」, 『철학사상』 45호, 서울대학교철학사상연구소, 2012.

김민수, 『신국어학사』, 일조각, 1954.

김민수, 『신국어학사』, 일조각, 1964.

김민수, 『주해 훈민정음』, 통문관, 1957.

김병제, 『조선어학사』, 과학·백과사전출판사, 1984.

김상태, 「훈민정음 제자 원리와 한자 육서의 자소론적 연구」, 『국어학』 63호, 국어학회, 2012, 105~128쪽.

김석득, 「실학과 국어학의 전개-최석정과 신경준과의 학문적 거리」, 『동방학지』 16. 연세대 국학 연구원, 1975.

김석득, 「최소의 최대 생성의 끈 이론: 한글의 우리 있음과 국제화에 관련하여」, 『인문논총』 21, 서울여자대학교 인문과학연구소, 2011, 5~33쪽.

김석득, 「한국 3대 운서의 언어학사적 의약: 음소관 및 생성철학관 중심」, 『인문과학』 24·25합병 호, 연세대 인문과학연구소, 1971, 1~20쪽.

김석득, 『우리말 연구사』, 태학사, 2009.

김슬옹, 「세종과 소쉬르의 통합언어학적 비교 연구」, 『사회언어학』 16(1), 한국사회언어학회, 2008.

김슬옹, 「세종의 '정음 문자관'의 맥락 연구」, 『한말연구』 35호, 한말연구학회, 2014, 5~45쪽.

김슬옹, 「세종학의 필요성과 주요 특성」, 『한민족문화연구』 42, 한민족문화학회, 2013, 7~42쪽.

김슬옹, 「신경준, 『운해훈민정음[邸井書]』의 정음 문자관」 『한말연구』 36호. 한말연구학회, 2016.

김슬옹, 「조선시대 '언간'에 나타난 우리말과 글의 아름다움과 가치」, 『나라사랑』 122집, 외솔회, 2013.

김슬옹, 「한글의 힘, 한글의 미래」, 『쉼표, 마침표』(온라인 웹진), 국립국어원, 2013.

김슬옹, 『세종대왕과 훈민정음학(개정판)』. 지식산업사, 2011.

김슬옹, 『조선시대의 훈민정음 발달사』, 역락, 2012.

김슬옹·남영신, 『누구나 알아야 한글 이야기 3+5』, 문화체육관광부, 2014.

김언종, 『이형상의 『자학(字學)』 역주』, 푸른역사, 2008.

김영배, 「연구자료의 영인, 훈민정음의 경우」, 『새국어생활』 10(3), 국립국어연구원, 1994.

김영주, 「少論系 學人의 言語意識 硏究 1: 『正音 硏究를 중심으로」, 『東方漢文學』 27집, 동방한문학 회, 2004, 291~320쪽.

김영황, 『조선어사』,

김완진, 『음운과 문자』, 신구문화사, 1996.

김원중, 『한문해석사전』, 글항아리, 2013, 1048쪽.

김윤경, 『조선문자급어학사』, 조선기념도서출판관, 1938.

김윤경, 『한국문자급어학사』, 1954.

김윤경, 『韓國文字及語學史』, 동국문화사, 1948(1954, 4판); 가로짜기활자전환본: 한결 金允經全 集 1: 朝鮮文字及語學史, 연세대학교 출판부, 1985.

김정대, 「외국학자들의 한글에 대한 평가 연구」, 『국어학』 43, 2002.

김진희, 「한글 창제 원리'의 교육 내용에 대한 비판적 고찰」, 『우리말교육현장연구』 11호, 우리말 현장학회, 2012.

김항수, 「16세기 사람의 성리학 이해」, 『한국사론』 7호, 1981.

당작번(唐作藩) 저·채영순 역, 『한어어음사』, 학고방, 2018.

동악어문학회, 『訓民正音』, 이우출판사, 1980.

류 렬, 『원본 훈민정음 풀이』, 보신각, 1947.

문화재청, 『「훈민정음 언해본』 이본 조사 및 정본 제작 연구』(보고서), 2007.

박권수, 『조선 후기 상수학의 발전과 변동』, 서울대학교 박사학위논문, 2006.

박병채, 『譯解 訓民正音』(문고본), 박영사, 1976.

박병채, 『홍무정운역훈의 신연구』, 고려대학교 민족문화연구소, 1983.

박세당 지음·김학목 옮김, 『박세당의 노자』, 예문서원, 1999.

박종국, 『국어학사』. 문지사, 1994.

박종국, 『세종대왕과 훈민정음』, 세종대왕기념사업회, 1984, 182쪽.

박종국, 『우리 국어학사』, 세종학연구원, 2012.

박종국, 『훈민정음 해례』, 세종대왕기념사업회, 1984.

박종국, 『訓民正音』(문고본), 정음사, 1976.

박지홍, 「원본 훈민정음의 월점에 대한 연구」, 『부산한글』 18, 1999.

박태권, 『국어학사 논고』, 샘문화사, 1976.

박태권, 『국어학사 연구』, 세종출판사, 2002.

박희병, 『범애와 평등』, 돌베개, 2013.

반재원·허정윤, 『한글 창제 원리와 옛글자 살려 쓰기: 한글 세계 공용화를 위한 선결 과제』, 역락, 2007.

방종현 저·이상규 주해, 『훈민정음통사』, 올재, 2013.

배윤덕, 「신경준의 운해 연구 –사성통해와 관련하여」, 연세대학교 박사학위 논문, 1988.

배윤덕, 『우리말 운서의 연구』, 성신여자대학교출판부, 2005.

벽산한인, 『증보정음관음문자』, 석판인쇄본, 1947.

사거인, 『국문학원리』, 석판인쇄본, 년대미상.

서병국, 「訓民正音 解例本 以後의 李朝 國語學史 是非」, 『논문집』 9, 경북대학교, 1965.

서재극, 「훈민정음의 한자 사성 권표, 우리말의 연구」, 『우골탑』, 1994.

성영애, 『황윤석의 학문과 음악』, 학고방, 2016.

세종기념사업회, 『훈민정음 해례』, 2003.

小倉進平, 『증보조선어학사』, 1940.

손문호, 『옛사람의 편지』, 가치창조, 2018.

신경준 지음·김남형 역주, 『여암 신경준의 장자』, 예문서원. 2014.

심소희, 「「성음해」를 통해 본 서경덕의 정음관 연구」, 『중국어문학논집』 58호, 중국어문학연구회, 2009.

심소희, 「최석정의 『경세훈민정음도설』연구 –『성음율여창화전수도』과 『경사정음절운지남』의 체제 비교를 중심으로」, 『중국어문학논집』 73호. 중국어문학연구회, 2012.

심소희, 『한자 정음관의 통시적 연구』, 이화여자대학교출판부, 2013.

심소희·구윤아, 「조선전기 최석정과 황윤석의 성음 인식 비교」, 『중국어문론집』, 2-13.

아이신 교로 저·이상규 외 옮김, 『명나라 시대의 여진인』, 경진출판사, 2014.

안경상, 『조선어학설사』. 사회과학출판사, 2005.

안병희, 「숙종의 「훈민정음후서」」, 『훈민정음연구』, 서울대학교 출판부, 2007.

안병희, 「중세국어 한글 자료에 대한 종합적 고찰」, 『규장각』 3집, 1979.

안병희, 「훈민정음 이본」, 『진단학보』 42집, 1976.
안병희, 「훈민정음 해례본 복원에 대하여」, 『국어학신연구』, 탑출판사, 1986.
안병희, 「훈민정음 해례본과 그 복제에 대하여」, 『진단학보』 84, 1997.
안병희, 『국어사 연구』, 문학과지성사, 1992.
안병희, 『국어사 자료 연구』, 문학과지성사, 1992.
안병희, 『훈민정음 연구』, 서울대학교 출판부, 2007.
안춘근, 「훈민정음 해례본의 서지학적 고찰」, 『한국어 계통론, 훈민정음연구』, 집문당, 1983.
양해승, 「「훈민정음」의 象形說과 六書의 관련에 대한 연구」, 『관악어문연구』 37집, 서울대학교 국어국문학과, 2012, 179~210쪽.
오병무, 「여암 신경준의 『소사문답』에 관한 존재론적 조명」, 『건지철학』 제4집, 1996.
왕력 지음·권택용 옮김, 『한어어음사』, 도서출판 대일, 1997.
유창균, 「'상형이자방고전'에 대하여」, 『진단학보』 29~30, 1996.
유창균, 『경세정운고』, 청구대론문집. 1964.
유창균, 『국어학사』, 영문사, 1958.
유창균, 『國語學史』, 형설출판사, 1988.
유창균, 『동국정운』, 형설출판사, 1982.
유창균, 『몽고운략과 사성통고의 연구』, 형설출판사, 1974.
유창균, 『신고국어학사』, 1981.
유창균, 『訓民正音』(문고본), 형설출판사, 1977.
유창균·강신항, 『국어국문학강좌』, 민중서관, 1961, 67~72쪽.
윤용남 외, 『성리대전』, 학고방, 2018.
윤형기, 『조선문자해설』, 청도군 성인교육협회 추천, 프린트판, 1941.
이 청, 『합부훈민정음』(석판본), 창란각, 1946.
이건창(李建昌), 『당의통략(黨議通略)』, 조선광문회, 1913.
이광호, 「훈민정음 해례본에서의 '본문(예의)'과 '해례'의 내용관계 검토, 이병근선생퇴임기념논문집 『국어학논총』, 태학사, 2006.
이상규, 「『명왕신덕사이함빈』의 대역 여진어 분석」, 언어과학연구 63집, 2012.
이상규, 「디지털 시대에 한글의 미래」, 『우리말연구』 제25집, 2009.
이상규, 「보한재 신숙주 선생의 생애와 삶」, 『보한재 신숙주 선생 나신 600돌 기념 학술논문집』, 2017.
이상규, 「상주본 『훈민정음 해례』과 그 출처」, 『훈민정음 해례본과 학가산 광흥사』(주제 발표문), 2014.
이상규, 「여암 신경준의 저정서(邸井書) 분석」, 『어문론총』 62호 한국문학언어학회, 2014.
이상규, 「잔본 상주본 『훈민정음 해례』」, 『한글』 제298집, 한글학회, 2012.
이상규, 「잔엽 상주본 『훈민정음 해례』」, 『기록인』 23, 국가기록원, 2013.
이상규, 「훈민정음 영인 이본의 권점 분석」, 어문학 100호, 한국어문학회, 2009.
이상규, 「『세종실록』 분석을 통한 한글 창제 과정의 재검토」, 『한민족어문학회』 제65집, 2013.
이상규, 「『훈민정음』에 대한 인문지리학적 접근」, 『한민족어문학회 학술대회 자료집』. 한민족어문학회. 2014.
이상규, 「훈민정음 연구의 미래」, 한글날 572돌 기념, 한글학회 국제학술대회, 한글학회, 2018.
이상백, 『한글의 기원: 훈민정음 해설』, 통문관, 1957.

이상태, 「한국의 역사가: 신경준」, 『한국사 시민강좌』 제32집, 일조각, 2003, 185~206쪽.
이상혁, 「조선후기 훈민정음 연구의 역사적 변천」, 고려대학교 박사논문, 1998.
이상혁, 『조선후기 훈민정음 연구의 역사적 변천』, 역락, 2004.
이성구, 『訓民正音 硏究』, 동문사, 1985.
이숭녕, 『개혁국어학사』, 박영사, 1976, 15~16쪽.
이숭녕, 『세종대왕의 학문과 사상』, 아세아문화사, 1981.
이영월, 「훈민정음에 대한 중국운서의 영향: 삼대어문사업을 중심으로」, 『중국학연구』 50, 중국학
    연구회, 2009, 255~274쪽.
이정옥, 『병와 이형상』, 글누림, 2014.
이정호, 『解說 譯註 訓民正音』, 보진재(原尺), 1972.
이토 히데토(伊藤英人), 「신경준의 『운해훈민정음』에 대하여」, 『국어학』 25. 국어학회, 1995.
이토 히데토(伊藤英人), 「여암의 한자음ㅡ그 한국적 특징과 보편성ㅡ」. 『여암 신경준 선생 탄신
    300주년 기념 국제학술대회 논문집』. 전남순창군, 2012.
이현복, 『국제음성문자와 한글음성문자: 원리와 표기법』, 과학사, 1981.
임용기, 「훈민정음의 한자음 표기와 관련한 몇 가지 문제」, 『人文科學』 96집, 연세대학교 인문학연
    구원, 2012, 5~44쪽.
임형택 외, 『반계 유형원과 동아시아 실학사상』, 학지원, 2018.
임홍빈, 「한글은 누가 만들었나」, 이병근선생퇴임기념논문집 『국어학논총』, 태학사, 2006, 1378쪽.
정경일, 「한자음 표기와 한글의 위상」, 『한국어학』 42호, 한국어학회, 2009.
정경일, 『한국운서의 이해』, 아카넷, 2002.
정도전 저·한영우 역, 『조선의 경국대전』, 올재클래식, 2015.
정대림, 『조선시대 시와 시학의 현장』, 태학사, 2014.
정동유 저·남만성 역, 『주영집』(하), 180~181, 1969.
정동유 저·남만성 역, 『화영편』(상)(하), 을유문고 78, 을유문화사, 1971.
정인보, 「『훈민정음운해』 해제」. 『한글』 44호(4월호), 조선어학회, 1937.
정인보, 『담원국학산고』. 문교사, 1955.
천명희, 「광흥사 복장유물의 현황과 월인석보의 성격」, 『고전적』 10호, 2014.
천명희, 「고성 이씨 소장 해도교거사의 국어학적 가치」, 『어문총론』 68호, 2016.
천명희, 『증보 정음발달사』(공저), 역락, 2016.
천명희, 『방언학 연습과 실제』(공저), 한국문화사, 2018.
최병권, 『절운지장도 연구』, 연세대학교 석사학위논문, 1994.
최태영, 「『운해훈민정음』 해제」, 숭실대학교국어국문학과 편, 1987.
최현배, 『고친 한글갈』, 정음사, 1961.
최현배, 『한글갈』, 정음사, 1942.
한영우, 「이수광의 학문과 사상」, 『한국문화』 13, 서울대 한국문화연구소, 1992.
허동진. 『조선어학사』. 한글학회. 1998.
허호구, 「역주 여암 신경준의 「시칙(詩則)」, 『한문학논집』 제4집, 단국대한문학회, 1986.
현상윤, 『조선유학사』, 1954.
훈민정음 운해(1):(25~40쪽) 『한글』 43호(1937. 3.) 부록
훈민정음 운해(2):(25~40쪽) 『한글』 44호(1937. 4.) 부록

훈민정음 운해(3):(25~32쪽) 『한글』 45호(1937. 5.) 부록
훈민정음 운해(4):(19~26쪽) 『한글』 46호(1937. 6.) 부록
훈민정음 운해(5):(37~57쪽) 『한글』 47호(1937. 7.) 부록
훈민정음 운해(6):(17~26쪽) 『한글』 48호(1937. 9.) 부록
훈민정음 운해(7):(17~26쪽) 『한글』 49호(1937. 10.) 부록
훈민정음 운해(8):(17~26쪽) 『한글』 50호(1937. 11.) 부록
훈민정음 운해(9):(29~32쪽) 『한글』 51호(1937. 12.) 부록
『고령신씨세보』, 권1, 참봉공극순파.
『여암전서II』, 경인문화사.
『운해훈민정음』 필사본 영인, 태학사, 최태영 해제. 1987.
『운해훈민정음』. 대제각(강신항 해제). 한양대학교부설국학연구원 편(1974). 『훈민정음운해/언
　　문지』. 한양대학교부설국학연구원(강신항 해제). 경인문화사편집실(1976).
『훈민정음 운해』 활자본 9회 연재(정인보 해제):『한글』 5권 3호(1937. 3월호)~『한글』 5권 11호
　　(1937.12월호).
『훈민정음 운해』 활자본 대제각 편집실, 1985.
『훈민정음도해』 활자본, 조선어학회, 1937.
『훈민정음도해』, 필사본 영인, 송헌문화재단, 2010.
『훈민정음도해』, 필사본 영인, 숭실대학교국어국문학과 편, 1987.
『훈민정음도해』, 필사본 영인, 학선재편집부 편, 2007.

색인

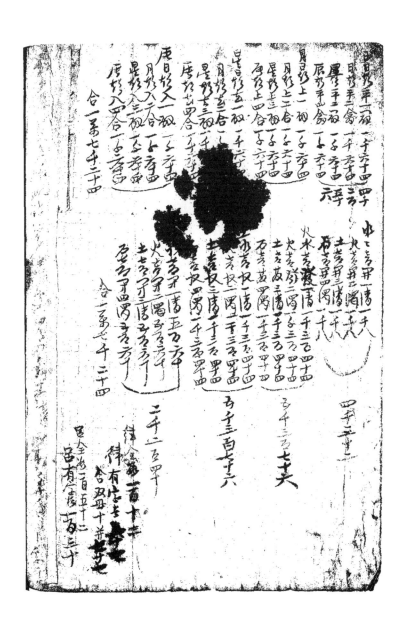

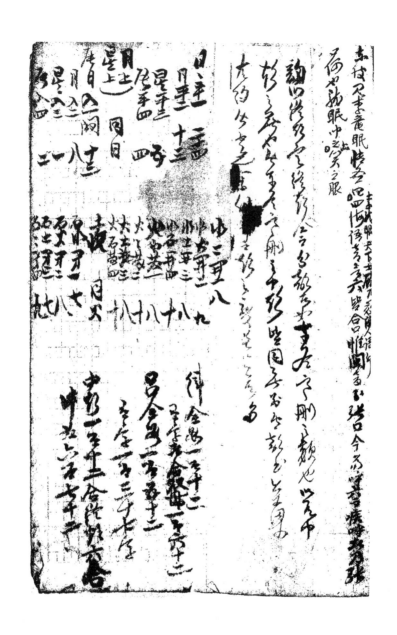

支

豐夆芄 奉鳳
彤雄熊 公洴孔 共工
童重東同 馮風
從嫠怒 衆 戎充

冬 夆封奉
山禺 共珖 冬彤憧 統
懻農雨 利
誦公從重 宋宗 童蠢束
琮 從重 雺龍

弄龍

初聲

晚喻羲喉音而羲아가聞音見牙音端泥䒶苦音而䒶

上도聞音精心齒音幫明夢脣音舌夢ㅗ上聞音枳舌

兼喉ㅓㅣ이聞音日齒兼喉시이聞音

日本初聲又有屢擧定從全濁三者而此則並字只用杉行

語之聞

中聲

岡根開口正韻良雪千萬副韻我光公合正韻藥重副

韻

終聲

日本終聲又有ㅇㅣㅣㅖ三者而此則並字只用杉行語之

聞

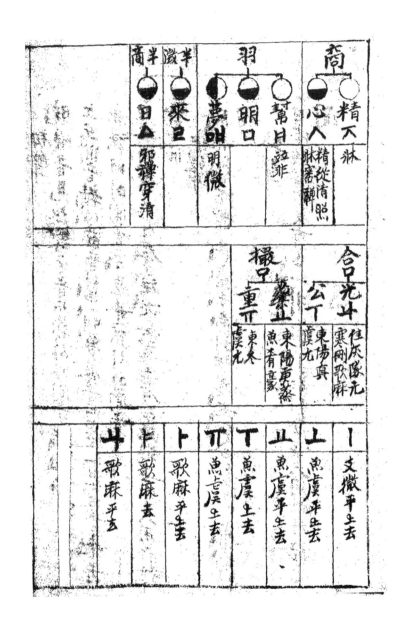

初聲

徵　　　角　宮　　　初聲

○　○　◐　◐　◑　●　◐　◑　●　◉

孥ㄴ　泥ㄴ　端ㄷ　見ㄱ　義ㆁ　喻ㅇ　曉ㅎ

泥孃定　定透知　澄徹知　群羣溪並　疑貝匣　影匣　非敷　匣音滂並

中聲

齊齒　　　開口　中聲

○　　○　　─　　┣　　┯　　┠　　┣

我ㅗ　鶬ㅑ　靈ㅣ　良ㅏ　根ㅓ　岡ㅗ　元寒剛歌

東冬江陽庚　清蒸耕侵有　支微齊隊灰剛　文元先寒音靈藍咸　東支微佳眞　東文元九慢　麻豐東咸

終聲

ㅣ　ㅈㄷ　이　ㅗ　ㄴ　終聲

中聲兼終聲

孥ㄴ擬攝入　隱攝入　慶青平上去音攝入　凝蕭尤三攝平上去攝入　隱音二攝　重終聲

中錯錄　錫職三韻　　佳灰平上去文灰隊　　平上去

故異國甚難學焉

終聲

我國終聲又有ㅁㅅㄷ三齊而此則諺字只用於行草之間

初聲

訓民正音有十三母而曉見●　　喩

明末十三母有全濁聲　影　見定從邪●七母只用於行語之間

西之音皆●　影　日三母古時經傳讀解亦且以此為字音卷而

皆以●　母書之蓋用於行語之間而不得合別其餘知徹

澄孃郡床牀等孃奉微等母行語之間罕用或

用之西名義多別　馬正音十三母中今俗所習只曉喩字

三母皇儿匣釋羣金喻聲並以心人字附書於左如舉

毋以心書之定毋以托書之誤也盖我國與日本字音全

屑柳徑全以惟泥韻中與又字以禪母呼之是俗音之誤也本

屬中聲

初聲有四圓同老夕西中聲夕夕不同我國初声少中聲有多

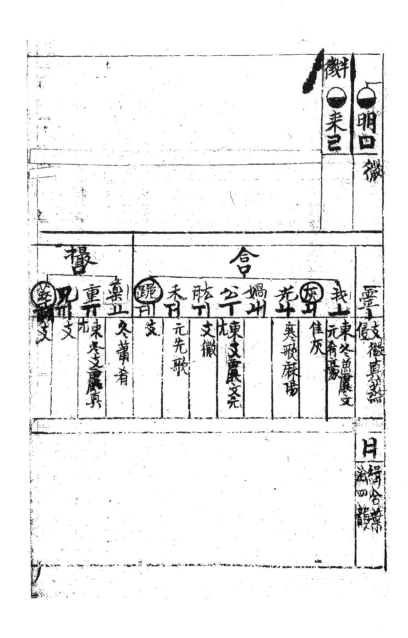

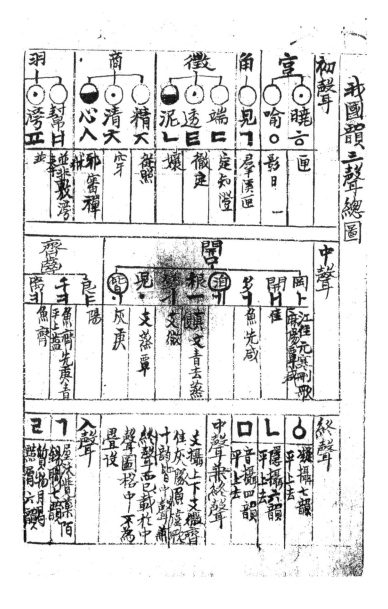

陽卜ㅑ�

陽卜ㅑ土

青周庚　草周卜ㅑㅏ今爽

九一　　錫同

軍卜ㅑ　合同　爻呼

咸周軍卜　今爻呼ㅣ

庚ㅔㅐ

蒸同庚

侵一ㅣ爻呼

鹽ㅣ

中聲今俗之變　各韻皆別行之音

東 ㅜㅠ 屋同
冬 同東 沃同

江 ㅏㅗㅑ 今變呼ㅗ洪
覺 同變呼ㅛ
支 ㅣㅜㅣ

微 同文

虞 ㅜ
魚 ㅓㅜㅠ

佳 ㅐㅔ月佳州 今變呼ㅐ
灰 ㅔㅣㅐㅔ州

支同真
真 ㅣ一ㅜㅠ

隊 州月佳州
元 ㅏ一ㅜㅠ

物同
寒 ㅓㅜㅕ 今

先 ㅓㅑ 今
蕭 ㅓㅑ 今變呼ㅑ
黠同
月同

有 ㅗㅏ
豪 同肴

眉同

歌 ㅓㅔ 今變呼ㅗ
麻 ㅏㅑㅘㅑ

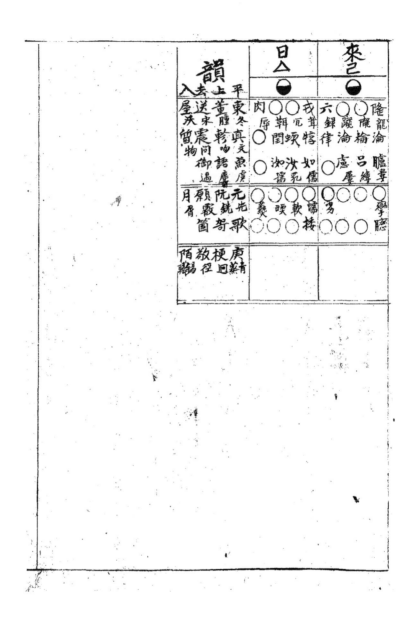

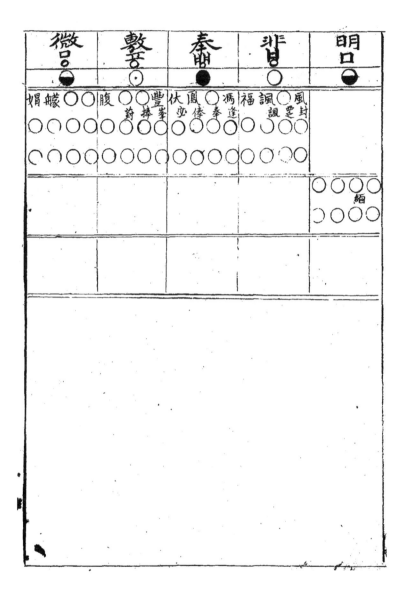

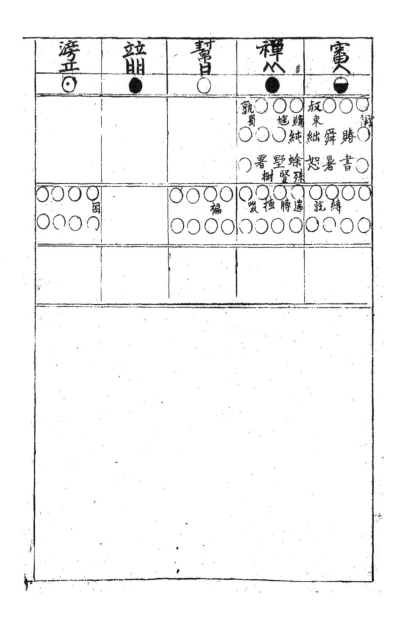

穿	然	照	邪	心
⊙	●	◯	●	➖
祝◯◯克	◯◯◯◯	祝衆◯終	◯◯◯◯	宿◯◯嵩泑
垠鈍錐衝	贖巚	燭種腫鋒	續頌 松	柬宋 筍
出◯蠢春	術順肖唇	穋準諄	殉楯句	血瀋筍
◯慶◯◯	◯◯行◯	◯蕭省諸	◯後叙徐	◯絮滑
妹	住 。	註主朱		
◯◯◯◯	◯◯◯◯	◯◯◯◯	◯◯◯◯	◯◯◯◯
獸剡爿穿	船	批 剝	覆淀腕疲	雪撰選屢
◯◯				◯
				◯◯◯驛

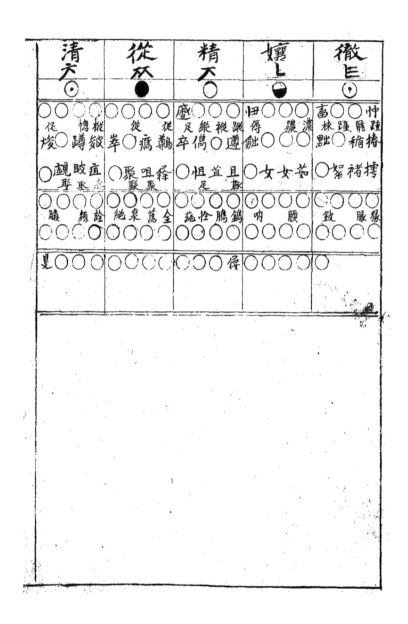

澄比	知上	泥	透	定
●	○	●	◉	●
逐仲○蚰 躅重重重 木○蟶酖 ○箸佇除	竹中○中 疹疒　冢 州○○屯 ○著紵緒			
○○○○ 傳篆椽　　 ○○○○	○○○櫨 數博轉　 			

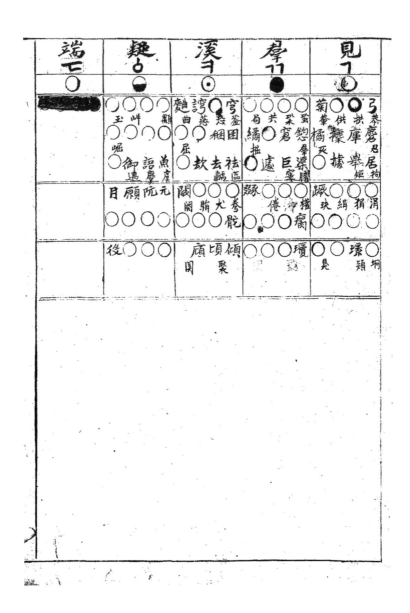

見ㄱ〇⌣	擧ㄲ●	溪ㅋ⊙	羣ㅇ⊖	端ㄷ〇
弓〇〇恭慶思居物 菊華〇〇拱庫居姫 供樛舉 橘枈據 〇〇	共〇采蛮 〇〇惣摩樂〇處巨肇籉局緖捆 彄彌	宮釜困〇穹薈 〇〇彎葽稇 曲 攲去祛 龘區	麯譁〇顯 玉岫 嵬 御逆語廎魚廎	〇
踱玦絹狷涓 〇〇〇〇 朓耴	叕〇〇攢〇〇倦枸欋橺	關駢犬卷〇 〇〇〇骸	月顧阮元 〇〇〇〇	
〇〇環〇 昗頮坰	〇〇〇瓄 瓗	顧頃傾 閜聚	役〇〇〇	

喩○	曉⊙	匣●	影○		重 軵 兀
○○融 客	○○○○	○碻○雄	郁○○豐禃盍於紆		
昱欲聿用 勇鈞云余王 獝	旭响 泡訓許	驕	雍擁○偃惲偃 薱漚伛飲		
○○○越 呪稼兗沿	○檀誤○ 血絢螺韡	○○○暄 六炫法玄	嶽閼怨䆞宛䁯駌膰眠		
○詠永煢 域○○○○	○訕茪兄 漁眼○詞○○	○○○○ 渓迴唊	○○○嶸 漠榮 鏊鏊○○○		

此畫當促畫莊鏊字下

來己	日厶			韻	
●	◐ ●	入	去	上	平
瀧 ○○ 華硏		覺藥	絳諫	講養	江陽
爐 ○○		黠	漾	潸阮	刪元
麗 ○○○		月	願禡	阮馬	麻
臕 ○○			泰	蟹賄	佳灰
弄 ○○ 祿綠 ○○○		屋沃	送宋	董腫	東冬
論 ○○ 論 嶂 ○○○		物	問	吻阮	文元
廬 ○○ 路 童		月	願御遇	語麌	魚虞
臺 ○○ 亂 卯 將			翰	旱	寒
螺 裸 蠃 ○			箇	哿	歌
○○○○ ○○○		陌職	敬	梗	庚蒸
○ 顙 量 累 ○ 汭藥雜		緝	寘	紙	眞文
○○○○ ○○○○			未	睨尾	斗微
顙 ○ ○ ○ 芮 ○ ○			隊	薺	齊

番韻當在
[illegible]韻上

微ᄝ	敷ᅗ	奉ᄬ	非ᄫ	明ㅁ
◒	⊙	●	○	◒
○○○○ 妄 网 亡 ○○○○ 萬 脫 樠 ○○○○	○○○○ 霶 訪 髣 芳 ○○○○ ○ 疲 翻 ○○○○	○○○○ 縛 防 [illegible] 房 ○○○○ ○ 飯 煩 ○○○○	○○○○ 轉 放 昉 方 ○○○○ 髮 販 反 蕃 ○○○○	○○○○ ○ 矕 ○ 蠻 ○○○○
○ 邁 ○○ 邁	○○○○ 湃	○ 敗 ○○ 敗	○○○○ 拜	
○○○○ 物 問 吻 文 ○○○○ 務 武 無	○○○○ 葑 捧 峯 拂 湓 忿 芬 ○○○○ 赴 撫 敷	○○○○ 鳳 俸 奉 逢 佛 分 憤 汾 ○○○○ 附 父 扶	○○○○ 諷 覂 封 弗 糞 粉 分 ○○○○ 付 甫 跗	木 幪 蠓 蒙 ○○○○ 沒 悶 懣 門 ○○○○ 暮 姥 模
				末 幔 滿 瞞 ○ 磨 麽 摩
○○○○ ○○○○ ○味○尾○微 ○ ○ ○	○○○○ ○○○○ ○費○斐○霏 肺○ ○ ○	○○○○ ○○○○ ○狒○膹○肥 吠○ ○ ○	○○○○ ○○○○ ○沸○匪○非 廢○ ○ ○	○○○○ ○○○ 眉 ○○每○枚○ 妹○ ○[illegible]○

穿	牀	照	邪	心
⊙	●	○	●	◑

穿	牀	照	邪	心
妮 穤 儂 囟 制 礦 創 篡 簒 幢 ○ ○ ○ 礁 ○	泥 潨 ○ 潦 狀 ○ 牀 ○ 饌 撰 狗 ○ ○ ○ ○	捉 ○ ○ ○ 斬 壯 ○ 莊 崷 諑 壝 跓 ○ ○ 刞 胜		
○ ○ ○ ○ ○ ○ ○ ○ ○ 楚 楚 初 	○ ○ ○ ○ ○ ○ ○ ○ ○ 助 齟 鉏	○ ○ ○ ○ ○ ○ ○ ○ ○ 詛 俎 菹		速 送 敢 穗 涑 ○ ○ ○ ○ ○ ○ ○ 宰 昊 捐 孫 訴 卤 蘇
		○ ○ 箏 ○	剸 蒜 簒 酸 ○ 膌 鎖 莎	
○ ○ ○ ○	趣 ○ ○ ○	撞 ○ ○ ○	○ ○ ○ ○	○ ○ ○ ○
○ 吹 揣 吹 ○ ○ 楺 ○ 碎 ○ ○ 橐 ○ ○	○ ○ ○ ○ ○ ○ ○ ○ 膗 ○ ○ 箏 ○ ○	○ 惴 擩 錐 ○ ○ ○ ○ ○ ○ 瑩 ○ ○	遂 猶 隨 ○ ○ ○ ○ ○ ○ ○ ○ ○ ○ ○	邃 髓 綏 ○ ○ 崔 ○ 雖 ○ 碎 ○ ○ ○ ○

清	從	精	孃	溦
⊙	●	○	⊖	◉

<table>

(운도 - rhyme table with phonetic characters and circles)

顦鼈攮膿違蕃○蔥
炳○○妙頌○○○
○○○○○○○槱○
○○○○○○◉○○
髭○○　翩○○

瘵謥○愬	簇駋從蕞	鈇糭總菱		
○○○	○○○琂	○緕○宗		
粹寸忖村	捽鐟鄩存	辛焌搏尊		
層㢵麤	柞柤怚	作祖租		
摵竄蔥錢	杣攢　攢	綠稰纂鐟		
○剉胵胵	○座坐銼	○挫○性		
○○○○	○○○○	○○○○	○○○○	○○○○
○翠辤嬖	○莘惢廆	○醉觜唯	○諉萋○○	雉○○
○○瞳崔	○○罪攉	○觜雞唯○	○○○○○	尸○○○○
儽○○○	呼○○○	晬蓷○○	○○○◉○○○	○憁○○

</table>

澄	知	泥	透	定
●	○	◐	◉	●

合□韻□□□
摆字□
□圖□□
□

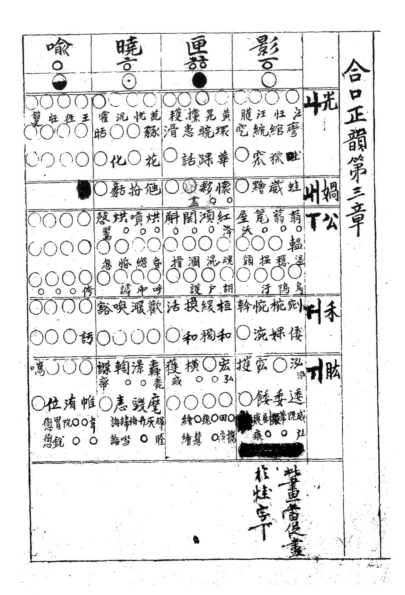

韻	日△ ●			來己 ●		
入去上平						
覺絳講江	○	○	○	○	○	○
藥漾養陽	若	讓	壤	攘 暑	亮	兩 良
點諫澘刪			髶			○ 爛
冷假謙咸	○	○	○	社	艦	瞼 覝
效巧肴	○	○	○	○	○	膠 寥
箇哿歌	○	○	○	○	○	○
禡馬麻						
泰蟹佳				○	○	攋 唻
陌敬梗庚	○	○	○	○	令	嶺 令
錫徑迥青	瓃	○ 扬	○	歷	○	另 靈
曾震軫真	日	刃	忍 仁	栗	吝	嶙 鄰
物問吻文	入	妊	荏 任	立	淋	廩 林
緝沁寢侵	○	肉	蹂 柔	○	溜	柳 劉
宥有尤	○	二	爾 而	○	○	○
寘紙支	○	○	○	○	○	○
尾微						
月願阮元	熱	軔	蹶 姚		練	蓮
屑霰銑先	讘	染	冉 舉	獵	斂	斂 廉
葉豔琰鹽	○	繞	擾 饒	○	奈	練 煉
嘯篠蕭	○	○	惹 若	○	○	跊 囉
禡馬麻						
真紙支	○	○	○	○	吏	邐 離
震問吻尾微	歷○益○			吏○禮○		○

微ㅱ	敷ㆄ	奉ㅹ	非ㅸ	明ㅁ
◒	○	●	○	◒
				邈恾佬厖
				韎慢○○
				○○○麥
				○○○○
				○○○○
				○賣買埋
○○○○	○○○○	闅○○○	○○○○	○命皿名 [illegible]覓 瞑 酩○冥
○○○○	○○○○	○○○○	○○○○	密愍泯珉
○○○○	○○○○	○○○○	○○○○	○○○○
○苺○謀	○副恒[illegible]	○復阜浮	○富缶不	○○○○
○○○○	○○○○	○○○○	○○○○	○○○○
				○○○○ 蓦䴬皃眊 ○○癸○
				○玅眇苗
				○○乜咩
				○○瀰彌 謎米迷

滂 江	並 朋	幫 目	禪 穴	審 穴
◎	●	◎	●	●
瑛胖 攝脟	電○棒麗	刹○爇邦		爍飼賣商
汎○販○	技辨○陷	捌扮○○	灼尙上裳	穀訕産山
○○○○	○湼○莖	○○○○	○○○○	賽釤擘杉
○○○○	○○○○	○○○○	○○○○	○○○○
○○○○	○○○○	○○○○	○○○○	○○○○
○○啡靘	○○罷排	○辟擺頍		○曬灑篩
辟聘○○	捊○病平	碧柄丙兵	石盛○成	釋聖○聲
墉霹騁煼	憑甓併瓶	邊米氷水	定丞○承	識勝屍升
栟闥碌砏	溺○牝貪	筆償膌彬	粲愼腎辰	世○呻申
○○品○	○○○○	鷉○稟	十甚甚諶	澀深審深
○○○○	○○○○	○○○○	○授受雕	○狩首收
○帔婢扳	○備評皮	○賁匕甲	○嗜視時	○屍始詩
○○○○	○○○○	○○○○	○○○○	○○○○
撇驃篇篇	聲便辨便	簪偏 鞭	繕善禪	設扇儌牆
怂○○○	○○○鞾	鷉窆貶砭	涉○○蟾	攝閃陝苫
○剽應飄	○○孱濂	○裱表鑣	○邵紹韶	○少少燒
○○○○	○○○○	○○○○	○坫杜閆	○舍捨奢
○○○○	○○○○	○○○○	○○○○	○○○○
媿數阰	辟陛墼	閂熨埤	迪	世

窒	禁	照	邪	心
◎	●	⊙	●	●
○○○○	○○○○	○○○○	○○○○	○○○○
綽 唱 敬 昌	鍘 軼 棧 潺	酌 障 掌 壹	像 祥	剗 相 想 裏
察 軺 剗 獐	箠 儇 澆 嶢	札 ○ 盇	○○○ ○	○○○ ○
揷 儩 醶 撨		聚 蘸 斬 漸	○○○ ○	○○○ ○
○○○ ○	○○○ ○	○○○ ○	○○○ ○	○○○ ○
○○○ ○	○○○ ○	○○○ ○	○○○ ○	○○○ ○
○痤翁鈒	○柴○豺	○債択齎		
尺○○○	齎○○○	隻 政 整 征	席○ ○錫	昔 性 眷○
溪侚憪撐○	食 剝 ○東	職 證 揿薬○	○○	息錫 睢 䤵鯷星
叱○○瞋	窀	筤 震 軯 真	○蓋○○	惡 信 囱 新
斟○潸覩	○○ 臿○	軏枕桃斟	習 鐔○尋	戟勸霖心
○臭醜犂	○鴦○○	○呪帚周	○岫○囚	○秀 渧俻
○郊齒鷗	○示 錫○	○志止之	○○○○	○○○ ○
○○○○	○○○○	○○○○	○○○○	○○○○
墊碻闈 ○	折	漸 戰 聽 痈	羨緩泟	屑叢猵仙
謵躇○轡	○○	摺 占 䚯 讋	○○ 㕑撏	㜎碐繪縇
○覰麹弨	○○○	○照汜昭	○○○○	○笑小宵
○赹搶車	○射○蛇	○柘者疬	○謝地衰	○濿窝些
○○○○	○○○○	○○○ ○		○○○○
挈萠嚮	挈	制		細洗西

徹	孃	精 人	從 双	清 六

澄比	知比	泥ㄴ	透ㅌ	定ㄸ
○○著仗丈長	○○ㅎ悵悵張	○○○裛		
嚏縱○獙	啴○○㒳	○○○		
雲賺湛喊	劊站齰詀	○○○○		
○○○○	○○○○	○○○○		
○○○○	○○○○	○○○○		
○○提揮	○娷釖捏			
㩉鄭徎呈 直 謄澄瀓	顮○戜貞 陟 ○○微	○○竆○ 嵒寀顉寧	○○聏汀 剔聽珽汀	狁定挺庲 奄○○○
秩陣絅陳 昵○○○	窒鎮聮珍	○○○○	○○○○	○○○
螫鴉眹沈	繁惈撍砧	○○○○	○○○蓡	○○○
○曺紂儔	○畫时軼	○○○○	○○○○	○○○○
○○○○	○○○馳	○○○○	○○○○	●地○○
少顫躔䗆 朕○湛訕	岢皵辰遄 輆○○堊	渥膩撖奉 捻念淰地	鐡瑱脾天 貼桥乔添	跌雷殿田 眹禪籑甜
○召擎潮	○○○朝	○涺衾娆	○糶朕挑	○誂宨條
○○○○	○○○○	◑○○瞳	○○○○	○○○○
○○○○	○○○○	○○○○	○○○○	○○○○
滯	褌	泥褌泥	嚘體㩧	笭㣲嗁

端ㄷ ○	疑ㆁ ●	溪ㅋ ○	羣ㄲ ●	見ㄱ ○
	撒○○岉 虐軻仰卬 睲鴈眼顏 映猲顤巖 ○樂嶽聲 ○○○○ ○瞳姬崖	確國崆腔 卻哓硗羌 鎘○齦硻 恰歉尿鵑 ○敲巧敲 ○○佉魝 炉楷揩	嶂○○○ 噱猭骉強 ○○○○ ○○○○ ○○○伽 ○○籇○○	覺絳講江 腳疆極薑 憂諫簡艱 夾鑑減監 敎狡交 子○○迦 駕假嘉 戒誡皆
○○打○ 的訂頂丁 蛭○○○ ○○○○ ○○○○ ○○○○ ○○○○ 喋店點驔 ○帚鳥貂 ○○咮爹 ○○○○ 諜聃佔	逆迎○迎 脆愁○銀 炭頒傑吟 ○亂鱗牛 ○義擬宜 唫齬言 硯驗儀嚴 虦乳克 ○○○○ ○指睍怳	隙慶○卿 警磬磬輕 詰菣○緊 泣撳厥欽 骫楗立 ○○○○ 俊○○慈 愜欠○謙 越橋趙 ○○○○ 罢起敬 吴撻繪	寖競○檠 極 偌覷○種 及慊嗦琴 ○舊舅求 ○芰技奇 ○健○○ 付凱 跲鈐儉黔 ○嶠嶠喬 ○吹○茄	戟敬警京 逛徑到經 吉抽賢巾 訖筆斤 忌禁錦金 ○救久鳩 ○○○○ ○建寒操 子見藺堅 頏䤵檢蕭 ○轎矯驕 ○○○○ 吉燕几基 計兢

喻音	曉音	匣音	影音	
○○○○ 藥漾恙陽	謔瀁傡扤 謔向響香	學卷項降	渥○燆胦 約快軼央	ㅑ良
○○○ 膡	瞎○○羕	鎋骭限閒	軋晜○瞁	
○○○佔	呷傲闞歆	哈隔檻咸	鴨鶴黠猰	
○○○狘	○孝嚆燋	○效衆肴	○勒拗坳	
○○○○	謍閒酈	○○○ 夏下㴠	○○○⬤ 亞啞鴉	
○○○○	○論覥祂	○邂蟹諧	○隘矮奜	ㅒ佳
繹弋 ○郢盈 逸肌引寅	虩○○○ 靷誒欥	○○○○ 涎橫脛 炸○刑	益腋影苶 億○○膺 乙印隱隱	ㅣ靈
熠纇枂溋	吸諴歆歆	○○○礩	邑饐飲音	
○宥有九	○嗅朽休	○○○	○憂颲憂	
○異笑移 毅顓沂	○戲喜犧 戲殕希	○○○	○懿倚醫 衣衣	
○○○○ 曳抶演延	○獻憲軒 尊瀨顯鴮	○見峴賢	○○堙○ 緆窒求馬	ㅕ千
葉艷琰炎	膌○臉莶	恊○歉蟒	敮悼弇淹	
○燿䍃鷂	○晛曉蟯	○鸉鼂	○要夭妖	
⬤衣也耶	○○○	○○○	○○○	
○○○○ 瞖	○○○ 歑醨	○○○○ 系俟羛	○○○○ 翳吟醫	ㅖ齋

韻	日 △ ◐	來 己 ●
入 去 上 平　陽		
藥 漾 養　陽		落 浪 朗 郎
曷 翰 旱 寒		剌 爛 懶 蘭
合 勘 感 覃（洽陌踐 咸）		拉 灠 覽 藍
覺 效 巧 肴　豪（号 皓）		○ ○ ○ ○
黠 禍 馬 麻		澇 老 勞 ●
○ 泰 隊 賄 灰		○ 賴 ○ 來
質 震 軫 眞（月 願 阮 元）		○ ○ ○
緝 沁 寢 侵		○ ○ ○ ○
○ 宥 有 尤		● 陌 簍 樓
○ 寘 紙 支		○ ○ ○ ○
○ 箇 哿 歌		○ 邏 櫨 羅
陌 敬 梗 庚（徑 迴 青）		罄 冷
緝 沁 寢 侵		勒 ○倰 冷稜
○ 寘 紙 文		○ ○ ○ ○

微	敷	奉	非	明
◒	◉	●	◯	◓
◯◯◯◯	◯◯◯	◯◯◯◯	◯◯	莫 潘 蕃 逄
◯◯◯	◯◯◯	◯◯◯◯	◯◯◯	◯◯◯◒
◯◯◯◯	◯◯◯	◯◯◒◯	◯◯◯◯	◯ 柑 垢 蚶
蔆 錂 琗 䂣 迅 釩 苤 乏 梵 范 凡 法 腰				◒ 貌 卯 茅 帽 耄 毛 禑 馬 麻
◯◯◯◯	◯◯	◯◯◯	◯◯◯◯	禑 馬 麻
				◯ 眛 ◯◯
				◯ 襪
				◯◯◯◒
				◯◯◯◯
				◯ 茷 敫 咩
				◯◯◯◯
				陌 孟 猛 萌
				墨◯憟◯僧曹◯
				◯◯ 羹 廘

滂ㅍ	並ㅃ	幇ㅂ	禪	審
⊙	●	○	●	◑
粕朡髈滂	薄傍○傍	愽螃榜莃		○○○○
○○○○	○○○○	○○○○		○○○
○○○○	○○○●	○○○○		○○○
○炮砲抛	○匏鉋庖	○豹飽包		○哨梢梢
蟧臚蔍	暴抱袍	報寶廒		
○怕坥笆	○把罷爬	○霸把巴		○廈灑沙
○霈○○	○蒂○○	○貝○○		
俉坯	倍踣	悖		
○○○○	○○○○	○○○○		瑟阢○莘
○○○○	○○○○	○○○○		澀溙瘁森
○○剖捊	○踣部裒	○○搮○		○潄浚搜
○○○○	○○○○	○○○○		○駛史師
拍○駢怦	白○鮮彭	伯迸浜○		索賹省生
霹○魖佣補	葡○○○開朋	北○嘣○		也 ○洗毨○
○○破	○○祓	北○彼陂		○○○○

穿	牀	照	邪	心
◉	●	○	●	◐
○○○	○○○	○○○		索 喪 顙 桑
○○○	○○○	○○○		薩 散 傘 珊
○○○	○○○	○○○		颯 三 糝 三
○鈔炒抄	○傫甦巢	○抓爪牒		○○○ ○
○詫蛇乂	○乍○茶	○詐鮓櫨		○○○ 燥掃矂
				賽 䢍 題
刿欄蚖灨	齜醋瀘蔟	櫛縿餯臻	○○○○	搓洒。
屓識墼叄	靐襒頬岑	戠譜瓚籫	○○○○	○○○○
○簜䩾搰	○驟糇愁	○麡摵鄒	○○○○	○瘢变涑
○厨棃差	○○士茌	●裳批笝	○寺似詞	○四枭思
				○些縷娑
策瀩○琤	嘖○○	儋盲諍睜單		○○○
測 ○○○○○○	崷○○ 礩	側 ○○ ○○○		塞 嘷 ○僧 ○○○○

清天 ◑	從厸 ●	精天 ○	孃上 ◑	徹上 ◑
錯穑蒼倉	昨蔵槧蔵	作莽阻藏	○○○○	○○○○
橾粲○飡	蔵蹭璿殘	釁替趨錢	○○○○	○○○◑
趑誜憯賝	雜暫歠蠈	而篸叅簪	○○○○	○○○○
○○○○○	○○○○	○○○○	○開撓鐃	○趞朝飀
縱草操	槽造書	竈早糟	○朎繁擎	○詑扡侘
○蔡○○	○○○○	○○○○		
來猜	在裁	載宰裁		
○○○○	○○○○	○○○○		
○○○○	○○○○	○○○怎		
○轒趣誰	○躦楸剩	○奏走鯫		
○歘此雌	○自薋慈	○恣子瓷		
○磋瑳瑳	○○○齹	○佐左羫		
○○○○	○○○○	○○○○	搯○檸獰	瘤掌○檉
城蹭 ○	賊 贈 ○層	○削禬嘈增○	○○○○	○○○○
○○○○				

澄比	知比	泥一	透巨	定匚
○	○	⊖	◉	●
○○○	○○○○	諾儴孃襄	託鎝帑湯	鐸宕蕩唐
○○○○	○○○○	捻難攤難	闥炭坦灘	達憚但壇
○○○○	○○○○	納妠腩南	榻睒羨探	沓澹禫曇
○棹○秩	〇單㺔嘲	○○○○	脥㗲○○	○導道陶
○蛇除荼	○吒絼乡	○○○○	套討饕○	○導道陶●
		○奈乃能	○泰嚏脆	○○待臺
		○○○○	○瘥呑○	○○○○
		○桛毲糯	○透麩偷	○豆藑頭
		○○○○	○○○○	○○○○
		○奈娜那	○扡柂他	○駄柅駝
宅䚩○振摘倀〇丁		○○㝔寧	○○○○	○○○○
○○○○	○○○○	䏻寵䏻成	澄䞐恃	特鄧㬪䱅
		○○○○	○○○○	○○○○

端 ㄷ	疑 ㆁ	溪 ㅋ	群 ㄲ	見 ㄱ
○	◑	◔	●	○
沰讜黨當	咢柳駉昂	恪抗㤿康	○○○○	各摑齘岡
怛旦疸單	嶭岸○豻	渴衚侃看	○○○○	葛幹笒干
笝撢膽耽	嶸㒲鎭坩	溘勘坎龕	○揳○○	合紺感弇
○○○○	○○○○	○○○○	◑○○○	◑○○○
到 倒 刀	傲 頮 敖	靠 考 尻	○○ 謦 ○	誥 杲 高
○○打	○○○	○○○	○○○○	○○○
○帶	○艾○○	壒○○壋○開	○○○○	○盖○○
糵	騃○甑			溘○○攺○譪
○○○○	○○○○	硍㼆覲	○○領○	○○○○
	矲餲痕垠			艮頣根
○闢斗塊	○偶藕齵	○寇口摳	○○○○	○遘苟鉤
○○○○	○○○○	○○○○	○○○○	○○○○
○跢㗣多	○餓我哦	○坷可珂	○○○絧	○笴笱歌
○○○○		客○○鏗	○○○○	格更梗賡
穗 鐙 等鐙○		勊○○肯朋	○○○○	朔 亘 宜擂○
○○○○		○○○○	○○○○	○○○○

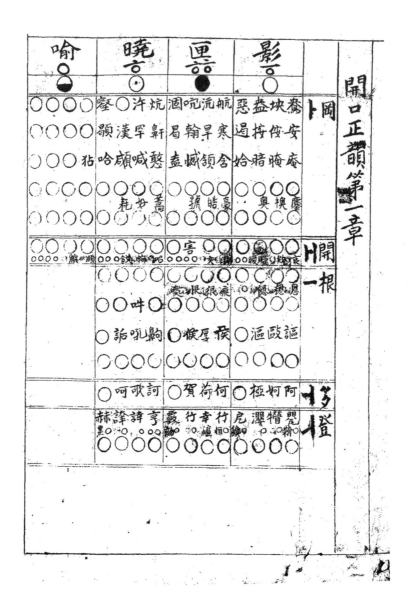

	宮角	徵	商	羽	半徵半商 半宮半宮
全清	影	見	端 知	精 照	幫 非
全濁	匣	羣	定 澄	從 牀	並 奉
次清	曉	溪	透 徹	清 穿	滂 敷
半清 半濁	喻 疑	泥 孃	心 審	明 微	邪 禪
全濁			來 日		

依律呂圖井間排順放字母逐序多與舊韻不同
○來母所屬ㄹ卽ㄴㅇ間音皆兼宮邪母所屬卽ㄴㅇ間音
ㅿ卽今ㅇ間音皆兼宮邪母所屬卽ㄴㅇ間音ㅿ奉敷微
四ㅁ亦微兼宮者也

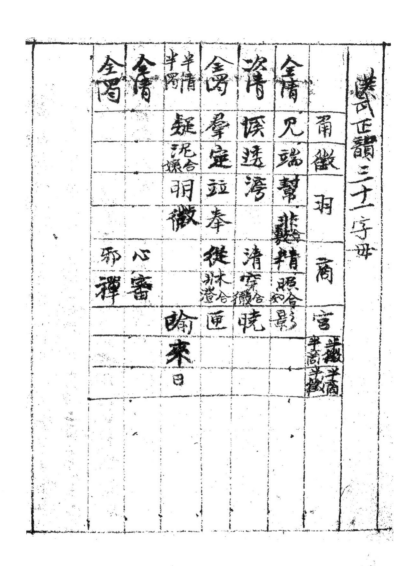

疑卽疑音孃卽泥音

絲卽影音數卽非音不且今

二而韻會合之也蓋因蒙韻內疑孃二母音雖同而蒙

守卽喩也泥孃絲影非數六母而同但以泥孃二母別義

論謂某母某之而不以爲別壽知也

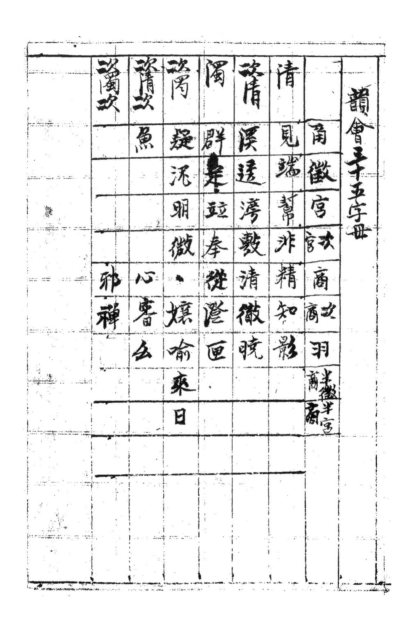

崔世珍洪武韻三十一字母但以知徹澄孃敷併於

泥定非敷林泥泥矢時用漢音要用知徹等五母云舌

上音卽同本國所呼似其正齒音一如同而漢音自躋

於正齒非敷泥孃鄉漢難辨集韻曾用三十六母

而稱影曉匣三母爲淺喉音喩母爲深喉音又以影母

敷入匣母之下古今沿襲不同蓋未必有所由而今不可

究矢

	角 徵 羽 商 宮 徵半 商半					
	全清	次清	全濁	不清不濁	全清	全濁
角	見	溪	群	疑		
徵	端知	透徹	定澄	泥孃		
羽	幫非	滂敷	並奉	明微		
商	精照	清穿	從狀		心審	邪禪
宮	影	曉	匣	喻		
徵半				來		
商半				日		

韻說文和也文心雕龍曰異音相從謂之和同聲相和名謂之韻

字彙曰音贠為韻夫贠者數也如一司之官長亞大小其贠甚

多其職掌不同而其為一司之官同也漢魏以上之書皆言音

不言韻自晉以後音降而為韻笑韻書之最古者真如魏

李登聲類晉呂靜倣其法作韻集亦周顒始著四聲

古韻晜沈約有四聲一卷隋秦王俊有韻篡蔡陸法言作

廣韻至唐孫愐唐韻此西諸書皆廢宋陳彭年等重備

廣韻丁度有集韻金韓道昭有五音集韻元黃公紹有

韻會舉要　明洪武中宋濂等備正韻

東之中形兒從牽寺中第三公丁世東之終形乞凝攝平聲〇

世中從形則取同等同韻中有公中形凝偕形之字而後即切

韻之上一字只亦形下一字兼中從形之且切之為字七刀世刀乃

合字之者天世如字音十分二字則戴去其下七公而取其三分

去初形也下一字則戴去其上三公而取其七公為中從聲也大〇分

抵萬物相切而成聲八音之木與草切而為鼓絃木切而為琴

琴木與木切而為梳聲土之燒竹之麓與人氣之切而成聲至

天之風雷陰陽屬切而為雷人之笑嘯歌哭物與我切而成

形也不知切之義烏而能作形者之妙哉

形
韻筆曰...

之中又有四...

566 여암 신경준의 저정서 연구

冬江之屬夫清濁出於音之輕重也開合合於氣之呼吸也其

清濁開合隨名目而其從物同則合為一韻氣從物為韻之

主也其清濁開合次同從物又同而後有律病排揚之不同則分

以為四等平上去入為也同氣疑從物同是平而有合為之若則

令以為上下江陽之類也同平有合為之差異則又分

之東與冬之類是也大抵輕清之居上之重濁之居下其間而

有可疑者而古今有異方俗不同或有合屬之不

察考之行之已久不可輕變正其春茸者而已

切頭

切韻

說曰切磋也謂以兩字麻合或以上一字為切下一字為韻
如德紅切紅字東之初物與橫十六格中東

九端七也初幾年則取其韻中端毋所生某字為切四也

□□□□□□□□□□□□□□□□

傍以書之 平聲 無點 上聲 二點 去聲 入聲 皆一點

形則知而獨矣乎上去入三可別者左何曰其例以點加水左

語辭終

東方之語甚繁中國之一字泚但以二三字呼之而其語載文助

辭甚多至五六字以吏讀觀之可知也新羅弘儒侯薛聰作

傳如是乎以為白去乎之類也是乎等以者中國之是以二字辭也為白去

辛齊白圍之馬一字辭也今公家辭狀皆用此而名之曰吏讀一以為句節公明

秘道弄軒之辭 吏讀新羅時辭而其今異者甚少大抵古變今簡

此可見聲音之易變也然而語之沒今用羅多阿加也所古吾

只罵鳧等辭皆支攝內聲也此則古今之所同也以中國言之慈

語助者隆一馬左而其斯只之猗耳甬已以矣於諸且于矣李

有初中終三聲皆固而為平為上為去為入聲以其呼之異也如孤

古故谷之類是也若以從聲欲合四聲則平上去聲皆有別般從

從聲以合之可也何獨於入聲有之乎或曰入聲皆與支攝有

音相似而不屬於支攝屬之凝隱等攝序例

錫職之韻內含東冬江陽庚青蒸之聲覺物月曷點屑之

韻內含真文元寒刪先之聲緝合葉洽之韻內含侵覃鹽之聲

而其內含者甚微文墨所收藏故不能知且中從奶之倒二字

與其形長中終聲之以一字兼之者其形短、、則其平奶或近

於入矣且欲短羿收則中終形之為二字為有不如從奶之兼中

奶者故入奶皆屬於支攝之支攝之入奶皆省也李氏韻譜

日入奶俱挺順轉就其昌也如谷窒曰孤古故谷順乾此若曰

公贛貢谷拗細也不從此不知古人公贛之奶上世或曰

剡以口呼之盖以ㄴ剡不及也以口剡過也 李世澤韻譜以金與

同等兼與坚同等以為金中主音同而但金兼旋閉

口切韻指掌以深感二攝為閉口呼而曰抵聲出口末歇時隨

閉其唇盖屬攝於終時開唇音攝以ㄴ呼之而於終時閉唇

中圖之全以ㄴ呼之是不知字書也音之為也明矣必不然也東字之

金以口呼者不知内含ㄴ聲者也然剡宜更設一字抵ㄴ口之

也德者可以自審故不為之更設別字也然而音攝以終形言之

剡号閉口而以中終定閉合之例言之乃開口呼也他字皆屬墨

開口之字軍之為閉口呼者是則其例也

正音二十三郎於之中取其八字兼作終於用附摭上剡於終

韻花博也文約之以攝我去之有將也令攝我將之有前萃

後殿也古有以迦結為首而令攝十二方以通江為首令攝二十四方

西令為七攝一曰嚙攝有疑從聲者皆隸之東冬江陽庚青蒸覺

七韻二曰文攝上有 ● 一 ㅗ ㅛ ㄱ ㅠ 從形者皆隸之真文元寒刪先

賢佳
英歐際魚虞凡八韻三曰隱攝有隱從聲者皆隸之支微齊佳灰

麻十韻 凡六韻四曰文攝下有 ㅣ ㅓ ㅗ ㅏ ㅜ ● ㅕ ㅐ 從形者皆隸之歌麻

皆從中聲 凡二韻五曰蕭攝有蕭從形者皆隸之蕭肴豪凡三韻

故以居 尤攝一韻七曰音攝有音從形者皆隸之侵覃鹽咸凡四韻

攝之商後尋 ㅇㅁㅇㅌ 八ㅆ六花 法 殊之其勒勝一也不可

世詮
出也

音 攝終聲

音 攝終聲 華音 切韻
攝終聲 ㄴ 隱攝從形之 ㄴ 而五音 切韻相通 南

574 여암 신경준의 저정서 연구

之輕也以 ㅓㅕ ㅑㅏ ㅛㅠ ㅕ 八ㅎ居下以其生之後而ㅎ之重

也ㄴ與口圓ㅎ方也刻宜同居ㅜ下而ㄴ其聲輕其氣升故居

起上 下支攝之間鄭言ㅎ者曰額書之首亦ㅎ供盐咸有

首札終坤之意得之矣上平ㅎ之首ㅇ從ㄴ下手ㅎ之首ㄴ終口

亞此豈偶然哉上ㅜ終ㅎ有入ㅎ上支攝ㅎ有入ㅎ下支攝ㅎ

攝之上 如呼ㅛ呼ㅗㅡ一聲也下支攝之ㅗ如呼ㅑ

ㅗ呼ㅑㅗ乃二ㅎㅌ也上支攝之ㅜ如呼

之ㅜ如呼 가ㅜ呼ㄴ ㅇㅜ乃二ㅎㅌ今下支攝

以 꼬 ㅘ츠者文而合之也東方以下支攝之ㅗㅜ而如上支攝之

ㅗㅜ云以一ㅎ呼之

分攝

博則約之理之常也約猶束也下束則亂夫字之博而約之以攷

필사본 원본 邸井書 영인 575

終聲解

象數

夫天下之象方圓曲直而已天下之數縱橫奇耦而已初聲用縱橫奇耦終聲合方圓

曲直中聲用縱橫奇耦終聲合方圓圓縱橫之用總為殊而圓

一所以為始也圓方ㅇ也立字天地圓方乙也立字地也

圓ㅁ而方ㅇ乙陽一而陰二也縱橫者中形兼終形者也一

ㅡㅗㅛㅜㅠㅣㅓ也世謂此十ㅇ四字立於終形兼

ㅏㅐㅗㅛㅠㅕㅖ終形則兼終形則成兼終形則

可謂之無終形則不可

等位

ㅇ天象居最上ㅁ地象居最下中形兼終形者居字中而

字必合三形之成兼終形者居字中而

中形十六分其半以‥‥ㅡㅗㅜㅠ八形居上以其生之先ㅁ形

終聲圖

終聲圖		
凝攝	ㅇ 東 冬 江 陽 庚 青 蒸	
支攝上 隱攝	一支 十 ㅐ ㅔ ㅒ ㅖ ㅟ 皆附馬 齊佳灰 文微 ○支 隊	ㅠ ㅜ ㅟ ㅗ 虞魚 虞魚
	ㄴ 真 文 元 寒 刪 先	
支攝下 蕭攝	ㅖ ㅓ ㅚ ㅏ ㅑ ㅕ ㅣ 歌 歌 麻 麻 歌 麻 歌 麻 歌	
九攝	ㅜ 九 ㅗ 豪 肴 蕭	
音攝	ㅁ 咸 盐 覃 侵	

凡字於中從三位合而成一有位者則字呼而得其正之目

晋皆以車韻法作之後以此定而東董送屋等一百或字其標

也至西坤傳了後摸字毋而初疑是疑見撰舉字疑等三十六字其標

也中次投之寧韻之不立標字校從名而互定字學家聚記

無缺今余以同光等三十二聲為標而其有字者當十八也今俗之或謂或

變而為他聲者凡三●五聲六聲之日今呼以七聲年日三聲之日今

呼以七聲之月二聲之日今呼以八聲之月者多●以見我軍

二為標圖中作圈以別之以東音言之有字者固光問爛良乂禾

千禍根松登脞豐重則明我澡三聲之星辰四聲之辰七聲身之軍

辰二十三而簞音所言者以東音立標以備東方之用

⊗五字●是也盖加聲則東方與中國不同者或希而中聲則

多不同共且渾明之也

四ᄆ横一以一専一耦左之右之而成也ㅜㅓ吾與ᄆ唇斜開之少合敬

横左之ᄉ初形與ᄆ縱之間ㅏㅗ専與ᄆ唇斜開之文開故横若而

左ᄉ聲與ᄆ縱之外至ᄉ小ㅜㅑ等十六字眞與ᄆ唇斜向右放以

一附書ᄉ初形之右ㅗㅛㅜㅠ一ᆞᆞ其形偏其聲ᄉ附放附書ᄉ初聲

叱初形之下ㅏㅑㅓㅕ其形正其聲ᄉ直放附書

叱停

闢翕

陽闢而陰翕翕而闢ᄉ数之一三為闢二四為翕象之曰星為闢月為

为翕闢翕合之为ㅐㅒㅒ收ㅐㅒㅐᄆᄆ口已韻也世故去ㅐ口已副韻

世収去合口已韻也閉ㅕᆞ合已ᄆ韻也又ᆞ之則ᄉᆞ名ㅐ一ㅋ去ㅣ

ᆞ收一ㅋ矛ㅛㅐ开ㅜㅕᄉᄆ收ㅠㅐ系

定中聲標

中聲而象唇舌而制字ᆞ呼時舌微動唇微啓ᄀ其聲之至輕其氣

象形

中聲而象唇舌而制字ᆞ呼時舌微動唇微啓ᄀ其聲至輕其氣

至短ᆢ並ᆞ多其形此ᆞ差重其氣ᆞ差長蓋ᆢᆢ

其形微本及成畫華音ᆕᆢᆢ作中聲用多惟兒二畫空以

已呼之而名ᄀ議也我東字音以ᆞ作中聲者頻多而ᆢ則全

無惟方言謂ᄉ曰ᄋᆞᄂ此一節而已一舌平而不上不下唇微啓

西ᄆ開ᄆ合ᄉ舌自上至下唇微斜蓋一ᅳ縱橫之始生也後ᅳ與ᅭ

一居西未及相配故其形單其聲孤至其縱橫相配後ᅩ與ᅭ

聲相合ᅩᅮ與ᅲ聲相合ᅉᅭᅲᅲ四ᅩᅭᅮ縱ᅳ以一奇一耦而

之而成也ᅩᅭ舌卷而唇偏向内攺縱上ᅵ在初聲與ᅵ横之外

ᅲ舌吐르唇撮向外攺縱下而在初聲與ᅵ横之閒ᅮ ᅡᅥᅣᅧ

韻觀之一韻四等之中二聲常不滿四而初聲或至三十亦多矣

方圖

如義之有方圓圖

旣有圓圖而又為之方圖者何也

二者皆自然之理圖□□

也方圖所以定開合呼今韻等者也夫聲一也而有開口合口開陽而

合陰開之中又有正韻副韻其副韻齊齒呼也合之中又有正韻副

韻其副韻撮口呼也正陽而副陰正韻之中又有正副韻之中又有

正副此一而二二而四四而八八之理也 ·卜丨ㅐㅣ 之正ㅣㅓ丶丨丨

丨正之ㅣ也∶ㅑㅕ뱌 之正ㅁㅣ也ㅠㅕ之正ㅣ也以次為□合

ㅣ之ㅣ也ㅣ之ㅣ也 ㅜㅓㅔ之正ㅛㅑㅒ之正也以次為□

ㅠ뼈ㅖ껴ㅒ ㅣ之ㅣ也 曰上之ㅣ下陽上ㅣ信下尊單之

序也中世儒正撰韻音解以ㅗㅜ為開音ㅛㅠ為合韻細念之ㅣ

下亦荒侖音也ㅗㅛ中聲﹑韓音亦用ㅣ以撥諠而ㅜㅠ諸本書

二橫二交易而成二爲陰之且其於重之爲陰故其次始於午終於亥而
ㅗㅜㅛㅠ其形正其聲直故居四正方ㅏㅓㅑㅕ其形偏其聲
側故居四間方十六中聲之右皆加一縱ㅣ又爲十六聲是中聲之
再變者也夫初聲陰也陰以陽爲用故其變也以橫ㅡ相加而成中聲
陽律也陽以陰爲用故其變也以縱ㅣ相加之成橫之所以爲陽縱之
所以爲陰者何也夫縱者自南而至北橫者自東而至西縱爲經之橫
爲緯經爲陰之律爲陽也天之南北極不動之日月星辰皆由運
行於東西道也人之脊背不動而屈伸把握最爲用事者左右手也如
織布之經絲不動而緯絲往來交互之成也故縱體之橫用縱靜之
橫動縱變少之橫變多此所謂陽變而陰不變者也是以中聲其畫
直而已其形方而已初聲曲直方圓長短分合俯仰斜戾紆屈者
變化無窮也中聲三十二所用者不過十八而初聲三十六也以等

中聲解
圓圖

中之 ●○ㅇ 太極也 太極動之一陽生爲 ● 天 ●○ㅇ 之象也 居北 靜之一陰生爲

而兩葉生 ㆍㆍ 其生也始其形也微及其 ㅣ 如木之行 ㅣ 如自其仁而一芽生 如自一芽

下一爲 ㅣ 上一横 ㅣ 陽也乃東 居西 ㅣ 滋而爲 ㅣㆍㆍ 交而爲一

ㅠ 一縱 ㅗㅜ 一縱上 ㅏㅓ 二縱上一横下 ㅑㅕ

ㅏㅓ 一縱左一横右而爲 ㅣㅣ 二縱左二横右而爲

ㅡ 一横一縱而成而萬聲由先生乎

此以往以至于無窮

필사본 원본 邸井書 영인 583

初聲合中聲為字之例

ㅏㅑㅓㅕㅣ附書於初聲之右如見類 가갸거겨기之字

ㅗㅛㅜㅠ‥‥附書於初聲之下如見類ㅗㅛㅜㅠ그ㄱ之字

ㅘㅙㅝㅞ如見類과꽈풔풰之字

이ㅐㅔㅖ如見類기거개게之字

訓民正音字次序

가갸거겨고교구규그기ㄱ

右見類之例餘倣此訓民正音並기今加設
ㄴㄷㅂㅌㅍ此並今加設初聲

終聲合中聲為字之例

如見類강為㬮攝간為隱攝감為音攝

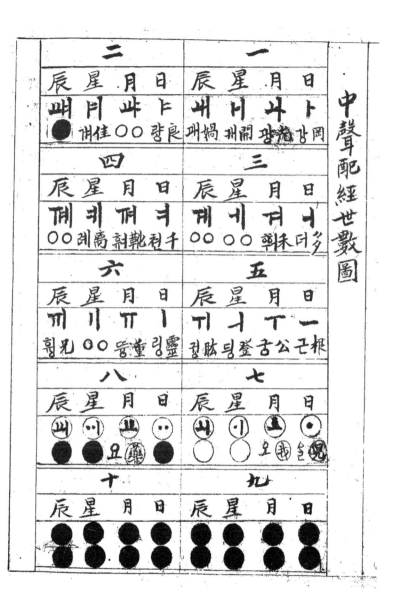

中聲配經世數圖

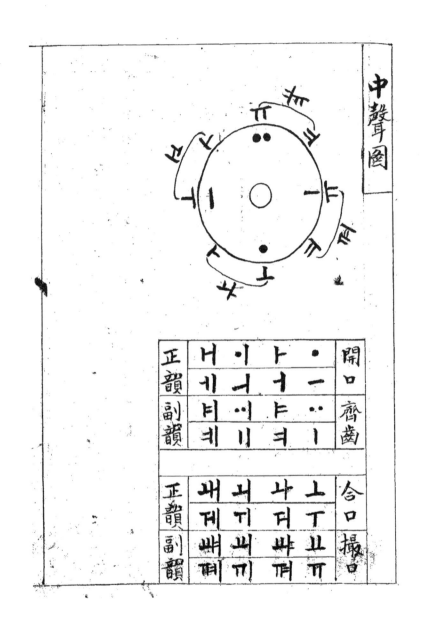

居角之次 ㄱ ㄷ ㅂ ㅈ 徵之變也從于徵而居徵之次 ㅌ ㅊ 外 ㅉ 商之變也

于商之居商之次 ㅂ ㅍ 朋 ㅇ 之居 ㅇ 之次 ㄸ 光為弟三屬 ㅆ

徵之 ㄴ ㄷ ㅌ ㅂ 商之 ㅅ ㅊ ㅆ 羽之 ㅁ ㅂ ㅍ 朋 變弓 ㅈ 天變 ㅎ 也之 ㄱ 攤

其類而居其次 ㅈ 是為弟四屬半徵之 ㄹ 半商之 ㅿ 變之極也 ㅿ

居昌最下 ㄱ 光為弟五屬且以音出之次弟言之喉居最初居之極 ㅇ

舌居牙之外齒居舌之外屑居齒之外故先宮而次角次徵次商次羽

清濁

大五音 ○而言之商角徵宮羽圍 ○而言之三十六毌多有清濁

見端知對 ○ 心精照 ○ 影八音純清 ○ 溪透徹穿暁八音次

清也舉定澄並奉 ○ 琳邪禪匣十音 ○ 金也疑泥孃明微 ○

喻來日十 ○ 半清半濁也蓋陽輕而陰重陽浮而陰沈輕浮 ○ 為清

之重沈 ○ 為濁以數言之清奇而濁耦故 ○ 世 ○ 之一三清二四濁

宮土也居中是为第一層角木也居東徵火也居南商金也居西羽水

也居北是为五帝之層宮出二列方位則夫土生於東是於戌盛於巳衰

辰枝○居未□居戌刁居酉丑弱居辰刁刁刁角之變也健申甬面

右引左為陽而右為陰陽為上之陰為下故左引長右引短左陽長

陰陽所以居上右引長左引短左陰長陽清所以居下為次陰如

辨似

歌曰知照那敷彼此同泥孃穿徹來都通澄牀疑喩音尤
似認毋詳形仔細窮此十二冊之音固扣似以舌上正齒金淸
次淸為牙之義會神熟讀別辨之不難矣東方別書舌
齒音之得立齒撮口中形者多不能合而關西嶺南多用舌
音同南閩西多用齒音

○釋家悉曇書曰疑●字之音動鼻作聲 喩●字之
音發為喉中輕虛之聲而已故初雖稍異更大體相似他漢音
疑音細聲或歸於況音或疑喩混然別

曰東人之□喉音最可難成故○○華之角○呼之秋○為宮為

將難用也各得已竝言為詔以備匣毋之諾呼亦甚□殆與言固

也然而土為五行之終之至廣且大取陰之盛故之而一陌也或音

徵音之毋皆四之商獨為弓者何也曰金性從革宜其多變其能

之剛也善鳴而金在物至剛商音行為金故之毋徵商角之毋其多變且以

及遠能引而商音之多其以此欲言宮徵商角之毋其易也必

加一畫故上而角之弓獨加一畫故中故何也曰自下而上故易卦之

倒々ㅋ之名故 ●● 吉之抵下齟故重故加一故下且本字加一故

木之下象其根末字加一故木之上象其抄末字加一故木之中象

其重枝葉說文釋末合木老末ㅋ與末全御木老之枝葉盡

之象也ㅣ木兩兩為林ㅆ其林字或曰羽毋之變故別无加故上茅加故

下之獨以從生四角以橫半四角故故や白大口日且皆毫金屑光衫

之ㅇ角之ㆁ徵之ㄴ商之ㅅ羽之ㅁ陰老之陽生也宮之ㆆ角之ㄱ
徵之ㄷ商之ㅈ羽之ㅂ純陽也宮之ㅎ角之ㅋ徵之ㅌ商之ㅊ羽之ㅍ陽老而
陰生也宮之ㆅ角之ㄲ徵之ㄸ商之ㅉ羽之ㅃ純陰也ㆅㄲㄸㅉㅃ之
陰極而陽生爲ㅇㆁㄴㅅㅁㅇㆁㄴㅅㅁ之陽長之爲ㆆㄱㄷㅈㅂㆆ
ㄱㄷㅈㅂ之陽極而陰生爲ㅎㅋㅌㅊㅍㅎㅋㅌㅊㅍ之陰長之復爲
ㆅㄲㄸㅉㅃ陰陽互根循環不窮而陽數一也一變則爲二故陽之奇
一老之中坼爲ㅁㅁ者一而二之之象也陰數二也二變則爲一故陰之耦
一一老之交互爲ㄨㄨ者二而一之之象也然則ㆆㄱㄷㅈㅂ陽係之一也
ㆅㄲㄸㅉㅃ陰係之一一也ㅎㅋㅌㅊㅍ老陽之ㅁ也ㅇㆁㄴㅅㅁ老ㅁ也
陰之ㄨ也ㅁ者一將爲一一之時也ㄨ者一一將爲一之時也一者一一之合
而連之故也一一者一之離之竝之故也陽則不竝之陰自竝也又何
可竝之有乎或曰然則竝宮竝其之ㅇ是其例也之以ㆆ竝之者何也

信於本而義之羊取諸戰禮之豆取諸器智之日取諸明爲字

而惟仁獨得信之人也至木〇乚人皆得〇之一半而獨口有〇

之兩面者何也盖口在時屬冬乚者新冓戌之交也在方屬北

之者陰陽位之界也在五臟爲腎心肝肺脾皆一而惟腎有二

在四端爲是非惻隱辭讓羞惡皆一而惟是非爲二以宿神言

之青龍朱雀白虎皆一而惟言武龜蛇合而爲二以字形言

之東西南字飛皆連綴爲一而惟北字左右胖而爲二口乚

有兩面此其尤著也

五音變成

〇變而加一爲丄爲〇〇變而加〇爲丅乚變而加一爲亡亡變爲

〇變而加一為丅爲〇〇變而加一為ㄱㄱ變而加一為ㅋㅋ變而

〇變为ㅇ〇變而加一為ㅗ変而加一為丄變而加一為ㅠ此宮

ㄲ此角之变乃乚乚变而加一為〇丄上为亡亡变而

○字書云王權切天之體也以一而二○○○○正音之○其取於此欤盖

○奉其全體而觀之則○也以其上下而觀之則為二以其左右

而觀之天為二以其四方與中之意者而觀之則為五乞而後

萬音之體備矣此圖書之中五而天之體君之象也○乚入

口各得○之一體而成者也○之一得○之乀而直之者也○乚入

○之乚而曲之者也乀得○之乁而拗之者也口得○之○合而

方之者也夫○居於中之為極者也圓滿無缺圓轉不滯

其象圓圖而○乚入口既偏有一方則其形已著其位已局直

之曲之拗之方之自各得已者也之於四音皆出於○而

全體者何也盖○抬出而為○則其如近○其位系子也投能将

之體也是如八卦皆宗於帝而乃震獨言帝出又如四性此皆以

衣子讀

方言之釋口皆做此為盖○之為音也

故作圖一時舌微吐而○時脣微合乙之為音也

此表之

一時舌自下而抵上　人之為音也

舌居中之脣微合　乙之為音也　一時舌自上而抵下

㡿象于脣㘴者也且宮之㛠主　ㅣ之為音也　時脣

脣微斜右口之為音也　一時脣微斜左　時脣

之㛠主張羽之㛠主吐會其意而象其形　　時脣始合旋開

失㘴㘴五音各出於喉牙舌齒脣而特以脣取象麦何也盖喉　時脣閉之㛠主湧徵之㛠主分商

乽齒屬土木金其形靜脣舌屬　其形動靜㛫難知動者

易見故其取象於脣舌者此也且心有所感之宣於外者為形

醫書云聲出於心者此也之舌屬心之君也舌者承

宣也脣者門戶也兊以老而牙齒脫者聲不大異於常而脣

缺者聲訛舌病者聲啞此舌為聲者之最用事者也

自上之陽出之象也徵志云祉也物盛大而無祉也其聲主分坎聲

象為乚气火之尖今西上燃之象也商志云章也物成熟而

可章度也其聲主張也其象為𠆢气金之尖而張爽之象也

翔志云聚也物聚而字覆之也其聲主吐故其象為口气

水之聚會而盈坎之象也

象唇舌

ㅇ 君也居上位也孔在下文中宮而後以用初聲又可為終聲故一字兼
以喉舌之圓也○舌通也○象身之直而喉舌以用也

ㅏ 不用方從聲○ㅣ八口象唇之開○音為初聲又可為終聲攺一字兼

二聲以呼之呼○曰伊凝ㅣ音為伊○音為凝呼○曰尼隱

音泥ㅣ音為憂呼入曰時丶音為時丶音為
彌音ㅁ音為彌○音為收切韻時以○作㣲用㣲以伊

為切之取伊初聲作終用則以凝為韻而取凝終聲ㅅ入

音陽其器土☐其氣乾其數六其方戌其氣立冬其風不
周其聲溫潤其音辨其器石☐其卦艮其數八其方丑☐☐
氣立春其風融其形崇聚其音啾其器瓠☐其卦☐其數☐
四其方☐其氣立夏其風清明其聲☐☐餘其音直其器木
角其卦震其數三其方☐其氣春分其風綢底其聲清越其
音監其器竹徵其卦☐其數九其方☐其氣夏至其風昌其
聲纖微其音哀其器絲商其卦兌其數七其方☐其氣☐
分其風圓圓其聲春容其音鏗其器金羽其卦坎其方☐一
其方☐其氣冬之其風廣漠其聲☐大其音讙其器草

象形

宮志云中也居中央暢四方倡始施生為四聲之綱也其聲耳☐合
枚其象為○兒土之圓滿周徧四方☐肆之象也角志云觸也
物腦地之生載芒角也其形羊湧枚其象為○兒木之☐牙

字母分屬

○ 影ㆆ曉ㅎ匣ㅎ喻ㅇ屬宮土音 生於脾 成於喉 而微兼牙 疑ㆁ見ㄱ
溪ㄱ羣ㄲ屬角木音 生於肝 而成於牙 況ㄴ端ㄷ透ㅌ定ㄸ定ㄸ舌頭音 孃
知ㄷ徹ㅌ澄ㄸ屬徵次音 生於心 成於舌 而況ㄴ端ㄷ透ㄷ定ㄷ舌頭音孃
知微澄為音上音心人精天满天 邪ㅆ從ㅉ審人照ㅈ穿天禪ㅆ牀
不屬商人金音 生於肺 成於齒 而心精清 邪從為齒頭音 審照穿
禪牀為正齒音 明ㅁ幫ㅂ滂ㅍ並ㅃ微ㅁ非ㅂ敷ㅍ奉ㅃ屬
羽ㅇ音 生於腎 成於骨 而明幫滂並為重唇音 微非敷奉為輕
唇音而兼齒來ㄹ屬半徵半大音 生於半舌兼喉日ㅿ屬
商半人金音 生於半齒而兼喉字母並三十六 其武正額以知微
澄孃敷非照穿 林尼邪為三十一母 其音お似西音

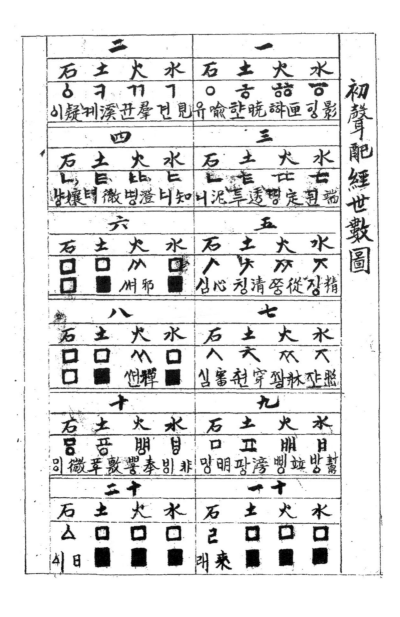

初聲配經世數圖

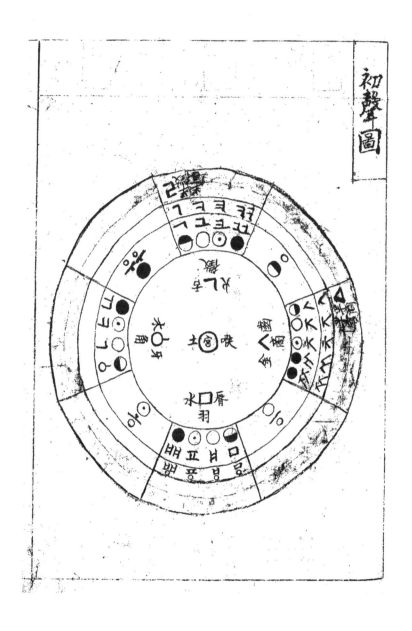

初聲圖

緬甸

八百

附

知聲音之道既⃞⃞為將復梅矣芳賤臣考何敢與知其蘊奧之
萬一之管窺蠡測 為此圖解以寓校戲不意之意西巳

近又有⃞一二三四五六七八九十百婚友書千娃以萬娃以億億萬以代丁
駁雜至義西盡出矣 中聲則用正音本文以書之誠
聊為塞責之用也 初終聲

九國所書明王慎德四夷咸賓八字

西天 ⃞⃞⃞⃞⃞⃞⃞⃞

女直 ⃞⃞⃞⃞⃞⃞⃞⃞

韃靼 ⃞⃞⃞⃞⃞⃞⃞⃞

高昌 ⃞⃞⃞⃞⃞⃞⃞⃞

回回 ⃞⃞⃞⃞⃞⃞⃞⃞

西番 ⃞⃞⃞⃞⃞⃞⃞⃞

百夷 ⃞⃞⃞⃞⃞⃞⃞⃞

訓民正音圖解敍

東方舊有俗用文字ㄹ其數不備其形器法不足以形一方之言

ㄹ俗一方之用也　正統丙寅我

世宗大王製訓民正音其□□反切之法其象用交易變易加一

倍之法其文〇點畫甚簡而清閉開合□中終音故粲然具

著如一影子甚為字不為之其為用之周書之甚便之學之苦

易千言萬語織悉形容於婦孺童騃皆得而用之以達其義

必通其情此書聖人之未及窮得而通天下□□□□諸□

閏文字高麗忠宣王附元公主西用農畜民見其知其如何之以

九十叙香而書旅藝文

章号曰言不止惠君一方之可以为天下聲音大典也怒言　聖人

制作之意之微且深孝府儒臣解之之未盡按之于姓用之不

月日聲上二闢　三千三百□□□
月□□尸上二翕　一千□音八十一
月星聲上三闢　六百八十五
月辰聲上四翕　五百四十八
星日聲去一闢　三千三百□□
星月聲去二翕　一千七百八十□
星星聲去三闢　六百八十五
星辰聲去四翕　五百四十八
辰日聲入一闢　一千七百八十一
辰月聲入二翕　二千七十六
辰星聲入三闢　一百三十七
辰辰聲入四翕　二百七十四

合三萬三千一百九十四

火水音發一清　一千二百九十六
火火音發二濁　一千六百二十
火土音發三清　一千二百九十六
火石音發四濁　一千六百二十
土水音收一清　一千二百九十六
土火音收二濁　一千六百二十
土土音收三清　一千二百九十六
土石音收四濁　一千六百二十
石水音開一清　一千二百三十四
石火音開二濁　一千二百九十六
石土音閉三清　一千二百三十四
石石音閉四濁　一千四百五十八

合二萬二千三百五十八

星	衰	辰
開安	欵懺懷慨 安安安安	○
○ 鷬安		
○ 楊安		
○ 卦安		
○		

右曰聲岡字下唱而水之音安上和為安岡切稱

鴦字音也並依此推之天之用數一字下唱而地之

用數一百五十二字上和則為一百五十二字天之用

數一百星事唱而地之用數一字上和則為一百

十二

字　　　　　　兩層今書之

伴品唱和聲音有字標者之數

日之聲平一闢三千二百零八　　水之音開一淸一千二百九十六

日月聲手翕一千七百八十一　　水火音開一濁一千二百零八

日星聲平翕六百八十五　　水土音開二淸二千二百九十六

日辰聲平翕五百四十八　　水石音開二濁一千零二十

608　여암 신경준의 저정서 연구

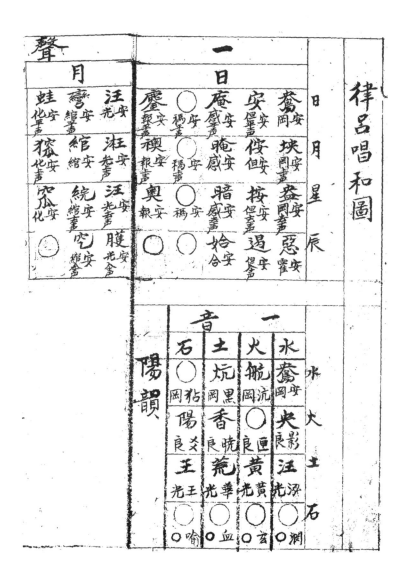

律呂唱和圖

月還文二攝

五聲曰優音尤支四攝
星文一攝
月壞隱文三攝
星凝文二攝
辰類文二攝

六聲曰凝優音尤支五攝
月凝優文三攝
辰凝一攝

右諸攝中文筆九二攝立八聲
○七聲之日月八聲之月邛正聲放不論

其■即所云之四千也故為侍而音為區佐以唱而呂以和
陽也位本居上音陰也位本居下而及其唱而和之音上而為下
即地天為泰而萬物化生之義也
各殼寫中韻書所隷終聲之數

一聲曰凝隱音蕭支五攝
　月凝隱支三攝
　星支一攝

二聲曰凝隱音蕭支五攝
　星支一攝
　辰支一攝

三聲曰支一攝
　月優支二攝

四聲曰愛音蕭支四攝

原聲耳音之數

夫陽始扵一而成盛扵九信始扵二而盛扵六此昜之所以陽用九
信用六也陽奇也兼之故一興九而為十陰耦也兩之故二其六而
為十二左聲之本數也十二左音之本數也每聲有日月星
辰四象合為四每音有水火土石四象合為四十八此聲音
之體數也以日月星辰相因為一百六十以水火土石相因力
百九十二扵天及因去如之體數四八為一百二十此聲音
天之體數四十為一百二十此聲音之用數也又以一百二十
千二千四此扵音之變數也又以一萬七千二百因一萬七
四為二萬八千九百八十一萬六千五百七十六此扵音生
也聲音之數變而通之而生之不窮天其〇有其音而無其
字左也其口有其音而無其字左也其〇●所去之界

○邵子聲音唱和之圖編作橫字書而以四聲西四聲之中合收終
聲平上去入斷以此橫之四等西四聲之中合收終
聲平之不同者如一岡但一二聲曰之良眼駕
哂之類是也故平得岡則其生去入皆有岡終聲者
可知也故生得但則其生去入皆有但從聲者何知也且
從聲之不同者不止於四故用守書言難及毋例附書而音攝
之字附書於隱攝之下以其聲音相近地蕭攝尤攝支攝
附書於支攝之下蕭尤二攝乃重從聲音而常從支攝
也如感報審秀之類是也

○邵子聲音圖初非為字書而作地物有亂雜耳氣
味唯聲音為盛且可以書別故特假之字以明其數必於字
末聲究精烏後之治字為頗為聲韻正而猶有所未盡者
今復恭以愚見其所移易刪補意多而是不過邵子本
旨云甬

凡一与有初中終三聲 陰呂只初聲陽律兼中終
二聲中聲雖同而終聲不同者夕夫右圖以平上
去入配日月星辰令作橫四等而四於寺之中各收終
聲之不同者如一聲月之一岡但稱合二聲月之良眼駕
呷之類是也扶乎得岡則其生也有岡終聲聲者
可知也扶生得但則其平去入皆有但洪聲庵可知也且
從聲之不同卷不止扵四故用守書雖及世例附書而
之字附書扵隱攝之下以其聲聲相近州蕭攝九攝之字
附書扵支攝之下蕭尤二攝乃重終聲聲而而皆扵支攝
也如感報審秀之類是也

〇邓子聲州量日國網作相四等而四於寺之中各收終
如

十二音
水一清
火二濁
土三清
石四濁
日
藥閏

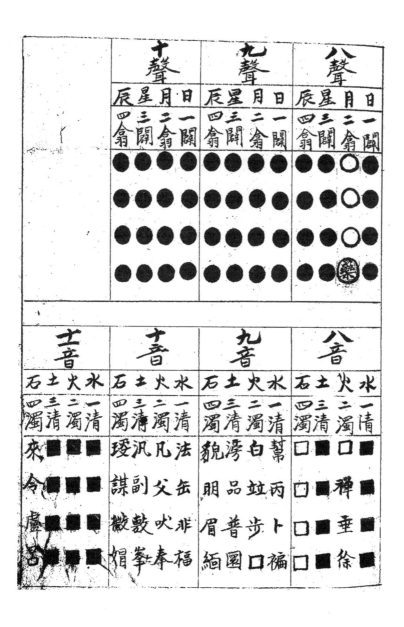

十聲				九聲				八聲			
辰	星	月	日	辰	星	月	日	辰	星	月	日
四翕	三闢	二翕	一闢	四翕	三闢	二翕	一闢	四翕	三闢	二翕	一闢
●	●	●	●	●	●	●	●	●	●	○	●
●	●	●	●	●	●	●	●	●	●	○	●
●	●	●	●	●	●	●	●	●	●	○	●
●	●	●	●	●	●	●	●	●	●	樂	●

十音				十音				九音				八音			
石	土	火	水	石	土	火	水	石	土	火	水	石	土	火	水
四濁	三清	二濁	一清	四濁	三清	二濁	一清	四濁	三清	二濁	一清	四濁	三清	二濁	一清
來	■	■	■	瑷	汎	凡	法	貌	澇	白	幕	□	■	□	■
令	■	■	■	謀	副	父	缶	朋	品	竝	丙	□	■	禪	■
盧	■	■	■	微	數	吠	非	眉	普	步	卜	□	■	垂	■
마	■	■	■	媚	箏	奉	福	緬	圍	口	福	□	■	徐	■

七聲 ／ 六聲 ／ 五聲 ／ 四聲

七聲				六聲				五聲				四聲			
辰	星	月	日	辰	星	月	日	辰	星	月	日	辰	星	月	日
四翕	三闢	二翕	一闢	四翕	三闢	二翕	一闢	四翕	三闢	二翕	一闢	四翕	三闢	二翕	一闢
○	○	兒	○	○	兄	重	靈	肱	登	公	根	○	离	靴	千
○	○	戒耳	○	○	永	○	惲	水	○	吻	梗	○	豈	犬	檜
○	○	佝	○	○	○	鎣	去	○	德	助	會	○	計	顟	寧
○	○	○	○	○	閏	闔	王	○	骨	○	國	○	○	雪	哲

七音 ／ 六音 ／ 五音 ／ 四音

七音				六音				五音				四音			
石	土	火	水	石	土	火	水	石	土	火	水	石	土	火	水
四濁	三清	二濁	一清	四濁	三清	二濁	一清	四濁	三清	二濁	一清	四濁	三清	二濁	一清
扇	又	作	爪	口	■	寺	■	思	草	曹	走	檸	妊	宅	朝
審	赤	乗	照	口	■	邪	■	心	清	情	精	孃	徹	澄	知
水	吹	牀	莊	口	■	像	■	送	恩	從	祖	膿	羹	墜	追
書	穿	船	鍾	口	■	松	■	澓	觀	全	足	女	寵	忡	中

經世聲音數圖

陽律唱

	一聲				二聲				三聲			
唱	日一闢	月二翕	星三闢	辰四翕	日一闢	月二翕	星三闢	辰四翕	日一闢	月二翕	星三闢	辰四翕
平	岡	光	開	○	良	○	佳●	○	夕	禾	○○	○○
上	但咸禑報	絽	愷	○	眼醫	○	解●	○	可	火	○○	○○
去	合霍	化	慨	○	駕孝呼岳	○	戒●	○	箇	貫	○○	○○
入			卦	○○		○	●	○	李	季	○○	○○

日月星辰 — 平上去入

陰呂和

	一音				二音				三音			
和	水一清	火二濁	土三清	石四濁	水一清	火二濁	土三清	石四濁	水一清	火二濁	土三清	石四濁
開	安	流	黑	狁	干	鞬	吾	石	口	覃	透	南
發	影	匣	曉	父	見	強	疑	瓦	帝	宼	天	泥
收	泓	黃	華	王	龜	乾	溪	屏	端	同	㞵	內
閉	洞	玄	血	喻	坤	坰	傾	主	暈		口	口

開發收閉 — 水火土石

여암 신경준의 필사본 원본 『저정서』 영인

여기서부터 영인본을 인쇄한 부분입니다. 이 부분부터 보시기 바랍니다.

저자 소개

이상규는 경상북도 영천에서 태어나 경북대학교와 동대학원을 졸업하였다. 한국정신문화연구원 연구원, 울산대 교수를 거쳐 경북대학교 교수이다. 제7대 국립국어원장, 도쿄대학교 객원연구교수, 칭다오대학교 고문교수를 역임하였다. 교육부 인문학육성위원, 통일부 겨레말큰사전 편찬위원 및 동 이사를 역임하였다.

『경북방언사전』(2002, 학술원우수도서)·『언어지도의 미래』(2006, 문화체육관광부우수도서)·『훈민정음통사』(2015, 한국연구재단우수저서후원 올재셀렉션즈)·『한글고문서연구』(2012, 학술원우수도서)·『사라진 여진어와 문자』(2014, 문화체육관광우수도서)·『한글공동체』(2015, 세종도서학술부분우수도서)·『명곡 최석정의 경세훈민정음』(2018, 한국연구재단우수학술저서지원) 등의 저서와 국어학 관련 다수의 논문을 발표하였다.

일석학술장려상(1986)·대통령 표창(2004)·외솔학술상(2011)·봉운학술상(2012)·한글발전유공자상(2014)·경북대(KNU)학술상(2016)을 수상한 바가 있다.

천명희(千明熙)는 경북 영양에서 태어나 안동대학교와 경북대학교 대학원을 졸업하였고 현재 안동대학교에서 학생들을 가르치고 있다. 방언학과 문헌학을 전공하였으며, 지역 언어와 고문헌들에 대한 연구를 이어가고 있다. 「광흥사 복장유물의 현황과 월인석보의 성격」(2014), 「고성 이씨 소장 해도교거사의 국어학적 가치」(공저, 2016) 등의 논문과 『증보 정음발달사』(공저, 2016), 『한어방언지리학』(공저, 2017), 『방언학 연습과 실제』(공저, 2018) 등의 저서가 있다.

여암 신경준의 저정서 연구

초판1쇄 인쇄 2018년 11월 16일
초판1쇄 발행 2018년 11월 26일
지은이 이상규·천명희
펴낸이 이대현
편 집 홍혜정
디자인 안혜진
마케팅 박태훈 안현진
펴낸곳 도서출판 역락

　　　서울시 서초구 동광로 46길 6-6 문창빌딩 2층(우 06589)
　　　전화 02-3409-2058(영업부), 2060(편집부)
　　　팩시밀리 02-3409-2059
　　　이메일 youkrack@hanmail.net
　　　역락블로그 http://blog.naver.com/youkrack3888
　　　역락 홈페이지 http://www.youkrackbooks.com
　　　등록 1999년 4월 19일 제303-2002-000014호.
ISBN　979-11-6244-310-1 93710

　　　본서는 2016년도 경북대학교(KNU) 학술진흥연구비 지원으로 이루어졌음.